강대국의 흥망성쇠

강대국의 흥망성쇠

초판 1쇄 인쇄 | 2023년 8월 10일
초판 1쇄 발행 | 2023년 8월 20일

주편자 | 저우둥라이
옮긴이 | 이재연
펴낸이 | 이재연

펴낸곳 | 다른생각
주소 | 경기도 고양시 덕양구 향기5로 55 102동 1106호
전화 | 010-3693-0979
팩스 | 02) 3159-0979
이메일 | darunbooks@naver.com
등록 | 제2020-000002호(2002년 11월 1일)

ISBN 978-89-92486-35-4 03900
값 25,000원

※ 잘못된 책은 구입하신 서점이나 다른생각 출판사에서 바꿔 드립니다.

강대국의
흥망성쇠

저우둥라이(朱東來) 주편

이재연 옮김

다른생각

머리말

인류 사회가 "세계사"로 진입한 이래, 최초로 전 세계적인 영향력을 가졌었다고 할 수 있는 강대국 포르투갈부터, 오늘날 세계 유일의 초강대국인 미국에 이르기까지, 서로 다른 역사 시기에 선후로 세계의 강대국이 되었던 9개 나라들을 관찰해보면, 그들이 굴기하여 강대국이 된 길은 어떤 공통된 법칙을 갖고 있으면서도 각자 특색도 갖고 있다고 할 수 있다.

근대 이래로 세계적인 강대국이 굴기한 공통점은 주로 다음과 같은 것들이 있다:

첫째, 가능한 모든 수단을 다 동원해 국가 주권의 독립과 통일을 실현했다. 국가가 굴기하기 위해서는 국가의 독립과 국가 사무의 자주권은 필수 조건이다. 어떤 강대국도 그가 굴기하기 전에는 가능한 모든 수단을 다 동원해 국가의 독립과 자주를 쟁취해야 한다. 그러지 않으면 그 나라의 굴기는 곧 외부의 적에 의해 매우 쉽게 좌절된다. 동시에, 하나의 강대국이 발전하면서, 만일 주권이 통일되어 있지 않으면 평화적인 발전의 기초도 없게 되어, 그 나라의 굴기는 내란과 분열로 좌절된다. 국가가 통일되고 민족이 단결되어야만, 한 나라는 역량을 집중하여 과학기술의 진보와 제도의 혁신을 실현해 갈 수 있고, 역량을 집중하여 경제를 발전시킬 수 있으며, 비로소 세계적인 강대국이 될 수 있다. 역사적으로 독일의 통일은 독일을 세계 일류 강국으로 빠르게 발전하게 해주었다. 미국도 국가 분열의 위험을 타파하고, 국가의 독립과 통일을 유지하고서야 비로소 진정으로 강대국이 되는

4

길로 나아가기 시작했다.

둘째, 발달한 과학기술과 경제이다. 풍부한 과학기술과 경제력은 강대국이 국가의 굴기를 실현하는 물질적 기초이다. 근대에 들어선 이래로, 국가 간의 경쟁은 과학기술과 경제를 중심으로 하는 국력의 경쟁으로 바뀌었다. 과학기술은 제1의 생산력으로, 굴기한 국가들은 거의 예외 없이 모두 과학기술을 대외 경쟁력으로 삼고, 강대국 대열로 나아가는 버팀목으로 삼았다. 근대 이래로, 사회의 발전이 왕왕 비약적으로 빨라졌는데, 일부 새로운 발명이 일단 생산에 응용되면 새로운 힘을 발휘하여, 직접 국력의 향상을 추동했다. 포르투갈·스페인·네덜란드는 해양 탐험과 식민지 확장에 의지하여 세계적인 해양 제국의 지위를 얻었다. 영국의 굴기는 해양 패권에 입각했을 뿐만 아니라, 그들의 산업혁명이 가져다준 강대한 기초를 버팀목으로 삼았다. 두 차례 과학기술 혁명의 "선두주자"였던 미국은 바로 기회를 포착하여 일약 세계 최강대국이 되었다. 독일과 일본이 제2차 세계대전 후에 다시 굴기하여 경제 대국이 되는 데 의지한 것도 그들의 세계 일류의 공업 기술 실력이었다. 독일과 일본은 전쟁이 끝난 후에 전쟁 전의 선진적인 군수공업 기술을 민용(民用) 기술에 이전하여, 민족기업을 보호함으로써, 경제 대국이 됨과 동시에 군수공업 능력도 얻었다.

셋째, 강한 군사력이다. 강한 군사력을 보유해야만, 국가의 안정적 발전이 좌절되지 않도록 보장할 수 있으며, 세계 질서의 제정 과정에 참여할 자격을 가질 수 있다. 과거 강대국들의 흥망성쇠의 역사를 보면, 우리는 강대한 군사력이 강대국으로 굴기하는 데 매우 중요한 요소라는 것을 알 수 있다. 강대국이 되는 과정에서, 경제·정치·문화·과학기술·지리적 조건 등 어느 하나 혹은 몇 가지 요소가 비교적 약하거나 심지어는 부족할 수는 있지만, 강대한 군사력이 부족해서는 안 된다. 역사적으로 보면, 경제·문화는 낙후되었더라도 발달한 군사력에 의지하여 굴기한 강대국은 있었지만, 경제·문화는 발달했으나 군사력이 약한데도 굴기했던 강대국은 지금까지 없었다. 전쟁을 좋아했기 때문에 망하거나 쇠락한 나라는 있었지만, 전쟁을 두려워하는데도 강대해진 나라는 없었다. 20세기 초의 미국을 보면, 경제력은 이미 세계 제1위였으나, 그 군사와 외교적 영향력은 오히려 이렇다 할 강점이 없었기 때문에, 당시에는 결코 세계 강대국에 포함되지 못했다.

넷째, 제도 혁신과 체제 개혁이다. 국가가 발전하고 굴기하는 데에는 다방면의 기초 조건이 필요한데, 제도 혁신과 체제 개혁은 의심할 바 없이 '병목'을 돌파하는 관건이다. 국가가 건강한 발전을 지속하려면, 그 상부구조가 반드시 그것과 서로 부응하고 서로 부합해야 한다. 제도 혁신과 체제 개혁을 통해 타파하는 것은 경제구조·정치구조 및 이데올로기의 제약이기 때문에, 한 나라를 직접 발전의 고속도로에 진입할 수 있게 해준다. 제도 혁신과 체제 개혁은 사회·정치·경제 체제와 그 운용방식에 근본적인 변화를 일으켜, 제도적 요소를 경제·과학기술 등의 요소와 상호 촉진하고 상호 추동하는 관계에 놓이게 해준다. 일본의 "메이지 유신(明治維新)"은 일본을 "탈아입구(脱亞入歐: 아시아를 벗어나 유럽을 지향한다)"하여, 유럽의 열강과 한패가 되어 세계 강대국의 하나가 되게 했다. 러시아 표트르 1세의 개혁은, 유럽의 선진 기술을 이용하여 부국강병의 목적을 실현했고, 농노제를 폐지한 후에 공업화와 대외 확장을 위해 풍족한 노동력과 병력을 제공함으로써, 결국 유럽 사무의 중재자가 되게 했다. 미국은 제2차 세계대전 후에 구조적 자유주의를 기초로 하는 일종의 집단적 세계 패권을 창조했다.

다섯째, 강대한 종합 국력이다. 종합 국력이란, 한 주권국가가 보유한 전체 실력과 국제적 영향력의 체현으로서, 한 국가의 세계 체제에서의 지위를 평가하는 근본적 기준이자, 주권국가의 이익을 실현하는 기초가 되는 것으로, 실제로 그것이 말해주는 것은 그 나라가 전략적 목표를 추구하고 실현하는 종합적인 능력이다. 인류 사회가 발전해온 각기 다른 단계에서, 종합 국력의 내용과 요소에는 매우 큰 차이가 있었다. 국가의 굴기는 본질적으로 말하자면, 세계 체제에서 강대국의 지위를 얻는 것으로, 강대국은 세계적 수준의 물질적 역량을 갖추어야 할 뿐만 아니라, 세계적 수준의 문화 역량, 특히 사상적 역량도 갖추어야 한다. 역사적 경험을 보면, 하드 파위(hard power: 경제력, 군사력, 기술력 등 물질적 역량-역자)는 국가가 굴기하는 기초이며, 하드 파워를 기초로 하는 소프트 파워(soft power: 한 나라의 문화·가치 관념·사회제도 등 자신의 발전 잠재력과 감화력의 요소-역자)는 굴기의 합법성과 합리성을 획득하는 버팀목이면서도, 종종 굴기를 제약하는 병목이 되기도 한다. 그 밖에, 한 국가가 굴기하는 데에는 그 정확한 국가 포지션의 확립과 정확한 국가 전략 계획이 절대로 필요한 것이다. 당시의 국제 정치 정세를 정확하게 판별하고 분석함과 아울러, 그에 근거하여 합리적인 대외전략에 대한 결단을 내려, 대외관계를 잘 처리하는 것도 굴기를 실현하는 중요한 부분이다. 미국이 영국을 대체하여 세계 패권을 이루는 과정을 보면, 당시의 형세를 잘 판단하고, 정확한 국가 대외 발전 전략에 대한 정책을 결정하여, 영국의 패권에 직접 도전한 게 아니라, 영국의 맹방이 되어, 영국이 점차 쇠락하는 동안에 점차 그를 대체하였다.

근대 강대국의 흥망성쇠와 교체의 주요 원인을 종합해보면, 예외 없이 어떤 한 가지 요소에만 지나치게 의존했는데, 특히 과도하게 무력에 의존하거나 심지어 침략전쟁·무력의 남용 및 과다하게 국력을 지출하여 식민지를 확장하면서 패권을 추구했다. 국가 군사력의 과도한 팽창을 통해 "빠르게" 굴기하는 것은 눈앞의 성공과 이익에만 급급한 나쁜 굴기로, 이런 방식을 통해 굴기한 강대국은 주로 독일과 일본 등이다. 역사적으로, 이런 국가들은 빠르게 굴기하여, 뒤처진 나라로서 앞서가는 국가들을 따라잡는 목적을 달성하기 위해, 굴기하는 초기에 왕왕 정치·경제 제도의 혁신과 완비는 중시하지 않고, 관심을 군사력에만 두어, 군사적 수단에 의지하여 전쟁 침략의 길로 나아감으로써, 전쟁의 방식으로 시장을 개척하고 부를 축적했다. 이러한 국가들은 비록 역사적으로 한때 굴기했지만, 잠깐 반짝한 후에는 결국 나라가 망하여 실패하는 운명을 맞이하여, "좋은 결과를 얻지 못했다". 식민지를 약탈하고 무력에 의한 패권 다툼에 의지하여 굴기하는 것은 역사적으로 결과가 좋지 않다는 것이 증명되었을 뿐만 아니라, 또한 확장 정책을 펼쳐, 온 힘을 다해 패권을 추구한 국가도 역시 왕왕 국력을 지나치게 소모함으로써 그들이 쇠락하게 되는 화근을 남겨놓았다. 역사적 사실에 따르면, 아무리 거대한 면적의 영토와 강대한 경제력을 가진 국가라 할지라도, 그들의 군사력이 아무리 강대하다 할지라도, 그들이 계속 외국을 침략하여 확장하고, 패권주의를 추구하고, 자신의 의지를 다른 나라에 강요하려고 한다면, 결국은 실패의 말로를 맞이할 수밖에 없다는 것을 증명하고 있다.

(중략)

"무릇 과거는 모두 서장(序章)이다." 중국의 굴기는 앞뒤가 서로 이어지는, 새로운 역사의 교차점에 서서, "두 개의 백 년"이라는 분투 목표를 향해 힘차게 매진하고 있으며, 중화민족의 위대한 부흥을 향해 당당하게 나아가고 있는데, 우리는 세계 강대국이 굴기했던 문명으로부터 어떠한 경험을 섭취해야 하는가?

세계는 다음의 중국 이야기를 기대하고 있으며, 역사는 우리 세대 사람들의 대답을 기다리고 있다.

강대국의 흥망성쇠·차례

머리말   4

제1장 식민제국의 "선구자"–포르투갈   18

1. '재정복 운동'과 왕권의 확장   18
(1) 무어인의 이베리아 반도에 대한 통치   19
(2) 무어인의 통치에서 벗어나려는 포르투갈인의 투쟁   22
(3) 포르투갈 왕권 통치의 확립   24

2. 해양으로 진군한 선구자   26
(1) 엔리케 왕자와 해안 탐험   27
(2) 희망봉의 발견   30
(3) 인도양 항로를 열다   33

3. 포르투갈 식민제국의 건립   35
(1) 황금 약탈과 노예무역   36
(2) 인도를 정복하다   39
(3) 말라카를 점거하다   43
(4) 마카오를 조차(租借)하다   44

4. 교황자오선과 세계 분할   49
(1) 토르데시야스 조약   50
(2) 사라고사 조약   54

5. 포르투갈의 성쇠   55
(1) 북아프리카 위기   55
(2) 해외 무역 수익의 하락   57
(3) 왕위(王位)의 위기와 스페인에 의한 병합   60

6. 맺음말   63
(1) 포르투갈이 빠르게 굴기한 원인   64
(2) 포르투갈이 쇠퇴한 원인   66

제2장 "해가 지지 않는" 제국-스페인　　70

1. 광복 운동 과정에서 왕권의 끊임없는 강화　　70
(1) "광복 운동"의 급격한 발전　　70
(2) 봉건 군주 집권 국가의 건립　　72

2. 지리상의 대발견과 해양 패권의 확립　　76
(1) 〈산타페 협약〉의 체결　　77
(2) 콜럼버스의 아메리카 "발견"　　80
(3) 마젤란의 세계 일주 항해　　83
(4) 스페인 해양 패권의 확립　　85

3. 아메리카 식민제국의 건립　　86
(1) 서인도 제도 등지를 침략하여 점령하다　　86
(2) 멕시코와 중부 아메리카의 각지를 점령하다　　87
(3) 계속 남아메리카를 정복하다　　88

4. 스페인의 패권 쟁탈 전쟁　　91
(1) 프랑스와 이탈리아 쟁탈전을 벌이다　　92
(2) "해가 지지 않는 제국"을 건립하다　　96
(3) 〈피의 칙령〉을 반포하다　　97

5. "황금시대"와 그 종말　　99
(1) 스페인 문화의 "황금시대"　　99
(2) "황금의 깔때기"　　102
(3) "무적함대"의 궤멸　　104
(4) 스페인 왕위 계승 전쟁(1701년부터 1714년까지)　　108

6. 맺음말　　112

제3장 17세기 해상의 마부(馬夫)-네덜란드　　118

1. 네덜란드 혁명으로 주권국가를 건립하다　　118
(1) 자본주의적 생산관계의 발전　　119
(2) 네덜란드 혁명의 과정　　121
(3) 최초의 자산계급 국가 정권의 건립　　128

2. 경제 발전의 "황금시대"   **131**
(1) 세계 구도 변화의 기회를 충분히 이용하다   131
(2) 자신의 장점을 이용해 특색 있는 농·공업을 발전시키다   134
(3) 대외 상업 무역을 적극적으로 발전시키다   138
(4) 효율적이고 건전한 금융체계를 확립하다   140

3. "해상 마부" 지위의 확립   **143**
(1) 상업 식민제국을 창건하다   143
(2) 해외의 부를 미친 듯이 약탈하다   146
(3) 세계 상업 패주의 사회문화적 요인   149

4. 경쟁에서 쇠락한 네덜란드 제국   **153**
(1) 국제 경쟁 구도의 변화   153
(2) 국내 생산의 부족과 경제적 기초의 취약함   157
(3) 군사력에 대한 투입 부족   160

5. 맺음말   **163**

제4장 "해가 지지 않는 제국"-영국   **168**

1. "명예혁명"과 입헌군주제의 확립   **168**
(1) "명예혁명" 전의 영국   168
(2) "명예혁명"의 발발   172
(3) "명예혁명"의 의의와 한계성   174

2. 산업혁명과 "세계 공장"의 확립   **177**
(1) 산업혁명의 원인   177
(2) 산업혁명의 영향   182

3. "섬나라 심리"와 "영광스러운 고립" 정책   **185**
(1) 유럽 대륙의 세력 균형을 조종하다   186
(2) "영광스러운 고립" 정책의 주요 특징   191

4. 세계 패권 쟁탈 전쟁과 식민제국의 건립   **195**
(1) 식민지 쟁탈전과 해외 식민지 확장   195
(2) 숙적 프랑스를 격파하고, 해외 식민지를 위해 탄탄대로를 열다   197

(3) "중상주의"가 "해가 지지 않는" 제국을 촉진하다　199
(4) "해가 지지 않는 제국"을 성취하다　200

5. 대영제국의 쇠락과 변화　203
  (1) 빅토리아 성세 속에 드리워진 그림자　203
  (2) 두 차례의 세계대전과 제국 지위의 상실　207
  (3) 제국 지위 상실의 배후　209

6. 맺음말　213
  (1) 국가 발전 노선을 정확히 설정하다　213
  (2) 강대한 군사력으로 세계 강국의 지위를 지탱하는 데 중점을 두다　215
  (3) 유럽과 세계의 대세를 장악하면서 영향력을 제고하다　218
  (4) 제도 혁신을 중시하여 소프트 파워를 제고하다　219

제5장 유럽 대륙 패주의 꿈을 추구한 프랑스　221

1. 백년전쟁과 프랑스 민족국가의 형성　221
  (1) "우리의 조상은 갈리아인이다"　222
  (2) 카이사르의 정복과 갈리아의 "로마화"　222
  (3) "야만족"의 침입과 프랑크 왕국의 건립　223
  (4) 프랑스 민족 국가의 초보적 형성　224
  (5) 백년전쟁의 촉매 작용　225

2. 루이 14세의 유럽 패권 쟁탈전　227
  (1) 루이 14세가 유럽 패권을 다툰 역사적 근원　228
  (2) 루이 14세의 유럽 패권 확립　229
  (3) 루이 14세의 유럽 패권이 쇠락한 원인　234

3. 프랑스 대혁명의 원인과 과정　238
  (1) 프랑스 대혁명의 근본 원인　238
  (2) 프랑스 대혁명의 과정　240

4. 한때 매우 번성했던 나폴레옹 제국　241
  (1) 나폴레옹 제국 건립의 원인　242
  (2) 나폴레옹 제국의 전쟁과 그 쇠망　244

5. 부르봉 왕조의 복벽과 제2제국의 쇠락   248

    (1) 부르봉 왕조의 복벽   248
    (2) 복벽 왕조 시기의 정치적 진보성   250
    (3) 부르봉 왕조 복벽 시기의 과학과 문화의 발전   251
    (4) 프랑스 제2제국의 쇠망   253

6. 제3공화국의 최후   256

    (1) 정부의 빈번한 교체와 허약함   256
    (2) 소극적 방어의 국방 전략 실행   258
    (3) 군사 사상과 군사 기술의 낙후   259
    (4) 경제 발전의 낙후와 경제력 부족   260
    (5) 평화 마비 사상의 작용   261

7. 드골주의와 "제3세력"   263

    (1) 드골주의와 그 실천   263
    (2) "쉬망 플랜(Schuman Plan)"의 초보적 시행   269

8. 맺음말   271

제6장 유럽의 "정글" 속에서 떨쳐 일어선 독일   274

1. 신성로마제국의 쇠락과 프로이센의 굴기   274

    (1) "신성로마제국"의 쇠락   275
    (2) 프로이센의 굴기   280

2. 비스마르크의 "철혈정책"과 독일의 통일   285

    (1) 비스마르크가 제시한 "철혈정책"   286
    (2) 세 차례 전쟁이 독일 통일을 촉진하다   287
    (3) 관세동맹이 독일 통일의 기초를 다지다   294

3. "세계 정책"의 추진과 독일 제국의 붕괴   295

    (1) 독일 제국 외교 전략의 변화   295
    (2) 독일 "세계 정책"의 추진   297
    (3) 제1차 세계대전의 발발과 독일의 패배   301

4. 제2차 세계대전과 나치 독일의 멸망   304

  (1) 나치 독일의 광적인 군비 확장   304

  (2) 나치 독일의 대대적인 전쟁 준비   307

  (3) 제2차 세계대전의 발발과 독일의 패배   309

5. 전후 독일의 분열과 재건   311

  (1) 제2차 세계대전 후 독일의 분열   312

  (2) 전후 연방 독일 경제의 비약적 발전   316

  (3) 동·서 독일의 통일   320

6. 독일의 문화 특징 및 그 변천   323

  (1) 프로이센 정신의 형성   324

  (2) 파시즘의 기원   326

  (3) 평화주의 사상의 형성   328

7. 맺음말   331

제7장 동양의 자본주의 강국-일본   335

1. 메이지유신과 일본의 현대화 개조   335

  (1) 바쿠후(幕府) 위기와 메이지 정권의 건립   336

  (2) 전면적인 개혁을 추진하고, 중앙집권을 강화하다   339

  (3) 헌정(憲政) 제도의 최종 확립   343

2. 동아시아 패권 쟁탈과 동양 패주 지위의 확립   345

  (1) 메이지 시기 대외 확장 사상의 발전   346

  (2) 류큐(琉球)를 빼앗고, 타이완을 침입하다   348

  (3) 조선 쟁탈과 중·일 갑오전쟁   349

  (4) 러·일전쟁과 극동 패권의 확립   353

3. 군국주의적 확장과 일본 제국주의의 패망   356

  (1) 일본 군국주의의 형성과 발전의 근원   356

  (2) 메이지유신 후 일본 군국주의의 팽창   359

  (3) 일본 군국주의의 파쇼화가 결국 국가의 패망을 초래하다   363

4. 전후의 경제 입국과 재부흥   365

    (1) 전후 초기 일본 경제의 회복   366

    (2) 경제를 중시하고 군비를 경시한 발전 전략   367

    (3) "무역입국" 전략의 실시   369

    (4) 정부 주도형 시장경제 체제   371

    (5) 교육과 과학 기술을 매우 중시하다   372

5. 냉전 후 일본 경제와 정치의 구조 변화   374

    (1) 양당 집권 구도의 초보적 형성   374

    (2) 정치가 갈수록 "보수화하고 우경화하다"   376

    (3) "무역입국"에서 "투자입국"으로의 전환   378

6. 국화와 칼이 병존하는 문화 특질   381

    (1) 신도(神道) 사상에 기반한 계급 관념   381

    (2) 냉혹하고 무정한 무사도(武士道) 정신   385

    (3) 일본 특색의 실용주의   387

7. 맺음말   390

제8장 유라시아 대륙에 걸친 대국-러시아   394

1. 모스크바 공국에서 제정 러시아까지   394

    (1) 루스(Rus) 왕국의 흥망   394

    (2) 모스크바 공국의 건립   397

    (3) 차르 전제 제도의 확립   399

2. 표트르 대제의 서구화(西歐化) 개혁과 러시아의 확장   401

    (1) 표트르 대제의 서구화 개혁   401

    (2) 표트르 대제 시기의 러시아 확장   404

    (3) 농촌 공동체와 국가 농노제   405

3. 예카테리나 2세의 영토 확장   407

    (1) 러시아의 며느리가 왕위를 계승하다   407

    (2) "개명 전제"와 "귀족 해방"   408

    (3) 대외 확장과 영토 개척   410

4. 10월혁명과 소련의 사회주의 건설   411

(1) 스톨리핀 개혁   411

(2) 2월혁명과 10월 무장봉기   413

(3) 레닌의 사회주의 건설 사상   416

5. 스탈린 모델의 확립 및 그 성패   418

(1) 농업의 전면적인 집단화   418

(2) "약진"식 공업화   420

(3) 스탈린의 민족 정책   421

6. 고르바초프의 개혁과 소련 해체   422

(1) 흐루쇼프와 브레즈네프의 "유산"   422

(2) 고르바초프의 "페레스트로이카"   424

(3) "8.19 사건"과 소련 해체   426

7. 푸틴의 러시아 부흥의 길   431

(1) "푸틴 시대"에 들어서다   431

(2) 제2차 체첸 전쟁   433

(3) "러시아 신사상"의 전도사   434

(4) 푸틴의 통치와 정책 방침   436

8. 동서 문화 결합의 대표   437

(1) 자연 지리 환경의 배양   437

(2) 쌍두독수리의 "이중성"과 "양극성"   439

(3) 동방정교의 러시아 민족에 대한 깊은 영향   441

9. 맺음말   443

제9장 현재 세계 유일의 초강대국－미국   446

1. 독립전쟁과 아메리카합중국의 건립   446

(1) 북아메리카 초기 식민사(植民史)   446

(2) 독립전쟁과 미국의 건립   448

(3) 미국 정체(政體)의 확립   453

2. 서진(西進) 운동과 아메리카 패주 지위의 확립   **455**
    ⑴ 이른바 서부 개척   455
    ⑵ 서진 운동의 성과   457
    ⑶ 아메리카 패권의 확립   458

3. 남북전쟁과 산업화 추진의 가속화   **461**
    ⑴ 남북전쟁의 발발   461
    ⑵ 산업혁명의 전면적 추진   465

4. "진보운동"부터 뉴딜 정책까지   **467**
    ⑴ 도금시대(鍍金時代, Gilded Age)   467
    ⑵ "진보 시대"   470
    ⑶ 뉴딜 시대   473

5. 두 차례의 세계대전과 "미국의 세기" 확립   **478**
    ⑴ 제1차 세계대전 시기의 미국   478
    ⑵ 제2차 세계대전 시기의 미국   480

6. 전후 경제 사회 개혁과 워싱턴 컨센서스의 진전   **481**
    ⑴ 전후 미국의 황금시대   481
    ⑵ 1970년대의 스태그플레이션   483
    ⑶ "레이거노믹스"와 워싱턴 컨센서스   484

7. 냉전 종식과 단극 패권의 추구   **487**
    ⑴ 두 초강대국의 냉전과 양극 구도의 와해   487
    ⑵ 미국의 일방주의   490

8. 금융위기와 미국 단극(單極) 패권의 약화   **494**
    ⑴ 자유주의가 금융 해일을 일으키다   494
    ⑵ 권력의 과도한 사용이 패권의 쇠락을 초래하다   496

9. 맺음말   **498**

후 기   505
참고문헌   506

제1장

식민제국의 "선구자"—포르투갈

포르투갈은 근대 세계 역사상 최초로 전 세계를 제패한 해양제국이다. 해양제국이 되기 전 포르투갈은 이베리아 반도 서남부에 있는 스페인의 일부에 불과했다. 서구 각 봉건 왕국의 상호 병합과 영토 쟁탈에서 포르투갈은 가장 먼저 스페인에서 분리되어 나와, 1143년에 통일된 봉건 왕권 국가를 건립했다. 바로 이러한 봉건 왕권의 작은 나라가 역사상 최초로 해양 탐험과 식민지 확장을 통해 유럽·아시아·아프리카 3대 대륙을 하나로 연결했다. 16세기 중엽, 포르투갈은 동·서양의 주요 해상 무역 활동을 독점하여 서유럽 최대 제국들 중 하나가 되었다. 짧은 1세기 동안에, 포르투갈은 인류 역사상 최초로 아메리카·아프리카·아시아를 포함한 세계적인 제국을 수립했다.

1. '재정복 운동'과 왕권의 확장

'재정복 운동'[1]은 8세기부터 15세기까지 이베리아 반도의 기독교 소왕국이 잃어버린 영토를 되찾기 위해 이슬람 침략자인 무어인들과 벌인 전쟁을 가리킨다. 6세기 이후, 이베리아 반도의 로마 제국이 쇠락하면서, 게르만인의 서고트 왕국이 점차 이를 대체하였다. 8세기, 이베리아 반도는 생기발랄

---

[1] 이슬람 세력이 이베리아 반도의 대부분을 점령하자, 그리스도교 국가들이 이슬람교도에게 빼앗긴 영토를 되찾기 위해 벌인 "실지회복 운동"으로 레콩키스타(Reconquista)라고 한다. 711년부터 1492년까지 780년 동안 진행되었다.(역자 주)

한 아라비아 제국에게 점령되었다. 기독교를 신봉하는 서구의 봉건 왕국들은, 외족의 통치를 견딜 수 없자, 오랜 기간에 걸쳐 이슬람교도에 반대하는 투쟁을 벌였는데, 결국 스페인에서 이슬람교도를 몰아냈고, 지브롤터를 건너면서 끝났다. 이슬람교도를 반대하는 이 전쟁은 동부의 십자군이 동방을 침략한 것과 거의 동시에 진행되었으며, 여러 세기 동안이나 지속되었다. 참가자들로는 스페인 봉건 군주 외에 프랑스와 이탈리아의 기사들도 있었으며, 교황의 지지도 받았다. '재정복 운동'은 서구 각 봉건 왕국들 상호 간의 병탄과 확장 활동을 동시에 뒤섞어놓았다. 이런 상호 병탄의 투쟁

모로코의 자기 집 문 앞에 있는 무어인. 무어인은 고대의 마우리인이나 모리타니인에서 유래했다. 그들은 문명의 영향을 받았으며, 총명하고, 신체가 건장했다. 무어인 부녀자들은 보편적으로 매우 아름다웠고, 부유한 사람들은 아름다운 견직물 옷을 입었다.

과정에서, 포르투갈은 웅대한 포부와 지략을 가진 알폰소 1세의 영도하에, 우선 카스티야(Castilla) 왕국(스페인)의 통치에서 벗어나, 1143년에 통일된 왕권 정권을 수립함으로써, 포르투갈이 최초로 해외 식민지를 확장하기 위한 기초를 다졌다.

(1) 무어인의 이베리아 반도에 대한 통치

이베리아 반도는 유럽 서남쪽 모서리에 있으며, 유럽이 대서양을 마주하는 창구이고, 남부는 지브롤터 해협을 사이에 두고 아프리카와 마주하고 있다. 반도의 동부·동남부는 지중해에 인접해 있고, 북쪽은 비스케(Biscay)만에 인접해 있다. 반도 동북쪽에 있는 피레네 산맥은 반도와 유럽 대륙의

천연 경계를 이루고 있다. 대략 기원전 1000년경, 북아프리카와 중부 유럽의 이베리아인과 켈트인이 각각 이베리아 반도로 들어가 원주민을 정복했다. 이후 페니키아인·그리스인·카르타고인이 잇달아 연해 지역에 상업 거점과 도시를 건립했지만, 내륙까지 깊숙이 들어가지는 못했다. 기원전 201년, 로마인이 카르타고인과 싸워 이겼다. 이후 600년간, 로마인은 이베리아 반도의 지배자가 되었다. 기원전 5세기 초, 로마의 군사력이 쇠약해지면서, 게르만인이 이베리아 반도를 침입했다. 5세기 후반, 게르만인의 한 갈래인 서고트인이 반도의 거의 대부분 지역을 통치했다. 당시, 서고트 왕국은 봉건화 과정에 있었는데, 채읍제(采邑制)[2]를 실행했기 때문에, 봉지 내의 각 영주들은 정치권·경제권·사법권과 자기의 무력을 보유하고 있었다. 당시 법률에 따르면, 국왕은 귀족에게 복무하도록 요구하고, 충성을 다하도록 선서할 것을 요구할 권리를 가지고 있었지만, 국왕도 귀족의 합법적인 권리를 보장할 의무가 있었다. 이는 바로 국왕의 전국 토지에 대한 소유권이 실제로는 수많은 귀족들의 토지에 대한 실질적 점유권으로 분해되어 있었고, 국가가 수많은 독립적인 지방 정치 실체들로 분해되었다는 것을 의미한다. 국왕의 지위는 세습이 아니라 귀족들의 선거로 결정되었기 때문에, 이는 각국의 왕위 쟁탈 투쟁이 매우 격렬해지는 결과를 초래했다. 그러므로 7세기 말부터 8세기 초까지, 이베리아 반도의 서고트 왕국은 분열·동요하고 혼란한 상태였다. 이런 상황은 지중해를 사이에 두고 서로 마주한 북아프리카의 이슬람교도, 즉 무어인들에게 침략의 기회를 제공했다.

역사적으로 무어인이란 주로 유럽의 이슬람교 정복자를 가리키며, 대부분 에티오피아인·서아프리카 흑인·아랍인과 베르베르인으로 이루어졌다. 이슬람교는 서아시아에서 발원하여, 8세기 초에 북아프리카로 전해졌는데, 상대적으로 선진적인 아랍 문명이 북아프리카의 가난한 땅에 뿌리를 내리고 싹이 트기 시작했으며, 건장하게 성장했다. 아랍 문명의 영향을 받아, 북

---

2 왕으로부터 봉토를 하사받은 제후가 자기의 가신이나 자식에게 똑같은 조건으로 봉토를 하사하여, 봉건적 상하 관계를 유지하는 제도.(역자 주)

아프리카 각 부족의 다양한 문화들도 점차 함께 융합되기 시작했다. 북아프리카는 지중해를 사이에 두고 서유럽과 서로 마주 보고 있어, 확장의 야심을 품고 있던 아랍인은 다시 해협 건너편의 이베리아 반도로 눈을 돌렸다. 상대방의 역량을 확실히 파악하기 위해, 711년에 아라비아 대제국이 통치하고 있던 북아프리카 부족들 중 어떤 사람이 시험 삼아 바다를 건너 맞은편 이베리아 반도로 갔다. 뜻밖에도 파견된 500명은 서고트 왕조의 변방 군대를 격파하고, 타리파(Tarifa) 곶 전체를 점령했다. 이어서 아라비아의 북아프리카 주재 통치자인 무사(Musa)가 파견한 타리끄가 1만 2천 명을 이끌고 지브롤터 해협을 건너 이베리아 반도에 상륙했다. 서고트 국왕 로데릭(Roderic)은 2만 5천 명을 거느리고 맞이하여 싸웠지만, 서고트 국왕의 정적(政敵)이 아라비아 쪽을 편들면서 국왕을 향해 공격하는 바람에, 국왕의 군대는 궤멸되고, 국왕 자신도 실종되었다.[3] 처음에 아랍인은 통치 중심지를 톨레도에 설립했다.

714년부터 716년까지, 그들의 세력은 이미 에보라·산타렝·코임브라(포르투갈 중부의 도시들-역자)에 이르렀다. 이때부터 이베리아 반도의 아랍인들은 할리파(Khalifa, '칼리프'라고도 함-역자) 제국에서 분리되어 나왔다. 반년 만에 거의 대부분의 이베리아 반도가 아랍 제국의 영토에 편입되었다. 동쪽으로 가면서, 아랍 세력의 침략은 샤를마뉴(Charlemagne) 대제에게 저지되었다. 732년에 샤를마뉴는 아랍인의 프랑크 왕국에 대한 공격을 격퇴하여, 아라비아 제국의 세력이 비리우사(즉 '피레네'-역자) 산맥에서 걸음을 멈추게 했다.

아랍인의 포르투갈 영토와 인민에 대한 영향은 서고트인보다 훨씬 컸다. 서고트인의 통치에 비해, 아랍인은 이베리아 반도에 더 많은 활력을 가져다주었다. 아랍인은 스페인에서 수리(水利) 공사를 크게 벌여, 황야를 좋은 논밭으로 바꾸고, 알뜰하게 경작하면서, 많은 동양의 농작물, 예를 들면 벼·

3 唐晋 主编,『大国崛起』, 人民出版社 2007年版, 19쪽.

사탕수수·뽕나무·종려 등이 잇달아 이베리아 반도에 들어와 재배되었다. 양을 기르는 업종이 크게 발전하면서, 품질 좋은 양모가 서유럽 각지에서 명성을 떨쳤다. 채광·야금·금속 가공 제조·유리·제지·방직업 등의 공업도 상당히 발달하여, 수백 개의 도시들이 번성했다. 수도인 코르도바는 가구 수가 11만 호, 인구가 50만 명으로, 당시 유럽 최대의 도시였으며, 콘스탄티노플·바그다드·장안(長安)과 함께 당시 세계의 4대 유명한 도시로 불렸다.

이 시기에 아랍인은 스페인에서 찬란한 문화를 발전시켰다. 이러한 문화는 매우 많은 방면에서 유럽의 기독교 문화에 비해 손색이 없었다. 문학·교육·의학 및 예술 방면에서, 앵글로색슨인·프랑크인·게르만인, 심지어 이탈리아인에 비해서도 모두 부족함이 없었던 것 같다. 이때 포르투갈은 일시에 크게 성행하던 이슬람 문화의 가장자리에 있었기 때문에, 역시 일정한 이득을 누릴 수 있었다.[4]

(2) 무어인의 통치에서 벗어나려는 포르투갈인의 투쟁

비록 아랍인의 이베리아에 대한 통치가 이 지역의 발전과 번영을 가져왔지만, 이것이 결국 이슬람교도가 외래 정복자라는 사실을 바꿀 수는 없었다. 사실, 기독교인이 외래 정복자를 반대하는 투쟁은 지금까지 멈춘 적이 없었다. 8세기, 아랍인이 대규모로 이베리아 반도를 침입했다. 대규모의 군사 정복에 직면한 기독교도들은 저항할 힘이 없자, 역량을 보존하기 위해 그들은 점차 자연조건이 열악한 반도 북부 변방의 황량한 산간 지역으로 물러났고, 점차 아스테야·나바라 등 독립적인 작은 봉건 정권들을 형성했다. 이러한 작은 봉건 정권들은 서로 경쟁하고 합병하다가, 10세기에 이르자 카스티야·레온 등 봉건 국가들을 형성했다. 11세기, 카스티야는 레온을 합병하여 카스티야 왕국을 건립했는데, 이것이 바로 스페인과 포르투갈의

---

4 顾为民, 『"以天主和利益的名义"—早期葡萄牙海洋扩张的历史』, 社会科学文献出版社 2013 年版, 12쪽.

전신이다. 12세기에 이르러, 반도 동북 지역에 '스페인 변방 지역'의 샤를 제국으로부터 발전해온 아라곤 왕국이 형성되었다. 바로 이렇게 점차 발전해온 기독교 봉건 왕국들은 아랍인의 우마이야 왕조가 사분오열하는 유리한 시기를 이용하여, 이슬람교도에게 반격을 가함으로써, 무어인을 반대하는 중견 역량이 되었다. 그들이 무어인을 반대한 투쟁을 역사는 "실지(失地) 회복 운동"이라고 부르는데, 8세기에 시작되어 1492년에 끝날 때까지, 700여 년 동안이나 지속되었다.

무어인의 통치를 반대하는 과정에서 종교의 힘이 매우 큰 작용을 했다. 유럽의 기독교도들은 이슬람교도들에 대해 강한 응집력을 보여 주었다. 기독교라는 깃발 아래, 유럽 각 봉건 왕국들의 역량을 결집하여 이슬람교의 통치에 공동으로 반대했다. 따라서, 이렇게 오랜 시간 동안 계속된 전쟁은 유럽 대륙의 기독교 국가들뿐만 아니라 십자군과 기사단까지도 포함하는 각 방면의 지지를 얻었다. 기독교의 국왕들이 기독교도를 선동하여 전투에 투입하는 데에는 두 마디의 말밖에 필요 없었다. 바로 "하나님을 위하여"와 "빼앗은 땅과 부의 절반은 그대들의 몫이다"였다. 명예와 부의 자극을 받자, 기독교 국왕의 군대는 신속히 강대해졌다. 당시 무어인의 제국 내부는 권력과 이권 쟁탈로 분쟁이 끊어지지 않아, 강대하면서도 단결된 기독교의 역량 앞에서 각자 싸우다가, 결국은 사분오열하고 말았다. 무어인이 피레네 반도에 건립한 광대한 안달루시아 지역은 점점 잠식되어 갔다.

무어인을 반대하는 주력군으로서, 카스티야와 아라곤 두 봉건 왕국은 투쟁 과정에서 잇달아 승리했다. 1085년에 카스티야 국왕 알폰소 6세는 옛 서고트 왕국의 고도(古都)인 톨레도를 점령했고, 1212년에 로마 교황 이노센트 3세가 조직하고, 프랑스·포르투갈·아라곤·카스티야 등 서유럽 각국의 기사들로 구성된 십자군은, 카스티야 국왕 알폰소 8세의 통솔하에 알모하드(Almohad) 왕조의 칼리프가 이끄는 수십만 대군과 토로사스에서 전투를 벌여 찬란한 전과를 올림으로써, '재정복 운동'에 결정적인 승리를 거두었다. 또 1236년에는 카스티야가 코르도바를 공격하여 점령했으며, 1248년에는 다시 세비야를 함락시켰다. 이 무렵, 아라곤 왕국도 발렌시아와 발레아레스 군도를 점령했다. 13세거 말이 되자, 무어인에게는 단지 반도 남단 한쪽 모퉁이의 그라나다 왕국밖에 남지 않았다. 그러나 이 왕국도 오래 버티지는 못했다. 1492년, 카스티야 왕국의 공격을 받아, 반도에 있던 무어인 최후의 영토인 그라나다가 함락되자, 무어인은 어쩔 수 없이 아프리카로 후퇴하여 돌아갔다. '재정복 운동'은 최후의 승리를 거두었다.

(3) 포르투갈 왕권 통치의 확립

현대의 포르투갈인들은, 그들 국가의 역사는 알폰소 엔리케로부터 시작되었다고 생각한다. 알폰소의 통치는 60년 동안 지속되었으며, 국가의 형성과 발전을 위해 굳건한 기초를 다져놓았다. 알폰소는 12세기에 살았던, 몇몇 유명한 군주들과 동시대 사람이다. 만약 그의 명망이 이 유명인들 때문에 손색이 있다면, 그것은 그가 통치하던 지역이 유럽의 편벽한 구석에 있었기 때문이다. 알폰소와 동시대를 살았던 유명인들은 비교적 풍부한 자원을 가지고 있었지만, 그의 상황은 이와는 반대였다. 그는 거의 자수성가했다. 그러나 그는 그들 중 누구보다도 나라를 더욱 튼튼하고 더욱 오래 지속될 수 있도록 건설했다.[5]

1093년, 스페인은 아직 카스티야 왕국의 통치를 받고 있었다. 카스티야 왕국 내부에서, 엔리케라는 사람이 포르투갈 백작의 칭호를 받았고, 아울러 몬데구강과 도우루강 사이의 지대를 봉지로 받았다. 엔리케는 프랑스의 봉건 영주였는데, 카스티야와 레온의 국왕인 알폰소 6세의 사생녀(私生女) 테레사와 결혼했기 때문에 백작 칭호를 얻었다. 1112년, 엔리케가 사망했다. 매우 나이가 어린 그의 아들 알폰소 엔리케가 백작의 봉호를 계승함과 아울러, 이 영지의 영주로 선포되었다. 엔리케는 성년이 된 후, 자기의 어머니를 강제로 포르투갈에서 떠나게 했다. 이리하여, 그는 이 영지에 대해 논

5 顾为民, 『"以天主和利益的名义"—早期葡萄牙海洋扩张的历史』, 社会科学文献出版社 2013 年版, 16쪽.

쟁의 여지가 없는 통치권을 획득했다. 영지 내에 있는 도시와 교회·기사들의 지원을 받으면서, 엔리케는 레온의 신하 지위에서 벗어나기 위한 투쟁을 개시했다.

엔리케는 영지의 대권을 장악한 후, 한편으로는 레온 국왕의 속박에서 벗어나 자기 영지의 독립을 획득하려고 힘썼고, 다른 한편으로는 남쪽으로 진군하여 계속 무어인과 싸웠다. 1139년 7월, 그는 오리크 전투에서 무어인을 완전히 격파하고 결정적인 승리를 거두었다. 엔리케는 명성을 크게 떨침과 동시에 자신감도 크게 높아지자, 그는 자신이 이미 왕으로 자처하기에 족할 만큼 강대해졌다고 느꼈다. 당시 카스티야는 이미 레온 이후 이베리아 반도에서 가장 강대한 왕국이 되었다. 기세등등한 이 신예에 대해, 카스티야 왕국도 저지할 힘이 없어, 그가 끊임없이 강대해지는 것을 바라볼 수밖에 없었다. 오랜 투쟁을 거쳐, 1140년에 알폰소 1세는 결국 카스티야 왕국의 통치에서 벗어났음을 선포하고, 자립하여 "왕으로 자처하면서" 이 나라의 첫 번째 국왕이 되었다. 1143년, 알폰소가 카스티야 왕국과 〈사모라 조약〉을 체결하면서, 카스티야는 공식적으로 알폰소 엔리케를 포르투갈의 왕으로 인정함과 동시에, 포르투갈 왕국의 독립적인 지위를 인정했다. 이 조약은 또한 카스티야와 포르투갈 쌍방이 영구적인 평화를 향유하기로 천명했다. 동시에 총명한 엔리케는 교황 이노센트 2세에게 편지를 보내, 자신은 국왕이자 교회의 종이라고 자처하면서, 무어인을 이베리아 반도에서 몰아낼 것을 맹세했다. 나중에 그는 또한 교황에게 포르투갈을 교황청이 관할하는 봉건 영지로 삼아달라고 신청하자, 교황은 그를 신하로 인정했다. 이렇게 독립적이고 통일된 포르투갈의 왕권이 정식으로 탄생했다.

독립 후, 엔리케는 계속 남진하여 자신의 영토를 확장했다. 카스티야를 포함한 기독교인들과 무어인이라는 이 호적수를 맞이하여, 조금도 밀리지 않고, 그들과 동시에 싸움을 벌였다. 1147년 10월, 그는 십자군과 연합하여 리스본을 점령하고, 리스본을 영원히 포르투갈의 한 도시로 만들었다. 동시에 점령지에 대한 통치를 공고히 하기 위해, 엔리케는 점령지에 대해 이민과 황무지 개간을 시작했는데, 도시와 수도원을 건설하고, 농업 생산과 가축 사육, 도로와 교량 건설을 장려했다. 동시에, 더 넓은 지역을 정복하기 위해, 그는 템플 기사단을 자신의 전쟁에 참가하도록 설득했다.[6] 이 기사단은 무어인들과 가까운 변경에서 영지와 성을 나누어 가졌는데, 이는 그들의 적극성을 크게 불러일으켰다. 평시에는 그들은 국경 수비대였고, 전시에는 그들은 바로 공격 임무를 담당하는 돌격대였다. 1185년에 엔리케가 사망할 때까지, 그는 이미 구조적으로 군사화된 강대한 왕국을 건설하여, 호전적인 귀족 계급과 용맹한 농민 계급을 형성했다. 비록 끊임없이 계속된 전쟁으로 인해 이 왕국은 상당히 빈곤하기는 했지만, 그들은 자원을 보유하고 있었으므로, 일단 평화가 도래하면 곧 초보적으로 번영할 수 있었다.[7] 엔리케 이후 몇몇 포르투갈 국왕들은 국가 건설을 강화하는 데 크게 힘썼다. 1279년, 왕위를 계승한 국왕 디니스(D. Dinis)는 민족문화 건설을 강화하는 데 크게 힘썼는데, 전국적으로 스페인어를 배척하고 포르투갈어를 널리 보급함과 아울러, 1290년에는 포르투갈의 첫 번째 대학을 설립했다. 포르투갈이 점차 강대해짐에 따라, 1297년에 포르투갈은 진정으로 스페인의 통치에서 벗어났으며, 〈알카니세스 조약〉을 체결하여 양국의 국경을 명확히 했다. 포르투갈은 14세기 유럽 최초의 독립 국가가 되었다.

2. 해양으로 진군한 선구자

해양을 탐색하고 해양으로 나아간 것은 포르투갈이 강대국으로 나아간 선명한 상징이다. 명예와 부에 대한 동경심을 갖고, 포르투갈의 통치자는 해양으로의 진군을 확고하게 지지했다. 통일한 후 포르투갈은 우선 시험 삼아 자기 나라의 대문인 대서양에 발을 들여놓았다. 해상에서 수없이 험난한 상황을 거치면서 바르톨로메우 디아스·바스코 다 가마 등 두려움을 모

---

6 위의 책, 18쪽.
7 위의 책, 18쪽.

르는 해양 탐험가들의 노력으로, 포르투갈은 잇달아 희망봉·인도·브라질·말라카 등을 발견했다. 강대한 함대에 의지하여, 포르투갈은 대서양·인도양 및 태평양을 거침없이 개척하고, 아프리카·아시아 및 아메리카의 많은 지역들을 정복하여, 일약 세계 해상의 패주가 되었다.

(1) 엔리케 왕자와 해안 탐험

해양 탐험은 지리상의 대발견 시기에 서유럽 국가들의 보편적인 관심사였지만, 다른 나라들과 달랐던 점은, 포르투갈은 우선 해상 항해를 국가적인 계획으로 삼았다는 것이다. 엔리케 왕자는 이 계획과 사업의 창시자로, 이후 200년 동안 역대의 왕들도 모두 해외 탐험을 힘껏 지지하고 제창했다고 할 수 있다. 바로 국가와 정부가 주도한 이와 같은 조직적인 행위가, 포르투갈의 항해 탐험 성과를 풍성하게 하여, 모든 나라들을 앞서나가게 했다.

통일한 후 포르투갈이 매우 빠르게 해양으로 눈길을 돌린 까닭은, 유리한 국제적 조건뿐 아니라, 유리한 국내적 요소도 있었다. 국내적 조건을 보면, 비록 당시 포르투갈 사회는 모순이 가득했고, 확장이 유일한 선택도 아니었지만, 총체적으로 보면 확장이 각 계급의 이익에 부합했다. 먼저, 보통 사람들은 확장을 일종의 이민 형식으로 삼아, 압박하는 제도에서 벗어날 수 있었을 뿐 아니라, 비교적 좋은 생활 조건을 추구할 수도 있었다. 다음으로, 선교사와 귀족에 대해서 말하자면, 확장하면 명예와 부를 추구할 수 있었고, 기독교를 전파함과 동시 토지를 점령할 수 있었다. 셋째, 상인들에 대해 말하자면, 확장은 그들이 오랜 시간 동안 해외 상업무역을 확대하고 싶어 했던 바람에 부합했다. 넷째, 국왕에 대해 말하자면, 확장은 전통을 계승하고 통치의 위엄과 명망을 높이는 중요한 기회임과 아울러, 새로운 재원(財源)을 확보할 수도 있었다. 포르투갈 통치자의 강한 확장 의지는 확장을 추진하는 가장 중요한 힘이었다. 대체적으로 말하자면, 다음과 같은 네 가지 원인이 포르투갈 통치자의 대외 확장을 재촉했다.

첫째, 정복의 필요성이다. 근대 초기의 포르투갈은 아직 적지 않은 중세

엔리케 왕자(1394~1460년)는, 전체 이름이 돈 알폰소 엔리케로, 포르투갈의 왕족이다. 항해학교를 설립하고 항해 사업을 지지했기 때문에, 유럽인들에게 "항해 왕자"라는 존칭으로 불린다.

의 풍습이 남아 있었다. 그 중 한 가지 주요 특징은 바로 기사 계층이 숭배하는 십자군 정신이었다. "이 때문에 이슬람교 및 기타 일체의 외래 종교의 사물을 원수처럼 여겨 배척하고, 무력의 수단으로 종교적인 차이를 해결하고, 정복 전쟁으로 부를 취득하던 기사의 풍습은, 그에 뒤따르는 해외 확장에 깊은 인상을 남겨놓았다."[8]

둘째, 기니의 황금을 찾는 것이었다. 황금은 포르투갈인이 추구하는 주요 목표였으니, 그들은 최초로 금을 찾으려는 생각을 품고 아프리카 서부 해안으로 갔다. 당시 전체 유럽, 특히 포르투갈은 황금 부족으로 곤란을 겪고 있었는데, 주요 원인은 황금이 끊임없이 수에즈 운하 지역을 통해 인도와 인도 이동(以東) 지역으로 흘러간 것이다. 포르투갈에서는 황금이 부족한 데다, 이미 화폐의 황금 순도를 낮추는 정책을 실행하고 있었기 때문에, 화폐의 결함과 무역 장애라는 이중의 곤란을 초래했다.

셋째, 사제 왕 요한(Presbyter Johannes)의 영향이다. '사제 왕 요한'은 12세기부터 15세기까지 아메리카를 발견하기 전의 서양 역사에서 서양인의 사고방식에 영향을 미쳐, 해양 탐험에 중요한 역할을 했다. 이어진 지리상의 대발견에서, 그는 포르투갈이 대양으로 용감하게 나아가도록 고무시키는 정신적 동력이 되었다.

....
8 陆鸿基,「利玛窦来华的欧洲史背景」,『鼎』1983年 第12期, 82쪽.

넷째, 포르투갈의 향료에 대한 탐구와 향료 무역에 대한 독점이다. 향료무역은 초기의 동·서양 무역에서 중요한 지위를 차지했다. 포르투갈 국왕요한 2세 시대에, 포르투갈인은 사제와 아시아의 향료를 찾는 일을 한데 결합했다.

포르투갈의 항해의 대발견은 포르투갈 국왕 주앙 1세의 아들인 엔리케왕자의 추동과 불가분의 관계가 있다. 어느 정도는 엔리케 왕자가 포르투갈의 항해 사업을 창시했다고 할 수 있다.

엔리케 왕자가 일거에 명성을 떨치게 된 것은 세우타(Ceuta) 전투이다. 1415년, 국왕인 주앙 1세는 왕자를 함께 데리고 가서, 대규모의 육군과 해군을 투입하고, 대량의 군함을 출동시켜, 지브롤터 해협 남안의 세우타 성을 신속히 점령했다. 세우타 전투는 포르투갈이 해양으로 확장하는 시작이었다. "세우타를 점령한 것은, 포르투갈인이 항해의 대발견을 하는 데에 매우 중요한 작용을 했다. 이는 포르투갈이 영토 점령을 위해 매진하는 첫걸음이었을 뿐만 아니라, 점령한 이 성은 유럽의 판도 밖에 있었는데, ……포르투갈 국왕이 모로코 지역 연해의 커다란 영토를 점령한 한 가지 중요한 목적은, 바로 15~16세기에 이곳에 비교적 큰 군사훈련 기지 한 곳을 건설하여, 향후 동쪽으로 확장하기 위한 기초를 다지려는 것이었다."[9]

1418년, 소년 엔리케는 육지 전쟁의 생애를 포기하고, 해양에 대해 깊은 흥미를 갖게 되었다. 이후 그는 모든 시간과 정력을 해양 사업에 투입했다. 이를 위해 그는 수도 리스본을 떠나 포르투갈 최남단의 사그레스로 갔다. 여기에서 그는 항해학교 설립을 주도하여, 항해·천문·지리 등의 지식을 가르쳤고, 천문대와 도서관을 건립하여 천문·해양 지식을 가르쳤다. 또 사그레스 동쪽 20킬로미터 지점에 있는 라고스에 항구와 조선소를 건립했다. 그는 이탈리아와 제노바에서 수많은 항해 인재들을 끌어모아 자신을 위해 일하게 했는데, 이들은 당시의 지구에 대한 거의 모든 자료를 수집하여, 포

9 CCTV《大国崛起》프로그램 팀 편저:『葡萄牙·西班牙』, 中国民主法制出版社, 2006年版, 22쪽.

르투갈의 항해 탐험을 위해 충분한 준비를 했다.

엔리케 왕자의 영도와 독려로, 포르투갈의 항해 사업은 신속히 발전하여, 대서양에서 일련의 성과를 거두었다. 1420년, 포르투갈은 첫 전투에서 승리를 거두고, 자원이 풍부한 마데이라 군도를 점거했고, 이어서 1432년에는 아조레스 군도에 도착했다. 이 섬들을 점령한 후, 엔리케 왕자는 봉건 제도에 따라 이 섬들을 발견자에게 분봉했다. 섬을 점유한 자는 이들 작은 섬에 주민을 이주시켜 농사를 짓기 시작했고, 수확한 후에는 국가에 많은 세금을 납부하기 시작했다. 이러한 작은 섬들은 당연히 포르투갈의 식욕을 만족시키지 못했다. 그들은 계속 남하하려 했다. 1441년, 포르투갈인은 아프리카에 도달하여, 아프리카 영토를 점거하고 아프리카의 부를 약탈하기 시작했는데, 죄악의 노예무역이 이때부터 시작되었다.

1445년, 엔리케 왕자의 탐험가들이 중요한 성과를 거뒀다. 그들은 사막 해안을 거쳐 물산이 풍부한 서아프리카 해안에 도착했고, 1456년는 다시 카보베르데 군도에 도달했다. 이렇게 십수 년의 항해를 거쳐, 포르투갈은 마침내 아프리카의 녹색 국가인 시에라리온에 도달했다. 엔리케가 사망했을 때, 포르투갈이 차지한 지도상의 아프리카 서해안은 이미 4천 킬로미터에 달했다. 이뿐 아니라, 엔리케 후기에 대량의 섬과 아프리카의 토지가 발견된 뒤에, 왕자의 함대는 이미 탐험에 만족하지 못하고, 발견한 곳에 대한 탐사를 진행하여, 황금을 찾아내고 부를 약탈하면서 탐험과 식민을 결합시켰다. 엔리케는 또한 개인적 탐험을 장려했는데, 그는 독창적으로 서아프리카에 대한 모험적 선박에 대해 세금 징수를 면제해주는 제도를 만들어, 모든 사람들의 탐험이 한층 더 발전하도록 자극했을 뿐 아니라, 또한 자신의 진일보한 탐험을 위해서 부를 축적했다.

(2) 희망봉의 발견

포르투갈의 해양 탐험사에서, 희망봉의 발견은 가장 상징적인 의의를 갖는 사건으로, 다년 동안 포르투갈이 해양을 통해 동방 항로를 개척한 노력이 유익한 성과를 거두었다는 것을 의미할 뿐 아니라, 또한 희망봉의 발견은 동방 항로를 여는 중요한 전환점이 되었다.

포르투갈의 아프리카 서해안에서의 탐험은 희망봉을 발견하기 위한 일정한 조건을 창조했다. 엔리케 왕자가 60세이던 그 해에, 오스만 제국이 갑자기 굴기하여 유라시아와 북아프리카를 뛰어넘어, 원래의 서유럽이 동양으로 통하던 향료 무역로를 차단했다. 한때 오스만 제국과 맞설 힘이 없던 유럽은 반드시 동양으로 통하는 새로운 항로를 찾아야 했다. 지리적 요인의 영향으로 인해, 이 역사적인 임무는 맨 먼저 포르투갈에게 주어졌다. 이때의 포르투갈 국왕인 주앙 2세가 막 등극했는데, 그는 매우 재능이 뛰어난 사람으로, 인도로 통하는 새로운 항로를 찾는 일을 국가적 사명으로 결정했다. 그의 영도하에, 포르투갈의 해양 탐험은 다시 새로운 시대를 맞이했다.

1481년 12월, 주앙 2세는 아잠부자(Diogo de Azambuja)를 파견하여 탐험하게 했다. 이듬해에 그들은 오늘날의 가나(당시에는 '황금해안'으로 불림) 연해에 도착했는데, 여기에 황금 매장량이 풍부하다는 것을 발견했다.[10] 포르투갈은 여기에 성 조르제 요새(São Jorge Castle)를 건립하여, 해양 탐험을 더욱 진행하기 위한 기지로 삼았다. 1486년 10월 10일, 포르투갈 국왕 주앙 2세는 디아스(Bartholomeu Diaz)를 탐험대장에 임명하여 탐험대를 이끌고 아프리카 대륙의 해안을 따라 항해하도록 했는데, 그 목적은 아프리카 대륙을 우회하여 인도에 이르는 무역 항로를 찾는 것이었다.

1487년에 디아스는 자신의 탐험대를 인솔하고 아프리카 대륙 최남단을 우회하는 항로를 찾아 나섰다. 탐험대는 리스본에서 출발한 뒤, 서아프리카 해안을 따라 남하하여, 포르투갈이 아프리카 해안에 설치한 마지막 거점인 황금해안의 에르미나에 도달했다. 탐험대는 에르미나로부터 계속 항해하여 열대 아프리카에 도착함과 동시에 비석을 하나 세웠다. 1487년 12월, 탐

10 唐晋 主编, 『大国崛起』, 人民出版社 2007年版, 32쪽.

포르투갈의 항해가 바르톨로메우 디아스는 1488년에 처음으로 남아프리카의 희망봉에 도달했다.

험대는 콘세이상만(지금의 월비스만 Walvis Bay)에 도착했다. 계속해서 오랜 시간 동안 항해한 후, 지금의 희망봉 부근에서 탐험대가 폭풍을 만났기 때문에 파도에 의해 남쪽으로 밀려나면서 해안선에서 멀어졌다. 폭풍이 끝나기를 기다린 다음, 디아스 탐험대는 동쪽으로 항해했지만, 원래 남북으로 뻗어 있는 아프리카 대륙의 해안을 다시 찾을 수는 없었다. 그리하여 탐험대는 북쪽으로 방향을 바꾸어 항해한 끝에, 1488년 2월 3일에 해안선이 다시 나타났고, 그들은 아프리카 남단에서 현지의 토착 유목민을 만났다. 그래서 이 만(灣)을 '상브라스(São Bras, 후에 '모셀 베이Mossel Bay'라고 부름)라고 명명했다. 이 만으로부터 계속 동쪽으로 향하자, 해안선이 점차 동북쪽에 있는 인도로 향하면서, 인도로 통하는 새로운 항로를 열었다.

1488년 3월 12일, 디아스의 탐험대는 이 항해의 가장 먼 곳인 부쉬맨강(Bushman's River) 하구의 콰이후크(Kwaaihoek)에 도착함과 아울러, 두 번째 돌비석을 세웠다. 디아스는 계속해서 인도까지 항해하려고 했지만, 선원들이 이를 거절하는 바람에, 디아스는 어쩔 수 없이 귀항했다. 귀항하는 도중에 탐험대는 다시 처음에 폭풍을 만났던 곳을 지나게 되었는데, 그는 그곳을 "폭풍의 곶(Cape of Storms)"으로 명명함과 아울러, 세 번째 돌비석을 세웠다. 1488년 12월, 16개월의 기나긴 항해를 거쳐 디아스 탐험대는 리스본 항으로 돌아왔다. 이 항해에서 디아스는 항로를 1,260마일로 확대했다.

디아스의 이번 탐험은 중대한 의의가 있었는데, 바람과 파도가 비할 데 없이 험악했던 "폭풍의 곶"은 포르투갈 국왕 주앙 2세에 의해 "희망봉"으로 개명되었다. 왜냐하면 이는 포르투갈이 수없이 찾아 나섰던 결과로서, 동방 항로를 여는 데 성공한 아름다운 희망을 대표했기 때문이다. 희망봉의 발견은 세계 역사상 처음으로 대서양과 인도양의 해상 통로를 열었으며, 유럽이 이슬람 세계를 우회하여 인도와 아시아의 다른 지역과 직접 무역을 할 수 있다는 것을 상징했다. 디아스가 희망봉 발견한 지 10년 후, 포르투갈은 다시 그의 족적을 따라 인도양으로 탐험대를 파견했다.

(3) 인도양 항로를 열다

디아스가 희망봉 발견에 성공한 것은, 후세 사람들이 그의 족적을 따라 전진하여 인도 항로를 여는 기초를 다져주었으며, 자신감도 높여 주었다. 같은 시기, 스페인 왕실의 지원을 받는 콜럼버스가 1492년에 아메리카 신대륙을 발견했다. 스페인과의 신대륙 관할권에 대한 쟁탈전은 포르투갈을 크게 자극했다. 포르투갈은 인도로 통하는 해상 활동 탐색에 속도를 높이기로 결심했다. 그리하여 왕실은 나이가 젊고 힘이 넘치는 데다 모험 정신과 지도력이 풍부한 귀족 자제인 바스코 다 가마(Vasco da Gama)를 선발했다.

1497년 7월 8일, 중대한 임무를 띤 다 가마는 리스본에서 출발하여, 인도로 통하는 탐험 항로에 올랐다. 이 항해에서 그는 4척의 배와 170여 명의 선원을 인솔하여, 10년 전에 희망봉을 발견한 항로를 따라 나아갔다. 망망대해에서 탐험대는 우여곡절을 겪으면서 동쪽으로 내달렸다. 4개월의 항해를 거쳐, 4,500여 해리를 항해한 후에, 탐험대는 희망봉과 인접한 세인트헬레나만에 도달했다. 여기까지 항해하고 나자, 선원들은 이미 기진맥진하여 리스본으로 돌아가자고 계속해서 요청했다. 그러나 다 가마의 의지는 매우 굳건하여, 계속 나아가겠다고 고집을 부리면서, 인도를 찾지 못하면 결코 중단하지 않겠다고 선언했다. 바로 그의 의지에 따라, 탐험대는 마침내 풍랑이 위험한 해역을 돌파하고, 희망봉을 우회하여, 서인도양의 아프리카 해안으로 나아갔다. 여기에서 그들은 운이 좋게도 경험이 풍부한 항해사인

바스코 다 가마(1469~1524년)는 포르투갈의 탐험가이자, 역사상 최초로 유럽에서 인도까지 항해한(1498년) 사람이다.

아흐마드 이븐 마지드(Ahmad ibn Mā-jid)를 만났다. 마지드의 도움으로 탐험대는 1798년 4월 24일에 마린디에서 항해를 시작하여 인도양의 계절풍을 타고, 마지드가 잘 알고 있는 항로를 따라 23일간 항해한 끝에, 아라비아해를 통과하고, 드넓은 인도양을 순조롭게 횡단한 다음, 5월 20일에 인도 남부의 큰 상업 항구인 캘리컷(Calicut)에 도달했다.

캘리컷의 번화함과 발달한 모습은 다 가마가 예상했던 것과는 달랐다. 그가 가져온 조악한 선물과 물건들은 비웃음을 샀다. 그러나 다 가마는 공을 세우지 않고는 돌아가고 싶지 않았다. 그래서 무력으로 현지에서 매우 많은 보석과 향료를 약탈했다. 비록 탐험대가 귀항할 때 큰 손실을 입고, 죽거나 부상당한 선원들이 매우 많았지만, 이번 항해는 오히려 포르투갈 왕실을 기대 이상으로 기쁘게 만들었는데, 그 이유는 가지고 돌아온 향료 등의 화물로 유럽에서 얻은 이익이 이번 원정 비용의 60배나 되었기 때문이다.

인도양의 새로운 항로 개척은 대서양·인도양 및 서태평양을 뛰어넘어, 유럽·아시아·아프리카 3대륙을 한데 연결하는, 세계에서 가장 중요한 해상 통로가 되었다. 훗날 수에즈 운하의 개통이 동·서양의 거리를 크게 단축했지만, 동·서양을 왕래하는 대형 화물선은 여전히 다 가마가 개척한 항로로 다녔다. 새 항로의 발견은 포르투갈에 대해 말하자면 매우 큰 의의가 있었다. 동양에서 대량의 부가 끊임없이 포르투갈로 유입되면서, 포르투갈의 수도 리스본은 매우 빠르게 서유럽의 해외 무역 중심지가 되었다. 수많은 상인·선교사·탐험가들이 이곳에 모여들었고, 향료·보물 및 황금을 약탈하러 이곳에서 인도와 동양으로 항해를 시작했다.

인도양 항로를 여는 데 성공한 후, 포르투갈인은 계속 서태평양으로 용감하게 나아갔다. 여러 차례의 노력을 거쳐, 1511년에 전략적 요충지인 말라카를 점령했고, 이어서 다시 콜롬보·자바·인도네시아 등의 향료 생산지를 점령하여 지배했다. 1522년 9월, 3년 12일 동안의 목숨을 건 투쟁을 거쳐, 포르투갈의 또 한 명의 위대한 항해가인 마젤란의 탐험대가 스페인으로 돌아오면서, 인류 역사상 최초로 서쪽에서부터 동쪽으로 세계를 일주하여 항해하는 장거를 완성했다. 이리하여 포르투갈의 해상 패권은 이번의 완벽한 세계 일주 항해로 절정에 이르렀다.

3. 포르투갈 식민제국의 건립

포르투갈의 해양 탐험 과정은 식민제국을 건립하는 과정이기도 했다. 특히 인도양 항로의 발견으로, 포르투갈은 아프리카·아시아·아메리카에 걸친 거대한 식민제국을 빠르게 건립했다. 포르투갈의 동방 식민제국은 호르무즈·고아를 전략적 근거지로 삼아, 인도양의 동아프리카 연안과 인도 연안에 거점을 세워, 전체 인도양의 제해권을 장악하고, 홍해와 페르시아만 입구를 봉쇄했다. 또 계속해서 말라카·샴·수마트라·향료 군도·벵골 및 나가사키 등지를 침략하여 점거함으로써, "이 제국을 동서로 140도 경도에 걸치게 했으며, 리스본에서 출발하면 70도의 위도를 넘어야만 희망봉에 이를 수 있게 했다. 희망봉에서부터 페르시아만에 이르는 항로는 4,000마일이었고, 페르시아만에서부터 카니아쿠마리(인도 남부에 있는 도시-역자)·벵골·말라카·자바를 거쳐 트르나테섬(인도네시아 동부에 있는 섬-역자)까지의 거리는 1만 5,000마일에 달했다."[11] 포르투갈 식민제국의 건립은 무역·약탈, 심지어

---

11 李景全 等, 『日不落之梦』, 时事出版社 1989年版, 42쪽.

전쟁까지 수반했는데, 한 역사학자가 한 말과 같다: "처음에 테주강 입구에서 신비한 먼 곳으로 항해를 시작한 포르투갈 탐험선은 단지 새로운 땅을 발견하려 했고, 두 번째 탐험선 또한 새로 발견한 국가와 평화로운 무역을 하려고 했는데, 세 번째가 되자 이미 완전 무장을 했다." "왜냐하면 포르투갈이 남아시아와 극동에 온 것은 무역을 위해서였기 때문에, 분명히 그들에 대해 말하자면, 이러한 전략적 의의를 갖는 상업 중심지들을 먼저 점령하지 않으면, 그들은 조국과 멀리 떨어진 세계의 이 지역에서 그러한 무역의 안전을 보장할 수 없었기 때문이다. 따라서 정복은 반드시 무역과 보조를 맞추어야 했다."[12]

(1) 황금 약탈과 노예무역

부와 명예는 줄곧 포르투갈이 해외로 확장하는 두 가지 주요 동인이라고 여겨졌다. 실제로도 그러했으니, 아프리카의 황금과 동양의 향료는 포르투갈인의 눈에는 부의 주요 목표였다. 대대적으로 아프리카의 황금을 약탈하고, 죄악의 노예무역을 진행함으로써, 포르투갈은 짧은 시간 내에 막대한 부를 모아, 당시 서양에서 가장 부유한 국가가 되었다.

아프리카 서해안을 탐색한 1442년에, 포르투갈인은 현지인과의 교역을 통해 처음으로 금사(金沙: 금을 함유한 모래-역자)를 획득했다. 이후 교역·황금 약탈 및 흑인 노예 매매는 줄곧 그들의 해양 탐험을 수반했다. 엔리케 왕자 시기만 해도, 수량을 헤아릴 수 없는 금사가 서아프리카에서 포르투갈로 운반되었다. 엔리케가 살아 있을 때, 남아 있던 금은 18년이나 더 사용했다. 엔리케 왕자 시기부터, 포르투갈인은 아프리카의 황금 생산지로 통하는 해양 통로를 찾으려고 했을 뿐만 아니라, 또한 이 통로를 이용하여 베니스 상인이 가지고 있던 기존의 독점적 지위도 깨부수려고 했다. 먼저 서아프리카에서, 포르투갈은 무어인과 끊임없는 쟁탈과 투쟁을 벌였는데, 1450

---

12 张天泽, 『中葡早期通商史』, 中华书局有限公司 1988年版, 70~71, 72쪽.

년부터 1550년까지 대략 100년 동안에, 포르투갈인은 서아프리카의 황금 무역에서 줄곧 우위를 차지했다.

기니의 황금해안에서, 포르투갈인은 처음에는 여전히 평화로운 방식으로 현지의 흑인과 무역을 했지만, 얼마 지나지 않아 포르투갈인은 무역에만 의지해서는 결코 자신의 요구를 완전히 만족시킬 수 없다는 것을 느끼자, 어쩔 수 없이 무력을 사용하는 것으로 방향을 바꾸었다. 아프리카라는 이 새로운 땅에서 근거지를 찾아, 스페인인과 기타 유럽의 침입자들이 황금 무역에 손을 대는 것을 방지함과 동시에, 현지의 흑인 부족들로 하여금 두려워 떨게 만들기 위해, 포르투갈은 먼저 아프리카의 해안에 상업사무소를 세운 다음, 다시 상업사무소를 확장하여 성곽을 건립했다. 1482년부터 1503년까지, 포르투갈인은 아프리카 서해안에서 잇달아 엘미나(Elmina)의 세인트 조지성과 악심성을 건립하고, 그들의 후계자인 네덜란드인이나 영국인과 마찬가지로, 포르투갈인은 이러한 성루 요새를 이용하여 구리 그릇·레이스·구슬·방직품 및 기타 상품으로 아프리카의 떠돌이 장사꾼들과 황금·상아 및 노예를 교환했다. 포르투갈인은 또한 성루 요새를 이용하여 주변 주민에게 선교했는데, 1482년 이후에는 은격나불(恩格那佛: 정확한 아프리카 지명을 알 수 없음-역자) 지역에서 많은 현지 주민들이 천주교로 개종했다. 1503년, 부근의 아프리카 국왕도 천주교로 개종했다. 전체 17세기 동안, 기니에서 수입한 황금은 포르투갈의 국가 재정에서 중요한 역할을 했다. 세인트 조지성에서 수입한 황금은 포르투갈 전체 재정수입의 거의 4분의 1을 차지했다. 1480년대 중반에는, 매년 평균 13척의 배가 리스본과 엘미나의 세인트 조지성 사이를 왕래했는데, 1487년부터 1489년까지만 해도 대략 8,000온스의 황금이 리스본으로 운송되었고, 1494년부터 1496년까지는 대략 2만 2,500온스의 황금이 포르투갈로 실려 왔으며,[13] 최고에 달한 시기는 1521년과 1530년대로, 매년 1,100마르크 정도였다. 다른 통계에 따르면,

---

13 顾为民, 『"以天主和利益的名义"一早期葡萄牙海洋扩张的历史』, 社会科学文献出版社 2013年版, 12쪽.

엔리케 2세부터 마누엘 1세 시대까지, 즉 1481년부터 1521년까지의 40년 동안에, 왕실은 매년 세인트 조지성에서 1,500~1,800마르크의 황금을 수입했다.[14] 이 시기에 왕실은 종교권을 보호한다는 명분으로 교회와 수도원에 대한 자금 지원을 크게 증대시켰다. 그래서 한때 교회와 수도원 내의 성물실(聖物室)에는 황금으로 장식한 종교 기물들, 예를 들면 황금과 진주로 장식한 십자가·성물함 등이 대폭 증가하기도 했다.

서아프리카 해안의 황금을 약탈함과 동시에, 포르투갈은 또한 최초로 흑인 노예무역을 시작했다. 1440년대부터 엔리케는 대규모로 아프리카 노예를 포획하기 시작했다. 1551년, 리스본에는 60~70개의 노예시장이 있어, 공개적으로 매매 활동을 함으로써, 당시 유럽 최대의 노예무역 중심지가 되었다. 아프리카 흑인 노예를 판매하는 것은 역사적으로 식민자가 상당히 오랫동안 아프리카를 약탈하는 주요 형식이었다. 1550년부터 1850년까지, 포르투갈 식민자들이 앙골라에서 약탈한 전체 노예의 5분의 4를 브라질 등지로 싣고 가서, 커피·담배 및 사탕수수를 재배하는 농장주에게 팔아넘겨, 힘든 노역에 종사하게 했다. 아프리카에서 약탈한 대량의 흑인 노예는 포르투갈 정부에게는 충분한 가치가 있는 상품이었을 뿐 아니라, 엄청난 이익도 얻게 해주었다.[15] 포르투갈 식민제국의 번영은 야만적인 노예무역의 기초 위에서 건립된 것이라고 할 수 있다.

처음에 포르투갈인은 사하라 연해 지역의 흑인 거주지를 약탈하여 노예를 공급했는데, 이러한 약탈은 항상 아무런 무기도 갖지 않은 가정이나 무방비 상태의 마을을 대상으로 이루어졌다. 1482년, 포르투갈 식민자들은 서아프리카 국가인 가나의 해변에 아름다운 흰색 건물, 즉 엘미나성을 건설했는데, 이는 포르투갈 식민자가 아프리카에 건립한 첫 번째 노예 판매의 거점으로, 현지인들은 이를 "노예성"이라고 불렀다. 역사학자 주랄라(Gomes Eanes de Zurara)는, 아프리카 연해 지역에서의 노예 포획이, 많은

---

14 위의 책, 18쪽.
15 孔庆榛,「葡萄牙殖民帝国的兴衰」,『历史教学』1990年 第6期, 34쪽.

포르투갈인들로 하여금 이익을 도모할 수 있다고 느끼게 해주었기 때문에, 그들은 적극적으로 남부 아프리카 연해로 가는 항해를 조직했으며, 그들은 또한 이들 새로운 미지의 민족을 약탈하려고 했는데, 이 과정에서 포르투갈인들은 많은 흑인 노예를 포획했을 뿐만 아니라, 아프리카 연해에 대한 지리 지식도 쌓았다.

1530년대에, 포르투갈은 브라질에서 봉건적인 색채가 농후한 식민 통치를 실시했다. 13개의 총독부를 설치한 다음, 다시 브라질을 남·북 양대 행정구역으로 분리했으며, 포르투갈 국왕이 임명한 총독이 브라질에서 최고 통치권을 행사했다.

(2) 인도를 정복하다

인도의 향료 무역을 장악하려면, 평화적인 무역이라는 수단만으로는 결코 목적을 달성할 수 없었다. 첫째는, 포르투갈 자신이 무역을 통해 교환할 매력 있는 제품이 부족하여, 만약 공평하고 자발적인 원칙에 따른다면 포르투갈은 거의 승산이 없었다. 둘째는, 포르투갈이 이 지역의 무역을 독점하고, 독점적 지위를 유지하여, 다른 세력의 경쟁력을 감소시키려면, 강대한 군대의 보호가 필요했다. 따라서 다 가마가 인도를 발견한 후, 포르투갈 국왕 마누엘은 이어서 또 다른 원정대를 파견했는데, 그 목적은 명백히 탐험이 아니라 인도를 정복하여 향료 무역을 장악하는 것이었다.

다 가마가 처음에 인도에 감으로써, 포르투갈은 당시 아시아 인도양의 무역은 지역 간에 물물교환 형식으로 진행되며, 이는 독특하고 복잡한 상업망이라는 점을 알았다. 이 상업망의 기본 유형은 다음과 같았다: 인도가 방직품을 이용하여 동아프리카의 황금과 상아를 교환하고, 이것으로 인도네시아인과 향료로 교환한다. 그런데 처음으로 인도에 온 포르투갈인은, 유럽의 구리와 아프리카의 황금을 제외하면, 자신은 이 상업 체계에서 교환할 수 있는 어떤 가치 있는 상품도 없다는 것을 알았다. 이런 상황에서 그들이 아시아 무역 체계에 진입하려면, 무력을 사용할 수밖에 없었다.

1500년 9월, 마누엘이 파견한 페드루 알바레스 카브랄은 군함 20척, 수백 명 훈련된 선원, 1,500명의 완전무장한 사병, 200명의 포수와 각 분야 기술자들을 인솔하고 가서,[16] 서아프리카 연안과 말라바(Malabar) 해안을 신속히 장악하고, 아프리카 동해안의 킬와(Kilwa)와 모잠비크에 군사 요새를 건설함과 동시에, 인도의 코친(Kochin)과 칸나노르(Cannanore)의 목조(木造) 요새를 석조(石造) 요새로 다시 짓고, 향료 매입처를 설립하여, 동방 향료 무역을 독점하려고 시도했다. 인도의 캘리컷이라는 이 유명한 무역 중심지에 도착한 후, 대규모의 이슬람 상인들에게 배척당하고, 그들이 매입처를 습격하자, 카브랄은 곧 캘리컷을 포격하여, 무고한 선원 600명을 살해했다. 이는 포르투갈인과 현지인·무슬림 사이에 오랫동안 이어져 온 원한을 격화시켰다. 그러나 카브랄의 행위는 캘리컷 토후국의 왕인 자모린과 대대로 원한 관계에 있던 코친 등 작은 나라들의 환영을 받았고, 그들은 카브랄에게 많은 향료를 팔아주었다. 인도인 내부의 갈등을 이용하여, 카브랄은 인도에서 장기적인 무역과 무장의 거점을 건립했다.

　　1502년, 다 가마는 두 번째 인도 출정에 나섰다. 이번 다 가마의 탐험대는 20척으로 구성되었고, 그중 15척은 대형 포로 무장했는데, 목적은 동아프리카와 인도의 서해안에 포르투갈의 통치를 확립하는 것이었다. 10월 30일, 다 가마는 캘리컷에 와서, 현지 향료 무역을 독점하겠다고 제기하면서, 현지 어민을 죽이고, 다시 캘리컷 전체를 포격했다. 그런 다음, 그는 코친에 와서 현지의 통치자와 포르투갈에 매우 유리한 무역 협정을 체결했다. 1503년 2월, 다 가마는 향료를 가득 싣고 귀국했다. 다 가마가 떠난 후, 그가 남겨놓은 5척의 선박은 아랍의 선박을 약탈하고 이집트와 인도 사이의 무역을 파괴하는 임무를 맡았는데, 이는 포르투갈은 물론이고 유럽인이 아시아에 배치한 최초의 장기 주둔 함대였다. 1502년부터 1505년까지, 마누엘은 여러 차례 함대를 파견하여 해양에서 아랍인의 상선을 가로막음으로

---

16 王加丰, 『西班牙·葡萄牙帝国的兴衰』, 三秦出版社 2005年版, 47쪽.

써, 자신의 향료 무역에 대한 독점을 보장했다.

다 가마 이전에, 육로로 매년 아시아에서 유럽으로 들어간 각종 향료는 모두 350만 파운드에 달했는데, 포르투갈이 향료 무역을 장악한 후에는 육로를 통해 유럽으로 들어간 향료가 매년 평균 100만 파운드에도 미치지 못했다. 포르투갈인은, 인도의 향료 무역을 독점하려면 반드시 군대가 보호하고 정복해야 한다고 여겼으므로, 인도 총독이라는 직책을 설치했다. 1505년 3월 25일, 새로 부임하는 인도 총독 알메이다가 포르투갈의 무장 함대를 인솔하고 인도로 갔는데, 함대는 20척의 함선으로 구성되었으며, 배에는 적어도 1,500명의 사병과 200명의 포수가 탑승하고 있어, 규모가 매우 방대했다. 이 함대의 주요 임무는 매우 명확했는데, 그것은 바로 인도와 아프리카의 모든 무슬림 상업 도시를 공격하는 것이었고, 그 목적은 이 도시들을 인도의 거점으로 만드는 것이었다. 그런 다음, 거점들마다 보루를 건설하고, 방어시설을 설치하여 군대를 주둔시켰다. 주둔군에 의지하여 포르투갈은 이들 상업 도시의 입지를 확고히 함과 동시에, 지브롤터부터 싱가포르에 이르는 모든 해협을 봉쇄하고, 해양 항로를 장악하여, 다른 나라의 통상도 금지할 수 있었다.

전체 인도양 무역을 장악하기 위해, 제2대 인도 총독인 알부케르크는 무슬림을 향료 운송 과정에서 완전히 배제하기로 결심하고, 그는 인도양을 장악하려는 웅대한 계획을 제정했다. 이 계획을 실행하기 위해, 그는 중요 도시인 고아를 두 차례 공격하여 점령함과 아울러, 총독부를 이곳으로 옮기고, 고아를 유럽풍의 도시로 변화시켰는데, 여기에 유럽식 건물을 세우고 유럽 문화를 전파함으로써, 고아를 동양 식민 통치의 최고 사령부로 바꿔놓았다.

인도양의 범위는 매우 광대하기 때문에, 홍해가 하나의 중요한 통로였다. 포르투갈 국왕은 이렇게 생각했다: '홍해 해구나 그 부근에 군사 요새를 건립하는 것보다 더 중요한 것은 없으며, ……이곳을 봉쇄하면, 그들은 다시는 어떤 향료도 술탄의 영토로 운송할 수 없어, 인도인은 더는 우리 이외의 어떤 사람과도 무역을 하려고 환상할 수 없을 것이다.'[17] 홍해를 봉쇄하기 위해서는 일련의 중요한 도시들을 점령해야 했다. 1506년, 알부케르크는 아덴만의 소코트라섬을 점령했고, 1507년에는 다시 호르무즈섬을 점령함과 동시에 이 도시를 차지했다. 바로 이렇게, 포르투갈인은 군사적 우세에 의지하여 동양의 향료 무역을 한층 더 독점할 수 있었다.

인도양 무역을 완전히 독점하기 위해서는, 반드시 인도양을 운항하는 상업 경쟁자들의 선박을 물리쳐야 했다. 일찍이 1502년, 다 가마가 두 번째로 인도양을 항해할 때, 메카에서 성지 순례를 하고 돌아오는 캘리컷 선박 한 척을 습격하여, 배에 실려 있던 재물을 약탈하고, 승객을 불에 태워 죽이거나 물에 빠뜨려 죽인 적이 있는데, 부녀자와 어린이 및 노인을 포함해서 380여 명이나 되었다.[18] 포르투갈인은 인도양에서 마음대로 횡포한 짓을 저질러, 다른 나라와 상인·상업단체의 이익을 심각하게 훼손하면서, 인도양의 자유 항해와 자유무역의 질서를 파괴함으로써, 다른 나라들의 강한 불만을 샀다. 그리하여 피해가 가장 심각했던 이집트 맘루크 왕조의 술탄과 인도의 국왕은 디우(Diu)를 기지로 삼아, 연합함대를 창설하여, 포르투갈인을 인도양에서 몰아내려고 시도했다. 1509년 2월 3일, 디우 해전이 시작되었다. 포르투갈의 지휘자는 알메이다 총독이었고, 그는 18척의 배를 통솔했는데, 5척의 대형 카라크(carrack) 범선, 4척의 소형 카라크 범선, 6척의 캐러벨(caravel) 범선과 3척의 기타 작은 선박들이 포함되어 있었고, 대략 1,800여 명의 포르투갈 사병과 400명의 코친 토착병들이 이집트와 구자라트 연합함대를 맞아 싸웠다. 그런데 비록 이집트와 구자라트의 연합함대는 전함의 수량에서는 우세했지만, 대다수가 소형 선박이었고, 대형 선박은 12척뿐이었으며, 기술과 장비가 포르투갈보다 훨씬 낙후되어 있었다. 포르투갈은 대포와 병사에서 모두 우세했다. 대포는 구경(口徑)이 컸고, 포

17 K. N. Cuaudhari, *Trade ande Civilisation in the Indian Ocean: An Economic History from the Rise of Islam to 1750*, Cambridge University Press, 1985, p. 68.
18 王加丰, 『西班牙·葡萄牙帝国的兴衰』, 三秦出版社 2005年版, 47쪽.

수는 훈련이 잘되어 있었으며, 군함도 더 견고했다. 카라크 범선의 개량은 해상 전쟁에 새로운 개념을 가져다주었는데, 해양 전쟁은 더는 두 척의 선박 간에 칼이나 창 같은 단거리 무기를 가지고 맞붙어서 싸우거나 서로 화살을 쏘며 싸우는 형식이 아니라, 더욱 센 위력을 가진 대포 전쟁으로 바뀌었고, 또한 훗날의 전투함을 파생시켰다. 이 전쟁의 결과는 실력이 강대한 포르투갈 군대의 승리로 끝났다.

디우 해전은 포르투갈에게 중대한 의의가 있었다. 즉 포르투갈인이 인도양의 제해권을 장악하게 해주었고, 몸바사·소코트라·호르무즈·고아·실론 및 말라카를 포함하는 인도양 지역의 중요한 무역 항구를 통제할 수 있게 해주어, 인도양을 제패하기 시작했고, 아울러 이후 1세기 가까이 인도양 지역의 무역을 주도할 수 있게 해주었다.

(3) 말라카를 점거하다

인도의 중요한 일부 항구들을 점령한 후, 포르투갈은 다시 거대한 전략적 의의를 지닌 말라카로 눈길을 돌렸다. 말라카는 동서로 왕래할 때 반드시 거쳐야 하는 길목으로, 그곳을 보유하면 동·서양 무역의 주도권을 확실히 장악할 수 있었다. 그리고 이미 오랫동안 갖고 싶어 군침을 흘렸던 향료 군도에 도달하려면, 말라카 해협은 반드시 거쳐야 하는 곳이었다. 어떻게 하면 말라카를 차지할 수 있을 것인가? 포르투갈 군대는 처음에는 충분히 파악하지 못했다. 그래서 포르투갈 군대는 우선 세케이라(Diogo Lopes de Sequeira)가 인솔하는 4척의 정찰선을 인도의 코친 항에서 파견하여, 말라카의 허실을 은밀하게 탐사했다. 3주 동안 항해하다가, 정찰함대가 말라카항에 진입했다. 그러나 현지의 술탄은 포르투갈인이 오는 것에 대해 이미 경각심을 가지고 있었으므로, 그들은 상대방의 계략을 역으로 이용하여, 이들 포르투갈인을 거짓으로 열렬히 맞이했다. 이튿날, 함정에 있던 소형 선박과 선원들이 모두 해안으로 상륙했을 때, 말레이인들은 화물을 싣는다는 구실로 군함에 올랐다. 쌍방이 충돌하여 각각 사상자가 발생했지만, 말라카는 여전히 말레이인의 수중에 있었다. 포르투갈인은 실패를 참을 수 없었다. 1511년 7월, 충분히 준비한 알부케르크가 직접 19척의 군함을 이끌고 말라카 항구에 도착하여, 현지의 술탄과 결전을 벌였다. 6주 후, 말라카는 함락되었다. 무슬림 무역의 주요 교통로가 차단되자, 포르투갈은 마침내 전체 동방 세계의 무역을 장악했다. 지브롤터에서부터 싱가포르 해협까지, 모든 전략적 교통 거점들이 포르투갈에게 장악되었다. 말라카를 획득한 후, 포르투갈인은 파죽지세의 기세가 되어, 향료 군도는 이미 차지한 것이나 다름없었고, 순다(Sunda) 군도에 있는 암본섬·반다섬·얌데나섬 및 트르나테섬을 포함한 순다 군도가 잇달아 포르투갈에게 점령되었다.

교통 요충지와 중요 거점들을 점령한 것은 포르투갈의 해양 전략이 성공할 수 있었던 중요한 원인이다. 포르투갈이 아시아에서 점령한 영토는 결코 많지 않지만, 그 관건은 바로 매우 중요한 전략적 거점들을 점령했고, 이런 중요한 위치에 있는 전략적 거점들에 의지하여, 지구 절반의 상업 항로를 실질적으로 장악했다는 점이다. 이런 전략에 따라, 포르투갈은 거대한 이익을 획득하여 경쟁자를 빠르게 추월함으로써, 무역에서의 불리한 지위를 역전시켰다. 1490년대에, 베니스의 상인은 매년 평균 300만 파운드의 향료를 수입했다. 10년 후에, 그들은 겨우 100만 파운드의 화물밖에 획득할 수 없었다. 그러나 포르투갈의 향료는 오히려 1501년의 22만 파운드에서 1503년부터 1506년까지의 230만 파운드로 증가했다. 더욱 중요한 것은, 말라카를 획득함으로써 그들이 직접 중국인과 접촉할 수 있는 기회를 얻었을 뿐 아니라, 훗날 중국의 문호를 여는 데 안정적인 근거지를 제공했다는 점이다. 말라카에서, 포르투갈인은 이곳에 와서 장사하는 중국 상인들과 교류하기 시작함과 아울러, 말라카가 중국과 무역하는 것을 상세히 고찰함으로써 중국에 대한 이해를 빠르게 증진시켰다.

(4) 마카오를 조차(租借)하다

말라카의 여러 섬들을 점거한 후, 포르투갈은 불법 무역·사신 파견·관원에게 뇌물 제공 및 전쟁 발동 등의 수단들을 통해 마카오를 점령했다.

포르투갈의 국력이 강성하고, 대대적으로 식민 확장을 진행하고 있을 때, 중국은 오히려 매우 폐쇄적인 국가였는데, 당시는 바로 명 왕조의 정덕(正德: 1506~1521년. 명나라 제10대 황제인 정덕제 때의 연호-역자)·가정(嘉靖: 1522~1566년, 명나라 제11대 황제인 가정제 때의 연호-역자) 연간이었다. 명나라의 대외 무역 교류는 조공(朝貢) 체제를 따랐다. 즉 자신은 천조(天朝: 천자의 조정-역자) 제국으로, 조공을 바치는 나라들은 반드시 모두 삼궤구고두(三跪九叩頭: 신하가 황제 앞에서 양손을 땅바닥에 대고 세 번 머리를 조아리는 행동을 다시 세 번 반복하는 예법-역자)하여 존중과 복종을 표시해야 한다고 여겼다.[19] 명나라 초기, 해외 무역은 모두 조공의 형식으로 진행되어, "공물을 바치지 않으면 호시(互市: 옛날에 변경이나 항구에서 외국인과 교역하는 것-역자)를 허락하지 않았다".[20] 명나라 중엽에는 조공 무역 체제가 점차 와해되어 갔다. 중국의 해외 무역은 바로 "공상식관(工商食官: 공인과 상인은 관청에 예속되어 살아간다는 뜻-역자)"의 전통적인 속박에서 벗어나, 민간의 사적 무역으로 변화하기 시작했다. 그러나 세계 자본주의가 해외의 부를 추구하는 열기는 이렇게 느려터진 변화의 속도에 만족할 수 없자, 그들은 정상적인 무역 요구가 제때 충족되지 않을 때는, 대포와 무력을 사용하여 중국의 문호를 열었다. 포르투갈의 마카오에 대한 침략은 바로 이러한 동·서양의 격차가 매우 큰 상황에서 실현된 것이다.[21]

명나라 정덕 9년(1514년), 포르투갈인 알바레스가 처음으로 중국의 남쪽 해안, 즉 지금의 광둥(廣東) 둥관(東莞)의 툰먼(屯門, 지금의 홍콩에 속함)에서 향료 무역을 진행했다. 알바레스는 당시 포르투갈 총독 알부케르크의 측근으로, 그가 통솔하는 포르투갈 함대가 이곳에서 무역을 통해 폭리를 취했

---

19 李为香, 「葡萄牙侵占澳门的历史回顾」, 『东北师大学报』(哲学社会科学版) 1999年 第6期, 54쪽.

20 王圻, 『续文献通考』 卷三一, 『市籴考·市舶互市』.

21 李为香, 위의 책, 55쪽.

기 때문에, 이익에 자극을 받은 포르투갈인들은 중국과 공식적인 무역 관계를 수립하기를 바랐다. 이 때문에, 그들은 사절을 파견하여 국왕 명의로 명나라 황제와 담판을 벌이기로 결정했다.

포르투갈인이 파견한 사절의 이름은 토메 피레스(Tomé Pires)인데, 1517년 8월 15일경에 그는 주장(珠江)에 도착하여, 포성을 울려 경의를 표했지만, 포정사(布政使) 오정거(吳廷擧)에게 호된 야단을 맞았다. 포르투갈 사절이 겸손하고 상세하게 설명하고 나서, 10월 말에야 겨우 그들을 상륙하도록 허락했다. 그러나 황제를 만나게 해달라는 요구는 1520년 1월에야 허락되었다.

피레스의 사절단은 베이징에 도착한 후, 황제의 측근 신하인 강빈(江彬)에게 뇌물을 바쳤다. 포르투갈 사절단의 통역관인 "화자아삼(火者亞三: 1473~1521년, 명나라 때의 포르투갈 출신 외교관-역자)"은 강빈 세력에 의지하던 자로, 조정에서 오만하고 무례하게 행동하여, 매우 많은 대신들에게 미움을 샀다. 정덕 황제는 1521년 1월에 베이징으로 돌아왔는데, 포르투갈 사절단은 이때 이미 베이징에서 한동안 기다리고 있었지만, 황제는 베이징으로 돌아온 후 병으로 쓰러져 곧 세상을 떠났다. 포르투갈 사절단이 황제의 면담을 기다리고 있을 때인 1519년에 포르투갈인 시망 드 앙드라드가 세 척의 배를 이끌고 툰먼에 도착했다. 그는 제멋대로 툰먼에 건물을 짓고 울타리를 세웠으며, 포대(砲臺)도 건설했다. 또 아프리카 흑인처럼 중국인을 대하고, 상선을 쫓아내고, 선원을 약탈하여 그들의 재물을 빼앗았다. 또 부하들에게 백성들을 강탈하고, 부녀자들을 유린하도록 종용했을 뿐 아니라, 내륙의 간사한 백성과 결탁하여 인신 매매를 함으로써 중국인의 분노를 불러일으켰다.[22] 1521년, 광둥 순해도부사(巡海道副使) 왕굉(汪宏)이 포르투갈 군을 향해 공격을 개시했다. 포르투갈군은 사상자가 막대하여, 몰래 도망칠 수밖에 없었다.

---

22 邓开颂,「葡萄牙占领澳门的历史过程」,『历史研究』1999年 第6期, 23쪽.

포르투갈 사절단은 아직 베이징에 있었다. 시망 드 앙드라드가 툰먼에서 저지른 악행이 베이징으로 전해졌는데, 말라카 사절도 이때 명나라 왕조에 포르투갈인이 말라카 왕국을 공격하여 멸망시킨 악행을 알려왔다. 그리하여 이번 담판은 무산되었고, 피레스 사절단도 광저우로 압송되어 감금되었다. 조건은 포르투갈인이 말라카를 떠나야만 석방할 수 있다는 것이었다. 이 때문에 피레스 사절단 인원의 대부분이 광저우의 감옥에서 사망했다. 포르투갈이 정식으로 중국과 무역 관계를 수립하려고 시도했던 첫 번째 노력은 바로 이렇게 실패로 끝나고 말았다. 이후 명나라는 계속 해금(海禁) 정책을 실시했다.

그러나 해금 정책은 결코 포르투갈의 침입을 저지할 수 없었고, 반대로 오히려 광둥 연해의 왜환(倭患)을 격화시켰다. 중국에 대해 말하자면, 해외 무역은 광둥의 재정수입 및 군비를 충당하는 커다란 원천이었다. 또한 명나라 중엽 이후 남쪽의 많은 지역에서 자본주의적 생산관계의 맹아가 나타나면서, 상품 교역으로 살아가는 상인 계층이 출현했다. 따라서 해외 무역이 완전히 금지될 수는 없었다.[23] 해금 정책의 이완은, 포르투갈인에게 중국의 대문을 여는 데 더욱 유리한 조건을 제공했다. 포르투갈인은 명나라 정부에 의해 문밖에서 저지당하는 것을 참을 수 없자, 1522년부터 1557년까지 30여 년 동안, 중국 동남 연해에서 포르투갈인은 상인이자 도둑이 되어, 중국의 불법 상인·해적들과 함께 어울리는 것 외에, 일본의 왜구와도 함께 어울렸지만, 줄곧 비교적 견고한 무역 거점을 갖지는 못했다.

포르투갈인은 마카오에 장기간 거주하면서 무역하는 합법적인 신분을 획득하고, 일찍이 적극적으로 명나라를 도와 차오저우(潮州) 쩌린(柘林)에서 발생한 수병들의 반란을 진압했는데, 그 후로는 명나라 정부도 그들이 현지에 거주하는 것을 묵인했다. 명나라 후기에는 관리가 부패하여, 광둥의 해도부사(海道副使) 왕백(汪柏)이 포르투갈인에게 뇌물을 받고 제멋대로 그

23 李为香,「葡萄牙侵占澳门的历史回顾」,『东北师大学报』(哲学社会科学版), 1999年 第6期, 56쪽.

들이 와서 무역하는 것을 허락했다. 가정 32년(1553년), 마카오에 거주하는 포르투갈인은 상선의 화물이 물에 젖어서 "땅을 빌려 햇볕에 말려야 한다"는 것을 이유로, 광둥 지방 관원에게 많은 뇌물을 주고 마카오에 들어와 거주할 수 있게 되었다. 가정 36년(1557년), 중국의 해적이 광저우(廣州)를 포위하여 공격하자, 중국 관리들은 포르투갈인에게 도와달라고 애걸했고, 포르투갈인들은 해적들을 포획하는 것을 도운 공을 세웠기 때문에, 마침내 마카오에 장기 거주하도록 허락을 얻었다.[24] 1557년이 되자, 포르투갈 상인들은 잇달아 마카오에 가서 무역하기 시작했고, 또한 점차 여기에 집도 지었는데, 이후로 점점 많은 포르투갈 상선들이 무역의 계절이 끝난 후에도 마카오에 남아 겨울을 보냈고, 오랜 시일이 지나, 포르투갈은 결국 마카오를 조차하는 침략 의도를 실현했다.

포르투갈인들이 마카오에 온 이후로, 마카오에서 말라카까지·마카오에서 일본 나가사키까지의 항로를 열었다. 실제로 나가사키의 상황은 마카오와 매우 비슷했는데, 모두 포르투갈인들이 온 후에 작은 어촌에서 항구도시로 빠르게 발전했다. 포르투갈인들은 나가사키를 손에 넣은 후, 마카오에서 나가사키까지의 이 무역 항로를 운영하기 시작했다. 중간상인으로서, 포르투갈인들은 중국과 일본 간의 무역을 이루어지게 했고, 이는 또한 16세기 후기에 마카오와 나가사키의 번영을 촉진했다.

포르투갈인은 비록 마카오에서 살았지만, 결국 명 왕조 때는 마카오의 주권이 여전히 명나라 정부의 수중에 장악되어 있어, 중국 정부가 전문적인 관리(官吏)를 두고 마카오를 관리했을 뿐 아니라, 포르투갈인은 지조(地租: 토지세-역자)를 납부해야 했다. 처음에는 은 500냥으로, 비록 많지는 않았지만, 중국이 마카오에 대한 주권을 보유하고 있다는 것을 상징했다.

해외 식민은 포르투갈에게 풍부한 부를 가져다주었다. 동양의 상아·향료 및 황금이 파도처럼 포르투갈로 쏟아져 들어갔다. 마누엘 시대에, 포르

---

24 李长传,『中国殖民史』, 商务印书馆, 中华民国 26年版, 139쪽.

투갈 제국의 재정 구조는 향료 무역에서 획득한 수입으로 인해 크게 강화되었는데, 이 향료의 대부분이 아시아에서 수입한 후추였다. 1506년, 동양에서 수입한 향료의 가치는 13만 5,000크루자두(Cruzado: 포르투갈의 금화-역자)로, 아프리카 미나(전체 명칭은 '세인트 조르즈 다 미나'-역자) 등지에서 실어온 황금의 가치인 12만 크루자두를 이미 초과했다. 하지만 당시 이 둘은 모두 포르투갈 정부가 본국에서 거둬들이는 세수(稅收)인 19만 7,000크루자두보다 적었다. 이후 수십 년 동안, 향료 무역이 재정에서 차지하는 지위는 점점 중요해졌는데, 1518년부터 1519년까지, 향료 무역이 가져다준 이윤은 이미 30만 크루자두에 달해, 포르투갈 정부가 본국에서 거두어들인 세수인 28만 5,000크루자두를 초과했을 뿐 아니라, 아프리카에서 실어온 황금에서 발생하는 수입도 훨씬 초과했다. 그리하여 리스본에서 포르투갈령 인도로 통하는 항로가 가져다준 이윤은 포르투갈 정부의 재정 구조에서 매우 중요한 지위를 차지했다.[25]

4. 교황자오선과 세계 분할

콜럼버스와 다 가마의 지리상의 발견은 새로 발견한 지역의 주권이 누구에게 귀속될 것인가의 문제를 제기했다. 당시에는 두 가지 관점이 있었다: 첫째, 기독교 국가는 이교도들의 국토를 점령할 권리를 갖는다. 둘째, 교황은 아직 기독교 통치자에게 점령되지 않은 지역의 주권 귀속을 결정할 권리가 있다. 일찍이 1454년에, 교황 니콜라이 5세는 칙서를 반포하여, 포르투갈인이 아프리카 해안에서 발견한 영토를 스페인인에게 넘겨주라고 했다. 그러나 세계에서 가장 먼저 해양 탐험과 식민 확장을 진행했던 두 나라인 포르투갈과 스페인은 새로 발견한 토지의 귀속을 두고 서로 경쟁하고 있었는데, 상호 경쟁과 타협의 산물로서 〈토르데시야스 조약(Treaty of

25 顾为民, 『"以天主和利益的名义"—早期葡萄牙海洋扩张的历史』, 社会科学文献出版社 2013年版, 73쪽.

Tordesillas)〉과 〈사라고사 조약(Treaty of Zaragoza)〉이 체결되었다.

(1) 토르데시야스 조약

포르투갈 국왕 주앙 2세(1481~1495
년)와 포르투갈의 왕실 휘장.

토르데시야스는 스페인의 작은 마을이다.
1494년 6월 7일, 포르투갈과 스페인은 이곳
에서 유명한 〈토르데시야스 조약〉을 체결했
다. 이 조약의 체결은 중대한 의의를 갖는데,
그것은 바로 인류 역사상 처음으로 두 개의
대국이 대결을 포기하고 세계를 분할하기로
합의하여 체결한 조약이라는 것이다. 그것은
지구 전체를 두 개로 분할하여, 두 나라가
각각 확장을 진행하기로 한 것이다. 이 조약
은 또한 대국이 식민지를 분할하는 선례를
확립했으며, 아울러 훗날의 〈베를린 조약〉에
서 정점에 이르렀다. 유럽의 각 나라들이 함
께 앉아서 전 세계의 이미 알고 있는 곳과
아직 알지 못하는 곳까지 분배하면서, 오늘
날 세계 구도의 초보적인 형태를 형성했다.
우리는 서방 세계가 진행한 전 세계적인 확
장은 바로 이 조약에서 비롯되었다는 것을

알 수 있다.[26]

포르투갈이 아프리카 해안을 탐험하느라 바쁠 때, 스페인 왕실의 자금
지원을 받아 해양 탐험을 진행하던 콜럼버스가 아메리카 신대륙을 발견했
다. 콜럼버스의 첫 항해가 성공했다는 것을 맨 처음 안 것은 포르투갈 국왕
인 주앙 2세인데, 콜럼버스가 발견한 것이 신대륙이라는 것을 알았을 때, 그

26 K. N. Cuaudhari, *Trade ande Civilisation in the Indian Ocean: An Economic History from the Rise of Islam to 1750*, Cambridge University Press, 1985, p. 68.

는 마음속으로 은근히 기뻐했다. 왜냐하면 그는 마음속으로 대서양에서 새로 발견한 대륙은 스페인에게 속하는 게 아니라 포르투갈에 속한다고 생각했기 때문이다. 그래서 그는 1493년 3월 4일에 귀항한 콜럼버스를 맨 먼저 불러서 만나, 서회(西回) 항로에 대한 보고를 들었다. 의기양양한 콜럼버스를 보자, 그는 콜럼버스에게 대서양에서 새로 발견한 대륙은 포르투갈에 속한다고 명확히 말했다. 주앙 2세가 그렇게 말한 까닭은, 1479년에 스페인과 포르투갈이 〈알카소바스 조약(Treaty of Alcáçovas)〉을 체결했기 때문이다.

1480년, 당시 카스티야 왕국은 무어인이 지배하는 이베리아 반도에 있는 최후의 근거지인 그라나다에서 전쟁 준비를 진행하느라, 외부에서 일어나는 일에는 전혀 관심이 없었다. 따라서 〈알카소바스 조약〉은, 앞으로 발견되는 세계에 대해서는 카나리아 군도의 북위 26도선을 경계로 남북 두 부분으로 나누어, 북부는 카스티야가 개발하고, 남부는 포르투갈이 개발한다고 규정했다. 스페인은 아프리카의 카보 보자도르(Cabo Bojador)곶 이남 지역에서는 탐험과 영토 점령을 하지 않기로 보장했다. 로마 교황도 이 조약을 지지했으며, 또한 1481년에 칙서를 발표하여 포르투갈 국왕의 요청을 지지했는데, 거기에는 "카나리아 군도 이남과 기니 서부 및 그 부근에서 장차 발견되거나 취득하는 모든 섬들"을 포괄하고 있었다. 전임 교황의 칙서는 명확히 포르투갈이라는 해양 탐험 선구자의 권익을 공고히 해주었다.

그러나 콜럼버스의 아메리카 발견이라는 뜻밖의 사건이 발생했다. 주앙 2세는 콜럼버스가 포르투갈의 독점권을 위반했다고 여겼고, 콜럼버스는 포르투갈이 영토를 쟁탈할 목적을 가지고 있다고 여겨, 사람을 보내 이 소식을 스페인의 군주들에게 알렸다. 아라곤의 국왕과 카스티야의 여왕은 매우 놀라, 그들은 교황에게 스페인이 새로 발견한 영토에 대한 주권을 보유하고 있다고 선포해 달라고 요청했다. 그런데 교황 알렉산드르 6세는 스페인인이었고, 스페인 국왕과 여왕도 그의 확고한 지지자였기 때문에, 스페인이 이 요구를 제기한 후, 알렉산드르 6세는 자연히 스페인 편에 섰다. 1493년 5월 3일, 교황은 첫 번째 칙서를 반포하여, 이렇게 선언했다: "참회자 콜럼버스는 거의 인도 근처까지 항해했고, 또한 먼 곳에 있는 섬들도 발견했으며, 심지어는 지금까지 다른 사람들이 발견하지 못했던 육지들도 발견했다. 그곳에는 평화롭게 생활하는 많은 사람이 거주하고 있다. 그들은 옷을 입지 않고, 고기를 먹지 않는데, 기독교를 믿으려고 한다. 이에 카스티야의 두 왕 및 그 계승인이 파견한 사절을 통해 발견한 모든 섬과 육지들은, 만약 지금까지 교황의 관할에 속하지 않았다면, 바로 이 국왕이나 계승인이 충분한 권리를 행사할 수 있다."[27]

당연히 이 칙서는 쿠바·히스파니올라 군도에 대한 스페인의 주권을 명확히 승인했지만, 스페인은 여전히 만족하지 못했다. 로마 주재 스페인 대사는 교황에게 경고까지 했다. 그러자 교황은 다시 두 개의 칙서를 반포하여, "이미 모두가 알고 있는 남극에서부터 북극까지, 아조레스 군도와 카보베르데 군도 속의 임의의 지점으로부터 서쪽과 남쪽으로 100리그(1리그는 약 4킬로미터라고 함-역자)를 경계로 삼는다"고 확인했다. 이 경계를 기준으로 서쪽에서 장차 발견될 땅들 가운데, 기독교 군주의 소유가 아닌 것은 모두 카스티야에 속한다. 이 칙서는 오로지 스페인의 요구만 만족시킬 뿐, 포르투갈은 전혀 언급하지 않았다. 후에 알렉산드르 6세는 1493년에 〈경계 확정 이후〉라는 칙서를 발표하여, 과거에 많은 교황들이 승인한, 포르투갈이 아프리카에서 발견하여 점유하고 있는 토지의 권리를 취소했다. 이 밖에도 이 칙서는 또한 포르투갈이 다시 동방으로 항해하는 것을 금지하려고도 시도했다.

교황의 명백한 스페인 편들기 행위에 포르투갈 국왕 주앙 2세는 놀랍고도 불만스러웠다. 그는 이 칙서는 포르투갈에게 매우 불공정하다고 느꼈는데, 왜냐하면 그것은 포르투갈이 1세기 동안 남쪽으로 항해하여 인도로 가는 동방 항로를 추구했던 권리를 박탈했지만, 스페인은 서아프리카 해안을 따라 어느 곳에서나 주권을 확장할 수 있도록 해주었기 때문이다. 주앙

27 CCTV《大国崛起》프로그램 팀 편저, 《葡萄牙西班牙》, 中国民主法制出版社 2006年版, 3쪽.

2세는 직접 가서 교황과 담판하지 않고, 스페인 국왕 및 여왕과 직접 협상했다. 강경한 포르투갈 국왕을 보자, 스페인의 두 왕은 강경하게 자기의 권리를 견지할 수 없었다. 그들은 마음속으로, 스페인은 해군과 상선의 역량이 아직 포르투갈의 적수가 못 되어, 일단 양국이 무력으로 충돌하면 스페인과 서인도 제도 사이의 교통에 위험이 발생한다는 것을 알고 있었다.

그래서 스페인은 어쩔 수 없이 포르투갈과 타협했다. 1494년 6월 7일, 양국은 〈토르데시야스 조약〉을 체결했다. 조약에서는, 카보베르데 서쪽 370리 그 지점에 북극에서 남극까지 하나의 선을 그어, 세계를 양분하고, 포르투갈은 그 선의 동쪽에 대한 독점권을 부여받아, 탐험·무역·새로운 영토 점령을 선포할 수 있으며, 스페인은 이 선을 기준으로 서쪽의 독점권을 갖는다고 규정했다. 이것이 바로 역사적으로 유명한 교황자오선(Line of Demarcation)이다. 스페인의 페르난도 국왕과 이사벨 여왕은 이 조약에 흔쾌히 동의했다. 왜냐하면 이 조약으로 콜럼버스가 1년 전에 대서양 서부로 항해하여 새로 발견한 영토가 스페인에 귀속되도록 확보했고, 이웃 나라와의 전쟁 위기를 피하도록 했기 때문이다. 그리고 포르투갈 국왕 주앙 2세도 자신이 중대한 이익을 얻었다고 생각했는데, 왜냐하면 이 조약이 포르투갈의 몇 대의 왕들이 약 1세기에 걸쳐 아프리카 남부로 가서 해양 탐색을 했던 이익을 보장해주었기 때문이다.

〈토르데시야스 조약〉은 포르투갈과 스페인이 처음으로 세계를 분할한 조약인데, 이들 두 나라는 유럽에서 가장 부유한 나라도 아니었고, 가장 힘이 강한 나라도 아니었다. 더욱 상상하기 어려운 것은, 그들이 이 분계선이 실제로 포함하고 있는 광활한 영토에 대해 전혀 알지도 못했고, 서로 단절된 전체 세계와 다른 문명에 대해서도 이제 막 약간 접촉만 했을 뿐이라는 것이다. 바로 이렇게, 국토가 결코 넓지 않고, 인구도 많지 않으며, 자원도 풍부하지 않고, 생산력도 발달하지 않았는데, 뜻밖에도 단지 기회를 먼저 잡은 것에 의지하여 세계를 분할했으니, 정말이지 기적이라고 할 수 있었다.[28]

(2) 사라고사 조약

〈토르데시야스 조약〉을 통해, 포르투갈과 스페인은 아프리카와 아메리카에서 새로 발견한 영토의 귀속 문제를 기본적으로 해결했다. 그러나 마젤란이 남아메리카를 우회하여 태평양에 있는 섬인 말라카 군도를 발견하면서, 양국은 다시 새로 발견된 영토를 획분하는 문제에 직면했다. 1512년에 포르투갈은 태평양에서 굉장한 경제적 가치를 가진 향료 군도인 몰루카(Molucca)를 발견했는데, 이는 스페인의 부러움을 샀다. 1521년에 세계 일주 항해를 하던 스페인의 탐험가 마젤란도 몰루카에 상륙하면서, 스페인과 포르투갈이 여기에서 마주쳤다. 몰루카 군도의 지리적 좌표를 계산할 수 있는 방법이 없었으므로(이 문제는 18세기에 이르러서야 비로소 해결되었다), 포르투갈과 스페인 모두 〈토르데시야스 조약〉에 근거하면 몰루카 군도는 자신의 세력 범위 안에 속한다고 주장했다. 양국은 격렬한 쟁탈전을 벌이기 시작했고, 이 때문에 소규모 충돌도 발생하자, 교황이 나서서 중재했는데도 효과가 없었다. 1529년에 이르러, 영국 및 프랑스와의 전쟁으로 인해 재정 위기에 빠지자, 스페인은 부득이하게 포르투갈에 차관을 요청하면서, 결국 포르투갈이 제시한 몰루카 군도에 관련된 일체의 이익에 대한 쟁의를 포기한다는 조건에 동의했다. 1529년 4월, 양국은 〈사라고사 조약〉을 체결하여, 스페인은 몰루카 군도에 관한 주장을 포기함과 아울러, 양국의 동방에 있는 분계선—즉 몰루카 군도 동쪽 17도의 자오선(즉 경도선)—을 받아들였다.

1494년에 포르투갈과 스페인 양국이 체결한, 해외 세력 범위를 획정하는 〈토르데시야스 조약〉으로부터 1529년에 〈사라고사 조약〉을 체결하기까지, 대서양은 물론이고 인도양에서도, 오랜 라이벌인 스페인에 대해 포르투갈은 모두 자신의 이익을 강경하게 보호하면서, 더욱 강대한 실력을 보여주었다.

---

28 唐晋 主编, 『大国崛起』, 人民出版社 2007年版, 37쪽.

5. 포르투갈의 성쇠

태평성세에는 반드시 남모르는 근심이 있는 법이다. 포르투갈의 마누엘 국왕 통치 이래로, 인도와 브라질을 향한 확장은 포르투갈 정부의 국책 사업이었지만, 세바스티안 국왕은 반대로 이러한 정책을 바꾸어, 더욱 이른 시기의 항해가인 앙리 시대에 꾸었던 아프리카 원정이라는 꿈을 다시 제시했다.[29] 이런 발전 전략의 중심 전환은 포르투갈이 쇠락하는 시작이 되었다. 동시에 유럽의 네덜란드·영국·프랑스 등 신흥 자본주의 국가들이 점차 굴기했는데, 그들은 빠르게 포르투갈을 앞질러, 잇달아 향료 무역에 손을 대자, 포르투갈의 동방 향료 무역으로 인한 수입은 크게 감소했다. 포르투갈의 국력이 너무 약소했기 때문에, 식민지 통치에 대해서도 힘에 부족하여 마음대로 할 수 없게 되자, 치열한 경쟁 과정에서 포르투갈은 매우 빠르게 쇠퇴해 갔다.

(1) 북아프리카 위기

북아프리카와 포르투갈은 지중해를 사이에 두고 있어, 북아프리카를 정복하는 것은 줄곧 포르투갈 역대 국왕들의 꿈이었다. 비록 북아프리카에 대한 점령은 비교적 순조로웠지만, 그 기간에 위기도 끊이지 않았다. 16세기 초, 포르투갈 제국은 아프리카에서 첫 번째 위기를 맞았다. 북아프리카에서 점령 범위를 확대하기 위해, 당시 국왕인 마누엘은 페스(Fez) 왕국(지금의 모로코 전신)의 비옥한 땅에 눈독을 들였다. 1515년, 포르투갈 군대는 무력 침략을 개시했지만, 실패로 끝났다. 비록 포르투갈의 병사들은 모두 용감하게 잘 싸웠지만, 무어인들은 더욱 용감하고 완강하여, 무어인과 포르투갈의 산타크루스(지금의 아가디르 지역) 전투에서 매우 적은 포르투갈 병사들만 살아남았고, 전체 도시 주민은 참혹하게 살육되었다. 무어인들은

---

29 王加丰, 『西班牙·葡萄牙帝国的兴衰』, 三秦出版社 2005年版, 45쪽.

이를 포르투갈과의 전쟁을 시작한 이후 가장 찬란한 승리로 여겼다. 이 패배는 포르투갈의 100년에 걸친 북아프리카 식민 활동이 실패로 끝났다는 것을 의미했다. 이후로 포르투갈의 북아프리카에서의 확장은 갈수록 상황이 악화하여, 포르투갈이 쇠락하는 전주곡이 되었다.

두 번째 북아프리카 위기는 바로 포르투갈의 잘못된 육상 전략에서 시작되었다. 포르투갈의 강대함은 점차 발전해온 제해권(制海權)에서 비롯되었다. 포르투갈 해군은 매우 강해, 유럽에는 상대가 드물었다. 포르투갈이 전략의 중심을 육상으로 옮긴 까닭은, 포르투갈 귀족들의 전략적 사고와 매우 큰 관계가 있었다. 비록 포르투갈이 바다에서는 매우 큰 성공을 거두었지만, 그들의 전략적 사고는 오히려 여전히 농경시대에 매우 강하게 머물러 있어, 변방을 누비며 마음껏 싸우는 것이 포르투갈의 전통과 포르투갈 귀족들의 심미적 정취에 더 부합했다. 이는 특히 어린 국왕에게 체현되어 있었는데, 그가 어려서부터 주입받은 사상은 바로 군사적 영웅주의와 국왕의 신성함이었다. 포르투갈은 위협받는 기독교 교회의 구세주였으며, 그 자신은 바로 기독교를 구원하는 도구였다. 이런 자신감은 일찍부터 그의 몸에 뿌리 박혀 있었다. 나이가 들수록 이런 사상은 나날이 강해졌다. 그가 집정한 10년 동안, 그가 늘 생각한 것은 바로 어떻게 이교도를 정복할 것인가였다.

강렬한 육지 전투 정서의 지배를 받아, 나이 어린 포르투갈의 국왕 세바스티안은 북아프리카로 출정했다. 그는 이교도를 토벌한다는 명분으로, 1578년 6월에 2만 5,000명(용병이 주를 이룸)을 이끌고 모로코 탕헤르에 상륙하여, 모로코에 대해 전쟁을 개시했다. 모로코 국왕 아브드 알 말리크는 보병과 기병 총 5만 명을 인솔하여 맞서 싸웠다. 포르투갈은 해군에 비해 육군의 전투력이 한참 떨어졌다. 그 장병들에 대해 말하자면, 포르투갈 육군 지휘관의 대부분은 귀족의 자제들로, 작전에는 나약하고 무능했다. 동시에 포르투갈 육군은 역사적으로도 작전의 기회가 거의 없어, 경험이 부족했다. 이에 비해 모로코 군대는 육군을 매우 중시했고, 육상에서의 확장도 아랍인이 뛰어났다. 모로코의 병사들은 대부분 오랫동안 전장을 누벼, 작전 경험이 풍부했다. 그에 더해 모로코의 5만 대군은 본토에서 전투를 벌였으므로 사기가 높았는데, 포르투갈의 2만여 명에 지나지 않는 용병은, 후방의 지원이 없이 깊숙이 들어왔기 때문에, 각자 자신의 보호를 우선으로 여겼으므로, 전혀 모로코인의 상대가 되지 못했다.

이 전투에서, 포르투갈인은 전투에 강하고 능숙한 아랍 병사들에게 참패하고 말았다. 어린 국왕 세바스티안은 철수할 때 불행히도 물에 빠져 죽었고, 나머지는 궁지에 몰리자 잇달아 투항했다. 이 전쟁은 포르투갈인의 참패로 끝났다. 국왕은 목숨을 잃었고, 군대는 8,000여 명이 사망했으며, 나머지는 대부분 포로가 되어, 한 사람도 도망치지 못했다. 포르투갈은 포로를 되찾기 위해, 많은 황금을 지불했고, 이로 인해 경제가 쇠약해졌다. 더욱 치명적이었던 것은, 국왕 세바스티안의 사망으로 포르투갈은 국내에 국왕이 없어, 패색이 드러났다는 점이다.

(2) 해외 무역 수익의 하락

인도양을 점령한 후, 특히 1515년에 호르무즈를 공격하여 함락시킨 후, 포르투갈은 향료 무역을 거의 독점하면서 무역이 최고로 발전한 상태에 진입했으며, 무역으로 인한 수익도 크게 증가했다. 그러나 이렇게 좋은 상황은 오래가지 않았다. 포르투갈의 무역에서의 독점적 지위는 지중해 국가들과 네덜란드 등 신흥국가들에 의해 매우 빠르게 무너졌는데, 이런 국가들이 잇달아 향료 무역에 손을 대면서, 포르투갈의 해외 무역 수익을 빠르게 하락시켰다.

우선, 포르투갈 자신이 무역 교환에 필요한 상품이 매우 부족하여, 향료 무역의 이윤을 계속 하락하게 했는데, 각종 비용의 원가는 오히려 끊임없이 상승했다. 포르투갈이 동양의 향료를 구입할 때는 대부분 현금으로 교역했고, 때로는 물물교환도 했다. 당시 아시아에서도 유럽 상품에 대해 일정한 수요가 있었는데, 예를 들면 구리·납·수은·은 및 포목 등이었지만,

유감스럽게도 포르투갈은 이러한 원료들을 생산하지 못했고, 이러한 공산품을 생산하려고도 하지 않아, 국외에서 구매해야 했다. 당시 동양으로 가는 배의 화물로는 제노바의 벨벳·피렌체의 비단·런던의 면포가 있었고, 네덜란드의 린넨(linen)도 있었는데, 유독 포르투갈의 상품만은 없었다. 포르투갈은 유럽에서 이런 물품들을 구매하여, 동양으로 가져가 교환함으로써, 무역의 원가를 크게 상승시켰다. 포르투갈인들이 앤트워프에서 유럽이 생산하는 상품을 마구잡이로 구매하면서, 이러한 공산품들의 가격 상승을 초래함으로써, 포르투갈의 경쟁 상대인 영국과 네덜란드의 공업 발전을 자극했다. 향료 무역을 독점한 100년 동안, 포르투갈의 공업 생산은 13세기와 아무런 차이도 없었으니, 여전히 일부 대장간·기왓가마·토포(土布) 방직·제화(製靴)·마구(馬具) 제작·린넨 방직 등뿐으로, 단지 농촌 생활과 도시 생활을 보충하는 것들뿐이었다. 도시 생활에 필요한 대부분의 용품들은 수입에 의존했다. 이는 바로 얼마 후에 네덜란드와 영국이 자기의 공산품과 함대에 의지하여 포르투갈을 격파할 수 있었던 원인이다. 일단 그들은 포르투갈인이 자신들이 제조한 상품을 쉽게 판매하고 있다는 사실을 알게 되자, 그들은 곧 자신들의 함대를 이용하여 극동에 있는 포르투갈의 거점들을 하나하나 빼앗아, 그를 대체해 나갔다.

동시에, 비록 포르투갈은 유럽이 필요로 하는 대량의 향료를 싣고 돌아왔지만, 향료 교역 시장은 리스본이 아니라 앤트워프였으며, 그곳이 유럽 향료의 집산지였다. 무역을 편리하게 하려고 포르투갈은 앤트워프에 무역상사를 설립하고, 교역과 대부 사무를 책임지게 했다. 포르투갈은 먼저 외상으로 동방무역에 필요한 유럽의 포목을 구매하여, 배들이 향료를 싣고 돌아오면 이것을 팔아서 다시 포목 대금을 지급했다. 그러나 대부 이자가 매우 높아, 대략 연리가 25%였을 뿐 아니라, 운송해오는 주기가 매우 길어지면서, 돈을 빌리는 기간도 길어지자, 채무는 갈수록 늘어났다. 그리하여 1524년이 되자, 포르투갈은 이미 300만 크루자두의 빚을 졌다.

이러했을 뿐만 아니라, 포르투갈 향료 무역의 성공은 많은 경쟁자들, 즉 베니스인·아랍 상인을 포함하여 프랑스·영국·게르만 상인 등이 모두 서둘러 포르투갈의 독점적 지위를 무너뜨리려 하게 했다. 이런 경쟁 구도에서, 포르투갈인의 우세는 결코 뚜렷하지 않았는데, 이것이 바로 전통적 지중해 항로를 16세기 내내 여전히 상당 정도 번성하게 했다. 수많은 상인들은 별도의 항로를 열었는데, 그들은 아체(인도네시아 수마트라 북서쪽에 있는 지역-역자)에서 출발하여, 몰디브를 거쳐, 곧바로 인도양을 관통한 뒤, 홍해로 갔다. 1560년, 포르투갈의 로마 주재 교황청 대사인 루렌코 피레스 데 타이보라(Lourenqo Pires de Taivora)는, 알렉산드리아가 매년 4만 석(石)의 향료를 수입하는 것으로 추산했다. 그는 감탄하여 이렇게 말했다: "터키 술탄국으로 수입되는 향료가 이렇게 많다고! 어쩐지 리스본으로 운송되어 오는 향료가 이렇게 적더라니."

많은 경쟁자들이 참여하면서, 유럽으로 운송되어 오는 향료 수량이 크게 증가하여, 공급이 수요를 크게 초과하자, 향료 가격이 하락하는 것은 필연이었다. 포르투갈이 향료 무역에서 얻는 이익은 갈수록 적어졌다. 향료 무역에서 얻는 수입으로 지출을 빨리 채워 넣을 수 없게 되자, 포르투갈은 어쩔 수 없이 국내에서 빚을 냈다. 1528년, 포르투갈은 이자율이 6.25%인 국채를 발행하여, 연리 25%의 외채를 갚는 데 사용했다. 16세기 중엽에 이르자, 국내 채무는 국외 채무보다 4배나 많았다. 포르투갈 국내에 축적해 놓았던 모든 부가 이렇게 국외로 흘러나가면서, 동방무역은 나라를 점점 빈곤하게 만들었다.

이윤이 갈수록 적어짐과 동시에, 동방무역의 원가는 오히려 끊임없이 상승했다. 거기에는 다음과 같은 몇 가지 이유가 있었다: 첫째, 경쟁 대상이 증가했다. 대서양에서 해적이 창궐하면서, 향료를 운송하는 선박에 대해 함대의 보호가 필요한 것 등이 모두 원가를 상승하게 했다. 둘째, 동양의 일부 지역 사람들이 포르투갈의 무기 제조 기술을 매우 빠르게 습득하자, 포르투갈인은 전쟁에 더욱 능숙해진 동양 군대와 맞서야 했다. 다 가마의 대포는 일찍이 인도인들로 하여금 소문만 들어도 두려워하게 만들었지만, 몇 년 후에 인도인들이 만들어낸 대포는 포르투갈인의 대포보다 더 컸다. 포르투갈인이 인도 왕공(王公)의 군대로부터 대포 1문을 노획했는데, 길이가 6미터, 무게가 20톤이었다. 이것이 바로 그 유명한 '디우 대포'인데, 포르투갈 병사들은 지금까지 이렇게 큰 대포를 본 적이 없었다. 동시에 포르투갈에서 향료 무역으로 돈을 번 매우 많은 사람들은 생활용품과 사치품을 대량으로 수입했는데, 예를 들면 무기·종이·가구·예술품·카펫·식량·말·수레·선박 등을 수입하느라, 대량의 부가 국외로 흘러나갔다.

(3) 왕위(王位)의 위기와 스페인에 의한 병합

어린 국왕 세바스티안이 사망한 후, 포르투갈은 왕위의 위기가 나타났다. 국내의 각 세력들이 왕위 계승 문제에서 의견이 일치하지 않았기 때문에, 스페인에게 틈탈 기회를 주었다. 1580년, 스페인이 포르투갈을 병합하면서, 포르투갈이 보유하고 있던 봉건 영지·식민지와 브라질까지도 모두 스페인 국왕 필리페 2세에게 귀속되었다. 비록 명목상으로는 포르투갈과 스페인은 형제 왕국이었지만, 포르투갈은 점차 정복당한 성(省)으로 전락해 갔다. 이 병합이 이루어진 것은 스페인의 노련하고 용의주도한 계획 때문이기도 했지만, 포르투갈 사회가 급변하고 국운이 쇠약해졌기 때문이기도 했다. 1580년부터 1640년까지 기나긴 60년 동안, 포르투갈은 스페인의 속국이 되었다.[30] 그리고 이 시기는 포르투갈 제국이 쇠퇴하는 중요한 전환기이기도 했다.

주앙 3세의 손자 세바스티안이 사망한 후, 그에게는 대를 이을 자식이 없었기 때문에, 왕위 계승자는 주앙 3세의 유일하게 살아 있던 동생이자 섭정이었던 엔리케 대주교로 정해졌다. 그러나 포르투갈인들을 곤혹스럽게 만든 것은, 엔리케가 국왕으로 즉위했지만, 근본적으로 포르투갈의 왕위 문제를 해결할 수 없었다는 것인데, 엔리케 국왕은 당시 이미 64세로, 다시

---

30 CCTV《大国崛起》프로그램 팀 편저, 『葡萄牙西班牙』, 中国民主法制出版社 2006年版, 92쪽.

자녀를 가질 수 없었기 때문이다. 그래서 그가 세상을 떠나면, 손자뻘 되는 왕세자들이 왕위를 계승할 수밖에 없었다. 그리고 손자들 중에는 필리페 2세가 1위, 안토니오와 카타리나가 2위에 있었다. 왕위를 선택하는 문제는 포르투갈에서 중대한 정치적 화두가 되었다. 만약 안토니오를 선택한다면, 곧 독립을 선택하는 것이었고, 필리페 2세를 선택한다면, 스페인과의 연합을 선택하는 것이었다.

필리페 2세로 말하자면, 그는 매우 일찍부터 포르투갈의 왕위를 탐

필리페 2세(1527~1598년)는, 합스부르크 왕조의 스페인 국왕(1556~1598년 재위)이자 포르투갈 국왕(1581년부터)이었으며, 영국(잉글랜드) 여왕 메리 1세의 남편이었다.

내고 있었다. 그는 포르투갈 궁정에 들어간 후부터, 줄곧 끊임없이 스페인과 연합의 중요성을 주장했고, 심지어 이 때문에 포르투갈과 스페인 양국 국경에 많은 병력을 파견하여 포르투갈 국내 정세의 변화를 주의 깊게 관찰했다.

왕위 계승 문제가 스페인과 더욱 많은 분쟁의 발단이 되는 것을 피하려고, 엔리케는 미래의 계승자들에게 자신의 선택에 복종하도록 강력히 압박했지만, 강경한 필리페 2세는 선서를 거절하면서, 자신의 지위는 논쟁의 여지가 없다고 여겼다. 이 때문에 엔리케 국왕과 스페인 국왕 사이에 비밀 담판을 벌였다. 그러나 표면상으로, 엔리케는 또한 1579년에 의회 소집을 지지하면서, 교회·귀족·평민이 각각 10명의 대리인을 선출하여 의회에서 왕위가 누구에게 주어져야 하는지를 논의하기로 결정했다.[31] 의회가 개회하

31 위의 책, 99쪽.

고 있을 때, 엔리케 국왕이 세상을 떠났다. 일시적으로 나라에 군주가 없게 되었는데, 그의 유언에는 누가 왕위를 계승할 것인지에 대해 언급되어 있지 않았다. 그래서 5명의 총독이 임시로 정권을 관장했는데, 안타깝게도 그중 몇 명은 이미 필리페 2세에게 매수되어, 스페인으로 넘어갈 가능성이 갈수록 커졌다. 일찍이 병력을 배치해 놓은 스페인 군대는 행동을 잠시 중지한 채, 더욱 유리한 시기를 기다리고 있었다.

다른 한 계승자의 경솔한 행동이 뜻밖에 스페인으로 하여금 행동을 취하도록 자극했다. 이때 포르투갈 국내의 크라투 수도원 원장인 안토니오가 민중의 지지를 얻었는데, 1580년 6월에 과르다 주교가 연설에서 안토니오를 왕국의 보호자라고 말하자, 누군가가 손수건을 보검에 묶으면서, 그를 포르투갈의 국왕으로 지지한다고 선언했다. 며칠 후, 그가 리스본으로 돌아오자, 귀족들은 뿔뿔이 도망쳤다. 정무를 주관하던 대신은 안토니오가 왕이 된 것에 매우 불만을 품어, 급히 스페인의 보호를 요구하고, 카스트로마린에서 필리페 2세가 포르투갈의 합법적인 국왕임을 선포하는 문서에 서명함과 동시에, 안토니오를 반역자라고 선포했다. 이렇게 외부 세력의 핍박과 국내의 자극을 받으면서, 왕위는 결국 필리프 2세에게 돌아갔다.

안토니오를 추격하여 체포하기 위해, 스페인 군대가 국경을 넘어 포르투갈로 들어갔다. 안토니오는 병력을 모아 저항하려 했지만, 거의 아무도 그에게 호응하지 않자, 어쩔 수 없이 흑인 노예들을 부대에 편입시켜 리스본 부근에서 스페인 군대와 전투를 벌인 결과 참패했다. 패배한 안토니오는 포르투갈을 떠나 프랑스와 영국의 지지를 구할 수밖에 없었다. 영국의 출병을 간청하기 위해, 안토니오는 기꺼이 영국에게 브라질을 할양했다.

필리페 2세는 성공적으로 장애를 제거하고, 포르투갈의 국왕으로 옹립되었다. 국왕으로 옹립되는 회의에서, 그는 자신이 전 국왕 엔리케와 밀담을 나눌 때 확립한 강령을 공포했다. 그는 포르투갈 의회가 포르투갈의 영토에서만 개최하는 것을 보장하고, 일체의 옛 지방 고유의 법권(法權)·자유·법률은 침해받지 않는다는 것을 보장했다. 모든 총독과 성장(省長) 및 기타 중요한 고급 관원들은, 왕실에서 제시한 사람을 제외하고는 모두 포르투갈인이어야 했다. 교회 내의 고급 인원의 임용도 마찬가지였다. 포르투갈과 스페인의 식민지는 각자 분할하여, 각자의 관원이 통치해야 했다. 두 가지 화폐제도가 별도로 존재해야 했다. 포르투갈과 관련된 법률 안건들은 모두 본국을 떠나서 심판해서는 안 되었다. 필리페 2세가 어디에 있든, 6명의 포르투갈인으로 구성된 참의회(參議會)는 그가 포르투갈 사무를 처리하도록 도와주어야 했다. 필리페 2세는, 두 나라의 관계는 동일한 국왕에 불과하다고 보증했다.[32] 그러나 후세의 학자들이 지적한 것처럼, 필리페 2세는 가장 중요한 두 가지 내용은 포함시키지 않았으니, 그것은 바로 포르투갈의 세수(稅收)로 스페인의 비용을 지불하는 것을 금지한다고 보증하지 않았고, 스페인은 포르투갈의 육군과 해군을 차출하여 스페인을 위해 복무하도록 하지 않겠다고도 보증하지 않았는데, 바로 이 두 가지가 훗날 스페인이 전체 조문을 파기하는 중요한 원인이 되었다. 이리하여 포르투갈은 다시 스페인의 속국이 되었다.

6. 맺음말

포르투갈은 협소하고 척박한 국토와 백만 명도 안 되는 인구를 갖고도, 해외 탐험과 무역·식민을 통해, 빠르게 굴기하여 세계 최초로 아시아·아프리카·유럽·아메리카에 걸친 식민 대제국이 되었다. 복서(C. R. Boxer)가 『포르투갈 해양 제국사』에서 밝혔듯이, "발견의 세기"의 배후에 있는 동력은 종교적·경제적·전략적·정치적 요인에서 비롯되었음이 분명하다. 이러한 요소들은 절대로 같은 비율로 한데 혼합되어 있지 않다. 따라서 포르투갈의 굴기를 촉진한 동인은 절대로 어떤 한 가지 원인이 아니라, 그것들이 종합된 것이다. 포르투갈의 강대함은 오래가지 못하고, 짧은 찬란함을 거친 후, 다

---

32 CCTV《大国崛起》프로그램 팀 편저, 『葡萄牙西班牙』, 中国民主法制出版社 2006年版, 100~101쪽.

시 빠르게 쇠락했다. 이는 우리에게 다음과 같은 것들을 돌이켜보지 않을 수 없게 한다. 포르투갈을 빠르게 굴기하게 했던 원인은 무엇인가? 쇠락하게 했던 원인은 또 무엇인가? 이러한 원인들 간에는 또 어떻게 상호 촉진하고, 상호 제약하고 영향을 미친 것일까?

(1) 포르투갈이 빠르게 굴기한 원인

첫째, 통일된 민족국가의 수립이다. 포르투갈이 가장 먼저 굴기할 수 있었던 가장 근본적인 원인은 포르투갈이 유럽 대륙 역사상 최초로 통일되고 독립된 민족국가를 수립했기 때문인데, 이 새로운 국가 형식의 동원 능력은 다른 국가들보다 훨씬 우수했다. 현대 민족국가로서 포르투갈은 상대적으로 뚜렷한 민족국가 의식을 지니고 있었고, 확고한 종교신앙을 가지고 있었는데, 이는 포르투갈이 민족 독립과 국가 통일을 실현한 후에 통일된 의지와 거대한 용기로 해외 확장을 진행할 수 있게 한 주요 요소였다. 어떤 국가가 강대해지려면, 국가의 통일과 완전함이 중요한 전제조건이자 보장조건이다. 내부적으로 말하자면, 통일된 국가만이 내부 소모를 줄일 수 있고, 응집력과 구심력을 증가시켜야만, 중대한 정치·경제 및 전략 문제에서 일치를 이룰 수 있다. 동시에 통일된 국가이어야, 이데올로기와 가치관에서 일치를 이루어, 중대한 문제에서 강력한 동원 능력을 발휘할 수 있다. 외부적으로 말하자면, 국가가 완전하고 통일되어야, 온 나라가 정력과 지력을 가지고 자신의 발전 문제를 도모할 수 있다. 동시에 완전하고 통일된 국가는 외부 적대 세력의 방해와 파괴를 최대한 막아낼 수 있다. 적대 세력은 왕왕 한 국가의 불통일과 불완전함을 이용하여 그 나라를 견제하고 영향을 미치면서, 그 나라의 내정에 간섭하거나, 국제 사회에서 정치·경제·문화적 가치관 등의 방면에 침투하거나 파괴하기도 한다. 그러므로 국가의 통일과 민족의 독립을 실현하는 것은 한 나라가 강대해지거나 민족 부흥을 실현하는 전제조건이자 보장조건이다.

둘째, 기독교 문화의 거대한 역할이다. 포르투갈이 확장하고 굴기하는 데에는, 분명히 기독교 문화가 추산할 수 없을 만큼 큰 역할을 했다. 기독교는 포르투갈이 무어인을 물리치고 해외 탐험을 진행하도록 격려하는 강력한 정신적 동력이 되었다. 다른 기독교 국가들에 대해 말하자면, 그들의 목표는 자기의 영지와 속지를 유지함으로써, 이 세계에서 현세의 행복을 얻는 데 있었다. 그런데 포르투갈 국왕에 대해 말하자면, 이렇게 대부분의 국가들이 가지고 있던 목표 외에도, 하나의 특수한 목표가 있었으니, 그것은 바로 이교도의 국가에 기독교를 전파하여, 하나님이 거기에서 나타나게 하고, 그곳 사람들이 그 하느님을 찾을 수 있도록 하는 데 있었다. 당연히 종교적 동기는 결코 고립적으로 존재하는 것이 아니라, 경제·정치적 목표를 실현하는 것과 한데 결합되어 있으며, 또한 왕왕 이 목표를 실현하는 합리성을 증명하는 데 이용되기도 했다. 종교의 의의는 바로 그것이 포르투갈의 확장주의에 특별한 신념과 확고부동한 의지를 제공했다는 데 있다. 강렬한 종교신앙과 그 사명감, 그리고 이슬람교 통치를 무너뜨리고 이교도들을 개종시키겠다는 뿌리 깊은 신념이, 포르투갈인과 카스티야인들로 하여금 해외 모험 활동에 몸을 던지게 했고, 이는 하느님이 부여한 사명이라고 여기게 했다. 이런 활동은 유럽의 여타 비교적 신중하고 실질을 중시하는 국가들, 특히 이탈리아가 보기에는 무모한 행동이었을 뿐 아니라, 이익을 얻을 게 없었다. 따라서 왜 이베리아 반도 국가들이 해외 확장 운동 과정에서 선구자가 되었는지를 해석할 때, 종교가 그 중 중요한 요소였다는 것은 분명하다.[33] 그러므로 한 국가가 강대해지려면, 강대한 물질적인 역량 외에도, 반드시 강대한 문화적 소프트파워도 있어야 하는데, 이는 한 나라가 강대함을 지탱하는 가장 튼튼하고 가장 근본적인 역량이다.

셋째, 선진적이고 강대한 해상 실력이다. 해양 국가로서, 포르투갈 제국의 굴기는 해양 무역 및 해양 확장과 밀접한 관계가 있었다. 마찬가지로 그 쇠락도 상당 부분은 해상 패권의 상실에서 비롯되었다. 포르투갈이 굴기한

---

33 阿诺德, 『地理大发现』, 闻英 译, 上海译文出版社 2003年版, 30쪽.

근본적인 동인은 해양 탐험과 해외 식민에 있는데, 이는 그가 보유했던 선진적인 해양 기술이나 강대한 해상 실력과 떼어놓을 수 없다. 바로 강한 해상 실력에 의지하여, 포르투갈은 아프리카·아시아 및 아메리카에서 제멋대로 침략과 확장을 진행하고, 식민지의 재화를 약탈하고, 심지어 흑인 노예 무역까지 할 수 있게 되었으며, 한때 인도양을 통과하는 무역노선을 확실히 장악하여 동방무역을 독점했다. 해양력(sea power)의 주창자인 마한(Alfred Thayer Mahan)이 다음과 같이 말한 바와 같다: "해양과 해상 무역은 바다와 인접한 각 나라들의 국가 부(富)의 주요 원천으로, 해양을 장악하면, 곧 세계 무역이나 세계의 부를 장악하고, 더 나아가 한 나라의 흥망성쇠를 결정하고 세계의 역사에 영향을 미친다." 이로부터 알 수 있듯이, 포르투갈 굴기의 가장 핵심적인 상징은 바로 그의 찬란한 해양 확장과 식민 확장 과정이었다. 일부 해양 국가들에 대해서는, 해양에 매장되어 있는 거대한 경제적 이익 외에, 해양은 또한 특별한 지리 전략 가치와 의의를 나타내주었다. 따라서 해양 국가가 만약 강대해지려면, 반드시 정확한 해양 전략을 가져야 하는데, 인도의 한 학자가 다음과 같이 말한 바와 같다: "인도가 만약 주도면밀하고 원대하며 효과적인 자신의 해양 정책이 없다면, 그의 세계에서의 지위는 결국 남에게 의지하며 연약하고 무력한 상태를 면할 수 없고, 누군가가 인도양을 장악하면, 인도의 자유는 바로 그 누군가의 명령에 따를 수밖에 없다. 그러므로 인도의 앞날이 어떠할 것인가는, 그가 점점 발전하여 어느 정도의 해양력을 가진 나라로 강대해질 수 있느냐와 밀접한 관계가 있다."[34] 정확한 해양 전략은 포르투갈이 가장 먼저 굴기한 근본적 원인이었다.

(2) 포르투갈이 쇠퇴한 원인

첫째, 국력이 약하고 인구가 적었다. 역사적으로 굴기한 국가들은 항상

---

34 潘尼迦, 「印度和印度洋—略论海权对印度历史的影响」, 张文木 编, 『论中国海权』, 海洋出版社, 2009年版, 39쪽.

모두 대국이었고, 소국은 굴기하더라도 그 강대국의 지위를 오래 유지하기 어려웠다. 16세기 초, 포르투갈의 인구는 150만 명에 불과했지만, 아프리카와 아시아의 면적이 넓고 인구가 조밀한 지역을 지켜야 했으며, 또 끊임없이 새로운 영토를 개척하고 탐색해 나가야 했는데, 이는 소국으로서는 매우 어려운 일이었다. 일찍이 포르투갈령 인도의 통치자인 알부케르크는 이렇게 단언했다: "4개의 견고한 요새와 장비가 우수한 3천 명의 유럽 출신 포르투갈인으로 구성된 함대만 있으면, 포르투갈령 동인도 제국의 안전은 염려하지 않아도 된다." 그러나 사실은 결코 그가 말한 것 같지 않았으니, 알부케르크가 말한 4개의 요새 중 3개를 공격하여 점령했고, 그가 3천 명의 유럽인으로 구성된 함대를 건립하려던 바람도 매우 짧은 시간 내에 실현되었다. 16세기에, 포르투갈인은 소팔라(모잠비크의 항구 도시-역자)부터 나가사키까지 40여 곳의 거점을 확정했는데, 이러한 상황이 인력 부족을 더욱 심화시켰기 때문에, 총독들은 1,000명이 넘는 백인들로 구성된 군사 원정을 거의 조직하지 못했다.[35] 포르투갈이 해양제국 전성 시기였던 때에도 300척이 넘는 원양 선박은 없었을 것이다. 이는 이렇게 세계적 범위의 해양 대제국을 지탱하기에는 분명히 부족했다. 포르투갈 해군은 비록 명목상으로는 해양을 장악했지만, 완전히 장악한다는 것은 쉬운 일이 아니었다. 인도양과 서태평양의 도처에서 아랍인·인도인 및 중국인의 상선들을 볼 수 있었다. 이로부터 국토·인구·경제발전 수준 등은 한 나라가 강대해지는 기초임을 알 수 있다. 일정한 시기와 범위 내에서, 한 국가의 국토와 인구는 그에 상응하는 정도의 발전을 지탱할 수는 있지만, 만약 국력이 지탱할 수 있는 정도를 초과하면 쇠락할 수밖에 없다. 그러므로 국가가 장기적으로 번영하고 강대하려면, 반드시 그에 상응하는 종합 실력을 갖는 것이 기초가 되어야 한다.

둘째, 선진적인 사회제도를 확립하지 못했다. 포르투갈의 쇠락은, 표면적

---

35 顾为民, 『"以天主和利益的名义"―早期葡萄牙海洋扩张的历史』, 社会科学文献出版社, 2013年版, 101쪽.

으로는 신흥대국들과의 경쟁 때문으로 보이는데, 근원은 바로 시대의 요구에 순응하여, 선진적인 사회제도를 건설하지 못한 데 있다. 포르투갈이 처한 시대는 바로 자본주의가 싹트던 시대였지만, 포르투갈은 시대의 요구에 순응하는 선진적인 자본주의 제도를 확립하지 못하여, 그 후의 확장은 강력한 국내 경제력의 지원이 부족해졌다. 비록 근대적인 민족과 중앙집권 제도의 확립에서는 포르투갈이 유럽의 다른 국가들보다 앞섰지만, 이는 결코 포르투갈이 경제와 제도에서 선진적이었다는 것을 말해주는 것은 아니다. 포르투갈의 봉건 왕권은 상당히 강대했는데, 이러한 왕권 전제 제도는 자본주의의 발전을 심각하게 억제했다. 국왕은 수중의 권력에 의지해 무거운 세금 부과 정책을 실행하여, 생활이 사치스럽고 부패했다. 그러나 16세기 말과 17세기 초에 네덜란드·영국·프랑스 등 자본주의가 빠르게 발전한 나라들에 비해, 경제력과 과학기술력은 물론이고, 정치제도의 선진성 방면에서도 포르투갈은 모두 부족함을 드러냈다. 따라서 포르투갈이 이들에게 추월당하는 것은 자연스러운 일이 되었다. 선진적인 제도는 생산력을 해방하고 발전시킬 뿐 아니라, 국가의 경제·과학기술·문화 교육을 빠르게 발전하게 하여, 물질생활의 현대화를 실현한다. 또한 선진적인 제도는 국가의 정치와 사회생활에서, 그리고 국가의 통치와 사회 거버넌스 방면에서도 민주주의와 법치로 나아간다는 것을 의미한다. 이는 국가 현대화의 또 하나의 중요한 상징이자, 한 국가가 강대해지는 것을 보장하는 중요한 요소이기도 하다.

셋째, 국내 사상의 보수화와 경직화이다. 기독교에 대한 신앙이 포르투갈의 해외 확장을 촉진함과 아울러 포르투갈의 식민지에 대한 통치를 일정 정도 안정시켰다고 할 수 있지만, 포르투갈이 종교 문제에서 보수화하고 경직화함에 따라, 포르투갈인의 사상과 문화의 낙후를 초래하기도 했다. 1497년 이후, 포르투갈은 이교도들에 대한 용인을 포기하고, 이교도들을 마구 살육함으로써, 많은 세계의 일류 천문학자들이 잇달아 포르투갈에서 도망치게 했는데, 그들이 가져간 것은 금전뿐이 아니라, 기술·무역망과 지식도 있었다. 이때부터 포르투갈의 문화와 과학기술 사업은 정체되어 나아가지 못했다. 이런 환경에서, 과학 연구와 학술 탐구가 쇠퇴하는 것은 놀라운 일이 아니었다. 사상의 폐쇄는 반드시 행동의 수구를 초래한다. 한 국가가 사상의 활력과 창조력이 없을 때는, 곧 경쟁력도 잃게 된다.

제2장

"해가 지지 않는" 제국—스페인

스페인은 유럽에서 매우 오래된 나라로, 유구한 역사와 찬란한 문화를 지니고 있다. "지리상의 대발견" 후, 스페인은 아메리카 식민에 의지하여 엄청난 부를 얻음으로써, 유럽에서 첫손에 꼽히는 강대국이 되었다. 그러나 확장·정복 및 패권 다툼 과정에서 지나치게 무력을 과시하고, 원가를 따지지 않고, 사방에 적을 심어 놓은 데다, 또한 타협하고 균형을 맞추는 데 능숙하지 못했기 때문에, 결국 실패로 끝나고 말았다. 16세기 내내, 경제는 쇠락하고, 부패가 횡행하면서, "해가 지지 않는" 최고 식민 대제국인 스페인은 국운이 하락하여, 대국의 지위를 상실했다.

1. 광복 운동 과정에서 왕권의 끊임없는 강화

스페인은 대륙형 종교 민족이다. 스페인이 민족 독립과 국가 부흥 운동을 쟁취한 그날부터, 줄곧 격렬한 종교 문명과 지정학적 충돌의 중심에 놓여 있었다. 스페인은 광복 운동 과정에서 몇몇 봉건 소국들이 결합하여 만들어졌다. 광복 운동이 지속됨에 따라, 기독교를 믿는 여러 왕국과 공국(公國)들의 세력이 끊임없이 증강되어, 중앙 왕권 전제 국가를 형성했다.

(1) "광복 운동"의 급격한 발전

"광복 운동"은 일명 "레콩키스타"("재정복 운동"이라는 뜻)라고도 한다. 일찍이 8세기에 아랍인이 이베리아 반도를 침입해 왔을 때, 광복 운동은 이미 시작되었다. 9세기부터 10세기까지, 광복 운동은 이미 코르도바(Córdoba) 총독 구역 내에서 광범위하게 전개되었다. 11세기부터 13세기까지는 광복 운동이 크게 발전한 시기이다. 북부 산간 지역으로 물러나 살고 있던 스페인인들은 점차 몇 개의 소왕국을 건립했다. 광복 운동의 끊임없는 발전에 따라, 이러한 봉건 소왕국들이 연합하여, 몇 개의 비교적 큰 독립 왕국을 형성했다. 11세기 전반기에, 독립된 스페인 국가들로는 레온·카스티야·나바라·아라곤 및 8개의 카탈루냐 왕국이 있었다. 1076년부터 1134년까지, 나바라는 아라곤에 병합되었고, 1134년에 아라곤과 카탈루냐가 합병하여 통일된 아라곤 왕국이 되었으며, 1230년에 레온이 카스티야 왕국에 합병되었다. 12세기 전기부터 카스티야와 아라곤 두 왕국이 점차 스페인 광복 운동의 주요 기지가 되었다. 13세기에 이르자, 이베리아 반도에는 세 개의 비교적 큰 기독교 국가인 카스티야·아라곤 및 포르투갈이 형성되었다. 11세기 초, 칼리프 국가의 분열과 아랍 귀족 집단의 혼전은, 객관적으로 스페인인의 해방 투쟁에 유리한 조건을 만들어주었다. 1085년, 카스티야의 군대가 톨레도를 수복했다. 아랍의 봉건 군주가 잇달아 패퇴하자, 1086년과 1146년에 북아프리카에서 수많은 베르베르인 군대를 불러와 스페인인의 저항투쟁을 진압함으로써, 1147년부터 1172년까지 광복 운동은 심각한 좌절을 겪었다. 그러나 스페인인은 침입자의 잔혹한 진압에도 결코 놀라지 않고, 여전히 군건하게 흔들림 없이 적과 완강한 투쟁을 벌였다. 1212년, 카스티야 국왕 알폰소 8세가 카스티야·레온·나바라·아라곤의 연합군을 이끌고 가서 토로사에서 아랍 군대와 대규모 전투를 벌였는데, 유럽 십자군의 지원을 받아 아랍 군대를 격파하고 빛나는 승리를 거두었다. 이어서 스페인 연합군은 파죽지세로 신속하게 남쪽으로 진격했다. 1236년에 코르도바를 함락하고, 1262년에 카디스(Cádiz)를 수복하여, 곧바로 이베리아 반도의 남단에 이르렀다. 13세기 말에 이르러, 반도 남부의 그라나다 왕국이 여전히 아랍인에게 점령되어 있던 것을 제외하고, 스페인의 기타 지역은 이미 기본적으로 광복을 이루었다.

광복 운동은 스페인의 중세 역사에서 가장 중대한 사건이다. 이 운동은 이중성을 띠고 있었다: 한편으로, 그것은 종교전쟁의 색채를 짙게 띠고 있었다. 즉 천주교와 이슬람교의 전쟁이었다. 이른바 "성전(聖戰)"과 "십자군 전쟁"이 유럽의 스페인에서 시작되었다. 다른 한편으로, 그것은 본질적으로 스페인인이 외족의 통치에 반대한 민족해방전쟁이었기 때문에, 광복 운동은 스페인 사회 각 계층, 특히 농민과 시민들의 광범위한 지지를 받았다. 남쪽에 있던 아랍 국가들은 원래 경제·군사적으로 오랫동안 우세했고, 북쪽의 기독교(후에는 가톨릭) 국가들은 열세였고, 비교적 낙후했었다. 그러나 광복 운동은 정의로운 전쟁이었기 때문에, 작은 것이 큰 것이 될 수 있고, 약한 것이 강한 것으로 변할 수 있어, 오랫동안 쇠퇴하지 않았으며, 또 마침내 완전한 승리를 거두었다.

(2) 봉건 군주 집권 국가의 건립

15세기에 이르러, 카스티야 왕국(이베리아 반도의 북부와 중부 지역을 차지함)과 아라곤 왕국(반도 동북부 지역을 차지함)은 스페인의 여러 왕국들 중 가장 강한 국가가 되었다. 두 왕국의 통치자들은 포르투갈·프랑스 및 기타 이웃 국가들과 정치적으로 혼인 관계를 맺었다. 17세의 카스티야 왕위 계승인이자, 양호한 교육을 받았고, 미래의 카스티야 여왕이 되는 아름다운 이사벨은 유럽의 많은 왕손 귀족들에게 사랑받는 사람이 되었다. 그녀의 혼사를 둘러싸고, 각 세력끼리 격렬한 각축을 벌였다. 엔리케 4세(카스티야)는 자신의 지위를 공고히 하기 위해, 여동생을 카스티야 왕실과 혈연관계가 있는 포르투갈 국왕 알폰소 5세와 결혼시키기로 결정했다. 이 결정은 대귀족들의 지지를 받았다. 왜냐하면 그들은 카스티야가 아라곤과 합병하여 왕권이 강화되면, 자신들의 상대적으로 독립된 지위를 보장할 수 없고, 봉지도 몰수될지 모른다고 걱정했기 때문이다. 스페인의 통일을 지지하는 귀족들은 이사벨과 페르디난트(아라곤 왕국의 왕세자-역자)의 결합을 지지하여, 아라곤의 세력을 이용해 이사벨의 계승권을 지켜내고, 나아가 양국의 합병을 실현하려고 생각했다. 아라곤의 후안(아라곤어로는 '추안'으로 발음함-역자) 2세는 두 사람이 혼인하는 것을 전적으로 지지했다. 두뇌가 매우 총명한 이사벨은 총명하고 강건하며 유능한 아라곤 왕자 페르디난트를 사랑하게 되었지만, 사랑보다 자신의 권력을 더욱 공고히 하고 싶어 했다. 1468년 가을, 이사벨은 비밀리에 사람을 보내 페르디난트와 담판을 벌이고, 1469년 1월 7일에 혼약을 맺었다. 엔리케 4세는 여동생이 자신의 허락을 받지 않고 몰래 혼약을 맺었다는 사실을 알자, 크게 화를 내면서 간섭했다. 우여곡절 끝에, 1469년 10월 19일, 이사벨과 페르디난트 두 사람은 바야돌리드에서 결혼식을 올렸다. 이사벨과 페르디난트의 결합은 스페인 사회가 발전하기 위한 요구에 부응하여, 통일 과정을 가속화하는 작용을 했다. 이와 동시에, 두 사람이 결혼하여 합의를 위반한 행위는 엔리크 4세로 하여금 이사벨의 왕위 계승권을 박탈하게 했다. 엔리케 4세는 후아나 라 벨르라네하를 자기의 계승자로 확립하고, 군대를 보내 이사벨을 체포했다. 체포 행동은 통일과 안정을 갈망하는 카스티야와 아라곤 사람들의 반대에 부딪혔다. 엔리케 4세가 세상을 떠나자, 왕위 계승권 쟁탈전이 벌어졌다. 이사벨의 순수한 혈통과 훌륭한 도덕성과 분명히 알 수 있는 능력은, 그가 폭넓은 지지를 받게 했다. 1474년에 이사벨은 카스티야의 왕위를 계승했다. 1479년에는 페르디난트도 아라곤의 왕위에 올랐다. 이리하여 양국은 정식으로 합병을 이루었지만, 이것이 결코 양국의 통일을 의미하지는 않았다. 양국은 여전히 상당 부분 각자의 독립을 유지하여, 통용되는 화폐도 없었고, 통일된 법률과 조세 제도도 없었다. 스페인이 연합하도록 촉진한 것은 공동의 이익이었지, 정부와 법률이 아니었으며, 단지 스페인 왕국이 이들 부부를 옹립하여 공동으로 통치하는 것에 불과했을 뿐이다. 당시의 카스티야와 아라곤 사이에는 아직 서로 관세를 징수했으며, 아라곤의 모든 해외 영토에 대해서는 이사벨이 관여할 권한이 없었다. 마찬가지로 아라곤도 카스티야가 발견한 신대륙에 손을 댈 수 없었다. 그러나 이 혼인은 여전히 "통일된 스페인 왕국이 이루어졌음"을 상징했다. 두 나라가 합병한 후에, 이사벨과 페르디난트는

15세기, 스페인의 이교도가 형장으로 압송되고 있다. 1480년, 스페인 국왕 페르디난트와 왕비 이사벨은 종교 법정을 세워, 신교도와 유대인 및 무슬림을 심판했다.

다시 통일을 반대하고 할거하던 봉건 대귀족 제후들과 10여 년에 걸친 전쟁을 계속했다. 그들은 도시에 거주하는 중·소귀족 및 가톨릭 교회의 지지에 의지하여, 점차 대귀족을 약화시키고 타격을 가하여, 마침내 대귀족의 분열 할거 활동을 좌절시키고, 중앙집권적인 봉건 군주 전제 국가를 건립했다.

이사벨과 페르디난트는 "기독교 군주"라고 불렸는데, 이 칭호는 교황 알렉산더 6세가 수여했다. 왕권과 신권(神權)이 완전히 결합하자, 스페인도 왕권과 교회의 이중 이익을 위해 "이단"[1]에 대한 진압과 파괴를 강화했다. "종교재판소"는 스페인 국왕이 내란을 평정하고 왕권을 강화하는 데 이용하는 또 하나의 강력한 도구였다. 1477년, "종교재판소"가 맨 처음으로 카스티야의 세비야에 세워졌다. 이후 10년간, "종교재판소"는 전국에 골고루 퍼졌고, 또 1483년에는 스페인 최고 종교재판소를 설치하여, 여왕의 측근인 토르케마다(Tomás de Torquemada)가 재판소장이 되었다. 교회는 전제주의의 가장 두려운 도구가 되었다. 어떤 사람이든 일단 피고가 되면, 죄가 가벼우면 조사하여 재산을 몰수당하고, 죄가 무거우면 화형에 처해졌다. 원고는 동시에 증인이기도 했기 때문에, 아무도 감히 피고를 위해 변호하지 못했고, 피고가 만약 죄를 인정하지 않으면 인정할 때까지 모진 고문을 가했다. 1483년부터 15년 동안, 8,000여 명의 이교도와 "이단자"

---

1 유대인·천주교에 귀의한 무어인(모리스코스Moriscos이라고 함)·국왕과 교회에 반대하는 사람을 가리킨다.

들이 화형으로 불에 타 죽었고,[2] 기타 형벌을 받은 사람은 9만여 명에 달했다. 이 정책은 비록 정권을 공고히 하는 데에는 유리했지만, 부정적인 면도 매우 커서, 서유럽의 사상과 문화가 스페인에서 전파되는 데에 영향을 미쳤다. 심판 제도하에서, 어떤 것이라도 정부 당국과 일치하지 않는 학설은 모두 이단으로 간주되었을 뿐만 아니라, 목숨을 잃는 화를 초래할 수도 있었다. 이런 사회에서는 사상가가 출현할 수 없었다. 정통 가톨릭교도인 이사벨은 양국의 합병을 실현하고 나자, 즉시 아랍인들을 물리치고 이베리아를 완전히 광복시키겠다는 자신의 숙원을 실현하려고 착수했다. 국내 통치를 강화함과 동시에, 1482년에는 그라나다에 대해 공격을 개시했다. 전쟁 과정에서, 이사벨은 걸출한 정치·군사적 재능과 조금도 두려워하지 않는 용기를 보여주었다. 그는 서유럽의 각 기독교 국가들에게 연락하여 지지를 얻어냄과 동시에, 적의 진영을 분열·와해시켜, 여러 차례 목적을 달성했다. 또 그는 전국의 역량을 동원하여 전쟁에 투입했는데, 자신의 금·은 장신구를 저당 잡혀 군비를 마련했으며, 늘 직접 전선에 나가 사기를 북돋우면서, 스페인 군대의 투지를 불러일으켰다. 그런데 그라나다는 당시에 또한 내란에 빠져들어, 형세가 매우 혼란스러웠다. 1492년 1월 2일, 스페인 군대는 아랍인이 스페인에서 건립했던 최후의 왕국인 그라나다를 함락시킴으로써, 서유럽에서 무슬림 통치는 끝나고 말았다. 무려 7세기가 넘게 이어진 실지(失地) 수복 운동이 종결을 고하고, 마침내 광복의 대업을 완성하여, 스페인을 완전히 통일했다. 중대한 역사적 의의를 갖는 이 빛나는 승리를 함께 경축하기 위해, 당시 전체 유럽의 거의 모든 가톨릭 교회들이 일제히 종을 울렸다.[3]

당시 스페인에는 칼라트라바·알칸타라 및 산티아고 등 3대 기사단이 있었다. 그들은 모두 수천 명의 군대를 보유하고 있었고, 넓은 영토도 보유하

---

2 唐晋 主编, 『大国崛起』, 人民出版社 2011年版, 65쪽.
3 광복 운동은 실질적으로 가톨릭과 이슬람교의 전쟁이었기 때문에, 유럽 각국의 가톨릭도 스페인 광복 운동의 승리를 자신의 승리로 받아들였다.

스페인의 페르디난트 국왕과 이사벨 왕비. 이사벨 1세(1451~1504년)는 스페인 카스티야의 여왕이었고, 페르디난트 2세(1452~1516년)는 스페인 아라곤의 국왕이었는데, 두 사람은 결혼한 후에 스페인을 통일했다.

고 있으면서, 많은 특권도 누렸다. 따라서 스페인 왕국에서는 대귀족들의 매우 큰 권세 외에, 승려 기사단의 세력도 왕권을 공고히 하는 데 위협이 되었다. 따라서 이사벨은 승려 기사단의 영도력을 쟁취하려고 노력했다. 그는 고압적인 수단으로 승려 기사단을 왕권에 굴복시켰고, 자신은 4만 명의 상비군을 창설하여, 스페인 왕권의 역량을 강화했다. 이사벨과 페르디난트는 왕권을 강화함과 동시에, 승려 기사단에 대한 영도권을 획득했을 뿐만 아니라, 로마 교황인 식스토 4세(Sixtus IV)를 지지하여 이탈리아 내란을 평정할 때, 교황이 가지고 있던 교직(敎職) 임명권을 획득했다. 이리하여, 국왕이 일정 정도 교회를 조종하고 통제할 수 있게 되자, 왕권도 크게 강화되었다. 광복 운동이 종료됨에 따라, 스페인은 국가의 통일과 중앙집권 과정을 완성하여, 상품경제가 더욱 발전하도록 촉진했다. 자본주의의 요소가 봉건 제도 내에서 점차 증가하면서, 자본주의의 원시적 축적이 빠르게 전개되어, 생산력이 뚜렷이 높아지자, 이로부터 봉건 전제 왕조와 호전적인 귀족 및 대상인들이 새로운 재원을 모색하도록 촉진했는데, 특히 화폐를 주조하는 금과 은에 대해 강렬한 욕망을 자극했다. 그들은 새로운 활동 장소를 찾아 시장을 확대하려고 갈구했는데, 특히 동양의 인도·중국·일본과 무역 왕래를 통해, 더욱 큰 이익을 얻으려고 갈망했다.

2. 지리상의 대발견과 해양 패권의 확립

이사벨은 활력이 충만하고 매우 재능 있는 통치자로, 스페인을 통일한 후에는 매우 빠르게 대외적인 침략 확장을 개시했다. 그러나 15세기 말에, 터키인들이 이미 유럽과 동양(여기에서는 인도·중국·일본 등을 포함하여 유럽인들이 마음속으로 생각하는 동양을 가리킨다)의 무역 통로를 차단했는데, 유명한 것들로는 중국에서 유럽으로 가는 '실크로드'가 완전히 파괴되었고, 이집트와 홍해를 거쳐 동양으로 가는 항로도 아랍인들에게 완전히 장악되었다. 이는 스페인과 유럽의 기타 지역 상인들의 입장에서 보면, 의심의 여지 없이 심각한 타격이었다. 동양으로 통하는 새로운 항로를 찾는 것은, 이미 당시 스페인과 유럽의 많은 나라 상인들이 시급히 해결해야 할 문제였다. 〈토르데시야스 조약〉도 스페인이 동쪽으로 항해하는 것을 제한했는데, 당시 스페인은 또한 국내의 아랍 문제도 해결해야 했으므로, 무력을 사용해서도 동쪽으로 통하는 육상 통로를 열 수 없었다. 그러므로 크리스토퍼 콜럼버스의 서쪽으로 항해하여 동쪽으로 간다는 계획이 사실상 스페인이 동방무역에 참여할 수 있는 유일하게 가능한 방안이 되었다. 콜럼버스가 첫 출항에서 "신대륙을 발견"함에 따라, 아메리카에 대한 침략을 개시하여, 스페인 제국이 번영하는 서막을 열었다. 이것이 스페인에 많은 부를 가져다줌에 따라, 스페인이 이어지는 2세기 동안 유럽의 주도 세력이 될 수 있는 자금을 지원해줌으로써, 스페인으로 하여금 "해양 상업 제국 모델"을 형성하고 해양 패권을 확립하게 해주었다.

(1) 〈산타페 협약〉의 체결

콜럼버스는 어려서부터 항해 사업에 매우 애착을 가졌다. 그는 마르코 폴로의 『동방견문록』에 영향을 받아, 견문록에 묘사된 화려하고 풍요로운 동양의 낙원을 완전히 믿었다. 그래서 마르코 폴로가 기록한 중국과 일본에 깊은 미련을 갖고, 곧바로 동양에 이르는 항로를 찾는 데 대한 동경심으로 충만하여, 비교적 편리하게 극동으로 갈 수 있는 항로를 찾으려고 뜻을 세웠다. 프톨레마이오스의 『지리학』은 그에게, 지구는 둥근 것이어서, 지구의 어느 한 지점에서 출발하여 지구를 한 바퀴 돌고 나면 결국 그 지점으로 돌아올 수 있을 뿐만 아니라, 바다는 육지처럼 넓지 않기 때문에, 서양에서 동양으로 가는 것은 그다지 멀지 않다(당시 세계지도에는 유럽·아시아·아프리카는 있지만, 아메리카는 없었다)고 알려주었다. 그는 유럽 해안에서 곧바로 서쪽으로 항해하면 중국과 인도에 도달할 수 있다고 생각했다. 이 염원을 실현하기 위해, 그는 1483년(1484년이라는 주장도 있다)에 항해 사업을 지지하는 포르투갈 국왕 주앙 2세에게 자신의 서쪽으로의 항해 계획을 제안했다가 거절당하자 매우 실망했다. 그 후, 콜럼버스는 전전하다가 카스티야에 가서 계속 자신의 계획을 추진했다. 1485년, 콜럼버스는 스페인으로 와서, 메디나 시도니아(Medina Sidonia) 공작 등의 소개로 자신의 계획을 이사벨 여왕에게 바치면서, 여왕이 이 탐험을 조직하는 것을 허락하고 자금 지원을 승낙해줄 것을 희망했다. 여왕은 특별위원회를 조직하여 콜럼버스의 계획을 심의했다. 무려 4년에 걸친 심의를 거친 후에, 계획은 부결되었다. 왜냐하면 위원회는 콜럼버스가 계산을 잘못했기 때문에, 계획을 실행할 수 없다고 여겼기 때문이다. 더구나 1487년부터 1488년 사이에, 스페인은 전란에 몰두하느라 콜럼버스의 서쪽으로의 항해 계획에 신경 쓸 겨를이 없었다. 1491년 11월 말, 여왕의 주교(主教) 소개로 콜럼버스는 그라나다 부근의 군사 요충지인 산타페시에서 다시 한번 여왕을 알현했다. 여왕은 위원회에 명령을 내려, 콜럼버스의 계획을 다시 심의하도록 했는데, 회의에 참여한 사람들 중에는 신학자·천문학자·법학자 등이 있었다. 그러나 이 계획은 다시 부결되었다. 그 이유는 콜럼버스가 제시한 요구가 너무 높았기 때문으로, 위원회는 평민이 귀족의 직함을 얻을 수는 없다고 생각했다. 콜럼버스는 매우 실망하여, 스페인을 떠나 프랑스로 가서 서쪽으로의 항해 계획을 지지해줄 사람을 찾기로 결정했다. 바로 콜럼버스가 출발한 지 한 시간 뒤, 세비야에서 가장 큰 상점의 주인이자 국왕 부부와 가까운 재정고문인 루이스 데 산탄헬이 이사벨 여왕을 접견하고, 여왕을 설복시켰다. 왜냐하면 콜럼버스의 이번 원정 항해 탐험 비용이 그다지 높은 편이 아니었고, 일단 성공하면 얻게 될 수익은 예측할 수 없었기 때문이다. 또 그는 국왕 부부에게

콜럼버스(1451~1506년)가 그린 히스파니올라섬(아이티)의 스케치. 산니콜라스곶, 토르투가섬(Tortuga Island), 몬테크리스토섬, 이사벨곶, 마콜리곶이 모두 그림에 포함되어 있으며, 아래쪽의 나비다드(La Navidad), 즉 크리스마스섬은 콜럼버스가 최초로 건립한 식민지이다.

114만 마라베디(옛날 스페인 화폐 단위로, 375마라베디는 1두카트 ducat의 금화에 해당했고, 그 중 금화는 순금 3.48그램을 함유했다)를 빌려주기로 승락했다. 이렇게 이사벨 여왕은 안전이 보증된다고 느끼자, 마침내 자신의 통제하에 자산계급 재벌의 도움을 받아 진행하는 이 계획을 집행하는 데 동의했다. 이리하여 산타페시와 6.4킬로미터 떨어진 마을에서 콜럼버스는 여왕이 보낸 사람을 만나, 그와 함께 다시 왕궁으로 돌아갔다. 쌍방은 다시 협상 테이블에 앉아, 서쪽으로의 항해 계획의 권리와 의무에 관련된 문제에 대해 협상을 시작했다. 꼬박 3개월 동안의 협상을 거쳐, 1492년 4월 17일에 콜럼버스와 이사벨 여왕은 산타페시에서 역사상 유명한 〈산타페 협약〉을 체결함으로써, 콜럼버스는 자신이 원하는 모든 것을 얻었다. 그 중 협상 과정에서 중요했던 두 가지 조항은 다음과 같다: (1) "해양의 영주 폐하께서 크리스토퍼 콜럼버스에게 '돈(Don)'이라는 귀족의 봉호를 하사하고, 그가 발견한 섬과 대륙의 통솔자로 위임하며, 그가 세상을 떠난 후에는, 이 봉호와 그가 소유했던 모든 권력은 그의 계승인이 계승한다. ……콜럼버스는 발견한 섬과 대륙에서 부왕(副王, viceroy)과 총독에 봉해지며, 발견한 토지를 관할하기 위해 관리자를 선출할 권리를 갖는다……" (2) "모든 교역 상품은, 진주·보석·금은·향료 및 기타 화물은 물론이고……사령관의 관할 구역 내에서 구매하고 교역하고 발견하거나 빼앗는 것은 모두 그가 10분의 1의 이윤을 얻을 권리를 가지며……나머지 10분의 9는 모두 폐하께 바쳐야 한다."[4] 이 밖에, 콜럼버스는 또한 통솔자의 직무에 부합하는 급여 및 이와 관련된 형사 및 민사 사건을 처리할 수 있는 권한을 갖는다. 2주 후, 그는 국왕 부부가 하사한 해군 제독 계급과 '돈'이라는 귀족의 칭호를 얻었다. 이렇게 콜럼버스는 마침내 스페인에서 자신의 숙원을 실현했고, 스페인도 콜럼버스에 의지하여 아메리카 신대륙을 발견하는 길에 올랐다.

(2) 콜럼버스의 아메리카 "발견"

일정 기간의 준비를 거쳐, 1492년 8월 3일 새벽, 흥분한 콜럼버스는 스페인 국왕이 중국 황제에게 보내는 국서(國書)와 두 명의 아랍어 통역사 및 선원 87명[5]과 함께, "산타마리아호"·"핀타호"·"니냐호" 등 세 척의 범선을 타고, 스페인 남단의 팔로스(Palos)항을 출발하여, 머나먼 항해의 길에 올랐다.[6] 이는 처음으로 대서양을 횡단하는 위대한 장거였다. 이전에는 아무도 대서양을 횡단한 사람이 없어, 앞이 어디인지를 알지 못했다. 8월 26일, 그들은 맨 먼저 카나리아 군도에 도착한 다음, 여기에서 다시 서쪽으로 출발했다. 이는 머나먼 항해가 성공할 수 있는 중요한 요소이기도 했다.[7] 9월 6일, 보충과 휴식을 취한 다음, 그들은 다시 출발했다. 끝없이 넓은 망망대해에서, 콜럼버스와 선원들은 70일간의 힘든 항해를 거쳐, 마침내 10월 12일 새벽 2시에 육지를 보았다. 모든 선원들은 미친 듯이 기뻐했고, 콜럼버스는 해군 제독 군복을 입고 감격스럽게 이 낯선 땅을 밟았다. 그리고 여기에 스페인 국기를 세우고, 스페인 국왕 명의로 이 땅이 스페인 영토임을 선포함

---

4 〈산타페 협약〉을 참조하라.
5 콜럼버스가 처음 항해할 때 데리고 간 선원 수에 대해서는, 학자들마다 주장이 다르다. 어떤 사람은 120명이라 하고, 어떤 사람은 90명이라 한다.
6 张德政, 『西班牙简史』, 商务印书馆 1983年版, 21쪽.
7 여기에서부터 서쪽으로는 때마침 동북 무역풍 범위 내에 있어, 그가 대서양을 횡단하는 것을 도울 수 있었는데, 남쪽으로 가면 회귀선의 무풍대(無風帶)이고, 북쪽으로 가면 그들을 회항시키는 서풍대(西風帶)였다.

과 동시에, 이곳을 "산살바도르"라고 명명했는데, 그 뜻은 "구세주"이다. 처음 "발견"된 이 땅은 바로 카리브해 안에 있는 바하마 군도의 와틀링(Watling)섬이었다. 콜럼버스는 비록 신대륙인 아메리카에 발을 디뎠으나, 그는 이곳이 아시아라고 여겼다. 콜럼버스는 이곳이 바로 동양 인도의 일부라고 잘못 알았으므로, 이곳 토착민을 인디언이라고 불렀는데, 그 뜻은 "인도의 주민"으로, 이 명칭은 지금까지 줄곧 사용되고 있다. 그때 사람들은 유럽과 아시아 사이에는 아메리카가 존재한다는 사실을 전혀 몰랐기 때문이다. 콜럼버스는 여기에서부터 계속 남쪽으로 항해하여, 다시 몇 개의 작은 섬들에 도착했고, 마침내 쿠바와 아이티에 도착했다. 콜럼버스는 또한 아메리카를 두루 돌아다녔는데, 매우 유감스럽게도 그곳은 결코 마르코 폴로가 과장해서 말했던 것처럼 "황금이 도처에 즐비하고, 향료가 들판에 가득한 곳"은 아니었다. 콜럼버스는 신대륙에 남기를 원하는 사람 39명을 그곳에 남겨 두고, 다시 10명의 포로로 잡은 인디언을 배에 태웠다. 1493년 3월 15일, 콜럼버스는 스페인의 팔로스로 돌아갔다. 돌아온 후, 콜럼버스는 영웅이 되어 매우 열렬한 환영을 받았다. 그는 흐뭇해하면서 사람들에게, 자신은 "인도 제도"와 "일본"에 도착했었다고 보고했다. 국왕들도 인도 제도를 이미 자기들이 장악했다고 믿고, 콜럼버스에게 매우 큰 영예를 주었다. 콜럼버스는 계속해서 마음속의 인도를 찾기 위해, 다시 1493년 봄부터 1504년까지 세 차례에 걸쳐 서쪽으로 항해하여, 자메이카·푸에르토리코·도미니카 등 카리브해에 있는 일부 섬들과 남아메리카 동북쪽 모서리에 있는 오리노코 강 하구와 중미의 온두라스와 파나마 등지를 잇달아 "발견"했다. 이들 새로 "발견한" 곳은, 콜럼버스가 죽기 전에는 모두 인도라고 오인하고 있었다. 지금도 안틸레스 군도와 바하마 군도 일대는 여전히 서인도라고 불린다.

콜럼버스가 대서양을 횡단하여 아메리카 신대륙을 발견한 것은, 인류 역사상 규모가 가장 큰 문화 충돌이었는데, 이 대충돌은 그 후 500여 년의 역사 방향과 문명 발전 과정에 영향을 미쳤다. 동시에 또한 지리상의 대발견 시대를 도래하게 하여, 처음으로 동·서양의 만남과 전 지구의 일체화라는 새로운 발전 과정을 출현시킴으로써, 세계가 분산에서 통합으로 나아가는 데 크게 공헌했으며, 인류의 전 지구적인 교류와 발전을 확대하였다. 지리상의 대발견의 주요 추동력은 중동 아랍제국과 유럽 이탈리아 상인들의 무역 독점이었다. 아랍제국은 유럽인들이 아시아를 발견하기 전에 이미 동남아 여러 나라들 및 중국과 무역을 진행했기 때문에, 차·비단·향료·중국 자기 등과 같은 매우 많은 동양의 사치품들이 모두 아랍인을 통해야만 유럽의 시장에서 판매될 수 있었다. 아랍인들은 대부분이 이런 상품들을 이탈리아의 베네치아 상인(베네치아는 르네상스 시기에 유럽에서 가장 번잡하고 가장 큰 국제 항구였다)에게 팔았다. 그리고 베니치아인들은 아랍인에게 구입한 동양의 사치품들을 다시 유럽의 다른 나라들에 되팔았다. 이외에 르네상스도 지리상의 대발견을 촉진했다. 인류의 교류 과정에서, 문화의 교류와 융합은 세계 문명이 발전할 수 있는 중요한 원인이었다. 르네상스는 인문주의를 추동했고, 사고와 실천을 중시했다. 르네상스는 또한 유럽 중세 시대 봉건제도의 쇠퇴도 가속화했다. 유럽 대외 무역의 발전은 상품시장의 확대를 추동했는데, 바로 이로 인해 동양의 사치품에 대한 수요도 크게 증가했다. 그러나 여러 차례 되팔면서 값이 비싸진 동양의 제품들이 유럽인들로 하여금 감당할 수 없게 만들었기 때문에, 그들은 가장 저렴한 가격으로 동양의 사치품을 얻으려면, 반드시 동양과 직접 무역을 해야 한다고 느꼈다.

콜럼버스의 첫 원양 탐험과 아메리카의 "발견"은, 지리상의 발견 역사에서 중대한 의의를 지닌다. 콜럼버스가 아메리카 동부의 중간에 있는 인도제도에서 두 개의 큰 섬인 쿠바와 아이티를 비롯한 여러 개의 작은 섬들을 발견함으로써, 신대륙을 "발견"하는 서막을 열었다. 동시에 유럽에서 대서양을 건너 아메리카에 갔다가 또 안전하게 돌아올 수 있는 새로운 항로도 열자, 아메리카와 유럽, 신대륙과 구대륙을 긴밀하게 연결했다. 이후로 "신대륙으로 가는 것"이 마치 물결처럼 전 유럽을 휩쓸었다.

(3) 마젤란의 세계 일주 항해

1519년, 마젤란은 스페인 탐험대를 이끌고 인류 역사상 처음으로 세계 일주 항해를 시작했다. 마젤란은 "지구는 둥글다"는 주장을 확고하게 믿는 사람이었다. 그는 일찍이 포르투갈 국왕에게, 자신이 계속 동양으로 가는 항로를 찾을 수 있도록 지원해 달라고 요청했었다. 그런데 거절당하자, 1517년에 그는 스페인 국왕 카를로스 1세에게 도움을 요청했다. 스페인 국왕은 더욱 많은 부를 획득하기 위해 해외로 확장하려 생각하고 있었다. 그리하여 스페인 국왕은 마젤란이 항해 탐험을 할 수 있도록 지원하고, 마젤란을 위해 원양 탐험 함대를 조직했다. 1519년 9월 20일, 국왕의 명령에 따라, 마젤란은 약 260명 정도의 선원을 인솔하여[8], 5척의 원양 선박(트리니다드호가 기함이었고, 그 외에 산안토니오호·콘셉시온호·빅토리아호 및 산티아고호도 있었음)에 나누어 타고 스페인의 세비야항에서 출항했다. 마젤란의 함대는 70일 동안 대서양을 건너 아메리카 해안에 도달한 후, 해안을 따라 남쪽으로 항해하면서 아메리카 대륙을 가로지르는 해협이나 최남단의 곶을 찾으려 했다. 그들은 굶주림·매서운 추위·함대 내의 반란·도주 및 엉뚱하게 하구로 들어가는 등의 천신만고 끝에, 마침내 1520년 11월 28일에 남아메리카 남단의 매우 좁은 해협으로 배를 몰고 들어가 아메리카 서안의 바다에 도달했다. 이 해협이 바로 지금의 남아메리카 칠레 남부, 남위 52도의, 대서양과 태평양이 이어지는 마젤란 해협(후에 마젤란의 이름으로 명명함)이다. 아메리카 서안의 대양에 도달했을 때, 마젤란의 함대는 3척의 배밖에 남지 않았다. 그들은 그 대양에서 서쪽으로 110일 동안 항해했는데, 줄곧 광풍과 큰 파도를 만나지 않고, 늘 바람과 파도가 잔잔했기 때문에, 그 평온한 바다를 "태평양"이라고 이름 지었다. 1521년, 마젤란 함대는 태평양을 가로질러, 3월 16일에 필리핀 군도의 즈르안섬에 도착했다. 3월 27일, 함대는 마싸와(Massaw)섬에 도착했고, 그 후 다시 세부섬에 도착했다. 마젤란

---

8 张德政, 『西班牙简史』, 商务印书馆, 1983年版, 23쪽.

페르디난드 마젤란(1480~1521년)은, 포르투갈의 항해자로, 그는 함대를 이끌고 처음으로 세계 일주 항해를 하여, 명확한 사실로써 지구는 둥글다는 것을 증명했다.

은 섬에 있는 원주민들을 정복하여, 이러한 섬들에 있는 작은 왕국들을 스페인의 식민지로 만들려고 했다. 마젤란은 선원들을 이끌고, 손에는 총과 예리한 검을 들고, 해안에 상륙을 강행하여, 잔혹한 수단으로 이 지역을 점령했다. 또 스페인 국왕인 필리페 2세의 이름으로 이 지역을 명명했는데, 필리핀이라는 이름은 이렇게 지어진 것이다. 그러나 마젤란 함대는 원주민들의 저항에 직면했다. 원주민들은 화살과 창으로 침입자들에 맞섰다. 그 과정에서 독화살 한

발이 마젤란에게 명중하여, 이 항해 탐험가가 객지에서 목숨을 잃게 했다. 마젤란이 사망한 후, 그가 거느렸던 선원들은 마젤란이 완성하지 못한 항로를 계속 항해하여, 함대는 11월 8일에 몰루카 제도에 입항했고, 선원들은 현지인들과 화물을 교환했다. 12월 21일, "빅토리아"호 원양 범선은 향료를 가득 싣고 몰루카 제도를 떠났지만, 마젤란 함대의 기함인 "트리니다드"호는 선체에 누수가 발생하여 계속 항해할 수 없게 되자, 어쩔 수 없이 현지에 남겨졌다. 원양 범선인 "빅토리아"호는 인도양을 건너, 희망봉을 우회하고, 카보베르데 군도를 지나, 1522년 9월 6일에 스페인으로 돌아감으로써, 인류 최초의 세계 일주 항해를 완성했다. 마젤란 함대의 5척의 원양 선박들은 단지 원양 범선인 "빅토리아"호만 남았고, 260여 명의 선원들 중 단지 18명만 살아서 돌아왔다.

마젤란 함대가 완성한 이 위대한 세계 일주 항해는, 서유럽에서 출발하여 서쪽으로 대서양을 횡단하고, 남아메리카를 우회하여, 태평양을 가로질러, 남양 군도(태평양 제도, 혹은 미크로네시아라고도 함-역자)를 통과하고, 마

지막에 인도양을 횡단한 뒤, 아프리카를 우회하여, 마침내 서유럽으로 돌아갔다. 이번 항해는 꼬박 3년에 걸쳐, 8만 킬로미터를 항해하면서, 동서 방향에서 360도를 거쳤으며, 남쪽으로는 남위 52도에 이르렀고, 북쪽으로는 북위 43도에 이르러, 세계에서 인류가 거주하고 있는 대부분 지역을 통과했다. 이는 그 시대 인류 역사상 항해 길이가 가장 길고, 시간도 가장 오래 걸린 항해였다. 이번 세계 일주 항해는 또한 인류 역사상 가장 힘들고 어려운 항해로, 선박과 인원의 손실이 모두 절반을 넘었다.

(4) 스페인 해양 패권의 확립

지리상의 대발견 이후, 세계의 상업 항로는 대서양 연안으로 옮겨갔다. 대서양 연안의 교통 요충에 위치한 스페인은 해외로의 상업 발전이 매우 빨랐고, 또한 광대한 식민지도 보유하고 있었기 때문에, 대외 무역이 전에 없이 확대되었다. 16세기 초에 이르자, 스페인은 이미 상선 1,000척을 보유하여, 각 대양을 항해하고 있었다. 스페인은 아메리카의 생산품을 유럽 각지로 실어갔고, 자신의 양모·실크·모직물은 이탈리아·북아프리카 및 네덜란드로 실어갔다. 양모만 하더라도, 매년 네덜란드로 실어간 것이 4만 다발이었다. 아메리카에서 싣고 돌아온 설탕·코코아·담배 등은 이익률이 400~500%나 되었다.[9] 연해 도시인 세비야·가디스·바르셀로나와 발렌시아는 거대한 상업 도시로 발전했다. 부르고스·바야돌리드는 국내 상업 중심지가 되었다. 라틴아메리카의 금은과 재화를 끊임없이 스페인으로 싣고 돌아오는 것을 보호하기 위해, 스페인은 강력한 해양 함대를 건립했다. 1571년, 스페인 함대는 레판토 부근의 해전에서 터키 함대를 대파하여, "무적함대"라는 칭호를 획득했다. 1588년에 영국 해협을 봉쇄하면서 132척의 전함을 출동시켰는데, 그중 대형 전함이 60척, 대포가 3,165문이었고, 참전 인원이 3만여 명에 달했다. 그중 선원과 수병이 7천 명, 보병이 2만 3천 명이었다.[10]

....
9 騰藤 主编, 『海上霸主的今昔』, 黑龙江人民出版社 1998年版, 169쪽.
10 위의 책, 169쪽.

16세기 후반, 스페인은 풍요로운 아메리카 식민지를 보유했다. 1581년에는 다시 포르투갈을 병탄하면서, 실력이 더욱 강대해졌다. 스페인은 또한 자신의 강한 함대에 의지하여, 유럽 및 동양의 각국 및 아메리카에 대한 무역 독점권을 장악하여, 명실상부한 해상 패권국이 되었다.

3. 아메리카 식민제국의 건립

콜럼버스가 아메리카를 발견한 때부터, 스페인은 라틴아메리카에 대해 식민을 진행하기 시작했다. 라틴아메리카는 멕시코만의 리오그란데강 이남부터 남아메리카 최남단 혼곶(Cape Horn)까지, 전체 길이 1만여 킬로미터의 광대한 지역을 가리킨다. 그것은 북아메리카의 서남단·중부 아메리카·서인도 제도 및 남아메리카를 포함하며, 면적은 2,100만 평방킬로미터이다. 이 지역은 오랜 기간 동안 스페인의 식민 통치를 받아, 19세기 초에 독립전쟁을 시작하기 전에는, 각국이 모두 라틴어 계열의 언어(스페인어, 포르투갈어, 프랑스어)를 공용어로 사용했고, 또한 종교·풍속 습관과 문화예술 방면에서도 라틴어 계열 국가의 색채를 짙게 띠고 있었는데, 이 때문에 라틴아메리카라는 이름을 얻게 되었다. 콜럼버스의 지리상의 대발견은 스페인이 아메리카로 확장하는 통로를 열었는데, 15세기 말부터 19세기 중엽까지, 수많은 스페인의 어린 기사들이 라틴아메리카에 가서 큰 부자가 되려고 시도하면서, 스페인으로 하여금 계속해서 북으로는 멕시코에서부터 남으로는 남아메리카 최남단에 이르는 광대한 지역(포르투갈이 차지한 브라질을 제외하고)을 정복하게 했다. 스페인의 남아메리카에 대한 식민 침략 과정은 크게 아래와 같은 세 단계로 나눌 수 있다.

(1) 서인도 제도 등지를 침략하여 점령하다

콜럼버스는 탐험 항해를 하기 전부터 식민지를 침략하고 점령하여, 각 지역 사람들의 부를 약탈하려는 목적을 품고 있었다. 콜럼버스 등이 카리브해 안에 있는 일부 섬들에 도착한 초기에는, 조금도 망설이지 않고 새로 발견된 지역을 빼앗아 자기 것으로 삼고, 그 지역을 스페인의 영토로 선포하려고 했다. 아이티와 도미니카는 각각 1493년과 1496년에 잇달아 스페인의 식민지로 전락하여, 스페인이 아메리카를 침략하는 거점이 되었다. 같은 해에 바르톨로메오 콜럼버스(크리스토퍼 콜럼버스의 동생)가 서인도 제도의 히스파니올라섬에 스페인의 첫 번째 아메리카 영구 식민도시인 산토도밍고를 건립했다. 1511년, 스페인은 세비야에 "인도 등지 사무위원회"를 설치하여, 식민지의 행정·군사·무역 등의 사무를 총체적으로 관장했다. 1513년, 스페인 식민자인 발보아는 파나마 해협을 가로질러 태평양 해안에 도달한 후, "남해"(태평양)에 있는 모든 큰 섬들은 스페인 소유라고 공공연히 선포했다. 1514년, 다시 이어서 파나마와 쿠바를 침략하여 점령했다. 산티아고시의 건립은 쿠바에 대한 정복의 완성을 상징한다. 1517년, 코르도바의 "탐험대"는 쿠바에서 출발하여, 중부 아메리카의 유카탄 반도에 도착했는데, 현지 마야인들의 완강한 저항으로 도망칠 수밖에 없었다.

(2) 멕시코와 중부 아메리카의 각지를 점령하다

스페인 식민자는 서인도 제도에서 확고히 자리잡은 후, 아메리카 대륙으로 확장하기 시작했는데, 그 가운데 가장 중요한 것은 바로 멕시코와 페루를 정복하는 것이었다. 멕시코는 당시 아즈텍 왕국이 통치하고 있었다. 1519년 2월, 스페인의 몰락한 소귀족(小貴族)인 코르테스가 11척의 배·508명의 보병·109명의 선원·16필의 전투마·10문의 대포라는 보잘것없는 역량을 거느리고 지역이 광활한 아즈텍 왕국을 정복하러 갔다.[11] 지역이 광활한 아즈텍에 대해, 코르테스는 두 가지 책략으로 공격을 진행했다. 한편으로, 그는 인디오 부족 간에 내부적으로 단결이 안 된 것을 이용하여, 교활한 속임수로 인디오 부족 간의 갈등을 일으키고 확대했다. 아즈텍에 반대

---

11 腾藤 主编, 『海上霸主的今昔』, 黑龙江人民出版社 1998年版, 164쪽.

하는 부족을 자기편으로 끌어들이는 "이이제이(以夷制夷)"의 방법으로, 인디오의 인력과 물력을 이용하여 인디오를 공격함으로써, 그들이 스스로 서로를 잔혹하게 죽이도록 했다. 다른 한편으로는, 잔혹하게 학살하는 방법으로 완강하게 저항하는 인디오들을 진압함으로써, 인디오를 위협했다. 스페인의 식민 침략에 직면하자, 아즈텍의 국왕 몬테수마는 내부 갈등을 처리할 때, 잔혹한 진압·학살 및 정복 정책을 실행하여, 인디오 부족의 강렬한 불만을 샀고, 인디오 부족 간의 갈등을 격화시켰지만, 침략자들에 대해서는 오히려 타협과 뇌물을 주는(재물과 황금을 보냈음) 방법으로 침략자들이 황금과 재물을 약탈하는 것을 막으려고 했다. 그 결과는 정반대였는데, 실패한 후에는 다시 무저항 정책을 실행하다가, 결국은 적의 포로가 되었으며, 적의 압력을 받자 다시 적에게 완전히 투항했다. 1521년 8월 13일, 코르테스는 테노치티틀란(지금의 멕시코시티)을 완전히 점령했고, 이듬해에는 다시 멕시코강 계곡 이남 지역을 공격하여 점령했다. 1523년부터 1524년 사이에, 지금의 과테말라·온두라스·니카라과·엘살바도르 등 여러 나라들이 모두 스페인에게 점령되었다. 멕시코시티는 식민지의 수도가 되었고, 코르테스는 초대 총독에 임명되었다.

(3) 계속 남아메리카를 정복하다

1521년, 멕시코의 아즈텍인을 완전히 정복한 후, 스페인 식민자들은 다시 페루의 "잉카 제국"으로 눈길을 돌렸다. 가장 먼저 남아메리카의 이 부유한 "제국"의 소식을 들은 사람은 파나마의 정복자인 발보아였다. 어떤 인디오가 그에게 이렇게 말했다: "어떤 지역 사람들은 그들이 먹고 마시는 데 사용하는 그릇이 모두 금으로 만든 것으로, 그곳의 황금은 당신들이 가지고 있는 철만큼 값이 싸다." 1522년, 스페인의 식민자 안다고야(Passcual de Andagoya)가 처음으로 페루를 탐험했다. 그는 오늘날 페루 경내의 산미겔만까지 항해해 갔다가, 잉카 제국에 관한 확실한 정보를 가지고 돌아왔다. 이 정보들은 후에 피사로가 페루를 정복하는 데 강력한 실마리를 제공해주었다. 1531년, 피사로(일부 작가들에게는 대담한 강도라고 비난 받음)와 알마그로가 1개 소대의 식민군을 3척의 배에 나누어 태우고, 약 180명의 사병(그중 기병이 60명)과 50필의 말을 이끌고, 면적이 80만 평방킬로미터에 인구가 대략 600만 명이 넘는 아메리카의 대국인 잉카 제국을 정복하러 갔다. 이때의 잉카 제국은 국왕 와이나 카팍이 막 사망하여, 두 아들이 왕위를 쟁탈하기 위해 한창 격전을 벌이고 있었다. 피사로는 이 기회를 틈타 성공을 거두고, 잉카 제국의 수도인 쿠스코를 점령하여, 페루를 식민지로 만들었다. 피사로의 남아메리카 정복은, 스페인의 종교와 문화를 전체 피정복 지역으로 전파하게 했다. 잉카 제국이 멸망한 후, 전체 남아메리카는 더는 유럽인의 통치에 저항할 능력이 없게 되었다. 수천만 명의 인디오들이 남아메리카에서 살았지만, 그들의 정권은 지금까지 회복되지 않고 있다. 유럽의 언어·종교와 문화가 이후 줄곧 남아메리카를 지배하고 있다. 스페인 식민자들은 페루를 침략하는 과정에서, 1532년에 에콰도르를 장악함과 아울러 침략하여 점령했다. 1535년, 페루의 침략자 중 한 사람인 알마그로가 군대를 이끌고 페루에서 볼리비아를 거쳐 칠레에 도착했고, 1538년에 볼리비아를 침략하여 점령했지만, 칠레의 내륙까지 깊숙이 들어가지는 못했다. 칠레에서 식민자들은 인디오의 한 부족인 아라우칸족의 결연한 반항에 부딪혔다. 스페인은 3년이 걸려, 1541년에야 비로소 칠레의 연해 지대를 정복했다. 1538년, 콜롬비아와 베네수엘라가 잇달아 점령되었다. 같은 시기, 스페인인 멘도사가 또 다른 침략군을 이끌고 1549년에 아르헨티나 지역을 침략하여 점령했다.

　라틴아메리카에서 스페인은 잔혹한 식민 통치를 실행했다. 정치 방면에서는 봉건 전제를 실행했다. 스페인 본토에 방대한 식민 기구인 '서인도사무원(西印度事務院: 정식 명칭은 Royal and Supreme Council of the Indies-역자)'을 설립하여, 식민지의 입법·행정·사법·군사·재정·상업·교회의 권력을 장악했고, 스페인에서 출생한 귀족들을 식민지로 보내 고급 관리에 임명했다. 이 때문에 스페인에는 "국왕은 식민지의 절대 주인"라는 말이 유행했고,

서인도사무원은 국왕의 대변자였다. 국왕은 두 명의 총독을 파견하여 식민지를 직접 통치했다. 한 명은 멕시코 총독으로, 라틴아메리카 북부 및 서인도 제도·베네수엘라와 필리핀 군도를 관할했다. 다른 한 명은 리마 총독으로, 라틴아메리카의 스페인 소속 식민지를 관할했다. 동시에 국왕은 총독에 대해 일련의 감시 조치를 취했다. 예를 들면 흠차대신(왕의 명령을 받고 파견되는 대신-역자)이나 특파원·밀정을 파견하여 총독을 감시했다. 경제 방면에서는, 인디오의 토지를 빼앗아 차지했다. 엔코미엔다(encomienda)제[12]와 위탁감호제를 실시하여, 국왕은 인디오를 부족이나 지역을 단위로 하여 정복자나 개척자에게 수여했고, 토지를 얻은 자는 반드시 국왕에게 일정한 공물을 납부해야 했다. 국왕은 토지를 정복자에게 수여했을 뿐만 아니라, 그 토지에 거주하는 인디오조차도 정복자에게 강제로 하사되었다. 정복자는 "감호주(監護主)"의 명의로 인디오들을 통치했으며, 감호를 받는 인디오들은 "감호주"에 대해 인신이 종속되는 관계가 되어, 감호주를 떠날 수 없었고, 반드시 감호주에게 노역을 하여 복무하거나 노역 대신 세금을 납부해야 했다. 안데스 산맥의 농민들은 매년 감호주를 위해 무려 200일에 달하는 무상노동을 해야 했다. 이와 동시에, 식민지의 광대한 지역에서 스페인은 모든 수단을 동원하여 황금을 약탈했는데, 심지어 사원에 있는 금제 장식품까지 약탈했다. 멕시코와 페루에서 금·은광을 발견한 후, 스페인 식민자들은 강제로 인디오들을 광산 갱도 안에서 노동하게 했는데, 조금이라도 반항하면 잔혹하게 진압했으며, 심지어 광산 갱도 안에 생매장하기도 했다. 1545년에는 또 볼리비아의 포토시 지방에서 풍부한 은광을 발견했다. 스페인은 세비야에서 매년 두 개의 선단을 아메리카로 보내 금·은을 싣고 왔다. 16세기 말에 이르자, 세계의 귀금속 채취량 중 83%가 스페인 소유가 되었다. 라틴아메리카는 면화·사탕수수·담배 등의 작물을 재배하기에 적합했다. 그

---

12 아메리카 신대륙 발견 직후, 급속한 원주민의 노예화와 인구 감소에 대처하기 위해 실시한 제도로, 1503년에 인디오의 보호를 조건으로, 귀족이 왕에게 위탁받은 토지·인민을 사용할 수 있는 권한을 말한다. 그러나 점차 봉건 영지처럼 종신·세습화함과 동시에, 금지되었던 토지매매가 암암리에 진행되면서 변질되었다.(역자 주)

래서 스페인은 서인도 제도에서 토지를 빼앗아 사탕수수 농장으로 바꾸었는데, 스페인이 매년 보낸 두 선단은 금·은 외에 사탕·코코아 등도 가득 싣고 스페인으로 돌아갔다. 사상 방면에서는, 식민자들이 가톨릭 교회를 통해 식민지를 통치했다. 멕시코에만 해도 1만 2,000개의 성당이 있었고, 페루의 리마 주민 가운데 10명 중 1명이 선교사였으며, 식민자들은 인디오와 흑인을 강제로 가톨릭으로 개종시켰다. 만약 가톨릭으로 개종하지 않으면 마귀나 이단으로 간주되었고, 교회는 인디오와 흑인에 대해 엄격한 통제를 실시했다. 인디오는 태어난 날부터, 교육·결혼·죽음을 막론하고 모두 교회의 수중에 장악되었다. 교회는 또한 종교재판소를 이용하여 식민지 백성들을 압박했는데, 유카탄에서는 한 명의 선교사가 6,320명의 인디오를 불구로 만들었고, 그중 157명이 사망했다.

16세기 전반에, 잔인한 식민제도로 인해 학살된 인디오는 1,200만~1,500만 명이나 되었다. 예를 들어 아이티의 경우, 스페인이 침략했을 때 섬의 인구가 6만 명이었는데, 1548년에는 500명밖에 남지 않았다. 자메이카에서는, 스페인인들이 침입했을 때 섬의 인구가 30만 명이었는데, 1548년에는 거의 완전히 소멸되었다. 라틴아메리카의 노동력 부족 문제를 해결하기 위해, 스페인은 라틴아메리카에서 흑인 노예 제도를 실행하여 흑인에게 노역을 강요했다. 스페인인의 아메리카에서의 정복·약탈 및 식민 통치는 인디오의 문화를 궤멸시키고, 수천만 명이 학살당하게 하여, 아메리카 주민을 끝없는 재난에 빠뜨렸다. 16세기 중엽에 이르러, 중·남아메리카의 광대한 지역(포르투갈 소속 브라질은 제외)이 모두 스페인 식민제국의 판도로 편입되어, 스페인은 유럽 근대에 또 하나의 진정한 식민제국이 되었고, 또한 인류 사회가 근대에 진입한 이후 세계 최대의 식민제국이었다.

4. 스페인의 패권 쟁탈 전쟁

1519년, 카를로스 1세가 신성로마제국(즉, 독일)의 황제(카를 5세)에 선출된 후, 그는 원래 스페인과 옛 합스부르크 왕조의 영지를 합쳐 규모가 전에 없이 큰 국가를 만들었다. 이후, 카를 5세는 웅대한 야심으로 품고, 유럽의 모든 반동세력의 지지를 이용했다. 우선 교황의 지지였는데, 그는 "전 세계 기독교 제국"이라는 계획을 품고 대국 정책을 실행하여, 끊임없이 프랑스와 독일의 프로테스탄트 제후들과 전쟁을 벌임과 아울러, 그의 통치를 받는 모든 국가에서 세계 제국을 건립하는 정책을 추진했다. 신성로마제국 황제를 겸임하고 있던 이 국왕은 만민이 통일된 군주국가와 만민이 하나 되는 가톨릭 교회를 건립하고, 이 국가와 교회의 우두머리는 바로 자기 혼자서 겸임하려는 꿈을 꾸었다. 즉 세인의 군주이자, 종교의 아버지가 되려고 했다. 카를의 유럽 패권 계획은 세 부분으로 이루어져 있었다: 첫째는 도이치 신성로마제국을 부흥시키고, 독일의 여러 나라를 통일하는 것이었다. 둘째는 가톨릭 교회를 정화하고, 가톨릭 교회의 절대적인 정통적 지위를 수호하며, 나아가 정치와 종교가 합일된 유럽제국을 건립하는 것이었다. 셋째는 합스부르크 제국의 온전함을 유지하여, 영토나 속지(屬地)를 잃는 것을 허락하지 않는 것이었다. 이 때문에 그는 일련의 전쟁을 일으켰다.

(1) 프랑스와 이탈리아 쟁탈전을 벌이다

15세기 말, 프랑스와 스페인은 모두 강대한 중앙집권적인 봉건국가가 되었다. 이탈리아 전쟁은 프랑스와 스페인 간의 패권 쟁탈전이자, 중세 유럽 봉건 왕국의 영토 확장 전쟁의 연장이었다. 이탈리아는 유럽 대륙의 남단에 위치하며, 3면이 아름답고 온화한 지중해의 푸른 물로 둘러싸여 있다. 우월한 지리적 위치로 인해, 이탈리아의 상업과 무역이 매우 번성했다. 십자군이 동방을 침략한 후, 이탈리아는 동·서양의 무역을 거의 독점했다. 베네치아·제노바 및 피렌체 등의 도시들에서 가장 먼저 자본주의의 맹아가 나타났다. 풍요롭고 아름다운 이탈리아 자신은 발전이 매우 불균형했고, 각 지역의 상황도 천차만별이었다. 북부 도시들의 경제는 비교적 발달했는데, 남부의 경제는 낙후하여, 봉건적 토지 관계가 여전히 주도적 지위를 차지하고 있었으며, 여전히 농노 착취가 존재하고 있었다. 각 도시 간의 경쟁이 격렬했고, 정치는 사분오열했으며, 정체(政體)의 형태가 다양했다. 실력이 비교적 강한 것들로는 밀라노·베네치아·피렌체·나폴리 및 교황국이 있었다. 그들은 각자 자신의 정치를 했고, 각자 동맹 관계가 있었는데, 상호 간의 모순이 심각하여, 가끔씩 충돌하기도 했다. 이렇게 사분오열된 상황은, 유럽의 강국들, 특히 프랑스와 스페인으로 하여금 이웃 나라인 이탈리아라는 살진 고기를 엿보게 했다. 프랑스 국왕 샤를 8세는 일찍부터 이탈리아를 호시탐탐 노리고 있었다. 1492년, 나폴리와 피렌체가 밀라노를 분할하는 밀약을 체결하자, 샤를 8세는 밀라노 공작 스포르차의 요청을 받아들여, 1494년 8월에 병사 3만 7,000명(스위스 용병 포함)·대포 136문을 거느리고, 알프스 산맥을 넘어 나폴리로 진격을 시작했는데, 이것이 이탈리아 전쟁의 시작을 상징한다. 1494년부터 1559년까지, 이탈리아 전쟁은 3단계로 나눌 수 있다.[13]

제1단계: 1494년부터 1504년까지. 이 단계의 핵심은 스페인과 프랑스가 나폴리 왕국에 대해 쟁탈전을 벌인 것이다. 이탈리아 내의 친프랑스 귀족들의 협력하에, 샤를 8세의 군대는 로마 전 지역을 통과하여, 밀라노 공국과 교황국을 거쳐 나폴리로 진격했다. 그러나 프랑스군의 약탈과 폭행 및 새로운 세금의 징수는 이탈리아 인민의 분노를 불러일으켰다. 이탈리아 각 나라 수뇌들은 프랑스 세력이 강화되고 전 인민이 봉기를 일으킬 것을 두려워하여, 1495년 3월에 연합하여 "신성동맹"("베네치아 동맹"이라고도 함)을 맺고, 프랑스군을 몰아내려고 시도했다. 동맹에 참가한 사람들로는 베네치아·밀라노 공작·로마 교황 알렉산드르 6세·"신성로마제국"(독일) 황제 막시밀리안 1세 및 스페인 국왕 페르디난트 2세가 있었다. "신성동맹"의 포위 토벌에 직면하자, 샤를 8세는 급히 나폴리에서 북쪽으로 물러났는데, 1495년 7월 6일에 포르노보(Fornovo)에서 신성동맹 군대에게 포위되었다. 프랑스군

---

13 〈意大利战争〉, http://www.zww.cn/ba, http://9link.116.com.

은 패배하여, 10월이 되어서야 샤를 8세는 비로소 북쪽으로 포위를 뚫을 수 있었다. 1496년 12월, 프랑스는 나폴리에서 철수했다. 이탈리아에서의 철수가 달갑지 않았으므로, 1499년에 프랑스는 다시 밀라노 공국을 원정했다. 1499년부터 1500년까지의 몇 차례 교전 과정에서, 프랑스는 잇달아 승리를 거두고, 밀라노와 롬바르디를 점령했다. 1500년, 프랑스는 스페인과 연합하여 나폴리를 점령하고, 아라곤 왕조를 전복시켰다. 조약에 근거하여, 스페인과 프랑스 두 나라는 공동으로 나폴리를 점령했다. 그러나 1503년 봄, 스페인과 프랑스는 장물의 분배가 불균등했기 때문에 전쟁이 발발했다. 1503년 12월 29일, 스페인 군대가 가릴리아노강 전투에서 승리를 거두자, 프랑스 군대는 어쩔 수 없이 나폴리 왕국을 포기하면서, 나폴리는 스페인의 영지로 전락했다.

제2단계: 1509년부터 1515년까지. 이 단계는 "캉브레(Cambrai) 동맹"이 베네치아 공화국에 대해 전쟁을 일으키면서 시작된다. 1508년 12월, 베네치아 공화국이 프랑스를 몰아내는 기회를 이용하여 영토를 대폭 확장하자, 베네치아를 반대하는 모든 세력이 연합하여 "캉브레 동맹"(스페인·프랑스·로마 교황·신성로마제국으로 구성됨)을 맺고 공동으로 베네치아와 싸웠다. 피렌체·페라라·만투아('만토바'라고도 함-역자)와 기타 이탈리아 국가들도 잇달아 이 동맹에 가입했다. 1509년 4월, 로마 교황은 베네치아가 예배와 종교의식을 거행하는 것을 금지했다. 그해 봄, 프랑스는 베네치아로 출병하여 베네치아의 롬바르디아에 있는 영지를 차지했고, 5월 14일에는 밀라노 부근의 아그나델로(Agnadello) 전투에서 베네치아 군대를 격파하고 중대한 승리를 거두었다. 그러나 프랑스의 세력이 이탈리아 서북부에서 강대해지면서 캉브레 동맹의 역량이 다시 거대하게 결합하도록 자극했다. 프랑스 왕 프랑수아 1세(1515년부터 1547년까지 재위)는 왕위를 계승한 후 얼마 지나지 않아 다시 이탈리아와의 전쟁을 재개했다. 1515년 9월, 프랑스 군대는 밀라노와 17킬로미터 떨어진 마리냐뇨(Marignano)에서 밀라노 공작의 스위스 용병 군대를 격파하고, 밀라노 공국을 탈취했다. 1516년 8월, 스페인은 프랑스와 〈누아용(Noyon) 조약〉을 체결하여, 밀라노와 나폴리를 각각 프랑스와 스페인이 나누어 가졌다. 교황도 1516년 말에 프랑수아 1세와 〈정교협약(政敎協約)〉을 체결하고, 프랑스의 밀라노·파르마·피아첸차에 대한 점령을 승인했다. 1517년, 프랑스·스페인과 신성로마제국이 〈캉브레 조약〉을 체결하여, 프랑스가 이탈리아에서 이미 취득한 이익과 우세한 지위를 인정했다. 그러나 패권 전쟁은 아직 끝나지 않았다.

제3단계: 1521년부터 1559년까지. 1519년, 스페인 국왕 카를로스 1세(즉 카를 5세)가 신성로마제국의 국왕이 되면서, 프랑스와 스페인 양국은 이탈리아를 분할하는 전쟁을 시작했다. 이 단계에서는 모두 6차례의 전쟁이 발생했는데, 여기에는 로마 교황·베네치아·스위스·영국 및 터키가 말려들었다. 카를 5세는 프랑스 군대를 이탈리아에서 내쫓으려고 힘썼는데, 그는 영국·로마 교황·만투아 및 피렌체 등 여러 나라의 지지를 받았다. 베네치아만이 프랑스의 동맹군이었다. 1521년에 전쟁이 발발했고, 1522년에 프랑스 군대는 비코카(Bicoca) 전투에서 패배했다. 게르만 용병 군대가 프랑스 군대의 돌격 부대를 맡고 있던 스위스 용병 군대를 격파한 것이다. 1525년 2월의 파비아 전투에서 프랑스 군대는 참패했고, 프랑스 황제는 포로가 되었다. 1526년, 프랑스 황제 프랑수아 1세는 귀국한 후 즉시, 로마 교황이 영국의 지지를 받아, 이탈리아를 스페인의 통치에서 벗어나게 하려는 목적으로 체결된 "코냐크(Cognac) 동맹"에 가입했다. 이 동맹에 참여한 나라들로는 베네치아·밀라노 및 피렌체도 있었다. 1527년, 전쟁이 다시 발발했는데, 쌍방은 각자 승패가 있었다. 1529년, 프랑스는 불리한 형세에 놓이자, 어쩔 수 없이 카를 5세와 협약을 체결하여, 이탈리아에 대한 주권 요구를 포기했다. 1536년, 프랑수아 1세는 다시 한번 전쟁을 일으켜, 피에몬테와 사보이를 점령했다. 1538년, 프랑스는 신성로마제국과 10년을 기한으로 하는 정전 협정을 체결했다. 1542년, 프랑스 사신이 밀라노에서 피살된 사건이 또 한 차례의 전쟁을 불러왔다. 프랑스는 덴마크·스웨덴·오스만 제국과 동맹을 맺었고, 카를 5세는 영국과 동맹을 맺었다. 프랑스 군대는 잇달아 베네치아와 마리

냐노를 점령했으나, 카를 5세가 뜻밖에 프랑스 국내로 침입해 들어갔다. 쌍방은 1544년에 〈크레피 조약〉을 체결했다. 1551년, 쌍방은 다시 전쟁을 일으켰다. 전쟁에서 쌍방은 모두 승패를 겪으면서 누구도 뚜렷한 우세를 차지하지 못했다. 그러나 프랑수아 1세가 사망하고, 그의 아들 앙리 2세(1547년부터 1559년까지 재위)가 1559년에 스페인과 〈카토-캉브레지 조약(Peace of Cateau-Cambresis)〉을 체결하면서 전쟁은 종결을 고했다. 프랑스는 어쩔 수없이 이탈리아에서 점령했던 지역인 밀라노와 나폴리를 포기했고, 사르데냐섬은 스페인에 귀속되었다. 스페인의 밀라노 공국·나폴리 왕국·시칠리아 및 사르데냐에서의 통치는 공고해졌다. 이탈리아의 대부분 지역이 스페인의 영향을 받게 되었다. 65년간 지속된 이탈리아 전쟁은 프랑스의 수많은 인력과 물력을 소모하게 하여, 프랑스는 심각한 타격을 입었다. 스페인은 당시 유럽에서 가장 강력한 국가가 되어, 유럽 패주의 지위에 올랐다.

(2) "해가 지지 않는 제국"을 건립하다

스페인이 국가 통일을 완성하고 나자, 그 영토는 포르투갈을 제외한 전체 이베리아 반도를 포괄했으며, 발레아레스 제도·사르데냐섬과 시칠리아섬도 보유했다. 1504년에는 또 나폴리 왕국을 계승하여 점유했다. 1516년, 스페인 국왕 페르디난트가 사망한 후 왕위를 계승할 아들이 없어, 그의 외손자인 합스부르크 가문의 카를로스가 스페인의 왕위를 계승했고, 카를로스 1세(1516년부터 1556년까지 재위)라고 불렀다. 카를로스는 부계(父系) 쪽에서 오스트리아와 이른바 "부르고뉴(Bourgogne) 유산"[14], 즉 네덜란드·룩셈부르크 및 프랑슈콩테(Franche-Comté)를 포함하는 통치권을 계승했다. 1519년, 카를로스 1세의 할아버지인 신성로마제국 황제 막시밀리안 1세(1493년부터 1519년까지 재위)가 사망하자, 혈통 연고 때문에 카를로스 1세는 또 신성로마제국(주로 오스트리아와 프로이센)의 황제(유럽에서는 카를 5세라고도 함)

---

14 카를로스의 어머니 안나는 페르디난트와 이사벨의 딸이고, 카를로스의 아버지 필립은 합스부르크 가문인 막시밀리안과 마리 드 부르고뉴의 아들이다.

가 되었다. 이렇게 스페인의 영토와 합스부르크 가문의 영토가 모두 카를로스 1세에게 장악되었다. 이때 그는 또 이탈리아 전쟁 과정에서 프랑스를 격파하고, 밀라노와 기타 지역을 탈취하여, 그의 영토를 이탈리아까지 확장했다. 16세기의 20~30년대에, 스페인 식민자들은 브라질을 제외한 광대한 라틴아메리카 지역을 강점했다. 1535년에는 터키인의 수중에 있던 아프리카의 튀니지도 빼앗았다. 1556년, 카를로스 1세가 퇴위하고, 그의 아들인 필리페 2세(1556년부터 1598년까지 재위)가 스페인의 왕위를 계승했다. 필리페 2세는 침략 확장 정책을 강력히 추진하여, 끊임없이 대외 전쟁을 일으켰다. 1559년에 스페인은 프랑스의 수중에 있던 이탈리아의 밀라노 등지를 탈취했고, 1571년에는 스페인 식민군대가 마닐라를 공격하여 함락시키면서, 필리핀의 대부분 지역을 점령했다. 또 1580년에는 다시 포르투갈의 리스본을 침략하여 점령했고, 이듬해에는 포르투갈과 포르투갈이 지배하고 있던 아프리카·아시아·아메리카의 브라질 등 모든 식민지를 겸병했다. 1580년대에 이르자, 스페인의 판도는 유럽의 대부분·아메리카·아프리카의 일부분 및 아시아의 필리핀 등지를 포괄하여, 세계 역사상 최초이자 가장 방대한 식민 제국을 건립했다. 당시 스페인인은 스스로 "해가 지지 않는 제국"이라고 불렀다. 신성로마제국의 황제이자, 세계 절반의 통치자이며, 스페인 국왕이었던 카를 5세는 늘 자기 나라는 해가 지지 않는 제국이라고 자랑했다.

(3) 〈피의 칙령〉을 반포하다

이탈리아 전쟁 기간에, 마르틴 루터(Martin Luther)가 독일에서 종교 개혁 운동을 벌이고 있었다. 카를 5세의 계획에서 가장 중요한 목표는 제국의 강대한 역량으로 독일을 통치하는 것이었다. 그래서 스스로 정통 가톨릭 신도라고 자부하던 카를 5세는 로마 가톨릭 교회의 종교개혁을 용인할 수 없었다. 종교개혁에 대해, 이때 독일의 정치 무대에서는 세 가지 세력이 출현했다.[15] 첫째는 종교개혁을 반대하는 보수파이고, 둘째는 로마교회의 통제를 벗어난 국가교회의 건설을 주장하는 온건 개혁파이며, 셋째는 전체 사회제도의 개혁을 주장하는 급진적인 개혁파였다. 카를 5세는 정통 가톨릭의 관념을 가졌으므로, 보수파를 지지했다. 당시에는 가톨릭을 반대하는 신교(新敎)가 흥기하고 있었는데, 신교 가운데 칼뱅파는 이렇게 인식하고 있었다: 재산의 사유, 상업 이익, 돈을 빌려주고 이자를 받는 것은 모두 하느님에게 명령을 받은 신성한 직책이며; 봉건 영주의 교회에 대한 통제를 반대하고, 자산계급이 교회의 실권을 장악하자고 주장했다. 이러한 교의(敎義)는 네덜란드 신흥 자산계급의 이익과 서로 부합되었기 때문에, 지지를 얻고 전파되었다. 스페인 국왕은 네덜란드에서 정치개혁이 일어나는 것을 용납할 수 없었기 때문에, 가톨릭을 강력히 옹호하면서, 신교도를 "이단"이라고 불렀다. 1550년 4월 29일, 카를 5세는 〈피의 칙령〉(Bloedplakkaat)을 반포하여, 신교를 억압하고, 구교의 통치를 회복하겠다고 선포했다. 〈피의 칙령〉의 주요 내용은 다음과 같다: 칼뱅교 등의 전파를 금지하고, 가톨릭의 성상(聖像) 파괴를 금지하며, 『성경』에 대한 토론과 논쟁을 금지하며; 위반자는 목을 베거나, 생매장하거나 화형에 처함과 아울러, 재산을 몰수하고; 신교도를 위해 사면을 요청하는 자도 함께 처벌한다. 세속 황권을 분명히 높이는 이 칙령으로 인해 교황과 모든 제후들이 불안감을 느끼자, 그들은 동맹을 결성하여 공동으로 카를 5세에 대항했다. 1552년, 카를 5세는 패배했다. 1555년에 쌍방은 〈아우크스부르크 화의〉를 체결하여 루터파의 합법적인 지위를 인정함과 동시에, "그의 왕국에 그의 종교를"(Cuius regio, eius religio)"이라는 원칙을 확립하여, 각 제후들이 자기 신민의 종교 신앙을 결정할 권리를 보유하는 것을 승인했다.[16] 뒤이어, 유럽 각 나라들에서는 로마 교황청을 반대하는 종교개혁 운동이 잇달아 일어났다. 예를 들어, 1566년 8월에 독일에서 일어난 "성상 파괴 운동"은 전국 17개 주 가운데 12개 주에서 일어나, 모두 5,500개의 교회와 수도원을 파괴했다. 동시에 루터파·성공회 등과 같이 로마 교황청을 이탈하는 많은 새로운 교파들도 생겨나, 종

15 唐晋 主编, 『大国崛起』, 人民出版社 2011年版, 95쪽.
16 위의 책, 95쪽.

교개혁은 비교적 큰 성공을 거두었다. 카를 5세가 갈망하던 제국 내의 종교 통일은 물거품이 되었고, 그 결과 독일은 통일을 이루지 못했을 뿐만 아니라, 오히려 더욱 분열되었다. 1556년에 카를 5세가 퇴위하고, 그의 동생인 페르디난트가 즉위하여, 오스트리아 및 그 영지인 체코와 헝가리의 일부 영토를 포함하는 독일 제국을 통치했다. 그의 아들인 필리페는 스페인·네덜란드 및 해외 영지를 통치했다. 카를 제국은 이리하여 합스부르크 왕실의 두 갈래 통치 체제로 나뉘었다.

5. "황금시대"와 그 종말

15세기 말부터 16세기 말까지는 스페인 제국이 흥성한 황금시대였다. 이 기간에 스페인은 유럽·아시아·아프리카·아메리카에 걸친 거대한 식민제국을 건립했다. 그 후, 스페인은 끊임없이 유럽에서 전쟁에 빠져들었고, 또한 지중해·북아프리카 및 터키에서 많은 전쟁을 벌였기 때문에, 스페인의 쇠퇴를 초래했다. 1588년에 무적함대의 궤멸과 17세기 후반기의 스페인 왕위 계승 전쟁 발발은 스페인의 쇠락을 상징한다. 스페인의 황금시대는 종말을 고하기 시작했다.

(1) 스페인 문화의 "황금시대"

스페인의 황금시대는 스페인 제국(지금의 스페인과 라틴아메리카의 스페인어 사용 국가들을 포함)의 번성기를 가리키는데, 그 예술과 문학의 번영기이기도 했다. 그중 가장 대표적인 불후의 명저인 『돈키호테』는 세계 문학사에서 저명한 대가이자 위대한 현실주의 작가인 미구엘 데 세르반테스(Miguel de Cervantes Saavedra)의 작품이다. 이 시기에는 스페인의 고전 희극도 최고로 발전했다. 그중 위대한 대표적인 작가는 스페인 민족 희극의 창시자인 로페 데 베가(Lope de Vega, 1562~1635년)이다. 그는 세계 10대 문학 거장의 한 사람이자, 스페인 문학의 "3대 거장" 중 한 사람이다. 그는 비록 스페인 문학의 "황금 시기"에 살았지만, 인문주의와 신권 사상의 영향도 받았다. 그의 방약무인한 생활 방식은 당시 사회에 대한 도전으로, 스페인 사회의 각종 모순의 충돌이 그의 많은 시가(詩歌) 창작의 제재가 되었다. 그의 작품은 현실주의 색채를 짙게 띠고 있으며, 스페인 사회의 첨예한 모순의 충돌을 표현하여, 봉건제도의 어두운 면을 적나라하게 까발리고, 인민의 선량하고 강인하며 불굴의 투쟁 정신을 칭송했다. 그는 희곡·시와 소설 등 세 방면의 창작으로 스페인 고전 문학의 보고(寶庫)를 풍부하게 하여, "자연계의 마법사"·"천재 중의 봉황"이라고 칭송받았다. 그의 주요 성취는 희극 방면에 있는데, 평생 무려 1,000편에 달하는 작품을 완성했으며, 그중 400여 편이 지금까지 남아 있다. 주요 부문들로는 다음과 같은 것들이 있다: 고대 역사극 〈알렉산더의 위대한 공적〉, 근대 역사극 〈양의 우물(Fuente Oejuna)〉, 기사극 〈어린 롤던〉, 포검극(袍劍劇: 세상물정과 권모술수를 묘사)[17] 〈신중한 연인〉, 종교극 〈아름다운 이삭(Isaac)〉, 목가극(牧歌劇) 〈진정한 애인〉, 신화극 〈크레타 미궁〉, 하인극(下人劇) 〈정원사의 개〉 등이 있다. 스페인의 가장 훌륭한 음악들도 이 시기에 만들어졌다고 여겨진다. 예를 들면 토마스 루이스 데 빅토리아(Tomas Luis de Victoria), 루이스 데 밀란(Luis de Milan) 및 알론소 로보(Alonso Lobo) 같은 작곡가들의 작품은 르네상스 음악의 중요한 구성 부분으로, 그들은 윤창법(輪唱法: 여러 성부가 한 선율을 한 성부씩 순차적으로 부르는 노래-역자)과 대위법(對位法: 독립성이 강한 둘 이상의 멜로디나 선율을 결합하는 음악 기법-역자) 등의 음악 기교를 창조했는데, 그 영향은 멀리 바로크 시기까지 미쳤다고 할 수 있다.

건축 예술도 이 시기에 매우 큰 성취를 이루었다. 16세기 후반기, 스페인 국왕 필리페 2세(필리프 2세라고도 함)가 명령을 내려 건설한 웅장한 왕실 수도원인 엘 에스코리알 수도원은, 전체 이름이 "왕립 산 로렌초 데 엘 에스코

---

17 스페인에서 한때 유행했던 민족화된 희극으로, 이러한 희극은 대부분이 기사나 신사가 영예를 위해 싸우는데, 극중에서 주인공은 항상 몸에 긴 도포[袍]를 입고, 허리에는 검(劍)을 차고 나오기 때문에 붙여진 이름이다.(역자 주)

레알 수도원(Monasterio san Lorenzo de el Escorial)"으로, 엘 에스코레알 대성당이라고도 불린다. 그것은 세계에서 가장 크고 가장 아름다운 종교 건축물 중 하나이다. 이 건축은 비록 이름은 수도원이지만, 수도원·궁전·능묘·교회·도서관·자선소(慈善所)·신학원·학교를 한데 모아 놓은 웅대한 건축군으로, 그 안에는 유럽 각국 예술 대가들의 명작을 소장하고 있으며, "세계 제8대 기적"이라고 칭송되고 있다. 전체 수도원의 설계는 직사각형 격자 구조로 설계되었으며, 순교한 기독교도인 성 로렌초를 기념하기 위한 것이다. 왜냐하면 산(San) 로렌초가 그해에 바로 그런 형구로 학대를 받아 사망했기 때문이다. 이렇게 소박하고 독특한 건축 양식은 반세기 동안 스페인에 영향을 미쳤다. 엘 에스코레알 대성당의 최초 거주자는 수사(修士)들로, 국왕은 그들에게 모든 권리를 부여했지만, 그들은 반드시 두 가지 조건을 받아들여야 했다: 첫째는 매일 왕실 구성원들을 위해 복을 빌고, 둘째는 필리페 2세가 가장 소중히 여기는 가톨릭의 신성한 지위를 수호하는 것이었다. 왕궁의 소장품은 가톨릭 성도의 가장 큰 힘의 원천으로, 모두 7천여 점이나 되는 성도들의 유골이 있었다. 전해지기로는, 필리페 2세는 12제자들의 유물과 예수 그리스도가 수난당한 십자가를 보유하고 있었다고 한다. 필리페 2세의 통치 후기에 이르러, 이곳은 당시 가장 강대한 정치력의 중심이 되었다.

 이 시기 스페인은 회화예술 방면에서도 일부 탁월한 고전 화가들이 출현했다. 디에고 로드리게스 데 실바 벨라스케스(Diego Rodríguez de Silva y Velázquez, 1599~1660년)는 르네상스 후기 유럽 역사에서 영향이 가장 컸던 화가이자, 훗날 회화에 대해 매우 영향이 컸다고 여겨지며, 프란시스코 고야는 그를 자신의 "위대한 스승 중 한 명"이라고 여겼다. 그가 그린 〈거울 앞의 비너스〉는, 종교가 엄격했던 스페인의 첫 번째 나체상이자, 스페인 역사상 두 개밖에 없는 나체 작품 중 하나이다(다른 하나는 고야의 〈벌거벗은 마하〉이다). 1656년, 벨라스케스는 가장 유명한 두 작품인 〈시녀들〉과 〈베 짜는 여인들〉을 창작했다. 〈베 짜는 여인들〉의 구도와 빛의 명암 대비는 인

〈거울 앞의 비너스〉

상파 화가인 클로드 모네 등에게 매우 큰 영향을 미쳤다. 당시 고야는 필리페 4세(필리프 4세라고도 하며, 1621년부터 1665년까지 재위) 및 그의 수석 대신인 올리바레스 공작과 좋은 관계를 유지했는데, 지금 세상에 남아 있는 그의 몇몇 초상화는 독특한 풍격과 뛰어난 기술을 보여주고 있다. 지금 세계적으로 유명한 스페인 마드리드의 프라도박물관에는, 여전히 그의 진귀한 작품들이 대략 60여 점이나 소장되어 있다. 그러나 유감스러운 것은, 그의 고향이자, 스페인 문학예술의 중심이며, 당시 신대륙에 대한 주요 무역 중심지였던 세비야는 오히려 그의 작품을 소장하지 않고 있다는 점이다. 엘 그레코(El Greco, 1541~1614년)는 스페인 르네상스 시기의 화가·조각가이자 건축가이다. "엘 그레코"는 스페인어에서 "그리스인"이라는 뜻으로, 그레코의 그리스 혈통 때문에 붙여진 별명이다. 그는 이 시기에 스페인에 정착하여 널리 추앙받은 그리스 예술가로, 스페인 예술에 이탈리아 르네상스의 풍격을 주입함과 아울러, 독특한 스페인 회화의 풍격도 창조했다.

(2) "황금의 깔때기"

16세기 전기, 스페인은 서유럽에서 경제가 가장 번영한 국가였다. 스페인은 직접적인 약탈과 무상 노동을 통해 대량의 금·은을 이베리아 반도로 실어갔다. 1521년부터 1544년까지, 스페인이 라틴아메리카에서 실어온 황금은 매년 평균 2,900킬로그램, 은 3만 700킬로그램이었다. 1545년부터 1560년 사이에는 수량이 급증하여, 황금은 매년 평균 5,500킬로그램, 은은 24

만 6,000킬로그램에 달했으며, 라틴아메리카를 침입한 300년 동안, 모두 금 250만 킬로그램, 은 1억 킬로그램을 실어갔다.[18] 스페인은 금·은의 왕국이 되어, 국제 금융시장의 화폐를 통제했다. 아메리카의 금·은과 기타 부(富)의 끊임없는 유입도 한때 스페인 상공업 경제의 큰 발전을 자극했다. 지리상의 대발견 이후, 대서양 연안의 교통 요충지에 위치한 스페인은 해외 상업 발전이 매우 빨랐을 뿐 아니라, 광대한 식민지도 보유하고 있었기 때문에, 대외 무역이 전에 없이 확대되었다. 그러나 다만 당시의 스페인 제국은 여전히 봉건주의 국가였기 때문에, 반동적인 봉건 통치와 낙후된 생산 방식은 스페인을 1580년대 말부터 국세가 나날이 쇠약해지게 하여, 점차 쇠락의 길로 나아갔다.

스페인은 비록 아메리카에서 약탈해온 거액의 금·은·재화가 있었지만, 부패한 봉건 통치계급은 결코 그것을 국가의 경제 발전에 사용하지 않았다. 그들은 자기 나라의 생산을 발전시키는 데에는 관심과 흥미가 없었고, 자기 나라 상공업 경제의 발전에는 관심이 없었으며, 그것을 자기의 극도로 사치스러운 생활을 만족시키는 데에 사용했다. 그들은 금·은으로 영국의 사치품을 구매하여, 대량의 금·은이 마치 물처럼 끊임없이 다른 사람의 호주머니 속으로 흘러 들어갔다.

식민 약탈과 해외에서 취한 폭리는 스페인에 거액의 금·은과 재화를 가져다줌과 동시에, 일정하게 부정적인 효과도 초래했다. 우선 금·은의 대량 수입은 통화 팽창을 초래했다. 대량의 금·은이 서유럽으로 운송되어 오자, 서유럽의 귀금속이 갑자기 증가했고, 유럽의 생산도 따라가지 못했기 때문에, 유럽에 "가격 혁명"을 일으켜, 물가가 상승했다. 16세기 이전에는, 서유럽의 물가가 수백 년 동안 줄곧 비교적 안정되었고, 다만 전쟁이나 흉년 등의 요인이 있을 때만 일시적으로 파동이 발생했을 뿐이다. 1530년대부터 물가가 뜻밖에 줄곧 상승했다. 16세기 말에 이르자, 스페인의 물가는 평균 4

---

18 藤藤 主编, 『海上霸主的今昔』, 黑龙江人民出版社 1998年版, 168쪽.

배나 상승했고, 곡물 가격은 5배나 올랐다.[19] 물가의 상승은 스페인의 완제품 가격을 등귀하게 하여, 국제 시장에서 경쟁력을 잃게 했다. 국내에서는, 노동자의 수입이 물가 상승의 속도를 턱없이 따라가지 못하면서, 일반 소비자의 구매력 하락을 초래하여, 국내 시장은 나날이 축소되었다. 다음으로, 국내 상공업 경제의 발전을 저해했다. 권력을 장악한 봉건 통치자들은 마음껏 사치스럽고 부패한 생활을 누리면서도, 그들은 경제적 생산에는 관심이 없고, 오직 상공업에 대해 무거운 세금을 징수하여 자신들의 호사스러운 수요를 만족시킴으로써, 스페인 국내 상공업 경제의 발전에 필요한 자금 부족을 초래했다. 게다가 생산 수준은 높지 않고, 생산 기술은 낙후했기 때문에, 국제 경쟁력이 강하지 못해, 해외의 같은 종류의 상품과 경쟁을 하기가 어려웠다. 동시에, 국내·외의 상인들은 갖가지 방법으로 대량의 밀수를 통해, 영국·독일·네덜란드의 품질이 좋고 가격이 저렴한 상품을 스페인과 그 식민지 시장으로 가져가 판매함으로써, 스페인의 미약한 공업이 국내·외 시장을 잃게 했다. 이러한 결과는 스페인으로 유입된 황금을 스페인의 국고에 저장되지 못하게 하고, 영국·독일·네덜란드·프랑스의 수공업 공장주의 돈주머니 속으로 흘러가게 했다. 이와 동시에, 일련의 전쟁으로 인한 소모·세수 감소 및 해적들이 스페인 왕실의 재정 곤란을 초래했는데, 이는 또한 스페인으로 하여금 끊임없이 더 많은 금·은을 수탈하게 했으며, 나아가 위기를 격화시켰다.

(3) "무적함대"의 궤멸

16세기에 유럽에서는 마르틴 루터의 종교개혁 후, 가톨릭교도와 신교도 사이의 잔혹한 종교전쟁이 한층 격화함에 따라, 가톨릭교 국가인 스페인과 신교 국가인 잉글랜드의 갈등이 공개화되었다. 그때 영국의 자본주의는 맹아 상태에 처해 있어, 경공업의 발전은 영국으로 하여금 급히 해외 상업 시

---

19 위의 책, 173쪽.

장을 찾지 않을 수 없도록 만들었다. 함선 제조와 항해 기술의 혁신은, 영국으로 하여금 식민지 수탈에 대한 무모한 야심을 키우게 했다. 스페인은 당연히 다른 나라가 자기 식민지의 이익을 나누어 차지하는 것을 허용하지 않았다. 영국의 조직적인 해상 약탈과 아메리카에 대한 약탈이 스페인의 식민지에 대한 독점적 지위를 더욱 심각하게 위협하자, 스페인 국왕 필리페 2세는 영국을 적대시하기 시작했다. 처음에 필리페 2세는 무력을 행사하고 싶지 않아, 영국 가톨릭 세력과 공모하여 가톨릭을 신봉하는 스코틀랜드 여왕 메리를 영국 왕위에 앉히려고 기도했다. 그래서 스페인 첩자가 영국 본토에서 여러 차례 가톨릭을 조직하여 엘리자베스에 반대하는 반란을 음모했다. 메리는 일찍이 1568년에 스코틀랜드에서 정변이 일어났을 때 영국으로 도망쳤다가, 엘리자베스에게 구금되었다. 영국의 가톨릭교도들이 스페인의 종용을 받아 자신을 암살하고 구금된 메리를 구하려 시도하자, 엘리자베스는 이 기회를 틈타 메리를 처형했다. 필리페 2세는 엘리자베스의 모살이 실패한 것을 알자, 무력으로 영국을 정복하기로 결심했다.

1588년 7월 12일, 때를 기다리던 "무적함대"가 마침내 출항하여, 기세등등하게 영국해협을 향해 돌진했다. 스페인 "무적함대"는 20척의 대형 "갈레온(Galleons)"선, 4척의 무장상선, 그리고 다른 함선까지 합쳐 모두 130척(그중 작전할 수 있는 배는 60~70척뿐이었음)[20]에, 3,165문의 대포를 보유했고, 참전 인원은 3만여 명에 달했는데, 그중 선원과 수병이 7천 명, 보병이 2만 3천 명이었다.[21] 필리페 2세는 또한 네덜란드 주재 스페인 총독 파르마에게 육군 원정대를 이끌고 함께 행동하라고 명령했다. 이 함대는 영국해협에서 영국 함대와 마주쳤다. 스페인 함대의 선체는 크고 육중했는데, 이런 대형 전함은 선체가 만궁상(滿弓狀: 활 시위를 최대한 당긴 모양-역자)으로, 마치 고층 건물처럼 수면에 우뚝 솟아 있어, 외형은 장관이었지만, 운행은 민첩하지 못했다. 스페인 "무적함대"가 막 집결하자, 영국은 이미 스페인의 행동

20 李景全·田士一 編着, 『日不落之梦』, 时事出版社 1989年版, 23쪽.
21 滕藤 主编, 『海上霸主的今昔』, 黑龙江人民出版社 1998年版, 169쪽.

16세기, 스페인 무적함대의 바크(barque) 군함. 이는 50문의 화포와 300명의 노 젓는 사람 및 수백명의 선원과 병사를 탑재할 수 있는 전함이었다. 1571년, 레판토 해전에서 스페인 무적함대는 이 바크 군함에 의지하여, 6척의 함선으로 오스만 제국의 70척에 달하는 대형 선박을 격파한 유명한 전적을 올렸다.

계획을 알아차렸고, 아울러 상응하는 군사 배치까지 이루었다. 스페인 해병대를 물리치고 런던을 보위하기 위해, 영국인은 1만 명으로 구성된 해병 부대를 설립하여 전선에 배치했다. 동시에 영국은 또한 200척의 군함과 수송선을 보유한 함대도 설립했는데, 이 함대는 대부분이 영국의 각 도시에서 파견한 상인과 해적들이 사적으로 소유한 선박으로 구성되었다. 그중 전함은 대략 140척이었지만, 대형 선박은 20여 척뿐이었다. 이러한 대형 선박은 스페인의 선박과는 달리, 이미 개량을 진행하여, 배의 길이를 늘였고, 선루(船樓: '함교'라고도 하며, 함장이 선박을 지휘하기 위해 갑판의 맨 앞쪽에 높게 만든 갑판-역자) 구조를 없앴으며, 많은 화포를 갑판 위에 장착하지 않고 현창(舷窓: 배의 가장자리에 설치한 창문-역자) 안에 설치함으로써, 화력의 강도와 정확성을 적군보다 크게 높였으며, 다른 선박들도 모두 빠르고 간편하며 행동이 민첩한 특징을 갖추고 있었다. 영국 군대의 전함은 가볍고 민첩하여, 역풍에도 항해할 수 있었고, 돛을 조작하는 기술도 향상되었으며, 함상에는 모두 수병과 포수들만 있었고, 전함의 기동성·갑판의 전투 준비와 화포의 사정거리 면에서도 뚜렷한 우세를 점하고 있었다. 반면 스페인의 전함은 모두 구식이었고, 행동이 느렸으며, 역풍에는 항해할 수 없는 "갈레온"선이었을 뿐 아니라, 함포의 수량도 비교적 적고, 함상에는 또한 해전에 능숙하지 않은 많은 보병이 있었지만, 무적함대의 현측(舷側) 함포의 총체적인 화력은 우세를 점하고 있었다. 영국 함대의 전술은 자기의 장점으로 적군의 단점을 공격하는 것이었다. 즉 전면적이고 정면으로 부딪치는 해전을 피하고, 적의 거대한 함대 측면과 앞뒤에서 그들의 홀로 떨어져 있는 군함과 소규모의 함대를 차단하여 공격했다. 영국은 함선을 떠다니는 포대로 여겼는데, 그 목적은 적함에 접근하여, 원거리 포화로 그것을 격침하는 것이었다. "무적함대"가 영국해협으로 달려가고 있을 때, 영국 함대는 이미 맞이하여 싸울 준비를 철저히 하고 있었다.

스페인 "무적함대"의 총사령관인 메디나 시도니아는, 원래는 육군 장군으로 해전에는 전혀 경험이 없었다. 7월 22일 새벽, 양국 함대는 정식으로 접전을 벌였고, 오후에는 "무적함대"의 한 함대 기함(旗艦)이 영국 해군이 쏜 포탄에 맞았다. 전쟁의 형국은 스페인에게 매우 불리했다. 그래서 시도니아는 전투를 중지하고, 해협을 따라 동쪽으로 이동하기로 결정했다. 영국 함선은 도망치지 못하도록 물고 늘어지면서, 끝까지 쫓아가 맹렬히 공격했다. 해가 질 무렵, 다른 함대의 기함이 부딪쳐 망가지고, 그 함대의 사령관은 영국군에게 사로잡혔다. 그 후 며칠 동안, 영국은 줄곧 스페인과 대규모 해전을 벌이는 것을 피하고, 스페인 함대를 추격하고 습격만 하면서, 그들에게 비교적 큰 손해를 입혔다. 7일째가 되자, "무적함대"는 칼레 해협(도버해협의 프랑스 명칭-역자)으로 들어가서, 파르마가 군대를 이끌고 와서 도와주기를 절박하게 기다리고 있었다. 그들이 어찌, 영국의 한 함대가 이미 네덜란드 해협을 봉쇄하고 있어, 파르마가 아무리 도와주고 싶어도 도울 방법이 없다는 것을 알았겠는가. 7월 28일 자정, 영국 함대의 총사령관 하워드는 화공(火攻)의 묘책을 전개했다. 그가 8척의 낡은 상선을 방화선(放火船)으로 개조하여, 바람을 타고 "무적함대"가 밀집해 있는 정박지를 향해 맹렬하게 돌진해 들어가자, 그곳은 순식간에 불바다가 되어 버렸다. 많은 스페인 함선들은 불에 타서 훼손되거나 서로 충돌하여 침몰했고, 남아 있는 것들은 강풍에 밀려 북쪽으로 갔다. 영국 함대는 이들 스페인 함선의 뒤를 바짝 쫓으면서, 분산해 있는 독립 함선들로 도망치는 스페인 함대를 끊임없이 공격하여, 그들에게 커다란 타격을 입혔다. 29일 날이 밝을 무렵, 영국 함대와 "무적함대"는 칼레 부근의 해역에서 격렬한 전투를 벌였다. "무적함대"는 영국 함대에게 참패했는데, 병사들의 피가 갑판 배수관을 따라 바다로 흘러들어 바닷물이 온통 붉게 물들었다. 이 전투에서 스페인의 손실은 매우 막중하여, 맞아 죽거나 물에 빠져 죽은 병사가 4천 명에 달했고, 부상자는 그 수를 헤아릴 수 없으며, 5척의 대형 전함은 전투력을 잃었고, 나머지 전함들도 탄흔투성이였으며, 돛은 찢어지고 돛대는 부러졌다. 시도니아는 대세가 이미 기울었음을 알고, 스코틀랜드와 아일랜드를 우회하여 스페인으로 돌아가기로 결정했다. 그런데 뜻밖에 스코틀랜드 북부 해안에서 폭풍을 만나, 다시 일부 함선이 파손되었다. 암석이 중첩되어 있는 아일랜드 서해안에서는 또다시 많은 함선들이 암초에 부딪혀 침몰하거나 좌초되는 사고를 당했다. 통계에 따르면, 스페인으로 도망쳐 돌아가는 도중에 40척의 함선이 해상에서 침몰했고, 적어도 20척이 좌초되는 사고를 당해, 함선과 인원의 절반을 잃었다고 한다. 9월 하순에 이르러서야 시도니아는 패잔병을 이끌고 스페인으로 돌아갔는데, "무적함대"는 거의 전멸하고, 겨우 43척의 함선과 약 1만 명의 병사만 남았다. 반면 영국은 오히려 한 척의 배도 잃지 않았고, 전사한 사람은 100여 명뿐이었다. 이때부터 스페인은 다시 일어나지 못했고, 해상 패권은 영국의 손에 들어갔다.

(4) 스페인 왕위 계승 전쟁(1701년부터 1714년까지)

18세기, 영국·프랑스 등 열강은 봉건적이고 쇠락한 스페인을 통제하고 지배하기 시작했다. 1700년 11월 1일, 스페인 국왕 카를로스 2세(1665년부터 1700년까지 재위)가 세상을 떠났는데, 왕위를 계승할 아들이 없자, 각 나라들이 모두 스페인 왕위에 개입하려고 했다. 친족 관계에 따라 스페인의 왕위는 합스부르크 왕조의 사람이 계승할 수도 있고, 부르봉 왕조의 사람이 계승할 수도 있었다(카를로스 2세는 합스부르크 왕족의 방계에 속했지만, 그는 부르봉 왕조의 왕인 루이 14세의 손아래 처남이기도 했다). 국왕 카를로스 2세의 유언에 따라, 그의 외조카 손자인 부르봉 왕조의 필리페 공작이 스페인의 왕위를 물려받았고, 필리페 5세(1700년부터 1746년까지 재위)라고 불렸다. 이리하여 스페인의 왕위는 합스부르크 왕조(1516년부터 1700년까지 존속)에서 부르봉 왕조로 넘어갔다. 이는 오스트리아 합스부르크 왕조의 불만을 불러일으켰는데, 그들은 스페인의 왕위는 마땅히 같은 합스부르크 왕실의 오스트리아 대공인 카를(훗날의 황제 카를 6세)이 계승해야 한다고 여겼다. 따라서 그들은 적극적으로 동맹을 물색하여, 프랑스에 대해 전쟁을 선포하고, 아울러 스페인 왕위를 되찾으려 했다. 필리페 5세는 스페인 왕위를 계승함과 동시에, 프랑스 왕위의 계승자이기도 했기 때문에, 이는 바로 프랑스와 스페인의 왕위가 하나로 합쳐질 수도 있다는 것을 의미했다. 영국은 자신의 적수인 프랑스가 이렇게 강대해지는 것을 당연히 받아들일 수 없자, 오스트리아·네덜란드·포르투갈 등의 나라들과 "대동맹"을 맺고, 그들은 오스트리아 합스부르크 왕실의 대표자인 카를 대공을 스페인 왕위의 계승자로 삼았으며, 또한 프랑스와 스페인을 향해 13년에 걸친 "스페인 왕위 계승 전쟁"을 일으켰다. 이 전쟁에서 적대적인 쌍방은 각자 자신에게 우호적인 국가들과 동맹을 맺으면서, 양쪽 진영을 형성했다. 프랑스는 스페인·바이에른·쾰른 및 여러 독일의 방국들·사부아(제1차 세계 대전 시기의 이탈리아처럼, 매우 빨리 적에게 투항함)·파르마와 동맹을 맺었다. 그리고 신성로마제국(당시는 오스트리아 합스부르크 왕실이 통제함)은 영국·네덜란드·포르투갈·브란덴부르크와 독일의 작은 방국들 및 대부분의 이탈리아 도시국가들과 반프랑스 동맹을 맺었다. 1702년 5월, 반프랑스 동맹은 정식으로 프랑스에 전쟁을 선포했다. 1702년부터 1704년까지, 쌍방은 이탈리아·스페인과 해상에서 끊임없이 전투를 벌였다. 1702년 여름, 프랑스군이 라인강까지 바짝 접근했지만, 존 처칠이 이끄는 영국과 네덜란드 연합군에게 포위되어 공격을 받자, 어쩔 수 없이 철수했다. 같은 해 9월, 프랑스와 바이에른 동맹군이 다시 라인강을 공격하여, 방어선 돌파에 성공하고, 오스트리아로 바짝 다가갔다. 그러나 1702년 10월 23일, 스페인 함대는 비고만(Vigo Bay) 해전에서 오히려 영국과 네덜란드 연합 함대에 의해 섬멸되었다. 1704년, 영국 해군이 또 더 나아가 스페인 남쪽의 지브롤터를 공격하여 점령하면서, 스페인의 본토가 위협을 받게 되었다. 그해 8월 13일, 오스트리아와 영국 동맹군이 사부아에서 외젠(Eugene) 대공과 존 처칠의 통솔하에 병력을 집중하여, 블린트하임에서 프랑스·바이에른 연합군을 격파하면서, 바이에른의 방어선이 무너지자, 바이에른은 전쟁에서 탈퇴할 수밖에 없었다. 1706년 9월 17일, 사부아의 외젠 대공이 다시 오스트리아군을 이끌고 이탈리아의 토리노 근교에서 프랑스군을 대파하자, 프랑스군은 본국으로 철수할 수밖에 없었다. 이어서 반프랑스 동맹이 네덜란드의 라미예 지역에서 다시 프랑스군을 격파하고, 플랑드르 지역을 빼앗으면서, 전쟁의 형세는 프랑스에 매우 불리해졌다. 1706년에 프랑스군은 절망적인 상황에 빠졌지만, 이때 뜻밖에 새로운 희망의 국면이 나타났다. 반프랑스 동맹이 스페인에서 공격을 개시하여, 1706년에 필리페 5세를 스페인의 수도 마드리드에서 쫓아내는 데 성공함과 동시에, 카를 대공이 1706년 7월 2일에 마드리드에서 왕이 되었다. 바로 반프랑스 동맹이 승리를 확신하고 있던 그때, 프랑스군이 1707년 4월 25일에 스페인의 알만사에서 골웨이 백작 앙리 드 마스(Henri de Massue)가 이끄는 부대를 격파함과 아울러, 승세를 타고 스페인의 대부분 지역을 공격하여 점령함으로써, 필리페 5세의 스페인에서의 지위는 공고해졌다. 1707년 7월, 프랑스군이 툴롱(Toulon)에서 외젠 대공을 대파했다. 그러나 1708년 7월, 존 처칠과 외젠 대공이 지휘하는 연합군이 오우데나르데 전투에서 다시 프랑스군을 궤멸시키면서, 전쟁은 대치 상태에 빠졌다. 1709년 7월 11일, 쌍방의 부대가 네덜란드의 말플라크(Malplaquet) 마을 부근에서 결전을 벌였는데, 프랑스군이 패배했지만, 반프랑스 동맹도 심각한 타격을 입었다. 전쟁은 이때부터 완전히 교착 상태에 빠졌고, 이후 5년 동안(1710년부터 1714년까지), 쌍방은 모두 소모전만 벌이면서 더이상의 결전은 회피했다.

1710년까지, 반프랑스 동맹군은 비록 병력은 우세했지만(동맹군은 모두 16만 명인데, 프랑스군은 7만 5,000명뿐이었다), 더는 주도적으로 프랑스를 공격하지 못했다. 이는 반프랑스 동맹의 주력인 영국이 프랑스와의 전쟁에서 발을 빼고 러시아를 견제함으로써, 러시아가 북유럽을 제패하는 것을 막으려고 했기 때문이다. 따라서 영국은 혼자서 프랑스와 평화 회담을 개시하고, 프랑스에 대한 전쟁을 중지했다. 그러자 반프랑스 동맹의 각 나라들은 모두 영국을 따라, 점차 프랑스와의 전쟁을 중단했다. 동시에, 1711년에 신성로마 제국의 황제 요제프 1세가 사망하자, 카를 대공이 즉위하여, 카를 6세라고 부르면서, 카를 6세의 스페인 왕위에 대한 요구의 합리성을 떨어뜨렸다. 이렇게 되자, 1713년 4월 11일에 프랑스는 오스트리아를 제외한 반프랑스 동맹의 각 나라들, 즉 영국·네덜란드·브란덴부르크·사부아 및 포르투갈 등과 〈위트레흐트(Utrecht) 조약〉을 체결했고, 1714년에 프랑스는 다시 오스트리아와 〈라슈타트(Rastatt) 조약〉을 체결했다. 그리고 스페인 측에서는, 곧 1713년 7월에 영국과 〈영국·스페인 조약〉 및 〈스페인·사부아 조약〉을 체결했고, 1714년 6월에는 네덜란드와 〈스페인·네덜란드 조약〉을 체결했으며, 1715년 2월에는 포르투갈과 〈스페인·포르투갈 조약〉을 체결했다. "스페인 왕위 계승 전쟁"은 이로써 정식으로 종결되었다. "대동맹"은 전쟁에서 승리를 거두자, 필리페 5세에게 프랑스 왕관을 포기하도록 강요했다. 그러나 전후의 스페인은 여전히 프랑스에 종속된 지위에 있었다.

스페인 왕위 계승 전쟁은 스페인 합스부르크 왕조의 후계자가 끊겨, 왕위가 공석이 되면서, 프랑스의 부르봉 왕실과 오스트리아의 합스부르크 왕실이 스페인의 왕위를 차지하기 위해 벌인 전쟁으로, 유럽의 대다수 국가가 참여한 대규모 전쟁이었다. 그러나 이는 겉으로 드러난 현상일 뿐이고, 그것의 심층적인 원인은 바로 열강이 모두 스페인의 왕위 계승 문제를 빌미로 전에 없는 규모의 영토와 식민지를 대대적으로 약탈하려고 한 것이었으며, 또한 그 칼끝이 주로 겨냥한 것은 유럽을 제패하고 있던 프랑스였다. 스페인의 왕위 계승권 쟁탈전은, 프랑스의 서유럽에서의 패권적 지위를 끝장냈다. 조약에 따라, 프랑스는 일찍이 침략하여 점령했던 북아메리카에 있는 스페인의 일부 영지를 영국에게 떼어 주고, 아카디아(Acadia) 식민지를 영국에 할양했는데, 영국은 그것을 노바스코샤(Nova Scotia)라고 이름을 바꾸었다. 동시에 영국의 뉴펀들랜드와 허드슨만 주변 지역에 대한 권리 요구에도 동의했다. 뿐만 아니라, 프랑스는 또한 일부 지역들을 오스트리아와 네덜란드에 할양했고, 로렌(Lorraine)에 주둔하던 군대도 철수했다. 합스부르크 왕조는 이탈리아의 대부분 영토(사르데냐·밀라노 공국·나폴리 왕국·토스카나의 일부)·벨기에 전체와 스페인 소속 네덜란드 및 라인강 지역의 일부 영토(브란덴부르크)를 자신의 영지로 병합했다. 시칠리아섬은 사부아에 귀속되었다. 영국은 스페인의 지브롤터를 얻은 것 외에, 메노르카(Menorca)섬의 일부도 소유하게 되었다. 조약의 규정에 따르면, 프랑스의 필리페가 스페인의 왕위를 보유하되, 그와 그의 후손은 영원히 프랑스의 왕위를 계승할 수 없고, 프랑스와 스페인 양국을 합병할 수도 없다는 것을 조건으로 삼았다. 스페인 왕위 계승 전쟁은 프랑스의 유럽 패권을 매우 크게 약화시켰을 뿐만 아니라, 직접 스페인의 쇠락도 초래했다. 이리하여 스페인은 유럽에서 2류국가로 전락했고, 자신의 해외 식민지도 잇달아 영국·네덜란드 등의 나라들에게 분할되었으며, 19세기 초에 이르자, 아메리카 민족해방운동의 타격을 받아 스페인은 아메리카 식민지를 거의 모두 잃어, 식민제국의 지위를 상실했다.

6. 맺음말

스페인 제국은 근·현대 역사상 최초의 전 세계에 걸친 제국이자, 세계 역사상 규모가 가장 큰 제국 중 하나이며, 최초의 "해가 지지 않는 제국"으로 여겨진다. 스페인은 유럽에서 비교적 일찍 봉건적 분열에서 벗어나, 통일된 강대한 중앙 집권 정부를 형성한 국가이다. 자본주의는 미친 듯이 금·은·재화를 추구했고, 절대주의 왕권은 곧 중상주의를 집행하고 추진했는데,

양자의 결합은 스페인을 근대 세계에서 가장 먼저 해양 확장과 식민 약탈을 진행하는 국가 중 하나가 되게 했다. 15세기 말부터 16세기 말까지 1세기 동안, 스페인은 유럽·아메리카·아프리카·아시아 등 네 개의 대륙에 걸친 거대한 식민제국으로 발전했으며, 이는 스페인 역사에서 "황금시대"였다.

스페인은 중상주의의 초기 단계를 대표한다. 중상주의 이론에 따르면, 귀금속인 금과 은이 부의 유일한 표현 형식이었다. 최초의 식민주의 국가가 대양의 도처로 항해하면서 보물을 찾아다니다가, 결과적으로 "지리상의 대발견"을 가져왔다. 엥겔스는 이렇게 지적했다: "황금이라는 두 글자는 스페인인들로 하여금 멀리 대양을 건너도록 부추기는 주술이 되었으며, 황금은 또한 백인종이 막 새로 발견한 대륙의 해안에 발을 디딜 때 추구했던 중요한 것이었다." 그러나 스페인의 중상주의 때문에, 부를 추구하는 더욱 많은 수단이 피비린내 나는 폭력·직접적인 약탈·적나라한 쟁탈로 표현되었다. 당시의 스페인은 여전히 중세기의 봉건적인 잔재가 매우 많이 남아 있었는데, 19세기에 이르러서도 남아 있던 봉건주의의 요소는 여전히 심각했고, 이는 스페인이 계속 발전하는 데 장애가 되었다. 스페인의 이른바 "신대륙"에 대한 약탈과 매우 잔혹한 통치는 피비린내가 진동했다. 인디언의 90% 이상이 소멸되자, 인구 부족을 메우기 위해 아프리카에서 흑인 노예를 수입하기 시작했는데, 이렇게 하여 새로운 형태의 상업 무역이 생겨났으니, 그게 바로 노예무역이다.

16세기에, 스페인은 유럽에서 세계 일주 탐험과 식민 확장 및 바다를 건너 상업 항로를 개척하는 선구자 중 하나였다. 콜럼버스가 서인도 제도를 발견한 후, 스페인은 점차 해양 강국이 되었다. 마젤란이 인류 최초의 세계 일주 항해를 완수한 후, 예전에 분열되어 있던 세계는 "지리상의 대발견"으로 인해 하나의 완전한 세계로 이어졌다. 스페인은 상호 경쟁 과정에서 세계를 분할했고, 새로운 항로의 통제권과 식민 약탈에 의지하여 그 세력이 전 세계에 골고루 분포된 식민 제국을 건립하기 시작했는데, 이는 16세기 전반에 절정을 이루었다. 당시 스페인과 아메리카 대륙 간에는 대서양을 가로지르는 상업 항로와 필리핀을 경유하는 동아시아와 멕시코 간에 걸친 태평양 상업 항로가 매우 번성했다. 스페인 정복자들은 아스테카 문명·잉카 문명 및 마야 문명을 파괴하고, 북아메리카와 남아메리카의 광활한 토지를 자신의 판도에 편입시켰다. 또 스페인 제국은 경험이 풍부한 해군에 의지하여 대양을 누볐고, 그들의 유명하고 무섭고 잘 훈련된 스페인 보병의 대방진(大方陣, 즉 테르시오tercio)[22]에 의지하여, 유럽의 전장에서 거의 우세를 차지했다. 그러나 이렇게 약탈에 의지하여 빠르게 굴기했지만, 상공업이 발전하지 않은 제국은 매우 빠르게 전성기에 이르렀다가 쇠퇴했다. 콜럼버스가 아메리카 신대륙을 발견하자, 즉각 유럽을 들끓게 함과 동시에, 또한 탐험·황금 찾기·식민 및 약탈의 광풍을 불러일으켰다. 16세기 후반, 유명한 식민 제국인 스페인은 또 하나의 제국인 포르투갈과의 쟁탈 과정에서 잇달아 승리를 거두고, 포르투갈의 많은 식민지들을 병탄하면서, 세력 범위가 유럽·아메리카·아프리카·아시아 등 4개 대륙에 두루 미쳤고, 유럽과 동양 및 아메리카 무역의 독점권을 장악했다. 스페인은 아메리카에서 광활한 제국을 건설하여, 캘리포니아에서부터 파타고니아(아메리카 최남단에 있는 지명-역자)까지 이어졌으며, 서태평양에 있는 많은 식민지들이 포함되었다. 1520년에 스페인은 멕시코를 정복했고, 1530년에는 페루를 정복했다. 이 기간에 그들은 대량의 금·은을 약탈하여 스페인으로 실어갔다. 스페인의 경제적 지위가 계속 상승하면서 경제 패권을 확립했다. 1520년대에, 멕시코의 과나후아토(Guanajuato)에서 은광을 발견하여, 대량의 은을 생산하기 시작했고, 그 후에 다시 멕시코의 사카테카스(Zacatecas)와 페루의 포토시(Potosi)에서도 은광을 발견하면서 아메리카의 은 수출은 급격히 증가했다. 은을 실은 선단이 대서양의 양안을 왕래하면서, 다시 스페인의 경제 발전을 가져다줌으로써, 그들이 사치품과 곡물을 수입할 수 있게 해주었

---

22 '테르시오'는 1534년부터 1704년까지, 스페인 왕국이 채택했던 군사 편성 혹은 그 부대의 전투대형을 가리킨다. 단지 전투대형만을 지칭할 때는 스페인 방진(Spanish square)이라고 부른다.(역자 주)

다. 은은 스페인 합스부르크 왕조가 유럽과 북아프리카에서 진행한 일련의 전쟁을 위한 군비 지출의 중요한 원천이 되었다.

비록 스페인 제국이 건립될 때 중앙 왕권의 전제(專制)가 있기는 했지만, 실제로는 매우 통일되지 않아, 각 주마다 모두 자기의 법률·화폐 및 세제(稅制)를 가지고 있었는데, 이는 자본주의 경제 발전을 심각하게 저해했다. 17세기의 스페인은 정치·경제적으로 쇠퇴기에 있었다. 18세기에 영국·프랑스 등의 열강이 빠르게 굴기하여, 점차 스페인 식민 제국의 지위를 대체해 나갔다. "해가 지지 않는 제국"이 쇠락한 주요 원인들은 다음과 같다:

첫째, 본국 상공업 경제의 발전을 중시하지 않았다. 스페인은 직접적인 약탈과 무상 노동을 이용하여 채굴한 대량의 금·은을 이베리아 반도로 실어갔다. 황금과 은이 대량으로 유입된 후, 거대한 부를 얻은 봉건 통치계급은 본국의 생산을 발전시키는 데에는 더이상 관심이 없었다. 그것을 자본으로 전화시켜 생산을 발전시키지 않고, 오히려 비생산적인 지출에 소모했다. 그들은 본국 상공업 경제의 발전에는 관심이 없었을 뿐 아니라, 자본주의 경제의 발전을 저해하기도 했다. 이 때문에 유입된 금·은은 스페인의 자본주의 발전을 결코 촉진하지 못했다. 스페인 왕국의 봉건적인 조정은 정치에서의 전제제도를 경제 영역까지 확대하여, 선박에 통행증을 발급하고, 선원을 감독하고, 귀금속을 접수하는 것부터 무역 노선과 항구에 이르기까지 모두 엄격히 통제했다. 그리하여 일반 상인들은 해상 무역에 참여할 수 없게 되자, 일반 상인들이 대외 무역에 종사할 적극성을 억제하여, 경제 발전을 저해했다. 동시에 스페인 왕조는 봉건 귀족의 이익을 보호하는 정책도 실행하여, 상공업자의 경제적 이익을 침해했다. 이밖에도 스페인 전제 정권은 높은 세금 정책도 실행하여, 상공업자의 이익을 침해했다. 스페인의 세금 정책은 새로 생겨난 자본주의 상공업의 발전을 억제했다.

둘째, 대내 정책에서 스페인 통치자는 민족과 종교에 대해 시종 잔혹한 압박 정책을 실행했다. 일찍이 스페인 통일 초기에, 통치자는 무어인에 대한 박해를 시작했다. 무어인들은 어쩔 수 없이 1499년과 1500년에 폭동을 일으켰고, 약 20만 명이 스페인을 떠났다. 이는 스페인의 경제 발전에 매우 큰 손실을 초래했다. 1565년부터, 통치자는 또한 모리스코(morisco, 강제로 천주교로 개종하여 거주하던 무어인)를 박해하는 일련의 법령을 제정하여, 그들이 민족 고유의 복장을 착용하거나 무기를 휴대하는 것을 허락하지 않았고, 아랍어를 말하거나 이슬람교를 참배하는 것은 더욱 불허했으며, 위반자는 화형에 처했다. 모리스코들은 1568년부터 1570년까지 대규모 봉기를 일으켜, 자신들에 대한 박해에 반항했다. 봉기는 잔혹하게 진압되었고, 봉기 지역인 안달루시아는 폐허가 되었다. 통계에 따르면, 1609년까지 스페인 통치자에 의해 처형되거나 추방된 아랍인이 무려 300여만 명에 달했다고 한다. 스페인의 아랍인들은 대부분 상공업에 종사했고, 또 다수는 숙련된 수공업자와 농민이었다. 그들에 대한 이런 잔혹한 박해는, 스페인 경제의 쇠락을 가속화했고, 국가의 에너지를 크게 손상시켰다.

셋째, 대외정책에서 스페인 통치자들은 무력을 남용하여 함부로 전쟁을 일으켜, 사방에서 쟁탈을 벌이느라, 소모가 막대했다. 스페인 왕조는 끊임없이 실어오는 금·은에 의지하여, 이미 이룩한 패업 외에도, 세계 가톨릭 제국을 건립하려고 시도했다. 이 때문에 스페인 왕조는 가톨릭 세력이 진행하는 일련의 전쟁과 유럽의 패권 쟁탈을 위한 전쟁을 지지했다. 1567년부터, 필리페 2세는 군대를 보내 네덜란드 혁명을 진압했는데, 전쟁은 헛되이 시간만 끌면서 40여 년이나 계속되었으며, 1571년에 그는 터키와도 전쟁을 개시했다.[23] 또 1580년에 그는 군대를 파견하여 포르투갈을 점령했고, 1588년에는 다시 "무적함대"를 파견하여 영국을 원정했으며, 1589년부터 1598년까지 그는 군대를 보내 프랑스 위그노 전쟁[24]에 간섭했다. 끊임없는 전쟁은 대량의 인력과 물력을 소모했다. 이러한 전쟁들 가운데, "무적함대"가 영

---

23 스페인-베네치아 연합 함대가 레판토해에서 터키 함대를 격파한 해전을 가리킨다.
24 1562년부터 1594년까지, 프랑스의 위그노 귀족들이 국왕·가톨릭과 벌인 내전이다. 당시 신교파 칼뱅파는 프랑스에서 "위그노교도"로 불렸다. 스페인 군대는 1598년에 프랑스에서 축출되었다.

국을 원정한 전쟁의 손실이 가장 컸다. 전쟁은 스페인으로 하여금 고액의 군비를 지출하고, 대량의 물자를 소모하고, 많은 인원을 사망하게 하여, 농업이 황폐해지고, 공업이 쇠락하게 했다.

위에서 언급한 여러 원인들로 인해, 스페인의 봉건제도 내부에서 출현한 자본주의 경제는 대규모로 발전하지 못했고, 봉건적 생산 방식이 여전히 압도적 지위를 차지하고 있었다. 1588년에 "무적함대"가 궤멸된 후부터, 국력이 점차 쇠약해지고, 국제적 지위는 갈수록 낮아졌으며, 상공업은 나날이 쇠퇴하면서, 국민경제의 발전이 갈수록 유럽의 영국·프랑스·네덜란드 등의 나라들보다 낙후되었다. 스페인은 이미 세계 일등의 강국 자리에서 밑으로 떨어졌다. 17세기 중엽에 이르자, 경제는 날로 쇠퇴했고, 특히 민족 독립운동과 국내 인민 봉기의 타격을 받아 스페인은 급격히 쇠락했다. 그의 전성 시기는 겨우 70~80년밖에 지속되지 못하여, 마치 역사의 긴 강 속에서 잠깐 나타났다가 곧바로 사라진 듯했다.

아메리카 식민지에서 활발한 민족해방 운동의 발생은, 결국 스페인 식민제국의 붕괴를 초래했다. 1775년부터 1783년까지, 영국령 북아메리카가 독립전쟁에서 승리한 것은 스페인령 아메리카 식민지 인민들을 크게 고무시켜, 라틴아메리카의 민족독립 운동이 요원의 불길처럼 각지로 널리 퍼져나갔다. 많은 식민지 국가들이 잇달아 독립하여, 스페인의 통치에서 벗어났다. 1826년 1월, 아메리카 대륙에 있던 스페인의 마지막 거점인 카야오(Callao)항(페루에 있음)의 수비군이 현지 봉기군에게 투항하면서, 스페인의 아메리카 식민 체제는 완전히 붕괴했고, 식민제국이라는 건물은 민족독립 전쟁의 격렬한 불길 속에서 불타버렸다. 이리하여 아메리카에는 단지 카리브해의 푸에르토리코와 쿠바 두 섬만이 여전히 스페인의 통제를 받게 되었다. 1898년의 미국-스페인 전쟁에서 스페인이 패배하여 화의를 요청하면서, 스페인은 마지막 식민지마저 잃고 말았다.

제3장

17세기 해상의 마부(馬夫)—네덜란드

홀란트는 유럽 초기의 상업 및 식민 제국의 하나이다. 17세기는 홀란트의 "황금시대"라고 불린다. 17세기 후반, 홀란트의 인구는 200만 명에도 미치지 못하여, 당시 영국 인구의 5분의 2였으며, 국토 면적은 영국보다 훨씬 작았다. 그런데 당시 홀란트의 국민소득은 영국의 3개 섬을 합친 것보다 30~40%나 높았다. 유럽 "최초의 현대적 경제 체제"로서, 홀란트가 창조한 경제 기적은 거의 1세기 가까이 이어졌다. 17세기에 홀란트가 세계의 경제적 맹주 지위를 확립한 것은 많은 요인들이 함께 작용한 결과이다.

1. 네덜란드 혁명으로 주권국가를 건립하다

독립된 홀란트 민족국가의 건립은 홀란트가 굴기하는 정치적 기초였는데, 그러지 못했다면 그의 "황금시대"는 말할 수 없다. 역사적으로 홀란트는 원래 네덜란드에 속했다. "네덜란드"는 낮은 지대라는 의미로, 일반적으로 뮤즈강·라인강·셸드강 및 북해 연안 일대의 저지대를 가리키며, 토지 면적은 대략 7~8만 평방킬로미터로, 오늘날의 네덜란드·벨기에·룩셈부르크와 프랑스 동북부의 일부분에 해당한다. 중세기 초반, 네덜란드 지역은 프랑크 왕국의 중심이었다. 11세기 이후에, 그것이 많은 봉건 영지들로 분열되었고, 각자 독일과 프랑스에 예속되었다. 15세기 이후에, 네덜란드는 부르고뉴 공국의 일부분이 되었다. 후에 왕실의 혼인 관계와 계승 관계의 변화로 인해, 네덜란드는 합스부르크 가문의 영지가 되었다. 16세기 초, 네덜란드는 다시 스페인의 통치를 받았다. 스페인 제국의 통치에서 벗어나, 독립을 추구한 "네덜란드 혁명"은 네덜란드를 가장 먼저 근대 자본주의 세계에 진입하도록 해주었다.

(1) 자본주의적 생산관계의 발전

네덜란드는 대서양 해변에 위치하며, 북해에 접해 있고, 지세가 낮고 평탄하며, 해상 교통이 매우 편리하다. 이곳은 또한 라인강과 셸드강의 하류 지역으로, 수로가 거미줄처럼 촘촘하여, 교통이 매우 편리하다. 우월한 지리적 위치와 교통 조건은, 네덜란드의 상업을 매우 번성하게 해주었다. 일찍이 10세기에, 네덜란드에는 많은 도시들이 생겨났다. 12세기에, 브뤼허와 헨트는 당시 유럽에서 손꼽히는 상업 도시가 되었다. 16세기에 이르러, 네덜란드는 이미 유럽에서 경제가 가장 발달하고 가장 선진적인 지역 중 하나가 되었다. 16세기의 네덜란드에는 도시들이 즐비했는데, 대략 303개의 도시가 있었다. 홀란트주와 제일란트주 인구의 절반이 도시에 거주하고 있어, 네덜란드는 "도시가 많은 국가"라는 호칭을 갖고 있었다. 네덜란드의 방직업은 매우 발달했으며, 양모업과 모직물은 네덜란드의 우세한 산업이었다. 13세기부터 14세기까지, 플란데런의 모직업은 전체 유럽에서 유명했다. 북부의 7개 주들 가운데 홀란트주와 제일란트주는 상공업이 발달한 것으로 유명했다. 이곳의 모(毛)·마(麻) 방직업과 조선업은 상당히 유명했고, 항해업과 어업도 상당히 높은 수준에 있었다. 16세기 중엽에는 매년 1,000여 척의 선박이 홀란트주의 암스테르담과 북쪽의 여러 주들에서 출항하여 물고기를 잡았는데, 각종 어업의 연간 생산액은 330만 두카토(Ducato)[1]에 달했다. 많은 대도시들에서 모두 규모가 비교적 큰 수공업 공장들이 출현했다. 암스테르담은 북부 여러 주들의 경제 중심지로서, 스페인과 경제적 관

---

1 이탈리아 베니스에서 주조한 금화로, 1284년부터 1840년까지 발행했다. 거의 순금에 가까운 금화로, 무게는 3.56그램이었다. 12~13세기에 베니스 공화국에서 처음 사용했는데, 주조·휴대·정리가 편리하고, 가치도 높아, 중세 유럽에서 매우 크게 환영을 받았으며, 네덜란드의 금·은화에서 흔히 보인다.(역자 주)

계가 비교적 적었던 것을 제외하고는, 영국·발트해 연안 각국 및 러시아 등과 모두 빈번하게 무역을 진행했다. 1548년, 암스테르담의 연간 모직물 생산량은 1만 938필에 달했다. 네덜란드의 봉건세력은 농촌에서 비교적 약해, 자본주의적 생산 관계가 이미 농촌으로 깊숙이 들어가 있었고, 일부 경제가 발달한 주들에서는 부유한 대상인과 자산계급이 수중에 대부분의 토지를 장악하고 있었다. 그들 중 일부는 직접 자본주의적 방식으로 농장과 목장을 경영하여, 고용 노동을 착취하거나, 일부는 토지를 소작인에게 임대하여 화폐로 지대를 받기도 했다.

플란데런과 브라반트는 남부 10개 주들 중 경제가 가장 발달했던 지역으로, 일찍이 14세기에 이미 수공업 공장들이 생겨났다. 16세기에 이르자, 방직·인쇄·제당·야금 등의 수공업 공장들이 더욱 보편화했는데, 그 가운데 모·마 방직업 수공업 공장이 특히 발달했다. 그러나 모직업의 원료 공급과 생산품 판매는 주로 국외 시장, 특히 스페인 시장에 의존했다. 남부의 각 주들은 스페인 및 그 식민지들과 밀접한 경제적 관계가 있었기 때문에, 스페인의 전제 통치에 반항하는 투쟁 과정에서 남부 각 주들의 대자산계급은 매우 크게 동요하면서 타협성을 보였다. 남부 각 주들의 농촌에서는 농노제도 이미 와해되어, 농민은 자유로운 자작농과 소작농으로 바뀌었고, 자본주의 농장도 발전하기 시작했다.

지리상의 대발견은 네덜란드 상공업의 번영을 한층 더 촉진했다. 새로운 항로가 열린 후, 유럽의 상업 중심지가 지중해에서 대서양으로 옮겨가면서, 네덜란드의 경제는 한층 더 발전했다. 16세기 중엽, 영국·프랑스·독일 및 스페인과 포르투갈 등의 나라들이 네덜란드에서 수입하는 화물은 연평균 2,230만 굴덴(Gulden) 금화에 달했다. 앤트워프는 남부의 중심 도시이자, 당시 세계에서 가장 중요한 상업과 금융 중심지 중 하나였다. 유럽의 각국이 여기에 설립한 상점과 대리점은 약 1,000여 곳이었고, 매일 왕래하는 외국 상인은 5,000~6,000명이었다. 항구 내에는 때로 크고 작은 배 2,000여 척이 동시에 정박했으며, 주(州) 내에 있는 국제적 거래소의 대문 앞에는

"모든 국가와 민족의 상인이 사용할 수 있습니다"라는 푯말을 걸어놓았다. 네덜란드인들은, 자신들이 각국에서 꿀을 딴다고 자랑스럽게 말하면서, "노르웨이는 그들의 삼림이고, 라인강 양안은 그들의 포도밭이며, 아일랜드는 그들의 목장이고, 프로이센과 폴란드는 그들의 곡창이며, 인도와 아랍은 그들의 과수원"[2]이라고 여겼다. 그러나 네덜란드 각 주들의 경제 발전은 고르지 못했는데, 북부 각 주들의 도시와 농촌에서는 자본주의적 생산관계가 나날이 보편화하면서, 봉건적 경제의 기초에 타격을 가하고 와해시켰다. 그리고 일부 주들, 특히 아도바·나무르·룩셈부르크 등과 같은 변방에 있는 주들은 자본주의적 경제 발전이 비교적 늦어서, 지배적 지위를 차지하고 있는 것은 여전히 봉건적 토지소유제였다. 따라서 농민과 봉건주 사이에는 토지 종속 관계뿐만 아니라, 심지어 인신 종속 관계도 있었다. 먼 변방 지역의 농노제는 여전히 매우 견고했다.

(2) 네덜란드 혁명의 과정

자본주의 경제의 발전에 수반하여, 자본주의적 생산의 발전은 네덜란드에서 심각한 사회적 대혼란을 불러일으켰다. 즉 계급 구조에 변동이 일어난 것이다. 원래 통치적 지위를 차지하고 있던 봉건영주 계층에 분화가 일어나면서, 일부 자본주의적 경영에 종사하던 수공업 공장주·농장주·상인들이 봉건영주로부터 분화되어 나와, 도시와 농촌의 자산계급을 구성함에 따라, 귀족계급이 점차 봉건적 관계와 특권을 완강하게 유지하려는 구귀족과 자산계급화된 신귀족으로 분열되었다.

네덜란드는 스페인이 프랑스와 유럽의 패권을 다투는 데 도움을 줄 수 있는 중요한 전략적 지위를 가지고 있었기 때문에, 스페인의 네덜란드에서의 전제 통치가 나날이 강화되었다. 1535년, 스페인은 아메리카의 대부분 지역에 대한 식민 통치를 확립하여, 유럽·아메리카·아프리카 3개 대륙에

2 勝藤 主编, 『海上霸主的今昔──西班牙·葡萄牙·荷兰百年强国历程』, 黑龙江人民出版社 1998年版, 277쪽.

걸친 식민 대제국이 되었다. 스페인의 국왕 카를로스 1세는 네덜란드를 "왕관 위에 달린 한 알의 진주"로 간주하면서, 약탈과 수탈을 강화했는데, 매년 네덜란드에서 수탈한 플로린(florin: 근대에 유럽에서 주조하여 유통했던 금화-역자)은 아메리카에서 수탈한 것보다 3배나 많아, 200여만 플로린에 달했으며, 전체 수입의 절반을 차지했다. 카를 5세가 임명한 네덜란드 총독은 행정·사법·재정 권력을 보유하여, 온갖 수단을 다 동원해 재화를 수탈하는 것을 능사로 삼았다. 스페인의 잔혹한 억압과 착취는 각 계층의 불만을 보편적으로 고조시켜, 네덜란드인들의 강렬한 반항을 불러일으켰다. 1514년부터 1535년까지, 홀란트주·프리지아(Frisia)주·오버레이설(Overijssel)주 등에서 모두 폭동이 일어났다. 1539년부터 1540년까지, 겐트(Gent)시에서도 봉기가 일어났다.

1556년, 필리페 2세(1556년부터 1598년까지 재위)가 스페인의 왕위를 계승했고, 스페인은 네덜란드를 계속 통치했다. 필리페 2세의 재위 기간에, 네덜란드에 군대를 파견하여 직접 주둔하면서, 네덜란드에 대한 통제를 더욱 엄격하게 강화하고, 네덜란드의 17개 주들에 남아 있는 자치 권리를 강제로 박탈했다. 그는 종교재판소를 이용해 신교도를 잔혹하게 박해하여, 많은 칼뱅교도와 재세례파교도(再洗禮派教徒, Anabaptists)[3]들이 잇달아 잔혹하게 살해되었다. 동시에 필리페 2세는 또한 네덜란드 상인이 스페인 항구에 들어오는 것도 제한하고, 네덜란드와 영국의 무역 왕래를 중단시켰으며, 네덜란드 상인이 스페인 식민지와 직접 무역을 할 수 있는 권리를 취소함으로써, 네덜란드 귀족의 세력을 크게 약화시켰다. 1557년에 스페인이 재정 파산을 선포한 후, 필리페 2세가 국채 상환을 거절하고, 스페인이 네덜란드 은행가에게 진 모든 채무를 취소하자, 네덜란드의 은행가들은 막대한 손실을 보았다. 1560년, 필리페 2세는 네덜란드가 스페인에서 수입하는 양모에

---

3 16세기에 유럽에서 종교개혁이 일어난 후에 출현한 교파로, 자각하지 못하는 유아 세례는 성서에 부합하지 않는다고 여겨, 세례 지원자에게 다시 세례를 받게 했던 프로테스탄트 계열의 한 종파이며, 재침례파(再浸禮派)라고도 부른다.(역자 주)

대한 관세를 강제로 인상하자, 네덜란드의 모직물 방직업이 심각한 타격을 받은 결과, 많은 방직공장들이 도산하여 수많은 노동자들이 직업을 잃었다. 필리페 2세의 고압 정책은 네덜란드인들의 엄청난 분노를 불러일으켰으며, 정치적으로 배척당한 네덜란드 귀족들도 그 고압 정책에 대해 나날이 불만이 고조되었다. 1560년대 초, 플란데런·브라반트(Brabant)·홀란트·안트베르펜 등의 주들에서, 신교도들이 스페인의 전제 통치에 반항하는 폭동을 여러 차례 일으켰다.

1565년, 대중적 혁명 운동이 끊임없이 고조되고 있을 때, 네덜란드에서는 자산계급과 밀접한 이해 관계가 있는 귀족들도 스페인의 고압 통치에 반항하기 시작했다. 이러한 귀족들은 "귀족 동맹"을 결성했는데, 핵심 성원은 빌렘 오라녜(Willem Oranje) 공작·호른 백작·에흐몬트 백작이었다. 1566년 4월 5일, 200여 명의 귀족 동맹 회원들이 연명(連名)으로 네덜란드 총독 마르그리트에게 청원서를 전달하여, 스페인 주둔군을 철수하고, 신교도에 대한 박해를 중지하고, "피의 칙령"을 폐지하고, 인심을 얻지 못한 주교를 파면할 것 등을 요구했다. 그러나 이 여성 총독은 즉시 그들의 요구를 거절했다. 총독의 고문 등 일부 관리들은 그들을 "거지" 취급하기도 했다. 스페인 통치자의 멸시와 모멸이 네덜란드 민중의 민족 정서를 격화시키자, 귀족 동맹의 성원들과 모든 네덜란드 혁명가들은 스스로 자신들을 "거지"라고 부르면서 독립을 쟁취하기 위한 투쟁을 시작했다. 그들은 행동을 개시했는데, 한편으로는 칼뱅교파와 대책을 논의하고, 다른 한편으로 프랑스의 위그노(Huguenot)파와 독일의 루터파 제후 귀족들에게 도움을 구했다. 네덜란드의 인민들은 이를 참지 못해 혁명의 폭풍을 일으켰다.

1566년 8월 11일, 플란데런의 일부 공업도시들에 사는 도시 빈민과 수공업 공장 노동자들이 맨 먼저 봉기를 일으켜, 대규모의 성상 파괴 운동이 벌어졌는데, 이것이 사실상 네덜란드 혁명의 발단이었다. 봉기 참가자들은 손에 각목·도끼·쇠망치를 들고 수도원과 교회에 돌진하여, 성골(聖骨)·성상 같은 이른바 "성물(聖物)" 및 기타 종교 의식 용품들을 파괴하고, 채권과 토지 문서를 불태우면서, 투쟁의 칼끝은 곧바로 가톨릭 교회를 겨냥했다. 이 운동은 남부에서 시작된 후 빠르게 번져, 홀란트·브라반·제일란트·프리슬란트 등 12개 주를 휩쓸었는데, 참가자 수가 수만 명에 달했고, 교회와 수도원 5,500여 곳을 파괴했다. 봉기 참가자들은 종교 재산을 훼손하고 성상을 파괴했을 뿐만 아니라, 시정(市政) 당국에 가톨릭 성직자의 활동을 제한하고, 신교도에 대한 박해를 중지하여, 신교도의 신앙의 자유를 인정하라고 요구했으며, 심지어 도시에 대한 영도권을 탈취할 준비도 했다. 역사에서는 이 혁명 행동을 "성상 파괴 운동"이라고 부르는데, 네덜란드 독립운동의 불길은 여기에서 점화되었으며, 네덜란드 자산계급 혁명의 서막도 이때부터 열렸다.

거대한 압력에 직면하자, 네덜란드의 총독 마르그리트도 한때 양보하여, "귀족 동맹"의 체포된 회원들을 사면하고, 종교재판소의 신교도에 대한 박해와 진압을 중지한다고 선포했다. 그러나 스페인 국왕 필리페 2세는 오히려 몰래 군대를 파견했는데, 알바 공작(Duke of Alba)인 페르난도 알바레즈 데 톨레도(Fernando Álvarez de Toledo)를 네덜란드로 보내 혁명을 진압하게 했다. 1567년 8월, 알바 공작은 1만 8천 명의 군대를 이끌고 네덜란드에 도착하여, 특별법정인 "폭력 제거 위원회"(네덜란드인들에게는 "피의 법정 Bloedraad"으로 널리 알려져 있음)를 설립하여 잔혹한 수단으로 혁명을 진압했다. 필리페 2세는 알바 공작에게 보낸 편지에 이렇게 썼다: "반역 도시에 대해서는 확실하게 엄격히 징벌하고, 그들의 특권을 박탈하여, 모든 사람을 공포 속에서 살게 하라." "피의 법정"의 처벌 방법은 매우 간단하여, 사형에 처하고 재산을 몰수했다. 처형된 사람이 수천수만에 달했는데, 자산계급의 우두머리인 앤트워프의 시장·귀족인 에그몬트 백작·흄 백작을 포함하여 1천 명 이상이 모두 교수대로 보내졌다. 알바 공작은 군비의 지출을 유지하기 위해, 또 네덜란드 삼부회(三部會: 제1등급인 성직자, 제2등급인 귀족, 제3등급인 평민으로 구성된 신분제 의회-역자)에서 새로운 세제(稅制)를 승인하도록 강요하여, 모든 동산과 부동산에 대해 재산세를 징수하고, 모든 토지 매매와 상품 교환에 대해 거래세를 징수함으로써, 네덜란드 혁명을 경제적으로 압살하려 했다. 그는 모질게 말했다: "빈궁한 네덜란드를 하느님께 남겨둘지 언정, 부유한 네덜란드를 악마에게 주지는 않겠다." 알바 공작의 공포 통치 하에서 한바탕 참혹한 살육이 진행되는 동안, 네덜란드인들이 잇달아 국외로 재난을 피해 도망치자, 상업 무역은 거의 중단되었다. 오라녜 공작은 독일의 나사우(Nassau)로 도망쳤다. 그곳에서 그는 계속 스페인 전제 통치에 반대하는 투쟁을 벌임과 동시에, 독일 신교 제후 및 프랑스 위그노 귀족들의 도움을 받기를 원했다. 그는 여러 차례 군대를 조직하여 네덜란드로 돌아가서 스페인군을 공격했지만, 모두 성공하지 못했다.

알바 공작의 고압적 공포 통치와 도리에 어긋나는 행위는 많은 상인과 시민들을 스페인에 반대하는 "귀족 동맹"의 대열에 가담하게 함으로써, 독립전쟁이 끊임없이 심화되고 확대되게 했다. 네덜란드인들은 적극적으로 유격전을 전개했는데, 수공업자와 농민들은 플란데런 등지의 밀림 속에서 "숲 속의 거지"를 조직했고, 북부 홀란트주 등의 선원·어부 및 부두 노동자들은 "바다의 거지"라는 단체를 조직했다. 이들 해상 유격대는 간편한 작은 배를 타고 해안을 따라 순찰하면서, 스페인의 군대와 해상의 상선을 불시에 습격했다. 1572년 4월, 24척의 작은 배로 구성된 유격대는 또한 셸란섬의 브릴을 점령하여, 알바 공작의 군대를 대파했다. 이 승리는 네덜란드인의 투지를 고무시킴으로써, 해상 유격대가 마침내 네덜란드 본토에 견고한 거점을 건립하게 했으며, 혁명의 절정이 도래하도록 촉진하기도 했다. 1572년 7월, 북부의 홀란트주와 제일란트주가 모두 스페인의 통치에서 벗어났고, 오라녜 공작은 홀란트주 의회에서 홀란트와 제일란트 두 주의 총독, 즉 "최고 통치자"에 추대되었다. 이때 의회는 홀란트의 도르드레흐트에서 개최되었는데, 모두 12개 도시의 대표들이 참가하여, 입법·행정 기구의 정돈에 착수하기로 결정함과 아울러, 종교 신앙의 자유를 선포했다. 1573년 말에 이르자, 북부의 위트레흐트·프리슬란트·헬데를란트도 독립을 선포하고, 스페인의 점령과 통치에서 벗어났다. 북부의 7개 주는 사실상 이미 독립적인 연합 국가

17세기, 5척의 네덜란드 전함과 스페인 범선이 대치하고 있다. 향료 무역을 쟁탈하기 위해, 유럽 국가들 간에는 끊임없이 작은 충돌이 발생했다.

가 되었다.

북부 혁명의 승리는 남부 각 주 인민들의 반항 행동을 격려했다. 남부의 농민들이 조직하여, 도로를 통제하고, 도처에 침입해 교란하던 스페인 침략 군대에 타격을 가했다. 1576년 9월, 브뤼셀의 시민들이 봉기를 일으켰는데, 봉기 참가자들은 의사당을 점령하여, 국무위원을 체포하고, 국무회의를 해산했다. 스페인이 네덜란드에 설치한 최고 통치기관이 전복되자, 그 주둔군도 혼란 상태에 빠졌다. 남부의 다른 도시들에서도 봉기가 일어나, 잇달아 정권을 탈취하고, 자치 기구를 설립했다. 1576년 10월, 네덜란드 남북의 각 주 대표들은 겐트(Gent)에서 전체 네덜란드 삼부회를 열고, 남북 연합 투쟁 문제를 논의했다. 회의가 진행되는 기간에, 스페인 군대의 용병들이 또한 차례 약탈을 자행했다. 그들은 남부의 가장 큰 도시인 앤트워프를 약탈하여, 시민 7,000여 명을 살육하고, 전체 도시의 3분의 1에 해당하는 지역을 파괴했으며, 대략 500만 금화에 달하는 재물을 약탈했는데, 이를 "스페인 폭행"이라고 부른다. 이 사건의 발생은, 남·북부의 각 주들이 신속하게 연합을 실현하는 합의를 이루도록 촉진하여, 11월 3일에 〈겐트협정〉을 체결했다. 〈겐트협정〉은 남·북부가 연합하여 공동으로 스페인에 저항하면서, 알바 공작이 반포한 모든 법령을 폐지하고, 각 도시들이 원래 가지고 있던 권리와 무역의 자유를 거듭 천명하고, 이전에 종교재판소에 의해 갇혔던 신교도들을 석방하고, 로마 가톨릭교회에 반대하는 어떠한 행동도 금지하고, 칼뱅교의 합법적 지위를 승인한다고 선포했다. 〈겐트협정〉의 체결이 비록 네덜란드 독립의 문제를 명시적으로 제기하지는 않았지만, 네덜란드 남·북부의 재통일을 상징했다.

〈겐트협정〉이 체결된 후, 혁명 투쟁은 여전히 계속 발전했다. 1577년 가을, 남부의 브뤼셀·겐트·앤트워프 등의 도시에 사는 사람들이 다시 새로운 봉기를 일으켜, 혁명의 "18인위원회"라는 권력 기관을 설립함과 아울러, 일부 민주적 조치들을 취했다. 이와 동시에, 플란데런주·브라반트주 등에 속한 농촌에서 농민운동도 활발하게 일어나, 봉건적 조세 납부를 거부하고, 귀족 소유의 성을 파괴하고, 귀족과 교회의 토지를 탈취했다. 혁명 열기의 고조가 남부 가톨릭교와 일부 귀족들의 두려움을 불러일으키자, 그들은 필리페 2세와의 관계를 개선하고, 스페인 통치자와 타협하기 시작했으며, 스페인과 경제적 관계가 있는 자산계급 보수파도 스페인과의 왕래가 단절되는 것을 원치 않았다. 1579년 1월, 남부 아토바의 여러 주들에서 가톨릭을 신봉하는 귀족들이 아라스에서 "아라스 연맹"을 결성함과 아울러, 가톨릭 신앙을 유지하며, 가톨릭이 유일한 합법적 종교라고 선포했다. 또한 〈겐트협정〉을 폐기하고, 필리페 2세가 "합법적인 통치자이자 군주"라고 인정하면서, 그에게 충성을 다했다. 남부의 반동 귀족들이 스페인 통치자와 결탁하면서, 스페인은 다시 남부의 정권을 장악했다. "아라스 연맹"에 대항하기 위해, 칼뱅교를 신봉하는 북부 각 주들은 〈겐트협정〉을 기초로 "위트레흐트 연맹"을 결성하고, 스페인과 끝까지 투쟁하기로 선언했다. "위트레흐트 연맹"은 훗날 7개 주가 연합하여 정부를 구성하는 기초를 다졌다. 1580년, 필리페 2세가 오라녜 공작은 범죄자라고 선포하고, "위트레흐트 연맹"과 첨예하게 대립하자, 1581년 7월에 헤이그에서 북부 각 주들이 삼부회를 개최하고, "스페인과의 관계 단절법"을 통해, 필리페 2세를 폐위하고, 각 주들의 연합 공화국을 수립하여, 정식으로 스페인에서 벗어나 독립한다고 선포했다. 오라녜는 새로운 국가의 초대 원수를 맡았으며, "집정(執政)"이라고 불렸다. 연합 공화국의 각 주들 가운데 홀란트주는 면적이 가장 클 뿐만 아니라, 가장 강대한 금융과 정치 권력을 보유하고 있어, 공화국의 정치 중심이 되었으므로, 연합 공화국은 홀란트 공화국이라고도 불렸다. 이때부터, 네덜란드는 두 부분으로 분열되어, 북부는 독립적인 연합 공화국을 형성했고, 남부는 여전히 스페인 통치하에 있었다.

스페인은 연합 공화국을 승인하지 않았고, 또 여러 차례 군대를 파견하여 공격했다. 유럽 정세의 변화는 연합 공화국을 공고히 하는 데 유리한 조건을 제공했다. 1588년, 스페인의 "무적함대"가 영국을 침략했다가, 영국해협에서 영국군에게 격파됨으로써, 해상에서의 우세를 상실했다. 1589년에 시작된 프랑스에 간섭하는 위그노 전쟁에서 다시 참패하면서, 원기가 크게 손상되었다. 1598년, 필리페 2세가 사망하자, 스페인은 사실상 이미 네덜란드 혁명을 진압할 힘이 없었다. 1609년, 새로 즉위한 필리페 3세와 연합 공화국이 12년을 기한으로 하는 휴전협정을 체결하여, 사실상 네덜란드공화국을 승인했다. 네덜란드 혁명은 북부에서 최종 승리를 거두었고, 세계 역사상 최초의 자산계급 혁명도 이로 인해 성공을 선언했다. 1648년, 네덜란드는 유럽 각국에게 정식으로 승인되었다.

(3) 최초의 자산계급 국가 정권의 건립

네덜란드 혁명은 스페인의 전제 통치를 뒤엎고, 세계 최초의 자산계급 공화국을 수립하여, 17세기에 네덜란드가 경제 번영을 이루는 정치적 기초를 다졌다. 네덜란드 자산계급(부르주아 계급-역자) 혁명은 이중적인 성질을 가지고 있다: 한편으로는 네덜란드 인민이 스페인 종주국의 통제에서 벗어나, 민족 독립을 쟁취할 것을 요구하여, 선명한 민족 독립 혁명의 성질을 가지고 있다. 다른 한편으로는, 신흥 자산계급이 봉건 관계의 속박에서 벗어나, 자본주의적 성격의 상공업을 더욱 자유롭게 발전시키고, 더욱 많은 사회적 부를 획득할 것을 요구하면서, 도시 평민과 농민을 영도하여 진행한 이 혁명은 또한 자산계급 혁명의 성질도 가지고 있는, 세계에서 최초로 성공한 자산계급 혁명이다. 네덜란드 혁명은 칼뱅교를 기치로 내걸고, 자본주의 발전과 민족 독립의 실현을 주요 내용으로 삼아, 신귀족과 신흥 자산계급의 영도하에, 광대한 도시 평민과 농민들이 장기간의 무장투쟁을 통해, 스페인의 네덜란드에서의 전제 통치를 뒤엎고, 민족 독립과 종교신앙의 자유를 획득했다. 그리하여 북부에 유럽 최초의 자산계급 공화국인 네덜란드공화국을 설립함으로써, 네덜란드 자본주의의 발전을 위한 광활한 길을 열어 주었다. 이후 네덜란드 사회의 생산력은 대단히 크게 확대되어, 경제가 빠르게 발전했으며, 네덜란드는 또한 이때부터 해양 패주의 길로 매진했다. 네덜란드 자산계급 혁명의 성공은 유럽의 주요 봉건 반동 세력인 스페인과 로마 가톨릭 교회에 심각한 타격을 가함으로써, 비록 유럽이 아직은 봉건 전제 통치의 시기에 처해 있었지만, 그것이 유럽의 반스페인 패권과 반봉건 투쟁을 강력히 추동했다. 그리하여 유럽의 다른 나라 자산계급의 발전과 투쟁의 "선봉"이 되어, 자산계급 혁명의 시대가 이미 도래했음을 예시한, 중요한 역사적 의의를 가지고 있다. 마르크스는 네덜란드 혁명에 대해 매우 높이 평가했는데, 그것은 17세기 영국 자산계급 혁명의 "원형"이라고 말했다.

혁명이 승리한 후의 네덜란드는 하나의 연방 국가로서, 연방회의가 최고 권력 기관이었으며, 각 주(州)의 선교사·귀족·시민 등 대표들로 구성되었다. 각 주는 대표의 많고 적음에 관계없이 한 표의 의결권만 가졌으며, 중요한 문제는 만장일치로만 통과되었고, 기타 문제는 다수결로 결정했다. 연방회의는 국가의 중대한 권력을 장악했다: 입법·세금 결정·국가 재정 지출 감독·대외 선전포고와 평화협정·외국 주재 사절 파견·군대의 관리 및 육군 사령관과 해군 사령관 임명을 결정했으며, 전쟁 시기에는 연방회의에서 군사감독관을 파견했는데, 전쟁 지휘관은 반드시 군사감독관과 중대한 군사 업무를 협의해야 했다. 연방회의 의장은 각 주의 대표들이 돌아가면서 맡았고, 임기는 1주일이었다. 네덜란드공화국 내의 각 주들과 도시들에는 모두 이에 상응하는 의회와 행정기구가 설치되어 있었고, 각 주들은 자신의 주 내부 사무를 처리할 때, 광범위한 자치권을 행사했다. 각 주들의 경제 발전 상황이 달랐는데, 이는 바로 각 주 의회의 사회적 성분과 역할도 서로 완전히 같지 않게 했다. 예를 들면, 홀란트주의 주의회에서는 대자산계급의 대표가 절대적인 우세를 차지했지만, 동부의 겔더란트주와 오버레이설주는 귀족이 다수를 차지했다.

연방회의의 상설 행정기관은 국무회의로, 이는 행정기구였다. 1588년 후, 국무회의는 각 주의 고문 12명으로 구성되었는데, 각 주의 납세 액수의 크기에 따라 위원의 인원수를 결정했다. 홀란트주와 제일란트주가 담당한 세금 액수가 많았기 때문에, 이 두 주의 고문 수가 가장 많았고, 그들은 국무회의에서의 영향력도 비교적 컸다. 국무회의의 주요 직무는 각 주에서 국방비용을 걷고, 삼부회를 위해 재정 예산 방안을 준비하는 것이었다. 국무회의의 수뇌는 "집정"이라고 불렀으며, 최고 행정권과 군사권을 장악하고 있었고, 빌럼 판 오라녜(Willem van Orange) 가문이 세습하여 맡았다. 집정이 궐위 시에는, 홀란트주지사가 대행했다. 수도는 헤이그에 두었다.

연방회의는 7개 주 대표들의 집합체로, 각 주의 대표들은 모두 독립적으로 표결했다. 전쟁과 평화, 조약 체결 및 재정 등과 같은 중대한 문제들은, 각 주들이 반드시 다른 의견을 보였을 것이다. 어떤 주라도, 크든 작든 막론하고 모두 어떤 결의의 채택에 대해 반대하거나 방해할 수 있었다. 이밖에도 연방회의의 성원들은 모두 반드시 주의회의 의견을 구해야만 표결할 수 있었다. 이런 체제는 항상 많은 분쟁과 마찰을 빚어, 정책 결정의 속도를 지연시킴으로써, 국가의 이익에 손해를 끼쳤다. 이런 단점을 보완하기 위해, 공화국의 법률은 다음과 같이 규정했다: 만약 연방회의의 대표가 중요 국가 업무 문제에 대해 의견 차이가 있으면, 집정이 책임지고 조정하며, 만약 조정이 이루어지지 않으면, 집정이 최고 직권을 행사하여 최후의 중재를 진행한다.

스페인의 통치에서 벗어난 후, 자산계급이 공화국과 지방 권력의 구조에서 모두 주도적인 지위를 차지하자, 그들은 필연적으로 자본주의 경제 발전에 유리한 정책을 취하려고 했다. 따라서, 자산계급이 정권을 장악함과 아울러 독립된 국가를 건립하는 것은, 네덜란드 자본주의의 발전과 해상 패주라는 왕좌를 쟁탈하는 가장 중요한 정치적 기초였다.

2. 경제 발전의 "황금시대"

일반적으로 17세기를 네덜란드공화국의 "황금시대"라고 여긴다. "황금시대"의 네덜란드는 세계 무역과 해상 운송의 강국으로, 함대가 세계 각지에 널리 퍼져 있어, 네덜란드인은 "해상의 마부"라고 불렸다. 당시 네덜란드는 또한 유럽의 금융 중심으로, 암스테르담은 세계 최초의 현대 주식거래소·은행 및 보험회사를 설립했다. 네덜란드가 스페인의 통치에서 벗어난 후, 안정적인 국내 발전 방침을 추진하고, 많은 내부 모순을 감소시켜, 경제가 강대해지면서, 외적의 침입을 거의 당하지 않았다. 따라서 평화로운 환경에서 상업과 무역을 발전시킬 수 있게 되자, 경제 발전은 점차 "황금시대"로 접어들었다.

(1) 세계 구도 변화의 기회를 충분히 이용하다

17세기, 네덜란드가 스페인의 통치에서 벗어나 민족 독립을 쟁취함과 아울러, 빠르게 유럽의 강대국으로 부상할 수 있었던 것은, 당시 유럽의 구도 변화 덕분이다. 네덜란드공화국은 스페인과 유럽 열강 사이의 모순을 충분히 이용하여, 형세 변화에 따라 끊임없이 외교 책략을 조정했다. 예를 들면, 강대한 스페인에 대해 네덜란드는 영국·프랑스·독일·덴마크 등의 지지를 얻어, 함께 스페인을 약화시켰다. 스페인은 16세기 내내 전쟁으로 바빴다: 1581년에야 비로소 오스만 터키인과 끊임없이 벌였던 전쟁을 끝맺고 정전 협정을 체결했으며, 1598년에는 프랑스에 대한 간섭을 잠시 중지하는 〈베르빈스(Vervins) 강화 조약〉을 체결하고, 16세기 초부터 시작된 프랑스와의 전쟁을 끝맺었다. 또 스페인의 해상 맞수인 영국이 나날이 강대해지면서, 양국은 더욱 분쟁이 끊이지 않았다. 스페인 제국은 유럽을 제패하기 위해 사방에 적을 만들어 놓는 바람에, 유럽의 합스부르크 왕조에 반대하는 전쟁도 100여 년 동안이나 계속되었다. 네덜란드는 오히려 전쟁 중에 끊임없이 자신의 국력을 강화하여, 영국을 앞질러 스페인을 대체하는 해상 최고의 강대국이 되었다.

이와 동시에, 네덜란드 주변의 몇몇 유럽 강대국들의 사정도 좋지 않았다. 스페인 제국을 반대하는 전쟁 과정에서, 영국은 강렬한 민족정신을 발휘하여, 스페인 "무적함대"의 침입을 물리침으로써, 영국인들은 셰익스피어가 묘사했던 "또 하나의 에덴동산·절반의 천국"·"은빛 바다에 박힌" 보석에 대한 열애를 갖게 되었다. 영국의 국력이 강대해지자, 엘리자베스 1세는 신중하게 영국 독립을 유지하던 방식을 바꾸어, 군대를 파견해 네덜란드와 프랑스가 스페인과 벌이는 전쟁을 도왔지만, 또한 이로 인해 거액의 재정적 부담도 지게 되었다. 1586년과 1587년에, 영국 정부의 지출은 2배로 증가했는데, 네덜란드 군대에 지출한 금액이 17만 5,000파운드에 달해, 모두 그해 전국 총지출의 절반을 넘었다. 영국은 다른 전선에서의 지출도 액수가 막대했는데, 엘리자베스 1세 통치 시기의 마지막 4년 동안에 아일랜드와의 전쟁에 사용한 지출도 액수가 거대하여 매년 50만 파운드에 달했으며, 하원에 제출한 액수 외에 지출 총액은 200만 파운드에 달했다. 여왕 엘리자베스 1세가 후임 스튜어트 왕조에 거액의 채무를 남겨놓아, 국왕과 국회는 세금을 징수하기 위해 끊임없이 언쟁을 벌였고, 결국은 혁명과 내전을 야기했다. 첨예한 국내 모순과 충돌에 직면하자, 영국은 해상 패권의 쟁탈에 신경 쓸 겨를이 없었다. 유럽의 30년전쟁과 17세기 전반기의 대부분 시간 동안, 영국은 실제로 유럽 정치에서 중요한 역할을 거의 하지 못했다.

프랑스의 당시 상황을 다시 살펴보면, 1562년부터 1594년까지 프랑스는 무려 30여 년간의 참혹한 내전인 "위그노 전쟁"에 깊이 빠져 있었는데, 이 시기의 프랑스는 네덜란드·영국·독일의 신교(新敎) 제후들과 동맹을 맺고 공동으로 스페인에 반대했지만, 실제로는 자신을 돌볼 겨를도 없었을 뿐 아니라, 그 내전 기간에는 여러 차례 스페인의 군사적 간섭을 받기도 했다. 1585년, 네덜란드인들이 프랑스 국왕 앙리 3세에게 "위탁 관리"를 정중하게 요청했지만, 앙리 3세가 거절하자, 네덜란드인들은 다시 영국 여왕 엘리자베스 1세에게 도움을 요청했다. 1596년, 스페인과 계속 항쟁하기 위해, 프랑스는 영국과 함께 이미 해상을 제패하기 시작한 네덜란드 연방공화국을 승인했다. 1598년, 앙리 4세는 〈낭트칙령〉을 반포하고 종교 관용 정책을 시행하여, 국내 통일을 실현했지만, 유럽 강대국의 지위는 여전히 네덜란드보다 훨씬 뒤처져 있었다. 폴 케네디는 일찍이 다음과 같이 생동감 있게 묘사했다: "1648년의 '베스트팔렌 조약' 후 11년간의 프랑스-스페인 전쟁에서, 쌍방 모두는 정신이 혼미할 정도로 얻어맞은 권투선수처럼, 서로 부둥켜안은 채 거의 기진맥진하여, 상대방을 쓰러뜨릴 힘이 없었다. 쌍방 모두 국내에서 반란이 있었고, 보편적으로 빈곤한 데다, 전쟁을 혐오하고, 재정 붕괴 직전에 직면해 있었다." 1660년대에 이르러, 루이 14세가 집정한 프랑스는 비로소 네덜란드에 진정한 위협이 되었지만, 이때 네덜란드는 다시 영국·스웨덴과 동맹을 맺어, 프랑스에 반대하는 아우크스부르크 동맹의 맹주이자 반프랑스 연합군의 통솔자가 되어, 함께 프랑스를 격파했다.

네덜란드공화국은 스페인 제국과 전쟁을 멈추고, 사실상 독립을 이룬 다음, 포르투갈과 스페인 양국이 열어젖힌 대항해의 서막에 도움을 받고, 자신의 지리적 우세를 이용하여, 유럽 상업혁명의 계기를 단단히 움켜쥐고, 자신의 발전을 위한 조건을 만들어냈다. 15세기 말 이후, 유럽에서 아시아로 가는 신항로의 개척과 아메리카의 발견에 따라, 유럽과 세계 각 지역·각 민족 간의 연계가 나날이 강화되면서, 세계 시장이 점차 형성되고, 무역의 범위가 전에 없이 확대되었다. 당시 유럽 시장에서 유통되는 상품의 종류가 크게 증가했는데, 아메리카의 금은·설탕·담배·염료·모피, 아시아의 비단

제품·향료·면화·차, 아프리카의 황금·상아 등등으로, 이러한 상품들은 어디에서나 볼 수 있었다. 동시에 해외 각지의 유럽 상품들, 예를 들면 무기·사치품 및 각종 수공업품에 대한 수요량도 급격히 증가했다. 세계 상품 시장의 형성이 해상무역을 나날이 번영하게 하면서, 해운은 세계 각지의 무역을 연결해주는 중요한 수단이 되었고, 이는 네덜란드가 해운과 무역을 발전시킬 기회를 제공했다.

신항로의 개척과 신세계의 발견 후, 유럽의 상업과 무역 중심이 지중해 지역에서 대서양 연안의 앤트워프·암스테르담·런던 등과 같은 항구도시들로 옮겨감에 따라, 이러한 지역들의 경제 발전을 선도했다. 스페인과 포르투갈의 세계 무역 체계에 참여함으로써, 네덜란드는 이미 해양 상업 식민제국의 운영방식에 상당히 익숙해졌고, 스페인과 포르투갈의 상업 및 금융 모델의 성공 경험은 네덜란드에 매우 많은 참고와 교훈을 제공했다. 그리하여 네덜란드는 해양 상업 금융 식민제국을 건립하는 과정에서 어려움을 겪지 않았으며, 더구나 자신이 갖추고 있던 상업 중심과 금융 중심의 선천적인 장점으로 인해, 그 후의 발전 과정은 순풍에 돛을 단 듯이 순조로웠다.

(2) 자신의 장점을 이용해 특색 있는 농·공업을 발전시키다

네덜란드는 비록 상업으로 세계를 제패했지만, 그 농·공업의 발전도 매우 특색이 있었다. 네덜란드의 지리적 조건을 보면, 토지가 척박하고, 면적이 협소한 데다, 그 토질도 농작물의 경작에 매우 적합하지 않았다. 지리적 환경과 지리적 조건의 제약에 대해, 네덜란드는 한편으로 경지 면적을 확대할 온갖 방법들을 생각해내어, 끊임없이 늪지를 밀어냈으며, 다른 한편으로는 낙후한 휴경 제도를 폐지하고, 곡물과 사료의 윤작 제도를 실행했다. 이렇게 하여, 가축의 사료를 보장하고, 곡물의 생산량도 높였으며, 동시에 토양의 비옥함도 개선함으로써, 여러 가지 효과를 거두었다. 농업 생산의 중점에 변화가 생김에 따라, 네덜란드 농민은 각종 사료의 재배와 체계적인 시비(施肥: 토양을 비옥하게 하는 일-역자)에 정성을 쏟았다. 이는 네덜란드의 가축을 다른 나라들보다 잘 사육할 수 있게 해주었고, 우유 생산량도 더욱 높아져, "젖소는 매일 세 통이 넘는 우유를 생산했으며"[4], 그것으로 생산한 치즈의 90%는 수출했다.[5] 이외에도 농업 재배 중점 품종의 변화로 인해, 네덜란드가 소비하는 식량의 대부분을 수입에 의존했고, 네덜란드인들은 대신 아마·화훼·유채·과일 등 각종 이윤이 많은 경제 작물들을 재배했다. 특별히 중요한 것은 염료의 생산인데, 네덜란드인은 이 방면에서 "세계에서 가장 선진적인 생산자로, 거의 경쟁자가 아무도 없었다."[6]

농업의 발전은 공업 발전을 위해 견고한 기초를 다졌는데, 이는 가장 먼저 방직업이라는 전통 업종에서 나타났다. 1560년대부터 네덜란드 혁명이 발발하기 전까지, 네덜란드의 방직업은 모두 그의 주요 경쟁 상대인 영국을 훨씬 앞섰으며, 플란데런과 브라반트는 줄곧 벨벳 모직업의 중심이었다. 그러나 스페인을 반대하는 장기간의 전쟁은 이들 지역의 방직업을 파괴했다. 17세기 초, 네덜란드 남부의 모직업 노동자들이 종교 박해를 피해 북부로 도망치면서, 북부 방직업의 발전을 촉진했다. 레이던은 네덜란드에서 가장 중요한 모직업의 중심이 되어, 1601년부터 1610년까지 연평균 생산량이 6만 6,943필이었는데, 1651년부터 1660년까지 연평균 생산량은 10만 6,101필로 증가했다.[7] 네덜란드의 염료 재배업 방면에서의 우세는 그들의 방직업 발전을 더욱 촉진했다. 네덜란드의 모직물이 저렴한 가격으로 지중해 연안에 수출되면서, 다른 나라의 모직업에 매우 큰 충격을 주었다. 레이던 외에 암스테르담·위트레흐트·델프트 및 하를럼 등의 도시들도 중요한 방직업의 중심지가 되었다. 예를 들면 하를럼의 경우, 17세기 전반에는 아마 방직업의 중심지였는데, 그곳의 아마 표백과 염색 기술은 유럽에서 유명했다.

17세기, 네덜란드의 조선업은 세계 제1위였다. 네덜란드는 유럽의 천연

---

4 [프랑스] 布罗代尔, 『15至18世纪的物质文明·经济和资本主义』 第3卷, 生活·读书·新知 三联书店 1993年版, 190쪽.
5 宋则行, 樊亢, 『世界经济史』 上卷, 经济科学出版社 1994年版, 107쪽.
6 伊曼纽尔·沃勒斯坦, 『现代世界体系』 第2卷, 高等教育出版社 1998年版, 48쪽.
7 陈勇, 『商品经济与荷兰近代化』, 武汉大学出版社 1990年版, 70쪽.

관문으로, 해상 교통이 매우 편리했다. 그래서 대양의 딸로 불렸으며, 그 "사람들은 육지보다 바다에서 더 자연스러웠다".[8] 네덜란드의 굴기와 발전은, 주로 무역의 발달에 의존했고, 무역의 번영은 주로 해운에 의존했는데, 만약 충분히 발달한 조선업이 없었다면, 해운업도 말할 수 없다. 그래서 조선업은 바로 네덜란드가 생존을 의지하는 기간산업이 되었다. 네덜란드의 조선 기술은 당시 다른 나라들이 갖추지 못한 "현대적 규격을 갖추고, 나날이 표준화한 것으로, 중복하여 운용할 수 있는 기법"[9]을 갖추고 있었다. 네덜란드의 조선 기술은 고도로 기계화되어, 풍력으로 나무를 켜는 기계·도르래·컨베이어벨트·대형 기중기 등 노동력을 매우 절약할 수 있는 방법과 공구들이 모두 조선업에 사용되었다. 그밖에도 조선 설계·부품 등의 방면에서 모두 표준화를 이루었다. 네덜란드는 대형 화물선과 성능이 우수한 어선을 만들 수 있었을 뿐만 아니라, 견고하고 대양을 멀리 항해할 수 있는 선박도 만들 수 있었는데, 선미(船尾)에 대포를 장착할 수 있어, 전시에는 군함으로 쓸 수 있었다. 수도 암스테르담에는 수백 개의 조선소가 있었고, 전국적으로 거의 매일 한 척의 배를 생산할 수 있었다. 유럽의 많은 나라들이 모두 네덜란드에 가서 배를 주문했다. 17세기 말, 영국이 가지고 있는 선박의 4분의 1이 네덜란드에서 건조한 것이었다. 1670년 전후, 네덜란드공화국은 1만 5,000척의 상선을 보유하여, 영국보다 5배나 많았다. 네덜란드의 선진적인 조선 기술은, 네덜란드로 하여금 전 세계의 해상 운송 무역을 독점하게 했다.

어업은 네덜란드의 경제적 기초 중 하나로, "네덜란드의 금광"이라고 불렀다. 17세기 전반기에, 네덜란드는 모두 1,500척의 어선을 보유했고, 1만 2,000명의 어민이 이 업종에 종사하면서, 매번 30만 통의 물고기를 잡을 수 있었다.[10] 네덜란드 어업의 핵심은 북해의 청어잡이로, 네덜란드인이 청

---

8 [프랑스] 布罗代尔, 『15至18世纪的物质文明·经济和资本主义』 第3卷, 生活·读书·新知 三联书店 1993年版, 202쪽.
9 伊曼纽尔·沃勒斯坦, 『现代世界体系』 第2卷, 高等教育出版社 1998年版, 49쪽.

어의 포획과 절임을 독점하고 있었고, 청어는 네덜란드가 유럽 내륙으로 수출하는 중요한 제품 중 하나였다. 네덜란드공화국의 삼부회는 북해를 "연방공화국에서 가장 중요한 보고 중 하나"라고 말했다. 청어잡이 어업의 이윤은 네덜란드 조선업의 발전을 자극했고, 조선업의 발전과 강대함은 반대로 다시 어업의 번영을 촉진하면서, 양자는 상호 의존하고 상호 촉진했다. 예를 들면, 네덜란드인은 성능이 우수한 어선을 발명했는데, 이런 어선은 그것의 합리적인 구조 때문에 "비교적 큰 기동성·항해성·속도를 보유했으며, 선실 공간의 손실을 피했다". 그것은 거대한 저인망으로 물고기를 잡을 수 있었을 뿐만 아니라, 잡은 물고기는 갑판 위에서 즉시 가공하여 처리할 수 있게 되자, 물고기가 썩는 것을 피할 수 있었다. 따라서 이러한 어선은 네덜란드의 해안선에서 멀리 떨어져, 밖에 나가 체류할 수 있는 시간이 6~8주나 되었다.

조선업의 발달은 네덜란드인이 청어잡이뿐만 아니라 포경업도 독점할 수 있게 해주었다. 고래를 잡아 얻은 대량의 고래기름은 중요한 공업 원료로, 비누 제조·등유 및 모직 가공 과정에 없어서는 안 되었다. 이리하여 어업은 다시 네덜란드 비누업과 화학공업의 발전을 선도했다. 해외 식민지 무역도 마찬가지로 네덜란드의 기타 수공업 발전을 촉진했는데, 네덜란드인은 제당업·맥주 양조업·담배 제조업·가죽 제조업·벽돌 제조업 및 석회업·벌목업, 심지어 군수공업 등의 방면에서 모두 끊임없이 발전을 이루었다. 특히 암스테르담의 제당업은 당시 유럽에서 가장 중요한 설탕 제조의 중심이 되었다. 1605년, 암스테르담에는 3곳의 제당 공장이 있었는데, 1662년에는 50곳으로 증가했다. 네덜란드의 방직업·조선업·공장제 수공업·농업 등의 산업은 17세기에 급속히 발전함과 아울러, 긴밀하게 연계되고 서로 결합하여 일체화된 농·공업 생산 체계를 형성했으며, 이는 당시 다른 나라들은 갖추지 못해 도저히 따라갈 수 없는 것이었다. 바로 이러한 생산에서의

---

10 [프랑스] 布罗代尔, 『15至18世纪的物质文明·经济和资本主义』 第3卷, 生活·读书·新知 三联书店 1993年版, 203쪽.

우세를 기초로, 네덜란드는 비로소 그 자신을 "세계의 화물 운반자·무역의 중개자 및 유럽의 경영인"[11]으로 변화시킴으로써, 상업 패권을 확립할 수 있었다.

(3) 대외 상업 무역을 적극적으로 발전시키다

네덜란드는 상업으로 세계를 지배했다. 17세기에 네덜란드의 상업, 특히 대외 무역의 발전은 공업 생산보다 더 빨랐다. 혁명 후, 네덜란드는 뛰어난 지리적 조건에 의지하고, 강대한 항해 운송 능력을 기반으로, 무역의 범위를 세계 각지로 빠르게 확장했다. 당시 네덜란드 상인은 북해와 발트해 지역의 상품 교환을 지배하여, 한자(Hansa) 동맹이 북부 무역에서 차지했던 지위를 대체하고, 스칸디나비아 각국과 러시아의 식량·목재·철·아마·피혁 등의 상품을 중개 판매하는 독점자가 되었다. 그뿐만 아니라, 중세기에 이탈리아 상인들이 지중해 지역에서 벌였던 무역업을 계승하여, 동방무역을 수중에 장악했다. 더 중요한 것은, 네덜란드 상인이 포르투갈인의 식민지 무역에 대한 통제권도 탈취했다는 것인데, 이는 바로 유럽 국가들 상호 간 혹은 그들과 식민지 간의 상업적 연계는 모두 네덜란드 상인을 통해야만 진행될 수 있게 하였다. 네덜란드의 중개무역이 전체 대외 무역에서 대단히 큰 비중을 차지하고 있었기 때문에, 일부 중요한 상업항구의 경제적 지위도 그에 따라 빠르게 높아졌다. 암스테르담 항구에는 항상 정박해 있는 선박이 2,000척이 넘었고, 대량의 동양·중유럽 및 북유럽에서 온 상품들이 모두 여기에 집산하자, 항구 항운의 번영이 전체 유럽에서 제1위를 차지하여, 앤트워프를 크게 뛰어넘었다. 17세기에 네덜란드의 대외 무역이 고도로 발전하면서, 상업자본을 위해 거액의 부를 축적함으로써, 네덜란드는 세계 상업의 패권을 확립했다.

네덜란드의 해외 무역과 해운업은 매우 발달했다. 1570년, 네덜란드 상

---

11 [프랑스] 布罗代尔, 『15至18世紀的物質文明·經済和資本主义』 第3卷, 生活·读书·新知 三联书店 1993年版, 263쪽.

선의 적재량은 대략 프랑스·영국·독일 선박의 적재량을 모두 합친 것에 해당했다. 1670년 전후에, 네덜란드는 상선 3,510척을 보유했고, 총적재량은 56.8만 톤에 달해, 대략 영국의 3배였다. 발달한 해운업이 대량의 취업 기회를 만들어내자, 연해 각 주의 상인·선원과 어민들이 모두 몰려들었으며, 네덜란드는 전 세계의 해상 운송을 거의 독점했다. 네덜란드 해운업은 1500년부터 1700년까지의 200년 동안에 10배나 발전을 이루었고, 마침내 17세기에는 세계 해운업의 주도권을 쥐어, 전 세계 "해상의 마부"가 되었다.

네덜란드는 발트해와 북해의 해운을 거의 독점했다. 발트해는 일찍이 한자 동맹이 독점한 무역 해역이었는데, 네덜란드는 처음에 동맹 회원의 자격으로 해운 계약을 체결했지만, 암스테르담이 마침내 성공적으로 뤼베크 (Lübeck: 독일 북부의 도시-역자) 등 한자 동맹 도시들을 대체하여, 한자 동맹의 무역 세력을 밀어내고, 일약 발트해 연안 상품 운송의 최대 항구이자 세계의 상업 중심이 되면서, 판매·운송·보관 및 수입 상품 가공을 한곳에 집중시켰다. 네덜란드인은 청어 무역으로 소금 무역을 선도했고, 또 이를 기초로 전체 발트해의 무역을 추동했다. 네덜란드 상선은 폴란드의 식량, 핀란드의 목재, 스웨덴의 금속 및 발트해 연안의 밀랍·아마·황마(黃麻) 등을 국내로 싣고 왔다가, 다시 암스테르담에서 스페인·영국 및 포르투갈로 싣고 갔다. 줄곧 17세기 말까지, 영국·프랑스 및 유럽 대부분의 무역이 모두 네덜란드인의 통제를 받았고, 그 상품의 대다수도 네덜란드 상선이 운송했다.

네덜란드인의 영향은 유럽 곳곳으로 확대되었다. 그들은 라인강을 이용하여 독일 서부의 무역을 수중에 쥐고 조종한 다음, 프랑크푸르트·라이프치히에 이르러서는, 유럽 남북 간의 무역을 거의 독점했으며, 후에는 리가만(Gulf of Riga)을 거쳐 모스크바로 들어갔고, 지브롤터 해협을 통해 지중해로 갔다. 여기에서, 네덜란드인은 터키와 합의를 이루어, 자신들의 선박이 스미르나(Smyrna)항으로 곧바로 갈 수 있도록 했다. 이때 전체 유럽의 무역은 이미 네덜란드의 상업망 속에 편입되었다고 할 수 있다.

동양의 향료 무역은 네덜란드 해운업의 진정한 중심이었다. 16세기 말,

네덜란드 상인들은 유럽 무역을 통해 이미 대량의 자본을 축적하자, 새로운 투자 기회를 찾기 위해 그들은 시선을 아메리카와 아시아 시장으로 돌렸다. 1595년, 네덜란드인은 처음으로 희망봉을 우회하여, 인도와 인도네시아의 자바에 이르렀다가, 대량의 향료를 가지고 돌아갔다. 이 항해 후에, 포르투갈의 향료 무역에서의 독점적 지위는 깨졌고, 네덜란드는 갈수록 많은 선박을 아시아로 보냈다. 네덜란드 동인도회사가 설립된 후에는 유럽과 동양 및 아메리카의 해상무역을 전부 장악하여, 유럽 각국 식민지의 생산품, 특히 향료는 대부분 네덜란드 선박이 서양 각국으로 중계 운송했다.

(4) 효율적이고 건전한 금융체계를 확립하다

네덜란드 경제가 "황금시대"에 진입했다는 중요한 표현 중의 하나는 근대 금융업의 흥기와 발전이다. 17세기에 네덜란드가 빠르게 굴기함과 동시에 세계 경제 패권을 장악할 수 있었던 중요한 기초들 중 하나는 바로 효율적이고 건전한 금융체계였다. 이는 네덜란드 경제가 세계를 제패하는 과정에서 매우 중요한 부분이었다. 1609년, 네덜란드는 암스테르담은행을 설립했다. 암스테르담은행은 세계 최초의 근대 은행으로, 화폐 태환·예금·대출 및 이체 업무를 운영하여, 전체 유럽, 더 나아가 세계 무역에 금융 서비스를 제공했다.

경제와 무역의 빠른 발전에는 안정적인 화폐 체제가 필요하다. 암스테르담은행은 바로 이러한 상황에서 생겨났다. 그 전에 출현한 은행들과 비교하면, 암스테르담은행은 안전하고 수준 높은 금융 서비스를 제공할 수 있었는데, 암스테르담 정부가 그에게 보증금을 제공하여, 은행에 봉인해두고 유용해서는 안 되었다. 이 은행에는 다른 국가에서도 충분한 현금을 비축해 두어, 언제라도 적자의 위험이 전혀 없어, 은행 계좌 보유자는 안심하고 화폐를 은행에 맡길 수 있었고, 또 수시로 자기 은행 계좌의 잔액을 처분할 수 있었다. 높은 안전성과 편리성은 암스테르담은행을 지역 상업에서 가장 중요한 결제 은행이 되게 했으며, 또한 유럽의 저축과 태환 중심으로 빠르게

네덜란드 동인도회사가 인도네시아에서 발행한 화폐로, 100굴덴짜리 지폐이다.

성장하게 했다. 암스테르담은행은 네덜란드 재정위기를 구제하는 중요한 도구였을 뿐만 아니라, 사회의 유휴자금을 흡수하는 방면에서도 중요한 역할을 했다. 네덜란드 화폐에 대해 나날이 증가하는 신뢰와 네덜란드의 세계 무역이 놀랍게 확장함에 따라, 암스테르담은행은 국제성을 띠기 시작했다. 국제적 지급이 집중되면서, 암스테르담은행은 17세기에 중요한 세계적인 어음 교환의 중심으로 발전했다. "1660년부터 1710년까지, 그것은 적어도 유럽 무역의 논쟁할 여지가 없는 수도로서, 세계 최초의 다자간 지급 체계의 중심이었다."[12]

암스테르담은행은 또한 네덜란드가 17세기에 세계 귀금속 무역의 중심지가 되는 데에도 큰 공헌을 했다. 1640년 이후, 암스테르담은 세계 귀금속 무역의 중심이 되었는데, 암스테르담은행은 바로 이 무역의 주요 참여자였다. 암스테르담은행은 항상 각종 무역 화폐를 갖추고 있었기 때문에, 금속 화폐 공장보다 더욱 빠른 서비스를 제공할 수 있었다. 이는 암스테르담

12 [이탈리아] 卡洛. M. 奇波拉,『欧洲经济史』第2卷, 商务印书馆 1988年版, 473쪽.

은행이 귀금속 무역에 참여할 수 있는 강점이었다. 1683년, 암스테르담은행은 금·은괴나 경화(硬貨: 언제라도 모든 통화나 금으로 바꿀 수 있는 화폐-역자)에 의지하여, 6개월 동안 은행화폐를 대출해주는 제도를 만들었는데, 이 제도 혁신이 큰 성공을 거두어, 암스테르담은행의 귀금속 무역에 새로운 추진력을 제공해 줌으로써, 암스테르담은 세계에서 가장 중요한 귀금속 화폐 시장의 지위를 확보했으며, 네덜란드 경제와 금융이 한층 더 대외 확장을 하도록 추동했다.

금융시장도 마찬가지로 네덜란드의 효율적이고 건전한 금융체계의 중요한 구성 부분이었다. 1609년, 암스테르담에 세계 최초의 증권거래소가 설립되었다. 17세기 중엽에, 암스테르담은 이미 유럽의 증권거래 중심지로 성장하여, 암스테르담은 "17세기의 월스트리트"라고도 불린다. 암스테르담의 증권거래소에는 매수자와 매도자 간의 직접적인 주식 거래가 있었을 뿐만 아니라, 증권 중개인을 통한 간접 주식 거래도 있어, 이미 현대 증권거래소와 매우 유사했다. 네덜란드 사람들은 또한 새로운 무역 방식도 발명했는데, 매년 대량의 브랜디가 매매되었지만, 이때까지 화물을 인도하지 않았고, 매수자와 매도자의 이윤이나 손실은 모두 약정한 화물 인도일의 브랜디 가격으로 결정되었다. 이는 이미 현대의 선물 거래와 유사했고, 심지어 "투기"와 "공매도"라는 용어까지 출현했다.

암스테르담은행과 암스테르담 증권거래소의 설립은 네덜란드 화폐의 유통을 더욱 빠르게 하여, 암스테르담을 국제 결제 중심·국제 귀금속 무역 중심 및 유럽 증권거래의 중심이 되게 했다. 화폐자본의 빠른 유통은 네덜란드의 이율을 다른 유럽 국가들보다 훨씬 낮게 해주었는데, 17세기 내내, 네덜란드의 이율은 그 전에 비해 절반이 넘게 낮아졌다. 이는 네덜란드의 경제와 무역이 빠르게 확장하는 데에 강력한 버팀목이 됨과 동시에, 17세기에 네덜란드가 신속하게 굴기하는 하나의 중요한 원인이 되기도 했다. 17세기 후반, 암스테르담은 북유럽과 서북유럽의 무역·영국과 발트해 사이를 포함하는 무역이 필요로 하는 대부분의 자금을 제공했다. 네덜란드의 이런 막강한 자금 공급 능력이 프랑스·영국과의 무역 경쟁 과정에서 강력한 통제력으로 변화함에 따라, 네덜란드 상인들은 신용대출 수단을 통해 무역 정책을 마음대로 바꿀 수 있었다.

17세기에 네덜란드의 상공업과 대외 무역의 발달이 최고점에 도달했을 때, 그들의 자본축적은 유럽 각국 자본의 총합보다도 높았고, 대외투자는 영국보다 15배나 많았으며, 공장제 수공업의 수준은 유럽에서 가장 높았다. 17세기 내내, 네덜란드인은 사실상 "유럽 은행"을 장악했다.

3. "해상 마부" 지위의 확립

네덜란드는 해상 중계무역을 통해 발전한 상업 강국으로, 스페인과 포르투갈의 상업 독점과 세계 패권을 타파한 후, 17세기에 세계 제일의 해운과 상업 강국이 되었다. 네덜란드 상인들은 수많은 상선이 세계를 두루 누비는 기회를 이용하여, 그리고 세계 각 지역의 가격 차이를 이용하여, 세계적인 중계무역을 진행하면서 거액의 이윤을 획득했다. 17세기 중엽, 세계 상업 강국인 네덜란드는 해운업과 세계 무역 방면에서 전성기에 도달했는데, 매년 중계무역액이 7,500만~1억 굴덴에 달해, 스페인의 해상 패주 지위를 대체하고, 세계 상업의 패주가 되었고, 해양을 제패했다. 18세기 중엽 이전에, 네덜란드는 그들의 수많은 상선들이 대서양·태평양·인도양 및 지중해와 발트해를 운항했기 때문에, "해상의 마부"라고 불렸다. 마르크스는 일찍이 다른 사람의 말을 인용해 네덜란드를 이렇게 묘사했다: "동인도의 무역 및 유럽 서남부와 동북부 사이의 상업 거래를 거의 독점했다. 그들의 어업과 해운업 및 공장제 수공업은 모두 어떤 나라보다도 우월했다. 이 공화국은 또한 유럽의 모든 다른 나라들의 자본을 다 합친 것보다 더 많았을지도 모른다."

(1) 상업 식민제국을 창건하다
17세기의 네덜란드는, 포르투갈과 스페인이 개척한 식민지 사업의 직접적인 계승자였다. 네덜란드는 독립 후 얼마 지나지 않아, 곧 식민 확장의 길을 걸었다. 장기간의 격렬한 쟁탈전을 거쳐, 점차 스페인·포르투갈의 식민 세력을 밀어내고, 잇달아 동남아·아프리카 및 아메리카에서 많은 식민지를 점령했다. 17세기 중엽에 이르자, 네덜란드는 이미 유럽의 식민 강국이 되어, 영국과 프랑스만이 겨우 네덜란드와 맞설 수 있었다. 네덜란드의 식민지에 대한 약탈은 주로 상인자본이 직접 상업회사를 통제하는 방식으로 진행되었다. 이런 회사는 정부에서 각종 특권을 부여받아, 스스로 화폐를 주조하고, 군대를 건립하고, 심지어 국가를 대표하여 계약을 체결할 수도 있어, 사실상 대외 통상 업무를 독점했을 뿐만 아니라, 독립적인 국가 기능을 갖춘 특수 기구이기도 했다. 그 가운데 가장 유명한 것은 1602년에 설립된 네덜란드 동인도회사이다. 이 회사는 주로 극동 지역에서 확장 활동을 진행하여, 잇달아 동남아 지역의 포르투갈 식민지에 많은 식민 거점을 설립했으며, 인도와 인도네시아 및 일본 등지에서도 상점을 설립하여, 기만·폭력·강탈의 수단으로 부를 착취했다. 동인도회사는 유럽과 동양 사이·유럽과 아메리카 사이의 해상 무역을 통제했으며, 심지어 영국과 그 식민지 사이의 상품도 네덜란드 상선이 운송했다. 17세기 전반, 세계 각 식민지의 상품들, 특히 동양의 향료는 대부분이 네덜란드를 통해 서양 각국으로 운송되었다. 또 하나의 유명한 회사는, 1621년에 설립된 네덜란드 서인도회사이다. 이 회사의 활동 범위는 매우 넓어서, 아프리카 서해안·아메리카 동해안 및 태평양상의 식민지 도서들을 포괄했으며, 주로 해적 약탈과 식민지에 대한 무역 독점에 종사했다. 17세기에, 네덜란드가 일시에 크게 경제 번영을 이룬 것은, 시종 대외 확장과 연결되어 있었다. 바로 식민지에 대한 피비린내 나는 약탈을 통해, 네덜란드의 자본주의적 발전을 위해 원시적 축적을 제공했다.

방대한 상선들을 보호하고, 세계 해양의 운송을 통제하여, 독점적 세계 무역을 진행함과 동시에 상업 패권을 획득하기 위해, 네덜란드는 나날이 쇠락하던 포르투갈과 스페인의 세력을 배척하는 책략을 취했다. 아시아에서,

1600년에 네덜란드 선박이 일본 규슈에 도착했다; 1605년에는 포르투갈의 암본(Ambon: 인도네시아의 섬-역자) 포대를 점령함과 동시에, 그곳에 최초의 동방 거점을 건립했다; 1614년에는 향료를 많이 생산하는 말라카 군도를 점령했다; 1619년에는 자바에 바타비아(Batavia, 현재의 자카르타)를 건설했는데, 후자는 매우 빨리 네덜란드가 동방에서 식민 약탈을 진행하는 중심지가 되었다; 1624년에는 중국의 타이완을 침범했다(1662년에 정성공鄭成功에 의해 축출되었다); 1641년에 네덜란드는 마침내 포르투갈의 수중에서 전략적 요충지인 말라카를 탈취했는데, 이는 포르투갈이 극동에서 파산하기 시작했음을 상징한다; 1656년에는 실론을 점령했다; 1667년에는 수마트라를 점령했다; 1669년에는 마카사르를 점거했다; 1682년에는 반텐(Banten: 자바섬 서쪽 끝에 있는 도시-역자)을 점거했다. 네덜란드인은 인도에 대해서도 가만두지 않았는데, 17세기 중엽부터 세력을 일으켜 인도 서해안으로 확장하기 시작하여, 원래 포르투갈이 점거하고 있던 말라바르(Malabar: 인도 남서 해안에 있는 도시-역자)와 코로만델 해협 부근의 넓은 지역을 탈취했다. 이때 포르투갈의 동양 식민제국은 이미 완전히 무너져, 포르투갈의 아시아에 있던 세력은 거의 뿌리째 뽑혀버렸다. 그리하여 마카오·티모르·고아(Goa)·디우(Diu) 등과 같은 소수의 영지들을 제외하고, 나머지는 모두 네덜란드가 자치했다. 아프리카 남부에서도 네덜란드는 스페인과 쟁탈전을 벌였다. 해양에서, 1628년에 네덜란드는 쿠바의 마탄사스항에서 스페인 함대를 포로로 잡았고, 1631년에는 다시 스페인의 다른 함대를 궤멸시켰으며, 1636년에는 스페인이 점령한 됭케르크항을 겹겹이 포위했고, 1639년에는 네덜란드 해군 대장 트롬프(Tromp)가 영국의 됭스(Duins)항에서 스페인 함대에게 압도적인 승리를 거두었다. 이 전투는 스페인이 해상의 명성을 재정비하려던 희망이 철저히 파괴되었음을 상징했으며, 또한 네덜란드의 최고 해상 강국으로서의 지위가 확인되었음을 표명해주었다.

영국과의 상업 무역 경쟁 과정에서, 네덜란드는 영국보다 5배나 많은 상선을 보유했다. 네덜란드가 보유한 6천 척의 선박들이 발트해에서 항해하면서, 영국과 발트해 연안 각지의 무역을 봉쇄했다. 네덜란드는 또한 영국 자산계급 혁명 시기에 영국 국내가 혼란한 국면을 이용하여 북해와 영국해협의 제해권을 탈취하고, 해상 무역을 한층 강화했다. 지중해와 서아프리카 연안에서는, 네덜란드 상인들이 곳곳에서 영국인들을 밀어냈다.

아프리카와 아메리카에서, 네덜란드인은 마찬가지로 온 힘을 다해 그들의 세력을 확장했다. 1637년, 포르투갈이 기니 해안에서 어렵게 운영하던 상조르즈다미나(São Jorge da Mina) 요새를 함락시켰고, 이듬해에는 또한 포르투갈 수중에 있던 상파울루 드 루안다(São Paulo de Luanda) 섬을 빼앗았으며, 이어서 다시 상투메(São Tomé: 서아프리카 기니만에 위치한 섬-역자)를 차지했다. 1648년, 네덜란드인은 희망봉을 침략하여 차지함과 동시에, 항해 기지를 건립했다. 1614년, 네덜란드인은 북아메리카의 허드슨강 하구를 점령했고, 1622년에는 거기에 뉴암스테르담(New Amsterdam)시, 즉 오늘날의 그 유명한 뉴욕의 전신을 건립했다. 네덜란드인은 또한 1624년에 브라질에 침입하여, 그곳의 가장 풍요로운 토지를 차지함과 동시에, 서인도 제도와 라틴아메리카의 스페인 식민지 약탈에 박차를 가했다.

(2) 해외의 부를 미친 듯이 약탈하다

네덜란드 동인도회사가 무역을 독점하자, 섬과 섬 간의 자유로운 매매를 허락하지 않고, "세계의 어떤 다른 종족도 여기에 올 수 없다"고 선언하여, 향료 등 토산품의 수매권과 전매권을 독점했다. 예를 들면 네덜란드인은 향료 생산지를 봉쇄하고, 이 지역이 다른 유럽인이나 아시아인과의 무역을 허락하지 않았으며, 위반자는 엄하게 처벌했다. 당시 반다 제도 주민들이 자바와 네덜란드 이외의 유럽 상인에게 육두구(향료 식물의 하나-역자)를 판매하다가, 결국 섬의 주민 1만 명이 살해되고, 800명은 바타비아로 끌려가 노예가 되었다. 회사는 향료의 수출량을 엄격히 관리하여, 높은 가격을 유지했기 때문에, 향료는 특정한 섬에서만 재배할 수 있었다. 정향(丁香)은 암본 섬에서만 재배했고, 육두구는 반다 제도에서만 재배했으며, 그 외의 나머지 섬들은 반드시 모든 나무를 베어내야만 했다. 회사는 정기적으로 특별 원정대를 파견하여 감독하고 조사했다. 또한 네덜란드인은 식염의 높은 이윤을 보장하기 위해, 사형으로 위협하면서, 수마트라 서해안에서 소금을 채취하는 것을 금지하고, 원래의 염전도 폐쇄했다. 그 결과, 자바에서 생산되는 식염은 한 짐당 6굴덴이던 것이 50~70굴덴에 판매되었다.

네덜란드 소속 동인도회사는 직접 통치 구역에서 "실물 정액 납세제"를 실시하여, 농민은 수확물의 5분의 1을 회사에 납부하도록 강요했다. 또 간접 통치 구역에서는 "강제 공급 제도"를 실시하여, 현지 토착 왕들과 생산 전매 조약을 체결하고, 공급하는 토산품의 종류와 수량을 규정하여, 회사에서 매우 낮은 가격으로 강제 구매하도록 규정했다. 이 밖에도, 시세(市稅: 시장에서 물리는 세금-역자)·주세(酒稅)·인두세 등 가혹한 잡세를 징수했고, "강제 경작제"를 실행하여, 회사는 구획 지역 내에서는 반드시 폭리를 도모할 수 있는 커피 등의 작물을 재배하도록 강요했다. 18세기에 유럽으로 수출하는 향료가 감소하자, 네덜란드인은 그때 커피나무를 인도네시아에 들여와, 1711년에 그들은 100파운드의 커피를 수확했고, 1723년에는 1,200만 파운드의 커피를 판매했다. 동인도회사는 전체 18세기 동안 커피만으로 평균 80%의 주식 배당금을 벌었다. 유럽의 커피 가격이 하락할 때는, 네덜란드인은 강제로 농민들에게 커피나무를 베어내게 했고, 가격이 오를 때는 다시 강제로 커피나무를 심게 했다.

1638년부터 1654년까지 동인도회사는 일본 나가사키에 상무기구를 설립하여, 중국의 생사(生絲)를 일본으로 싣고 가서 판매하고 은으로 바꾸었는데, 1640년에는 중국의 생사를 구입하여 일본으로 운반한 선박이 85척뿐이었다. 또 중국의 비단과 도자기를 동남아로 실어가 판매하여, 각종 향료로 바꾸었다. 이리하여 네덜란드 동인도회사는 아시아로부터 희망봉(1652년에 이곳에 식민지를 건설했음)을 거쳐 유럽으로 가는 장거리 무역을 효과적으로 통제했을 뿐 아니라, 아시아 범위의 중계무역도 통제했다. 이러한 무역을 통해, 네덜란드는 거액의 이윤을 얻었는데, 1605년부터 1612년까지 동인도회사의 배당금이 37.5%에 달했다. 1715년부터 6년간 평균 이윤율은 40%였다. 그 기간에, 반다섬과 암본섬의 향료 무역 과정에서의 이윤율은 50~75%나 되었다. 1602년부터 1782년까지, 동인도회사가 주주들에게 분배한 배당금은 2억 3,200만 굴덴으로, 최초 출자금의 36배였다. 이러한 거액의 이윤은, 본국과 유럽 시장에서는 얻을 수 없었던 것으로, 네덜란드 자본축적의 중요한 원천이 되었다. 아시아와의 무역에서, 네덜란드도 동양의 수요에 필요한 많은 상품을 내놓지 못하자, 포르투갈과 마찬가지로 주로 은으로 지급했다. 동인도회사는 또한 죄악의 노예무역도 진행했는데, 동남아 해역 및 일부 섬들(중국 연해 포함)에서 신체 건장한 청년들을 체포한 다음, 높은 가격으로 판매하여, 중간에서 폭리를 취했다.

그리고 네덜란드가 1621년에 설립한 서인도회사의 목표는, 스페인과 포르투갈이 아메리카에서 확고히 점령하지 못한 식민지들에서 영국·프랑스 등의 나라들과 식민지 쟁탈전을 벌이는 것이었다. 10년간 계속된 전쟁을 통해, 서인도회사는 브라질 해안의 매우 큰 영토를 장악했으나, 17세기 중엽에 이르러 포르투갈인에게 쫓겨났다. 1622년에 네덜란드는 허드슨강 하구에서 맨해튼섬을 획득하여, 뉴암스테르담시를 건립했다. 1660년, 이 도시는 영국인이 탈취하여 점령한 후, 뉴욕으로 이름을 바꾸었다. 1674년, 제3차 웨스트민스터 협약에 따라, 네덜란드는 정식으로 뉴욕을 영국에 넘겨주었다. 그 후 허드슨강 유역을 기지로 삼아, 동쪽으로는 코네티컷강의 하트포드까지, 남쪽으로는 델라웨어강까지 확장하여 새로운 네덜란드를 건설했다. 1623년에는 남아메리카의 가이아나를 점령했다. 1630년부터 1640년 사이에, 스페인의 수중에 있던 카리브해의 소앤틸리스 제도의 아루바(Aruba)섬·퀴라소(Curacao)섬·보네르(Bonaire)섬·사바(Saba)섬·신트외스타티위스(Sint Eustatius)섬을 탈취했고, 프랑스인들과 함께 생마르탱(Saint Martin)섬을 차지했다. 서인도회사는 이런 섬들을 점령한 후, 토착민들을 대대적으로 살육하여 노동력을 감소시켰고, 그 후에는 다시 이 지역들의 주요 노예 판매자가 되었다.

17세기 중엽, 네덜란드 서인도회사는 황금해안과 노예해안에서 많은 보루와 상점도 보유했으며, 또한 서인도회사는 한때 모리셔스를 점령하여, 마다가스카르에서 노예를 약탈하는 근거지로 삼았는데, 영국령 버지니아 최초의 노예와 프랑스령 식민지의 노예들은 모두 이곳에서 공급했다. 18세기 초까지, 네덜란드의 노예 무역량은 세계 노예 무역액의 절반 이상을 차지했다. 네덜란드 소유 식민지들 중에서 가장 오래된 식민지는 케이프(Cape) 식민지인데, 이는 1652년에 포르투갈인의 수중에서 빼앗은 작은 식민지로, 남아프리카의 희망봉에 있었다. 이곳은 보급 기지로, 동양으로 가는 선박들에게 연료·물과 신선한 식품을 공급했다. 이 식민지는 매우 빠르게 그 가치를 증명했다. 그것이 네덜란드 선박과 다른 일부 선박들에게 제공한 신선한 고기와 채소가 괴혈병을 퇴치하여, 수천 명에 달하는 선원들의 목숨을 구했다.

(3) 세계 상업 패주의 사회문화적 요인

면적이 작고, 인구가 비교적 적으며, 자원이 빈약한 네덜란드공화국이 해상을 제패하는 찬란한 성과를 이룬 데에는, 깊은 사회문화적 배경이 있었다. 네덜란드의 굴기와 번영은, 그들의 사상적 자유·종교적 관용·다원화 및 정치 제도의 상호 견제 모델과 결코 떼어놓을 수 없다. 만약 이런 자유를 숭상하는 사상적 기초와 관용적인 사회 분위기가 없었다면, 네덜란드가 당시 세계에서 가장 활력이 충만한 나라가 될 수 있었다고 믿기 어렵다.

우선 너그러운 종교 신앙과 종교 정책은 네덜란드가 강성해진 중요한 요인이었다. 많은 학자들은, 칼뱅교의 전파와 네덜란드 자본주의 경제의 발전은 밀접한 관계가 있다고 여긴다. 비록 네덜란드의 대상인들이 모두 칼뱅교도는 아니었지만, 그들의 이윤에 대한 추구가 점차 사후 영혼의 구원에 대한 추구를 뛰어넘기 시작했다. 칼뱅교는 노동에 힘쓰고 생활에 소박할 것을 제창하여, 노동의 가치와 보통사람의 존엄을 강조했다. 이는 네덜란드 자본주의 경제의 발전에 좋은 심리적 준비를 제공했다. 네덜란드의 종교에 대한 너그러운 정책은 상업 발전에도 유리했다. 네덜란드 혁명이 승리한 후, 네덜란드 공화정부는 신교와 가톨릭의 투쟁이 격렬한 상황에서, 종교 방면에서 종교에 대한 관용과 화해 정책을 실시했다. 각 계층과 각 교파의 군중들이 통일된 기치 아래 단결하여, 교파 간의 유혈 충돌을 피함으로써, 네덜란드 국내에 평화·단결·안정의 환경을 보장했다. 네덜란드 정부는 또한 종교적으로 박해받는 외국 상인들과 정치적으로 박해받는 망명자들이 네덜란드에 와서 거주하도록 허용하고 격려했다. 독립 초기에, 스페인령 네덜란드 각 주의 부유한 상인·공업인 및 자금이 풍부한 유대인 상인들이 스페인의 종교적 박해에 대한 불만 때문에, 네덜란드로 대거 이주했는데, 그들은 수공업 기술을 가져왔을 뿐만 아니라, 네덜란드의 상업 및 해외 벤처 사업에 풍부한 자금도 제공했다. 앤트워프의 수천 명의 수공업자·상인·은행가들은 스페인의 박해에 불만을 품고 북쪽으로 도망쳤다. 특히 암스테르담의 경우, 1585년부터 1622년까지 인구가 3만 명에서 10만 5,000명으로 증가했다. 1686년에 프랑스 국왕 루이 14세가 "낭트칙령"을 폐지하고, 대대적으로 위그노 교도를 박해하자, 신교를 믿는 프랑스의 수많은 공업인들이 기술과 자금을 가지고 네덜란드로 갔다. 네덜란드 정부는 그들에게 편의를 제공하고, 공업 발전을 장려했으며, 도시의 길드 조례를 폐지하여, 네덜란드의 견직 수공업 공장이 빠른 발전을 이루게 했다. 네덜란드가 추진한 평화롭고 안정적인 국내 방침과 신앙이 다른 외국인이 네덜란드에 와서 정착하는 것을 받아들이는 정책은 네덜란드가 번영하고 발전하는 중요한 원인의 하나가 되었다.

네덜란드는 유럽 역사상 처음으로 정치와 종교가 분리된 국가로, 종교가 더이상 국가의 정치에 개입하지 않았다. 데이비드 흄(David Hume)은 이렇게 말했다: "연합주(聯合州)가 본보기로 출현하기 전에, 관용은 좋은 통치와 서로 용납되지 않는 것으로 여겨졌을 뿐만 아니라, 일부 종파는 함께 화해하고 평화롭게 지내는 것도 불가능하다고 여겨졌다." 네덜란드에 있는 어떤 상인이라도, 그 교파와 민족이 무엇이든 막론하고, 모두 자신의 종교 예배

의식을 거행할 수 있었다. 1672년에 한 영국인은 이렇게 기록했다. "이 공화국에서는 사람들이 신앙 문제에서 속박당한다고 원망을 품을 어떠한 이유도 없다." 이리하여 네덜란드는 당시 유럽에서 가장 자유로운 국가였고, 연방 정치조직의 다원주의적 성격은 유럽에서도 유일무이했다.

관용적인 종교정책과 사상적으로 자유로운 분위기는, 도서 출판업의 번영과 교육의 발전을 촉진했다. 종교·철학·과학에 관한 많은 저작물들이 네덜란드에서 인쇄 출판된 다음, 유럽의 다른 나라들로 수출되었다. 1584년, 지도학자인 루카스 얀순 와게너(Lucas Janszoon Waghenaer)가 네덜란드에서 출판한 2권짜리 책인 『선원의 거울(Spieghel der zeevaerdt)』(영문으로는 Mariner's mirror로 번역함-역자)에는, 대량의 항해도(航海圖)를 부록으로 수록했는데, 곧바로 유럽의 여러 가지 언어로 번역되었다. 이후 약 100년 동안, 네덜란드는 유럽에서 가장 뛰어난 항해도 제작 국가였다. 네덜란드 법학자들의 국제 해양법과 상업법에 대한 정통함은, 해운업과 해외 무역의 발전에 어느 정도 이론적 기초를 제공했다. 1609년, 네덜란드 법학자 휴고 그로티우스(Hugo Grotius)는 『해양 자유론(Mare liberum)』을 발표했고, 1625년에는 『전쟁과 평화의 법(De Jure Belli ac Pacis)』을 출판하여, 처음으로 해상의 자유 항해 이론을 논술함으로써, 네덜란드가 해외 확장을 진행하는 데 이론적 근거를 제공했다. 네덜란드 사람들은 교육을 매우 중시하여, 일찍이 16세기에 네덜란드의 교육 받은 인구의 비율이 매우 높았다. 16세기 중반, 포르투갈인은 과장된 말투로 네덜란드의 교육 상황을 묘사하기를, "이곳의 제화공(製靴工)도 프랑스어와 라틴어를 할 줄 안다"고 했다. 17세기 중반에 이르자, 네덜란드에는 5개의 대학이 있었고, 또한 많은 외국 유학생을 받아들였다. 네덜란드인은 외국어 학습에 힘썼는데, 심지어 멀리 지중해 동부 각지의 언어까지도 습득했다. 네덜란드인은 또한 과학적인 복식기장법(複式記帳法)을 사용하여, 낡고 혼란스러운 기장법을 대체했다. 이런 요소들이 모두 네덜란드 해외 무역의 발전을 촉진했다.

네덜란드 상업 패권의 형성은 네덜란드인의 혁신·절약 및 강인한 민족

성과 떼어놓을 수 없다. 유럽에서, 네덜란드의 자연 조건이 가장 나쁘다. 스페인의 한 유명한 경제학자는 일찍이 이렇게 말했다: "이 나라의 절반은 물이거나 아무것도 생산할 수 없는 땅으로, 경작 면적은 전체 국토 면적의 4분의 1도 안 되며, 농업 수확은 고작 주민 4분의 1의 소비밖에 충당하지 못한다." 어려운 환경은 네덜란드인에게 섬세하고 절약하는 생활 습관을 갖게 해주어, 네덜란드 상인이 유럽의 다른 나라 귀족 가정의 사치스러운 생활 방식을 끊은 것은, 17세기 네덜란드 상업이 성공한 무시할 수 없는 요소이다. 한 프랑스의 관찰자는 말하기를, 프랑스 상인은 무역을 통해 거액의 부를 얻기 시작한 날부터, 그의 아들은 다시는 아버지의 직업을 물려받지 않고, 관직으로 나간다. 그러나 네덜란드에서는, 상인의 아들이 흔히 아버지의 직업과 기술을 계승한다. 금전은 상업에서 빼내지 않고, 항상 부자가 전수하거나 가문이 물려받아, 계속 상업 과정에 남았고, 또 상인들이 서로 혼인 관계를 맺은 결과, 한 명의 네덜란드 상인은 한 명의 프랑스 상인보다 더 쉽게 북방과 모스크바의 무역 활동에 종사할 수 있게 해주었다.

네덜란드인의 상업 활동 과정에서, 창조적 정신은 시종일관 유지되었다. 네덜란드 청어잡이 어업의 발전은 네덜란드 민족의 창조적인 성격을 충분히 보여주었다. 청어 떼의 위치를 정확히 알기 위해, 네덜란드 어민들은 107피트 길이의 대형 저인망을 발명하여, 밤에 해상을 순회하며 끌면서 깊이를 탐지했다. 이 밖에도 그들은 또 새로운 형태의 청어잡이 쌍돛배도 발명하여 "버스(buss)"라고 불렀다. 모든 "버스"는 출항할 때 숙련된 고기잡이 인부·아가미 손질 인부 및 소금에 절이는 인부를 배에 태우고, 충분한 소금·음식물과 물고기통도 싣고 가, 해상에서 연속으로 6~8주간 작업할 수 있었다. 네덜란드 어민들은 한 번의 칼질로 청어의 창자를 꺼낼 수 있는 방법도 고안했다. 네덜란드는 인구·토지 등의 조건이 모두 유럽의 다른 나라들보다 못한 상황에서, 이러한 창조는 매우 중요했다. 해운 무역에서 네덜란드인이 설계한 선박은 복부가 크고 갑판은 작았으며, 어떤 무기 장비도 설치하지 않아, 제작비는 낮고 운송량은 증가했는데도, 납부하는 세금은 줄었기 때문에[13], 운송비를 낮추고 많은 고객을 확보했다. 그리하여 마침내 해운 무역의 경쟁에서 두각을 나타낼 수 있었다.

4. 경쟁에서 쇠락한 네덜란드 제국

17세기 중엽, 네덜란드공화국은 쇠락의 조짐을 보이기 시작했다. 17세기 말엽부터, 네덜란드는 쇠락하면서, 실력이 약해지기 시작했다. 18세기에 이르러, 네덜란드는 자본주의적 발전과 해상 패권의 정상에서 내려왔다. 18세기에, 원래 네덜란드인이 운송하던 화물은 여러 다른 나라 국기를 게양한 선박들이 운송했다. 영국·프랑스 등의 나라들이 자본주의 경제가 발전함과 아울러 네덜란드 상품에 대해 관세장벽을 실행하여, 네덜란드의 시장을 빼앗아 갔기 때문에, 네덜란드 공업품의 수출량을 크게 떨어뜨렸다. 18세기 중엽, 네덜란드 라이덴(Leiden)시의 모직물 공업 생산량은 17세기 말의 10분의 1에도 미치지 못했고, 어업도 해상의 영국 선박들로부터 위협을 받았다. 1780년대에 동인도회사가 파산하고, 후에 암스테르담은행도 도산함에 따라, 네덜란드 경제는 매우 어려워졌는데, 이때부터 한번 기울어지자 다시는 일어나지 못한 채, 패권의 지위를 완전히 상실하고, 경제가 낙후한 2류 국가로 전락했다. 영국이 이를 대체하여, 자본주의 세계의 패주가 되었다.

(1) 국제 경쟁 구도의 변화

네덜란드·영국과 프랑스는 제2차로 굴기한 해상 강국들로서, 그들 간의 이익 다툼은 매우 복잡하여, 적아(敵我) 관계가 수시로 변했다. 네덜란드는 후발 해상 패권 국가로서, 포르투갈과 스페인의 해상 제국을 침해하여 일어선 나라이다. 당시 네덜란드는 영국·프랑스와 항상 연합하여 스페인의

---

13 당시 선박에 대해 부과하는 세금은 갑판의 면적에 비례했기 때문이다.(역자 주)

해상 운송선을 약탈함으로써 부를 축적했는데, 네덜란드와 영국·프랑스 두 나라는 스페인 제국의 코앞에서, 서로 엄호하면서 카리브 제도의 이름 없는 작은 섬들을 점령했다. 오늘날 카리브해에 있는 네덜란드령 안틸레스 제도와 일부 영국 연방 내의 작은 섬나라들 및 프랑스의 해외 주(州)인 과들루프섬과 마르티니크섬은 바로 당시 네덜란드·영국·프랑스 3국이 연합하여 기습하는 방식으로 식민 전략을 구사한 유산이다.

17세기는 바로 서유럽 국가들이 자본의 원시적 축적을 가속화하고, 공장제 수공업이 빠르게 발전한 시기로, 영국·프랑스 등의 경제력이 끊임없이 증강되면서 네덜란드와 격렬한 쟁탈을 벌였다. 18세기에 유럽의 구도에는 거대한 변화가 일어났다. 영국 국내가 평화를 회복하면서, 2세기 동안 계속된 상업 진흥과 식민 확장을 개시했다. 프랑스는 중상주의를 신봉하는 재상인 콜베르가 집정하면서부터 제조업이 크게 발전했고, 식민 확장도 점차 규모를 갖추게 되었다. 스페인 역시 내정 개혁을 실행하여 원기를 회복했다. 독일 제후와 전 한자 동맹의 도시들은 새로운 활력을 보였다. 스웨덴이 대외정책을 조정하여, 전쟁에서 몸을 빼고, 경제적 경쟁에 힘을 쏟으면서, 네덜란드의 발트해 지역에서의 중계무역은 스웨덴인에게 타격을 받았다.

굴기하는 유럽의 열강들을 직면하자, 발트해와 대서양에서의 네덜란드 운송업은 모두 거대한 경쟁 압력을 받게 되었다. 영국·프랑스·덴마크·스웨덴의 상선들은 모두 네덜란드의 강력한 경쟁 상대가 되었다. 15세기 말부터 18세기 말까지, 네덜란드 선박이 외레순 해협[14]을 통과한 수량을 보면 네덜란드 해운업이 쇠퇴했음을 충분히 알 수 있다. 1497년에 567척, 1597년에 3,908척, 1679년에 4,000척이었는데, 18세기 중엽에는 3,000척, 1774년에는 2,447척, 1780년에는 2,080척이었다. 1782년, 중계무역은 비록 다소 증가했지만, 다시는 이전의 절반조차도 회복하지 못했다.

하지만 네덜란드의 최대 경쟁 상대는 영국이었다. 방대한 원양 수송함대

....
14 덴마크의 셸란섬과 스웨덴의 스코네 반도 사이에 있는 해협이다.(역자 주)

와 잘 훈련된 해군에 의지하여, 네덜란드는 17세기에 해양 패주의 자리에 올랐다. 비록 지정학적으로 네덜란드의 독립을 위협할 수 있는 나라는 훗날 유럽 대륙의 패주가 된 프랑스였지만, 진정으로 네덜란드의 발전을 억제하고 네덜란드를 해양 패주의 자리에서 끌어내릴 수 있는 나라는 오히려 같은 해양 상업 민족인 영국이었다. 네덜란드의 세계 해양 상업 운송에서의 우세를 약화시키고, 네덜란드 상인의 국제 무역 방면에서의 중심적 지위를 약화시키기 위해, 1650년과 1651년에 영국은 두 차례 〈항해 조례〉를 반포했다. 1650년의 〈항해 조례〉는, 영국의 허락을 거치지 않으면 외국 상인이 영국 식민지와 통상을 할 수 없다고 규정했다. 1651년의 〈항해 조례〉 또한 영국에 수입되는 상품은 영국 선박이나 생산국의 선박으로만 운송할 수 있고, 영국에서 수출하는 상품은 반드시 영국 선박으로만 운송할 수 있도록 규정했다. 이는 의심할 바 없이 네덜란드인의 영국 세력 범위 내에서의 돈벌이 기회를 차단하여, 네덜란드에 대한 선전포고와 마찬가지였다. 네덜란드는 영국에 〈항해 조례〉를 철회하라고 요구했지만, 영국이 단호하게 거절하자, 양국의 갈등이 격화되어, 1652년부터 1674년 사이에 세 차례의 영국-네덜란드 전쟁이 발생했다.

세 차례의 네덜란드-영국 전쟁 가운데, 제1차 전쟁은 영국이 오랫동안 계획했기 때문에, 네덜란드가 손쓸 틈이 없어 패했지만, 나머지 두 차례의 전쟁에서는 모두 강대하고 전투 경험이 풍부한 네덜란드 해군이 영국 해군에게 심각한 타격을 가했다. 네덜란드 해군은 비록 우세를 차지했지만, 끝내 영국 해군을 철저하게 소멸시키지 못한 데다, 더욱이 영국 본토에 상륙하여 상대에게 치명적인 타격을 가하지도 못했다. 한 가지 기술적인 원인으로는, 네덜란드 연안의 바다가 너무 얕아서, 네덜란드 전함은 얕게 잠기는 형태로만 설계할 수 있었기 때문에, 바람이 세고 파도가 높은 북해에서 해전을 진행하는 데에는 적응하지 못했다. 따라서 네덜란드 해군은 내내 영국 해군에게 철저하게 승리할 수 없었다. 비록 네덜란드 해양 제국의 다른 해역에서는, 깊은 바다를 항해하는 데 적합하도록 깊이 잠기는 전함을 건조하여 사용할 수 있었고, 다른 해역에서 병력을 싣고 와 전쟁을 도울 수 있었지만, 시간·항구 및 보급 등의 요인에 제약을 받아, 다급한 문제를 해결할 수 없었으므로, 경제적으로나 군사적으로 모두 실행 가능성이 부족했다.

세 차례의 네덜란드-영국 전쟁과 함께 뒤엉켜, 네덜란드와 프랑스도 때로는 우방이었다가 때로는 적이 되기도 했다. 대륙의 패권 국가인 프랑스를 맞이하자, 네덜란드의 지정학적으로 불리한 요소들은 매우 뚜렷했다. 프랑스는 쉽게 수십만 대군을 동원하여 무서운 기세로 네덜란드를 침범할 수 있었다. 네덜란드는 프랑스를 맞이하여, 국토에는 저지할 수 있는 산이나 강이 없었고, 전투를 벌일 바다도 없었다. 비록 네덜란드는 일찍이 건곤일척의 상황에서 둑을 터트려 프랑스 군대의 진격을 잠시 저지했지만, 이런 자살적인 방어로는 군사 지리적으로 선천적인 약점을 전환시킬 수 없었다.

오래 전쟁을 치르면 반드시 쇠락하기 마련이거늘, 비록 네덜란드는 마지막 네덜란드-영국 전쟁에서 혼자서 두 개의 적을 상대했는데, 영국과 프랑스라는 두 강대국과 동시에 전쟁을 벌여 여러 차례 승리를 거뒀지만, 그의 종합적 국력이 그의 승리를 오래 지속되지 못하게 했다. 네덜란드의 개방적인 경제 구조와 무역 형식은, 네덜란드가 프랑스처럼 십여 개의 적들에 둘러싸여 장기간 전쟁을 벌이는 것을 허락하지 않았다. 네덜란드가 장기간 생존하고 발전하려면, 적당한 동맹국을 선택하여, 고군분투하다가 전체적으로 멸망하는 최악의 결과를 피할 수 있어야만 했다. 전쟁의 결과는 네덜란드의 처지를 개선하지 못했을 뿐만 아니라, 오히려 국가의 재력을 고갈되게 하여, 경제의 쇠락을 가속화했다. 1679년, 한때 명성이 자자했던 네덜란드 함대가 결국 철저히 패배하고, 프랑스·영국·네덜란드 3국이 체결한 〈네이메헌 조약〉에서 프랑스는 유럽의 영토를 확장하여, 유럽 대륙에서 사람들이 경외하는 강국이 되었다. 그리고 영국은 해외 식민지를 확장하여, 네덜란드가 해외에서 벌어들이던 대부분의 상업 이익을 접수하여 관리했다. 네덜란드는 세계 패권을 다투는 국가의 대열에서 퇴출되었고, 영국과 프랑스의 세계 패권 쟁탈 전망은 이미 뚜렷이 드러났다. 네덜란드는 전쟁에서 패배한 후 점차 쇠락의 길을 걸었고, 영국은 일약 세계 패주의 자리에 올라, 18~19세기의 "해가 지지 않는 제국"이 되었다.

(2) 국내 생산의 부족과 경제적 기초의 취약함

네덜란드는 비록 발달한 대외 무역을 펼치고 있었지만, 상업 패권의 지위를 확립하자, 오히려 자산계급에게는 장사를 통해 부를 축적하는 데 열중하게 했고, 사람들에게는 보편적으로 상업 이윤과 이자를 추구하게 했다. 따라서 본국의 공업 생산의 발전을 소홀히 하고, 대량의 자금이 상업에 투입되었으며, 심지어 국외로 흘러나가기도 했다. 강력한 공업 실력이 없었기 때문에, 상업의 우세도 자연히 장기간 유지할 수 없었다. 네덜란드의 공장제 수공업은 비록 일찍이 비교적 높은 수준에 이르렀지만, 원료·토지·노동력과 자금이 모두 현저히 부족했으며, 특히 몇 가지 중요한 원료는 심각하게 부족했다. 예를 들면 양모·목재·석탄·철 등은 모두 국외 수입에 의존했는데, 이는 공업 생산의 발전을 크게 제한했다. 그 밖에, 네덜란드 경제 번영의 기초는 상업, 특히 해운업, 즉 대외 중계무역이었다. 자신은 자원이 없는 네덜란드가 대외 무역에 지나치게 의존했다는 것은, 그 경제적 기초가 상당히 취약했다는 것을 말해준다. 대외 무역은 흔히 국외 시장의 각종 불안정한 요소의 영향을 받을 수 있는데, 특히 대외 무역이 또한 주로 중계무역이었기 때문에 받는 영향은 더욱 컸고, 대외 무역의 상황은 항상 기복이 심해, 국민경제에 대해 손해를 끼쳤다.

상업 국가로서 네덜란드 쇠망의 역사는, 바로 상업자본이 산업자본에 복종한 역사이다. 1660년대부터 "17세기의 표준 자본주의"로 불리는 네덜란드는 소수 식민지 공업을 제외하고, 기타 공업 생산이 모두 정체 단계에 접어들었는데, 앞장서서 상업자본주의에서 산업자본주의로 들어가는 대문이 없었다. 네덜란드의 자본주의적 생산관계는 도시에서 비교적 빠른 발전을 이루었고, 농촌에서는 자본주의적 농장의 경영 형태가 나타나기도 했지만, 영국의 농업혁명으로 출현한 대장원주(大莊園主)의 경영 방식과는 달리, 네덜란드 자본주의의 농업에서의 경영 방식은 여전히 주로 분산 경영으로 나타났다. 도시 수공업 공장의 규모나 수량도 영국보다 적었다. 프랑스 대혁명이 승리한 후, 정부는 법률을 반포하여, 봉건적 토지 소유제를 폐지하고 농민의 토지 문제를 해결함으로써, 농민은 더이상 과거처럼 토지에 종속되지 않았다. 이는 바로 프랑스의 자본주의 공업 발전에 충분한 노동력을 제공했다. 그런데 네덜란드는 이렇게 명확한 법적 보장이 없어, 농민들은 대부분 장원주의 토지에 머물러 있었던 데다, 인구수에서 네덜란드의 열세는 네덜란드가 자본주의 공업을 발전시킬 때 자유 노동자를 크게 부족하게 함으로써, 네덜란드 자본주의의 발전을 더욱 제한했다.

네덜란드는 비록 경제와 정치에서 매우 많은 제도를 혁신하여, 무수한 성공 경험이 있었지만, 네덜란드가 장기적으로 세계 패권 국가가 되려면, 지리·인구 및 지정학적으로 선천적인 제한성이 매우 컸다. 네덜란드는 공업 발전에 필요한 자원 및 넓은 국토와 많은 인구가 부족하여, 비록 그가 세계의 패주가 되긴 했지만, 발전의 뒷심은 영국과 프랑스 같지 않았다. 네덜란드가 지나치게 대외 무역에 의존하는 취약한 경제적 기초도 타격을 받기가 매우 쉬웠다. 18세기에, 서유럽 각국이 점차 내부 혼란에서 벗어나면서, 그들은 높은 관세와 자국 기업에게 거액의 보조금을 지급하는 방법을 채택하여, 이미 독점적 지위를 차지하고 있던 네덜란드와 경쟁을 벌였다. 네덜란드의 우세는 급속히 약화되었으며, 남아메리카와의 무역도 1713년에는 영국이 독점하게 되었다. 일찍이 매우 많은 이윤이 남았던 어업도 쇠퇴를 피할 수 없었다. 청어 생산 지역인 독일·덴마크·스웨덴·영국이 잇따라 네덜란드 어부를 몰아냈고, 프랑스도 네덜란드 선박으로 자국의 청어를 운송하고 수출하는 것을 금지하는 법률을 제정했다. 네덜란드 정부는 어업을 진흥시키기 위해, 처음에는 면세 정책을 실행했는데, 나중에는 아무런 도움이 되지 못했고, 또 매년 어선마다 500굴덴의 보조금을 주겠다고 약속했지만, 모두 네덜란드 어업의 쇠락 추세를 저지할 수는 없었다. 어업이 쇠락함에 따라, 어선에 대한 수요량이 감소하자, 조선업도 위축되는 추세를 보였다. 동인도회사의 고배당 정책도 견지할 수 없어서, 이사들은 금융 사기의 방식으로 수지 균형을 유지했다. 높은 배당금을 유지하여, 주식의 높은 가격을 유지하기 위해, 회사는 종종 국내보다 3배의 이자를 지급하여 빚을 질지언정 국내 사람들이 회사의 자금이 부족하다는 사실을 알지 못하게 했다. 1780년 이후, 동인도회사는 사실상 이미 파산했다.

경제가 극도로 번영했기 때문에, 18세기의 네덜란드는 전 세계의 큰 자금 대부국(貸付國)이 되었다. 어떤 사람은 형상적으로 비유하기를, 네덜란드는 바로 함대가 지키는 회계사무실이라고 했다. 그러나 문제는, 네덜란드가 국가에 대부해 줄 때는, 또한 그는 반드시 그 국가와 우호적인 관계를 유지해야 한다는 것을 의미한다는 데 있었다. 만약 영국이나 프랑스와 전쟁을 시작한다면, 바로 이 국가들은 즉시 대부분의 이자 지급을 중단한다는 것을 의미하기 때문에, 전체적인 번영에 매우 큰 해악을 끼쳤다. 더욱 나쁜 것은, 네덜란드가 어떤 나라와 전쟁에 말려들든 막론하고, 모두 그는 자신의 자본과 함께 전쟁을 벌인다는 것을 의미한다는 것이었다. 이런 원인 때문에, 어떤 한 나라와의 전쟁도 반드시 최선을 다해 피해야 했다. 그러나 현실은 네덜란드가 끊임없는 전쟁에 말려들면서, 대량의 군비를 지출했을 뿐 아니라, 거액의 이자 손실도 보았다. 이는 네덜란드의 경제에 깊은 영향을 미치지 않을 수 없었고, 나아가 다른 방면에도 영향을 미쳤다.

국외에 대량의 투자를 하는 것은, 국내 산업에 대해 말하자면 바로 직접적인 손실을 의미한다. 번영한 네덜란드에서의 생활비용은 주변 국가들보다 훨씬 높았다. 각종 산업들이 해운 상선과 경쟁을 강요당할 때, 그 산업의 주인은 더 높은 임금을 지급해야만 일손을 구할 수 있었다. 이 모든 것들은 생산 원가의 증가를 의미했으며, 또한 투입한 자본은 비교적 낮은 이윤율만 얻는다는 것을 의미했다. 그러나 투자자의 본능 때문에, 국외에서는 쉽게 6%나 7%의 이윤을 얻을 수 있을 때, 4.5%나 5%의 이윤이 예상되는 국내 투자를 하지는 않을 것이다. 이는 꼬박 1세기 동안, 국외로부터의 경쟁이 네덜란드 시장에 심각한 영향을 미치기 시작할 때, 네덜란드의 제조업은 생산을 확대하여 새로운 경쟁의 도전을 맞이할 힘이 없었다는 것을 말해준다.

(3) 군사력에 대한 투입 부족

네덜란드는 해상 운수업에 의지하여 일어선 상업 제국으로, 해상 패주의 지위를 유지하려면 반드시 강대한 군사력, 특히 해군 군사력을 보유해야 했다. 안타까운 것은, 네덜란드는 바로 이 점을 이루지 못했다는 것이다.

네덜란드의 본토 면적과 인구에 한계가 있어, 그 확장 전망은 매우 큰 제약을 받았다. 네덜란드는 연해 국가로서 영토가 부족하고, 군사적으로 활동할 공간이 부족했다. 동시에 인구가 부족하여, 강대한 제국을 건설하는 데 필요한 병력이 부족했다. 당시의 군사 기술 조건에서, 육군이 강대하려면 우선 인구가 많아야 했는데, 네덜란드는 섬나라가 아닌데도, 섬나라인 영국처럼 육군을 포기한 채, 인구수를 별로 강조하지 않고, 기술력과 항해 경험을 특히 중시하는 해군 건설에 전념했다.

네덜란드의 지정학적 상황도 상당히 곤란했다. 네덜란드 주변에는 여러 개의 대륙 강국들이 있었는데, 스페인·프랑스·스웨덴·덴마크 및 합스부르크 제국은 모두 피할 수만 있을 뿐 건드릴 수는 없는 존재들이었다. 해상의 경쟁 상대들 가운데, 오래된 해양 패주는 스페인과 포르투갈이 있었고, 새로운 해상의 경쟁 상대는 영국과 프랑스였다. 육지에서는 물론이고 바다에서도, 네덜란드는 리더로서의 매우 강한 실력과 우월한 지정학적 상황이 부족했다.

"황금시대"의 네덜란드인은 상업적 이익을 추구하는 데에만 만족했고, 공화국의 군대는 무장을 해제하여, 군함은 항구에 방치되어 썩고 있었으며, 장군들은 군복을 벗고 귀향하여, 가만히 앉아 퇴직 연금을 받았다. 17세기 말기, 네덜란드에는 아직 120척의 군함으로 구성된 함대가 있었으나, 50년 후에 이 함대의 전함은 겨우 50척도 남지 않았고, 작전할 수 있는 전함은 12척뿐이었다. 1696년, 네덜란드는 90여 문의 함포를 장착한 8척의 "무적의 전함"이 있었는데, 1741년이 되자 이런 전함은 1척밖에 남지 않은 데다, 이미 42년을 복역하여 거의 쓸 수가 없었다. 1721년, 홀란트주 북부함대의 해군 대장은 3척의 군함밖에 지휘할 수 없었는데, 그중 2척은 이미 20년과 30년을 복역한 것이었다. 1713년부터 1746년까지, 프리슬란트주는 1척의 소형 군함밖에 제조하지 못했다. 노테르담은 1713년부터 1725년까지 12년간, 군함을 건조하지도 않았고 수리하지도 않았다. 질란트주는 1700년부터 1746년까지 46년간, 해전을 치를 수 없는 소형 군함 4척만 건조했다. 단지 암스테르담만이 여전히 6척의 군함을 보유하고 있었는데, 그 목적은 상인들이 아프리카 해적들에게 약탈당하지 않도록 보호하기 위한 것으로, 결코 전쟁의 요구를 만족시킬 수는 없었다.

18세기 초, 네덜란드는 70문의 대포를 장착한 중대형 군함 4척밖에 갖고 있지 않았으며, 함상에 장착한 어떤 대포는 이미 1세기도 넘게 사용했기 때문에, 거의 발사할 수도 없었다. 더욱 딱한 것은, 네덜란드는 전통적인 해상 대국이었는데, 이때는 오히려 해군장관까지도 외국에서 모집하지 않으면 안 되었다는 것이다. 힘이 쇠약해지자, 네덜란드는 해상에서 끊임없이 "치욕"을 당했다: 대서양과 북해의 네덜란드 상인이나 어민들은 쫓겨나 사방으로 도망치는 처지가 되었고; 영국이 군수물자 운송 혐의가 있는 어떤 선박도 수사할 수 있는 권리가 있다고 선포한 후에, 네덜란드 선박은 끊임없이 무리하게 억류되었고; 네덜란드 선원들은 어쩔 수 없이 알제리 해적에게 뇌물을 주어야만 풀려날 수 있었으며; 네덜란드 상선은 서인도 제도에서 걸핏하면 해적들에게 수백만 굴덴의 가치가 있는 화물을 빼앗겼다. 네덜란드는 18세기 내내 착실하게 군대를 제대로 창설하지 않았는데, 이는 거의 자살 행위였고 할 수 있다. 그런데 네덜란드가 자신의 군사적 대비를 소홀히 한 원인은 다방면에 걸쳐 있었다.

네덜란드에서 해군의 작전 비용은 특별 지출에 속해 있어, 일반적인 세금으로 부담할 수는 없었고, 연방의회의 특별 지출 결의가 필요했다. 그러나 당시에는 5개의 해군부가 있었고, 각자 모두 독립성을 가지고 있어, "집정"이 있을 때는 일치된 행동을 조율할 수 있었지만, "집정"이 없을 때는 연방의회가 군권(軍權)을 행사했으므로, 장교들은 문관(文官)이 명령하는 것을 용인할 수 없자, 퇴역하는 것이 풍조를 이루어, 전투력이 약화되고 군대가 혼란에 빠졌다. 각 주들은 자신의 이익에만 관심을 가져, 거액의 자금을 조달하여 공화국 함대를 건설하려고 하지 않았다. 17세기 말기의 오래 계속된 전쟁은 거액의 비용을 발생시켰지만, 전쟁이 곧 끝날 무렵에, 집정이었던 윌리엄이 세상을 떠나자, 각 주들이 갑자기 경비 제공을 중단하면서, 각 해군부는 파산에 직면했다. 전쟁이 아직 계속되고 있었기 때문에, 해군부는 허락을 얻어 돈을 빌릴 수 있었다. 일부 애국자들은 9%의 이자율로 해군부에 돈을 빌려주고 싶어 했다. 그러나 단지 돈을 빌리는 것만으로는 군대를 유지할 수 없었으니, 홀란트주의 3개 해군부만 해도 스페인 왕위계승전쟁이 끝났을 때 여전히 1,000만 네덜란드 굴덴에 달하는 빚을 지고 있었다. 장교와 선원들은 해고되었는데, 그들은 시민으로 살기도 하고, 다른 나라로 이주하여, 보수를 받을 수 있는 외국의 해군으로 복무하기도 했다. 더구나 네덜란드인은 적을 얕보는 생각이 강해, 상선에 무기를 배치하는 것에 만족했을 뿐, 강한 해군을 유지할 생각이 없었다. 1713년부터 1770년까지, 홀란트주를 제외한 6개 주는 함대에 단 한푼도 투입하지 않았다. 항운으로 일어선 네덜란드에 대해 말하자면, 이것은 치명적인 것이었다. 이런 상황에서, 각국은 잇달아 네덜란드 선박을 저지했고, 해적들도 네덜란드 선박만을 목표로 삼았다. 전쟁은 더 많은 돈을 벌기 위해 벌인 것이다. 네덜란드인도 자신의 쇠락한 육군력에 주목하고, 더 많은 군비를 투입하려고 생각했지만, 전쟁으로 인한 소모와 경제의 쇠락에 따라, 네덜란드는 재정위기에 빠졌다. 그리하여 군대 건설의 중요성을 인식하면서도, 사용할 수 있는 충분한 자금이 없었기 때문에, 군비를 증가시키는 일도 중간에 흐지부지되고 말았다. 네덜란드 육군은 공화국이 수립되면서부터 끝날 때까지 진정으로 강했던 적이 없어, 육군에서는 시종 세계적 강대국의 자취를 볼 수 없었다.

끊임없이 정치적 영광과 군사적 우위를 추구하는 것은 모든 민족과 국가의 본성이다. 진정한 세계의 강대국이 되기 위해, 비록 선천적으로는 부족했지만, 네덜란드 통치자는 여전히 외교 전략에 많은 신경을 썼으며, 국가의 리더 지위를 유지하기 위해, 매우 용감한 전투를 벌이기도 했다. 다만 이러한 주관적으로 훌륭한 바람에서 비롯된 국가 전략이 실천 과정에서 실패하면서, 18세기에 네덜란드는 경제·무역·해운 방면의 실력이 크게 하락하여, 해상 패권은 영국으로 넘어갔고, 네덜란드는 유럽의 2류 국가로 전락했다.

5. 맺음말

네덜란드는 "낮은 땅"이라는 뜻으로, 거의 절반의 국토와 인구가 해수면보다 아래에 있다. 13세기부터, 네덜란드는 바다를 둘러막아 땅으로 만들었는데, 큰 제방을 쌓고, 배수구를 팠으며, 풍차를 이용하여 낮은 땅에서 물을 퍼냈다. 얼마 지나지 않아, 이 좁은 땅에는 생기가 돌았다. 바로 영국 작가 오웬 펠덤(Owen Feltham)이 했던 말과 같다: "네덜란드인은 어떤 방면에서는 신의 가호를 받았다. 왜냐하면 그들은 바다를 순종케 하여, 자신의 의지대로 흐르게 했기 때문이다." 만약 네덜란드가 "손바닥만한 나라"라고 해도, 아무도 반대할 사람이 없을 것이다. 디포(Defoe)는 일찍이 이렇게 풍자하여 말했다: "네덜란드에서 나는 식량은 수탉과 암탉을 기르기에도 부족하다." 그러나 네덜란드는 세계 경제사에서 무시할 수 없다. 1669년, 영국 학자 윌리엄은 이렇게 말했다: "지자(智者)들과 이야기를 나누는 동안, 어떤 화제도 '손바닥만한 나라'가 백 년도 안 되는 시간 동안에 기적처럼 굴기한 것보다 사람들이 더 흥미진진하게 이야기하는 것은 없었는데, 그들의 향상된 수준은 모든 고대 그리스 공화국을 뛰어넘었을 뿐만 아니라, 어느 정도는 당시 가장 위대한 군주들까지도 부끄러워하게 했다." 바로 이 "손바닥만한 나라"가 1600년부터 1700년까지 세계 경제에서 기적을 창조함과 아울러, 세계 정상에 올랐다. 제네바에서 온 한 여행자는 이렇게 말했다: "천지 자연을 포함한 홀란트주의 모든 것은, 인력과 자본이 만들어냈다." "자본 지상주의"가 네덜란드의 기적을 창조했다.

땅이 좁고 인구가 적은 네덜란드는 세계 역사상 최초로 자본주의 제도를 실행한 국가일 뿐 아니라, 17세기의 한때 세계 강대국이 되었다. 그들은 자신만의 독특하게 우세한 농·공업을 발전시키고, 조선업과 해운업을 발전시키고, 현대 금융 시스템을 창조하여, 세계 최대의 중계무역 국가가 되었으며, 한때 "해상의 마부"가 되었다.

17세기에 네덜란드가 굴기한 원인을 종합하면, 사람들은 이러한 문제들을 생각하지 않을 수 없다: 왜 시장경제 제도가 네덜란드에서 가장 먼저 탄생했는가? 네덜란드의 굴기로부터 경험을 얻으려는 것이 바로 우리가 이 시기의 역사를 분석하는 근본 이유이다. 일반적으로 말하자면, 교역은 제도를 만들고, 제도는 교역을 편리하게 한다. 자본주의 국가가 네덜란드에서 가장 먼저 출현할 수 있었던 까닭은, 혹은 네덜란드가 가장 먼저 자본주의 국가라는 제도를 창조한 것은, 네덜란드인의 "노력+기회"의 결과였다.

궁하면 변혁을 생각한다: 극도로 빈약한 지리적 자원. 주위의 다른 나라들에 비해 네덜란드는 "부"의 기본 요인을 갖추지 못하여, 주위 대국의 발전 방식을 모방해서는 기본적인 생존조건을 획득할 수 없었다. 네덜란드는 경작 가능한 약간의 농경지도 없었다. 라인강·뫼즈강과 스헬더강을 포함하는 수많은 크고 작은, 하곡의 높은 댐의 제한을 받지 않는 강물이, 지대가 낮은 지역에서 제멋대로 교차하여 흐르면서, 늘 토지의 지리적 표시와 토지의 비옥한 상황을 바꿔놓을 수 있었다. 이러한 토지 자원 조건에서, 어느 누구도 평생 모은 재산을 몇 에이커의 토지로 바꾸어, 운명을 강물의 변덕에 맡기고 싶지 않았다. 다른 한편으로는, 토지의 빈약함으로 인해 식량 등 생필품이 부족하여, 외부의 구제가 없으면 대부분의 사람들은 굶주림 속에서 지내야 했다. 네덜란드인은 매우 일찍부터 자연과의 투쟁·굶주림과의 투쟁 과정에서, 오직 사람을 근본으로 삼고, 생각을 바꾸어, 자기 장사를 잘 돌보면서, 운명을 바꾸는 것은 혈연·천당·군사적 점령이 아니라 자본·책임과 상업적 성공이라는 것을 알았다. 상인은 오랫동안 네덜란드가 전쟁에서 이기고 굶주림과 싸워 이긴 주요한 역량이었다.

기회를 이용하다: 지리상의 대발견은 유럽의 무역 중심을 북쪽으로 이동하게 했다. 기회는 항상 준비된 사람을 위해 준비되는 것이다. 1453년에, 동로마제국의 수도인 콘스탄티노플이 오스만튀르크에게 함락되자, 유럽인은 이때부터 다시는 그들의 선조들이 그랬던 것처럼 페르시아만을 통해 인도와 중국을 왕래하면서 수요가 많고 이윤이 매우 높은 향료 무역을 진행할 수 없게 되자, 바닷길로 방향을 돌려, "지리상의 대발견" 운동을 벌이기 시작했다. 지리상의 대발견 후, 유럽을 한편으로 하고, 기타 세계를 다른 한편으로 하는 무역 구도에서, 네덜란드는 바로 유럽의 남북 시장을 연결하고 중계무역을 하는 중심지가 되었다. 지리상의 대발견 후에 세계 무역이 빠르게 발전하는 과정에서, 네덜란드인은 자신의 독특한 압도적인 우세를 이용하여, 국제 무역이 크게 발전하는 기회를 단단히 움켜쥐고, 원료 생산지·시장 및 교환수단을 끊임없이 확대하여, 자본주의의 원시적 축적을 촉진했다.

네덜란드 정신: 권위에 굴복하고 싶지 않고, 자유자재한 자연권을 숭상하는 것은 네덜란드인들이 갈망하는 분투의 목표로, 네덜란드인의 몸에 밴 민족성이 되었으며, 네덜란드인이 스페인의 통치를 벗어나 첫 번째로 자본주의 혁명으로 나아간 중요한 원인이 되기도 했다. 제도, 특히 국가 제도는 국내의 "상업을 숭상하고" "상업에 이익이 되는" 사회적 동의가 있어야 할 뿐만 아니라, 비상수단을 통해 국제적인 인정도 받아, 자아 발전의 "자연권"도 탈취해야 했다. 당시의 강대국이었던 스페인을 상대로 "자연권"을 획득하기 위해, 네덜란드인들은 1566년 4월에 스페인 통치자가 반포한 "피의 법령"을 폐지하도록 요구하기 시작하면서부터, 1648년에 스페인이 서명한 〈베스트팔렌 조약〉이 정식으로 연방공화국에게 독립의 지위를 부여하는 것으로 끝맺기까지, 무려 80년에 달하는 전쟁을 진행했다. 이 기간에 나라가 작고 인구가 적은 네덜란드는 한 마리의 용감한 투우가 되었으며, 그들은 전쟁을 두려워하지 않았다. 사실상 네덜란드는 전쟁 기간 동안에 원시적 축적을 완성한 것이다.

제도 혁신: 네덜란드는 세계에서 가장 먼저 현대 자본주의 제도를 창조한 국가들 중 하나로, 진부한 것을 신기한 보물로 바꾸었는데, 결국 제도 혁신은 두 가지 일을 했다. 첫째는 노동력·자본·토지 등과 같은 자원에 이동 경로를 제공했다. 둘째는 자본이 제일 좋은 곳으로 흘러가도록 충분한 미끼를 제공했다. 전자의 경우, 17세기에 네덜란드는 "자유"와 "사람을 근본으로 삼는다"와 같은 것들로 제도의 차이를 형성하여, 국내에서 필요로 하는 희소자원이 네덜란드로 들어가는 경로를 제공함으로써, 자본·인재·경영망이 국내에 형성된 각종 시장에서 완전해질 수 있도록 했다. 후자의 경우, 네덜란드의 금융 지원·정책적 보호·재산권 보호·신분 전환 등은 충분한 흡인력을 제공했다. 상인의 이익을 어떤 것보다도 높게 하는 것이 제도 혁신의 기본 취지였다. 제도 혁신은 네덜란드를 세계의 모든 상인들이 올 수 있고, 오고 싶어 하고, 와서는 걱정이 없는 세계적인 시장이 되게 해주었다.

위의 내용을 정리하자면, 17세기의 네덜란드는 공업과 농업 생산에서의 효과와 이익에 의지하여, 그리고 지리상의 대발견 후 세계 무역에서의 압도적인 우세와 일련의 제도 혁신에 의지하여, 세계 무역에서 주도적인 지위를 차지했으며, 무역에서 축적한 거액의 상업자본은, 다시 금융 영역에서도 우세를 차지하게 함과 아울러, 네덜란드가 마침내 세계의 경제적 패주 지위를 확립하게 해주었다. 그러나 네덜란드는 장기간 너무 단순히 무역에만 의존하여, 결국은 공업 생산의 위축과 기술 수준의 하락을 초래했다. 그 방대한 상업자본은 네덜란드를 상업 왕국에서 공업 대국으로의 전환을 완성하지 못했다. 그런데 늦게 굴기한 영국은 오히려 자국의 공업 발전에 박차를 가하여, 마침내 네덜란드를 뛰어넘고, 가장 먼저 산업혁명을 완성하여, 당대에 명성을 떨친 "해가 지지 않는 제국"이 되었다. 이로부터, 독립적이고 건전한 국민경제 시스템이야말로 한 나라가 입국하는 근본이며, 공업의 발전이 없으면 다른 영역의 발전도 오래갈 수 없다는 것을 알 수 있다. 더욱 넓은 역사의 각도에서 보면, 네덜란드의 흥망성쇠는 그 전의 포르투갈·스페인처럼, 그 후의 대영제국처럼, 패권은 영원한 것이 아니라는 것을 말해준다. 당시에는 아무리 찬란했다 하더라도, 역사는 그곳에서 끝나지 않는다. 이는 오늘날의 세계에서 살고 있는 우리에게는 아마 더욱 현실적 의미가 있을 것이다.

제4장

"해가 지지 않는 제국"—영국

유럽 서북쪽의 한 모퉁이에 위치하며, 북해와 영국 해협을 사이에 두고 유럽 대륙과 마주해 있는 브리튼 제도는, 17세기 중엽 이후에 새로운 세력으로 갑자기 등장하더니, 점차 전 세계에서 가장 많은 식민지를 차지함과 아울러, 세계 해상 무역을 지배하는 "해가 지지 않는 제국"으로 발전하여, 근대 이후·제2차 세계대전 이전에 세계에서 저명한 대영제국이 되었다. 영국의 굴기와 쇠락의 과정에서는 많은 현대적 특징들이 나타났다.

1. "명예혁명"과 입헌군주제의 확립

영국 부르주아 혁명이 확립한 입헌군주제는 영국의 굴기를 지탱하는 가장 주요한 요소로서, 영국이 근대로 발전하는 데 견실한 정치적·사회적 기초를 다졌다.

(1) "명예혁명" 전의 영국

역사를 보면, 브리튼 제도는 사면이 바다로 둘러싸여 있어, 방어는 쉽고 공격은 어려운 곳이었다. 영국인의 천연 국경으로서의 바다는, 일찍이 영국인들이 성공적으로 대륙의 침략자들을 막아낼 수 있도록 도와주어, 영국도 한때는 "쾌적한 잉글랜드"가 되었다. 그러나 비록 영국이 브리튼 제도를 독차지하고는 있었지만, 영국의 발전 과정은 여전히 여러 차례 외래 침략자들에 의해 중단되었다. 침략자와 1천여 년간의 교류와 항쟁 과정에서, 브리튼은 각양각색의 민족을 받아들였다. 1066년, 프랑스에서 온 정복자 윌리엄이 즉위한 후 1세라고 부르면서, 노르만 왕조를 건립하자, 노르만인이 사용하는 프랑스어가 한동안 영국의 공식 언어가 되었다. 그리고 앵글로색슨인이 사용하는 이른바 "영어"도 줄곧 이어지다가, 1295년에 이르러 영국 국왕 에드워드 1세가 처음으로 영국 의회에서 '사용할 언어'를 의제로 연설하면서, 국민의 반프랑스 정서가 점화되었다. 이후 영어가 영국의 공식 언어가 된 뒤로, 문학 작품에서도 "잉글랜드 민족"이 나타나기 시작했다. 대체로 말하자면, 13, 14세기가 교체할 무렵, 잉글랜드는 하나의 통일된 민족으로 이미 형성되었다.[1]

통일된 후의 잉글랜드는 선후로 플랜태저넷 왕조·랭커스터 왕조·요크셔 왕조·튜더 왕조와 스튜어트 왕조를 거쳤다. 영국 신민의 몸에는 해양 문명의 피가 흐르고 있고, 대외 확장과 모험의 천성을 가지고 있어, 가능한 한 영토를 확장하고 실력을 기르는 것을 자신의 임무로 여겼다. 잉글랜드 왕국은 브리튼 내부의 조정과 통합을 마친 후, 곧 눈길을 유럽 대륙으로 돌렸다. 잉글랜드의 이런 추구는 영국과 유럽 대륙 국가들 간에 영토 쟁탈전을 끊이지 않고 이어지게 하다가, 영국이 백년전쟁에서 패배하고서야 영국은 비로소 유럽 대륙에 대한 정책을 바꾸었다. 백년전쟁 후의 100여 년 동안, 영국은 거의 유럽 무대에서 뒤처져, 거의 다른 나라들에게 무시당했다. 그러나 영국 국내에서는 중세에서 근대로의 전환이 비록 더디기는 했지만, 그의 경제·정치·사회 제도와 이데올로기가 모두 조정과 변화를 겪고 있었다. 영국의 전제 왕권은 시대의 산물로, 그것은 영국 귀족에게 치명적인 재난을 가했던 장미전쟁에서 발원하여, 영국이 국가의 주권 독립을 호소할 때 흥성했으며, 잉글랜드의 통일과 자립이라는 양대 역사적 사명을 실현해야 할 책임을 지게 되었다. 국왕은 국가의 통일과 자립을 실현하는 과정에서 민족을 이끄는 역할을 맡았다.[2]

---

1 唐晋 主编, 『大国崛起』, 人民出版社 2006年 12月版, 136쪽.
2 위의 책, 144쪽.

비록 왕권이 매우 강대했을 때의 튜더 왕조가 민족국가를 창건하기는 했지만, 영국은 중세기에 이미 형성된 "자유"의 전통이 왕권에 3대 원칙적인 제한을 가했다: 첫째, 국왕은 독립적인 입법권이 없다. 둘째, 국왕은 함부로 세금을 징수할 수 없다. 셋째, 국왕이 법을 어기고 집정할 때, 중신(重臣) 또는 대리 관원이 그를 대체할 수 있다. 이런 원칙은 영국의 전제 통치와 유럽 대륙에 있는 다른 국가의 전제 제도를 구분하는 중요한 특징이 되었고, "국왕이 의회에 있는" 독특한 헌정으로 발전했다. 즉 국왕에게 절대적인 통치 권력이 없고, 모든 정책의 제정과 실행은 반드시 의회의 허락을 받아야 했다.

설사 절대적인 권위를 매우 갈망하더라도, 영국의 전제 군주는 여전히 의회 전통의 제약을 받았고, 신민의 "자유"를 존중했다. 그러나 튜더 왕조의 마지막 군주인 엘리자베스 여왕이 세상을 떠난 후, 영국 왕위를 스코틀랜드에서 온 스튜어트 가문이 차지하자, 튜더 왕조의 계보는 중단될 수밖에 없었다. 제임스 1세는 잉글랜드의 전통에 대해 거의 무지하여, 국왕 권력의 합법성이 의회의 승인에서 비롯된다는 것을 몰랐다. 국왕에게 권력이 집중되는 것을 숭상한 제임스 1세와 그의 아들은 또 "군권신수(君權神授)" 이론을 실천에 옮겼고, 목적을 달성하기 위해 수단과 방법을 가리지 않았다. 이렇게 국왕과 민족의 결합은 깨졌을 뿐 아니라, 점점 대항의 길로 나아갔다.[3]

1637년 이후, 영국은 충돌하고 동요하는 시기, 즉 혁명의 시기에 진입했다. 종교문제가 혁명의 도화선에 불을 붙였다. 가톨릭에 대한 투쟁은 영국이 민족국가를 수립하고 공고해지게 하여, 가톨릭에 반대하는 것이 전체 잉글랜드의 민족의식이 되었다. 그러나 스튜어트 왕조는 이를 오히려 대수롭지 않게 여겼다. 청교(淸敎)가 왕성하게 흥기하는 상황에서, 고집스럽게 가톨릭을 보호하여, 영국 대중의 민족 감정을 크게 손상시켰다. 종교적 충돌은 결국 혁명적 충돌을 초래했다: 1637년, 로드(Laud) 대주교가 스코틀랜드 교회에 영국 국교의 기도서를 받으라고 강제로 명령을 내리자, 스코틀

----

3 위의 책, 144쪽.

랜드 인민의 반항을 불러일으킴과 동시에, 영국 혁명을 불러일으켰다. 이 충돌은 영국을, 종교적 신앙을 가장 뚜렷한 경계로 하는 양대 진영으로 분열되게 했다. 국교(즉 가톨릭)를 지지하는 모든 사람은 국왕을 지지했고, 국교를 반대하는 모든 사람은 의회를 지지했기 때문에, 영국 혁명은 또한 "청교 혁명"이라고도 불렸다. 비록 청교 자체가 파벌이 많아 통일되지는 않았지만, 국교도에 비해 청교도의 종교적 열정은 더욱 강하게 나타났다. 그들은 자기가 "하느님의 선민"이라는 신분

올리버 크롬웰(1599~1658년)은 영국의 정치가·군인·종교 지도자이자, 청교도 혁명의 핵심 인물이었으며, 의회군의 지휘관이었다. 1653년에 "호국공"으로 불리면서 권력을 장악하면서부터 독재 통치를 실시했다.

에 대해 강하게 믿어 의심치 않았으며, 자기는 하느님으로부터 세상을 구원할 중대한 책임을 부여받았다고 여겼다. 종교적인 요소 외에, "자유"가 혁명의 진정한 구호가 되자, 의회도 이것으로 인민에게 호소했다. "태어나면서부터 자유로운 영국인"은 역사가 부여한 명예로운 유산으로, 자유를 수호하는 권력이 혁명의 합법성을 구성했다. "자유"라는 가치관이 없으면, 혁명은 곧 근거를 상실했다. 그러나 혁명의 진정한 목표는 의회 권력의 수립이었다. 전쟁 승리 후, 의회는 주권 문제를 제기했지만, 전쟁이 발발했을 때 의회는 단지 생존을 위해 싸웠을 뿐이다. 이 또한 어떤 측면에서는, 전제 왕권은 이미 자기의 역사적 사명을 완수했고, 의회는 인민의 명의로 주권의 획득을 요구했다는 것을 말해준다. 이런 각도에서 보면, 혁명의 실질은 전제(專制)를 전복하는 것이었다.[4]

---

4 위의 책, 145쪽.

자기가 인민을 대표할 수 있다고 믿었기 때문에, 의회는 인민의 명의로 1649년 1월 30일에 찰스 1세를 사형에 처하고, 혁명을 절정으로 밀어붙였다. 이후부터 영국의 역사는 특별한 시기에 진입했다: 11년 동안 왕위가 공석으로 있다가, 공화국이 정권을 잡았다. 크롬웰을 우두머리로 하는 군대는 영국 역사상 최초의 군사 정변을 일으켜, 1653년에는 이미 제 기능을 하지 못하던 의회를 축출했고, 얼마 지나지 않아 크롬웰은 호국공(護國公)으로 취임했다. 1658년, 크롬웰이 사망한 후, 스튜어트 왕조가 신속히 부활하면서, 혁명은 다시 원점으로 돌아갔다.

(2) "명예혁명"의 발발

1688년 8월, 네덜란드 집정관 윌리엄은 당시 영국의 정계 요인 7명이 공동으로 작성한 비밀 초청장을 받았다. 이 7명의 정계 요인들에는 영국 의회의 "휘그당"과 "토리당" 두 당의 지도자와 종교계 대표가 포함되어 있었다. 그들은 편지에서 윌리엄이 군대를 이끌고 영국으로 오도록 초청했고, 나아가 당시 재위 중인 국왕 제임스 2세를 대체하여, "영국인의 자유를 지키도록 도와달라"고 했다. 초청장을 받은 후, 윌리엄은 3개월 후에 군대를 이끌고 잉글랜드 서부의 토베이(Torbay)에 상륙했는데, 도중에 윌리엄을 옹호하는 귀족들이 끊임없이 증가했다. 이 위기를 해결하기 위해, 제임스는 존 처칠(John Churchill)을 육군 사령관에 임명하여, 군대를 이끌고 윌리엄과 대항하게 했다. 그러나 제임스의 의도와는 달리, 이때 궁정 안에도 그의 통치를 반대하는 집단이 존재했으니, 존 처칠은 바로 이 집단의 핵심 인물이었다. 그래서 출병한 후, 처칠은 곧 윌리엄에 투항했다. 이렇게 되자 제임스 2세의 패배는 이미 정해져 있었다.

런던의 통치자가 된 후, 윌리엄은 각 지역 대표들이 참가하는 회의를 개최했는데, 이 회의는 훗날 새로운 의회가 되었다. 회의에서 "휘그당"과 "토리당"은 합의를 이루어, 의회가 새로운 국왕이 즉위했음을 선포하면서, 윌리엄과 그의 아내 메리는 영국의 왕위를 획득했다. 이에 앞서, 의회는 새로운 국왕의 등극 조건을 제한하는 〈권리장전〉을 발표했는데, 이 법안은 영국 신민이 향유할 각종 권리를 분명하게 조문으로 규정했다. 예를 들면 징세권은 의회에 귀속되며, 신민은 자유롭게 청원할 수 있으며, 의원은 정견을 자유롭게 발표할 수 있으며, 의회는 정기적으로 개최되어야 한다는 것 등등이다. 이리하여 〈권리장전〉은 영국 헌정사에서 가장 중요한 기초적인 문서 중 하나가 되었고, 현대 영국의 입헌

1689년, 영국 의회는 윌리엄 3세와 메리 2세에게 〈권리장전〉을 낭독했다. 윌리엄 3세(1650~1702년, 1689~1694년 재위)는 네덜란드의 오라녜 공작이며, 메리 2세(1662~1694년, 1689~1694년 재위)는 영국 국왕 제임스 2세의 딸이자, 윌리엄 3세의 아내이다. 명예혁명 과정에서 영국 의회와 윌리엄이 제임스 2세를 몰아내면서, 윌리엄과 메리는 함께 영국의 국왕이 되었다.

군주제가 형성되는 데에 견실한 기초를 다져놓았다.

제임스 2세의 축출에 따라, 영국은 한 명의 국왕을 바꾸는 대가로 "명예혁명"을 완성했다. 1688년의 혁명이 명예로운 까닭은, 그것이 피를 흘리는 충돌을 피한 데 있을 뿐만 아니라, 또한 그것이 1640년 이래의 역사적 임무를 완성한 데에도 있다. 사전 합의에 따라, 윌리엄은 〈권리장전〉을 받아들이고 선포했다. 문제의 관건은 법안의 조문이 어떠한가에 있는 것이 아니라, 국왕은 반드시 의회가 선거하여 탄생하며, 의회의 법률에 복종하고, 의회의 주권을 따라야 한다는 데 있었다. 다시 말하면, "명예혁명" 과정에서 전제적인 왕권은 독립된 왕권과 함께 사라진 것이다. 이후, 개인이 국가를 통치하는 시대는 끝나고, 인민을 대표하는 의회가 국가 사무를 관리하게 되었다. "명예혁명"은 영국 입헌군주제의 기초를 다졌는데, 이 제도는 유럽 대륙의 군주 전제제도에 비해 확실히 더욱 편안하고 자유롭고 개방적이었으므로, 영국 자본주의의 신속한 발전을 위해 유리한 조건을 제공했다.[5]

(3) "명예혁명"의 의의와 한계성

"명예혁명"은 영국의 입헌군주제도를 확립하여, 이후 국가의 최고 권력은 더이상 국왕 한 사람이 장악한 게 아니라, 국민에 의해 선출된 의회가 장악했다. 〈권리장전〉 외에도, 또한 "명예혁명"은 〈병변법(兵變法)〉·〈관용법〉·〈삼년법(三年法)〉·〈반역법〉·〈계승법〉 등등 기타 여러 법률이 탄생하도록 촉진했다. 이러한 법률들이 함께 작용하고 상호 보충하면서 하나의 완벽한 헌정제도 체제를 구성했다.

비록 "명예혁명"은 피를 흘리지 않는 방식으로 실현되었지만, 그전에 영국에서는 한 차례 실제로 "피를 흘린" 혁명, 즉 영국 내전이 발생했었다. 일단 폭력 조직이 움직이기 시작하면, 그 나름의 논리를 따르게 되어, 강력한 군대가 무력 혁명 과정에서 탄생하는데, 이런 결과는 사람들이 애초에 "자유와 권리"를 수호한다는 혁명의 이상을 실현하는 데 전혀 도움이 되지 않는다. 그래서 이러한 상황이 나타났는데, 혁명은 국왕의 전제 통치에 대항하고 의회의 자유 권리를 수호하는 것으로 시작되었지만, 국왕은 처형되었고, 의회도 자신의 권리를 잃게 되었으며, 이를 대신한 것은 무력으로 뒷받침되는 강력한 군사 집단, 즉 크롬웰 군사 독재 정권의 수립이었다.[6]

이렇게 설사 본래 보수적이고 소심한 잉글랜드인일지라도, 마찬가지로 유사한 역사적 오류를 범했다. 그러나 그들은 바로 역사의 교훈을 받아들여, 다시는 같은 잘못을 저지르지 않았다. 그래서 우리는, 영국인들이 무기를 들고 전제의 부활을 저지하여, 자신들이 "예로부터 가졌던 자유"를 지켜냈고; 1688년에도 마찬가지로 "자유를 수호하기" 위해, 7명의 귀족 우두머리들이 밀실에서 계획하여, 한 외국 군주에게 와서 개입해주도록 요청한 것을 보았다. 이는 바로 영국인들을 역사의 악순환에서 벗어나게 해주었다.

세계 근·현대화의 발걸음이 민족의식의 각성·민권의 강화·특권의 소멸과 함께 끊임없이 가속화되면서, 자유와 민주주의적 조류의 세찬 기세는

5 唐晋 主编, 『大国崛起』, 人民出版社 2006年 12月版, 147쪽.
6 위의 책, 147쪽.

막을 수 없었다. 인민이 전제적 폭정에 직면했을 때, 역사는 그들에게 무력을 사용하여 자유를 수호할 권리를 부여했다. 사실 〈대헌장(Magna Carta)〉이래로 영국인은 줄곧 그렇게 해왔다.

이러한 배경하에서, 원래 주도적으로 개혁을 시작할 수 있었던 제임스 1세와 찰스 1세는 대세를 똑똑히 보지 못해, 물러서야 할 때 오히려 남의 의견을 무시하고 자신의 고집대로만 행동함으로써, 사회적 모순을 더욱 격화시켜 폭력혁명을 초래했다. 바로 찰스 1세는 남의 의견을 무시하고 자기 마음대로 행동함으로써, 비로소 전체 잉글랜드 민중을 반란의 길로 내몰았고, 결국 자신의 머리가 땅바닥에 떨어지는 비극을 빚어냈다고 할 수 있다.

1688년의 정변은 영국의 자산계급·신흥 귀족이 옛 귀족과 타협한 결과였지만, 이러한 타협은 필요한 것이었다. 당시 제임스 2세가 가톨릭을 회복시키고 신법(新法) 정책을 핵심으로 하는 시대의 흐름에 역행하는 정책을 시행했기 때문에, 영국의 사회적 모순을 격화시켜, 위험이 자산계급이 혁명에서 얻은 성과에까지 미침으로써, 자산계급과 신귀족의 이익을 침해했다. 이처럼 엄중한 상황에서는, 오로지 제임스 2세를 과감히 끌어내려야만, 혁명의 주요 성과를 지킬 수 있었다. "명예혁명"이 신속하고 순조롭게 제임스 2세의 통치를 끝장낸 것은 현명한 선택이었다. 당시 형세를 보면, 새로운 인민혁명이 무르익고 있었다. 그러나 영국 혁명의 임무는 단지 자본주의 발전의 장애물을 제거하는 것이어서, 일단 새로운 인민혁명이 발생하면, 비록 제임스 2세 통치의 문제는 해결할 수 있었지만, 새로운 사회적 충돌과 혼란을 초래하게 되어, 자산계급의 근본 이익을 위협할 수 있었다. 정변의 방식으로 왕조의 부활을 해결하여 사회적 혼란을 피한 것은, 현명한 행동이었다고 할 수 있다.

객관적으로 보면, "명예혁명"이 영국 역사상 한 차례의 장기적이고 안정적인 발전의 시기를 열어주어, 자본주의가 발전하기 위한 좋은 환경을 얻었다. 자본과 연관된 토지 귀족과 자산계급 상층이 정권을 장악한 후, 수공업 공장의 발전을 크게 촉진했다. 의회는 엔클로우저법을 통해 전례 없는 규모의 엔클로우저 운동을 일으킴과 동시에, 적극적으로 해외 식민지를 개척하여, 시장과 원료 공급원을 확대했다. 이러한 정책적 조치는 영국 자본의 원시적 축적을 가속화하여, 18세기의 산업혁명을 위한 조건을 준비했다. "명예혁명"이 확립한 입헌군주제는 자산계급이 자신의 통치를 공고히 하게 하여, 영국 자본주의의 발전을 위한 조건을 마련했다.

입헌군주제는 확립되면서부터 완성되기까지 오랜 시간이 걸렸는데, 이 기간에 군주의 권력은 계속 쇠락했고, 의회의 권력은 나날이 상승하여, 의회에서 탄생한 책임제 정부도 점차 건립되기 시작했다. "명예혁명"은 끊임없이 변혁하고 발전하는 길을 열었고, 이는 영국이 마침내 세계의 추세를 이끌 수 있는 가장 중요한 요인이었다. 1689년의 〈권리장전〉은 입헌군주제의 기본 틀을 확립했고, 1689년의 〈병변법〉은 국왕의 군대에 대한 통제권을 상당히 크게 박탈했으며, 1694년의 〈삼년법안〉은 의회가 왕권을 제한하는 상설 입법기관이 되게 했다. 1701년의 〈왕위계승법〉은 의회가 왕위계승 문제에서도 결정적인 영향을 발휘하게 하여, 국왕은 더이상 혈통으로 세습하는 당연한 산물이 아니라, 의회가 최종적으로 결정한다는 것을 표명했다.[7] 이밖에도, 국왕의 거부권 상실은 군권(君權)이 멸망하는 하나의 중요한 절차였는데, 영국인들이 국왕의 권력을 제한하기 시작했을 때, 전체 유럽은 여전히 모두 군주의 권력을 강화하고 있었다고 할 수 있다.

영국은 최초로 내각제를 확립한 국가로, 현대적인 의미에서의 정부는 바로 영국에서 기원했다. "명예혁명", 특히 영국이 하노버 왕조에 들어선 후, 영국의 현대적인 의미에서의 정치제도가 기본적으로 확립된 상징은 바로 양당 정치와 내각 수상의 출현이다. 당시 세계 각국을 살펴보면, 대다수의 국가는 여전히 전제군주제를 실시하고 있었고, 일부 국가의 "정부"는 국왕이 자기 개인의 사심을 밀어붙이는 도구에 불과했다. 창의성을 가진 영국인이 세계 최초로 전제 왕권을 폐지함과 아울러, 실권 없는 국왕의 기초 위에

---

7 唐晋 主编, 『大国崛起』, 人民出版社 2006年 12月版, 147~148쪽.

서 최초로 책임제 정부를 확립했고, 인민이 의회를 통해 권력을 장악하면서, 영국은 현대적 정부 제도의 진정한 창립자가 되었다. 영국인의 정치제도 방면에서의 중대한 혁신은, 훗날 민주정치로 들어서는 서방의 각 나라들이 거울삼아 학습했으며, 영국의 이런 창의성은 세계 각국 정치의 발전에 깊은 영향을 미쳤다.

"명예혁명" 후, 영국 국내의 장기간에 걸친 정치 분쟁이 종결되자, 영국의 주요 관심은 대외 식민 확장으로 바뀌었다. 이후 약 100년 동안, 영국은 적극적으로 유럽 각 나라들과 세계의 패권 쟁탈전을 벌였다. 1763년에 영국-프랑스 전쟁이 끝날 때까지, 영국은 이미 북아메리카 식민지를 중심으로 하는 방대한 최대의 제국을 건설했다. 최대 제국의 건립은 영국이 이미 세계에서 가장 주요한 식민제국이 되었음을 말해주었으며, 이후 영국이 "세계 공장"이 되는 데 광활한 외부 시장을 제공했다.[8]

2. 산업혁명과 "세계 공장"의 확립

영국은 세계 역사상 최초로 공업화와 현대화를 진행한 국가이다. 영국의 산업혁명은 그를 "세계 공장"이 되게 했을 뿐만 아니라, 대영제국의 발전을 위해 견실한 공업의 기초를 다져주었다.

(1) 산업혁명의 원인

스페인과 마찬가지로, 영국의 패권은 식민지 확장과 종교적 충돌에서 건립되었다. 비록 그의 패권 확장은 종교의 영향도 받았지만, 그의 식민 확장 활동의 주요 동력은 상공업을 위해 세계 시장을 개척하는 데에서 나왔다. 근대 영국의 굴기와 제패는 해양을 확실하게 장악한 기초 위에서 이루어졌는데, 제해권을 장악한 것은 근대 상공업의 발전 덕분이었다. 즉 해권(海權)

---

8 위의 책, 148쪽.

으로 패권(覇權)을 기르고, 산업으로 해양을 경영했다. 그리고 영국의 패권이 매우 오랫동안 번성하면서 쇠락하지 않도록 유지할 수 있었던 까닭은, 바로 정부의 정책 및 영도와 밀접한 관계가 있었다.

첫째, 기술의 진보가 산업혁명을 빠르게 추진했다. 1781년, 와트가 최초로 만든 대형 증기기관은, 제1차 산업혁명에서 가장 중요한 발명품이 되었다. 증기기관의 출현은 인류 사회가 "증기 시대", 즉 근대 공업 문명의 시대로 진입했음을 상징한다. 18세기 이전에 영국의 철 제련 연료는 모두 목탄이었다. 대량의 벌목으로 인해 목탄 가격이 나날이 등귀하자, 연료 문제의 해결은 야금(冶金)의 관건이 되었다. 1776년, 존 윌킨슨이 와트가 개조한 제1차 증기기관을 사용하여 제철로에 성공적으로 송풍(送風)했다. 1784년, 증기기관이 롤러 압착기와 절철기(切鐵機)를 작동하게 했다. 증기기관이 야금업에 대량으로 사용되면서, 야금업의 기계화 과정을 가속화하여, 강철산업이 수력에 대한 의존에서 벗어나게 하고, 강철산업의 발전을 추동함으로써, 전체 산업의 발전을 추동했다. 산업혁명 초기, 도로와 운하 건설이 비록 운송 문제를 해결하는 데 큰 역할을 했지만, 인력으로 움직이는 목조 선박과 사륜마차 등 낙후한 교통수단은 이미 급속한 산업 발전의 수요를 충족시킬 수 없었다. 1807년, 로버트 풀턴이 최초로 증기를 동력으로 하는 기선인 "클레몬트호"를 발명하여, 뉴욕의 허드슨과 올버니 사이를 항해했다. 이리하여 윤선은 영국의 해양 운송에서 중요한 지위를 차지하게 되었다. 영국의 수상 교통 도구가 개선되면서, 상공업도 더욱 발전하자, 증기기관이 육상 운송수단에 활용되는 속도를 높여주었다. 1814년에 조지 스티븐슨이 최초로 견인력이 매우 큰 증기기관차를 제작했고, 1825년에는 영국이 세계 최초의 철도를 건설했다. 이때부터 육상 교통은 철도 시대로 진입했다. 증기기관은 사회 경제의 발전에 거대한 혁명적 변화를 가져다주었는데, 엥겔스는 이것을 "최초의 진정한 국제적인 발명품"이라고 말했다. 증기기관은 야금업과 운송업 발전에서만 추동 작용을 한 게 아니라, 전체 산업혁명의 발전을 더욱 크게 추동했다.

18세기, 영국 버밍엄 부근의 공장 안에, 와트가 설계한 증기기관에 따라 제조한 최초의 증기기관이 설치되었다. 1769년에 영국의 발명가 와트(James Watt, 1736~1819년)가 세계 최초로 실용적 가치가 있는 증기기관을 제조함에 따라, 영국과 유럽의 제1차 산업혁명 과정을 추동했으며, 이는 세계가 "증기기관 시대"에 진입했음을 상징했다.

　둘째, 정치 발전이 산업혁명을 위한 보장을 제공했다. "명예혁명" 과정에서 확립한 "입헌군주제"는 자본주의 발전을 위해 합리적인 제도적 틀을 제공했다. 이러한 제도하에서 유산계급이 정권을 확실히 장악하자, 재산은 "자유"의 기본 조건으로 여겨졌다. 동시에 국가는 또한 한 개인의 지배를 받지 않으며, 경제 성장이 국왕 개인의 권리를 위협할 수 있다고 해서 억압을 받지는 않을 것이다.[9] 영국이 1215년에 통과시킨 〈대헌장〉은 개인의 기본권리를 확보했다. 더글러스 노스(Douglass C. North)는 『서방 세계의 흥기(The Rise of The Western World: A New Economic History)』라는 책에서 "명예혁명" 후 제도적 틀이 영국 산업혁명에 대해 갖는 의의를 이렇게 극찬했

---

9 위의 책, 152쪽.

다: 1700년까지 영국의 제도적 틀은 경제의 성장에 적합한 환경을 제공했는데……아마도 가장 중요한 것은, 최고 권력을 가진 국회와 관습법에 포함된 소유권이 정치 권력을 새로운 경제적 기회로 이용하기에 급급한 사람들의 수중에 장악되었고, 또한 사법제도가 생산적인 경제활동을 보호하고 격려하는 데 중요한 틀을 제공한 것이다.[10] 1700년에 이르러, 영국은 장기적인 경제 성장을 실현했고, 산업혁명의 무대는 이미 궤도에 올랐다.

셋째, 유럽의 다른 나라들보다 앞선 사회 구조의 우세를 갖췄다. 16세기부터, 옛 귀족의 쇠락과 중산층 계급의 발흥으로, 영국은 점차 계급이 분명한 사회 구조를 형성하여, 세 개의 사회 계급, 즉 토지 귀족, 중산층 계급과 임금 노동자를 주체로 했다. 3등급으로 구성된 사회 구조가 전통 농업사회의 "지주-농민"이라는 2등급 사회 구조를 타파하자, 새로 생겨난 사회 집단은 원래의 그렇게 폐쇄적이고 강고한 사회 구조를 최적화하여, 일정 정도 개방적이고 유연성을 가진 탄력적인 사회 구조를 형성했다. 영국 사회 구조의 독특성은, 그것이 현대 산업 사회로 전환하는 데 필요한 사회적 기초를 제공했다. 당시 유럽 대륙의 다른 나라들에서는, 비록 중산계급이 이미 출현하기는 했지만, 역량이 상대적으로 약해, 사회적 기능이 아직 완전하지 못했다. 형성되고 있던 화폐 지대(地代)는 여전히 봉건 지대의 성격을 띠고 있었다. 따라서 기존의 사회 구조는 비록 이미 시대에 뒤떨어졌지만, 아직 해체되지 않았고, 새로운 사회 역량은 비록 이미 출현했지만, 아직 구세력과 필적할 수 있을 정도까지 강대하지 못했다.[11] 그리하여 새로운 역사적 전환점에 직면했을 때, 영국은 한 걸음 앞섰고, 다른 나라들은 뒤처졌다.

넷째, 식민지에서 가져온 대량의 원료가 산업혁명에 견실한 물질적 기초를 제공했다. 주목할 만한 것은, 영국이 산업혁명을 진행할 때는 바로 영국 식민 무역의 전성기이기도 했다는 점이다. 이는, 식민지 무역이 제공한 충분한 자금과 원료가 영국 산업혁명의 신속한 완성을 촉진했고, 산업혁명의

10 위의 책, 152쪽.
11 위의 책, 153쪽.

신속한 발전은 다시 식민지를 한층 더 확대하기 위한 버팀목을 제공해주었다는 것을 충분히 말해준다. 영국의 번영은 무역의 전개에 매우 크게 의지했는데, 19세기의 영국 경제가 갈수록 농업이 아니라 제조업을 강조하면서, 국가는 국내에서 생산한 상품을 해외 시장에 판매해야 했다.[12] 영국은 해외 무역과 공업이 상호 촉진하는 발전 과정에서 갈수록 풍족하고 강대해졌다.

다섯째, 영국의 사상가들이 산업혁명을 위해 끊임없는 정신적 동력을 공급했다. 합리적인 제도의 틀과 사회 구조는 결국 영국인들 특유의 공업 민족정신을 형성하게 해주었으니, 바로 막스 베버가 제시한 "합리적 이윤 추구" 정신이다. 이른바 "합리적 이윤 추구"란, 산업 사회 이전에 비경제적인 강제수단으로 사회의 부를 착복하는 것을 특징으로 하던 이윤 추구 수단에 대해 상대적으로 말하는 것인데, 이는 영국의 청교 전통과 밀접한 관계가 있다.[13] 이때의 영국은 세 가지 상황에서 세계의 다른 국가와 민족을 월등히 앞섰는데, 경건함·상업·자유가 그것이다. 헨리 8세가 종교 개혁을 실행한 이후로, 영국은 짙은 청교의 분위기를 형성했다. 청교가 제창한 것은, 첫째는 근면이고, 둘째는 절제였다. 청교는 사람들이 부를 추구하는 것을 격려하면서도, 사람들이 신의를 중시하지 않는 것을 반대했다. 이러한 "합리적 이윤 추구"를 제창하는 교의는 주로 새로운 도시의 중간 계급 사람들이 자신의 노력으로 생산을 확대하고 부를 창조하도록 촉진했으며, 또한 완전히 새로운 시스템도 창조해냈다. 이러한 시스템하에서, 농민들은 시장에 강렬한 흥미를 보이면서, 적극적으로 그들의 남아도는 생산물을 시장에서 판매하여 이익을 얻었다. 이렇게 자치도시와 농촌 간의 경제적 관계가 나날이 긴밀해지면서, 국내 시장이 점점 모양을 갖춤과 동시에, 두 가지 결과를 초래했다: 첫째는 가공산업이 전업화하여 분화하도록 촉진했으며, 마침내 영국의 민족산업으로 발전했다. 둘째는 순수 농업사회와는 완전히 다른 정신의 추구와 가치체계를 길러냈는데, 바로 이러한 추구와 가치체계 때문에

---

12 赵조, 李效东, 『大国崛起与国家安全战略选择』, 军事科学出版社 2008年版, 291쪽.
13 唐晋 主编, 『大国崛起』, 人民出版社 2006年 12月版, 154쪽.

공업 민족정신이 생겨났다.

영국이 공업화의 길에서 수많은 사상적 장애에 직면하자, 이때 영국 사상가들의 역할이 뚜렷이 드러났다. 토마스 홉스에서부터 존 로크에 이르기까지, 그들의 저서는 모두 하나의 공통된 이상을 서술하고 있다: 바로 개인이 노동을 통해 얻는 사유재산은 신성불가침하며, 이는 "천부인권"의 필수적인 구성 부분으로, 정부와 국가는 당연히 개인의 사유재산을 보호해야 한다는 것이다. 18세기의 산업혁명 이전까지, 이 사상은 점차 사람들에게 광범위하게 받아들여졌다. 공업화 과정에서 부가 급격히 증가하면서, 매우 많은 나라들이 사유재산 원칙의 확립에 대한 중요성을 인식한 것은 공업화가 가져다준 부가 급격히 증가한 이후였는데, 영국은 공업화가 도래하기 전에 이미 사유재산의 지위 문제를 해결했다. 이는 영국이 가장 먼저 공업화로 나아간 하나의 중요한 요인이었다.[14] 사유재산 제도를 확립하고 나서, 산업혁명의 또 하나의 중대한 장애는 중상주의였다. 영국의 발전을 지도한 국가 정책으로서의 중상주의는 일찍이 영국이 과거의 부를 유지할 수 있도록 도움을 주었지만, 공업화가 바야흐로 한창 발전하고 있을 때, 그것은 갈수록 더이상 시의에 부합하지 않게 되었다. 그리하여 중상주의의 속박을 벗어나, 경제를 위해 "느슨하게 풀어 주는 것"이 시대적 요구가 되었는데,[15] 자유주의의 경제이론은 이런 배경에서 자연스럽게 생겨났다. 영국은 이리하여 고전적 자유주의 경제학의 중심지 중 하나가 되었다.

(2) 산업혁명의 영향

산업혁명은 영국의 패권 확립에 중요한 버팀목을 제공했다. 우선 영국은 가장 먼저 대규모 기계 생산을 실현했다. 18세기 중·후반부터, 영국은 산업혁명에 힘입어 신속히 총체적 국력을 상승시켰으며, 1850년대에 이르러 방직업·석탄업·제철업·기계제조업·해운업에 의지하여 그의 "세계 공장"과

---

14 赵兆, 李效东, 『大国崛起与国家安全战略选择』, 军事科学出版社 2008年版, 291쪽.
15 위의 책, 292쪽.

무역 중심의 지위를 확립했다. 비교해보면, 영국의 공장 규모는 다른 나라보다 컸고, 설비도 다른 나라보다 좋았으며, 기술도 다른 나라보다 선진적이었고, 노동 생산성도 가장 높았다. 영국이 생산한 품질 좋고 가격이 저렴한 제품은 국제 시장 경쟁에서 절대적으로 우세한 지위를 차지했다. 일부 중요한 생산품의 생산과 판매에서, 영국은 거의 적수가 없었다.

다음으로, 영국은 광활한 국제 시장을 개척했다. 7년전쟁은 영국이 유럽을 벗어나, 프랑스와 세계 패권을 쟁탈하는 하나의 결정적인 전쟁이었다.[16] 전쟁의 목표는 매우 명확했는데, 바로 온 힘을 다해 해외 식민지를 약탈함과 동시에, 식민지 무역을 독점하는 것이었다. 영국의 군대는 주로 북아메리카·인도 및 해상에서 싸웠다. 전쟁이 시작된 후, 영국의 군사적 우세, 특히 해군력의 우세가 점차 드러났다. 북아메리카·카리브 및 인도에서의 육상 전쟁에서, 영국은 승리를 거두었다. 해상 전쟁에서는, 1759년부터 영국 군대가 잇달아 프랑스의 지중해 함대와 대서양 함대를 격파하여, 프랑스의 해상 군사력은 거의 소멸되었다. 1763년에 전쟁이 끝났을 때, 영국은 승자의 자세로 프랑스와 〈파리 조약〉을 체결했다. 조약이 잉글랜드 제국의 기초를 다져주어, 영국은 세계 식민 패권과 상업 패권을 확고히 수립했다.[17] 거의 1세기 가까운 기간에, 영국인은 영토를 확장하고, 전쟁으로 강력한 식민 제국을 구축했다. 그들은 상업과 무역을 목표로 했는데, 정부가 중간에서 중요한 역할을 했다. 랜더스는 일찍이 예리하게 지적했다: 어느 나라도 상인 계급의 요구에 더 잘 호응할 수 있는 나라는 없었고, 더욱이 어느 나라도 전쟁의 상업적 의미를 더 빨리 깨달을 수는 없었다.[18] 18세기에 이르러, 영국을 중심으로 전체 식민지를 연결하는 상업 무역권이 기본적으로 형성되었다. 이 무역권에서, 종주국으로서의 영국은 공산품이나 완제품을 제공했고, 아메리카 식민지는 담배·어류 및 해양 방어 창고를 제공했으며, 서인

16 唐晋 主编,『大国崛起』, 人民出版社 2006年 12月版, 149쪽.
17 위의 책, 149쪽.
18 刘金源,「论近代英国霸权崛起的几个要素」,『历史教学』2008年 第14期, 13쪽.

도 제도 식민지는 자당(蔗糖: 설탕의 원료-역자) 및 기타 열대 농수산물을 제공했고, 인도는 향료를 공급했다. 주목할 만한 것은, 북아메리카 식민지가 독립하기 전에 산업혁명은 아직 영국에서 진정으로 시작되지 않아, 외부 시장의 중요성도 충분히 드러나지 않았다는 점이다. 그러나 설령 이런 상황이었을지라도, 영국인은 이미 상업 무역의 중요성을 인식하고 있었고, 외부 시장의 국가에 대한 중요성을 인식하고 있었다. 공업화되기 전에, 영국은 이미 외부 시장을 개척했고, 그리하여 광활한 시장 수요를 창출하여, 생산을 자극하고, 전통적 생산 방식을 돌파하는 산업혁명의 출현을 추동했다.

마지막으로 영국 공업화의 실현을 촉진하여 완성했다. 19세기에 영국의 정치적 민주주의가 어렵게 이루어졌듯이, 자산계급의 경제적 자유도 엄청난 노력을 하고서야 획득한 것이다. 산업혁명 전에, 영국 정부는 중상주의 원칙에 따라, 오랜 기간 동안 수입을 제한하고 수출을 지지하는 보호관세 정책을 시행했다. 가장 전형적인 행위는 1815년에 제정한 〈곡물법〉인데, 이 법은 국내의 밀 가격이 쿼터당 80실링보다 낮을 때는 외국 곡물의 수입을 금지한다고 규정했다. 이기적인 이 법령은 지주 계급이 계속 높은 이윤을 얻도록 보장했지만, 공업 자산계급의 이익을 심각하게 손상했다. 이후 20~30년 동안, 공업 자산계급은 거듭 "자유 무역"의 기치를 들고, 〈곡물법〉을 폐지하고 정부의 현행 경제 정책을 바꾸라고 요구했다.

1846년에 로버트 필(Robert Peel) 정부가 〈곡물법〉을 공식적으로 폐지하고, 1849년에 존 러셀(John Russell) 정부가 〈항해조례〉를 폐지하면서, 영국 경제에서 자유방임주의가 전면적으로 추진되기 시작했다. 이와 동시에, 영국은 1840년대에 산업혁명을 완성하여, "시골에는 어두운 공장이 세워졌고, 도시에는 높은 굴뚝이 세워졌으며, 공장 안에는 기계의 굉음이 울려 퍼졌다". 산업혁명은 영국을 순조롭게 세계 공업 패주의 위치에 올라서게 했다: 1850년, 영국은 전 세계 모직물·면제품·철 생산량의 절반, 석탄 생산량의 3분의 2를 생산했고, 기타 조선업·철도 건설 같은 것도 세계 제1위를 차지했다. 1860년, 영국은 세계 공업 제품의 40~50%, 유럽 공업 상품의 55~60%를 생산했다. 1850년에 영국의 대외 무역액은 세계 무역 총액의 20%를 차지했는데, 10년 후에는 40%로 증가했다. 파운드는 세계 화폐가 되었다. 1851년에 런던에서 개최된 제1회 세계박람회는 전 세계에 영국 공업화의 성과를 보여줌과 아울러, 영국이 세계에서 가장 강대한 공업화 국가가 되었음도 선언했다. 하지만 영국은 고작 세계 육지 면적의 0.2%밖에 차지하지 못했고, 인구는 당시 겨우 1,000여만 명을 보유하여, 유럽의 다른 나라보다 훨씬 적었다. 영국 역사학자 시먼의 말에 따르면, 산업혁명은 세계가 새로운 동력을 얻게 해주었다. 한 시대의 분위기는 신세계의 큰 강물이 용솟음치며 세차게 솟구치는 듯하여 막을 수 없었으니, 이 신세계를 인솔한 것은 바로 산업혁명의 요람인 영국이었다.

3. "섬나라 심리"와 "영광스러운 고립" 정책

한 민족이 처한 자연지리적 환경은 그 민족의 심리 상태와 국민 성격의 형성·발전·변화에 모두 거대한 영향을 미친다. 영국은 사방이 바다로 둘러싸여 있어, 영국인은 선천적으로 강한 섬나라 의식을 지니고 있는데, 이러한 섬나라 의식은 영국이 훗날 진행한 식민 확장 과정에서 더욱 강렬해졌으며, 또한 민족 의식으로부터 점점 민족 자각으로 승화하여 독특한 해양 문화를 형성했다. 그러나 영국인이 보유하고 있는 섬나라 민족의 고유한 특성은 일찍이 매우 오랫동안 갖가지 요인들 속에 가려져 있었다. 백년전쟁이 끝나기 전에, 영국인은 "짙은 대륙 콤플렉스"를 지니고 있었다.[19] 다만 백년전쟁이 끝난 후에, 영국인의 대륙에 대한 열정은 비로소 감소했지만, 여전히 완전하게 포기하지는 않았다. 그 후로 105년 동안, 대륙의 마지막 영토인 칼레항(프랑스 북부에 있는 항구-역자)을 고수하기 위해, 그들은 여전히 막대한 금액을 아끼지 않아, 영국 국회의 많은 지출금을 소모했다. 메리 여왕

19 计秋风, 冯梁 等, 『英国文化与外交』, 世界知识出版社 2002年版, 23~37쪽.

의 경솔함은 영국인으로 하여금 끝내 대륙의 마지막 교두보를 상실하게 했고, 또 그들이 대륙과 고별하지 않을 수 없게 했다. 칼레의 상실은, 한편으로는 영국을 완전한 의미에서의 섬나라로 만들었고, 다른 한편으로는 또 영국인에게 대륙 정치에 대해 더욱 강렬한 혐오감을 갖게 했다. 이리하여 영국인은 심리적으로도 계속 섬나라 민족의 방향으로 나아갔다.

"섬나라 콤플렉스"는 영국인의 사상의식 깊은 곳에 묻혀 있는 문화적 축적으로, 심지어 그들의 외교적 책략까지 제약했다. 몇 세기 동안, 영국은 놀라운 속도와 방식으로 영토를 확장했지만, 이러한 확장은 아시아·아프리카와 아메리카에서 진행한 것이지, 영국 해협의 다른 한쪽에서 진행한 것이 아니었다.[20] "영국은 유럽에서는 영토적 야심이 없었다." 영국이 유럽에 대해 실행한 것은 세력 균형 전략이었다. 세력 균형은 어떤 나라가 국제관계를 처리하는 수단이자 정책으로, 일종의 권력 균형의 외교 전략이다. 영국 수상 처칠은 일찍이 이렇게 지적했다: "세력 균형은 영국 외교 정책의 가장 본능적인 전통이다."[21] 확실히 근대의 몇 세기 동안, 영국은 동맹을 맺거나, "고립시키거나", 개입하거나, 전쟁을 벌이는 등, 정치 외교적 수단을 최대한 사용했는데, 그 목적은 힘이 서로 엇비슷하고 상호 견제하는 유럽 대륙을 건립하고 유지하는 데 있었다. 따라서 어떤 사람은 이렇게 말했다: "세력 균형은 4세기 동안의 영국 대외 정책을 연구하는 주요 단서이다." 그러나 영국의 통치자가 세력 균형을 추구한 것은 주로 유럽 대륙에서였고, 해상과 식민지 방면에서는 자기의 우세와 패권을 확립하기 위해 힘썼다.

(1) 유럽 대륙의 세력 균형을 조종하다

유럽 대륙의 세력 균형을 유지하기 위해, 영국은 근대의 한때 프랑스를 주요 경쟁 상대로 여겼다. 1688년에 윌리엄이 영국의 통치자가 된 뒤, 영국은 네덜란드 등과 연합하여 유럽 대륙을 제패한 루이 14세가 통치하는 프

---

20 赵조, 李效东, 『大国崛起与国家安全战略选择』, 军事科学出版社 2008年版, 306쪽.
21 李义虎, 『均势演变与核时代』, 浙江人民出版社 1989年版, 11쪽.

랑스를 타격하기 시작했다. 영국은 거의 전체 유럽과 연합하여 프랑스를 고립시켰다. 1689년부터 1789년까지, 영국과 프랑스 간에는 모두 여섯 차례의 대규모 전쟁이 발발했는데, 그 가운데 가장 유명한 것은 1701년부터 1714년까지 계속된 스페인 왕위계승 전쟁과 1756년부터 1763년까지 계속된 "7년전쟁"이다. 영국에 대해 말하자면, 스페인 왕위계승 전쟁의 주요 목적은 프랑스의 유럽에서의 패권을 타격하는 데 있었다. 전쟁을 통해, 영국인은 프랑스와 스페인을 타격했고, 또한 잠재적 적수인 네덜란드도 간접적으로 약화시켰다. 이렇게 되자, 영국은 해양과 무역에서 이미 주도적 지위를 차지했다. 그런데 해상 식민제국의 길로 나아가는 데 가장 중요한 요소는 스페인 제국의 30년에 걸친 흑인 노예무역의 특권을 획득하는 것, 그리고 지브롤터와 미노르카섬을 점령하여, 영국 해군이 카리브해와 서지중해에 진입할 수 있게 함으로써, 제해권과 무역 주도권을 획득하는 것이었다. 동시에 세력 균형을 유지하기 위해, 영국은 또한 러시아가 유럽 대륙에서 주도적 지위를 획득하는 것도 보고 싶지 않았다. 이 때문에, 영국은 다시 정책 방침을 바꾸어, 프랑스를 철저히 격파하지 않고, 자기의 동맹국을 우회하여 프랑스와 평화회담을 개시함으로써, 사실상 프랑스에 대한 작전을 중단했다. 영국은 이 전쟁에서 매우 많은 이익을 얻었기 때문에, 승리의 결실을 지켜내기 위해, 로버트 월폴(Robert Walpole)이 집정한 영국은 일찍이 20년 가까이 고립주의 정책을 실행했는데, 그 주요 목표는 식민지 쟁탈이어서, 유럽 사무에 대한 간섭이 비교적 적었다. 1750년대 중반에 이르러, 프랑스의 세력이 다시 팽창하자, 영국의 새로 취임한 윌리엄 피트(William Pitt: 아들과 구분하기 위해 '大피트'라고 부름-역자) 정부는 비로소 프랑스에 대해 다시 전쟁을 개시하기로 결정했다.

7년전쟁에서, 영국은 프랑스의 식민지를 빼앗고, 전체 제해권을 독점하려고 시도했다. 프랑스는 영국 국왕 소유의 유럽에 있는 세습 영지인 하노버를 병합하려고 시도했고, 아울러 아메리카와 동인도에 있는 프랑스의 식민지를 보호하려고 시도했다. 영국과 프랑스는 몇백 년 동안의 숙적으로, 프랑스는 여러 차례 스코틀랜드가 영국에 대항하도록 부추기고 지지하면서, 끊임없이 영국 본토로 침입할 준비를 했다. 당시 프랑스는 유일하게 해상과 식민지 세계에서 영국에 도전할 수 있는 국가였다. 프랑스를 철저히 격파하고, 아메리카와 인도에 있는 그의 식민지를 빼앗으면, 영국은 곧 떳떳하고 당당한 세계의 패주가 될 수 있었기 때문에, 윌리엄 피트는 매일 의회에서 연설하면서 전쟁을 부추겼다. 당시 영국은 오스트리아·러시아와 동맹국이었는데, 피트의 주장은 프랑스의 동맹국인 프로이센을 끌어들여, 영국·오스트리아·프로이센·러시아가 프랑스에 맞서는 대동맹을 구성하기만 하면, 영국은 세계의 절반을 차지할 수 있다는 것이었다. 영국 의회가 그에게 성공적으로 설복되자, 그는 이어서 프로이센에게 공동으로 프랑스를 방어하자고 제안했다.

1756년 11월에 국무장관에 임명된 윌리엄 피트는, 일단 프랑스가 프로이센을 쳐서 물리치면, 프랑스는 곧 유럽 대륙의 주인이 될 거라고 여겼다. 그는 영국은 마땅히 자금을 지출하여 프로이센을 지원함으로써, 프로이센이 유럽 대륙에서 프랑스를 견제할 수 있는 능력을 갖추게 해야만, 영국이 해외에서 비로소 크게 실력을 발휘할 수 있다고 여겼다. 따라서 1757년 1월, 영국은 프로이센과 제2차 동맹 협약을 체결하고, 프로이센에 차관을 원조함과 아울러, 군대를 파견하여 자기의 세습 영지인 하노버를 보호하도록 승인했다. 7년전쟁의 가장 중요한 부분은 유럽 대륙이 아니었기 때문에, 거기에서는 단지 보잘것없는 몇 차례의 소규모 전투밖에 벌어지지 않았다. 7년전쟁의 주요 전장은 대서양·북아메리카 및 인도에 있었다. 대영제국 형성의 첫걸음은, 17세기에 네덜란드인의 수중에서 해상 패권을 빼앗은 것이다. 둘째 걸음은 스페인 왕위계승 전쟁 후 체결된 〈위트레흐트 조약〉을 통해 대서양 양안의 삼각 무역을 독점하고, 급속히 함대를 확충한 것이다. 1758년에 이르자, 영국은 이미 156척의 원양 군함을 보유했지만, 프랑스는 단지 77척뿐이었다. 셋째 걸음은 바로 오래된 적수인 프랑스의 해군 군사력을 약화시킨 것이다. 이 계획은 일찍이 프랑스의 리슐리외(Armand-Jean du Plessis de Richelieu) 공작이 미노르카섬에서 영국군을 물리친 전쟁에 의해 저지되었다. 후에 영국의 해군 대장 에드워드 보스카웬이 1759년 4월에 포르투갈 앞바다에서 프랑스 함대를 격파한 데다, 키브롱만(Quiberon Bay)에서의 또 한 차례 승리는 프랑스 해군을 약화시키려는 계획을 회복시켰다. 그 결과 프랑스와 그 식민지의 무역이, 1755년의 3,000만 리브르(Livre: 프랑스의 옛 화폐 단위-역자)에서 1760년에 400만 리브르로 감소했다.

대서양 패권 쟁탈전이 곧 승리를 거두려 할 무렵, 영국은 프랑스령 아메리카를 정복하는 길로 발걸음을 내디뎠다. 당시 누벨 프랑스(la Nou-velle-France: 북아메리카에 있던 프랑스 식민지-역자)가 오대호 지역부터 미시시피 유역에 이르는 지대의 요충지를 지키고 있어, 뉴잉글랜드가 서부로 확장하는 길을 저지했는데, 이것은 영국의 식민자들이 용납할 수 없는 것이었다. 캐나다와 루이지애나는 누벨 프랑스의 두 관문이었다. 가장 가까운 캐나다라는 관문은 프랑스가 건설한 루이스버그(Louisburg) 요새가 지키고 있었다. 요새에는 6,200명과 10척의 선박이 주둔하여 지키고 있었다. 전쟁이 시작된 후, 프랑스에서 오던 지원병은 도중에 영국 함대에게 저지되었다. 요새를 수비하던 군대의 완강한 방어는 곧바로 영국군의 포화에 분쇄되었다. 1758년 7월 26일, 요새가 투항했는데, 이는 영국이 캐나다를 정복하는 시작이 되었다. 이 전투의 진전은 프랑스군 지휘자인 루이 조제프 드 몽칼름(Louis-Joseph de Montcalm-Grozon)의 전략 계획과 용감한 작전으로 인해 저지되었다. 몽칼름은 캐나다에서 잇달아 승리를 거두었는데, 1756년에 그는 오스위고 요새(Fort Oswego)를 공략하여 온타리오호를 장악했고, 1757년에 그는 조지 워싱턴 대령을 강제 투항시켰으며, 1758년에 그는 3,800명의 병력으로 1만 5천 명의 영국 군대를 물리쳤다. 그러나 프랑스에서 오는 보급이 단절되면서, 그의 행운도 멈추었다. 그가 퀘벡을 방어할 때, 영국군 지휘관인 제임스 울프(James Wolfe)가 9천 명의 영국군을 이끌고 절벽을 넘어 아브라함 평원에 도착했다. 1759년 11월 13일에 쌍방의 주요 장수들이 모두 전사했지만, 최후의 승리는 영국인의 것이었다. 이듬해 9월 8

일, 프랑스령 캐나다 총독이 투항하자, 영국은 즉시 이 주(州)를 점거했다.

아메리카에서는 프랑스와 패권 쟁탈을 벌이는 동시에, 영국의 기업·항해·군사·상업 등 각 부문은 또한 인도를 점령하느라 바빴다. 영국의 동인도회사는 마드라스·뭄바이·콜카타에 모두 견고한 거점을 마련했고, 프랑스인은 무굴 왕조가 쇠퇴한 때를 틈타 찬드르나가르에 거점을 마련하여 자기의 세력을 확대했다. 7년전쟁이 시작된 후, 로버트 클라이브(Robert Clive)라는 젊은이가 인솔하는 영국 함대가 동인도회사 군대의 지원을 받아 프랑스의 인도 거점인 찬드르나가르를 공격하여 점령했다. 6월 23일, 영국군 3,200명의 부대가 플라시(Plassey) 전투에서 벵골 총독의 5만 군대를 격파하고, 인도에서의 패권을 획득했다. 영국과 프랑스 함대는 세 차례나 승부를 가리지 못하는 교전을 벌였다. 영국군의 우세는 자유롭게 보급할 수 있다는 데 있었는데, 프랑스군은 인도양의 깊숙한 곳에 위치한 모리셔스 기지에 의지해야만 했다. 1759년, 프랑스 함대가 마드라스를 포위 공격했지만, 여전히 영국이 해상에서 보급받는 것을 저지할 수는 없었다. 1760년 1월 22일, 영국 함대는 결정적인 승리를 거두었다. 1761년, 영국이 인도를 독점하는 국면이 형성되었다.

영국은 7년전쟁의 최대 승자가 되었고, 프랑스는 〈파리 조약〉에서 전체 캐나다를 어쩔 수 없이 영국에 할양했으며, 또 인도에서 철수하고, 단지 5개 소도시만 보유하게 되었다. 영국은 진정한 해외 식민의 패주가 되어, "해가 지지 않는 제국"의 전설을 쓰기 시작했다.

7년전쟁을 통해, 영국은 다시 프랑스와 오스트리아를 약화시키고, 프로이센을 강화하여, 유럽 대륙의 세력 균형을 확립했다. 유럽의 이러한 균형 구도는 줄곧 프랑스 대혁명이 발발할 때까지 유지되었다. 18세기 말부터 19세기 초까지, 프랑스의 자산계급 혁명과 나폴레옹 전쟁이 유럽의 세력 균형을 깨뜨렸다. 나폴레옹이 유럽을 제패함과 동시에, 대외적으로 확장하는 상황에 직면하자, 영국의 소(小)피트(아버지와 구분하기 위해 '小피트'라고 부름-역자) 정부는 금전적 지원과 정치적 위협 등의 수단으로, 서유럽으로 확장할 야심을 품고 있던 차르 러시아와 한패가 되었고, 오스트리아·프로이센 등 일부 유럽의 대국들을 끌어들여, 다시 반프랑스 동맹을 결성했다. 무려 20여 년이나 반복된 전쟁을 거쳐, 동맹군이 마침내 프랑스를 물리쳤다. 비엔나회의에서 체결한 〈최종 의정서〉를 통해, 영국은 여러 해 동안 추구해온 유럽의 5극 세력 균형 체제를 확립했다: 한 극은 "해상 패주"인 영국으로, 그의 경제력과 해상 패권에 의지하여 유럽 세력 균형의 조종자 역할을 맡아, 끊임없이 유럽에서 출현할 가능성이 있는 강국을 억누르면서, 힘의 균형을 확보했다; 한 극은 "유럽 헌병"인 차르 러시아였고; 다른 한 극은 외교에서의 승리로 인해 1등 강국으로 상승한 오스트리아이며; 또 다른 한 극은 대국의 행렬에 들어선 프로이센이고; 또 다른 한 극은 패전 후 신속히 복원한 프랑스였다. 이러한 5극의 세력 균형 구조는 유럽 대륙의 역량이 대체로 균형을 유지하게 했다. 동시에 대륙에는 러시아·프로이센과 프랑스·오스트리아의 대항이 존재하여, 영국이 세력 균형을 조종하기에 가장 유리했다. 영국은 자신이 유럽 대륙 밖의 섬나라라는 위치를 이용하여, 유럽 사무에 발을 들여놓을 수도 있고, 유럽 사무를 벗어나 고립될 수도 있어, 충분한 행동의 자유를 향유할 수 있었다.[22]

(2) "영광스러운 고립" 정책의 주요 특징

실용주의에서 비롯된 고립. 마르크스와 엥겔스는 일찍이, 영국의 경험주의와 과학이 하나로 결합하여 영국 사회의 발전을 추동했다고 지적했다. 경험주의와 실질을 중시하는 정신은 영국 국민성의 형성과 발전에 영향을 미쳤다. 영국인들은 실질적 이익과 실질적 효과를 추구하고, 보편적으로 적용할 수 있는 어떤 이론과 원칙을 엄격히 지키지는 않았는데, 이것이 바로 사람들이 흔히들 말하는 "실용주의"이다. 영국의 역사학자 프랭크 맥린(Frank McLynn)의 해석에 따르면, 실용주의가 만약 정확하게 운용된다면, 정책 결

---

22 赵丕, 李效东, 『大国崛起与国家安全战略选择』, 军事科学出版社 2008年版, 307쪽.

정자가 최대로 가능한 융통성을 유지할 수 있도록 도우며, 이데올로기의 승낙으로 한도를 뛰어넘는 것을 피할 수 있고, 외교적 노력을 특정한 이익에 집중하며, 확고한 사실을 받아들인다. 영국은 힘의 균형·자유 무역 및 뛰어난 지리적 위치에 의지하여, 19세기의 세계 무대에서 다른 유럽 국가들이 갖지 못한 주도권을 가질 수 있었다. 그들의 외교는 항상 피동(被動) 속에서 가능한 한 능동(能動)을 쟁취함으로써, 능동성을 표현할 어떤 기회도 포기하지 않았다.[23]

전통적 "고립"과 "고립"의 전통. 영국은 장기간 세력 균형 정책을 시행했는데, 이 정책의 주요 목적은 평화 시기에 자신이 정식적이고 고정적인 어떤 동맹 관계 속에 말려드는 것을 피하게 함으로써, 두 개의 서로 대항하는 국가나 정치 집단 사이에서 최대로 행동의 자유권을 얻고, 또 국면을 장악하여 양쪽의 세력 균형을 유지할 수 있도록 도모하는 데 있었다. 영국은 또한 이 정책을 실행할 수 있는 유리한 조건을 보유하고 있었는데, 예를 들면 경제력이 충분하고, 해군이 강대하고, 해외 식민지가 광활하여, 자신은 고정적인 동맹국이 필요하지 않았고, 자신의 힘으로 자기의 정치 목적을 달성할 수 있었기 때문에 "고립" 정책이라고 불렸다. 특히 솔즈베리가 제3기(1887~1892년)와 제4기(1895~1900년) 외무대신을 맡고 있을 때의 외교정책은 "영광스러운 고립" 정책이라고 불렸다. 솔즈베리 외교정책의 핵심은 바로 영국이 유럽 대륙에서 권력의 상호 제어를 꾀하여, 독일·프랑스·러시아 각자의 역량이 균형을 이루게 하는 능력을 획득하는 것이었는데, 그는 이렇게 공언했다: "영국의 정책은 조용히 물길을 따라 떠내려가면서, 이따금 삿대를 내밀어 암초에 부딪히는 것을 피하는 것이다." 이 말은 "영광스러운 고립" 정책을 가장 구체적으로 표현한 것이다. 처칠은 이렇게 평가했다: "지금까지 어떤 외무대신도 그처럼 민첩하게 외교의 삿대를 사용한 사람은 없었다." 당연히 영국이 절대로 어떤 동맹국도 필요 없이 자기 마음대로 행동할

---

23 唐晋 主编, 『大国崛起』, 人民出版社 2006年 12月版, 177쪽.

수 있는 것은 아니었고, 또 지금까지 다른 나라의 교섭을 애써 거절하지도 않았다. 이른바 "고립"의 관건은 최대한 행동의 자유권을 획득하는 것이지, 자신을 제약받게 하는 것이 아니었으며, 더욱이 어떠한 군사적 의무도 지지 않는 것이었다. 이런 의미에서 말하자면, 이른바 "영광스러운 고립"이란 일종 "유한책임"의 정책이자, 일종의 행동의 자유를 유지하는 정책이라고 해석할 수 있다. 바로 영국의 해군대신 조지 고션(George Joachim Goschen)이 1896년에 이렇게 선언했던 것과 같다: "우리의 고립은 연약한 고립이나 자신이 멸시받게 하는 고립이 아니다. 그것은 일부러 선택한 고립으로, 어떤 상황에서도 자신의 의지에 따라 행동하는 자유이다."

바로 이런 의미에서 말하자면, 영국은 "고립"의 전통을 갖고 있었다. 튜더 왕조 시기에, 정권을 장악한 헨리 8세는 자신의 초상화를 그려달라고 했다: 그림 속의 그는 오른손에 하나의 천칭을 들고 있는데, 천칭의 양쪽 끝은 각각 프랑스와 오스트리아이며, 왼손에는 하나의 저울추를 들고서, 수시로 한쪽에 얹으려는 자세를 취하고 있다. 당시 국무대신이던 추기경 울시(Thomas Wolsey)는 외교 영역에서 온갖 수단으로 연합·분열·이간·포섭함으로써, 자신의 필요에 따라 빈번하게 동맹을 바꾸면서, 영국의 훗날 세력 균형 전략을 위해 좋은 기초를 다졌다. 프랑스가 이탈리아와 그 주변으로 확장하는 것을 방지하기 위해, 헨리 8세는 일찍이 스페인과 오스트리아의 합스부르크 왕조와 연합했다. 그리고 후에 신성로마제국의 황제의 카를 5세가 전체 유럽 대륙을 지배하는 합스부르크 대제국을 건설하려고 시도한 계략을 깨부수기 위해, 그는 또 반대로 프랑스·터키와 동맹을 맺었다. 영국은 한편으로는 필리페 2세의 스페인 제국에 대해 해상에서 소란을 피우면서, 다른 한편으로는 또 군대를 파견하여 프랑스와 네덜란드에서 스페인과 싸우고 있는 부대를 지원했다. 영국의 이런 행동은 결코 네덜란드의 봉기나 프랑스의 신교 혁명을 찬성하는 데서 비롯된 것이 아니라, 바로 엘리자베스 1세 자신이 다음과 같이 해석한 바와 같다: "프랑스의 종말이 도래할 때는, 역시 영국이 멸망하는 날"이었기 때문에, 세력 균형을 유지하는 것은 영국에 대해 말하자면 매우 중요했다. 1650년대에 크롬웰 통치하의 영국은 해군과 육군을 재건하여, 기회를 보아 프랑스와 스페인 간의 충돌에 개입함으로써, 천칭이 프랑스에 유리한 쪽으로 기울어지게 하자, 스페인은 어쩔 수 없이 1659년에 스페인-프랑스 전쟁을 끝낼 수밖에 없었다. 영국의 이러한 행동은 유럽의 세력 균형 구도를 유지하는 방면에서 중요한 역할을 했다. 그러나 스페인이 상대적으로 쇠락한 후, 프랑스의 세력이 빠르게 상승하자, 영국은 또 네덜란드·독일과 함께 반프랑스 '대동맹'을 결성함과 동시에, 프랑스에 대한 전쟁을 통해 루이 14세의 확장 의도를 철저히 깨뜨림으로써, 다시 한번 유럽 대륙의 전체적인 세력 균형을 유지하고 더욱 공고히 했다. 그 후, 프랑스를 유럽 대륙의 패주 지위에서 끌어내리기 위해, 영국은 또 7년전쟁·오스트리아 왕위계승 전쟁 및 나폴레옹 전쟁을 일으키거나 적극적으로 참여했다. 영국은 또한 발트해 지역의 형세 발전 태세에 대해서도 세심하게 관심을 기울였는데, 그의 일관된 방법은 바로 이 지역에서 세력 균형을 유지하여, 결코 어떤 나라도 영국의 최고 중재자 지위를 위협하지 못하게 하는 것이었다.

어쩔 수 없는 피동과 능동. 영국이 고립 정책을 시행한 기초는 그 자신이 보유한 실력이었다. 영국이 군사적으로 보유하고 있던 포함(砲艦)과 경제적으로 세계 공장이라는 지위는, 영국을 거의 어떤 국가나 어떤 국가 집단에 대해서도 맞서고 위협할 수 있게 해주었다. 그러나 1860년대 이후에 이런 상황은 더이상 존재하지 않았다. 프로이센이 총리 비스마르크의 지도하에 영국을 대체하기 시작하면서, 유럽 대륙에서 세력 균형의 주도권을 쥐었다: 프로이센은 러시아가 1863년의 폴란드 봉기를 진압하는 것을 지지했고, 또 영국과 프랑스의 갈등을 이용하여 파머스턴(Henry John Temple Palmerston: 영국의 수상을 역임함-역자)을 프로이센·오스트리아의 덴마크에 대한 전쟁에서 고립에 빠지게 했다. 파머스턴은, 영국은 덴마크가 공격받는 것을 지켜볼 수 없다고 강조했는데, 실제로는 프로이센과 오스트리아 연합군이 덴마크로 진격할 때, 영국은 단지 가만히 앉아서 지켜볼 수밖에 없었다. 영국이 조종하던 유럽 대륙의 세력 균형 국면이 흔들리기 시작했다. 1865년의 파머스턴 사망, 특히 1870년부터 1871년까지 프로이센-프랑스 전쟁은, 영국이 유럽 대륙의 세력 균형을 주도하던 시대가 끝났음을 상징한다. 이때부터 19세기 말과 20세기 초까지 30~40년 동안, 영국은 유럽 대륙 이외의 지역에서는 해외 확장에 힘을 쏟으면서, 유럽 대륙에서는 자기의 동맹 결성 정책을 조정하기 시작했는데, 온 힘을 다해 대륙 균형을 유지하려고 모색함과 동시에, 이전의 "초탈"·"불간섭"의 원칙을 바꾸어, 적극적으로 비교적 안정된 동맹 관계의 확립을 추구했다.

4. 세계 패권 쟁탈 전쟁과 식민제국의 건립

"명예혁명" 후, 영국 국내의 장기적인 정치 분쟁이 일단락되자, 국가가 관심을 기울인 중점은 대외 식민 확장으로 바뀌었다. 그 후 거의 100년 동안, 영국은 유럽 각국과 세계 패권을 쟁탈하는 투쟁에 적극적으로 참여하여, 1763년 영국-프랑스 전쟁이 끝날 때까지, 북아메리카 식민지를 중심으로 하는 거대한 대영제국 제1제국[24]은 이미 건립되었다. 제1제국의 건립은 영국이 세계에서 가장 주요한 식민제국이 되었음을 나타내주었으며, 그가 향후 "세계 공장"이 되는 데 중요한 기초를 제공했다.

(1) 식민지 쟁탈전과 해외 식민지 확장

영국이 참여한 첫 번째 식민지 쟁탈 전쟁은 1689년부터 1697년까지의 아우크스부르크 동맹 전쟁으로, "윌리엄 왕 전쟁"이라고도 부른다. 사실상 영국이 주도한 이 반프랑스 전쟁은 8년간 계속되었다. 영국이 참전한 한 가지 중요한 이유는 영국과 프랑스 양국 간에 존재하는 종교적 차이였는데,

---

24 일반적으로 대영제국은 영토 확장을 기준으로 2단계로 나눈다. 제1제국은 1607년부터 1783년까지이며, 제2제국은 영국이 미국의 독립을 인정한 해인 1783년부터 1997년까지이다.(역자 주)

프랑스는 가톨릭 국가로, 신교를 신봉하는 영국에 대해 시종 적대감을 품고 있었다. 그러나 이때는 이미 18세기로, 종교적 요소는 더이상 국가 간 분쟁의 주요 요인이 아니었고, 그것을 대체한 것은 각국 간에 식민지 쟁탈전으로 인해 발생한 충돌이었다. 북아메리카와 인도에서, 프랑스는 영국과 대치하는 국면을 형성하여, 쌍방 간에 불가피하게 상업 쟁탈전이 발생했다. 기진맥진한 쌍방은 담판 테이블 앞으로 떠밀려, 〈라이스윅(Ryswick) 조약〉을 체결했다. 그러나 조약이 결코 근본적으로 쌍방의 이익 충돌을 해결하지 못해, 영국과 프랑스가 대립하는 국면은 계속 존재했다.

1702년, 스페인의 왕위계승 문제 때문에, 영국과 프랑스 양국은 다시 거의 9년 동안이나 전쟁을 벌였다. 스페인령 네덜란드·독일·스페인·지중해 및 북아메리카 식민지를 포함한 광대한 지역 각지에서 전란이 일어났는데, 1704년 8월의 블레넘(Blenheim) 전투가 양쪽 군대의 승패를 결정짓는 관건이었다. 이 전역은 영국군 사령관 말버러 공작(Duke of Marlborough)이 승리했다. 그는 영국 군대를 인솔하여 우수한 프랑스 군대를 물리쳤다. 전쟁 후, 프랑스 국왕 루이 14세는 실력이 강한 프랑스군의 어째서 전쟁에서 패배했는지 이해할 수 없었다. 그리하여 그가 고려한 문제는 어떻게 하면 체면을 손상하지 않고 영국과의 전쟁을 종결하느냐는 것이었지, 더이상 어떻게 세계를 제패할 것인가가 아니었다. 1713년, 영국과 프랑스는 〈위트레흐트 조약〉을 체결했다. 영국은 이 전쟁 과정에서 거대한 이익을 얻었다: 대영제국의 판도가 한층 확대되었고, 해상 역량도 강화되었으며, 대외무역 등도 모두 크게 발전했다. 반대로 전쟁의 다른 한 편인 프랑스와 네덜란드는, 일찍이 영국에게 유럽에서의 강적이었지만, 이 전쟁에서 심각한 타격을 입어, 더는 영국에 맞설 수 없었다. 영국은 세계에서 가장 강한 해군을 유지할 권리를 획득했고, 그것이 상업적 촉각을 전 세계의 어느 구석으로도 뻗을 수 있도록 도왔다.

(2) 숙적 프랑스를 격파하고, 해외 식민지를 위해 탄탄대로를 열다

1793년 1월, 프랑스 국왕 루이 16세가 혁명가들에 의해 단두대의 이슬로 사라진 후, 영국은 정식으로 프랑스와의 외교 관계를 단절함과 동시에, 참전을 결심했다. 이어서 영국은 오스트리아·스페인·프로이센 등을 결집하여 제1차 반프랑스 연맹을 결성했는데, 이때부터 역대 반프랑스 연맹의 주창자는 모두 영국이었다.

제1차 반프랑스 전쟁의 초기 단계에서는, 연맹의 군대가 일련의 전투에서 프랑스군을 물리쳤다. 그러나 프랑스 국민의 애국적 열정이 집권한 자코뱅파에 의해 충분히 동원되면서, 프랑스는 매우 빠르게 전세를 바꿔놓아, 1793년에 프랑스군은 툴롱을 수복했고, 이듬해에는 다시 영국-네덜란드 연합군을 물리치고 전장을 네덜란드 국경 안쪽으로 밀고 나갔다. 북쪽의 전장에서, 프로이센군과 오스트리아군도 프랑스군에게 패배하자, 1795년에 프로이센과 스페인은 어쩔 수 없이 전쟁에서 탈퇴했다. 오스트리아도 1797년에 전쟁에서 패배한 후 반프랑스 연맹에서 탈퇴했다. 이리하여 제1차 반프랑스 연맹은 와해되었다. 반프랑스 연맹의 와해는 영국을 매우 어려운 처지로 몰아넣었고, 프랑스가 네덜란드와 스페인의 함대를 병합한 후에, 영국은 프랑스가 그의 본토를 침입할 경우에 맞서 싸울 준비를 해야 할 것 같았다. 하지만 두 차례 해전이 영국의 운명을 구해 주었고, 또 영국의 해상에서의 우세한 지위도 구해 주었다. 세인트빈센트곶 해전에서, 영국군은 스페인 함대를 격파했는데, 호레이쇼 넬슨(Horatio Nelson)이 해전에서 뛰어난 역할을 했다. 또 다른 해전이 영국해협에서 벌어졌고, 영국군이 네덜란드 함대를 격파했다. 이때 나폴레옹은 프랑스군 내에서 이미 명성이 자자했는데, 그는 해상에서 강력한 힘을 가진 영국을 직접 공격할 수 없다고 판단하여, 영국과 인도 사이의 통로를 차단함으로써 영국 제국의 기초를 약화하려고 시도했다. 1798년에 나폴레옹은 이집트를 원정하여, 잇달아 알렉산더와 카이로를 점령했지만, 나폴레옹은 자신의 이러한 방법이 유럽 대륙에 그렇게 큰 충격을 줄 수 있다는 것을 결코 인식하지 못했다. 그렇지 않았다면 그는 자신의 정책을 다시 검토했을지도 모른다.

러시아의 발칸과 동지중해에서의 이익이 프랑스가 지중해 쪽으로 확장함으로써 손상되자, 차르 파벨 1세는 프랑스 혁명에 대해 더는 소극적인 태도를 유지할 수 없어, 러시아-프랑스 전쟁을 다시 시작하기로 결심했다. 이밖에, 나폴레옹이 이오니아 제도를 병탄하고 이집트를 침략한 행동도 프랑스와 터키 간의 좋은 관계가 더는 유지될 수 없게 만들었다.

마침내 영국은 다시 프랑스를 약화시킬 수 있는 기회를 얻었다. 1799년, 영국은 러시아·터키와 동맹을 맺었다. 프로이센과 오스트리아 양국도 영국과 동맹을 맺는 문제를 상의하기 시작하면서, 제2차 반프랑스 동맹이 영국의 주도하에 점차 결성되었지만, 반프랑스 전쟁의 시련은 바로 이렇게 느슨한 동맹은 오래 유지하기 어렵다는 것을 매우 빠르게 증명했다. 1800년, 러시아와 오스트리아가 동맹에서 탈퇴하면서, 제2차 반프랑스 동맹의 와해를 선고했다. 1800년에 나폴레옹은 "브뤼메르 18일 쿠데타"를 일으켰고, 마렝고(Marengo) 전투에서 프랑스군에게 격파당한 오스트리아 군대가 어쩔수 없이 전쟁에서 발을 빼자, 프랑스는 이 기회에 이탈리아 북부를 수복했다. 제2차 반프랑스 동맹의 철저한 붕괴는 또한 소(小)피트인 윌리엄 피트 정부도 물러나게 했는데, 위기에 직면하여 임명된 영국 수상 애딩턴(Henry Addington)은 국내외적으로 거대한 압력을 받자, 프랑스와 화의할 수밖에 없었다. 1802년에 영국과 프랑스가 〈아미앵(Amiens) 조약〉을 체결하면서, 반프랑스 전쟁은 일단락되었다.

그러나 평화는 고작 1년여밖에 유지되지 못했다. 〈아미앵 조약〉에 따라, 영국은 대륙에서 물러날 수밖에 없었을 뿐 아니라, 프랑스는 또한 영국의 상품 무역을 봉쇄할 수도 있었다. 이때 영국의 산업혁명이 바야흐로 한창 진행되고 있었으니, 상품 무역이 제한을 받는 영국은 프랑스에 의해 목덜미를 잡힌 것과 다름없었다. 따라서 1803년 봄에 영국은 다시 프랑스에 전쟁을 선포했다. 1805년 10월, 영국 함대는 프랑스-스페인 연합 함대와 스페인 남부 연해의 트라팔가르에서 한 차례 총력전을 벌였다. 바로 영국군 사령관

호레이쇼 넬슨이 말한 바와 같았다: "상황은 매우 분명하다. 나폴레옹을 물리쳐야만, 영국은 비로소 진정으로 강해질 수 있다. 이번 전쟁의 승리자는 반드시 유럽, 더 나아가 전 세계의 주인이 될 것이다." 양쪽 군대가 교전하기 전, 넬슨은 기함(旗艦)에서 함대를 향해 명령을 내렸다: "영국은 모든 사람이 직무를 다할 것을 요구한다."

"빅토리호"의 항해일지 기록에 따르면, 이 전쟁의 전황은 매우 치열했고, 산발적인 전투가 매우 오랫동안 계속되었다. 마침내 영국 해군은 프랑스를 대파했다. 나폴레옹이 마지막 10년 동안 가지고 있던 제해권을 영국에게 빼앗기자, 나폴레옹은 더이상 대륙 봉쇄 정책을 이용해 영국을 격파할 수 없었다. 1808년, 유럽 봉쇄의 틈새를 틀어막기 위해, 나폴레옹은 스페인을 공격했다. 스페인 인민이 분기하여 반항했으므로, 나폴레옹이 스페인을 침략한 행동을 그것이 실패하는 첫 번째 올가미로 바꿔놓았다. 그 사이에, 프랑스의 봉쇄 정책에 불만을 품었기 때문에, 러시아의 차르도 프랑스 군대와 교전을 벌였다. 프랑스 제국에 대해 가장 치명적인 일격을 가한 것은 여전히 영국이었다. 웰링턴 공작이 1815년 6월 18일에 워털루 전투를 벌여, 나폴레옹을 철저히 격파했다. 이 전쟁을 통해 영국이 숙적인 프랑스를 철저히 격파하자, 어떤 세력도 영국이 전 세계에 식민지를 건설하는 것을 더이상 방해할 수는 없었다. 영국이 승리한 후에 숙적인 프랑스에 대해 보인 관대한 태도는, 자기는 더이상 전쟁으로 "해가 지지 않는 제국"을 건립할 필요가 없고, 단지 "자유무역"의 기초 위에 건립하기만 하면 된다는 것을 나타내 주었다.

(3) "중상주의"가 "해가 지지 않는" 제국을 촉진하다

중상주의자는 대부분 이렇게 생각했다: 모든 물질은 오직 화폐로 실현할 수 있거나 이미 화폐로 실현되었을 때에야 부(富)라고 부를 수 있는데, 이런 의미에서 말하자면, 화폐와 부 사이에는 등호(等號) 표시를 그릴 수 있다. 그래서 중상주의자들은 국가의 모든 경제 정책의 귀착점은 금·은을 획득하는 것이라고 여겼으므로, 산업혁명의 초기 단계에 신흥 자산계급의 금·은·보화에 대한 극도의 갈망을 불러일으켰다. 바로 영국에 대해 말하자면, 14세기 말에 이미 어떤 사람이 중상주의 정책을 건의한 적이 있었다. 장미전쟁이 끝나고, 영국 국왕 헨리 7세가 즉위한 1485년부터, 중상주의는 하나의 사조로서 영국에서 점차 형성되었고, 엘리자베스 여왕의 통치 시기와 스튜어트 왕조 시기에 절정에 달했다가, 18세기 하반기에 이르러 중상주의 사상은 비로소 쇠락하기 시작했다. 따라서 중상주의는 전기와 후기의 두 단계로 나뉜다. 그 가운데, 전기 중상주의는 금·은의 수출을 엄격히 금지해야 한다고 강력히 주장하여, 대외무역에서 절대적인 "적게 사고 많이 파는" 원칙을 신봉했으므로, "중금주의(重金主義)" 또는 "화폐차액론"이라고도 불린다. 전기의 중상주의와는 달리, 후기의 중상주의자들은 부를 얻는 것을 더욱 중시했다. 그들은 더 많은 금·은을 영국으로 싣고 오는 것을 보장할 수 있을 때, 수공업 생산을 확대하여, 생산을 기초로 상업 확장을 진행할 수 있다고 주장했다. 따라서 후기 중상주의자는 "중공주의(重工主義)" 또는 "무역차액론"이라고도 불린다. 무역차액론이 상업자본의 요구와 서로 부응했기 때문에, 후기 중상주의는 "진정한 중상주의"라고도 불린다. 제1제국은 바로 이러한 이론적 기초 위에 건립된 것이었다. 중상주의자는, 영국이 무엇보다 먼저 생산국으로서, 반드시 식민지에서 제공한 원료를 이용하여 대량의 상품을 생산하고, 그다음에 식민지에 자신의 상품을 대량으로 투매해야 하며, 이렇게 왔다 갔다 함으로써, 영국의 자본가들은 떼돈을 벌 수 있다고 여겼다. 때문에, 영국은 반드시 무역 보호 정책을 실행하여, 어떤 국가가 자기의 식민지에 손대는 것을 거절해야 했다.

(4) "해가 지지 않는 제국"을 성취하다

거의 1세기 동안, 영국인은 영토를 확장하고 전쟁으로 방대한 식민 제국을 구축하면서, 상업 무역을 목표로 했는데, 정부가 그 과정에서 중요한 역할을 했다. 랜더스는 이렇게 지적했다: "어느 나라도 (영국보다-역자) 상인 계급의 요구에 더 잘 부응할 수 없었고, 어느 나라도 전쟁의 상업적 의미를 더 잘 깨달을 수 없었다." 18세기에 이르러, 영국을 중심으로 전체 식민지를 연결하는 상업 무역권이 기본적으로 형성되었다. 이때 영국인은 이미 상업 무역의 중요성을 인식했고, 외부 시장의 국가에 대한 중요성을 인식했다. 공업화 전에, 영국은 이미 외부 시장을 확장함으로써 광활한 시장 수요를 창출했고, 시장 수요가 생산을 자극하면서, 전통적인 생산 방식을 타파하는 산업혁명의 출현을 촉진했다.

"워털루 전투"에서 승리한 후 한 세기 동안, 영국은 "로마 통치하의 평화"와 비교할 만한 "브리튼 통치하의 평화"를 확립했다.

첫째, 반프랑스 전쟁을 일으켜 해상 패주의 지위를 확립했다. 앞에서 설명한 바와 같이, "워털루 전투"는 전에 영국과 패권을 다툴 수 있었던 프랑스에게 군사적으로 매우 큰 타격을 가했다. 그 후 아부키르만(Aboukir Bay) 해전과 트라팔가르 해전을 통해, 프랑스 함대와 스페인 함대의 주력이 철저히 궤멸되자, 더는 영국과 해상에서 경쟁할 수 없게 되었다. 세계 각국의 해군력을 비교해 보면, 1790년에 영국 해군 함정의 총 톤수는 48.59만 톤이었고, 프랑스는 31.43만 톤, 스페인은 24.22만 톤으로, 비록 영국이 세계 제1위를 차지하고는 있었지만, 여전히 절대적인 우세를 확립하지는 못해, 그의 뒤를 잇는 프랑스와 스페인 양국의 해군 함정 총 톤수를 더하면 영국을 초과했다. 1815년이 되자, 영국의 총 톤수는 60.93만 톤에 달했고, 프랑스는 비록 여전히 제2위를 차지했지만, 22.83만 톤으로 감소했고, 러시아가 제3위로, 16.73만 톤이었고, 스페인은 제4위로 떨어져, 6만 톤에도 미치지 못했다. 해군 전함의 톤수로 말하자면, 영국의 해군력은 대략 그의 뒤를 잇는 세 나라의 톤수를 합친 것에 해당했으며, 또한 영국 해군 함정의 총 톤수는 세계 다른 나라의 총 톤수를 합친 것과 비슷한 수준이었다.

둘째, 반프랑스 전쟁을 통해 영국 제국의 재건을 기본적으로 완성했다. 사실상 영국이 여러 차례 반프랑스 전쟁을 일으킨 주요 동기는 결코 이데올로기에서 비롯된 대립이 아니라, 세계의 상업과 식민지 패권을 쟁탈하기 위해서였다. 프랑스와 해외 식민지를 쟁탈할 때, 영국인은 다시 자기가 계속 견지해왔던 실용주의를 드러냈다: 즉 영국은 주로 식민지에서의 물질적 원료를 쟁탈하거나 거점의 확보를 통해 중요한 해상 무역로를 통제했고, 예전처럼 무턱대고 식민지의 범위를 확대하지는 않았다. 이런 식민지나 식민지 거점들로는 다음과 같은 곳들이 포함되어 있었다: 프랑스인들의 수중에 있던 것을 강점한 모리셔스·세이셸 제도·토바고 및 세인트루시아, 네덜란드·스페인·덴마크 등의 수중에 있던 것을 강점한 아프리카의 케이프타운·아시아의 실론 및 몰타·트리니다드·헬골란트(Helgoland) 등이다. 비록 이런 식민지의 범위가 결코 큰 편은 아니었지만, 이러한 거점들을 통해 영국은 해상 상품 무역을 완전히 통제할 능력을 갖게 되었다.

셋째, 세계 자유무역의 지휘자가 되었다. 19세기 이후, 영국은 더는 식민지 무역을 독점하는 정책을 실행하지 않고, 무역 자유화의 길로 나아갔다. 1808년, 영국령 노바스코샤와 뉴브런즈윅 총독은, 영국이나 미국의 선박이 일부 상품을 인도로 중계하여 운송하는 것을 허용한다고 선포했는데, 이는 사실상 100여 년간 실시해 온 〈항해조례〉의 파기였지만, 영국 정부의 허가를 얻었다. 1811년, 영국은 더 나아가, 프랑스를 제외한 어떤 나라 선박이든지 일부 중요한 상품을 싣고 영국령 핼리팩스·세인트앤드루스·세인트존 등의 항구에 들어오는 것을 허락한다고 밝혔다. 동양의 인도에서는, 1793년부터 동인도회사의 무역 독점권이 차츰 침식되었는데, 1813년에, 영국 정부는 동인도회사의 인도에 대한 무역 독점권을 완전히 폐지하여, "자유무역"의 원칙이 제국의 중심인 인도에서 초보적으로 확립되었다.

1815년부터 19세기 중엽까지, 전 세계 곳곳에 모두 영국의 상선과 전함이 있었는데, 그들은 영지를 획득하고, 항구를 개설하고, 원료를 약탈하고, 상품을 투매했다. 19세기의 40~50년대에, 영국은 두 차례의 아편전쟁을 이용하여 중국의 시장을 열었다. 또 1858년에 영국은 프랑스·네덜란드와 함께 강제로 일본과 일련의 불평등조약을 체결했다. 1836년과 1857년에 영국은 이란과 조약을 체결했다. 1838년과 1861년에 영국은 터키와 조약을 체결했는데, 비록 내용이 똑같지는 않았지만, 이런 조약들은 모두 하나의 핵심 내용을 둘러싼 것이었으니, 그것은 바로 영국이 무역·투자 등의 방면에서 특권을 갖도록 요구하는 것이었다. 제국의 안전과 무역의 자유를 확보하기 위해, 영국은 이 시기에 또한 일부 군사적 요새와 무역 거점을 점령하기도 했다. 예를 들면 1819년에는 싱가포르를 점령했고, 1839년에는 아덴항을 점령했으며, 1841년에는 홍콩을 점령했다. 이렇게 영국은 희망봉에서 인도양까지, 다시 태평양에 이르는 매우 원활한 해외 무역로를 확립했다. 이리하여 영국 식민지는 전 세계에 널리 퍼졌는데, 그들이 개척한 영역은 컸고, 통치하는 인구는 많아, 그전까지의 어떤 제국도 뛰어넘었다. 해상 패권·공업 패권 및 무역 패권이 함께, 영국을 세계 패주의 왕좌에 안정적으로 앉을 수 있게 해주면서, 진정한 "해가 지지 않는 제국"이 되었다.

5. 대영제국의 쇠락과 변화

비록 영국의 세계 패권은 제2차 세계대전 후에 비로소 정식으로 미국에 의해 대체되었지만, 대영제국의 쇠락은 이미 단서를 드러냈다.

(1) 빅토리아 성세 속에 드리워진 그림자

1837년, 여왕 빅토리아가 즉위할 때 나이가 겨우 18살이었지만, 젊은 새 여왕은 즉위하기 전의 일기에서 이렇게 썼다: "하나님이 나를 이 나라의 왕위에 앉게 한 이상, 나는 온 힘을 다해 나의 직책을 이행할 것이다. 나는 아직 젊어, 많은 방면에서 경험이 부족할 수도 있지만, 나는 확신하건대, 거의 아무도 나처럼 이렇게 나라와 백성을 위한 훌륭한 염원과 분명한 희망을 품고 있지 않을 것이다."[25] 여왕은 자신의 약속을 결연히 실행했다: 그는 자신의 일생 동안 입헌군주의 직책을 모범적으로 수행했기 때문에, 국민에게

---

25 薛宏涛, 「国力渐衰英国沦为"准小国"」, 〈法制网〉에 게재, 업로드 일시: 2015년 8월 20일 09:27.

매우 추앙을 받았다. 그는 또한 그 시대 도덕적 풍격의 본보기로, 그는 현모양처였으며, 전형적인 대갓집 규수이자, 훌륭한 가정주부이기도 했다. 그 자신은 생활이 엄격했고, 업무에 매우 힘썼으며, 다른 사람에 대해서도 책임감으로 충만했다. 많은 국민의 눈에, 그는 바로 그 시대의 축소판이었고, 그의 기나긴 64년의 재위 기간은 곧 영국이 왕성하게 번영한 절정이었다.[26] 그는 영국 역사상 유명한 "빅토리아 시대"를 창조했다. 사람들이 그를 매우 칭송하는 것은, 그가 센세이션한 일을 많이 해냈기 때문이 결코 아니라, 바로 그는 아무것도 하지 않고, 입헌군주의 본분을 완전히 준수하여, 그가 그 시대 군주의 모범이 되었기 때문이다.

빅토리아 시대 중기, 영국의 강성함이 절정에 진입했다. 당시 영국의 공업 생산 능력은 다른 나라들의 총합을 초과했고, 세계 최대의 대외무역액을 보유했다. 영국의 풍요로움은 세계에 매우 큰 충격을 가져다주었다. 1851년, 한 프랑스인은 크리스탈팰리스(Crystal Palace: 수정궁)에서 거행된 박람회에 참가한 다음 이렇게 말했다: 영국 같은 이런 귀족 국가가 뜻밖에 그 국민을 성공적으로 먹여 살렸는데, 프랑스라는 민주 국가는 오히려 귀족을 위해서만 생산했다. 따라서 빅토리아 중기의 영국인들은 필적할 자가 없는 자기의 지위에 우쭐댈 자격을 완전히 가졌다: "북아메리카와 러시아의 평원은 우리의 옥수수밭이고, 시카고와 오데사는 우리의 식량 창고이며, 캐나다와 발트해 지역은 우리의 삼림이다. 오스트레일리아와 서아시아에는 우리의 방목지가 있고, 아르헨티나와 북아메리카 서부의 초원에는 우리의 소떼가 있다. 페루에서는 그들의 은을 실어오고, 남아프리카와 오스트레일리아의 황금은 런던으로 흘러온다. 인도인과 중국인은 우리를 위해 차를 재배하고, 우리의 커피·사탕수수 및 향료 재배지는 서인도 제도에 두루 퍼져 있으며, 스페인과 프랑스는 우리의 포도농장이고, 지중해는 우리의 과수원이다. 오랜 기간 이미 미국 남부에서 생장한 우리의 목화밭이, 지금은 세계

---

26 唐晋 主编, 『大国崛起』, 人民出版社 2006年 12月版, 166쪽.

의 모든 온난한 지역으로 퍼져 나가고 있다."[27]

그런데 1870년대부터 다른 나라들이 따라잡으면서, 영국은 점차 전 세계 공업을 제패하던 지위를 잃게 되었는데, 그중 미국과 독일이 특히 두드러졌다. 국민총생산액을 예로 들면, 1880년부터 1890년까지의 10년 동안, 영국의 연간 성장률은 2.2%, 독일은 2.9%, 미국은 4.1%였다. 1890년부터 1900년까지의 10년 동안, 영국은 3.4%, 독일은 3.4%, 미국은 3.8%였다. 그러나 1900년부터 1913년까지, 영국의 평균 연간 성장률은 단지 1.5%였는데, 독일은 3.0% 증가했고, 미국은 3.9% 증가했다. 1880년, 세계 제조품 수출 총액의 40% 이상이 영국의 것이었는데, 1913년에 이르자 영국·독일·미국 세 나라의 제조품 수출 총액에서의 비율이 29.9%, 26.4%, 12.6%로 바뀌어, 영국의 하락 추세는 매우 뚜렷했다.[28] 당연히 이런 수치가 보여주는 것은 단지 상대적인 하락일 뿐이고, 절대적인 수치에서 보면, 영국은 여전히 세계에서 가장 부유한 국가의 지위를 보유하고 있었다.

그러나 결코 모든 영국인이 이런 풍요를 누릴 수 있는 것은 아니었다. 전체 빅토리아 시대 동안에, 부의 분배는 매우 불균형하여, 빈부의 차이가 뚜렷했다. 한편에서 귀족들은 사회 절대다수의 부를 차지하여, 궁궐 같은 장원 생활을 했지만, 다른 한편에서 하층에 있는 농민들은 무너져가는 초가집에 살면서, 먹고살기 위해 바삐 뛰어다녔다. 한편은 공장주의 편안한 생활에 대한 향유였고, 다른 한편은 일자리를 잃은 노동자의 절망 속 몸부림이었다. 사람들의 생활 수준 격차가 이렇게 컸기 때문에, 천국과 지옥이 의외로 한 나라에 동시에 존재했다. 이 시기 영국의 유명한 보수당 수상인 디즈레일리(Benjamin Disraeli)는 영국을 "두 민족"의 국가라고 하면서, "초가집이 불편할 때는 궁전도 안전할 수 없다"고 말한 적이 있다.[29] 그리고 일찍이

27 张新颖, 「英国霸权下的国际金本位制」, 『山东财经学院学报』, 2009年 第4期, 67쪽.
28 唐晋 主编, 『大国崛起』, 人民出版社 2006年 12月版, 152쪽.
29 李宏图, 「限制自由以拯救自由」, 〈求是理论网〉에 게재. 업로드 일시: 2015년 8월 20일 09:05.

영국인들이 자랑스러워했던 정부제도·문관(文官)제도·사법제도·의회선거 제도 등을 포함한 정치제도들이 모두 시대와 전혀 어울리지 않는 듯했다. "명예혁명" 후에 영국은 당시 세계에서 가장 선진적인 정치제도를 확립했지만, 몇 년 후의 산업혁명 시기에 경제가 급속히 발전하자, 사회구조에도 즉시 급격한 변화가 발생하면서, 그전에는 가장 선진적이었던 정치제도가 갈수록 시대에 맞지 않게 되어, 강성함 속에 어울리지 않은 한 가닥 그림자가 되었다. 의회 선거를 예로 들면, 1715년에는 유권자 인구가 전체 인구의 4.7%를 차지했는데, 1813년에는 고작 2.5%에 불과했다. 1793년에 휘그당이 조직한 한 단체인 '인민의 벗'이 한 보고서를 발표했는데, 잉글랜드의 총 400여 개 의석 중, 절반 이상인 256석은 11,075명의 유권자가 선출한 사람이라고 했다.[30] 유권자 수의 감소는 귀족들에게 매우 환영을 받았는데, 왜냐하면 이렇게 되면 그들은 매우 수월하게 선거를 조종할 수 있었기 때문이다. 18세기에, 돈을 이용한 선거 부패 풍조가 성행하면서, 금전으로 의원의 신분을 취득하고, 다시 정부에게 더욱 많은 돈을 받고 매수당했는데, 이는 바로 "부패한 구(舊)제도"였다.

요약하자면, 공업화 후에 얻은 성적이 수많은 영국인들을 이에 도취하게 하고, 세계 패주의 지위라는 무한한 자부심에 깊이 빠지게 했다. 그들은 이러한 모든 것을 "명예혁명" 이래의 우월한 제도 덕분으로 공로를 돌렸지만, 그들이 미처 생각하지 못한 것은, 그들이 자랑스럽게 여기는 제도가 이때는 오히려 허점투성이였다는 것이다. 그들은 제도 변혁 과정에서 망설이면서 앞으로 나가지 못해, 제도가 사회 경제의 발전보다 뒤처지게 하여, 사회의 진보를 저해함으로써, 영국의 강대국 지위에 손상을 가하고, 영국이 쇠락하는 잠재적 폐해가 되었다. 실제로 19세기 후반에, 영국이 강성함의 절정을 넘었을 때에야, 수많은 영국인들은 비로소 국가 제도를 반성하기 시작했고, 나아가 개혁과 조정을 진행하기 시작했다. 비록 조정과 개혁이 일시적

30 唐晋 主编, 『大国崛起』, 人民出版社 2006年 12月版, 168쪽.

으로 사회적 모순을 완화하고, 수많은 고질적인 것들을 제거하기는 했지만, 이때의 영국은 이미 적폐를 고치기 어려워져, 근본적으로 치료할 수 없는 "영국병"을 앓고 있었으며, 당초 대영제국의 당당한 풍모를 다시는 떨칠 수 없었다.[31]

(2) 두 차례의 세계대전과 제국 지위의 상실

두 차례의 세계대전에서, 영국은 비록 전쟁에서 승리했지만, 제국의 왕좌를 잃었다. 제1차 세계대전 후, 영국의 식민지 국가들이 잇달아 각성하면서, 광범위한 민족해방운동을 불러일으켜, 영국의 식민 통치에서 벗어날 것을 요구하고, 민족 독립을 쟁취했다. 제2차 세계대전 후, 영국 식민지 인민의 해방운동은 한층 고조되었다. 대영제국의 식민 체제는 머지않아 분열하여 와해되었다. 노동당 정부(1945년부터 1951년까지)가 처칠을 물리치고 집권한 후, 한때는 화려하고 웅장한 식민부(植民部) 청사를 지어 영국의 고귀함을 과시하려고 계획했다. 그러나 이때의 영국은 더이상 이전의 대영제국이 아니어서, 그들이 식민부 청사가 건설되기를 기다릴 때, 그들의 통제를 받던 식민지 국가들이 잇달아 독립하자, 청사 건설 계획은 무산될 수밖에 없었다. 두 차례 세계대전의 짧은 20년 동안, 일찍이 50여 개의 식민지를 보유했던 "해가 지지 않는 제국"이 통제할 수 있는 범위는 고작 몇 개의 식민지 섬들에만 한정되었다. 영국 식민지가 "모국"을 이탈하는 운동은 두 시기에 집중적으로 일어났다. 즉 1946년부터 1951년까지, 1956년부터 1965년까지이다. 첫 번째 시기에, 가장 먼저 실현된 것은 요르단과 시리아의 자치(1946년)이며, 그다음은 인도와 파키스탄의 분리 통치(1947년)이고, 마지막은 미얀마·실론(1948년)과 리비아(1951년)의 독립이다. 두 번째 시기에는, 맨 먼저 영국이 수단에서 군대를 철수했고(1956년), 그다음은 말라야와 가나의 독립(1957년)이다. 훗날 비밀 해제된 공식 문서 자료는, 영국 정부의

---

31 위의 책, 168쪽.

관원들은 대영제국의 해체 속도가 이렇게 빠를 것이라고는 전혀 예상하지 못했음을 보여주는데, 그들은 영국령 식민지를 세 가지 유형으로 나누었다: 첫 번째 유형은 황금해안·나이지리아와 중앙아프리카·말라야와 서인도 제도 등 3개 연방을 포함한다. 보고서에서는 이들 지역이 앞으로 10년 내지 20년 내에 독립할 것으로 여겼다. 두 번째 유형은 정치 발전이 불확실한 지역, 즉 앞날이 불명확한 지역들로, 케냐·탕가니카·우간다와 시에라리온 등 4개 식민지가 포함된다. 세 번째 유형은 소영지(小領地)로, 키프로스·소말리아·홍콩 등 21개 지역을 포함하는데, 보고서에서는 이런 지역들을 "영원히 완전한 독립을 얻을 수 없는 지역"이라고 선언했다. 그러나 민족 독립운동이 발전하는 빠른 속도는 런던의 정치인들이 처음에 예상했던 것과는 달랐다. 10여 년 동안, 상술한 30개 지역들 가운데 20개가 잇따라 독립했다. 1960년대 중엽에 이르자, 거의 모든 영국령 아프리카 식민지들이 잇달아 독립을 이루었다.[32]

　　제2차 세계대전 후에 영국·프랑스 등 식민대국들이 앞다퉈 각 식민지들에서 철수하는 정치적 풍경은 풍자적 의미로 가득했고, 심지어 "때로는 유럽 국가들이 식민지의 민족주의 지도자들보다 가능한 한 빨리 식민지들에 독립을 부여하기에 바빴는데", 19세기에 영국·프랑스 등 열강이 불러일으켰던 세계 분할의 열기에 비해, 사람들은 그들의 이러한 행동을 기발한 방식으로 형용할 수 있었다. 영국의 정치인 로버트 코네빈(Robert Cornevin)은 영국의 비식민화 정책의 특징을 총괄하면서 이렇게 말했다: "영국이 아프리카에서 철수한 것은 '드리블'(즉 하나씩 차례로 해결함)의 특징을 띠고 있었다." 영국의 전 식민부 대신인 리틀턴도 그들의 정책을 "순수한 기회주의"라고 묘사했다. 영국은 확실히 두 가지 원칙에 따라 비식민화 정책을 제정했다: 첫째는 점진적 원칙을 따랐고, 둘째는 다른 정책으로 다른 식민지의 문제를 해결하는 것이었다. 그러나 아시아·아프리카·라틴아메리카의 각 국가에서

---

32 위의 책, 182쪽.

왕성하게 발전하는 민족해방운동에 직면했을 때, 예전의 대영제국은 자기의 이전의 원칙을 포기하고, 신속히 식민지에서 몸을 뺄 수밖에 없었다.

(3) 제국 지위 상실의 배후

제1차 세계대전이 미국을 총체적 실력 면에서 영국과 대등해지게 했다면, 제2차 세계대전은 영국을 철저히 2류 국가로 몰락하게 했다. 표면적으로 보면, 영국을 정상에서 추락시킨 요인이 전쟁인 것 같지만, 사실은 그렇지 않다. 영국이 쇠락한 원인은 그가 가장 강성했던 시기에 이미 잠복하고 있었다. 1870년 이후 영국의 경제 발전은 이미 약간 피로한 모습을 보였다.

첫째, 공업 과학기술 방면의 우세를 점차 상실했다. 영국은 비록 제1차 산업혁명 과정에서 앞서 나갔고 절대적 우위를 유지했지만, 1851년의 사회조사에 따르면, 영국에서 농업은 전체 국가 산업에서 차지하는 비중이 가장 컸고, 수공업이 차지하는 비중도 여전히 컸다. 그래서 일부 서방의 학자들은, 영국이 1870년 이전에 어쩌면 줄곧 빠르게 공업화하고는 있었지만, 여전히 농업 경제 국가였을지 모른다고 여긴다. 그러나 범위는 물론이고 깊이에서도 모두 제1차 산업혁명을 훨씬 뛰어넘었던 제2차 산업혁명이 일어났을 때, 영국은 거의 아무런 성과가 없었다. 동시에 몇몇 선진 대국들에서 일어난 제2차 산업혁명에 대해, 영국은 전혀 관여하지 않았다. 이때 기술의 발명과 창조를 실현한 나라는 이미 영국이 아니라 후발국인 독일과 미국이었다. 설사 영국이 발명한 일부 기술들이라 할지라도, 공업계의 보수적인 사상 때문에 적극적인 역할을 하지 못했다. 다시 말하면, 독일을 대표로하는 유럽 국가들의 굴기는, 상당 정도가 매우 혁신성을 가진 경제 제도 덕분이었는데, 그들은 현대화의 사상적 정수를 받아들인 것이지, 맹목적으로 영국의 뒤를 좇은 것이 아니었으며, 최신 과학기술 성과를 채용하여, 전력·화학공업·석유·가전제품·자동차 등을 대표로 하는 신흥 공업을 힘껏 발전시킨 것이지, 단지 농업·수공업 등에만 힘을 쏟은 것은 아니었다고 할 수 있다.[33]

둘째, 경제 구조의 조정이 지체되었다. 영국은 제1차 산업혁명의 선구자이자 지도자로서, 공업 기술·경영 관리 방법 등 매우 많은 영역에서 절대적인 우세를 유지했지만, 이러한 우세는 점차 낡은 틀에 매달리는 전통으로 변해버렸다. 면방직·석탄·철강과 조선은 일찍이 영국 경제의 지주 산업이었으며, 영국의 경제적 우세를 유지해주는 관건이 되는 요소도 이런 산업들에서의 선도적 지위였다. 그러나 기술의 진보에 따라, 1870년 이후에 영국은 제때 기술과 설비를 갱신하고 개선하지 않아, 기존의 산업설비는 그때 이미 매우 낡아빠져, 더는 영국의 공장에 더욱 높은 생산 효율을 가져줄 수 없었다. 비록 세계 시장이 한층 확장된 덕분에 영국이 경제의 지속적인 발전을 유지하기는 했지만, 그가 차지하는 시장 점유율은 오히려 상대적으로 감소했다. 영국이 세계 제1의 강국일 때, 자유주의는 영국이 다른 나라에 대량으로 자기의 생산품을 투매하는 것을 도왔지만, 영국이 점차 제1의 강국 지위를 상실한 후에는 자유주의 정책이 바로 매우 큰 곤란과 도전에 부딪혔다. 영국은 다른 국가에 대해 관세 징수를 면제하고, 다른 나라의 상품에 대해 문호를 활짝 열었는데, 후발 공업화 국가들은 그들의 저렴한 노동력 원가를 이용하여 본국의 기업을 보호하고, 영국의 상품을 제한하면서, 점차 영국의 해외 시장을 점령해갔다.

셋째, 경제의 대외 의존도가 지나치게 높았다. 영국의 엄청난 자본이 국외, 특히 식민지에 투입되면서, 국내에는 자본이 없어, 국내의 경제 사회적 생산 투자와 기술 혁신이 매우 크게 제약을 받았으며, 영국 경제에 대외 의존성을 강요했다. 동시에, 예전의 귀족들이 자본을 차지하고 있었지만 아무 일도 하지 않고, 매우 큰 금리 생활 계층으로 변질되어, 국민의 공업 발전에 대한 열정과 동력을 약화시켰다. 1865년부터 1914년까지 영국의 전체 투자 가운데, 본토 투자와 해외 투자의 비율은 3:7이었고, 또 영국이 아메리카에 투자한 자본은 이미 본토에 투자한 자본을 초과했다. 제1차 세계대전 전야

33 唐晋 主编, 『大国崛起』, 人民出版社 2006年 12月版, 172쪽.

에, 영국은 전 세계 총투자액의 절반을 차지했으며, 당시 제2위를 차지하던 미국(19%를 차지함)은 멀찌감치 뒤처져 있었다. 영국은 거대한 자본 수출에 의지하여 세계 금융의 중심이 되었고, 이 지위는 국제무역에서 영국에게 풍부한 이윤을 창조해주었다. 그러나 자금이 끊임없이 유출되면서, 영국 경제에 매우 큰 대외 의존성을 초래했다. 의존성 경제는 치명적인 약점이 있었으니, 영국 경제는 국제경제를 둘러싸고 운행해야만 했으므로, 반드시 금본위제도·자유무역정책 및 균형재정 등 경제적 수단의 효과적인 운행을 확보해야만 했다. 일단 이러한 조건들 가운데 어느 하나가 바뀌면, 경제 의존성은 필연적으로 경제 발전을 제약하는 무서운 힘이 되었다.[34] 훗날 발생한 두 차례의 세계대전은 이 점을 충분히 증명했다. 바로 폴 케네디가 지적한 것처럼, 영국의 국제 무역과 국제 금융에 대한 의존은 일종의 전략적 약점이었다.

넷째, 시대에 부합하지 않는 교육 시스템이 발전의 침체를 초래했다. 신사(紳士) 문화의 영향으로, 영국의 교육은 대부분 신사를 양성하는 것을 목표로 삼았다. 이런 교육의 한 가지 뚜렷한 특징은, 바로 이론 교육을 매우 중시하고 실천을 경시한다는 것이다. 공립학교와 대학의 교과 과정은 대부분 윤리 도덕 등 심성에 관련된 것이었고, 자연과학과 응용과학 등 기술적인 것들은 공립학교와 대학의 교과 과정에 매우 적게 포함되었다. 영국의 국민 교육을 담당하는 학교에 대해서는 오랫동안 아무도 중시하지 않았는데, 1870년에 〈초등교육법〉이 반포되기 전까지, 정부가 줄곧 직책을 맡지 않은 결과, 국민 교육 제도가 확립되지 않아, 과학 교육의 발전도 지체되었다.[35] 같은 시기의 독일과 프랑스의 교육 제도는 이미 상당히 완비되어, 영국을 훨씬 뛰어넘었다. 영국 정부와 일부 영국인들은 독일·프랑스·미국이 과학기술 교육 방면에서 선도적 지위에 있음을 인식했을 때에도, 여전히 깊이 깨닫지 못하고 교육 개혁을 진행하지 않았다. 영국은 근대사에서 가장

---

34 위의 책.
35 赵조, 李效东, 『大国崛起与国家安全战略选择』, 军事科学出版社 2008年版, 315쪽.

먼저 산업혁명을 진행했고, 가장 먼저 민주정치를 확립했지만, 교육 영역에서 영국은 어느 하나도 선두에 서지 못해, 현대 대학·직업 교육·의무 교육·현대 학제(學制)·교학(敎學)과 과학 연구의 상호 결합 등 현대 교육 제도는 어느 하나도 영국이 창립하지 않았다. 이 때문에, 영국의 공업·경제 등 전체 국력의 쇠락은 놀랍지 않았다.

다섯째, 민족 공업 정신의 상실과 지체된 사회 변혁. 어떤 민족도 영속적인 발전을 이루려면, 한 가지 정신력의 지탱이 필요하다. 영국인들이 이전에 자랑스럽게 여기던 민족 공업 정신, 즉 "합리적인 이윤 추구"는, 제1차 산업혁명 후 점차 상실되었다. 사회가 발전하고 진보함에 따라, 사람들의 물질생활 수준이 향상되자, 편안한 생활의 단맛을 경험한 사람들은 점차 예전의 힘들게 노력하는 정신을 잃어갔다. 영국에서, 사람들은 귀족과 그들의 생활 방식에 대한 숭배 사상이 뿌리 깊게 박혀 있었는데, 이것이 바로 평온함과 편안함을 추구하고 향락을 탐하게 했으며, 변혁을 반대하는 귀족 문화 전통을 형성하게 했다. 이러한 전원생활을 추구하는 신사 문화와 보수적인 민족 특성은, 영국인으로 하여금 출세한 후에 귀족의 모습으로 자신을 새롭게 형상화하고, 그 성취를 즐기며 누리게 했다.[36] 점차 민족 공업 정신을 상실한 영국인들은, 또한 현재의 상황을 변화시키는 어떠한 변혁에도 반대했다. 서로 비교해 보면, 후발 국가들 가운데 프랑스인은 영국인의 노동 시간이 짧고 휴가 시간이 긴 것을 비웃었고, 미국인은 영국인의 수구적인 행태에서 이익을 얻었다. 독일인은 이렇게 말했다: "만약 우리가 다시 백년의 평화를 가질 수만 있다면, 우리는 꼭 영국을 사지로 몰아넣을 것이다." 과학기술은 제1의 생산력이고, 개혁과 창조는 과학기술 발전의 근본 동력이다. 국가의 창조 혁신 시스템은 제2차 산업혁명을 진행한 여러 강국들의 중요한 특징이었다. 그러나 제1차 산업혁명에서 증기기관·현대적 철도 등 중요한 발명 성과를 거둔 영국이 제2차 산업혁명에서는 뜻밖에도 공헌이

---

36 唐晋 主编,『大国崛起』, 人民出版社 2006年 12月版, 173쪽.

적었는데, 이런 현상을 초래한 중요한 원인은 민족 공업 정신의 상실과 지체된 사회 개혁이었다.

6. 맺음말

영국은 원래 유럽의 서북쪽 모퉁이에 있는, 면적이 작고, 인구가 적은 섬 나라로, 근대 이전에는 장기간 유럽 대륙 밖에 떨어져 있었다. 하지만 영국은 하나의 작은 나라에서 안하무인의 세계 강국으로 성장할 수 있었고, 세계를 백 년 동안 제패했으며, 한때는 세계의 금융 중심·세계의 공장·해상의 패주가 되어, "해가 지지 않는 제국"을 건립했다. 그러나 제2차 세계대전 후, 영국은 빠르게 쇠락함과 아울러, 치유하기 힘든 "영국병"에 걸렸다. 영국 흥망성쇠의 자초지종은 사람들이 깊이 생각해볼 가치가 있다. 영국 제국이 쇠락한 원인은 앞에서 서술했으므로, 여기에서 더는 언급하지 않겠다. 영국이 굴기한 원인을 말하자면, 주로 다음과 같은 몇 가지가 있다.

(1) 국가 발전 노선을 정확히 설정하다

객관적으로 자기의 실력을 평가하고, 정확하게 자기의 전략 목표를 설정하고, 자기의 발전 노선을 정확히 찾는 것은, 한 나라가 굴기하고 강대해지는 관건이다.[37] 국가 안전 전략을 선택할 때, 영국이 취한 방법은 16세기의 스페인과는 전혀 달랐다. 스페인은 비록 해외 식민으로 굴기하고 제패했지만, 해양 주도권을 중시하지 않았고, 발전 전략의 중심을 해양에 두지 않았으며, 한정된 자원을 유럽 대륙의 분쟁에 소모했다. 이에 비해, 영국인의 시야는 유럽 대륙을 뛰어넘어, 발전하고 확장할 중점을 점차 해양과 해외 식민지의 쟁탈에 두었으며, 또한 시종 해양 주도권을 단단히 움켜쥐고 놓지 않았으며, 한정된 자원을 집중하여 해군을 발전시킴으로써 해양을 지배했다.

---

37 赵조, 李效东, 『大国崛起与国家安全战略选择』, 军事科学出版社 2008年版, 259쪽.

전형적인 섬나라로서, 영국은 근대 이전에 이미 여러 차례 대륙에서 온 침입자들에게 정복됨과 아울러 그들과 끊임없이 융합하면서, 영국의 통치자는 일종의 "짙은 대륙 콤플렉스"를 가지고 있었다. 중세기의 영국은 장기간 유럽 대륙에서 확장을 진행하려고 시도하여, 대륙의 영지를 쟁탈하기 위해 프랑스와 헛되이 시간을 끌면서 "백년전쟁"을 벌였는데, 대륙 쟁탈전에서의 참패는 국력의 쇠약을 초래했다. 튜더 왕조 시기에, 영국은 국가 발전 전략에서 근본적인 변화가 일어났다. 이후로 영국은 다시는 유럽에서의 영토 확장을 노리지 않고, 전략적 시야를 해양으로 돌렸다. 해양으로 향하는 발전 전략을 실행했기 때문에, 영국은 비로소 자기의 지리적 위치에서의 우월성을 발휘할 수 있게 되어, 다른 유럽 국가들과의 경쟁에서 모두 우세를 보일 수 있었다. "무적함대"를 물리침으로써, 영국은 오래된 식민 제국인 스페인과의 전쟁에서 승리했고, 영국-네덜란드 전쟁을 세 차례 일으켜 새로운 식민 국가인 네덜란드에게 승리했으며, 마지막으로 몇 차례의 반프랑스 전쟁을 거치면서, "워털루 전투"에서 프랑스를 철저히 격파했다. 그 기간에 자기가 차지하고 있던 공업의 우세와 해양 지리적 우세를 이용하여, 그레이트 브리튼은 세계 제국의 패업을 이룸과 동시에, 한 세기 넘게 번영했다.

제2차 세계대전이 끝난 후, 전쟁으로 철저히 파괴된 영국은 점차 유럽의 지도적 지위를 상실해갔다. 처칠은 "삼환(三環) 외교"[38]를 설계했는데, 이는 바로 영국 국력이 나날이 쇠락해가는 상황에서, 영국과 미국의 특수 관계에 의존하고, 영연방 국가와의 특수 관계를 통해, 영국의 유럽에서의 지위를 유지하려고 시도한 것이다. 그러나 영국인의 실책은, 전후(戰後)의 대부분 시간 동안, 영국의 외교 정책이 더이상 유연성을 갖지 못하고, 시종 영국과 미국의 특수 관계를 유지하는 것을 외교 관계의 중점으로 삼은 데 있었다. 그리하여 미국의 리비아에 대한 "징벌성" 공격이든, 또는 레이건의 "스타

---

38 주요 내용은, 영국이 미국·영연방·연합한 유럽이라는 세 개의 고리 속에서 특수한 연계를 맺고, 이들 삼자의 연결점과 유대를 담당함으로써, 영국의 전통적인 이익과 대국의 지위를 유지한다는 외교 전략이다.(역자 주)

워즈" 계획 등의 문제든, 영국은 모두 단호하게 미국과 같은 편에 섰다. 21세기 초기의 아프간 전쟁과 이라크 전쟁에서, 영국 정부는 다른 의견을 무시하고 자기 고집대로만 행동했다. 국내외의 강한 압력을 무릅쓰고, 미국이 전쟁을 일으키는 것을 지지했으며, 또한 이 때문에 프랑스·독일 등과 첨예한 갈등이 일어났다. 유럽의 사무는 더이상 영국 외교관들의 가장 중요한 관심사가 아니었다. 영국은 유럽연합 가입을 거절하고, 유로존(Eurozone) 가입을 거절하고, 유럽 방위 일체화를 반대했다. 영국이 다른 유럽 국가들과의 갈등이 갈수록 심각해지면서, 유럽과는 갈수록 멀어졌다. 20세기 내내, 영국은 글로벌리즘(globalism)과 섬나라, 대서양과 유럽주의, 유형의 식민제국과 무형의 무역, 군사적 위협과 외교적 영향 사이에서 균형점을 찾으면서, 영국의 지위와 걸맞으면서도 대영제국의 체면을 유지할 수 있는 위치를 찾으려고 시도했다. 무수한 실패를 겪은 후에, 영국은 결국 잔혹한 현실 앞에서 다시 유럽으로 돌아갈 수밖에 없었다. 그러나 이때의 영국은 세계를 영도하지 못했을 뿐만 아니라, 유럽을 영도하는 지위도 잃었다.

(2) 강대한 군사력으로 세계 강국의 지위를 지탱하는 데 중점을 두다

강대한 군사력은 국가의 안전을 수호하고 국가의 굴기를 실현하는 중요한 보장 조건이며, 군사 기술의 감제고지를 선점하는 것이자, 또한 군사력을 증강하는 가장 효과적인 방법이다. 영국은 줄곧 군사 기술과 군사력의 발전을 중시했는데, 이는 그가 굴기하고 세계를 제패하는 데 유리한 조건을 창조했을 뿐만 아니라, 또한 그가 20세기에 점차 쇠락한 후에도 여전히 대국의 지위를 유지할 수 있는 튼튼한 기초를 다져주었다.

우월한 지리적 위치를 이용하여, 해군 발전에 온 힘을 쏟은 것은, 영국이 몇 세기 동안 군사력을 발전시키는 중점이었고, 또 영국이 굴기하고 세계를 제패하는 중요한 버팀목이었다. 자유무역·식민 확장 및 해상 패권은 영국이 패업을 성취하는 세 개의 버팀목이었다. 그 가운데 해군은 상공업을 보호하고 식민지 탈취를 보장하는 조건이었다. 16세기부터, 영국의 정치가들은 이렇게 굳게 믿고 있었다: 우세한 해군의 보호를 받아, 영국은 유럽 대륙 국가들의 영국 본토에 대한 침략을 방어하고, 영국의 전략적 항로를 보호할 수 있으며, 또한 식민지 확장에 힘껏 종사할 수 있다. 영국은 헨리 8세 시대에 이미 정규 해군을 창건하고, 속도가 빠르고 민첩하면서, 가장 먼저 측현포(側舷砲: 배의 측면에 설치한 포-역자)를 채택한 신형 전함을 건조했고, 또 이런 신형 전함에 의지하여 스페인의 "무적함대"를 물리쳤다. "명예혁명" 때는, 영국의 함선 수량이 프랑스 바로 다음으로 세계 제2위를 차지했다. 그 후, 영국은 산업혁명의 성과를 이용하여, 끊임없이 해군의 기술과 설비를 혁신했는데, 증기기관을 해군 건설에 사용하여 증기기관의 동력으로 범선의 동력을 대체함으로써, 가장 먼저 범선 함대에서 증기 철갑 함대로의 이행을 완성했다. 19세기 초에 이르러, 영국은 이미 세계에서 첫손에 꼽히는 해군 역량을 확보했다. 영국의 함선 수량은 그 뒤를 잇는 프랑스·러시아·스페인 세 나라의 수량을 합친 것보다도 더 많았기 때문에, 그의 해상 패주의 지위를 1세기나 유지할 수 있게 되었다. 19세기 말 20세기 초부터 시작한 군비 경쟁에서, 영국의 실력은 이미 상대적으로 하락했지만, 영국은 여전히 자신의 해군이 반드시 다른 두 나라 해군의 총합보다 많아야 한다는 "쌍강(雙强) 원칙"을 준수함으로써, 영국 해군의 세계에서 절대적인 우세를 확보했다. 강대한 해군 군사력은 영국 자유무역 정책의 순조로운 실시를 보장해주었을 뿐만 아니라, 또한 영국이 다른 열강과의 식민지를 쟁탈하는 경쟁에서 유리한 지위에 있게 하는 중요한 버팀목이었다. 그러나 1930년대에 이르러, 영국의 해군력이 미국과 다른 나라들에게 빠르게 추월당하면서, 해상 패주의 지위는 점차 쇠락해갔다. 제2차 세계대전 후, 영국은 해상 우세를 완전히 상실하고, 세계 해상 패주의 지위를 미국에 넘겨주었는데, 세계는 이때부터 미국이 주도하는 시대에 진입했다. 역사가 증명하는 바에 따르면, 영국이 해상 생명선을 확실히 쥐고 있을 때는, 그의 세계 패주의 지위가 반석처럼 안정되어 있다가, 일단 제해권을 상실하자, 그의 세계 패주의 지위도 유지할 수 없게 되었다.

제2차 세계대전 전, 영국은 우선 공군을 발전시킴으로써, 그가 전쟁에서 독일의 공격을 견뎌내게 했다. 당시 영국은 비록 외교에서 파시즘 독일에 대해 유화 정책을 취했지만, 독일 공군이 맹렬하게 발전하는 추세를 보았고, 또 반드시 비행기로 대표되는 기계화 무기의 발전에 박차를 가해야만 새로운 기계화 군사 혁명에서 도태되지 않을 수 있다고 인식했으므로, 우선 공군을 발전시키는 정책을 결정했다. 1938년, 영국 공군의 지출이 처음으로 해군을 초과했다. 영국이 우선 공군을 발전시키는 정책을 결정한 것은 매우 탁월한 선택이었다. 만약 공군의 작전 능력이 전쟁 발발 몇 년 전에 매우 빠르게 제고되지 않았다면, 영국은 제2차 세계대전 초기에 독일의 맹렬한 폭격을 견뎌내기가 매우 어려웠을 것이며, 런던 방어전도 다른 결과를 낳았을 것이다.

　　냉전 시기에, 영국은 미국과 소련의 반대에도 개의치 않고, 핵 능력을 착실히 발전시킴으로써, 영국은 쇠락한 후에도 여전히 대국의 대열에 남을 수 있었다. 전략핵 역량으로 대표되는 한 국가의 군사 능력은, 대국의 지위를 구체적으로 나타내주는 하나의 중요한 측면이다. 영국의 독립을 꾀하고 유지하는 핵 능력은 제2차 대전 후에 영국의 한 가지 장기적인 정책이었다. 제2차 세계대전 기간에, 영국은 이미 원자력 연구 계획을 실행하기 시작했으며, 핵분열 연구의 매우 많은 방면에서 한때 미국보다도 앞섰다. 전후에, 영국은 미국의 압박과 봉쇄에도 불구하고, 계속 비밀리에 원자폭탄을 연구했고, 또한 1952년에 첫 번째 원자폭탄 폭발 시험에 성공하면서, 미국과 소련의 뒤를 이어 세 번째로 핵무기를 보유한 나라가 되었다. 1957년, 영국은 또 첫 번째 수소폭탄의 폭발 시험에도 성공했다. 영국이 핵 보유 그룹 가입에 직면하자, 미국은 화가 난 나머지 영국의 핵무기를 자신의 우산으로 끌어들여 통제하려고 시도했다. 비록 영·미 간에는 특수 관계가 존재했지만, 영국은 여전히 1960년대 초에 미국의 "다각적 핵 능력" 계획을 거부하고, 독립적으로 핵 능력을 발전시킨다는 입장을 견지함으로써, 그가 지금도 여전히 국제 정치 무대에서 중요한 역할을 발휘할 수 있게 되었다.

(3) 유럽과 세계의 대세를 장악하면서 영향력을 제고하다

한 나라가 굴기하기 위해서는 자신의 역량을 잘 운용하여 끊임없이 자기를 완성하고 발전시켜야 할 뿐만 아니라, 국제관계도 잘 이용하여 경쟁 상대를 최대한 억제하고 약화시켜야 한다. 영국은 세계에서 상호 견제하는 기술을 가장 성공적으로 운용한 국가이다. 근대의 몇 세기 동안, 영국은 동맹을 맺거나, "고립"시키거나, 개입하거나, 전쟁을 일으키는 등의 각종 수단을 사용하여, 정치·외교적으로 연합·분열·이간·포섭하는 등의 방법을 최대한 사용했다. 그 목적은 세력이 균형을 이루고, 상호 견제하는 유럽 대륙을 건설하고 유지하여, 자신의 안전을 확보하면서도, 해양으로 나아가 식민지를 쟁탈하기 위한 기초를 다지는 데 있었다.

첫째, 남의 힘을 빌려 힘을 발휘하면서, 시종 국제 정치 무대에서 활약했다. 첫째는 "강한 자를 억제하고, 약한 자를 도왔다[抑强扶弱]". 유럽 각국의 역량이 균형을 잃어, 갑자기 굴기한 어느 한 국가나 국가집단이 유럽의 세력 균형을 위협할 때, 영국은 통상 약한 나라를 지지하고 강한 나라를 억제하는 수단을 사용하여, 유럽 대륙의 역량 대비가 대체로 균형을 유지하게 했다. 그리고 유럽 대륙이 상대적으로 안정을 이루고, 자신의 안전도 염려할 필요가 없을 때, 영국은 고립주의를 채택하여 조용히 변화를 기다리면서, 다시 유럽 열강을 견제할 자유를 보유했다. 둘째는 "호가호위(狐假虎威)"했다. 제2차 세계대전이 끝난 후, 영국은 자신의 역량이 크게 약화한 상황에서, 미국을 따르고, 미국의 힘을 빌리는 방법을 취하여, 소련의 위협에 대처하고, 유럽의 세력 균형을 유지함과 아울러, 그의 세계적 영향을 발휘했다. "영·미의 특수 관계"를 빌려, 영국은 국제 정치 무대에서 중요한 역할을 발휘했다.

둘째, 항상 자신의 이익에서 출발하여 동맹 관계를 맺었다. 근대의 영국은 줄곧 장기적인 동맹 전략을 택하지 않고, 그는 항상 강대국 힘의 저울이 움직임에 따라, 다른 유럽 열강 간의 모순을 이용하여, 때로는 저울추를 한쪽에 더했다가, 때로는 다른 쪽에 더하면서, 유럽 열강이 항상 상호 적대시하고, 상호 견제하는 세력 균형 상태에 있게 했다. 스페인과 네덜란드가 강대할 때, 영국은 프랑스와 연합하여 그들을 물리쳤고, 프랑스가 강대할 때, 영국은 또 네덜란드와 연합하여 프랑스에 대항했다. 오스트리아 왕위 쟁탈 전쟁에서, 영국은 오스트리아 편에 서서, 프로이센과 프랑스에 대항했다. 7년전쟁에서 영국은 또 프로이센과 함께 오스트리아를 공격했다. 바로 레닌이 말한 대로였다: "영국이 항상 비교적 약한 강대국의 친구가 된 것은, 비교적 강한 강대국이 영국을 위협할 수 없을 정도로 약화시키기 위해서였다."[39]

셋째, 주요 경쟁 상대를 조준했다. 자신이 섬나라라는 실제적인 고려에 기초하여, 영국은 항상 해양을 제패하는 국가를 주요 경쟁 상대로 삼았다. 해외로 확장하던 초기에, 영국은 해상을 제패한 스페인을 주요 경쟁 상대로 삼았다. 엘리자베스 여왕은 네덜란드·프랑스와 연합하여 스페인에 대항하는 정책을 실행하여, 스페인의 해상 우세를 분쇄했다. 17세기, 네덜란드가 해상의 패주가 된 후에, 영국은 프랑스와 연합하여 네덜란드에 대해 세 차례 전쟁을 벌여, 네덜란드를 격파했다. 자산계급 혁명 후, 프랑스가 세계 최대의 함대를 보유함과 아울러, 유럽 대륙을 제패하자, 영국은 또 네덜란드 등과 연합하여 프랑스와 거의 한 세기에 걸친 대결을 펼치다가, 마침내 프랑스를 격파하고 해상 패주가 되었고, 해가 지지 않는 제국을 건립했다.

(4) 제도 혁신을 중시하여 소프트 파워를 제고하다

한 국가의 종합 국력은, 경제·과학기술·군사력 등 "하드 파워"를 포함할 뿐만 아니라, 문화·가치관·사회 제도·발전 모델·생활 방식·이데올로기 등의 "소프트 파워"도 포함한다. 소프트 파워의 작용은 비록 하드 파워처럼 그렇게 뚜렷하고 직접으로 나타나지는 않지만, 더욱 지속적인 침투력을 가지고 있다.

---

39 『列宁全集』, 第39卷, 人民出版社 1963年版, 766쪽.

빅토리아 여왕

근대 이래로, 영국은 본국의 언어·문화·가치관·정치제도·생활 방식이 국제적으로 발휘하는 영향력을 중시하여, 국가 소프트 파워의 건설을 중시함으로써, 국가의 면적이 작고 인구가 적은 자신의 약점을 보완했다. 19세기 영국 전성기의 빅토리아 여왕은 이러한 명언을 남겼다: "나는 인도를 잃을지언정, 셰익스피어를 잃을 수는 없다." 이 말로부터 영국 사회의 풍조와 가치 취향을 알 수 있었다. 오늘날 비록 영국은 더이상 "해가 지지 않는 제국"이 아니지만, 영어를 핵심으로 하는 앵글로-색슨 문화는 여전히 세계에서 성행하고 있으며, 강력한 자기장 반응을 지니고 있다.

제5장

유럽 대륙 패주의 꿈을 추구한 프랑스

"대국의 꿈"은 프랑스 민족의 일관된 이상이었다. 프랑스인의 마음속에는 대국의 명예로 충만했고, 숭고한 역사적 사명감과 책임감은 시종 그들이 유럽과 세계 역사의 진전을 끊임없이 추동하도록 격려했다. 낭만주의 역사학자 미슐레(Jules Michelet)는 프랑스를 "지구의 정령이며", "만약 프랑스가 멸망한다면, 전 인류의 우호적 관계는 와해될 것이고, 지구의 생명을 만드는 애정도 활력을 잃게 되어, 지구는 다른 천체와 마찬가지로 빙하 시기에 진입할 것이다"라고 크게 칭송했다. 세계적으로 유명한 드골 장군은 프랑스의 견줄 데 없는 숭고한 운명을 진심으로 이렇게 믿었다: "만약 프랑스가 위대하지 않으면, 프랑스가 되지 않았을 것이다."[1] 중세기의 프랑스는, 루이 14세가 유럽을 제패하려고 의도했고, 또 이를 위해 매우 힘든 노력을 기울였다. 프랑스 대혁명이 발발한 후, 나폴레옹은 기회를 잡자, 신형 군대를 이끌고 한때 유럽을 휩쓸면서, 무력 정벌을 통해 진부한 유럽의 봉건제도를 쳐부수고, 나폴레옹 제국을 건립했다. 제2차 세계대전이 끝난 후, 프랑스는 한때 자기를 미국과 소련의 밖에 독립된 세계인 "제3의 세력"으로 여기면서, 여전히 대국의 꿈을 추구했다.

1. 백년전쟁과 프랑스 민족국가의 형성

프랑스에는 널리 전해진 명언이 있으니, "우리의 조상은 갈리아인(Galli-

---

1 [프랑스] 샤를 드골, 『战争回忆录』, 第1卷, 法国巴黎普隆出版社 1970年版, 1쪽.

an)이고, 우리의 조국은 프랑스이다"라는 것이다. 프랑스는 갈리아 원주민·프랑크인과 기타 민족이 융합해서 이루어진 것이다.

(1) "우리의 조상은 갈리아인이다"

지리적 의미에서의 프랑스는 유럽 서북부에 위치하며, 지역 범위는 대서양·라인강·알프스산·지중해와 피레네 산맥으로 획정되는데, 이는 인류가 최초로 발붙이고 살았던 유럽 지역들 중 하나이다. 상고 시대의 프랑스에는 이미 인류가 활동했던 흔적이 있다. 거의 어떤 프랑스 통사 교과서에도 모두 이 말이나 이와 비슷한 말이 있다: "우리의 조상은 갈리아인이다." 갈라아인은 로마인이 켈트인을 부르던 호칭이다. 켈트인은 중유럽의 도나우 강 유역에서 발원했으며, 언어·물질문화·종교 등 공통된 특징을 가진 일부 부족에 대한 총칭이었다. 켈트인은 최초로 유럽 지역에서 철을 제련하고, 철기를 제조하여, 문명 수준이 비교적 발달했었다. 기원전 5세기 말에 프랑스 남부 피레네 산맥에 도달한 후, 켈트인은 프랑스의 지배자가 되기 시작했다. 이베리아인과 리구리아인(Ligurian)이 이미 신석기 시대에 프랑스의 남부와 동남부에 살고 있었는데, 켈트인은 그들을 정복함과 동시에 신속히 동화하여, 새로운 켈트인을 파생시켰다. 대략 기원전 500년에, "켈트인"은 이미 전체 프랑스에 널리 분포되어 있었다. "갈리아인"은 바로 고대 로마 통치자들이 오늘날의 프랑스·벨기에·네덜란드·스위스·독일 남부 및 이탈리아 북부에 살던 켈트인을 통틀어 부르던 명칭이었고, 갈리아인의 거주 지역은 갈리아라고 불렸다.

(2) 카이사르의 정복과 갈리아의 "로마화"

갈리아 지역이 카이사르에게 정복되기 전에, 켈트인과 로마인 간에는 이미 여러 차례 전쟁이 있었다. 야심만만한 카이사르는 기원전 58년에 갈리아 키살피나(Gallia Cisalpina)주의 총독을 맡고 있었는데, 그는 갈리아인 내부 분쟁의 기회를 틈타 무력으로 일거에 갈리아를 정복했다.

기원전 44년에 카이사르가 공화파에게 암살당했는데, 이때 고대 로마의 갈리아에서의 통치가 아직 안정적으로 자리 잡지 못했다. 카이사르의 후계자이자, "아우구스투스"라고 불리는 옥타비아누스가 갈리아의 "로마화" 과정을 완성했다. 옥타비아누스의 설계에 따르면, 기원전 27년에 갈리아는 4개의 속주(屬州)로 분할되어, 각각 그와 원로원이 관리하기로 되어 있었다. 옥타비아누스는 온갖 수단을 다 써서 갈리아인을 매수했다: 조건에 부합하는 갈리아인은 로마의 공민권을 누릴 수 있었고, 갈리아 공민대회를 조직하여 소집할 수 있었으며, 갈리아인은 로마의 원로원에 들어가서 원로가 될 기회가 있었고, 심지어 군대나 행정관을 맡을 수도 있었다.

갈리아의 "로마화"에서 가장 중요한 상징은 노예제 생산 방식의 확립이었는데, 이는 갈리아 지역의 경제 사회적 발전에 대해 매우 깊은 의미가 있다. 수많은 노예는 토지에서 목숨을 걸고 경작해야 했을 뿐만 아니라, 또 살아남기 위해 광산이나 공공 토목공사에서 비천하게 노동해야만 했으며, 심지어 일부 노예는 경기장에서 로마 귀족의 노리개로 전락했다. 당시의 사회 역사적 조건에서, 노예제 생산 방식이 갈리아 지역에서 확립된 것은 일종의 제도적 진보로, 갈리아의 경제가 한때 번영하는 모습을 보였다.

(3) "야만족"의 침입과 프랑크 왕국의 건립

"야만족"(고대에 그리스인과 로마인이 자신들 이외의 다른 민족을 멸시하여 부르던 호칭으로, 게르만 민족이 포함된다-역자)이 4세기 후반부터 갈리아로 이주하기 시작했다. 게르만 부족 중 서고트인이 최초로 갈리아에서 "야만족" 왕국을 건립했다. 흉노인에게 쫓겼기 때문에, 367년에 서고트인은 로마 제국 동북부로 들어갔는데, 처음에는 로마인과 서로 다투지 않고 평화롭게 살았다. 후에 관리들과 노예주들의 박해 때문에, 378년에 서고트인이 반항의 깃발을 들어 올렸고, 아드리아노플 전투에서 로마 제국의 군대를 격파한 다음, 다시 410년에 로마성을 함락시키자, 전체 로마 제국이 혼란에 빠졌다. 수년간의 전투를 거쳐, 서고트인은 마침내 갈리아 남부의 아키텐 지역에 서고트 왕국을 건립했고, 수도는 툴루즈(Toulouse)였다.

갈리아 지역에 출현한 또 하나의 "야만족" 왕국은 부르고뉴였다. 5세기 초, 부르고뉴인은 라인강 중류에서 갈리아 동남부로 침입했다. 443년, 부르고뉴 왕국이 건립되었고, 리옹(Lyon)을 수도로 정했다. 후에 갈리아 지역에는 또 일부 "야만족"들이 나라를 건립했다.

여러 "야만족" 국가들 중, 클로비스(Clovis)가 수립한 프랑크 왕국이 존재한 기간이 가장 길었고, 영향력도 가장 컸다. 프랑크인도 게르만인의 한 갈래로, 주로 라인강 하류에서 거주했다. 481년부터 507년까지, 클로비스는 잇달아 서고트·부르고뉴 등 게르만 부족 왕국들을 소멸시키고, 프랑크 왕국의 첫 번째 왕조인 메로빙거 왕조(Merovingian Dynasty)를 창립했다. 508년, 그들의 세력과 영향력은 이미 저지할 수 없게 되었음을 감안하여, 동로마제국 황제는 클로비스에게 집정관 칭호를 수여했다.

(4) 프랑스 민족 국가의 초보적 형성

639년, 제4대 국왕 다고베르트 1세(Dagobert I)가 세상을 떠나자, 메로빙거 왕조는 철저한 쇠락에 빠져들었다. 이와 동시에, 국왕의 집사장인 "궁내부대신"이 권력을 독점하고, 왕조의 사무를 조종하기 시작했다. 751년, 마지막 국왕 킬데릭 3세(Childeric III)의 궁내부대신인 "난쟁이" 피핀(Pepin)이 수단을 가리지 않고 로마 교황의 지지를 얻으면서, 킬데릭 3세는 감금되었고, 피핀은 프랑크 왕국의 두 번째 왕조인 카롤링거 왕조를 건립했다. 프랑크인의 전통에 따라, "난쟁이" 피핀은 임종 전에 국가를 두 아들에게 나누어 주었다. 후에 차남이 일찍 사망했기 때문에, 프랑크 왕국은 분열을 면할 수 있었다. 피핀의 장남인 샤를은 바로 프랑크 역사상 가장 위대한 군주인 "샤를마뉴 대제"이다. 수십 년의 전쟁을 거쳐, 800년에 샤를마뉴 대제가 유럽 대륙에서 통할하던 영토는 이미 옛날의 로마 제국과 완전히 견줄 만했다. 814년, 샤를마뉴 대제가 세상을 떠나자, 제국은 곧 쟁탈과 혼전에 빠졌다. 843년, 샤를마뉴 대제의 세 명의 손자들이 〈베르됭 조약〉을 체결했다. 조약의 규정에 따라, 프랑크 왕국은 세 부분으로 나뉘었고, 그중 라인강의 서부 지역에 서프랑크 왕국을 건립했는데, 오늘날 프랑스의 주요 영토는 바로 서프랑크 왕국("서프랑크" 왕국은 후에 "프랑스" 왕국으로 개명했다)에서 유래했다. 〈베르됭 조약〉은 프랑스가 독립하여 건국한 상징이 되었으며, 카롤링거 왕조의 통치는 줄곧 서프랑크 왕국이 계승하여 이어갔다. 987년, 카페 왕조 (Dynastie des Capétiens)가 카롤링거 왕조를 대체하여 프랑스를 통치했는데, 왕권이 끊임없이 증강됨에 따라, 프랑스 민족 국가가 역사의 무대에 등장하기 시작했다.

(5) 백년전쟁의 촉매 작용

13세기 초, 프랑스 민족국가와 민족의식은 지속적으로 공고해지고 증강되었다. 프랑스의 각 도시 공동체는 1214년에 처음으로 군대를 파견하여 국왕 필리프 2세(Philip II)와 함께 작전을 벌여, 부르봉에서 영국 국왕과 독일 황제와 플랑드르 백작이 결성한 반프랑스 연맹을 격파했다. "부르봉 전투"는 프랑스가 이미 매우 강력한 지역적 귀속감과 민족의식을 형성했다는 것을 상징했다. 훗날, 필리프 4세(1285~1314년)가 교황과 투쟁하면서, 한층 더 프랑스의 민족의식을 불러일으켰다. 1302년, 필리프 4세는 공개적으로 교황과 대항하여, 교황의 최고 권력에 반대하면서, "국가"의 지위가 종교 통치를 초월하기 시작했고, 세속의 국왕이 처음으로 삼부회를 소집하여 국가 대사를 논의했다. 1305년, 강대한 프랑스 국왕이 교

14세기부터 15세기까지, 영국과 프랑스의 백년전쟁 과정에서 영국 군대가 높은 사다리를 사용하여 프랑스의 퐁토드메르(Pont-Audemer)성을 공격하고 있다.

성녀 잔 다르크(대략 1412~1431년)는, 프랑스의 여성 민족 영웅이자, 프랑스 동북부 샹파뉴 지역 농민 가정의 딸이었다. 백년전쟁 과정에서, 영국군이 오를레앙을 포위 공격하자, 그는 1429년 초에 왕세자 샤를을 알현하고, 4월 29일에 군대를 이끌고 오를레앙성으로 돌진해 들어가, 5월 8일에 영국군을 격파하고 오를레앙의 포위를 풀어, "오를레앙의 딸"로 칭송되었다. 후에 군대를 이끌고 동쪽으로 진격했으며, 샤를을 랭스로 호송하여 대관식을 거행했는데, 도중에 여러 도시들을 수복했다. 1430년 5월, 군대를 이끌고 콩피에뉴를 지원하다가, 영국에 우호적인 부르고뉴파 군대에 사로잡혔고, 아울러 영국군에 팔아 넘겨졌다. 후에 교회 법정에서 "마녀" 판정을 받고, 루앙 광장에서 화형으로 희생되었다.

황의 소재지를 프랑스의 아비뇽으로 옮기자, 교회 권력은 왕권에 굴복할 수밖에 없었다. 14세기부터 15세기까지, 프랑스의 민족국가 의식은 영국과 프랑스의 백년전쟁을 거치면서 강화되었다.

1328년, 발부아 왕조가 카페 왕조를 대체하여 프랑스의 역사 무대에 등장했다. 발부아 왕조 시기에 영국과 프랑스의 "백년전쟁"(1337~1453년)이 발발했다. 이 전쟁은 인류 역사 이래 지속된 기간이 가장 길었던 전쟁으로, 영국과 프랑스의 5개 왕조(영국은 에드워드 3세부터 헨리 5세까지, 프랑스는 필리프 6세부터 샤를 7세까지)에 걸쳐 진행되었다.

장기간의 투쟁을 거쳐, 프랑스 왕 샤를 7세는 1453년에 최후의 승리를 거두었다. 백년전쟁에서 프랑스 왕은 프랑스에 있던 영국왕 소유의 영지를 수복하여, 국가 통일의 마지막 장애를 제거했다. 수많은 프랑스 민중의 영국에 대한 원한은 더구나 이번 봉건 왕조 간의 전쟁을 민족 전쟁으로 변화시켰다. 영국에 항거하여 나라를 구하는 과정에서 희생한 성녀 잔 다르크는 프랑스의 첫 번째 민족 영웅이 되었다. 1491년, 샤를 8세 통치 시기에 프랑스는 기본적으로 통일을 실현하여, 진정한 의미에서의 프랑스 민족국가가 유럽의 무대에 등장하기 시작했다. 백년전쟁이 프랑스의 민족의식을 결집시키는 데에서 한 작용은 프랑스 역사학자의 높은 평가를 받았는데, 이 시기는 프랑스 민족 역사의 시작이라고 여겨졌다. "백년전쟁"은 프랑스에 하나의 찬란한 정신적 유산을 남겨주었으며, 이 유산이 포함하고 있는 강렬한 민족주의와 애국주의 정신은 시종 훗날의 프랑스 민중을 고무시켰다. 비록 위대한 승리를 거두었지만, 프랑스 인민은 백년전쟁에서 거대한 손실을 감당했으니, 인구 성장은 거의 정체되었고, 수많은 가정의 재산은 모조리 약탈당했다. 프랑스의 봉건화 과정은 프랑스 민족의 형성과 동시에 전개되어, 프랑스 민족이 형성될 무렵에 봉건제도도 최종적으로 완성되었다.

2. 루이 14세의 유럽 패권 쟁탈전

17세기 이후, 프랑스의 홍의주교(紅衣主教) 리슐리외(Armand Jean du Plessis Richelieu)와 그의 정치적 후계자인 쥘 마자랭(Jules Mazarin)은 프랑스가 유럽을 제패하는 제국의 이상을 확립했고, 아울러 이러한 이상과 서로 부합되는 실력 정책을 줄곧 시행했다. 루이 14세가 집권한 후, 20여 년에 걸친 무력 정벌을 통해, 마침내 1684년에 〈레겐스부르크 조약〉의 체결로 상징되는 유럽 패권을 이루어, 프랑스의 유럽 패권 꿈은 일거에 현실이 되었다. "태양왕"으로 불리는 루이 14세는 재능이 넘쳤으며, 평생 풍류를 즐기고 사치스럽게 살았다. 그는 유럽 역사상 재위 기간(재위 72년, 실제 집권 54년)이 가장 길었던 군주로, 전성기에는 거의 모든 유럽 대륙의 국가들이 루이 14세에게 신복(臣服)했다. 그러나 그의 집권 말기에 일련의 대내외 정책에서의 실수로 인해, 프랑스의 패권은 몰락으로 치달았다. 1715년, 그는 아직 완전히 실현하지 못한 "자연국경(自然國境)"의 꿈을 지닌 채 세상을 떠났고, 프랑스의 패권 시대도 이로써 일단락되었다.

(1) 루이 14세가 유럽 패권을 다툰 역사적 근원

루이 14세는 원대한 지략을 가졌고 야심만만했지만, 이는 결코 그가 장기간 영토 확장 정책을 추진한 유일한 원인이 아니었다. 루이 14세의 프랑스가 끊임없이 영토를 확장하려 했던 이유는, 프랑스와 합스부르크 왕조, 특히 스페인 방계(傍系)에서 유래된 오래된 모순과 떼어 놓을 수 없다. 장기간의 대치와 전쟁 과정에서, 프랑스는 점차 우세를 차지했다.

카페 왕조의 루이 11세(1461년부터 1483년까지 재위)가 통치하면서부터, 프랑스는 그 후로 200여 년 동안 끊임없이 한 가지 외교 지도 사상, 즉 합스부르크 왕조 가문 통치의 포위에 직면하여, 프랑스가 자기의 생존과 발전을 위해서는, 설령 무력을 사용하는 한이 있더라고 공간을 개척해야 한다는 사상을 끊임없이 강화해야만 했다. 특히 스페인의 카를 5세(1519년부터 1565년까지 재위)가 즉위한 후, 프랑스의 이런 위기감은 더욱 긴박해졌다. 카를 5세는 할아버지인 독일 황제 막시밀리안의 수중에 있던 오스트리아를 물려받았고, 할머니인 "부르고뉴의 메리"로부터 네덜란드와 프랑슈 콩테를 물려받았으며, 외할아버지인 페르난도의 수중에 있던 스페인과 스페인령

아메리카 및 이탈리아와 지중해의 속지인 나폴리와 파르마 등지를 물려받았다. 1519년, 카를 5세는 독일 제국의 황제에 선출되었는데, 한때 전 유럽에서 위세가 대단하여, 실력에서 필적할 자가 드물었다. 1526년, 카를 5세의 동생인 페르디난트 1세가 헝가리와 보헤미아의 왕위에 올랐다. 이리하여 전체 유럽의 대부분 지역을 아우르는 합스부르크 왕조가 세상 사람들 앞에 나

1667년, 왕립과학원을 참관하는 프랑스 국왕 루이 14세.

타났다. 카를 5세가 퇴위한 후, 오스트리아·보헤미아 및 헝가리가 계속 그의 동생의 통치를 받은 것만 제외하고, 나머지 지역들은 모두 그의 아들인 필리프 2세가 통치하게 되었다. 합스부르크 왕조는 이리하여 스페인과 오스트리아 두 방계로 분열되었는데, 이는 프랑스를 동·서·남·북 각 방향으로부터 안전이 위협받게 함으로써, 전면적으로 제압당하는 불리한 지경에 처하게 했다. 볼테르는 일찍이 정확하게 지적하기를, 한창 흥성하여 강대한 합스부르크 왕조는 유럽을 그의 지배하에 놓이게 할 것이라고 했다. 이 때문에 프랑스의 일관된 외교 사상은 바로 합스부르크 왕조와 유럽 패권 쟁탈을 벌여, 발전 공간을 획득하는 것이었다. 1667년, 프랑스는 스페인 유산(遺産) 전쟁을 일으켰고, 이어서 네덜란드 전쟁·아우크스부르크 전쟁 및 스페인 왕위계승 전쟁을 벌였는데, 이런 전쟁들은 모두 프랑스가 생존 공간을 도모하려는 일관된 전략 사상의 구현이었다.

(2) 루이 14세의 유럽 패권 확립

1661년, 의기양양한 청년 루이 14세가 친정(親政)했다. 당시 유럽의 정세는 그가 대외 전쟁을 일으키는 데 좋은 기회를 제공했다. 전방위적으로 프랑스를 견제하던 합스부르크 왕조가 이제는 예전 같지 않았다. 스페인은 혁명을 일으킨 네덜란드에 의해 격파되었고, 30년전쟁에서 심각한 타격을 받았는데, 이러한 것들은 모두 합스부르크 왕조의 유럽 패주 지위를 심각하게 약화시켰다. 특히 이어진 스페인과 프랑스 사이에서 발발한 10년에 달하는 전쟁에서, 프랑스 측이 거둔 승리는 합스부르크 왕조의 스페인 가문이 이미 쇠약해져, 국력이 매우 약해졌다는 것을 충분히 증명했다. 루이 14세는, 프랑스가 바로 합스부르크 왕조의 위협 국면에서 벗어날 절호의 기회가 다가왔음을 예민하게 느꼈다.

루이 14세의 지지하에, 중상주의자인 콜베르가 경제 대권을 관장하기 시작했다. 콜베르는 강력하게 농·공업 생산과 해외 무역과 식민 운동을 추진하는 데 크게 힘쓰고, 경제 개혁을 실행하여 프랑스의 재정 수입을 지속적으로 증가시킴으로써, 당시 유럽에서 가장 부강한 나라로 도약했다. 프랑스는 유럽과 세계를 정복하는 목표를 실현하려면 반드시 강대한 해군의 뒷받침이 있어야 한다고 여겼는데, 당시 프랑스의 해군 군사력은 영국이나 네덜란드의 상대가 전혀 못 되어서, 루이 14세는 이런 국면을 바꾸기로 결심했다. 유능한 참모인 콜베르의 세심한 계획과 적극적인 추진으로, 1677년에 이르러 프랑스는 이미 전함 140척을 보유했고, 동시에 해군 모병제도도 완성되었으며, 많은 항해기술학교가 설립되었는데, 이런 유력한 조치들이 프랑스의 해군력을 비약적으로 발전하게 했다. 프랑스는 또한 영국 찰스 2세의 수중에 있던 천연의 훌륭한 항구인 됭케르크(Dunkirk)를 사들임과 동시에, 30척의 전함을 수용할 수 있는 거대한 도크를 건설하면서, 해군이 발전할 수 있는 공간이 크게 확장되었다. 이와 동시에, 해외 무역도 비약적으로 발전했는데, 프랑스의 동인도회사·서인도회사·북방회사·중동회사는 모두 루이 14세가 부여한 무역 독점권을 향유했다. 비록 제1세대 식민 회사는 대다수가 성과 없이 끝났지만, 프랑스의 해외 상업 무역은 이를 통해 전 세계에 널리 퍼졌고, 빠른 성장을 이루었다.

모든 준비는 다 끝났는데, 오직 동풍만 불지 않고 있었다. 루이 14세는 유럽을 제패하기 위해 4차례 대규모 전쟁을 일으켰다.

첫 번째는 "유산 전쟁"(1667년부터 1668년까지: '귀속 전쟁'이라고도 함-역자)이다. 이 전쟁은 루이 14세가 스페인의 유산을 탐냈기 때문에 발발했다. 프랑스의 노련한 정치가인 마자랭은 일찍 〈피레네 조약〉[2]을 체결할 때 이미 이 전쟁을 계획했는데, 목적은 프랑스의 "자연국경"을 확장하는 데 있었다. 1667년에 전쟁이 발발하자, 루이 14세는 친히 20만 대군을 거느리고 3주도 안 되는 시간에 합스부르크 왕조의 속지인 프랑슈 콩테와 플랑드르를 점령했다. 프랑스의 침략 행위는 네덜란드의 안전을 위협했을 뿐만 아니라, 다른 유럽 열강의 이익도 침범했다. 유럽의 세력 균형을 유지하고, 루이 14세

---

2 프랑스와 스페인 간의 30년전쟁을 끝맺기로 했던 〈베스트팔렌 조약〉을 체결한 후에도 전쟁이 계속되자, 이 전쟁을 끝맺기로 하고 맺은 평화조약이다.(역자 주)

의 끊임없는 팽창 야심을 억제하기 위해, 영국·네덜란드·스웨덴 등은 5일 만에 반프랑스 동맹을 결성했다. 강대한 반프랑스 동맹의 압력에 직면하자, 루이 14세는 어쩔 수 없이 1668년에 전쟁을 멈추고, 상대방과 〈엑스라샤펠 (Aix-la-Chapelle: 독일의 아헨-역자) 조약〉을 체결했다. 비록 조약의 규정에 따라 프랑스는 단지 플랑드르의 일부 지역밖에 얻지 못했지만, 이 전쟁은 이미 네덜란드로 통하는 대문을 열어주어, 프랑스의 유럽 패업은 한 걸음 더 나아갔다.

두 번째는 "네덜란드 전쟁"(1672년부터 1678년까지)이다. "유산 전쟁"이 끝 난 후, 루이 14세는 네덜란드에 대해 매우 분개하여, 이렇게 작은 나라가 뜻 밖에도 감히 자신의 유럽 패업을 방해하고 있는데, 이는 프랑스에 대한 커 다란 불경이자 악의적인 모욕이라고 여겼다. 네덜란드에 대한 보복성 전쟁 이 배태되기 시작했다. 1672년, 프랑스 군대가 다시 남부 네덜란드를 침입 하여, 네덜란드에 대규모 공격을 가했다. 네덜란드가 바다를 막고 있던 큰 제방을 뚫어, 용솟음치는 바닷물로 프랑스의 공세를 저지하자, 프랑스군은 철수할 수밖에 없었다. 이와 동시에, 프랑스는 바다에서도 불리한 전황에 직면했는데, 영국과 프랑스의 연합함대가 네덜란드 해군에 의해 궤멸한 데 다, 네덜란드 측의 오라녜 공작이 외교적 중재를 펼치면서, 루이 14세는 전 쟁 국면에서 피동적인 상태에 빠지게 되었다. 1674년, 프랑스를 지지하던 영국이 전쟁에서 발을 뺐다. 1675년, 프랑스에 우호적이던 또 다른 중요한 역량인 스웨덴이 네덜란드를 지지하는 브란덴부르크-프로이센 공국에 의 해 패배하자, 프랑스는 고립무원의 처지에 놓이게 되었다. 어쩔 수 없자, 프 랑스가 강화(講和)에 동의하여, 1679년에 〈네이메헌(Nijmegen) 조약〉을 체 결했다. 비록 중대한 전쟁에서 승리를 거두지는 못했지만, 이 전쟁을 통해 프랑스는 유럽 사무의 결재권을 획득하여, 유럽에서의 분쟁과 전쟁의 재판 권자가 되었다. 이 전쟁의 영향은 매우 심대하여, 1684년에 오스트리아와 스페인은 어쩔 수 없이 루이 14세와 〈레겐스부르크(Regensburg) 조약〉을 체결했는데, 조약의 체결은 프랑스가 정벌하고 병탄하여 획득한 모든 영토를 합스부르크 왕조가 승인했다는 것을 의미했다. 이렇게 되자, 루이 14세는 유럽 권력의 최고봉에 올라, 유럽을 제패하는 꿈을 실현했다.

세 번째는 "아우크스부르크 전쟁"(1689년부터 1697년까지)이다. 루이 14세의 기세등등한 패권 정책은 다른 유럽 국가들에게 두려움을 느끼게 했고, 더 나아가서 깊은 적개심을 갖게 했다. 1685년부터 프랑스는 불리한 유럽 정세에 직면하기 시작했다. 1686년, 오랴네 공작의 재촉으로, 프랑스에 반대하는 "아우크스부르크 동맹"이 결성되었는데, 거기에는 네덜란드·스페인 및 일부 독일의 작은 방국들과 이탈리아의 여러 나라들이 포함되어 있었고, 줄곧 프랑스에 우호적이던 스웨덴도 프랑스에 반기를 들고 이 동맹에 가입했다. 1688년에 영국에서 "명예혁명"이 일어나 통치자가 교체되자, 프랑스에 우호적이던 영국이 네덜란드를 지지했는데, 유럽 정세에는 이로 인해 새로운 변화가 일어나, 프랑스는 고립무원의 처지에 깊이 빠져들었다. 1688년, 대군이 국경까지 압박해오는 상황에 직면하자, 루이 14세는 선수를 쳐서 라인란트팔츠를 대거 침입했는데, 아우크스부르크 전쟁은 이렇게 발발했다. 이 전쟁에서 프랑스는 정치적으로 고립에 빠지고, 군사적으로 포위당했으며, 전체 유럽이 연합하여 루이 14세를 반대했다. 해상에서는 영국과 네덜란드 연합함대가 프랑스를 공격했고, 육상에서는 루이 14세가 스페인과 독일 제국의 포위 공격을 받았다. 각 방면의 실력에서 총체적으로, 프랑스는 반프랑스 동맹에 대적하기 어려웠다. 프랑스는 비록 육지 전쟁에서는 우세를 차지했지만, 해상에서는 심각한 타격을 받았다. 이 기나긴 전쟁은 질질 끌면서 승부를 가리지 못해, 쌍방 모두가 거의 기진맥진하자, 어쩔 수 없이 1697년에 〈레이스베이크(Rijswijk) 조약〉을 체결하고 전쟁을 끝냈다. 이 전쟁의 결과는 프랑스의 패권을 쇠락으로 치닫게 했다.

네 번째는 "스페인 왕위계승 전쟁"(1701년부터 1714년까지)이다. 이는 루이 14세의 일생에서 마지막 전쟁으로, 기간이 가장 길었는데, 목표는 스페인 왕위를 쟁탈하는 것이었다. "아우크스부르크 전쟁"이 끝난 후, 스페인 국왕 카를로스 2세가 병으로 사망했다. 루이 14세는 자신의 손자인 필리페로 하여금 스페인의 왕위를 계승하게 했다. 루이 14세는 프랑스 군대에 이번 기회를 이용하여 플랑드르를 점령하라고 명령했다. 프랑스 부르봉 왕조 세력이 스페인까지 침투함에 따라, 루이 14세는 그가 꿈에도 바라던 유럽 패권의 판도를 완성했다. 스페인 왕위 쟁탈에서 패배한 독일 황제는 앙심을 품고, 모든 반프랑스 국가들을 책동하여 연합하게 한 데다, 유럽의 다른 국가들도 모두 프랑스는 그 자신이 강대해지자 전 유럽을 통제하려는 야심을 갖게 되었다는 것을 분명히 알고 있었으므로, 대전은 일촉즉발이었다. 1701년, 루이 14세가 플랑드르로 출병하면서, 제4차 전쟁이 발발했다. 전쟁에서 프랑스 군대는 사방으로 출격하여, 적군의 국경으로 깊이 들어갔다. 역사는 다시 재현되었으니, 프랑스는 전쟁 후기에 곤경에 빠졌다. 즉 반프랑스 연합군이 프랑스 북부에서 승리를 거두어, 프랑스의 문호가 열림과 동시에, 오스트리아의 군대는 스페인에서 프랑스 군대를 격파했다. 다행히 남부 독일 지역에서의 한 차례 큰 승리가, 프랑스로 하여금 체면을 완전히 구기고 철저히 패배하는 것을 간신히 모면하게 해주었다. 1714년, 13년이나 걸린 이 전쟁이 마침내 끝나고, 교전을 벌였던 쌍방은 〈위트레흐트 조약〉을 체결했으며, 프랑스의 패권은 이렇게 끝났다. 광적인 전쟁 유발자인 루이 14세는 자신의 정벌을 멈추지 않았던 일생을 돌이켜 보고는 감개무량하여, 자기의 후계자에게는 전쟁을 신중히 대하라고 경고했다.

루이 14세는 54년 동안 집권했는데, 그중 거의 30년 동안 프랑스는 온통 전쟁 상태에 빠져 있었다. 여러 차례의 전쟁에서, 프랑스는 모두 작은 세력으로 큰 세력에 맞섰으니, 이는 루이 14세 외교 전략의 실패와 관련이 있다. 동시에 다른 유럽 열강이 "세력 균형"을 엄격히 준수하여, 프랑스 혼자서 유럽을 제패하도록 허락하지 않은 것과도 관계가 있다. 4차례의 큰 전쟁에서, 프랑스는 앞의 2차례 전쟁에서는 주로 승리를 거두었고, 전과도 비교적 뚜렷했다. 나중의 2차례 전쟁에서, 프랑스는 패배하는 경우가 많아, 얻은 것으로 잃은 것을 상쇄할 수 없었다. 루이 14세가 부르봉 가문에게 바친 가장 큰 선물은 아마도 그의 손자가 성공적으로 스페인 왕위를 계승하게 한 일일 것이다. 루이 14세가 일으킨 전쟁은 유럽, 더 나아가 세계의 구도를 심각하게 변화시켰는데, 프랑스는 비록 전쟁을 통해 영토를 크게 확장하지는 못했지만, 그의 국제적 지위는 물론이고 유럽에 대한 영향력도 모두 전에 없는 수준에 이르렀다. 루이 14세는 네덜란드를 중점적으로 타격했는데, 이런 실력 소모와 대항은 네덜란드의 국력을 뚜렷이 약화시킴으로써, 17세기에 누렸던 해상 패주의 지위도 점점 순순히 내놓게 했다. 그리고 장기간 유럽 대륙에서의 쟁투에 깊이 빠져 있었기 때문에, 프랑스의 해외 확장 발걸음은 지체되어 앞으로 나가지 못했고, 그 결과 영국이 앉아서 어부지리를 얻게 해주었다. 프랑스의 루이 14세가 유럽 대륙을 정벌했던 세월은 또한 바로 대영제국이 해상 패권의 기초를 다지던 시기였다.

(3) 루이 14세의 유럽 패권이 쇠락한 원인

우선, 유럽의 다극(多極) 세력 균형 구도는, 필연적으로 다른 국가들이 루이 14세가 이른바 "자연국경"을 실현하는 것을 저지하도록 했다. 지정학적으로 고찰해 보면, 네덜란드·오스트리아·스페인 같은 프랑스 주변 국가들은 모두 비교적 강한 실력과 영향력을 갖고 있었는데, 이런 국가들은 절대로 루이 14세가 프랑스 국경을 유리한 전략적 요충지들이 이어지는 선으로 형성하려는 의도를 허락할 수 없었다. 이는 그들로 하여금 심각한 위협을 느끼게 함으로써, 루이 14세의 "자연국경" 야심은 반프랑스 동맹의 형성을 촉진했다. 동시에, 민족국가가 활발하게 탄생한 후부터, 근대 유럽의 국제 교류 원칙과 법률이 이미 점차 형성되었고, 영토와 주권 관념이 사람들의 마음속에 깊이 형성되어 있어, 루이 14세가 무력으로 "영토를 개척하여 국토로 삼고, 토지를 나누어 경계로 삼는 것"은 당시의 시대적 조류에 역행하는 것이었다. 해마다 이어진 정벌은 프랑스를 정치적으로 고립시키고, 적을 많이 만들고, 포위에 깊이 빠져들게 했는데, 이는 프랑스의 국력을 빠르게 쇠락시켰다.

다음으로, 건전한 재정 체계가 부족했다. 필요한 재정 수입이 없자, 해마다 이어지는 전쟁을 유지할 수 없었을 뿐 아니라, 매우 쉽게 재정 위기의 수렁에 빠졌다. 어떻게 1년 내내 벌이는 전쟁에서 발생하는 높은 전쟁 비용과 군비 부족 문제를 해결할 것인가? 제국의 재정 적자를 보충하기 위해, 콜베르는 어쩔 수 없이 이전에 시행하던 지출 절감과 같은 합리적인 재정 조치들을 포기하고, 후환을 고려하지 않으면서 눈앞의 위기만 해결하려는 수단을 택했다. 그것은 바로 사회에 관직과 왕실의 영지를 팔아 재정 위기를 해결한 것이다. 비록 매관매직이 일시적으로 프랑스의 재정 부족과 군비 부족을 완화했지만, 근본적인 효과를 거두기는 어려웠고, 또 그 후과는 심각했다. 관직이나 귀족 봉호를 구매한 자들은 한 번에 모든 비용을 지불하기만 하면 관직과 봉호를 세습할 수 있었고, 타인에게 전매할 수도 있었으며, 국왕은 간섭할 권리가 없었는데, 이는 국왕의 국가 관원의 임면에 대한 통제를 잃게 하여, 정치적 혼란과 사회적 동요가 이어졌다. 동시에 관직을 구매한 자들의 대다수는 부유한 사람들로, 자신의 실력이 풍부했는데, 이는 왕권과 맞설 수 있는 능력을 갖춘 관료 계층의 탄생을 초래했다. 18세기, 관료 계층이 왕권에 대항하는 상황이 갈수록 심각해졌다. 동시에 욕심이 끝이 없는 "소송 비용" 제도가 나타났다. 관직을 사려면 고액의 비용을 처러야 하여, 관직을 산 자는 파렴치하게 소송 비용을 마구 수탈하면서, 무료의 공정한 사법이 이때부터 사라지자, 한 나라의 공신력은 모조리 없어졌고, 백성들의 원성이 곳곳에 자자했다. 관직을 돈으로 구매한 방대한 규모의 집단은 제국 정치의 악성 종양이 되어, 간신히 남아 있던 국가의 권위를 끊임없이 잠식했다. 이 시기의 프랑스는 전제(專制)가 성행하고, 직위는 중첩되었으며, 관원은 부패가 극심해지면서, 백성들은 살아갈 수 없게 되었고, 국가 발전을 심각하게 저해했다.

그다음으로는, 종교 갈등과 교파 충돌의 영향이었다. 프랑스의 종교는 파벌이 난립하여, 분쟁이 끊이지 않았으며, 갈등은 나날이 쌓여갔다. 16세기의 프랑스는 자산계급·평민·농민을 위주로 하는 칼뱅교의 신도 수가 계속 증가했다. 동시에 일부 봉건 귀족들이 종교를 이용하여 왕권에 대항할 목적으로 칼뱅교에 가입하기도 했는데, 이런 사람들은 "위그노 교도"라고 불렸다. 왕권을 옹호하는 봉건 귀족들은 "가톨릭 동맹"을 맺었다. "위그노 교도"와 "가톨릭 동맹"은 권리를 위해 피비린내 나는 싸움을 벌였는데, 역사는 이를 "위그노 전쟁"이라고 부른다.

1589년, 프랑스 왕 앙리 4세가 "낭트칙령"을 반포했다. 그 취지는 이 종교 살육을 진정시키는 데 있었고, 적대적인 쌍방의 교전이 일단락되었다. 그러나 가톨릭을 숭상하던 루이 14세가 왕위를 계승한 후, 전체 프랑스가 "하나의 신앙, 한 가지 법률, 한 명의 국왕"이라는 집권 국면을 형성하기 위해서는, 반드시 통일된 종교를 빌어 인심을 통제해야 한다는 것을 깊이 알고 있었다. 칼뱅교파의 신교도들은 루이 14세가 엄혹하게 타격하는 대상이 되었다. 1685년, 루이 14세는 "낭트칙령"을 폐지함과 동시에, 모든 신교의 교회를 금지한다고 규정했으며, 개종을 원치 않는 신교 목사는 즉각 프랑스에서 축출되었고, 신교도의 자녀는 반드시 새로 가톨릭 세례를 받아야 했다. 루이 14세의 왕실 군대는 강제로 신교도 가정에 들이닥쳐, 그들에게 가톨릭으로 개종하라고 위협했다. 잉글랜드·네덜란드·독일·스위스와 북아메리카는 고향을 등지고 떠난 수십만 위그노 교도들의 망명 목적지가 되었다. 결국 신교는 프랑스에서 거의 근절되었지만, 위그노 교도가 탈출하면서 가져간 부와 기술은 프랑스에 막대한 손실을 초래했다. 40만 명의 주민이 사라졌고, 6,000만 리브르(livre)의 자금을 가져갔으며, 거의 만 명의 해군 장병들이 다른 나라로 전향했고, 육군도 수많은 장병들이 외국에 의탁했다. "낭트칙령"의 폐지가 초래한 후과는 프랑스의 국력을 매우 크게 약화시켰고, 그의 경제·정치·종교 및 민족 심리상태에 모두 크게 부정적인 영향을 미쳤다. 프랑스의 망명한 위그노 교도를 받아들인 그 나라들은 이 기회를 이용하여 자신의 실력을 향상시켰고, 자금·기술과 인재 방면에서 중요한 보충을 얻었다. 이런 각도에서 보면, 루이 14세의 극단적인 종교 박해 정책은 훗날의 그 자신의 경쟁자들을 육성한 셈이다.

마지막으로, 경직된 봉건적 생산관계와 봉건제도는 가장 큰 장애가 되었다. 첫째, 봉건적 토지 소유제는 생산력의 발전을 심각하게 속박했다. 통계에 따르면, 루이 14세가 재위한 마지막 1년에 귀족과 교회로 대표되는 특권계급의 인구수는 단지 프랑스 인구의 2%뿐이었지만, 전국의 60~70%에 달하는 경지를 장악하고 있었고, 프랑스 인구의 95% 이상을 차지하는 농민은 오히려 전국 토지의 30~40%밖에 보유하고 있지 않았다.[3] 토지와 생산 도구가 매우 부족했을 뿐만 아니라, 각종 과중하고 잡다한 세금도 빈곤한 프랑스 농민을 매우 고통스럽게 했다. 루이 14세 시대의 농업은 생산 효율이 저하되어 매년 부진한 데다, 낙후한 국내 교통 기초 시설은 농산품이 각지의 시장으로 들어가는 데에 매우 큰 장애가 되어, 농촌 경제는 이미 해체되는 추세였고, 국내 자본주의 상공업은 낮은 수준의 농업 경제로 인해 발전하기 어려웠다. 둘째, 봉건적 할거는 프랑스의 국내 세관이 난립하게 했으며, 각지의 화폐·도량형·세금과 법률의 차이가 매우 컸다. 40종 이상의 갖가지 화폐들이 국내에서 유통되었고, 파리 주변에 있던 각종 세관만 54개에 달했다. 오를레앙에서 노르망디까지, 불과 수백 킬로미터 거리의 화물을 운송하는 과정에서 수십 번의 세금을 내야 했고, 화물 값이 이로 인해 20배나 인상되었지만, 중국에서 프랑스까지 화물을 운송하더라도 가격 인상은 3~4배를 넘지 않았다. 봉건제도는 프랑스 자본주의의 발전을 매우 어렵게 만들었다. 셋째, 도시의 봉건 길드가 자본주의적 상업 활동을 심각하게 방해했다. 왕조의 관원이 마음대로 벌금을 받고 세금을 거두었으며, 독직과 부패가 매우 심했다. 이런 상황에서, 살아남을 발전 공간을 갈구하는 프랑스 자산계급과 전제 군주 간의 모순은 갈수록 심해졌다. 자본주의는 완만하게 성장했고, 사회적 계급 관계는 계속 분화했는데, 이런 요소들은 부패하고 몰락한 봉건 군주 전제가 나날이 통치의 기초를 상실하게 했다. 경제가 부진하고 사회가 발전할 기력이 없던 프랑스는 이미 유럽 패주의 지위를 유지할 수 없었으니, 그의 쇠락은 과거의 찬란했던 시절과 마찬

---

3 张芝联, 『法国通史』, 北京大学出版社 1989年版, 115쪽.

가지로 모두 역사의 필연이었다.

루이 14세는 대외 전쟁을 통해 유럽 대륙의 제패를 실현하려는 헛된 꿈을 꾸었다. 그러나 짧은 찬란함이 있고 나서, 프랑스는 텅 빈 국고와 잇달아 굴욕적인 조약을 비참하게 마주할 수밖에 없었다. 패권주의의 추구는 결국 국가와 인민에게 감당하기 어려운 나쁜 결과를 가져다준다는 것을 역사는 다시 증명했다.

3. 프랑스 대혁명의 원인과 과정

대혁명이 일어나기 전, 프랑스는 일찍이 루이 14세 통치 시기에 유럽 대륙을 제패하는 영광을 누렸다. 루이 14세가 대내적으로는 상공업 발전을 촉진했고, 대외적으로는 영토를 확장하여, 부르봉 왕조의 세력이 유럽에 두루 퍼졌으며, 프랑스의 자본주의 역량이 빠르게 발전하여, 국내의 부가 빠르게 축적되었다. 그러나 경제가 발전함과 동시에, 부르봉 왕조의 정치 체계는 부패했고, 사회적 계급의 분화는 뚜렷했으며, 사회적 분배는 극도로 불공평하여, 사회 모순이 나날이 격화되었다. 게다가 루이 15세가 대외 정복 전쟁에서 성공하지 못하면서, 유럽의 여러 나라들은 보편적으로 프랑스를 적대시했다. 내외 모순이 뒤엉킨 상황에서, 계몽운동은 프랑스 인민에게 혁명의 방향을 밝혀주었다. 여러 요소들이 종합적으로 작용하여, 부르봉 왕조는 급속히 번영에서 붕괴로 치달았고, 혁명은 일촉즉발이었다.

(1) 프랑스 대혁명의 근본 원인

마르크스는 이렇게 지적했다: "어떤 사회 형태든, 그것이 용납할 수 있는 모든 생산력이 발휘되기 전에는 절대로 멸망하지 않을 것이다. 그리고 새로운 더 높은 생산관계는, 그것의 물질적 조건이 구사회의 태반 속에서 성숙하기 전에는 절대로 나타나지 않을 것이다."[4] 프랑스 대혁명은 봉건제도를 뒤엎고 자본주의 제도를 건립했는데, 이는 당시 프랑스 국내의 자본주의 발전 상황과 현실적 요구에 부합했기 때문이다. 18세기 후기, 프랑스 봉건 사회 내부에는 이미 비교적 성숙한 자본주의 경제 형태가 나타났다. 일부 프랑스 남부 도시들에서는 14, 15세기에 이미 전형적인 자본주의의 맹아가 나타났다. 17세기 중엽에, 루이 14세는 중상주의를 실행했는데, 무역제도의 개혁은 프랑스 자본주의가 중요한 발전을 이루게 했다. 17, 18세기, 프랑스는 대규모의 해외 식민 확장을 통해 원료 생산지와 판매 시장을 획득했다. 대혁명이 발발하기 전야에, 농노는 이미 프랑스 농촌에서 사라졌고, 소지주가 많이 존재했으며, 하층 농민은 보편적으로 자기의 토지를 가지려고 갈망했는데, 이는 자산계급의 혁명을 위해 견고한 사회적 기초를 다졌다. 또 자본주의적 성격의 수공업 공장이 전국에 널리 분포하여, 당시의 각종 선진적인 기계들을 광범위하게 채용하면서, 봉건적 공장을 대체할 기세가 매우 컸다. 공업 생산력의 끊임없는 향상은 프랑스 상업의 신속한 발전을 자극했는데, 발전 수준은 유럽에서 영국 바로 다음이었다. 마르세유·보르도 등 항구 도시들은 이 시기에 유명한 대형 상업 항구가 되었고, 프랑스는 무역이 번성한 덕분에 충분한 상업 자본을 축적했다. 그리고 신용 대출 금융 활동이 활발하여, 프랑스의 국내·국제 신용 대출 교역량이 크게 상승했으며, 많은 정부 대출과 신용 기구가 우후죽순처럼 생겨났다. 그러나 프랑스의 자본주의는 여전히 봉건제도의 각종 착취 수단과 낡은 규범 및 관습의 속박에서 완전히 벗어나지 못해, 발전이 줄곧 제한을 받았다. 프랑스의 낡은 봉건적 생산관계는 이미 자본주의 생산력의 발전을 심각하게 저해하고 있었다. 자산계급 혁명을 통해 봉건 전제 통치를 뒤엎는 것은 필연적 추세였다. 프랑스 대혁명은 비교적 성숙한 물질적·사회적 기초를 갖추고 있었고, 역사의 흐름에 순응했으며, 필연성을 갖추고 있었다.

4 『马克思恩格斯选集』, 第2卷, 人民出版社 1995年版, 33쪽.

혁명 세력이 바스티유 감옥을 공격하여 점령하고 있다.

(2) 프랑스 대혁명의 과정

　1789년에 프랑스 대혁명이 발발했고, 뒤이어 5년 동안 인민은 세 차례 봉기를 일으켰다. 1789년 7월 14일, 파리 인민이 바스티유 감옥을 점령했는데, 첫 번째 무장봉기가 대혁명의 시작을 상징한다. 대자산계급과 자유파 귀족을 대표하는 푀이양파(Feuillants)가 봉기에서 승리한 후 정권을 장악했다. 푀이양파는 입헌군주제를 수립하여, 대자산계급에 유리한 개혁을 추진하려고 시도했다. 대자산계급과 봉건 군주가 타협한 산물로서, 〈1791년 헌법〉은 프랑스가 입헌군주 국가임을 선포했다. 푀이양파가 인민을 진압했기 때문에, 1792년 8월 10일에 파리 인민은 두 번째 봉기를 일으켜, 입헌군주제를 뒤엎었고, 9월 21일에 프랑스 제1공화국이 성립했으며, 상공업 자산계급을 대표하는 지롱드파가 정권을 장악했다. 이때의 프랑스는 내우외환을 겪고 있었는데, 여전히 반인민적 정책을 펼친 지롱드파는 중·소자산계급의 이익을 대표하는 자코뱅파의 강한 불만을 샀고, 또 격분파(激忿派)[5]를 지지하여 지롱드파와 격렬한 투쟁을 벌였다. 1793년 5월 31일부터 6월 2일까지, 파리 인민은 자코뱅파와 격분파의 공동 지도하에 세 번째 봉기를 일으켜, 지롱드파 정권이 무너지고, 자코뱅파가 정권을 장악했다. 자코뱅파의 독재 정치 시기는 프랑스 대혁명의 절정을 이루었다. 1794년 7월 27일, 테르미도르당이 정변을 일으켜 자코뱅파 정권을 무너뜨리고 프랑스를 장악했다. 이리하여 프랑스 대혁명의 절정은 끝났다.

4. 한때 매우 번성했던 나폴레옹 제국

유럽 열강의 간담을 서늘하게 했던 나폴레옹은 평생을 군대에서 보낸, 걸출한 군사와 정치의 천재였다. 그는 프랑스 대혁명의 성과를 지켜냈고, 국내 자본주의 발전을 촉진했을 뿐만 아니라, 반프랑스 연맹을 여러 차례 격파했으며, 새로운 제도의 나팔소리가 유럽 대륙에 울려 퍼지게 하여, 수백 년 동안 이어져 온 유럽의 낡은 봉건 질서를 지리멸렬하게 만들었다. 스페인에서 폴란드까지, 이탈리아에서 스웨덴까지,

나폴레옹 보나파르트

나폴레옹이 여러 해 동안의 정복 전쟁을 벌이고 나서 장악한 유럽의 판도는 프랑스 국토 면적의 3배에 달했고, 총인구는 7,500만 명으로, 전체 유럽 인구의 약 절반을 차지하여, 한때 매우 번성한 나폴레옹 제국을 건립했다.

---

5 일명 풍인파(瘋人派)라고도 부르며, 프랑스 대혁명 시기에 자산계급을 대표하던 지롱드파가 도시와 농촌의 빈민의 이익을 대표하던 혁명파를 조롱하면서 부르던 호칭이다.(역자 주)

(1) 나폴레옹 제국 건립의 원인

나폴레옹은 프랑스 정권을 장악함과 아울러, 한때 유럽의 대부분 지역을 정복하여 나폴레옹 제국을 건립할 수 있었는데, 그러한 성공에는 여러 요소들이 작용했다. 첫째, 프랑스 민중의 강력한 지지를 얻었다. 장렬한 대혁명은 프랑스 인민에 의해 점차 고조되었다. 나폴레옹 시기에, 외부의 군사 간섭에 대항하고, 자산계급 혁명의 성과를 수호하는 과정에서, 프랑스의 수많은 인민이 앞을 다투어 군대에 참가하여 무한한 힘을 바쳤다. 프랑스 민중, 특히 방대한 농민의 지지를 한층 더 얻기 위해, 나폴레옹은 정권을 장악한 후에 일련의 정책들을 실행했는데, 중점을 둔 것은 인민이 혁명에서 얻은 성과를 보호하고 공고히 하는 것이었다. 「1848년부터 1850년까지의 프랑스 계급 투쟁」이라는 글에서 마르크스는 이렇게 지적했다: "나폴레옹은 1780년에 새로 형성된 농민계급의 이익과 환상을 충분히 표현한 유일한 인물이었다." "나폴레옹은 농민의 눈에는 하나의 인물이 아니라, 하나의 강령이었다."[6] 집권 내각을 뒤엎고, 국내 질서를 회복하고, 외국 군대를 몰아냈다. 이러한 뛰어난 성취는 프랑스 농민을 미친 듯이 기뻐하게 만들었으며, 나폴레옹을 비할 데 없이 숭상하고 감격하게 했다. 왜냐하면 그때까지는 아직 어떤 통치자도 그들에게 이러한 국가의 영광과 민족의 분발을 체험하게 하지 못했기 때문으로, 농민은 더 나아가 나폴레옹이 의지하는 중요한 버팀목이 되었다. 영광스러운 프랑스를 위해, 강렬한 민족적 긍지를 가진 프랑스 농민은 적극적으로 나폴레옹 전쟁에 투신했다.

둘째, 자본주의의 발전을 보호하고 격려했다. 나폴레옹 시기에, 프랑스 국내의 자유 경쟁 시장은 중요한 발전 기회를 얻었다. 농업 생산력도 해방되어, 농촌의 생산 효율이 지속하여 상승했으며, 많은 농민이 자기가 자유롭게 경영할 수 있는 작은 토지를 갖게 되었다. 이 시기에, 중앙 집권이 계속 강화된 프랑스는 유럽 대륙에서 뚜렷한 제도적 우위를 갖게 되자, 전통

---

6 『马克思恩格斯全集』, 第7卷, 人民出版社 1982年版, 50쪽.

적인 유럽 대륙의 봉건 국가들과 국가의 통일을 아직 완전히 이루지 못한 독일·이탈리아는 프랑스에 비해, 경제적 생산·정치 체제·사회 혁신 방면에서 모두 비교적 큰 차이가 있었다. 사회적 생산력의 빠른 향상이 군사 과학기술의 끊임없는 발전을 자극하면서, 군사 기술과 무기 장비의 향상과 교체는 작전 방법의 개선을 위한 기초를 제공했다. 나폴레옹이 유럽을 제패하면서 의지한 것은 장비가 뛰어나고 훈련이 잘된 신형 군대였다. 대혁명의 세례를 받고 나자, 나폴레옹의 군대는 애국 열정이 고조되었고, 작전 능력이 특히 뛰어났다. 동시에 나폴레옹은 보편적 의무 병역제를 실행하여, 자유 농민이 활발하게 군대에 입대하도록 격려하자, 프랑스 군대의 수는 잇달아 최고 기록을 경신했다. 나폴레옹의 군대는 군사적 재능을 숭상하고, 신분의 장벽과 등급 관념을 타파하자, 출신이 낮으면서도 용감하게 잘 싸우는 상당수의 군관이 발탁되어 중요한 자리에 올랐다.

셋째, 걸출한 군사적 재능이 나폴레옹으로 하여금 유럽을 제패하게 했다. 나폴레옹의 신형 군대는 기병과 포병의 역할을 특히 중시했는데, 이는 바로 유럽 대륙의 전통적인 봉건 국가들의 군사적 약점으로, 낡아빠진 전술은 이런 국가들이 나폴레옹 기병의 쇠 발굽과 대포의 무참한 포격에 저항할 수 없게 했다. 나폴레옹은 그의 새로운 전법을 정규 제도로 발전시켜 널리 보급했고, 군사 훈련과 전장에서의 실천이 모두 어긋나지 않게 준수했다. 이런 새로운 전법은 끊임없는 실천 과정에서 완성되어, 프랑스 군대를 거의 천하무적으로 만들었다.

나폴레옹과 그가 직접 건립한 프랑스 제1제국은 자산계급 혁명의 성과를 지켜냄으로써, 수많은 프랑스 인민을 낡은 제도의 속박에서 벗어나게 해주었다. 프랑스가 현대화된 국가로 나아가는 길에서, 나폴레옹은 결정적 역할을 했다. 자본주의적 법률 체계를 확립하는 방면에서는 물론이고, 국내의 자유 경쟁적 경제를 창조하는 방면에서도 모두 그러했다. 동시에 나폴레옹의 보기 드문 군사적 재능과 정치적 재능으로 인해, 프랑스는 성공적으로 외국에 혁명을 수출하여, 유럽 대륙의 기존 봉건 통치 질서에 심각한 타격을 가함으로써, 각 봉건 국가들의 자산계급 변혁 과정을 가속화하여, 유럽의 자본주의 발전을 촉진했다. 나폴레옹 전쟁의 혁명성과 진보성은 시대의 발전 방향과 일치했으며, 그가 찬란한 승리를 거두는 중요한 원인이기도 했다.

(2) 나폴레옹 제국의 전쟁과 그 쇠망

1793년에 제1차 반프랑스 동맹이 결성되면서부터 1815년에 나폴레옹 제국이 완전히 붕괴되기까지, 이 시기는 나폴레옹 전쟁 시기라고 불리며, 전체 유럽이 23년간의 전쟁을 겪었다. 나폴레옹 제국이 걸었던 과정을 돌이켜보면, 우리는 그것이 멸망한 것은 여러 요인들로 인해 초래되었다는 것을 발견하게 된다.

첫 번째는 유럽 열강의 적대와 간섭이었다. 1789년 프랑스 대혁명의 전제 왕권에 대한 대체는 점차 발전한 것이지, 결코 단번에 이루어진 것이 아니다. 같은 시기 유럽의 다른 열강은 국내·외적으로 많은 어려움에 직면해 있어, 다른 일에 신경을 쓸 겨를이 없었는데, 이것이 대혁명 과정을 비교적 순조롭게 해주었으며, 외부의 간섭을 비교적 적게 받도록 해주었다. 당시, 오스트리아는 터키와 격렬한 전쟁을 벌이고 있었고, 오스트리아령 네덜란드(벨기에)에서는 반오스트리아 혁명도 일어났기 때문에, 오스트리아는 매우 곤경에 처해 있었다. 러시아는 터키와 스웨덴을 상대로 동시에 두 개의 전쟁을 벌이고 있어, 프랑스에 간섭할 힘이 없었다. 비록 프로이센은 원래 혁명에 반대하고 적대시했지만, 오랜 적수인 오스트리아와의 첨예한 갈등이 그로 하여금 프랑스에 관심을 가질 여유가 없게 했다. 또 영국은 강 건너 불구경하듯 했고, 심지어 박수를 치면서 좋아했다. 왜냐하면 영국 수상인 소(小)피트(윌리엄 피트-역자)의 전략적 고려에서, 대혁명은 프랑스를 크게 약화시킬 것이고, 이렇게 되면 영국이 유럽 대륙의 세력 균형을 유지하는 데 도움이 될 거라고 여겼다. 유럽 열강의 프랑스 대혁명 초기의 태도는 전체적으로 비교적 온화했다. 그런데 프랑스 대혁명, 특히 나폴레옹의 정복 전쟁이 유럽의 봉건 질서에 강력한 충격을 가한 것을 감안하여, 자신의 신성한 왕좌가 침범받지 않도록 하기 위해, 전통적인 봉건 국가들은 반드시 반프랑스 동맹을 맺어, 미래를 대표하는 이들 혁명 세력을 전복시켜야 했다. 유럽 열강은 잇달아 일곱 차례나 반프랑스 동맹을 결성하여 전쟁을 일으켰는데, 각 전쟁마다 간격이 너무 짧아 나폴레옹으로 하여금 대응하기 힘들게 만드는 바람에, 필요한 휴식의 기회를 얻기 힘들게 했다. 이러함에도 불구하고, 프랑스는 여전히 앞쪽 다섯 차례의 전쟁에서 참혹한 대가를 치르는 승리를 거두었다. 네 번째 전쟁을 제외하고, 일곱 차례의 반프랑스 동맹에 모두 영국이 참여했으니, 영국은 프랑스에 반대한 첫 번째 주모자라고할 수 있다. 거의 매번 반프랑스 동맹은 모두 영국이 전면에 나서서 소집했고, 또한 모든 동맹국에게 강력한 전쟁 원조를 했다. 결국은 유럽의 각 참전국이 기진맥진한 상황에서, 영국은 스스로 반프랑스의 주력을 담당했다. 웰링턴 장군이 워털루에서 일거에 나폴레옹을 격파했다. 이 전쟁에서 영국측은 사상자가 2만 2천 명이었지만, 프랑스군은 사상자가 2만 5천 명이었고, 8천 명이 포로가 되었는데, 나폴레옹 제국은 이렇게 끝장나고 말았다.

두 번째는 대내·외 정책의 실수였다. 첫째, 능력을 따지지 않고 오로지자기와 가까운 사람만 요직에 임명했다. 나폴레옹 제국은 1810년 무렵에절정에 이르렀는데, 비스와강 서쪽의 유럽 영토가 거의 전부 제국의 통치를받고 있었다. 이렇게 "능력을 따지지 않고 오로지 자기와 가까운 사람만 요직에 임명하는 것"은 나라를 다스리고 정치를 하는 데에서는 절대로 금해야 하는데, 나폴레옹은 권력을 공고히 하기 위해 자기의 친족에게 관직과작위를 더해 주었고, 높은 관직과 많은 녹봉을 주었다. 이들 봉작(封爵)을받은 친족들은 끝없이 욕심을 부려, 관할하는 영지에서 사복을 채우고, 백성을 함부로 유린했다. 나폴레옹이 관직에 등용한 친족들은 후에 대부분이영지의 인민에게 쫓겨났는데, "한 집안이 천하를 독차지한" 통치가 무너지자, 나폴레옹 제국은 겉으로는 강해 보였지만 안으로는 텅 비고 말았다. 둘째, 고집불통이 되어 남의 의견을 듣지 않은 "대륙 봉쇄 체제"였다. 나폴레옹은 영국을 프랑스가 확장해 나가는 데 가장 큰 장애물이자, 프랑스의 유럽 패권을 파괴한 장본인이라고 여겼다. 그런데 영국을 타격하려면, 반드시 해상에서의 실력 우세를 차지해야 했지만, 당시 프랑스 해군은 실력이 강대한 영국 황실의 해군과 필적하기 어려웠다. 1805년, 프랑스 해군은 더욱이 트라팔가르 해전에서 심각한 타격을 입고, 원기를 크게 잃었기 때문에, 프랑스가 직접 군사적으로 영국을 타격하기는 더욱 어려웠다. 경제야말로 영국이 프랑스의 유럽 제패를 저지하는 주요 수단이었다. 만약 영국이 거액의 재정 지원을 하지 않았다면, 프로이센·오스트리아·러시아 등 몇몇 전제적이고 낙후한 봉건 국가들만으로는 반프랑스 대업을 끝까지 견지할 수 없었을 것이다. 제4차 반프랑스 동맹 전쟁에서 나폴레옹이 프로이센을 심각하게 타격하자, 이 상황을 본 러시아는 머뭇거리며 주눅이 들어 나서지 않았는데, 영국이 제공한 거액의 돈이 러시아와 프랑스의 교전을 추동했다. 어떻게 해야만 영국을 억제할 수 있을 것인가? 나폴레옹은 경제적 수단으로 영국을 타격하고 억제하려 생각했으니, 일단 성공하면 반프랑스 동맹을 근본적으로 해결하는 효과를 거둘 수 있었다. 1806년 11월 20일, 나폴레옹은 베를린에서 칙령을 반포하여, 정식으로 영국 해협을 봉쇄하고, 영국에 대한 일체의 무역을 엄격히 금지한다고 선포했는데, 그 칙령에는 "프랑스에 종속되었거나 그와 동맹을 맺은 어떤 국가도 영국 및 그 식민지의 화물을 수입하는 것을 금지하며", "유럽 대륙에 머물고 있는 영국인을 모두 체포하고, 영국 상선과 상품을 모두 몰수한다"는 내용도 포함되었다.[7] 프랑스의 "대륙 봉쇄 체제"는 이렇게 막이 올랐다. 1807년, 〈밀라노 칙령〉이 반포되어, 프랑스는 각종 수단을 이용하여 영국 경제를 전면 봉쇄했다. 프로이센·오스트리아·덴마크·스페인·포르투갈 등도 모두 강제로 "대륙 봉쇄 체제"에 끌려 들어갔다. 처음에는 대륙 봉쇄 체제가 영국에 가한 타격은 효과가 뛰어났다. 거의 한 세기 동안의 해외 무역과 식민지 약탈에서 영국은 엄청

---

7 刘德斌, 『国际关系史』, 高等教育出版社 2003年版, 95쪽.

난 부를 얻었고, 강한 실력이 그로 하여금 유럽 사무에 사사건건 간섭하고 오만하게 굴도록 조장하자, 많은 유럽 대륙 국가들은 이미 마음속에 질투가 생겨나기 시작했다. 나폴레옹은 이 점을 포착하고 대대적으로 이간질을 벌였는데, 사방에서 영국을 비방하면서, 그의 이익만을 추구하는 탐욕스러운 본성과 유럽 국가들에 대한 오만함을 드러나게 했다. 그러나 시간이 지나면서 이 체제가 만들어낸 효과는 갈수록 작아졌다. 그 원인은 대륙 봉쇄를 실현하려면 반드시 유럽 국가들이 일치단결하여 철저하게 엄수해야 했지만, 어느 한 나라가 빠져나가도록 눈감아 주거나 양다리를 걸쳐 봉쇄 효과를 없게 만들었기 때문이다. 나폴레옹이 조직한 봉쇄 체제는 단지 느슨한 연합체로, 다른 나라를 단속할 수 없어, 유럽 대륙의 다른 나라들은 겉으로는 규정을 지키는 척하면서도 뒤로는 지키지 않고 자기의 방식대로 처리한 데다, 영국의 강한 경제력이 각 나라들에게 매우 흡인력이 있어 각 나라들과 영국 사이에 밀수가 창궐했다. 이런 잠재적인 위협이 결국 대륙 봉쇄 체제의 실패를 초래하여, 프랑스 경제는 오히려 더욱 심각해졌다. 셋째, 스페인에 대한 야만적인 용병이 "스페인 궤양"을 초래했다. 대륙 봉쇄 체제가 성립된 후, 줄곧 이베리아 반도의 "틈새"가 존재했다. 포르투갈과 스페인을 이 체제에 끌어들이기 위해, 1807년 10월에 나폴레옹은 스페인에 출병하여, 스페인 왕실의 분쟁에 야만적으로 간섭함과 동시에 그의 형인 요제프를 스페인 왕위에 앉히자, 전체 스페인이 분노했다. 1808년 5월, 스페인 국내에서 봉기가 발생함과 아울러 빠르게 전국으로 확산했다. 민족 해방의 불길이 스페인에서 활활 타오르자, 거의 모든 민중이 병사가 되어 프랑스의 침입자에 저항했다. 나폴레옹은 스페인 봉기라는 망망대해에 빠져, 몸을 빼기가 어려웠다. 수많은 프랑스 군대가 스페인 전장에서 견제당하면서, 이미 취약한 대륙 봉쇄 체제는 심각한 일격을 당했는데, 이는 나폴레옹 제국의 "괴사"를 촉진하는 "스페인 궤양"이 되었다.

세 번째는 화(禍)가 자신에게 닥친, 전쟁이라는 양날의 칼이었다. 나폴레옹의 찬란한 성공은 무력에서 비롯된 것이었는데, 멸망도 무력의 남용과 밀접한 관계가 있었다. 매년 끊이지 않은 유럽 대륙의 정복 전쟁이 헤아리기 어려운 프랑스의 부를 소모하자, 전쟁의 약탈로 실현한 수익으로는 거액의 재정 적자를 보완할 수 없었고, 끊임없이 증가하고 있는 프랑스 군대의 정원도 계속 민력(民力)을 낭비했고 민심을 완전히 잃게 했다. 바로 엥겔스가 말한 것과 같았다: "4반세기 동안 계속된 전쟁으로 힘이 거의 소모된 국가는, 이미 혼자서는 전체가 무장한 세계의 그에 대한 공격에 저항할 수 없었다."[8]

5. 부르봉 왕조의 복벽과 제2제국의 쇠락

1814년에 프랑스 부르봉 왕조의 복벽은 결코 봉건 통치를 완전히 회복한 것이 아니라, 귀족과 대자산계급이 타협한 산물이었다. 부르봉 왕조가 복벽한 후에, 비록 일부 봉건 권력을 회복하기는 했지만, 자산계급 혁명의 승리 성과를 더 많이 보유하고 있었다. 부르봉 왕조의 과학 문화 영역에 대한 통제가 다소 느슨해지자, 속박에서 벗어난 낭만주의 운동이 전체 유럽에 영향을 미칠 수 있게 되었다. 그러므로 복벽한 부르봉 왕조는 결코 철저하게 물러나지 않았으며, 이로 인해 프랑스가 1789년 대혁명 이후로 거둔 일련의 성과를 부정할 수도 없고, 프랑스 사회의 진전이 이로 인해 가로막혔다고도 할 수 없다. 18년 동안이나 유지된 루이 보나파르트 정권은, 역사적으로 진보한 면도 있고, 부정적인 면도 있었다.

(1) 부르봉 왕조의 복벽

부르봉 왕조의 복벽은 우연히 일어난 게 아니라, 역사의 선택이었고, 당시 프랑스의 주요 정책 결정자인 탈레랑(Charles-Maurice de Talleyrand)의 현명한 선택이기도 했다. 사납고 맹렬한 대혁명 시기와 온갖 수단을 써서

---

8 『马克思恩格斯全集』, 人民出版社 1982年版, 72쪽.

연합·분열·이간·포섭하던 나폴레옹 시대를 겪은 후, 프랑스는 이미 오래된 부르봉 왕조를 멀리했을 것 같지만, 1812년에 있었던 나폴레옹의 러시아 원정이 실패하면서, 유럽 열강이 이 기회를 틈타 제6차 반프랑스 동맹을 결성하여 대대적으로 프랑스를 침략하자, 부르봉 왕조도 이를 기회로 삼아 부활의 생명력을 얻었다.

1813년 10월, 라이프치히 대회전에서 나폴레옹이 참패하여, 반프랑스 연합군은 프랑스로 쳐들어갔고, 또 파리를 점령했다. 전쟁에서 패한 프랑스의 운명은 어떻게 될 것인가? 당시에는 주로 다음과 같은 네 가지의 선택지가 있었다:

첫째는 평화협정을 체결하고, 나폴레옹이 퇴위하여, 그의 아들인 로마왕이 왕위를 계승한 뒤, 황후 마리 루이즈가 섭정하는 것이었다. 마리 루이즈는 오스트리아의 공주였기 때문에, 이 방법은 오스트리아의 지지를 받았고, 또 대다수 프랑스인도 받아들였다. 그러나 만약 나폴레옹의 아들이 황제가 되면, 유럽은 진정한 평화를 실현할 수 없었다. 왜냐하면 바로 나폴레옹의 성격을 볼 때, 그는 절대로 퇴위하여 한가하게 있지 않을 것이기 때문이었다.

둘째는 오를레앙 공작인 루이 필리프를 프랑스의 왕으로 옹립하는 것이었다. 차르가 이 주장을 제기했지만, 탈레랑에 대해 말하자면 오를레앙 공작은 단지 부르봉 가문의 왕위 찬탈자에 불과하여, 이 방안은 실행할 수 없었다.

셋째는 스웨덴 국왕 베르나도테(Bernadotte)를 프랑스 국왕으로 옹립하는 것이었다. 차르가 페르나도테를 힘껏 추천했는데, 그는 일찍이 나폴레옹의 총사령관을 맡았다가, 나폴레옹을 배신하고 반프랑스 동맹과 협조하여 나폴레옹을 격파하는 데 큰 힘을 쏟았다. 바로 이 때문에, 프랑스인은 한 명의 군인 황제를 포기하자마자, 다시 총사령관 출신 국왕을 맞이하고 싶지 않았다.

넷째는 부르봉 왕조의 복벽을 추대하는 것이다. 탈레랑이 부르봉 왕조의 추대를 선택한 것은, 특정한 역사적 환경에서 타당한 행동이었다. 전쟁에서 패한 프랑스는 마음대로 유린당하는 곤경에 직면하여, 국가의 존망이 예측하기 어려웠다. 단지 부르봉 왕조의 복벽을 통해야만 패전 후의 프랑스가 최소의 전쟁 책임을 질 수 있었고, 따라서 프랑스를 보전할 수 있었다. 만약 앞쪽 세 가지 선택지를 따르면, 패전국으로서의 그들은 이어지는 유럽 각국의 모욕과 유린을 다 겪어야 했다. 왜냐하면 대혁명과 나폴레옹이 이런 국가들에 재난과 치욕을 가져다주었기 때문이다. 프랑스가 보전되지 못할 뿐만 아니라, 프랑스 민족도 새로운 재난에 빠질 것이다. 비록 부르봉 왕조의 복벽은 정체(政體)에서는 역사의 흐름에 역행하는 것이었지만, 그것은 대혁명으로 전복되었기 때문에, 더욱 쉽게 전승국의 용서를 받을 수 있었다. 때문에 부르봉 왕조의 복벽은 역사의 선택이었다. 탈레랑은 1815년의 비엔나 회의에서 온갖 수단으로 연합·분열·이간·포섭하여, 프랑스와 영국·러시아·오스트리아·프로이센과의 동등한 지위를 회복했을 뿐만 아니라, 러시아와 프로이센의 폴란드와 작센에 대한 영토 요구도 성공적으로 저지했으며, 또한 1815년 1월에는 영국·오스트리아와 비밀 조약을 체결하여 러시아·프로이센을 반대하고, 마침내 프랑스를 위해 영토를 할양해 주지도 않고 배상금도 지급하지 않는 평화적 협의를 체결함으로써, 프랑스의 영토를 1792년에 부르봉 왕조가 전복되기 이전을 기준으로 삼을 수 있게 했다. 이 외교사에서의 기적은, 탈레랑의 선택이 정치적 지혜를 풍부하게 담고 있었다는 것을 증명했다.

(2) 복벽 왕조 시기의 정치적 진보성

나폴레옹 제국이 멸망한 후, 1814년 4월에 부르봉 왕조가 복위했다. 그러나 루이 18세 자신도 인정했듯이, 대혁명 이전의 사회와 국가 제도를 완전히 회복하는 것은 이미 불가능했다. 부르봉 왕조가 복벽한 후, "구제도"의 주요 상징들 중 하나인 삼부회의는 다시 소집하지 않았고, "구제도" 시대의 봉건적 특권도 완전히 회복되지 못하여, 대혁명이 확립한 자본주의 재산권 체제는 결코 무너져 구체제로 돌아가지 않았다. 프랑스의 구시대 군주제는 이미 새로운 단계의 자산계급 군주제로 바뀌었고, 자본주의적 생산관계가 자산계급 혁명으로 확립됨과 아울러 나폴레옹 통치 시기에 공고해졌다.

부르봉 왕조 정부의 정책은 귀족과 대자산계급 간의 이익을 조율하여, 양자의 타협을 실현했다. 1814년 6월 4일, 루이 18세가 체결한 〈1814년 헌장〉이 바로 이런 타협의 표현이었다. 〈1814년 헌장〉의 뚜렷한 특징은 구제도와 프랑스 대혁명 원칙의 타협이었다: 즉 한편으로는 대혁명의 성과를 양보했고, 다른 한편으로는 또 "정통" 의식 및 구제도를 회복하는 경향을 드러냈다. 〈헌장〉의 주요 내용을 보면, 복벽 왕조가 비록 일부 봉건적 권리를 회복하기는 했지만, 더욱 많은 것은 자산계급 혁명의 승리 성과를 남겨두고 있다. 이는 프랑스 역사 발전의 필연이자, 또 복벽 왕조의 정치적 진보성을 나타내주는 것 중 하나이기도 했다. 봉건 제도는 프랑스에서는 이미 한물가서 다시는 돌아올 수 없었고, 복벽 왕조의 군주가 원하든 원치 않든, 그들이 다시 쓴 왕관에는 이미 "자본"의 낙인이 뚜렷이 찍혀 있었다.

(3) 부르봉 왕조 복벽 시기의 과학과 문화의 발전

부르봉 왕조가 복벽한 시기에, 프랑스의 문화 예술 발전은 두 가지 뚜렷한 특징을 나타냈다: 하나는 낭만주의의 흥성과 번영이다. 부르봉 왕조가 복벽한 후, 루이 18세의 이데올로기 영역에서의 정책이 상대적으로 관대했기 때문에, 오랜 기간 억제되었던 낭만주의가 홍수처럼 폭발하여, 기세가 대단한 낭만주의 운동을 형성했다. 19세기 초기에, 뱅자맹 콩스탕(Benjamin Constant) 등을 대표로 하는 자유주의 사조가 프랑스에서 나타났다. 그들은 어떤 국가·교회·사회의 전통 세력에서 비롯되는 전제(專制)를 반대하고, 최대한의 자유 경쟁을 추구하여, 사상·언론·집회 및 출판의 자유 등을 제창했다. 이런 사조는 부르봉 왕조 복벽 시기에 절정에 이르렀고, 그 후 다른 역사 시기에 또 지속적으로 발전했는데, 그것은 당시 발전 과정에 있던 프랑스 자산계급에게 희망을 가져다주었고, 프랑스 사회의 진보와 낭만주의 문학 발전에도 상당히 큰 촉진 작용을 했다.

　낭만주의 작가는 정치적 자유 원칙을 문학운동에 적용하여, 고전주의의 속박에 강력히 반대하면서, 정치적 자유와 문학의 자유를 더욱 충분히 실현하라고 요구했다. 낭만주의는 결코 이성을 배척하지 않고, 이성과 감정을 하나로 융합하려고 노력했는데, 이를 빌어 현대 공업 문명의 발전이 초래한 인간의 소외를 막으려 했다. 비록 낭만주의는 시대에 따라 다른 개체에 관심을 가졌지만, 대다수 낭만주의 작가들의 이상(理想)은 전체 시대와 프랑스 민족의 근본 이익을 대표했다. 프랑스 낭만주의 문학운동은 프랑스 대혁명 이래의 사상적 진보의 전통을 계승·수호하고, 사회생활을 심각하고 광범위하게 반영하여, 강대한 사상적 영향력을 가졌으며, 나아가 전체 유럽에 영향을 주는 운동으로 발전했다. 프랑스, 더 나아가 전체 유럽의 낭만주의 운동의 영향과 낭만주의 문학 창작의 실제로부터 고찰해보면, 그것이 표현해낸 강력한 전투성은, 인류가 자기 해방을 추구하고 압박에 반항하는 운동 과정에서, 그리고 사회의 어두운 면을 폭로하고 밝은 미래를 드러내는 과정에서 매우 적극적인 진보 작용을 했다.

　둘째는 정부의 과학에 대한 지지이다. 복벽 왕조 시기의 출판 제도를 보면, 루이 18세 정부는 처음에는 나폴레옹 시대의 제도를 유지했다. 국왕이 임명하는 출판물심사위원회를 설립하여, 어떤 신문이나 소책자의 글이라도 검열관의 심의와 동의 없이는 모두 게재하거나 출판할 수 없었다. 그러나 후에 〈1814년 헌장〉이 인정한 "출판의 자유"가 유럽 각국의 자유파에 의해 본보기로 여겨지는 출판 제도를 만들었다. 헌장은 이렇게 규정했다: 법률은 단지 출판 자유의 남용만 제지할 뿐, 사전에 방지해서는 안 된다. 이에 따라 심사위원회가 해체되어, 작가는 허가를 받지 않고 글을 발표할 수 있었는데, 만약 법을 위반한 범죄는 다시 추궁했다. 법률이 금지한 언론 행위에는 다음과 같은 것들이 포함되어 있었다: 대중 앞에서 범죄를 선동하고, 공공과 종교 도덕을 모독하고, 국왕의 인신이나 양원(兩院)에 대해 모욕하거나 타인을 중상 비방한 죄. 이렇게 실제로 비교적 관대한 출판 제도는 출판업의 번영과 각종 신문과 서적의 대량 출판 발행을 간접적으로 촉진했다. 왕조 복벽 시기의 과학 활동도 비교적 자유로워, 과학류 서적의 출판을 비교적 적게 제한했다. 1816년부터 1829년까지, 프랑스의 물리·화학 및 천문학 등의 서적 출판도 빠르게 증가했고, 또 프랑스의 당시 비교적 높은 과학 수준을 매우 많이 반영할 수 있는 백과전서와 정기 간행물도 출판되었다. 100여 개의 각종 과학학회가 잇달아 설립되었는데, 그 가운데 연구 인력과 과학 활동이 가장 집중되었던 곳은 프랑스과학원이다.

(4) 프랑스 제2제국의 쇠망

1848년에 파리 6월 봉기가 진압되고, 나폴레옹의 조카인 루이 보나파르트가 공화국의 대통령에 당선되었으며, 또 1851년에 정변을 일으키는 데 성공하여, 권력을 독점했다. 1852년 12월, 루이 보나파르트는 황제로 자처하고, 나폴레옹 3세라고 칭하면서, 프랑스 제2제국을 건립했다.

계급의 실질적 내용을 보면 제2제국은 7월 왕조의 연속으로, 여전히 가장 부유한 금융자산계급과 공업계의 거두들이 통치적 지위를 차지했으며, 정치 체제의 형태는 여전히 입헌군주제였다. 제국 헌법의 제1조는 명확히 이렇게 선포했다: 헌법은 "1789년에 선포한 각 항의 위대한 원칙"을 확인하고, 인정하고, 보증한다. 일찍이 "질서당(秩序黨, Parti de l'Ordre)"에 의해 폐지된 보통선거권이 다시 회복되었고, 참의원·원로원·입법단(立法團) 등 세 기구가 입법 기관을 형성했다. 헌법은 대통령에게 가장 큰 권력을 부여했는데, 대통령은 모든 행정권을 장악함과 아울러, 입법 발의권도 보유했고, 사법권도 대통령의 명의로 행사했다. 정변이 성공한 후, 루이 보나파르트는 헌법 권력을 장악하고, 강대한 국가 조직을 조종했으며, 파리와 32개 주에 계엄을 선포하고, 신문 출판과 언론 자유를 제한하고, 자기에게 반대하는 자를 진압하면서, 독재적 수단으로 혼란한 정세를 안정시켰다.

1852년부터 1859년까지, 자산계급의 공화파, 소자산계급의 민주파, 사회주의자와 열성적 노동자가 나폴레옹 3세의 폭력적 수단에 강력한 타격을 받았는데, 이 시기는 "전제 제국" 시기라고 불린다. 1859년부터, 나폴레옹 3세는 국내의 정세가 점차 안정되고 있고, 권력도 이미 공고해졌다고 판단하고, 자산계급의 자유주의적 개혁을 점차 추진하기 시작했다. 예를 들면 정치범을 대폭 사면하고, 단결권과 파업권을 승인했으며, 신문과 출판의 자유를 회복하고, 공공 집회에 관한 법률을 선포한 것 등등이다. 1859년부터 1868년까지, 나폴레옹 3세가 추진한 개혁은 프랑스 사회에 중대한 변화를 가져다주었고, 정치 활동도 활발해지기 시작했다. 계속 개혁을 추진하라고 요구하는 자유파가 통치 집단 내부에 나타났고, 공화주의 운동과 노동자 운동도 다시 고조되었는데, 이런 역량이 한데 모여 막을 수 없는 개혁의 거센 흐름이 되면서, 완전히 독재를 포기하고 진정한 의미에서의 의회제 정치 체제를 실행하자고 주장했다. 이런 형세에 직면하자, 나폴레옹 3세는 1869년에 원로원 법령을 반포하고, 1852년의 헌법을 개정했다. 1870년에 공포한 새 헌법의 규정에 따르면, 황제는 더이상 무한한 권력을 보유할 수 없었고, 단지 3분의 1의 입법 발의권만 향유했으며, 원로원은 양원 의회제의 상원으로 바뀌었고, 보통선거로 탄생한 입법단의 권력을 크게 강화했으며, 자산계급 의회제도 거의 회복되었다. 1859년부터 1868년까지 "전제 제국"에서 "자유 제국"으로의 과도기를 거쳐, 1869년부터 프랑스는 "자유 제국"의 시기에 들어섰다.

정국이 안정된 후, 제2제국은 자본주의 경제 발전에 도움이 되는 일련의 정책을 반포하여, 산업혁명의 발전을 위해 좋은 환경을 조성했다. 예를 들면, 은행을 많이 건설하여 자금 유통과 운용을 편리하게 했고, 공업 관련 세금을 낮추어 큰 회사의 설립을 격려했으며, 상업 계약을 보호하고, 상표법을 반포하여 상업에 유리하게 했으며, 철로를 많이 건설하고, 운하를 건설하고, 수리시설을 대대적으로 건설한 것 등등이다. 정국이 안정되고 정책이 적절하자, 프랑스의 산업혁명이 활발하게 일어났다. 20년도 되지 않는 기간에, 프랑스의 석탄 생산량은 2배 증가했고, 철 생산량은 거의 2배 증가했으며, 강철 생산량은 3배 정도 증가했고, 철도 레일 생산량은 거의 5배 증가했다. 철도 운송이 빠르게 발전하면서, 전국 증기기관의 총동력은 6.7만 마력에서 33.6만 마력으로 증가했다. 공업 총생산액은 2배 증가했고, 대외 무역액은 3배 증가했다. 프랑스의 농촌에서는 화학 비료·탈곡기·수확기의 사용이 나날이 보편화되었다. 농업의 노동생산성이 끊임없이 높아지면서, 프랑스 역사상 최초로 농촌 인구가 도시 인구보다 적은 상황이 나타났다. 1860년대 후기에 이르러, 중공업과 기계제조업이 신속히 발전함에 따라 프랑스는 산업혁명을 완성했다.

제2제국 시기에, 신형 대은행들이 잇달아 설립되면서, 사회에서 광범위하게 자금을 모아, 광공업 기업에 투자하자, 은행과 상공업 기업의 관계가 전에 없이 긴밀해졌다. 프랑스의 파리는 이리하여 세계에서 가장 중요한 금융 중심지의 하나가 되었다. 1870년의 프랑스는 이미 14개 국가의 채권자가 되었는데, 대외 투자액은 120억 프랑에 달했다. 세계의 공업 대국으로서, 프랑스는 당시 전 세계 공업 발전에서 영국 바로 다음으로, 제2위를 차지했다.

비록 혼란하고 불안한 시대에 탄생했지만, 나폴레옹 3세는 강력한 수단으로 제2제국의 사회 안정을 실현했다. 일단 이 역사적 임무가 완수되어, 사회가 앞으로 나아가는 정상적인 발전을 요구하자, 중앙 집권의 정치는 반드시 더욱 자유롭고 더욱 준법을 존중하는 정권에 권력을 넘겨주어야 했다. 프랑스가 산업혁명을 완성한 후, 산업자본주의의 발전은 더욱 자유로운 투자 환경과 더욱 편안한 정치적 분위기가 필요했지만, 제국의 정치 체제와 군주 독재는 이미 시대에 뒤떨어져 있었다. 1870년에 반포한 새 헌법은 이미 제2제국의 멸망을 예고해주었다.

1870년에 프로이센-프랑스 전쟁이 발발했는데, 프랑스 군대는 적을 얕보았기 때문에 대패했다. 1870년 9월 2일, 스당(Sedan: 프랑스 동북부에 있는 도시-역자)에서 나폴레옹 3세는 8만 명의 프랑스 군대를 이끌고 투항했다. 이 사건은 국내 혁명을 일으키는 도화선이 되었다. 9월 4일, 파리에서 혁명이 발생하여 제2제국이 무너지고, 프랑스 제3공화국이 민중의 환호성 속에서 탄생했다. 1870년 이후, 비록 프랑스 각 계파의 정치 세력이 여전히 투쟁하고 있었고, 각종 보수파들도 모두 목숨을 걸고 군주제를 회복하려 했지만, 강대한 상공업 자산계급이 뒷받침하는 프랑스 제3공화국은 붕괴되지 않았다. 프랑스 근대 정치 체제의 빈번한 교체는 이리하여 마침내 일단락되었다.

6. 제3공화국의 최후

프랑스 제3공화국이 제2차 세계대전 기간에 빠르게 붕괴된 것은 전 세계를 놀라게 했다. 제1차 세계대전의 전승국이자, 오래된 식민 국가로서, 프랑스는 당시 세계 제2의 강국이었고, 동시에 유구한 역사와 문명을 지닌 자본주의 민주 국가였다. 토머스 제퍼슨은 일찍이 프랑스를 가리켜, "모든 사람의 제2의 고향"이라고 했다. 프랑스 민족은 고귀하고 용감하기로 유명했고, 당시에 300만 명에 달하는 유럽에서 가장 강하다고 일컬어지는 군대를 보유하고 있었으며, 또 세계에서 가장 견고한 "마지노선"이라고 불렸다. 그러나 1940년 5월 10일에 독일 군대가 공격을 개시하면서부터, 6월 14일에 독일 군대가 파리를 점령하고, 6월 22일에 프랑스 정부가 투항을 선포하기까지, 프랑스 군대가 히틀러의 파쇼 군대 앞에서 일격을 견디지 못하자, 전 세계는 경악했다. 프랑스 제3공화국은 6주도 안 되는 시간에 완전히 무너졌다. 영광스러운 역사와 전통을 지닌 프랑스 민족은 독일 파쇼의 점령과 유린으로 유사 이래 가장 심각한 재난을 맞이했다. 프랑스가 이렇게 빠르게 붕괴한 것은 사람들에게 깊은 깨달음을 주었다.

(1) 정부의 빈번한 교체와 허약함

국가 내부의 단결과 장기간의 안정은 한 나라가 강대해지는 기본적인 조건이다. 그런데 프랑스 제3공화국은 건립 초기부터 심각한 정치적 혼란 속으로 깊이 빠져들었는데, 이는 프랑스의 치명적인 약점이 되었다. 특히 1930년대에, 프랑스의 정국은 더욱 불안해졌고, 내외 정책은 혼란스러워, 프랑스의 국력과 전쟁 능력에 커다란 영향을 미쳤으며, 실패의 씨앗을 묻어

두었다.

프랑스 제3공화국은 의회제 정치 체제를 실행했는데, 이 정치 체제는 정부의 더욱 빈번한 교체를 초래하여, 사람들을 혼란스럽게 만들었으니, 수명이 가장 긴 것도 2~3년에 불과했다. 어느 정부도 장기간 집권하면서 장기적인 정책 방안을 제정할 수 없었으며, 어떤 정부가 이런 정책을 확고히 집행했을지는 더 말할 나위도 없다. 이런 정치적 혼란은 제3공화국 초기부터 더욱 심해져, 제1차 세계대전이 발발할 때까지, 이미 50차례 정부를 탄생시켜, 평균 1년에 하나의 정부가 탄생했다. 제1차 세계대전 후, 프랑스 정부의 교체 속도는 2배로 빨라져, 내각의 평균 수명은 단지 6개월에 불과했다. 1909년에 조르주 클레망소(Georges Benjamin Clemenceau) 총리가 물러나면서부터 1914년 8월에 제1차 세계대전이 발발하기까지만 해도, 제3공화국은 11차례 정부가 교체되어, 평균 1년에 2번 정부가 교체되었다. 또 1919년부터 1927년까지 8년 동안에는 잇달아 15차례 정부가 교체되었고, 1932년 6월부터 1934년 2월까지 20개월 동안에는 6번 정부가 교체되어, 평균 각 정부의 수명은 단지 3개월이었다. 히틀러가 독일 총리가 된 그날, 즉 1933년 1월 30일, 당시의 프랑스에는 심지어 정부가 존재하지 않았다. 왜냐하면 단지 5주밖에 유지하지 못한 봉쿠르(Joseph Paul-Boncour) 내각이 이미 1월 28일에 해산되었는데, 달라디에(Édouard Daladier)가 처음으로 조각한 새 정부는 1월 31일에야 구성될 수 있었기 때문이다. 국외에서 무슨 일이 일어나고 있고, 또 그것이 프랑스에 어떤 영향을 끼칠 수 있는지는, 프랑스 국민의회가 보기에는 전혀 중요하지 않았다. 그리고 5년 후, 히틀러가 오스트리아를 침략할 때, 프랑스는 다시 무정부 상태에 있었다. 빈번하게 바뀌는 정부로 인해 프랑스가 독일의 침략에 대해 제때 대응할 수 없게 되자, 객관적으로 파쇼의 오만한 기세를 용인해주었다. 1940년 5월 9일, 독일의 파쇼가 강력한 공군의 지원을 받는 136개 사단(거기에는 10개 장갑사단이 포함되어 있었다)을 집결시켜, 새벽녘에 공격을 개시하려 할 때, 프랑스에는 정부가 없을 뿐 아니라, 무장 부대 총사령관도 없었다. 히틀러가 1933년에 정권을 잡은 후부터 1936년 3월에 히틀러가 출병하여 라인란트의 비군사 구역을 다시 점령할 때까지, 1938년 3월 11일에 오스트리아를 병탄하고, 1938년 9월 12일에 체코의 주데텐란트(Sudetenland) 지역을 병탄할 때까지, 독일이 차츰차츰 탐색적인 대외 확장을 할 때, 프랑스는 자신의 정치가 허약했기 때문에, 계속 강경한 대항 조치를 취하지 않고, 가만히 앉아서 독일을 저지할 좋은 기회를 놓쳐버렸다. 프랑스와는 달리, 독일은 1933년부터 줄곧 히틀러가 통치했고, 영국도 7년 동안에 단지 3번밖에 정부가 바뀌지 않았다. 독일의 파쇼는 끊임없이 자기의 국제적 지위를 강화했지만, 프랑스는 국내 각 정파의 다툼이 끊이지 않으면서, 국제적 지위가 나날이 약화되어, 유럽에서 계속 위엄과 영향을 잃어갔다. 이로부터, 내각의 빈번한 교체와 정국의 불안정은 프랑스가 빠르게 붕괴한 중요한 원인 중 하나였다는 것을 알 수 있다.

(2) 소극적 방어의 국방 전략 실행

프랑스 지휘부가 소극적 방어를 견지한 국방 전략은 프랑스가 빠르게 패배한 중요 원인이었다. 프랑스 장군들은 낡아빠진 전략 전술을 소중히 여겨, 한시도 제1차 세계대전이 그들에게 가져다준 성공에 대한 생각과 관념을 잊지 않았다. 지휘부는, 프랑스 군대가 제1차 세계대전에서 승리한 것은 보루 진지와 보병 화기의 완벽한 결합 덕분이라고 여기면서, 맹목적으로 미래 전쟁의 주요 형식은 여전히 진지전이 될 거라고 여겼다. 프랑스군 총사령부는 방어전과 "연속된 방어선"을 구축하는 데 거의 사로잡혀 있었고, 심지어 반드시 적이 공격해 오기를 조용히 기다리다가 견고한 보루와 참호로 구성된 방어선 앞에서 적을 저지해야 한다고 규정했다. 이런 소극적 방어 개념으로 인해, 프랑스 군대가 전쟁 전에 제정한 전략은 방어를 위주로 하는 소모전으로, 많은 돈을 투입하여 방대한 방어 진지 체계를 구축하고, 방어 진지 뒤에 있는 수백만 명의 프랑스군 사병들은 적의 인적(人的) 전력이 약화되고, 무기 장비와 기술 자원이 소진되기를 앉아서 기다리다가, 기회를 보아 반격으로 전환하여 "승리"를 거둔다는 것이었는데, 수십억 달러를 들인 마지노선이 바로 이러한 소극적 방어 전략의 상징이었다. 제3공화국의 군대와 국민은, 만약 독일이 감히 다시 침범해 오면, 반드시 마지노선의 거대한 대포와 보루에 의해 저지되고 궤멸될 거라고 굳게 믿었다. 프랑스 군대는 편안하게 방어선의 보호를 받아, 목숨을 잃을 염려가 없을 것 같았는데, 이는 프랑스군이 투지를 잃게 하고, 군사적 대비 태세를 이완시키고, 경계심을 늦추어 적을 얕잡아보고, 조직이 산만해지게 했다. 거짓 안전감은 프랑스 민족을 달콤한 평화의 꿈에 빠지게 함으로써, 프랑스 군대가 독일 군대의 공격 위협 앞에서 완전히 주도권을 상실하게 하여, 마음대로 유린당하게 했다.

　프랑스 제3공화국이 빠르게 붕괴한 또 다른 원인은 독립적이고 자주적인 방어 업무가 부족한 것이다. 독립과 자주는 강대국이 생존을 확보하는 기본 조건인데, 프랑스는 1930년대 이후부터 점차 외교 정책의 독립성을 포기하고, 방향을 바꾸어 외교 방면에서 영국에 복종했다. 대외 정책은 영·미 동맹의 지지에 의지했는데, 바로 영국이 잇달아 양보하여, 히틀러에게 타협적인 기조를 정하고, 프랑스가 그 뒤를 바짝 따르도록 유도함으로써, 파쇼에 대해 방임하는 정책을 채택하자, 결국 그 자신을 해치고 말았다.

(3) 군사 사상과 군사 기술의 낙후

　제3공화국이 빠르게 붕괴한 또 하나의 중요한 원인은 낙후되고 보수적인 군사 사상과 군사 기술이었다. 프랑스 고급 장교들은 제1차 세계대전에서 얻은 전장의 경험에 구애되어 과학기술의 진보가 전쟁 형태에 가져온 거대한 변화를 소홀히 함으로써, 전쟁이 군대의 조직 구조·무기 장비·화력·기동 능력에 제기한 새로운 요구에 대해서는 전혀 신경 쓰지 않았다.

　프랑스 군대는 그때까지 현대 전쟁의 특징을 깊이 연구한 적이 없어, 독일의 군사 사상 영역에서의 진보와 그것이 가져다준 전략 전술의 새로운 변화를 무시했다. 탱크와 비행기의 역할을 중시하지 않아, 강대한 기계화 부대와 항공병 부대를 설립하지 못하고, 오히려 후춧가루를 뿌리듯이 대부분의 비행기와 탱크를 분산시켜 지상군 부대에 분배해주어, 집단적 타격 규모와 타격 효과를 거두지 못했으며, 더욱이 여러 병종(兵種)들이 합동작전 능력을 갖출 수 없었다. 보기에는 강대한 프랑스 군대가 독일군의 "전격전(電擊戰: 신속한 기습 공격 작전-역자)" 공격을 받아 빠르게 패배한 것은 놀랄 일이 아니었다.

(4) 경제 발전의 낙후와 경제력 부족

경제의 낙후도 프랑스가 빠르게 붕괴한 중요한 원인 중 하나였다. 경제 구조를 보면, 프랑스는 제2차 세계대전 전에 여전히 농업 국가였다. 1926년, 프랑스의 공업 인구가 비로소 처음으로 농업 인구를 초과했다. 1931년에 프랑스 공업 인구는 총인구수의 50%를 차지했고, 농업 인구는 40%를 차지했는데, 1939년까지 이런 인구 비율에는 큰 변화가 일어나지 않았다. 독일 파쇼가 〈베르사유 평화 조약〉을 파기하고, 미친 듯이 군비를 확장하면서 전쟁을 준비하고, 중화학공업 발전 강화에 힘쓰고, 대규모로 탱크와 비행기 등 대형 무기 장비를 제조할 때, 프랑스는 오히려 낙후한 농업 경제의 부담이 그들의 공업 능력의 발전을 심각하게 제한했다. 프랑스의 공업 시설 설비의 수준은 다른 선진국들과의 차이가 뚜렷했다. 예를 들면, 1930년에 독일 공장의 기계 설비는 대다수가 비교적 새것으로, 사용한 기간이 고작 3~4년이었지만, 프랑스 공장의 기계 설비는 평균 사용 기간이 이미 25년에 달했다. 최신 기계 설비로 무장한 독일 공업과 제1차 세계대전 전의 낡은 기계를 사용하는 프랑스 공업이 목숨을 걸고 결투를 벌였으니, 승패는 말하지 않아도 알 수 있었다. 1929년의 세계 경제 위기는 프랑스 경제를 더욱 어렵게 만들었는데, 1931년에 프랑스의 118개 은행이 파산했고, 수많은 중소기업이 도산했다. 1931년 9월부터 1932년 4월까지, 프랑스의 공업 생산 총량은 거의 70%나 폭락했다. 그중 야금(冶金)은 47% 하락했고, 제조업은 42% 하락했으며, 건축업은 55% 하락했다.[9] 프랑스 공업생산 총액은

1937년에 이미 독일의 절반도 안 되게 하락했고, 1938년에는 더욱 하락하여 겨우 독일의 37.2%밖에 되지 않았다. 세계 경제 위기는 프랑스의 공업생산 능력을 1911년의 수준까지 후퇴시켰다. 경제의 쇠퇴는 군사 예산에 심각한 영향을 미쳐, 프랑스의 군사공업 발전이 저해되었고, 무기 장비의 갱신은 정체되어 앞으로 나아가지 못했다. 1936년에 프랑스는 매월 탱크 120대를 생산할 수 있었지만, 1937년 1월에는 고작 19대밖에 생산하지 못했다. 1937년에 프랑스는 매월 비행기를 고작 38대밖에 생산하지 못했는데, 1939년에 매월 평균 생산량도 185대뿐이었다. 그러나 같은 기간에 독일의 비행기 생산능력은 매월 이미 1,000대를 초과했다.[10] 1930년대에 프랑스 경제의 지속적인 악화는, 독일에 대한 전쟁 준비에 심각한 영향을 미쳐, 제2차 세계대전 초기에 제3공화국이 붕괴하는 복선을 깔아놓았다.

(5) 평화 마비 사상의 작용

방대한 군민(軍民)의 정신적 각오와 전투 의지는 전쟁의 승부를 결정하는 중요한 요인이다. 제1차 세계대전의 상처를 겪은 후, 프랑스 민족에게는 보편적으로 전쟁을 싫어하고 전쟁을 두려워하는 심리와 심각한 평화 마비 사상이 존재하여, 일반 국민과 군인은 모두 전쟁이 다시 일어나는 것을 바라지 않는데, 이는 제3공화국이 붕괴한 중요한 사상적 원인이었다.

제1차 세계대전에서 프랑스는 비록 승리를 거두었지만, 대가가 참혹하여, 프랑스 인민은 심각한 재난으로 끌려 들어갔다. 전쟁이 진행된 4년 3개월 8일 동안, 프랑스 본토에서 794.8만 명의 18~51세 성인 남자를 동원했는데, 본토 주민의 20%를 차지했다. 전쟁 기간에, 프랑스군의 사망한 장병은 131.5만 명으로, 동원된 인원의 16.5%를 차지했으며, 18~28세의 젊은이들 가운데 10명 중 3명이 사망했다. 또 군대의 부상자는 427만 명이었는데, 그

---

9 沈坚, 『当代法国』, 贵州人民出版社 2001年版, 28쪽.
10 [영국] F. A. 德波林, 『第二次世界大战史』, 第3卷, 上海译文出版社 1978年版, 563쪽.

중 150만 명은 평생 불구가 되었다.[11] 전쟁의 거대한 파괴는 프랑스 사회와 민중에게 커다란 심리적 혼란을 조성하여, 프랑스의 전통 정신에 위기가 나타났다. 전쟁이 끝난 후, 사람들은 보편적으로 전쟁을 혐오하고, 영구적인 평화를 갈망하여, 19세기 말 이래 조성되었던 "아름다운 시절"의 태평 생활을 동경하고 추구했다. 제1차 세계대전 후에 수많은 미군이 들어오면서, 미국식의 생활 방식·문명관·가치관이 매우 빠르게 프랑스인, 특히 젊은이들에게 영향을 미쳤다. "다다이즘" 문학이 성행했고, 국외의 모든 예술 조류를 전면적으로 받아들이면서, 로큰롤·재즈 음악이 광범위하게 유행했으며, 일부 청년들은 정신이 공허해지고, 퇴폐와 향락의 생활에 빠졌는데, 어떤 사람은 마침내 "생활에서 어떤 구속도 하지 말라!"라고 공개적으로 주장하기도 했다. 1940년 5월 9일, 즉 독일이 프랑스를 침략하기 전날, 파리 시민들은 여전히 카페 밖에서 일광욕을 즐겼고, 오퇴유(Auteuil) 경마장은 봄날의 경마를 구경하는 사람들로 꽉 찼으며, 거침없이 배팅했다. 또 사람들은 무리를 이루어 대형 전시관에 가서 춘계 예술전을 관람했고, 영화관과 극장에는 빈자리가 없었다. 프랑스 군대가 적들과 전투를 벌이려고 준비하고 있을 때, 국민은 뜻밖에 그들을 저지하려고 시도했다. 왜냐하면 전투는 그들의 주택과 가게를 파괴할 것이기 때문이었다. 앵드르(Indre) 강변의 한 마을에서는, 현지 주민이 공병에 의해 이미 점화된 화약의 도화선 불을 꺼버렸는데, 이는 원래 다리를 폭파하여 독일 군대가 밀고 들어오는 것을 저지하기 위한 것이었다. 푸아티에(Poitiers)에서 방어진지를 구축하고 있던 프랑스군 사병은, 시장이 백기를 단 차를 타고 성 밖으로 나가더니 공손한 자세로 도시를 독일인에게 넘겨주는 것을 놀랍고도 의아하게 바라보았다. 영국의 대형 폭격기가 마르세유 부근 공항에서 이륙하여 이탈리아를 폭격하려고 준비하고 있을 때, 프랑스 현지의 관리가 강력하게 반대했는데, 그 이유는 이탈리아를 폭격하면 프랑스 남부가 필연코 보복당할 것이기 때문이었다.

---

11 [프랑스] 夏斯特纳, 『第三共和国史』, 第3卷, 商务印书馆 1994年版, 161쪽.

프랑스 국가와 민족은 갑자기 닥쳐온 전쟁에 직면하여, 최소한의 우환 의식도 부족했고, 더구나 완강하게 외부 침략을 막아낼 민족적 의지도 갖고 있지 않았다. 프랑스 인민이 깨달았을 때, 프랑스는 이미 존재하지 않았다.

7. 드골주의와 "제3세력"

프랑스는 루이 14세와 나폴레옹 시대에 유럽을 제패했었다. 제1차 세계대전이 끝날 때까지, 프랑스는 여전히 유럽 대륙의 패주였다. 프랑스의 강대국 지위는 제2차 세계대전 전후부터 나날이 상실되어 갔다. 드골이 다시 정권을 장악한 후, 프랑스의 민족정신을 선양하고, 국가 이익의 관점에서 독립적이고 자주적인 외교 정책을 제정하여, 프랑스의 과거 강대국 지위를 회복하려고 시도했다. 드골주의는 제2차 세계대전 후 집권한 여러 프랑스 정부가 정책을 제정하는 중요한 지도 원칙이 되었다.

(1) 드골주의와 그 실천

드골주의는, 바로 드골이 제기한 프랑스 민족 독립과 국가 주권을 수호하고, 프랑스의 강대국 지위를 회복하기 위한 대외 정책 사상과 실천이었다. 드골은 꾸준히 민족 독립과 국가 주권을 주장하고, 패권주의를 반대하면서, 프랑스의 강대국 지위 회복을 쟁취하여, 유럽인의 유럽을 건설하려 했다. 1958년에 드골은 다시 정계에 복귀하여, 제5공화국을 창립했는데, 그의 이런 사상은 프랑스 외교 정책에서 남김없이 펼쳐졌다.

첫째, 민족 독립과 존엄을 수호하고, 미국의 패권을 반대했다. 드골은 "독립"을 프랑스가 생존하고, 행동하고, 민족 이익을 수호하고 세계에서 역할을 하는 가장 중요한 조건으로 여겼다. "독립"이란 어떤 외국의 지휘와 통제도 받지 않는 것을 의미한다. 1960년 2월 13일, 프랑스는 처음으로 원자폭탄 폭발 실험에 성공했는데, 이는 미국의 통제에서 벗어나, 프랑스의 핵 역량을 독립적으로 발전시키는 중요한 상징이 되었다. 이후, 프랑스는 줄곧 자주적

제2차 세계대전 시기, 영국 수상 윈스턴 처칠(왼쪽)과 프랑스의 드골 장군(오른쪽).

으로 핵무기를 발전시킨다는 방침을 견지하면서, 그들의 핵무기를 북대서양조약기구 핵무기 체계에 편입시킬 것을 거절했다. 1958년에 제기한, 북대서양조약기구의 지도체제를 개혁하여 미국과 평등한 지위를 얻겠다는 요구가 미국에게 거절당한 후, 드골은 점차 북대서양조약기구 방어체계에 있던 프랑스 군사력을 철수하여, 더는 미국의 지휘에 따르지 않았다. 1966년, 프랑스는 북대서양조약기구의 군사 통합기구에서 탈퇴함과 동시에, 프랑스 내에 있는 미군 기지를 폐쇄하고, 북대서양조약기구의 부대와 지휘기구는 1년 내에 프랑스에서 철수하라고 요구했다. 미국은, 프랑스의 이러한 조치가 "연맹의 가슴에 칼을 꽂았다"고 말했다. 이리하여 프랑스는 군사적으로 더는 미국이 주도하는 북대서양조약기구에 예속되지 않고, 미국과 소련 집단이 대항하는 틈새에서 자기가 독립적으로 외교를 전개하기 위한 일정한 공간을 쟁취하여, 자주성을 강화했다.

둘째, 프랑스령 식민지에서 "비식민화에서 협력으로의 정책"을 추진하여, 프랑스의 해외 경제와 정치적 이익을 수호했다. 1950년대, 프랑스 최대의 외교적 시련은 알제리 문제였는데, 제4공화국 정부는 알제리 민족해방운동에 대해 강력한 군사적 진압을 취했다. 드골이 집권한 후, 시대적 조류에 따라 "알제리인의 알제리"를 제시하여, 갖가지 장애를 극복하고, 마침내 담판을 통해 이 난제를 해결했으며, 아울러 대다수의 프랑스어를 사용하는 아프리카 국가들이 1960년대 초기의 독립을 획득하도록 촉진했다. "비식민화 정책"은 프랑스 통치 집단의 골치를 썩이던 알제리 문제를 해결해주었고, 프랑스를 무거운 식민지 부담에서 벗어나게 해주어, 프랑스의 국제 정치적 영향력을 높여주었으며, 프랑스가 제3세계 국가들과 우호적인 관계를 개척하기 위한 새로운 길을 열어주었다.

셋째, 공산권 국가와의 관계를 적극적으로 발전시켰다. 드골은 이데올로기를 국제 관계 처리의 유일한 기준으로 삼지 않고, 프랑스의 국가 이익을 결정적인 요소로 여겼다. 그는 "완화·양해·협력"의 대소련 외교 정책을 채택하여, 냉전과 대결을 대체하고, 미국과 소련이 대결하는 틈새에서의 외교적 융통성을 끊임없이 증가시켰다. 1960년, 드골은 흐루쇼프에게 프랑스를 방문하도록 초청하여 프랑스와 소련 간의 최고위급 회동을 개최했다. 1966년 6월, 드골은 정식으로 소련을 방문했는데, 발표한 프랑스와 소련의 공동 성명은 동·서방의 적대적인 분위기를 완화하는 데 적극적인 의의를 지녔다. 드골의 소련 방문은 의의가 매우 커서, 프랑스와 소련 양국 관계의 범주를 훨씬 뛰어넘어, 동·서방의 관계가 대결에서 대화와 완화로 나아가는 서막을 열었다.

드골은 중국과의 우호 관계를 적극적으로 발전시켰다. 1964년 1월 27일, 프랑스는 외교적으로 중화인민공화국을 승인하고, 중국과 프랑스는 동시에 공동 코뮈니케를 발표했다. 이 사건은 "외교적 핵폭탄"처럼 국제적으로 거대한 연쇄 반응을 일으켰다. 프랑스의 영향을 받아, 일부 서방 국가들이 잇달아 중국을 고립시키는 입장을 바꿔, 중국과 외교 관계를 수립했다. 프랑스는 중국과 대사급 외교 관계를 수립한 최초의 서방 강대국이 되었다. 이 조치는 프랑스의 국제 전략적 지위를 높여주고 국제무대에서의 활동 공간을 넓혀주었을 뿐 아니라, 양극 구도에 강한 충격을 가해, 세계 형세가 다극화로 발전하도록 촉진했다.

넷째, 서유럽 연합의 촉진을 통해, 프랑스가 유럽을 영도하고 프랑스의 전통적인 강대국 지위를 회복하려는 목적을 실현했다. 냉전 기간에, 미국과 소련이 패권을 다투는 구조에 직면하자, 드골은 이렇게 생각했다: "만약 통일되고 강대한 유럽을 건립하지 않으면, 유럽은 곧 미국과 소련이 노리는 지역이 될 것이고, 미국과 소련이 세력 범위를 쟁탈하는 전쟁터가 될 것이다."
드골은 독일 연방을 포함한 서유럽 국가들이 연합은 하되, "연방"이 되지는
않는, "국가 간의 연맹"을 결성하자고 일관되게 주장했다. "국가 간의 연맹"
을 더 정확히 말하자면, "각국의 유럽", 즉 유럽의 각국이 군사·외교·국방
등 중대한 영역에서 자기 결정권을 보유하는 것이다. 드골이 주장한 "각국
의 유럽"은 사실상 프랑스가 영도하고 프랑스와 독일이 중심을 이루는 "유
럽인의 유럽"이었다. 이를 위해 드골은 프랑스와 독일의 협력을 적극적으로
촉구했다. 프랑스와 독일 양국은 1963년 1월에 파리의 엘리제궁에서 〈프랑
스-독일 협력 조약〉, 이른바 〈엘리제 조약(Elysee Treaty)〉을 체결하여, 역사
적인 화해를 실현함으로써, 프랑스와 독일 연방의 관계가 새로운 수준으로
발전했는데, "프랑스와 독일 중심"은 이렇게 형성되었다. 프랑스와 독일의 연
맹 결성은 서유럽 연합의 기초가 되어, 유럽 공동체의 발전을 위한 강력한
동력을 제공했으며, 유럽 공동체의 건립과 발전은 세계 정치 구도가 다극화
로 발전해 나가도록 강력히 촉진했다.

드골은, 연합한 유럽은 필요한 독립과 자주를 유지하여, 미국의 통제에서
벗어나야 한다고 특별히 강조했다. 드골은 미국과 특수 관계를 유지하는 영
국을 유럽에 있는 미국의 "트로이 목마"라고 여겨, 1963년과 1967년 두 차
례에 걸쳐 영국의 유럽 공동체 가입 신청을 잇달아 거절했다. 그 주요 목적
은, 미국이 영국을 이용하여 유럽을 통제하는 것을 방지하는 데 있었다.

드골주의의 핵심 내용은, 프랑스의 민족 독립을 수호하고, 강대국 지위
를 힘써 쟁취하며; 미국에 대해서는 동맹을 맺으면서도 독립적이고, 소련
에 대해서는 경계하면서 대화도 병행함으로써, 미·소 양극 구도를 타파하
고, 세계의 다극화 추세를 추동하며; 프랑스가 영도하는 "유럽인의 유럽"
을 건립하며; 프랑스의 독자적인 핵 역량을 보유하며; 국제 사무에서 프랑
스의 강대국 이미지를 확립하는 것 등이었다. 드골주의의 실질은 바로 독
립적이고 자주적인 외교 정책을 견지하는 것이었다. 드골의 강경한 민족주
의 외교 정책은 미국의 미움을 샀다. 미국은, 프랑스의 이런 정책은 단지 드

골 개인의 명망과 권위, 그리고 그의 뛰어난 외교적 기교와 재능을 통해서만 시행할 수 있는 것이므로, 드골의 외교 정책과 실천은 반드시 그가 세상을 떠나면 연기처럼 사라질 거라고 여겼다. 그러나 드골이 정계를 떠난 후에도, 드골주의는 여전히 성행하면서 사라지지 않았다. 1969년부터 지금까지, 프랑스 제5공화국은 6명의 대통령이 거쳐갔다[12]: 조르주 퐁피두(Georges-Jean-Raymond Pompidou), 발레리 지스카르 데스탱(Valery Giscard dEstaing), 프랑수아 미테랑(Francois Mitterrand), 자크 르네 시라크(Jacques René Chirac), 니콜라 사르코지(Nicolas Sarkozy), 프랑수아 올랑드(Francois Hollande)인데, 그들은 대체로 모두 드골의 독립적이고 자주적인 외교 정책을 답습하여, 냉전 기간에 미·소 두 초강대국이 세계를 통치하는 것에 변함없이 반대했으며, 냉전이 끝난 후에는 프랑스의 세계 강대국 이미지를 확립하고 프랑스의 국제적 지위를 높이는 데 힘썼다.

드골이 프랑스 대통령으로 재임한 11년간, 그의 외교 정책은 프랑스와 전체 서유럽, 더 나아가 세계 구도 모두에 매우 심각한 영향을 미쳤다.

먼저, 드골주의는 전후 프랑스 역사의 새로운 장을 열었다. 프랑스가 독립적이고 자주적인 외교 정책을 추진한 것은, 프랑스가 제3세계 국가들에게 호감을 얻게 했으며, 서유럽 국가들에게도 지도적 지위를 얻게 했을 뿐 아니라, 또한 미국과 소련이 프랑스에 대해 다른 눈으로 보지 않을 수 없게 했다. 드골주의의 영향으로 프랑스는 끊임없이 국제적 명성과 국제적 지위를 높였고, 국제적 이미지가 크게 바뀌었다.

다음으로, 드골주의는 미국의 서방 세계에서의 패주 지위에 충격을 가해, 미국의 서유럽에 대한 통제를 흔들어 약화시킴으로써, 그의 서유럽 맹방들로 하여금 미국의 유럽 정책에 대해 심각한 신뢰의 위기를 낳게 했다. 드골주의는 다른 나라들이 말하고 싶어도 하지 않으려 하거나 하기 불편한 말을 했고, 다른 나라들이 하고 싶어도 하지 않으려 하거나 하기 불편한 일

---

12 현재의 프랑스 대통령인 에마뉘엘 마크롱(Emmanuel Macron)은 이 책이 출간된 후인 2017년에 대통령에 당선되었기 때문에 여기에 포함되지 않았다.(역자 주)

을 하여, 미국의 서방 국가들 내에서의 맹주 지위를 흔들리게 함으로써, 미국으로 하여금 그들에 대한 오만한 태도를 조정하게 하여, 더는 다른 나라들의 존재를 무시하거나, 독단적으로 국제적 사무에서 서방 국가를 대표하여 정책을 결정할 수 없게 했다. 드골이 독립적인 외교 정책을 실천함으로써, 다른 나라들이 패권을 반대하는 투쟁을 전개하고, 자기 민족의 독립과 주권을 수호하고, 동·서방의 관계를 완화하는 데 적극적인 추동 작용을 했다.

마지막으로, 드골주의는 세계 정치 구도가 양극에서 다극화로 발전하도록 추동했다. 드골은 서유럽 국가 지도자들 중에서 양극 구도에 도전한 첫 번째 사람이었다. 그는 프랑스를 이끌고 복잡한 국제 환경에서 독립적으로 발전하는 새로운 길로 나아갔을 뿐 아니라, 다극화의 세계 질서가 수립되는 데 기초를 다졌다. 드골은 미·소 두 초강대국이 세계를 지배하려고 시도하는 데 대해 강력히 규탄했다. 냉전 기간에, 드골은 미국에 대해 동맹을 맺으면서도 독립적이었고, 동맹에서 독립적인 지위를 강화함과 동시에, 프랑스와 소련·동유럽 국가들과의 관계를 조정하는 것도 중시했다. 드골주의는 대서양 연맹 내부의 반미 경향을 자극하기만 한 게 아니라, 1970, 80년대의 유럽과 미국 관계를 위해 기초를 다졌고, 제국주의 진영의 분화를 가속화했다. 더욱 중요한 것은, 드골주의의 추동으로 서방 국가들이 잇달아 동방 국가들과의 화합 노선을 탐색하기 시작했는데, 이는 의심할 바 없이 동·서 관계의 완화에 유리했고, 더 나아가 양극 구도의 와해와 다극화 세계 질서의 형성을 추동했다.

요컨대 드골주의는 프랑스가 제2차 세계대전 후의 국제 사무에서 줄곧 자국의 국력을 뛰어넘는 역할과 영향을 발휘하게 했다. 냉전 시기에, "중등 강대국"인 프랑스는 미·소의 갈등과 유럽의 연합을 성공적으로 이용하여 자신의 지위를 강화함으로써, "2등실 승차권으로 1등실에 탑승했다". 냉전이 끝난 후, 프랑스는 세계의 다극화 과정을 꾸준히 견지하면서 태만하지 않고 추동하여, 세계의 대다수 국가가 미국의 일방주의와 패권주의를 향해 "안 돼"라고 말하도록 영향을 미치고 이끌었으며, "소프트 파워"로 미국의

"하드 파워"를 제약했고, 일방주의 세력의 악성 팽창을 강력히 억제했다. 드 골주의는 화해와 균형의 새로운 국제 질서를 수립하는 데 적극적인 추동 작용을 했다.

(2) "쉬망 플랜(Schuman Plan)"의 초보적 시행

1950년 5월 9일, 프랑스 외무장관 로베르 쉬망(Robert Schuman)은 기자 회견을 열고 성명을 발표하여, "프랑스 정부는 프랑스와 독일 양국의 석탄 과 철강 생산을 공동의 고급 기관 관리하에 두며, 이 기구는 동시에 유럽 의 다른 국가들에도 개방할 것을 제의한다. 석탄과 철강의 공동 경영은 경 제 발전을 위해 공동의 기초를 신속히 건립할 수 있으며, 이는 유럽연합으 로 나아가는 첫걸음이다"라고 선포했는데, 이것이 바로 "쉬망 플랜"이다. 쉬 망의 제의는 돌멩이 하나가 수많은 물결을 일으키듯이, 전 세계에 거대한 영향을 미쳐, 각국 정부를 뒤흔들었다. 어떤 서방 학자는, 쉬망 플랜은 "유 럽 역사상 획기적인 사건"이자, "서유럽 경제 협력의 이정표"라고 말했다. 그 것은 프랑스가 제3세력 전략을 실현하는 중요 구성 부분이고 유익한 시도 이자, 또한 유럽연합을 촉진하는 중요한 기초였다.

쉬망 플랜의 설계자인 모네는, 현대의 기술 수단으로 판단하든, 미국·소 련과 비교하든, 서유럽의 개별 국가 역량은 모두 비교적 약해 보인다고 여 겼다. 유럽 국가들의 연합을 실현해야만, 유럽 지역의 생활 수준을 한층 향 상시키고 지속적인 평화를 실현할 수 있었다. 역사상 유럽 각국이 단독으 로 행동하는 시기는 이미 지나가 돌아올 수 없으니, 새로운 시대를 열어야 했다. 모네는 쉬망 플랜을 설계할 때 비교적 많은 것들을 정치적인 시각에 서 계획했다: 조직적이고 생기발랄한 유럽이 인류 문명에 기여한 공헌은 세 계 평화를 유지하는 데에 없어서는 안 된다. 독일 총리를 역임한 콘라트 아 데나워(Konrad Hermann Joseph Adenauer)는 쉬망 플랜의 목적에 대해 명 확히 밝혔다. 즉 프랑스의 이 제안은 우선 그것의 경제적 가치에 있는 것이 아니라, 그것의 중대한 정치적 의의에 있다는 것이다. 즉 연합한 유럽이 미국과 소련을 제외한 "제3의 정치 세력"을 구축하는 데 있었다. 이전에 설립된 유럽경제협력기구(OEEC: Organization for European Economic Cooperation)[13]는 미국 달러를 분배하는 도구였으며, 유럽 결제동맹(EPU: European Payment Union)[14]은 오직 미국과 유럽의 무역에만 유리했다. 쉬망 플랜은 서유럽 국가 연합이 자강(自强)·자주적으로 행동하는 서막을 열었다. 쉬망 플랜의 기초에서 설립한 유럽경제공동체(EEC)는 각국의 유대를 강화하여, 유럽 국가의 정치적 연합을 위해 견실한 기초를 다졌다. 비록 유럽의 지도자들은 연합의 방식에 대해 아직 의견 차이가 있었지만, "연방"의 유럽이든 또는 "국가 연합"의 유럽이든, 그들은 시종 유럽이 다시 강대해지는 것을 목표로 확립했다. 드골이 제기한 "대서양에서 우랄까지의 유럽"과 브란트가 실행한 "신동방 정책" 등등은, 모두 이 목표의 선명한 체현이었다.

쉬망이 제기한 유럽 석탄 철강의 공동 경영 계획은 제2차 세계대전 후 유럽연합의 물꼬를 텄으며, 유럽의 일체화 과정도 이때부터 시작되었다. "쉬망 플랜"이 제창한 유럽연합은 활용성이 강했기 때문에, 매우 빠르게 실천할 수 있었는데, 석탄과 철강의 공동 경영·관세 연맹에서부터 공동 농업 정책에 이르기까지, 유럽의 화폐 시스템에서부터 유럽의 통일된 대시장, 더 나아가 유럽의 단일 화폐인 "유로화"의 탄생에 이르기까지, 유럽연합은 불가역적인 역사 궤도에 진입했다. 1970년대, 유럽공동체는 이미 자본주의 세계에서 중요한 하나의 강력한 세력이 되었다. 유럽공동체의 국민 총생산액은 1986년에 미국을 뛰어넘어 세계 제1위가 되었다. 1991년에 체결한 〈마스트리흐트(Maastricht) 조약〉은 유럽공동체를 유럽연합(EU)으로 승격시켰다. 미국과 소련의 양극 구조가 해체된 후, 유럽연합은 적극적으로 다극 세계를 제창하면서, "동쪽으로 확장"하고 "남쪽으로 진출"하는 전략을 추진

---

13 1948년에 마셜 플랜을 수용하기 위해 유럽 국가들이 설립한 기구로, 이것을 모태로 1961년 9월 30일에 파리에서, 발전도상국 원조 문제 등 새로운 세계정세에 적응하기 위해 경제협력개발기구(OECD)가 발족했다.(역자 주)

14 1950년 9월에 유럽의 18개국이 파리에서 각국 상호 간의 수지의 다각적인 청산을 위해 설치한 경제협력기구이다.(역자 주)

하여, 유럽의 대부분 지역을 포괄하는 "대유럽"의 최초 모습이 세상 사람들 앞에 나타났다. 유럽연합은 "대유럽" 계획을 실현하려고 긴박하게 여론을 조성하기 시작했는데, 2001년 2월 26일의 〈니스 조약(Treaty of Nice)〉 체결은, 유럽연합이 동쪽으로 확장하기 위한 길을 터주었다. 유럽의 전방위적인 일체화는 끊임없이 진전을 이루었고, 1999년에 유로화가 발행되면서 유럽의 경제무역연맹은 질적인 비약을 이루었다. 유럽의 공동 외교와 공동 안보 정책이 큰 발전을 이루면서, "경제는 거인, 정치는 난쟁이"라는 모습을 끊임없이 개선하고, 국제 정치에서의 영향력을 계속 확대했다. 유럽연합 내부는 내정(內政)·사법·선거·취업과 생활 방면에서 이미 나라마다 차이가 없었고, 테러리즘·이민의 초국적 범죄·마약 등의 문제가 나날이 확대됨에 따라, 유럽연합의 각 나라들도 서로 관련 정책에 대해 조정과 통합을 강화하고 있다. 유럽연합이 지금 세계에서 발전이 가장 성숙하고 일체화 정도가 가장 높은 지역 협력 조직이 된 것은, "쉬망 플랜"의 공이 매우 크며, 그것은 전후 유럽연합의 역사에서 중요한 역할과 의의를 갖는다.

8. 맺음말

프랑스는 유럽에서 군림하던 찬란한 시대가 있었고, 유럽 대륙에서 영국과 오랜 세월 동안 패권 쟁탈을 벌였다. 프랑스는 유럽 대륙 열강의 정글 속에 있으면서, 줄곧 유럽 대륙의 패주로 자처했는데, 그 발전 과정에서, 초기에 해양 탐험과 식민 확장에 의존했던 포르투갈·스페인·네덜란드와는 서로 완전히 같지는 않은 굴기의 노선을 걸었다. 프랑스는 줄곧 유럽의 주도권을 쟁탈하는 것이 세계 강국의 지위를 누리는 관건이라고 여겼다. 루이 14세의 유럽 패권 쟁탈 전쟁은 물론이고, 나폴레옹 제국의 동서 정벌도 모두 마찬가지이며, 제2차 세계대전 후에 드골이 추진한 "제3세력" 전략도 여전히 전략의 중심을 유럽에 두고 있다. 이는 프랑스가 굴기하기 위한 전략의 가장 큰 특징이었다.

1789년의 대혁명 발발은 비록 여러 번 반전이 있기는 했지만, 프랑스는 결국 자산계급 혁명의 성과를 거두었다. 뒤이어, 나폴레옹이 정치 무대에 올라, 제도를 혁신하고, 힘써 국내 자본주의 경제를 발전시킴과 동시에, 대외적으로는 계속 침략 전쟁을 일으켜 네덜란드·이탈리아와 독일의 여러 방국들을 정복함으로써, 유럽의 커다란 영토를 차지했다. 나폴레옹 제국의 건립은 오랜 세월 동안 유럽이 형성해온 전통적 봉건 질서를 타파하고, 프랑스 자산계급 혁명의 영향을 전체 유럽으로 확산시켜, 오래된 유럽의 군주 전제국가들을 두려움에 떨게 했다. 나폴레옹 제국은 대외 정복과 침략의 기초 위에 수립되었는데, 제국 내에 비교적 안정되고 성숙한 정치 경제 제도의 보장이 부족했기 때문에, 곧바로 번영에서 쇠락으로 바뀌었다. 제2제국 시기에, 나폴레옹 3세는 프랑스를 이끌고 적극적인 국제 경쟁에 뛰어들었는데, 강렬한 경쟁의식을 갖고 있어, 프랑스의 공업화 과정이 신속히 추진되면서, 프랑스 경제는 빠르게 세계 자본주의 체제에 융합되었다. 프로이센-프랑스 전쟁(이른바 '보불전쟁'-역자)에서 프랑스는 심각한 타격을 받았기 때문에, 그 후 수십 년 동안 프랑스와 독일의 갈등은 끊임없이 격화되었다. 프랑스는 독일에 대한 복수를 갈망했고, 독일도 수시로 기회를 보아 프랑스를 철저히 파괴하려 했는데, 프랑스와 독일의 갈등은 제1차 세계대전에서 전면적으로 폭발하게 된다.

　1870년에 보불전쟁에서 패배한 후, 독일이 굴기하고, 나날이 강대해지던 미국이 세계 무대에 나서기 시작하면서, 프랑스의 전통적 강대국 지위는 도전을 받았다. 따라서 프랑스의 외교 중점은 강대국 지위를 유지하는 데 집중되기 시작했다. 나폴레옹 3세부터 드골에 이르기까지, 프랑스의 외교 정책은 줄곧 지난날 강대국의 영광을 회복하려고 도모했다. 그러나 "하드 파워"와 "소프트 파워"라는 두 가지 국력은 강대국의 지위를 유지하는 데 없어서는 안 되는 필수 요소이다. 프랑스가 직면한 두드러진 문제는 "소프트 파워"는 여유가 있었지만, "하드 파워"가 부족한 것이었다. 미국과 소련이 패권을 다투던 시대에, "중등 강국"이었던 프랑스는 일찍이 미국과 소련의 갈등을 성공적으로 이용하고 유럽연합을 추진하여 자신의 국제 지위를 높임으로써, "2등칸 승차권으로 1등칸에 탑승"할 수 있었다. 1990년대부터, 프랑스의 대외 전략 목표와 그의 국가 실력 간의 모순이 뚜렷이 드러나기 시작했다. 당시 국제 경쟁의 중점은 종합 국력에 집중되어 있었는데, 프랑스는 이 방면에서 이미 독일이나 일본보다 낙후되어 있었다. 국제 정치 영역에서, 프랑스의 세계적인 영향력은 어느 정도 하락 추세를 보였다. 또 프랑스 핵 역량의 중요성이 이미 크게 약해지면서, 북대서양조약기구와 이에 관해 타협을 이룰 수밖에 없었다.

프랑스의 흥망성쇠 과정은 한 나라가 굴기하는 일반적인 법칙을 드러냈다: 우선 국가가 굴기하려면, 반드시 정치적으로 독립적이고 자주적인 지위를 보유하여, 국내에서는 비교적 전면적이고 체계적인 제도 건설을 완성해야 하며, 비교적 효율이 높은 경제·정치 및 사회 관리 시스템을 보유해야 한다. 다음으로, 한 나라의 굴기 과정은 상대적으로 복잡하고 오랜 시간이 걸려, 보통은 수십 년이나 심지어 백 년이 넘는 시간이 필요하며, 이 기간의 발전 속도와 내용은 모두 세계의 다른 나라나 그 지역의 다른 나라보다 높아, 자기의 절대적인 우세를 형성한다는 것이다. 마지막으로, 반드시 다른 강대국과의 관계를 잘 처리하여, 다른 강대국과 직접적인 무력 충돌이나 전쟁이 일어나는 것을 피하려고 노력해야 한다. 한 나라가 굴기하는 과정은 바로 국제적 경쟁에 참여하는 과정이다. 근대 이래로 국제 사회의 발전은 오랜 기간 이어져 온 전통 국가의 생존 상태를 근본적으로 변화시켜, 과거의 폐쇄적이고 세상과 단절된 상태를 타파하고, 각 나라들 간의 관계와 협력이 더욱 긴밀해졌다. 평화로운 방식으로 국제 경쟁과 분업에 참여함으로써 얻는 것은 국제 질서의 안정과 발전이다. 과도하게 무력에 의존하면 결국 국제적 갈등과 충돌, 심지어 전쟁을 초래한다. 근대의 프랑스와 독일이 강대국으로 굴기하는 과정에서 있었던 목숨을 건 대결과 극단적인 이익 쟁탈은 세계에 수많은 재난을 초래했으며, 세상 사람들에게 침통한 역사적 교훈도 제공했다.

제6장

유럽의 "정글" 속에서 떨쳐 일어선 독일

독일은 유럽 중부에 위치하며, 동쪽은 체코·폴란드와 접하고, 서쪽은 벨기에·네덜란드·룩셈부르크 및 프랑스와 닿아 있고, 남쪽은 스위스·오스트리아와 접하며, 북쪽은 덴마크와 영토를 접하고 있어, 동·서유럽이 이어지는 교통 요충지이다. 1871년에 독일은 국가 통일을 실현했다. 이는 독일의 정치·경제 및 사회에 심각한 변화가 일어나게 했을 뿐 아니라, 당시 유럽의 지리적 전략 구도도 바꿔놓았다. 그 후 세계를 다시 분할하기 위해, 독일은 두 차례 세계대전을 일으켰지만, 결과는 실패로 끝났다. 1990년, 독일은 다시 통일을 이루었는데, 이는 독일의 운명을 바꾸어 놓아, 오늘날 매우 영향력 있는 세계의 강대국이 되게 했을 뿐 아니라, 냉전 구도의 종식과 얄타체제의 와해를 촉진하여, 훗날 국제 전략 구도에 깊은 영향을 미쳤다.

1. 신성로마제국의 쇠락과 프로이센의 굴기

기원전 5세기경, 북해와 발트해 주변 지역에 몇몇 부족들이 거주하고 있었는데, 고대 로마인들은 그들을 게르만인이라고 불렀다. 후에 대부분의 게르만인은 라인강 서부·도나우강 북부와 북해 사이의 일부 지역에서 거주했고, 이 지역은 게르마니아라고 불렸다. 395년, 나날이 쇠락해가던 로마제국은 동·서 두 부분으로 나뉘었다. 서로마 제국은 476년에 무너지고, 그 황제는 게르만인에 의해 폐위되었다. 그러나 로마인의 파리 지역에 대한 통치는 줄곧 486년까지 지속되었는데, 그해에 게르만인 프랑크족의 국왕인 클로비스 1세(Clovis I)가 로마인을 물리치고 프랑크를 건립했으니, 그것이 프랑스의 전신이다. 800년에 이르러, 프랑크 왕국은 칼로링거 왕조 샤를마뉴 대제의 통치하에서 점차 전성기에 진입하여, 고대 로마와 지금의 독일 영토 대부분을 통일했는데, 역사는 이를 "샤를마뉴 제국"이라고 부른다. 샤를마뉴 대제가 840년에 세상을 떠나면서, 그의 제국도 이에 따라 쇠락했다. 기원 843년, 샤를마뉴 대제의 세 명의 손자들은 베르됭 조약을 체결하고, 전국을 세 부분으로 나누었다. 장손인 로타르(Lothar)는 황제 칭호를 물려받고, 라인강 하류 이남과 론(Rhône)강 유역을 거쳐 이탈리아 중부 지역까지를 차지했으며, 중프랑크 왕국이라고 불렸다. 그의 동생인 루이(Louis)는 라인강 이동 지역을 나누어 가졌고, 동프랑크 왕국이라고 불렸다. 또 다른 동생인 샤를(Charles)은 서부 지역을 차지했으며, 서프랑크 왕국이라고 불렸다. 이것이 바로 훗날 이탈리아·독일 및 프랑스 3국의 초기 형태이다. 후에 혼인을 통해, 루이의 세 아들들은 바이에른·작센·알마니아의 통치권을 얻었다. 작센 공작 하인리히 1세가 919년에 동프랑크 왕국의 국왕에 선출되어, 독일 국가를 창립했으니, 독일의 역사는 이렇게 시작되었다.

(1) "신성로마제국"의 쇠락

936년, 하인리히 1세의 아들 오토 1세가 왕위를 계승하여, 독일의 국왕이 되었다. 왕권을 강화하기 위해, 그는 교회 세력을 이용하여 대봉건영주를 견제하기로 결정했다. 그리하여 교회에 매우 많은 영지를 수여하고, 영지 내에서의 행정권·사법권 및 재정권도 교회의 영주에게 부여했다. 국왕과 교회가 이룬 합의에 따라, 국왕은 주교와 수도원 원장을 임면할 권한을 가졌는데, 이 일을 역사에서는 "오토 특권"이라고 부른다. 교회의 지지를 통해, 왕권이 강화되고 공고해졌으며, 국가의 실력도 증강되었다. 961년, 오토는 군대를 파견하여 로마에 진입한 뒤, 로마 귀족에게 쫓겨났던 교황 요한 12세를 복위시켰다. 요한 12세는 이에 대해 매우 감사해 하여, 이듬해 로마의 성베드로대성당에서 오토 1세 황제에게 대관했다. 이때부터 오토 1세는 고대 로마 제국의 합법적인 왕위 계승자의 신분이었고, 정식으로 "아우구스투스"라고 불렸는데, 이것이 "신성로마제국"의 기원이다. 1155년, 프리드리히 1세가 대관할 때, 앞에 "신성"이라는 두 글자를 덧붙였다. 962년 이후에, 신성로마제국의 황위가 독일 국왕에게 주어졌다. "신성로마제국"은 명칭상의 변화뿐 아니라, 실제로도 이 나라의 본질적 특징을 반영하고 있었으니, 바로 고대 로마 제국의 부흥을 표명했다. 게르만인은 바로 이 제국 유산의 계승자였다. 동시에, 이 제국은 그 존재의 기초를 기독교와 교회 관계의 종교적 사명 위에 두었는데, 이는 세상 사람들에게 자기는 기독교와 교회의 사명을 받들어 세워졌음을 선포하는 것과 마찬가지였다. 신성로마제국은 또한 세속적 국가와 종교를 통치하는 이중의 사명, 즉 동방정교회를 포함한 모든 기독교를 통치할 권력도 보유하고 있었다. 오토 1세는 교회와의 결맹을 통해 왕권을 강화했을 뿐 아니라, 중앙집권도 강화했다. 실천이 보여주었듯이, 국가 정권과 교회 조직의 결합은 국가의 통일성을 효과적으로 보장할 수 있었으며, 11세기 후기까지 이 결합은 여전히 매우 유효했다. 이렇게 뚜렷한 종교적 특징을 통해, 오토 1세 및 후대의 계승자들은 신성로마제국의 유럽에서의 패주 지위를 확보할 수 있었다. 신성로마제국의 건립은, 독일 제국이 이미 교회와 견고한 동맹 관계를 맺고 있음을 나타내주었다. 한편으로는 황제가 중세 유럽에서 패주 지위를 확립함으로써, 신성로마제국이 교황과 함께 유럽 사무를 주도하는 중심이 될 수 있게 해주었다. 예를 들면, 973년의 크리스마스에 덴마크·폴란드·러시아·헝가리·보헤미아·비잔티움·불가리아 및 롬바르디아에서 온 사람들, 심지어 스페인 코르도바에서 온 칼리프 사절이 모두 오토 1세의 궁궐에 왔다. 다른 한편으로는 제국의 세력이 확대됨에 따라, 교회의 세력도 확대되었다.

그러나 사물은 모두 양면성이 있으니, 신성로마제국의 쇠락을 초래한 중요한 원인 중 하나가 바로 교권과 황권의 투쟁이었다. 10세기부터, 교회 내부에서 교황의 권력을 강화하고 교회의 독립성을 확대하는 활동이 나타났다. 1073년, 이탈리아인 힐데브란트(Hildebrand)는 황제의 허락을 얻지 않고 교황이 되었으며, 그레고리 7세라고 불렀다. 그의 지도하에, 로마 교황청은 각국 황제들과 국가의 최고 통치권을 놓고 쟁탈하기 시작했다. 1075년, 교황 그레고리 7세와 황제 하인리히 4세의 권력 쟁탈은 공개적인 충돌로 바뀌었다. 황제는 명령을 내려, 교황을 폐지한다고 선포하면서 이렇게 말했다: "짐 하인리히, 하느님이 은총하는 국왕과 우리 주교들 모두가 그대에게 말하노니, 물러나라, 물러나라!" 그러나 교황은 대봉건영주들의 지지하에, 황제에게 도전하여, 하인리히 4세를 곤경에 빠지게 했다. 황위를 지켜내기 위해, 하인리히 4세는 결국 교황의 거처로 가서, 맨발에 담요를 걸치고 눈바람 속에서 3일 동안 선 채로, 교황에게 속죄할 수밖에 없었다. 이 사건은 로마 교권(敎權)이 절정에 달했음을 상징한다. 황권과 교권의 치열한 투쟁으로 인해, 국가 정치의 장기적인 혼란을 조성하여, 신성로마제국의 끊임없는 쇠락을 초래했다. 교권과 황권의 투쟁은, 배후에 있는 대봉건영주와 중앙 왕권의 투쟁을 말해주었다. 독일의 대봉건영주, 특히 교회의 대봉건영주들은 잇달아 독립을 요구했다. 이 투쟁의 결과, 독일 황권은 나날이 쇠락해갔다. 비록 후에 교황이 "황권보다 높은 교권"을 실현하지는 못했지만, 세속 황제도 역시 교황에 대한 통제를 회복하지는 못해, 쌍방은 세력 균형을 이루었다. 원래 황제의 버팀목이었던 교회 귀족들도 점차 세속 황권에 대한 의존을 줄여나갔다. 그들은 봉건영주처럼 끊임없이 자기의 독립성을 확대함과 아울러, 봉건영주와 갈수록 더 많은 공동 이익을 보유했다. 그 결과 국가 내에서 황제는 이미 강력한 통치를 유지할 수 없게 되어, 봉건영주들의 분리 활동을 효과적으로 억제하기 어려웠다. 황권과 교권의 쟁탈은 국가의 국력을 소모했는데, 제후의 세력과 독립성이 나날이 커지자, 제국의 사분오열은 피할 수 없었다.

신성로마제국의 쇠락을 초래한 두 번째 원인은, 국가 내외 정책의 균형 상실이었다. 하인리히 1세의 아들 오토 1세에 대해 말하자면, 그는 아버지의 중앙집권 강화 정책을 계승했지만, 정책의 중점을 국외, 즉 이탈리아에 두었다. 10세기에, 비록 이탈리아도 사분오열했지만, 유럽에서 경제가 가장 부유한 곳이었다. 오토 1세는 이탈리아에 대해 약탈적인 확장 정책을 펼쳤는데, 그 목적은 재물을 획득하고, 권세와 명망을 높이려는 것이었다. 불행한 것은, 이러한 정책이 지속됨으로써, 독일 통일의 실현에 대해 매우 큰 부정적인 영향을 미쳤다는 것이다. 특히 호헨슈타우펜 왕조(Hohenstaufen dynasty)의 프리드리히 1세 재위 기간에는, 더욱이 이탈리아의 점령을 기본 국책으로 삼았다. 당시의 이탈리아는 경제가 발달하여, 이를 점령하면 국고를 부유하게 할 수 있을 뿐만 아니라, 국가의 용병을 유지하는 데 충분한 자금도 제공해줄 수 있어, 봉건영주의 "군사 지원" 압박을 피할 수 있었을 뿐 아니라, 교권과 황권의 쟁탈 과정에서 교황의 권세에도 효과적으로 타격을 가할 수 있었다. 그러나 프리드리히 1세의 이탈리아 정책은 처음 예상했던 것과는 달리 심각한 결과를 초래하여, 독일 왕권의 철저한 쇠퇴와 국가 분열의 위험을 초래했다. 독일 황제가 이탈리아를 지나치게 중시했기 때문에, 자기 나라의 내부 업무를 돌볼 겨를이 없어, 자기 민족의 이익과 내정을 공고히 하는 등의 중요한 문제들을 소홀히 했다. 동시에 이러한 약탈적 정책이 국내에서 지지를 받게 하려고, 프리드리히 1세는 국내의 대봉건영주들에게 다양한 양보를 할 수밖에 없었는데, 이는 또한 대봉건영주들에게 자신의 정치적 목적을 철저하게 추구하고, 자신의 독립성을 끊임없이 확대할 수 있는 기회도 제공함으로써, 봉건적 무정부 상태가 끊임없이 계속되게 함과 아울러, 국가 통일에도 파괴적인 작용을 했다.

  세 번째 원인은 도시 발전의 제약이었다. 봉건제도 하에서, 도시는 황권이 공고해지느냐의 여부에 대해 중요한 의의가 있었다. 봉건사회 전기에, 도시는 중앙 왕권을 강화하고, 민족 융화를 촉진하는 중요한 역량이었다. 그런데 봉건사회 후기에 이르자, 도시는 새로운 상품경제 관계의 매개체로서, 자연경제의 와해와 전제 왕권의 형성 및 민족국가의 건립을 추동했다. 도시의 형성과 발전은 새롭게 발전한 사회 역량이 봉건 세속 귀족과 투쟁한 결과였다. 봉건 황권이 이 투쟁에서 어떤 태도를 취하는가는, 도시의 발전에 관계될 뿐만 아니라, 황권의 성쇠에도 관계가 있었다. 매우 불행한 것은, 독일 황권은 이 점을 알지 못해, 오히려 도시를 늘 타격하고 약탈하여 부를 그러모았다는 것이다. 원래 15세기에 신항로가 열리기 전에, 유럽에는 양대 국제 무역지구가 있었으니, 바로 발트해 무역지구와 지중해 무역지구이다. 독일은 이들 양대 무역지구 사이에 끼어 있어, 국제 무역의 필수 경유지였다. 이러한 지리적 조건의 우세는, 독일의 상업 발전과 도시 번영을 촉진하여, 시장의 수요를 목표로 하는 상품경제가 끊임없이 자연경제를 대체하게 했다. 그러나 도시의 발전은 독일 내부의 분열된 환경의 제약을 받았을 뿐 아니라, 전란과 분쟁의 영향도 받았고, 심지어 강도적 약탈의 영향까지도 받았다. 황제가 추진한 이탈리아 점거 정책이 비록 단기적으로는 이익을 얻을 수 있었지만, 공고하고 통일된 독일 제국을 형성하는 데에는 불리했다. 그러나 발전한 독일의 도시들은 국가의 통일과 중앙 정권의 강화를 절실히 희망했다. 당시 독일은 봉건 할거 현상이 심각했다. 그 원인은 게르만의 대부분 지역에서는 여전히 농촌공동체를 실행하고 있었고, 다수의 도시들은 나라의 변방에 분포되어 있었던 데다, 수많은 제후 할거 세력에게 종속되어 있어, 그들이 왕권 유지의 버팀목이 아니었기 때문이다. 강대한 중앙 황권의 결핍으로 인해 초래된 부족함을 보완하기 위해, 많은 도시들은 연합하여 도시 동맹을 형성했다. 그러나 이 동맹은 자신들의 이익을 지나치게 강조했기 때문에 황권의 지지를 받지 못했고, 따라서 지속적으로 역할을 할 수 없었다. 15세기 초에 이르러, 유럽의 민족국가들이 잇달아 굴기했다. 이들 국가의 배후에는 거의 모두 강력한 중앙집권이 버팀목 역할을 하고 있었을 뿐 아니라, 자국의 무역 발전과 경제 번영을 매우 지지했다. 이에 비해, 독일의 도시들은 매우 약소했다. 그들은 반봉건의 성과를 거두어 사회와 경제의 발전을 추동하지 못했을 뿐만 아니라, 오히려 봉건영주 세력의 탄압을 받아 끊임없이 활력과 존재의 가치를 잃어갔다.

넷째, 천연적 지리 환경과 다민족의 개성이었다. 독일은 유럽의 중심지대에 있었기 때문에, 그의 동서 양쪽에 모두 천연의 보호벽이 없었고, 또 여러 강대국들과 인접하고 있어, 열강의 "정글" 속에 놓여 있었으므로, 안보 환경이 매우 열악했다. 이는 독일 영토가 쉽게 외적의 침략을 받게 했을 뿐 아니라, 또한 독일 민족으로 하여금 대외 확장의 전략적 전통을 형성하게 했다. 따라서 독일의 역대 통치자들에 대해 말하자면, 사방에서 포위되어 공격받는 것을 피하고, 국가 영토의 안전을 보위하는 것이 가장 중요한 임무가 되었다. 독일의 역사학자 프란츠 슈나벨(Franz Schnabel)이 말한 바와 같다: "유럽의 모든 민족 가운데, 독일인은 그들이 거주하는 공간의 지리적 조건 때문에, 그들을 부담이 가장 무거운 민족이 되게 했다. 특히 지리적 부담은, 그들의 역사에서 특별히 부담스러운 전통을 만들었다." 바로 이 때문에, 독일인과 유럽의 동·서쪽에 있는 국가들 간의 충돌과 역사적 은원(恩怨)은 독일 문제를 처음부터 "유럽의 문제"가 되게 했으며, 유럽 국가들, 특히 강대국들은 자신의 이익을 수호하는 입장에 서서 종종 독일의 통일을 반대했는데, 그 목적은 독일을 영원히 주변 각국이 충돌하는 완충지대이자 이익 추구의 카드로 삼으려는 것이었다. 역사적으로 전쟁이 끊이지 않았기 때문에, 독일 민족의 과감하고 강인하며 전쟁에 능한 특징을 형성했을 뿐 아니라, 독일의 국경과 영토가 늘 끊임없이 변화하게 했다. 동시에 역사적 원인으로 인해, 독일은 단일민족의 거주지가 아니라, 프랑크인·고트인·반달인·알라마니인 등이 모두 여기에 살았고, 게다가 북유럽의 포메라니아인·알프스산 북쪽의 바이에른인·"공손하고 냉정한" 프로이센인·실레지아인과 "열정적인" 라인인 등도 살고 있었다. 그들은 비록 장기간 함께 지냈지만, 서로의 차별성은 여전히 독일 각 지역의 정치 이념·문화 예술·사회 사상 등에 중요한 영향을 미쳐, 독일이 통일을 실현하는 것을 제약하는 중요한 장애가 되었다.

(2) 프로이센의 굴기

사분오열된 상황에서, 독일 동부의 프로이센이 갑자기 굴기하자, 독일 황제와 여러 제후들의 주목을 받았을 뿐만 아니라, 유럽 궁정도 놀라게 했다. 프로이센의 발전은 독일이 분열에서 통일의 길로 나아가기 시작했음을 예시했다.

프로이센 국가의 핵심은 브란덴부르크와 프로이센이었다. 브란덴부르크
는 엘베강과 오데르강 사이에 위치하여, 동·서방이 맞닿는 곳이었다. 12세
기 이후, 그곳은 독일 제국의 식민지가 되었다. 프로이센은 발트해 연안에
위치하여, 브란덴부르크와는 비교적 멀리 떨어져 있었는데, 그곳 주민이 주
로 프로이센인이었기 때문에 이 이름을 얻었다. 당시 프로이센은 아직 완전
히 독립하지 않고, 폴란드와 종주(宗主) 관계를 유지하고 있었다. 브란덴부
르크와 프로이센은, 몇 세기 동안 병행하여 발전했다고 할 수 있는데, 1618
년에 이르러 호엔촐레른(Hohenzollern) 가문의 브란덴부르크 선후(選侯)가
프로이센 왕위를 계승했기 때문에, 이들 두 지역은 비로소 하나로 연결되
었다. 호엔촐레른 가문은 독일의 귀족과 왕가 혈통이었다. 1417년, 독일 국
왕은 정식으로 브란덴부르크와 선후 작위를 함께 호엔촐레른 가문의 프리
드리히 1세에게 수여했는데, 호엔촐레른 가문의 브란덴부르크 통치도 이로
부터 시작되었다. 그들은 브란덴부르크를 자신들의 안식처로 삼아, 혼인 관
계·계승 협정 등의 수단으로 열심히 통치 범위를 운영하고 확장했다. 16
세기의 종교개혁 때, 브란덴부르크와 프로이센 두 지역의 호엔촐레른인들
은 모두 신교로 개종했는데, 이것이 일정 정도 쌍방의 친밀감을 높여주었
다. 1618년, 브란덴부르크-프로이센 공국이 정식으로 건립되었다. 비록 이
나라는 지리적으로 한데 연결되어 있지도 않았고, 또 결코 하나의 민족으
로 이루어지지도 않았지만, 강한 응집력을 가지고 있어, 점차 훗날 프로이
센 왕국의 규모를 형성해 갔다. 1640년, 프리드리히 빌헬름이 선후가 되었
는데, 그는 재능이 뛰어나고 원대한 계략을 가진 젊은 군주로, 훗날 사람들
에게 "선제후(選帝侯)"로 불렸으며, 동시에 프로이센이 진정으로 강대한 국
가가 되는 기초를 다진 사람이기도 하다. 비록 처음 왕위에 올랐을 때, 그
가 마주한 나라는 상처투성이였고, 자국의 융커 귀족과 분리주의 세력 및
국외의 강력한 세력 앞에서, 지위가 높지 않았다. 이런 국면을 타파하고, 나
라의 군주 전제 정치체제를 형성하여, 프로이센을 독립된 자주 국가로 만

들기 위해, 빌헬름은 일련의 조치들을 취했다. 첫째, 1653년에 융커와 브란덴부르크 〈의회협정〉을 체결했다. "협정"은 융커의 농민에 대한 특권을 인정했고, 교환조건으로 융커는 선제후를 최고 지도자로 하는 상비군의 창설에 반드시 동의함과 아울러, 또 상비군을 유지하고 무장하기 위해 세금을 증가하는 데 동의해야 했다. 이 협정은 선제후와 융커 귀족이 상호 타협한 산물이었다. 〈의회협정〉은 융커의 정치적·경제적 지위가 프로이센에서 공고해짐과 동시에, 오직 융커 출신의 인재들만이 상비군 장교를 맡을 권리를 갖도록 규정함으로써, 융커가 국가의 군사 문제에 결정적인 영향을 미치게 했다. 융커는 선제후 통치의 계급적 기초가 됨과 동시에, 호엔촐레른 가문의 독일에서 주요 버팀목이자 독일을 프로이센화하는 주요 역량이 되게 했다. 관료 집단은 장교 집단과 함께, 프로이센 국가의 양대 주축 세력이 되었다. 분명히 프로이센의 전제정치 체제는 사회 내부의 자산계급과 봉건귀족 간에 세력 균형을 이룬 기초 위에서 세워진 것이 아니라, 군주와 융커 귀족이 서로 타협한 중요 산물이었다. 둘째, 중상주의 정책을 추진했으며, 관리(官吏)에게 위임하여, 도시의 행정 사무를 잘 관리함과 아울러, 세무 관원을 증원하여 도시의 세금 징수 임무를 맡겼다. 또한 농촌에 행정 관서를 설치하여, 광대한 평원 지역에서 세금을 징수했다. 이런 사람들은 점차 하나의 관료 집단이 되었다. 이밖에도, 중상주의 경제 정책의 실행은 프로이센 경제의 발전을 추동했다. 셋째, 많은 이민을 받아들이는 정책을 채택했다. 이는 프로이센의 경제 발전에 큰 도움을 주었다. 1685년에 선제후는 〈포츠담 칙령〉에서, 프랑스에서 추방당해 프로이센에 들어온 2만여 명의 위그노파 신교도들이 남아서 피난하도록 허락했다. 이들 신교도 가운데 절대다수는 자본이 있고, 실력이 있고, 기술이 있는 사람들이었는데, 그들이 소중한 생산 경험과 자본을 경제가 매우 발달한 프랑스로부터 브란덴부르크로 가지고 들어와, 여기에서 각종 공장을 설립하여, 프로이센의 경제 발전을 크게 촉진함으로써, 마침내 이 나라의 수입이 30년 동안에 7배나 높아졌다.

프로이센의 끊임없는 발전은 경제에서뿐만 아니라 군대 분야에서도 나타났다. 프로이센은 전체 국가가 하나의 군대였다고 해도 과언이 아니다. 프리드리히 빌헬름 1세는 어떤 일이든 몸소 행하고, 부지런히 일하면서, 평생 프로이센을 군주 전제 국가와 군국주의 국가로 바꾸는 데 힘을 쏟았다. 동시에 그는 유럽 역사상 최초로 군복을 입은 군주이기도 했다. 포츠담 궁전의 연병장에서, 그는 몽둥이를 들고 직접 병사들을 훈련했는데, 조금도 느슨해지지 않고 끝까지 그렇게 했기 때문에, 많은 사람들이 그를 "사병왕"이라고 불렀다. 동시에 전국에 대해 군사화를 진행했다. 군대를 유지하고 강화하기 위해, "사병왕"은 즉위 후에 왕실의 경비를 대폭 삭감하여 군대 건설에 사용했다. 군대를 제외하고, 그는 돈과 재물에 대해 매우 인색했다. 그는 단지 2,547개의 은화만으로 자신의 대관식을 마쳤는데, 그의 아버지는 대관식에 500만 개의 은화를 사용했었다. 이외에, 프리드리히 빌헬름 1세는 이렇게 강력한 군대에 의지하여, 융커의 국내에서의 독립적인 지위를 타파했다. 그의 세심한 경영으로 프로이센군은 3.8만 명에서 8.3만 명으로 늘어났고, 그는 군대 보급품을 외국에 의존하는 방식을 단호히 중단하고, 완전한 자주를 실행했다. 병역제도 방면에서, "사병왕"은 처음에는 유럽의 일부 국가들이 채택한 의무병역제에 찬성하지 않았는데, 그는 완전히 자기와 관계 있는 사람들로만 조직된 군대이어야 안심할 수 있다고 여겼으며, 특히 농민과 시민이 융커에 대해 의존 관계에 있는 상황에서는 용병이 더 적합하다고 여겼다. 그 용병 군대는 매수하거나 탈취하는 방식으로 조직되었기 때문에, 그러한 모병은 사실상 조직적인 인원 납치였다. 결국 독일 내 다른 방국들의 극렬한 반대에 부딪혔고, 이는 빌헬름 1세로 하여금 새로운 징병제도를 채택하지 않을 수 없게 했다. 1733년에 그는 "징병구(徵兵區) 조례"를 반포하여, 연대마다 일정한 지역을 징병 범위로 삼도록 규정하자, 이후 각 연대는 자신의 징병구에서 병력을 보충할 수 있었다. 당연히 군대 내의 장교직은 여전히 귀족과 융커에게 남겨두었다. 징병구 조례는 융커가 농촌에서 "천하를 통일하던" 국면을 타파하고, 융커에 의존하는 농민과 시민 모두가 병역에 복무할 의무를 졌으며, 토지를 물려받은 장남을 제외한 나머지 융커 자제들 거의 모두가 군대에 입대할 수 있었다. 이는 전 국민 병역제를 시행하는 길을 깔아 주었다. 동시에 그는 귀족사관학교를 설립하여, 전문적으로 그의 군대를 위해 청렴하고 효율적이며 자신감 있는 장교를 양성했다. 이것은 그의 후임자들도 본받았다. 국가는 사병의 복무기간을 25년으로 규정했다. 빌헬름 1세가 부대를 훈련하는 방법은 기본적으로 조련과 체벌이었다. 훈련의 최고 목표는 병사들을 의식이 없고 생각이 없고 상관의 명령에 맹목적으로 복종하는 도구나 무기로 바꾸는 것이었다. 이렇게 국토의 면적에 비례하지 않는 방대한 군대를 유지하는 데 필요한 경비는 매우 많았다. 빌헬름 1세의 통치 시기 말기에, 국가의 세금 수입은 약 700만 탈러(Taler: 옛 독일의 화폐 단위-역자)로 증대했는데, 그중 600만 탈러가 군대 건설에 사용되었다. 프로이센 군대는 국가의 중심적 지위에 있을 뿐만 아니라, "나라 중의 나라"였다. 이 군대는 국왕의 전제 통치를 관철시키고, 융커의 독립적 지위를 타파했으며, 귀족 계급의 정부 업무에 대한 관여를 약화시키는 등의 방면에서 매우 큰 성공을 거두었다. 빌헬름 1세가 사망한 후, 프리드리히 2세("사병왕"의 차남으로, 장남이 일찍 사망했기 때문에 황태자가 되었다)가 황위를 계승했다. 그는 평생 "국가 이익 지상주의"를 추구했고, 또 사람들에게 "프리드리히 대제"라고 불렸다. 그는 겉으로는 겸손하고 열정적이었지만, 내심은 엄숙하고 냉정했다. 또 그는 신민에게 질서와 규율을 성실히 지키고, 매사에 절대로 그의 결단을 따르라고 요구했다. 그에게는 어떤 핑계도 필요하지 않았고, "국가의 이익"을 위해서라면 어떤 조약도 파괴할 수 있었고, 어떤 공격도 가할 수 있었다. 그는 자신의 후계자에게 이렇게 말했다: "어떤 위대한 군주의 머릿속에도 모두 자신의 통치를 확대하려는 생각이 있다는 것을 확실히 기억해야 한다." 프리드리히 2세는 "강한 권력이 곧 정당한 도리"라는 준칙을 신봉하여, 즉위하자마자 오스트리아에 대해 전쟁을 일으켰는데, 그 목표는 풍요로운 오스트리아 소속 실레시아를 약탈하는 것이었다. 프로이센은 실레시아 전쟁의 최대 수혜자로, 실레시아의 거대한 재산과 많은 인구를 획득했을 뿐만 아니라, 자신의 독일에서의 지위를 크게 강화하여, 프로이센과 오스트리아 두 강국이 병립하는 국면을 형성했다. 대외 확장을 위해, 프리드리히 2세는 군사 개혁을 진행하여, 강제 의무 병역제를 실행했으며, 또한 군대에서 논공행상을 실행하고, 상벌을 분명히 했다. 그의 군사기술에서 가장 큰 혁신은 바로 새로운 전략 전술을 채용한 것이다. 즉 갑작스럽고 적의 의표를 찌르는 공격으로 작전을 개시하여, 여러 적들과 동시에 교전할 때는 최대한 각개격파했다. 그는 거의 단독으로 오스트리아·프랑스·러시아 3국의 연합 공격을 막아냈고, 또 풍요로운 실레시아를 지켜냄으로써, 프로이센의 위엄과 명망을 크게 증강시켰기 때문에, 사람들에게 "18세기의 3대 군사 천재" 중 한 명이라고 불렸다. 1763년 이후, 프리드리히 2세는 일련의 개혁을 통해 국력을 회복시키고 발전시켰지만, 이는 여전히 군대의 발전을 위해 복무한 것이었다. 1780년에 이르러, 프로이센 군인의 수는 이미 24만 명으로 증가하여, 평균 32명의 주민 가운데 1명의 사병이 있었다. 프로이센은 명실상부한 "병영"이 되었고, 그 군국주의적 색채는 나날이 짙어져 갔다. 프랑스 정치가인 미라보(Honoré-Gabriel Riqueti, comte de Mirabeau)는 일찍이 이렇게 평가했다: "다른 서방 국가들은 군대를 가졌고, 프로이센 군대는 국가를 가졌다."

2. 비스마르크의 "철혈정책"과 독일의 통일

19세기의 50~60년대에, 독일의 산업혁명과 경제 발전은 국가 통일의 중요한 추동력이 되었다. 독일의 자산계급 형성이 비교적 늦었기 때문에, 독일이 흥성할 때 독일의 무산계급이 이미 매우 적극적으로 활동하고 있었지만, 자산계급은 무산계급이 인민과 동맹을 맺는 것을 두려워했다. 동시에 그 수중에는 조직적인 국가의 역량도 없었고, 또 인민 대중과도 분리되어 있었기 때문에, 국가의 통일을 실현하도록 지도해 나갈 중임을 감당할 수 없었다. 그리고 독일의 무산계급은 정치적·조직적으로 충분히 성숙하지도 못했고, 독일의 민족운동을 인민혁명으로 바꿀 수도 없었기 때문에, 마르

오토 폰 비스마르크(Otto Eduard Leopold von Bismarck, 1815~1898년)는 독일의 정치가로, 1815년에 프로이센 포메른 지역 쇤하우젠(Schönhausen)의 융커 집안에서 태어났다. 1862년에 프로이센의 수상 겸 외무대신이 되었고, "철혈재상"으로 불렸다. 1870년에 프로이센-프랑스 전쟁을 일으켜 독일을 통일하고, 독일 제국의 재상이 되었다. 1890년 3월에 빌헬름 2세에 의해 해임되었다. 1898년에 함부르크 부근의 프리드리스루흐 장원에서 사망했다.

크스와 엥겔스가 구상한 무산계급 혁명의 길은 아직 실천에 옮길 수 없었다. 비록 당시의 독일에는 통일을 실현할 여러 가지 가능한 길이 있었지만, 당시의 실제 상황을 보면, 오직 프로이센의 통일 노선, 즉 비스마르크의 통일 노선만이 가장 성공 가능성이 있었는데, 이는 후에 실천으로도 증명되었다.

(1) 비스마르크가 제시한 "철혈정책"

1815년 4월 1일, 비스마르크는 슈텐달 인근의 쇤하우젠 장원에서 태어났으며, 융커 가문 출신이다. 대학을 졸업하자마자, 그는 장원으로 돌아와 농업을 경영했다. 그는 자본주의적 농장 경영 방식을 채택함으로써, 자산계급화한 융커가 되었다. 정치적으로는 완고한 보수파에 속해, 독일 혁명 시기에 그는 독일의 통일에 반대했고, 친프랑스·친러시아·친오스트리아 입장을 취했다. 1851년부터 1859년까지, 프로이센 연방의회의 프랑크푸르트 주재 대표를 맡은 후, 그의 정치적 태도에는 급격한 변화가 일어나, 독일 통일이 대세라고 인정하면서, 프로이센의 군주제와 융커의 이익을 보호하고 유지하려면 프로이센이 통일의 영도권을 장악할 수밖에 없다고 인정했다. 비스마르크는 매우 강한 공명심을 가졌을 뿐 아니라, 행동도 중시하여, 목적을 달성하기 위해서는 수단을 가리지 않았으며, 의지가 강하고, 성품이 불처럼 격렬하고 매우 적극적인 사람이었다. 그는 탁월한 재능을 가졌고, 상대를 파악하는 비범한 능력을 갖춘, 뛰어난 정치인이었다.

1862년 9월, 비스마르크는 프로이센 수상에 취임했다. 그는 당시 독일의 통일은 막을 수 없는 역사의 흐름이라고 인정했다. 이런 상황에서, 프로이센이 통일운동의 영도권을 장악하면 "아래로부터 위로"의 혁명적 위협을 저지하여, 프로이센의 군주제를 보존할 수 있을 뿐 아니라, 융커의 특권적 지위도 보장할 수 있었다. 이와 동시에, 비스마르크는 또한 독일 내 각 방국의 통치자들은 물론이고, 프랑스와 러시아 두 강대국도 모두 독일의 통일을 보고 싶어 하지 않는다는 것을 명확히 알고 있었다. 전자는 자신의 정치적 특권을 잃는 것을 두려워했고, 후자는 독일의 분열을 유지하는 것을 자신이 유럽 사무에서 정치적 우세를 차지하는 하나의 중요한 조건으로 삼았다. 이를 위해, 비스마르크는 유명한 군사 이론가인 클라우제비츠의 관점을 특별히 좋아하여, 독일의 통일을 실현하는 길은 오직 하나밖에 없다고 여겼다. 그것은 바로 이러했다: "검(劍)으로 하나의 나라가 그 나머지 나라들을 지배한다." 그는 1862년 9월 30일에 프로이센 의회에서 유명한 "철혈(鐵血) 연설"을 발표했다: "당대의 중대한 문제는 연설과 다수의 결의를 통해 해결할 수 있는 것이 아니고, 철과 혈을 통해야 한다." 바로 그가 지도하는 방향을 통해, 독일은 세 차례의 왕조 전쟁을 일으켜, 통일을 실현하는 노정에 올랐다.

(2) 세 차례 전쟁이 독일 통일을 촉진하다

독일 통일의 과정은 덴마크·오스트리아·프랑스에 대한 전쟁과 떼어놓을 수 없다. 비스마르크는, 세 나라와 동시에 전쟁을 개시하는 데 대해, 독일은 그런 실력이 없을 뿐만 아니라, 그럴 필요도 없다고 여겼다. 비스마르크는 각 나라들 간의 갈등을 교묘하게 이용하여, 적을 분화시키고 와해시켜 각개격파하는 책략을 취하여, 선후로 덴마크·오스트리아·프랑스에 대해 전쟁을 일으켜 결정적인 승리를 거둠으로써, 자신의 매우 높은 위엄과 명망을 확립했으며, 독일 내부의 전에 없는 단결과 통일을 촉성함과 아울러, 반대파들로 하여금 입을 다물게 했다.

독일을 통일하는 첫 번째 전쟁은 1864년의 덴마크에 대한 전쟁이었다. 그 원인은 독일의 슐레스비히와 홀슈타인 두 공국의 귀속 문제에 대한 덴마크와의 분쟁이었다. 1863년에 새로 즉위한 덴마크 국왕은 덴마크 민족주의자들의 압력을 받자, 자신의 통치하에서 독립적 지위를 가진 슐레스비히 공국을 덴마크 정부가 직접 관할하도록 비준했는데, 이 결정은 1852년에 열강들이 체결한 〈런던 의정서〉에서 합의한 두 공국의 전통적 특권과 독립적 지위를 유지하도록 한 규정을 위반했을 뿐만 아니라, 동시에 독일 민주주의자들의 항의도 불러일으켰다. 독일 연방의회는 덴마크 정부에게 법령을 철회하라고 한 요구가 이루어지지 않은 상황에서, 군대를 파견하여 홀슈타인을 공격했다. 두 공국 간의 분쟁 발생은, 비스마르크가 독일을 통일하는 데 매우 좋은 기회를 제공했다. 그는 시기와 형세를 파악하고, 유럽 주요 열강들의 태도를 예측하면서, 덴마크에 대한 전쟁에 유리한 국제적 환경을 적극적으로 조성했다. 우선, 그는 1863년에 동쪽으로 인접한 러시아가 폴란드 봉기를 진압하는 것을 강력히 지지하여, 러시아의 호감을 얻음으로써, 러시아가 프로이센을 공격하지 않겠다고 보증하게 했다. 다음으로, 그는 1863년 연말에 서쪽으로 인접한 프랑스에게, 실행할 의사도 없으면서 라인강 서안 지역을 할양해 줄 수 있다는 듯이 그럴듯한 말로 암시했다. 게다가 이때 프랑스는 군대가 멕시코에 집중하고 있어, 남을 돌볼 틈이 없었기 때문에, 일어날 수도 있는 충돌에 대해 냉정한 태도를 취했다. 그리고 영국에 대해서는, 영국이 비록 개입하겠다고 위협했지만, 대륙 동맹국들의 협조 없이 자기의 2만 명의 육군만으로는 거의 성과를 거두기 어려웠고, 하물며 영국은 프로이센을 이용해 프랑스와 러시아 양국을 견제하려고 했기 때문에, 전력을 다해 개입할 수 없었다. 그리고 독일 내부의 또 하나의 큰 나라인 오스트리아는 독일의 민족 염원을 거스르면서까지 덴마크에 대한 전쟁을 반대하려고 하지 않았다. 이러한 유리한 형세에 따라, 비스마르크는 현명한 전략을 택했다. 그는 1852년에 체결된 〈런던 의정서〉를 수호한다는 구호를 내걸었고, 독일의 민족주의 구호를 내걸지 않았기 때문에, 영국·프랑스·러시아 등의 간섭을 당당히 저지하여, "다른 강대국들과의 긴장 관계를 초래하는 것"을 피했다. 이와 동시에, 오스트리아와 적극적으로 협력하여 영국과 프랑스가 연합하여 군사적으로 개입하는 것을 방지했고, 또 온갖 방법으로 프로이센이 두 공국을 병탄하려 한다는 의도를 숨겼다. 열강들이 보기에는, 프로이센과 오스트리아의 공동 작전은 프로이센이 두 공국을 병탄하는 것을 방지하는 확실한 보증이었다. 열강이 개입하지 않겠다는 것을 보증한 후, 프로이센과 오스트리아 양국은 1864년 2월 초에 슐레스비히를 연합 공격하여 덴마크군을 신속하게 격파했다. 러시아·프랑스·영국 등이 수수방관했기 때문에, 덴마크 정부는 지원을 기대할 수 없자, 어쩔 수 없이 10월 30일에 〈비엔나 협약〉을 체결하고, 슐레스비히-홀슈타인 공국을 프로이센과 오스트리아 양국에 돌려줄 수밖에 없었다.

독일을 통일하는 두 번째 전쟁은 1866년의 프로이센-오스트리아 전쟁이었다. 비스마르크는, 오스트리아는 프로이센이 독일을 통일하는 "천적"으로, 양자 간의 대립은 "두 강대국이 병립하는 정책과 같은 온건한 방식으로는 풀 수 없고, 단지 검으로 자르는 수밖에 없다"고 여겼다. 그래서 그는 덴마크에 대한 전쟁을 끝낸 다음에 즉시 오스트리아와의 전쟁을 치밀하게 계획했다. 당시 프로이센과 오스트리아 두 나라에 대한 전쟁에서 가장 중요한 작용을 한 것은, 독일과 인접한 양대 강국인 프랑스와 러시아의 태도였다. 1850년 이전에 러시아는 프로이센과 오스트리아가 패권을 다투는 과정에서 프로이센을 억압하고 오스트리아를 도왔는데, 목적은 전통적으로 오스트리아가 독일에서 누려온 패주의 지위를 유지 보호하기 위해서였다. 그러나 오스트리아는 1853년부터 1856년까지의 크림전쟁에서 러시아를 적대시하는 행동을 취했고, 또 영국·프랑스와 함께 1863년의 폴란드 봉기를 지지하여, "폴란드를 부흥시키는 과정에서 러시아를 적대시했다". 그런데 프로이센은 반대로, 크림전쟁에서 중립을 유지했을 뿐 아니라, 폴란드 문제에서도 러시아와 적극적으로 협력하여, 러시아가 폴란드 봉기를 진압하는 것을 명확히 지지했다. 이는 러시아의 태도에 큰 변화를 일으켜, 프로이센과 오스트리아가 패권을 다투는 과정에서 프로이센 편에 서게 했다. 그리고 프랑스에 대해 비스마르크는 미끼를 던졌는데, 그는 프랑스에 소문을 퍼뜨리기를, 프랑스가 세계의 모든 프랑스어를 사용하는 곳에서 확장(프랑스가 벨기에와 룩셈부르크를 획득하는 것을 의미함)하는 것을 승인한다고 표명했다. 프랑스 황제 나폴레옹 3세는, 프로이센과 오스트리아 양국이 서로 잔인하게 죽이는 투쟁을 앉아서 지켜본 다음, 기회를 틈타 이득을 취하려고 했으므로, 비스마르크와 회동했을 때 오스트리아를 지지하지 않겠다고 태도를 명확히 했다. 프랑스를 진정시킨 다음, 비스마르크는 곧 이탈리아의 지지를 얻으려고 노력했는데, 이탈리아가 오스트리아 치하에 있는 베네토(Veneto)를 수복하도록 돕겠다고 동의함으로써, 미래의 전투에서 오스트리아가 앞뒤로 적을 맞이하게 하는 목적을 달성했다. 프로이센은 이탈리아와 단번에 합의를 이루었다. 양국은 1866년 4월에 동맹 조약을 체결했다. 오스트리아는 유럽에서 사실상 이미 고립 상태에 빠졌다. 모든 준비가 끝나자, 비스마르크는 즉시 프로이센과 오스트리아 양국이 함께 슐레스비히-홀슈타인을 관리함으로써 발생한 갈등을 이용하여, 1866년 6월에 분쟁을 일으킴과 동시에 신속히 오스트리아와 싸워 승리를 거두었다. 패배가 이미 정해진 상황에서, 오스트리아가 프랑스에게 조정을 요청했다. 이때 비스마르크는 국제 정세를 꿰뚫어 보고, 프로이센 국왕과 장군들의 오스트리아 수도 비엔나로 진군하자는 주장을 받아들이지 않고, 오스트리아를 독일 연방에서 퇴출시키고 프로이센을 우두머리로 하는 북부 독일 연방을 건립하자는 조건에만 동의하여, 〈프라하 조약〉을 체결했다. 그가 이렇게 한 이유는, 첫째는 혹시

라도 프랑스가 간섭하여 이미 얻은 승리의 성과를 잃게 될 것을 염려했기 때문이다. 둘째는 훗날의 프랑스에 대한 전쟁을 위해 공간을 남겨두려 했기 때문이다. 비스마르크의 계획에 따르면, "오스트리아에 대한 전쟁 후에, 이어지는 것은 필연적으로 프랑스에 대한 전쟁이었다". 그래서 "오스트리아에 치욕을 주지 않는 것은 절대 필수"이었다. 왜냐하면 훗날 프로이센과 프랑스가 전쟁할 때 오스트리아가 프랑스 편에 서서 전력을 다해 복수하는 것을 피하려 했기 때문이다.

독일을 통일하는 세 번째 전쟁은 1870년부터 1871년까지 진행된 독일-프랑스 전쟁이다. 1866년의 전쟁은 결코 독일의 통일을 실현할 수 없었다. 프랑스의 방해 때문에, 마인(Main)강 이남의 바이에른·뷔르템부르크·바덴·헤센 대공국 등 남부 독일의 4개 나라는 여전히 북부 독일 연방의 바깥에 있었다. 프랑스 황제 나폴레옹 3세는 이렇게 말했다: "독일은 세 개로 쪼개져야 하며, 영원히 통일되면 안 된다." 만약 비스마르크가 "남부 독일의 여러 나라들을 북부 독일 연방으로 끌어들인다면, 우리의 대포가 자동으로 발사될 것이다". 영국과 러시아도 프로이센이 남부 독일 지역을 병합하는 것에 반대했다. 차르인 알렉산더 대공은 프로이센이 이 지역을 "침범"하는 것을 공개적으로 반대했고, 영국의 외교대신도 이렇게 말했다: "프로이센이 압력 정책으로 마인강 경계선을 돌파하는 것을 용인할 수 없다." 따라서 프로이센이 독일의 통일을 실현하려면, 반드시 프랑스의 방해를 배제해야 했으며, 또한 러시아·영국 두 나라가 받아들이도록 해야 했다. 비스마르크는 이를 위해 많은 외교 활동을 펼치면서, 최종적으로 독일을 통일하기 위한 유리한 국제적 환경을 조성했다. 먼저, 그는 오스트리아에 대한 전쟁이 끝난 후, 독일 내부의 단결을 강화하고, 관대한 평화조약을 교환조건으로 삼음과 아울러, 프랑스가 남부 독일 지역에 대한 영토를 요구함으로써 형성된 압력을 이용하여 남부 독일의 4개 나라들과 프로이센이 프랑스의 공격을 저지하는 비밀 동맹을 체결하자고 촉구했다. 다음으로, 그는 외교적 함정을 만들어, 프랑스를 고립시키기 위한 준비를 했다. 프로이센과 오스트리아의 전쟁이 끝난 후, 프랑스는 비스마르크에게 약속을 이행하라고 요구하면서, 벨기에를 프랑스에 병합하는 것을 자기가 프로이센-오스트리아 전쟁에서 중립을 지킨 보답으로 삼겠다고 제시했다. 비스마르크는 프랑스 대사로 하여금 관련된 서면 자료를 제공하게 하여 프로이센 국왕이 연구할 수 있도록 함과 동시에, 또 몰래 러시아와 영국 두 나라가 나서서 프랑스의 요구를 제지하게 했다. 최종 결과는, 프랑스는 아무것도 얻지 못했을 뿐 아니라, 영토에 대해 야심이 있다는 증거도 비스마르크의 손에 들어왔다. 뒤이어 프랑스는 다시 프로이센 군대가 주둔하고 있는 룩셈부르크로 눈길을 돌렸지만, 비스마르크는 의회가 이 "오래된 독일의 영토"를 프랑스에 넘겨주는 것을 반대한다는 것을 이유로 거절했다. 1867년 5월의 런던 회의에서, 각 강대국들이 룩셈부르크는 중립국임을 보증함으로써, 프랑스의 요구를 다시 한번 좌절시켰다. 이외에, 당시 유럽의 다른 강대국들의 태도가 프로이센에는 유리했지만, 프랑스에는 불리했다. 영국은 프랑스를 해상과 식민지의 패권 쟁탈에서 강적으로 간주했고, 러시아를 중앙아시아 쟁탈의 주요 호적수로 여겼기 때문에, "항상 중부 유럽을 강화하여 그 주변 양대 강국의 발전을 반대하는 것을 환영했다". 또 러시아는 프랑스가 러시아의 터키 분할 정책을 반대한 데다 폴란드 민족운동을 지지했으므로 매우 화가 나 있었다. 반대로, 비스마르크는 러시아와 우호를 유지하는 정책을 시행했다. 그는 러시아가 크림전쟁에서 패배하고 나서 어쩔 수 없이 1856년에 체결한 〈파리조약〉을 개정하여, 흑해 중립 조항을 삭제하고, 러시아의 흑해 지역 군사시설을 복원하는 것을 지지한다고 명확히 밝혔다. 이로 인해 얻은 보답은, 다음과 같은 러시아의 승낙이었다: 일단 프로이센과 프랑스가 전쟁을 개시하면, 러시아는 오스트리아 국경에 병력을 배치하여, 오스트리아와 프랑스 양국이 동맹을 맺는 것을 방지하겠다. 비스마르크는 비록 러시아와 동맹을 맺을 생각이 없었지만, 이때 이미 "러시아는 프랑스 편에 참가하지 않으리라는 것"을 알고 있었다. 오스트리아는 아직 1866년 전쟁에서 패배한 공포에서 벗어나지 못했기 때문에, 프랑스가 동맹을 맺자고 제안했을 때,

프로이센과 프랑스가 전쟁을 시작한 6주 후에야 전쟁에 참여할 수 있다고 밝혔는데, 이는 사실상 프랑스군이 승리하고 나면 승리의 성과를 나누어 갖겠다는 것이었다. 프랑스의 동맹 체결 요구에 대한 이탈리아의 회답은, 프랑스군이 로마에서 철수해야만, 양국이 동맹을 체결하는 구체적인 문제를 고려할 수 있다는 것이었다. 프랑스는 유럽에서 사실상 이미 고립되었다. 유럽의 군사적·정치적 형세는 프로이센에 유리했다. 군사적으로 보면, 프랑스는 유럽의 패주로서, 크림전쟁과 멕시코전쟁을 통해 경험이 풍부한 40만 명의 노련한 병사들을 보유하고 있었지만, 프로이센군은 고작 30만 명에 불과한 데다, 대부분이 신병이어서, 역량 대비가 프랑스군에 유리해 보였다. 그러나 프로이센이 실행한 것은 국민개병제(國民皆兵制: 국민 모두가 병역 의무를 갖는 제도-역자)여서, 프로이센은 상비군 외에도 40만 명의 예비역 군인과 50만 명의 민병을 보유하고 있어, 동원할 수 있는 프로이센군 병력은 120만 명에 달해, 절대적인 수적 우세를 점했다. 더욱 중요한 것은 프랑스군의 전체적 군사 배치와 전략이 매우 불리했다. 당시 프랑스군은 멕시코·알제리·로마 및 인도차이나 등 세계 각지에 흩어져 있었다. 따라서 나폴레옹 3세가 수중에 진정으로 보유한 작전 병력은 단지 10만 명밖에 안 되었다. 정치적으로 보면, 프로이센이 도의적으로 우세를 점하고 있었다. 프랑스는 독일의 통일을 저해했는데, 이는 정의로운 것이 아니었지만, 독일은 객관적으로 국가 통일을 실현한다는 정의의 성격을 띠고 있었다. 모든 준비를 마친 다음, 비스마르크는 스페인 왕위 계승 문제를 이용해 "붉은 천으로 갈리아의 소를 유인하는" 장면을 연출하여, 프랑스가 프로이센에 선전포고를 하도록 자극했다. 전쟁의 결과는, 스당(Sedan)에서의 한 차례 전투에서 프로이센이 10만 명의 프랑스군을 포로로 잡자, 프랑스 황제 나폴레옹 3세는 투항할 수밖에 없었다. 1871년 1월 18일, 비스마르크의 주도하에 프로이센 국왕 빌헬름 1세가 독일 황제로 등극했다. 프로이센의 영도하에 독일은 마침내 통일을 실현했다. 독일 제국의 수립은 유럽의 세력 구도를 완전히 바꿔놓았다. 당시 영국 보수당 당수였던 벤저민 디즈레일리(Benjamin Disraeli)는, 독일 통일은 그 영향력이 프랑스 대혁명을 뛰어넘는 "독일 혁명"으로, 그것은 유럽의 "모든 외교적 전통을 말끔히 일소해 버렸으며", "세력 균형이 철저히 무너졌다"고 말했다. 새로 통일된 독일은 그 인구·경제 등의 방면에서 거대한 잠재력과 강대한 군사력으로 인해 유럽 대륙의 미래의 패주가 되었다.

(3) 관세동맹이 독일 통일의 기초를 다지다

독일의 통일을 실현하기 위해, 세 차례의 전쟁에서 승리한 것 말고도, 통일된 국내 시장과 강력한 중앙 정권을 건립하는 것도 매우 중요했는데, 이를 위해서는 반드시 프로이센을 중심으로 하는 관세동맹을 맺어야 했다. 당시 국고 부족과 재정 적자는 대다수 나라들이 직면한 심각한 난제였다. 관세 장벽을 제거하고, 세제를 개혁하여 세수를 늘리고, 상품 유통과 공업 발전을 촉진하기 위해서는, 반드시 통일된 기구가 있어야 했으며, 연방 내에서 통일된 세제와 세율을 실행하여 상호 혜택과 상호 이익을 실현해야 했다. 그래서 최초로 관세 개혁을 실행한 1818년의 프로이센 세법을 기초로, 통일된 관세 정책을 제정하기 시작했다. 동맹에 참여한 각 나라들 간에는 1834년부터 모든 관세를 폐지하기 시작했다. 대외무역에서는 자유무역을 실행했지만, 영국에서 수입하는 모직물과 면직물 등에 대해서는 보호 관세를 징수했다. 관세동맹의 체결은 또한 화폐·도량형 제도·상업 관련 법규를 통일하는 등의 방면에서도 구체화되었다. 1838년과 1857년에 일부 전문적인 협정을 체결하여, 화폐와 도량형을 통일하고, 유가증권을 통일하고, 공동의 상업 방법을 실시하기 시작했다. 관세동맹은 독일의 대부분 방국들을 하나의 긴밀한 무역공동체와 경제공동체로 연결해주었다. 이 동맹의 수립은 19세기 독일 산업혁명의 발전을 촉진함과 동시에, 독일이 경제와 정치의 통일을 실현하는 중요한 절차이기도 했다. 이는 어느 정도 분열주의 사상을 억제함과 아울러, 독일의 정치적 통일을 위한 물질적 기초를 다져주었다. 비스마르크는 관세동맹의 역할을 매우 중시하여, 그것을 독일의 통일을 실현하는 중요한 기초로 삼았다. 그는 베를린을 중심으로 삼고, 철도망을 여기에서부터 각 방국들로 통하게 하여, 중앙 정부와 지방의 긴밀한 연계를 강화함으로써, 사실상 하나의 거미줄 같은 교통망으로 독일의 남과 북을 한데 단단히 연결해주어, 밀접하고 떼어놓을 수 없는 하나의 통일체를 형성했다.

3. "세계 정책"의 추진과 독일 제국의 붕괴

1890년대에 들어선 후, 독일 제국의 경제력과 군사력이 끊임없이 증강됨에 따라, 그의 확장 야심도 점점 커졌다. 1890년에 비스마르크가 퇴임한 후, 독일 제국은 대외 전략을 조정하여, "대륙 정책"에서 "세계 정책"으로 바뀌었다. 이는, 통일 후의 독일 제국은 제2차 과학기술혁명을 계기로, 20여 년간의 비약적인 발전을 거쳐 20세기 초에 기본적인 공업화를 실현하여, 유럽의 경제 강국이 되었기 때문이다. 그러나 강대해진 후의 독일 제국은 곧바로 국력을 남발하고 확장하면서 패권을 다투는 파멸의 길로 달려갔다.

(1) 독일 제국 외교 전략의 변화

1890년부터 1918년까지 재위한 빌헬름 2세는 끊임없이 독일의 민족 쇼비니즘을 고취하면서, 확장주의를 추진했다. 독일 황제 빌헬름 2세의 의중에 따라, 카프리비(Leo von Caprivi) 정부는 "새로운 노선"이라는 기치를 내걸고, 국제 전략에서 비스마르크가 제정했던 유럽 안전 정책을 이탈하기 시작했다. 러시아와 영국에 대한 관계를 보면, 카프리비는 비스마르크 시기의 러시아와 연대하던 정책 대신 영국과 친해지고 러시아를 소외시키는 정책을 채택했다. 그는 비스마르크가 제정한 동맹 체계가 너무 복잡하여 "정리"해야 한다고 느꼈다. 그는 독일과 러시아의 우호 관계는 독일과 오스트리아 동맹 조약의 정신과 서로 모순됨과 동시에, 독일과 영국이 가까워지는 것을 방해한다고 여겼다. 비스마르크가 러시아와의 우호 관계를 유지하는 것으로 프랑스와 러시아가 가까워지는 것을 저지하는 목적을 실현한 것은 현실에 부합하지 않는다고 생각했다. 이런 상황에서, 독일은 영국과의 관계

빌헬름 2세(1859~1941년)는, 전체 이름이 프리드리히 빌헬름 빅토르 알베르트 폰 호엔촐레른(Friedrich Wilhelm Viktor Albert von Hohenzollern)으로, 독일의 마지막 황제이자, 프로이센의 국왕이었다.

를 우선하는 정책을 취했는데, 그 목적은 3국의 동맹을 공고히 하여, 역량이 프랑스와 러시아를 절대적으로 뛰어넘는 강대국 집단을 건립하는 것이었다. 이러한 생각에 지배되자, 독일 정부는 1890년 3월에, 러시아가 독일과 프랑스의 전쟁에서 중립을 지키기로 보증한 〈재보험(再保險) 조약〉을 연장하자는 러시아의 제안을 거절했다. 독일의 회답은 이러했다: 자신은 계속 러시아와 가장 좋은 관계를 유지하고 싶지만, 양국은 협정을 체결할 수 없고, 이 조약을 연장할 수 없다. 그러나 영국에 대해서는 당시의 독일은 대단히 큰 열정을 보였다. 독일과 영국 양국은 1890년 7월 1일에 〈헬골란트-잔지바르 조약〉을 체결했다. 이 조약에 따라, 독일은 동아프리카에 위치한 술탄의 영지와 소말리아 해안의 독일령 일부를 영국에 넘겨주었고, 또 영국에 잔지바르섬 및 그 부속 섬들의 보호권도 넘겨주었다. 영국은 헬골란트를 독일에 넘겨주는 것을 교환조건으로 함과 동시에, 독일령 서남아프리카를 위해 잠베지강으로 통하는 "카프리비(Caprivi)곶" 통로도 제공했다. 이밖에, 이 조약은 또한 영국인이 독일령 동아프리카를 통과할 때 세금을 면제해주기로 보장했다. 전체적으로 보면, 〈헬골란트-잔지바르 조약〉은 영국인에게 매우 많은 이익을 얻게 해주었다. 영국 신문 기자 스탠리의 말에 따르면, 영국은 "새로운 턱시도 한 벌을 얻었지만, 치른 대가는 단지 바지에 달린 단추 하나뿐이었다". 따라서 〈헬골란트-잔지바르 조약〉은 실제로는 "러시아에게, 러시아와의 우의보다 독일의 새 정부는 영국의 우의를 더 선호한다고 표명한 것이다". 당시 러시아는 영국과 중동·동아시아 지역에서의 관계가 긴장 상태였고, 발칸 지역에서는 오스트리아·헝가리와의 관계도 매우 좋지 않아, 독일의 국제 전략에서의 변화는 러시아를 유럽에서 고립된 처지에 빠지게 했다. 불리한 국면에서 벗어나기 위해, 러시아는 프랑스와 가까워지기로 결정했다. 러시아와 프랑스 양국은 1892년 8월에 독일을 겨냥한 군사 협정을 체결했다. 바로 독일의 외교 전략에서 중대한 오산이 프랑스와 러시아 양국의 동맹을 초래했음을 알 수 있다. 독일은 원래 독일과 영국의 좋은 관계를 확립함으로써 3국 동맹을 이루려고 희망했지만, 얼마 지나지 않아 독일로 인해 식민지와 해군력 확장 문제에서 양국 간에 균열이 생기게 했다. 당시 독일이 영국에 대해 우호적이었던 또 하나의 중요한 목적은, 세계의 강대국인 영국과 좋은 관계를 맺음으로써, 해외에서의 발전을 도모하려는 것이었다. 이는 당연히 영국이 받아들이지 않았다. 독일의 모든 행동이 영국의 식민지 사무와 세계 패권의 지위를 위협했기 때문에, 결국 영국을 독일과 대립하는 쪽에 서게 했다.

(2) 독일 "세계 정책"의 추진

1913년, 독일 황제 빌헬름 2세의 즉위 25주년 경축식은 매우 성대했고, 사회에서는 보편적으로 찬가를 소리 높여 불렀는데, 그 성대한 분위기가 예전의 독일 황제를 뛰어넘었다. 이에 대해, 단지 소수의 깨어 있는 사람들만이 이성적인 목소리를 냈다. 좌익 잡지『새로운 관찰』은 이렇게 탄식했다: "지금의 독일인은 주색에 빠져 있고, 실리주의적인 데다, 머리도 텅 비어 있다. 그들은 이미 점차 냉혹하고 현실적으로 변해 버려, 즉시 경제력을 강화할 수 없는 일체의 활동에 대해서는 의심의 태도를 보이고 있다." 이와 같은 비판자들에 대해, 빌헬름 2세는 거들떠보지도 않으면서, 그들을 "음울한 비관주의자"·"양 대가리"라고 불렀다. 독일 황제의 마음속에서는, 세계를 통치하려는 꿈이 이미 팽배해 있어, 독일을 유럽의 강대국에서 세계의 강대국으로의 빠른 전환을 실현하게 했다. 빌헬름 2세의 "세계 정책"의 목적은, 국내 대기업가와 대지주들이 독일을 대륙의 강국에서 세계의 강국으로 바꾸려는 욕망을 만족시킴과 동시에, 독일의 사상계에 중세기의 전국을 완전히 통일했던 성격을 가진 독일 제국의 옛날을 그리워하는 정서를 섞어 놓는데 있었는데, 그것의 주요 특징은 식민주의와 군국주의 정책을 실행하는 것이었다. "세계 정책"을 추진하는 것은, 주로 독일 공업의 빠른 발전으로 확장된 시장에 대한 수요를 충족시키기 위해서였다. 독일 정부는 "영토가 너무 작아" "공간이 부족하다"고 크게 소리치면서, 절박하게 다시 세계를 분할해야 한다고 요구했다. 빌헬름 2세는 이렇게 말했다: "거대한 파도가 힘차게 우리나라의 문호에 충격을 가하고 있고, 또 우리가 하나의 강대국으로서 우리의 세계에서의 지위를 유지하라고, 다시 말하면 세계 정책을 준수하라고 촉구하고 있다." 동시에 또 이렇게 표명했다: "우리는 스스로 다른 대국들과 어깨를 나란히 할 기회를 놓쳐서는 안 된다―한때 독일은 단지 하나의 지명에 불과했고, 대국으로 인정받지 못했는데, 오늘날 우리는 이미 대국이 되었다. 우리는 하나님의 도움을 받아, 우리가 영원히 대국이기를 바란다. 우리는 이성과 사고의 기초 위에 세워진 세계 정책에 대한 요구를 스스로 취소하고 제한해서는 안 된다." 당시 재상이었던 뷜로(Bernhard von Bülow)는 1897년 12월 6일 제국의회에서의 중국에 대한 정책을 언급한 연설에서 "세계 정책"에 대해 이렇게 해석했다: "독일은 육지를 점유하고, 이웃 나라들은 바다를 보유하게 했던 시대는 이미 지나갔으며, 우리는 반드시 독일 대사·독일 상인·독일 화물·독일의 깃발과 독일의 상선이 중국에서 다른 나라에서처럼 존경받도록 요구해야 한다. 우리는 어느 누구와도 서로 비교하여 부족함이 드러나게 하고 싶지 않다. 그러나 우리도 햇빛 아래의 땅이 필요하다." 이제 막 강대해진 독일 제국이 절박하게 세계 패권을 다투는 노정에 들어섰다는 것을 알 수 있다. "세계 정책"의 주요 내용은 다음과 같다: 첫째는 해군을 대대적으로 확대하고, 둘째는 해외 식민지를 빼앗아 차지하는 것이다. 세계적인 강국이 되거나 해외 식민지를 빼앗아 차지하려면, 우선 반드시 강대한 해군을 보유해야 했는데, 이는 독일 제국이 이른바 "함대 정책"에 몰두한 주요한 동기였다. 티르피츠(Alfred von Tirpitz: 독일의 군인이자 정치가로, 해군장관을 역임했다-역자)는, 강대한 해군을 건립하는 것은 독일의 세계 정치와 경제적 이익을 보호하는 데 필요한 것이라고 밝혔다. 빌헬름 2세는 강대한 독일 함대를 건설하는 데 대해 의욕이 충만했다. 그가 제안한 "강대한 함대가 우리에게 매우 필요하다", "제국의 힘은 해상의 힘을 의미한다"는 등의 주장이 독일의 사방으로 전파되었다. 그는 심지어 이렇게 선포하기도 했다: "우리의 운명은 바다에서 결정될 것이다!" 해군의 발전에 착안하여, 독일 제국의회에서 1898년에 첫 번째 해군 확대 법안을 통과시킨 후, 또 각각 1900년·1906년·1908년과 1912년에 연속으로 해군 확대 법안을 통과시켰다. 독일의 해군을 확대하는 행위는 해상 강국인 영국의 관심을 불러일으켰다. 티르피츠의 계획에 따르면, 첫 번째 해군 법안은 단지 독일이 발트해와 북해를 통제할 필요만을 만족시켰는데, 두 번째 해군 법안은 바로 이미 독일을 해상 강국으로 만들겠다는 "생각"을 포함하고 있었다. 영국은 자신의 해상에서의 우세가 흔들릴 것을 두려워했기 때문에, 독일과 치열한 해군 장비 경쟁을 벌였다. 비록 영국은 독일에 대한 해군의 우세를 유지하겠다고 공언했지만, 실력이 끊임없이 하락하고 있는 이 늙은 자본주의 국가는 이미 뜻대로 되지 않는다는 것을 느끼고 있었다. 1908년에 이르자, 독일 해군은 이미 영국의 해상 패권에 도전할 수 있는, 세계에서 두 번째로 큰 함대를 보유하게 되었다. 이는 영국으로서는 용납할 수 없었다. 베트만홀베크(Theobald von Bethmann-Hollweg)는 제국의 재상이 되었을 때, 이미 해군을 발전시키면 영국과 전략적 충돌이 있을 수 있다는 것을 인식하여, 영국과 해군 군비를 제한하는 문제에 대해 협의하려고 시도했지만, 빌헬름 2세는 처음부터 "그의 함대"에 대해 담판을 벌이는 것을 반대했다. 영국과 독일이 해상에서의 대치하는 것은 이미 정해진 국면이었다. 바로 영국의 한 외교관이 말했던 대로였다: "독일이 해양에서 선두의 지위를 차지하는 것은 대영제국의 생존과는 양립할 수 없는 것이다."

독일은 해군을 증강함과 동시에, 점점 대외 식민의 발걸음도 갈수록 빨라졌다. 그의 전략적 촉각은 극동·중근동·남태평양과 아프리카까지 뻗어 나갔다. 아프리카에서, 독일은 비스마르크가 창립한 식민제국의 기초 위에, 서쪽으로는 서남아프리카와 서아프리카에서부터, 동쪽으로는 탕가니카까지, 아프리카를 횡단하는 식민지 대제국을 건립하려 했다. 이 계획은 케이프타운(Cape Town)에서 카이로(Cairo)까지 아프리카 대륙을 관통하는 "2C 계획"을 실행하려던 영국과 충돌을 일으켰다. 독일은 또한 북아프리카 지역에서 프랑스와 모로코를 쟁탈하는 투쟁을 벌임과 아울러, 1905년과 1911년에 두 차례 모로코 위기를 일으켰다. 독일이 "세계 정책"을 추진하는 중요한 방향 중 하나는 바로 태평양 지역이었다. 독일은 1898년 8월에 영국이 남아프리카에서 보어인과의 전쟁을 일으킬 무렵, 보어인을 지지하겠다는 것으로 협박하여, 사모아 제도를 분할하는 문제를 급히 제기하고, 영국에게 이와 관련된 협약을 체결하도록 압박하여, 사모아 제도 가운데 두 개의 큰 섬을 획득했다. 극동 지역에서, 독일은 두 명의 독일인 선교사가 피살된 사건을 이용하여 중국의 자오저우만(膠州灣)을 강제로 점령했다. 중근동 지역은 유럽·아프리카·아시아 세 대륙을 이어주고, 인도양과 지중해를 통하게 해주는 전략적 요충지이자, 독일 "세계 정책"의 중요한 목표이기도 했다. 이 지역에서, 독일은 영국과 러시아의 세력 범위를 침입하여 양국과의 관계를 손상할 위험을 무릅쓰면서, 베를린(Berlin)-비잔티움(Byzantium)-바그다드(Baghdad)로 이어지는 "3B 철도"를 건설함으로써, 터키와 그 인접 국가들을 자기의 세력 범위로 끌어들이려고 시도하여, 페르시아만에 독일의 전략 기지를 건립함과 아울러, 인도로 통하는 가장 가까운 길에 발을 들여 놓았다. 당시 독일 정부의 노골적인 대외 확장 전략은 다른 열강과의 갈등을 격화시켜, 다른 열강으로 하여금 연합하여 독일이라는 이 중요한 강적에 대해 공동으로 대처하지 않을 수 없게 했다. 그 결과, 독일의 국제적인 전략 공간은 확대되지 못했을 뿐 아니라, 오히려 축소되었다. 독일의 해군 확장과 식민지 강점 정책은 영국의 해상 패권과 식민제국의 지위를 심각하게 위협함으로써, 영국과 독일의 모순은 확대되어 제국주의 국가들 간의 주요 모순이 되었다. 독일과 프랑스는 아프리카에서 쟁탈전을 벌임으로써, 이들 두 나라의 오래된 원한이 채 사라지기도 전에 다시 새로운 원한을 보태주었다. 특히 독일이 중근동 지역에서 세력을 확장한 것은, 영국·러시아·프랑스 3국의 심각한 관심을 불러일으켰다. 바그다드 철도가 일단 건설되면, 독일이 터키와 서아시아로 깊숙이 들어갈 수 있게 해줄 뿐 아니라, 영국의 이란·아프가니스탄에서의 이권도 위협하는, "영국령 인도 위에 걸린 한 자루의 검"이 될 수도 있었다. 러시아는 흑해 해협의 통제권을 고려하여, 프랑스는 터키 최대의 채권국이어서, 독일이 터키에서 세력을 확대하는 것을 원치 않았다. 그래서 바그다드 철도 건설은 영국·러시아·프랑스 3국과 독일 간의 갈등을 크게 격화시켰다. 독일의 기세등등한 공세를 공동으로 대처하기 위해, 이들 세 나라는 마침내 과거의 나쁜 감정을 떨쳐버리고 함께 행동했다. 1904년과 1907년에, 영국은 각각 러시아·프랑스와 세력 범위를 나누어 갖는 협약을 체결했다. 이렇게 유럽은 독일·오스트리아·이탈리아를 한 편으로 하고, 영국·프랑스·러시아를 다른 한 편으로 하는 양대 제국주의 군사 집단을 형성했다. 독일이 비스마르크 시기에 경영했던 국제적 전략 공간은 이미 더는 존재하지 않았고, 또한 한 걸음 한 걸음 패망의 길로 나아가고 있었다.

(3) 제1차 세계대전의 발발과 독일의 패배

1914년, 유럽의 양대 제국주의 집단은 모두 적극적으로 전쟁을 준비하고 있었다. 그리고 독일은 대전을 일으키는 자의 역할을 맡았다. 1914년 6월 28일에 발생한 사라예보 사건은 제1차 세계대전의 도화선이 되었다. 독일 정부의 적극적인 도발로, 충돌은 한 달 만에 유럽 전체, 나아가 세계적 범위의 전쟁으로 발전했다. 극소수의 평화주의자와 혁명적 좌파들을 제외하고, 전체 독일인이 거의 국가의 전쟁 결정을 지지했다. 대전이 시작된 후, 비록 각 교전국 인민은 모두 자기 나라의 깃발 아래 단결했지만, 전쟁에 대해 매우 강렬한 열정을 보인 나라는 아마 독일 이외에 다른 나라는 없었을 것

에리히 루덴도르프(1865~1937년, 오른쪽)는 독일 육군 총사령관으로, 1923년 11월에 히틀러가 일으킨 "맥줏집 폭동"에 참가했다. 1924년부터 1928년까지 바이마르 공화국 나치당 의원으로 활동하면서, 독일의 군사력 회복과 파시스트 독재 정권의 수립을 주장했다.

이다. 그리고 독일이 제1차 대전 초기의 승리로 인해 조성된 들뜬 흥겨운 분위기는, 대다수 독일인들로 하여금 전쟁은 1914년 크리스마스 전에 끝날 것으로 믿게 만들었다. 그러나 군사기술의 비약적인 발전으로 인해, 특히 기관총·철도·철조망·참호가 전쟁에 응용되면서, 방어하는 쪽의 역량을 크게 증강해주었기 때문에, 전쟁은 독일인들이 생각했던 것처럼 그렇게 순조롭지 않았다. 연말에 이르자, 독일의 동·서부 양쪽 전선이 모두 대치 상태에 빠지면서, 양쪽 전선의 작전이 불리한 상황에 직면할 수밖에 없었다. 1915년에 대전은 두 번째 단계로 접어들었다. 동부전선은 독일군이 공격하는 중점이 되었지만, 오히려 러시아군 주력을 소멸시키지 못했다. 1916년에 독일군은 공격 중점을 다시 서부전선으로 옮겼지만, "베르됭의 고기 분쇄기"가 실패하여 대치 상태는 계속되었다. 전쟁이 오랜 기간 질질 끌게 되면서, 독일의 최고 사령부를 사실상 국가의 독재자가 되게 했다. 그들은 군사 지휘권을 장악했을 뿐 아니라, 또 모든 중대한 정치적 결정권도 장악했다. 대부분의 시간 동안, 독일의 진정한 통치자는 사령부 안의 무정하고 완고한 군국주의자인 에리히 루덴도르프(Erich Friedrich Wilhelm

---

1 제1차 세계대전 당시, 참호전으로 전쟁이 교착상태에 빠지자, 독일군 참모총장인 에리히 폰 팔켄하인은 새로운 작전을 마련했다. 즉 모든 전선에 흩어져 있는 프랑스군의 전력을 한곳에 모이게 한 다음, 그곳을 집중적으로 타격하여 궤멸시키는 작전이었다. 이 작전이 "고기 분쇄기"라고 불렸다. 프랑스군을 한곳에 모은 다음 한꺼번에 갈아버린다는 의미다.(역자 주)

Ludendorff)였고, 황제는 그 막후로 물러나 있었다. 전쟁이 끝나고 나서야 독일의 지도자가 비로소 진짜 모습을 드러냈다. 1919년 7월, 바이마르 시기의 재무장관인 마티아스 에르츠베르거(Matthias Erzberger)는 의회에서 이렇게 강조했다: "4년의 기간 동안, 독일은 사실상 정치에 의한 통치는 없었고, 군사 독재만 있었다. 이 점에 대해 우리는 지금 공개적으로 말할 수 있다."

경제·정치·심리적으로 말하자면, 독일은 장기간 전쟁을 견뎌내기 어려웠다. 역사적으로 프로이센군은 언제나 깔끔하고 신속한 전투로 승리를 거두었다. "프리드리히 대제"가 진행한 전쟁, 1866년의 7주 전쟁(프로이센과 오스트리아 전쟁-역자), 1870년의 신속한 승리는 모두 제1차 대전을 벌이는 독일인들로 하여금 속전속결을 희망하게 했다. 이런 희망이 점점 무너지자, 전쟁을 혐오하는 정서가 널리 퍼지기 시작하면서, 국내의 당파 투쟁과 국민의 반항이 뒤따라 나타났다. 1918년 11월 9일 새벽, 베를린 봉기가 시작되었다. 빌헬름 2세는 큰 소리로 "배신자! 배신자!"라고 욕설을 퍼부으면서, 황급히 네덜란드로 도망쳤다. 독일 역사에서 호엔촐레른 왕조는 이렇게 끝장났다. 군대가 새 정부에 대해 충성을 다하겠다고 선언했기 때문에, 베를린 혁명은 비폭력과 무혈 상태에서 마무리되었다. 그러나 사람들은 혁명이 "찬란하고 거의 피를 흘리지 않은 승리를 거두었다"고 환호함과 동시에, 승리의 뒤에 가려진 것은 아직 변하지 않은 원래의 토대라는 것을 간과했다. 힌덴부르크가 이끄는 군대의 최고 사령부가 혁명을 지지한 이유는, 완전히 그들이 혁명을 반대하는 것은 헛수고라는 것을 알고, 장교 그룹과 군대를 보존하여 훗날 민족주의 독일을 부활시키는 잠재적 도구로 삼는 것이, 군주제도에 대해 충성을 다하는 것보다 더 중요했기 때문이다. 그들의 가장 시급한 목표는 연합국 군대가 독일에 진입하여, 독일군에 대해 위협하는 것을 방지하는 것이었다. 이를 위해서는 반드시 혁명의 현실을 받아들이고, 새 정부와 함께 어떤 준비를 해야 했다. 대외 관계 방면에서는, 1918년 11월 8일에 독일은 대표단을 콩피에뉴 숲의 기차역에 파견하여, 프랑스 사령관인 페르디낭 포슈(Ferdinand Foch)에게 정전 협정을 낭독했지만, 프랑스에게 거절당했다. 그는 독일의 무조건 항복과 함께, 72시간 이내에 회답하라고 요구했다. 11월 11일, 독일의 "새 정부"는 어쩔 수 없이 정전 협정에 서명했다. 이렇게 독일 제국은 제1차 세계대전에서 철저히 패배했다.

4. 제2차 세계대전과 나치 독일의 멸망

독일은 재무장해야만, 패전국으로서 잃어버린 모든 것을 탈취할 수 있었다. 사실상 독일의 재무장은 결코 히틀러가 시작한 것이 아니다. 제1차 세계대전이 끝난 후, 독일의 통치 집단은 이미 암암리에 군비를 재정비하고 있었다. 바로 레닌이 말한 바와 같다: "독일은 제국주의 국가, 패배한 제국주의 국가인데, 만약 그들이 불공평하다고 느낀다면, 그들은 모든 역량을 연합하여 전 세계의 제국주의에 반대할 것이다." 결국, 전 세계가 온통 반대의 목소리를 내는 가운데, 독일은 아랑곳없이 재무장하고, 복수를 위해 전 세계를 정복하려고 망상했다.

(1) 나치 독일의 광적인 군비 확장

1921년, 독일은 비밀리에 종이 위에 완비된 육군을 설계했다. 예를 들면 〈베르사유 조약〉에서는 장교 그룹의 인원을 3만 4천 명에서 4천 명으로 줄였는데, 독일인은 갖가지 방법으로 그 제한을 돌파하고, 그들의 육군 재건 계획을 차근차근 실행했다. 조약에서 폐지해야 한다고 규정한 참모부(參謀部)에 대해서는, 형식적으로는 비록 이미 더는 존재하지 않았지만, 그것의 실질적인 구조는 여전히 남아 있었다. 실제로 수천 명의 사복을 입은 참모부 장교들과 그들의 부관들이 있었고, 연구부·건설부 및 문화부 소속 인원의 명의로 베를린에 집결하여 과거와 미래의 세계 군사적 형세에 대해 연구를 진행했다. 독일의 새로운 훈련 원칙과 여러 가지 새로운 교과 과정은 그들의 10만 군대를 위해 집필한 것이 아니라, 독일 제국의 모든 무장력을 위해 편찬한 것이었다. 히틀러가 집권한 후에는, 침략전쟁을 일으키는 것을 세계 정복의 중요한 수단으로 삼았다. 그는 "칼이 모든 것을 결정할 수 있다"고 여겨, 정부의 대내 정책의 목표는 "칼을 제조하는 것"이었고, 대외 임무는 "칼을 제조하는" 작업을 보호하는 것이었으며, 군비 확장의 발걸음에 박차를 가했다. 그러나 이는 많은 국제 조약과 국제 회의의 제약을 받았는데, 그 가운데 가장 큰 속박은 〈베르사유 조약〉에서 비롯되었다. 세계군축회의가 열렸을 때, 독일은 이 기회를 이용하여 다른 나라들과 군비가 동등해야 한다고 제안했는데, 그 결과 즉각 프랑스·영국 등의 반대에 부딪혔다. 1933년 10월, 독일은 세계군축회의 의장에게 전보를 쳐서, 대규모의 무력을 보유한 국가들은 군축을 하지 않을 뿐 아니라, 독일이 그들과 군비를 동등하게 하는 것도 허용하지 않기 때문이라고 지적하면서, 이 때문에 독일은 세계군축회의를 탈퇴한다고 선언했고, 5일 후에는 다시 국제연맹을 탈퇴한다고 선포했다. 독일의 탈퇴는, 독일이 어떤 군축 협정이나 국제 조약도 개의치 않고 공개적으로 재무장하겠다는 것을 의미했다. 1933년 12월, 독일은 그들의 군비 확장 계획을 제시했는데, 21개 보병사단·3개 기병사단 및 1개 경장비(輕裝備) 사단과 1개 기갑부대를 창설하며, 평시의 육군 총병력은 30만 명이고, 전시에는 63개 사단으로 늘릴 수 있다고 규정했다. 1934년에, 독일의 정규군은 이미 29만 명에 달했다. 여기에는 아직 30~40만 명의 친위대(Schutzstaffel)와 100여만 명의 돌격대 등이 포함되지 않았다. 동시에 히틀러는 군사비를 대폭 증가시켰는데, 1934년부터 1935년까지의 국가 예산 중 군사비 예산이 전년에 비해 90% 증가했다. 병력 부족 문제를 해결하기 위해, 1935년 3월 16일에 히틀러는 징병제를 실행한다고 선언했다. 5월 21일에 반포한 병역법은, 독일 국민은 18세부터 45세까지 반드시 병역에 복무하도록 규정함과 아울러, 다시 독일군 인원을 확충하여, 독일 육군은 평시에 36개 사단으로 구성되었으며, 총 50만 명에 달했다. 징병제의 실행은 독일 재무장의 결정적 단계였다. 유럽 대륙에서, 독일은 인구가 가장 많은 국가로, 10년이나 10년도 안 되는 동안에 인구는 프랑스보다 두 배나 많아질 것이다. 만약 독일이 의무병역제를 시행하면, 그들은 유럽에서 군사적 우세를 얻게 될 것이다. 왜냐하면 이렇게 거대한 군대는 유럽의 다른 나라들에 비할 수 없었기 때문이다. 1936년 8월, 독일은 병역 복무 기한을 2년 연장했는데, 이렇게 되면 독일 육군은 100만 명에 달할 수 있었고, 독일의 육군은 재무장했다. 공군 방면에서는, 1933년 4월에 히틀러는 군용 비행기를 대규모로 확대할 계획을 확정하고, 1935년 말에는 600대의 작전 비행기를 보유한 공군을 창설한다고 규정했다. 그 후 이 계획은 다시 끊임없이 수정되어, 지표가 두 배로 늘어났으며, 1934년에는 "라인란트 계획"을 제정하여, 1935년 말까지 독일 공군의 항공기는 3,715대에 달해야 한다고 규정했다. 이를 위해, 독일은 우선 항공산업 원료와 물자를 공급했으며, 1933년부터 1935년까지 독일은 군비를 확장하고 전쟁을 준비하는 경비의 40%를 공군에 사용했다. 해군 방면에서는, 히틀러는 정권을 잡자마자 즉시 해군 예산을 추가했다. 해군 확장에 합법성을 부여하기 위해, 영국과 독일의 해군 군비경쟁을 반대하는 구호를 내걸면서, 1935년에 히틀러는 독일이 영국의 35%에 달하는 해군 적재량에 도달해야 한다고 지적했다. 만약 그렇게 되면, 독일의 해군은 곧 프랑스와 비슷해지는데, 영국은 이 비율은 너무 지나쳐서 받아들일 수 없다고 여겼다. 히틀러는, 이는 독일의 가장 기본적인 권리로, "천상의 인간은 물론이고, 어떤 권위도 독일에게 프랑스나 이탈리아 함대의 우세한 지위를 인정하라고 강요할 수는 없다"고 생각했다.[2] 이렇게 되어, 독일의 육·해·공군 3군은 재무장할 수 있었다. 〈베르사유 조약〉의 군비 제한 조항은 이미 더는 존재하지 않게 되어, 강대한 게르만 민족과 게르만 제국은 하나의 거대한 무기고로 변하고 있었다. 독일이 매우 수월하게 재무장할 수 있었던 까닭은, 독일 민중의 제1차 세계대전 후 국제 사회에 대한 불만과 밀접한 관련이 있었다. 히틀러는 집권한 후, 독일 민중이 〈베르사유 조약〉에 대해 갖고 있던 원한을 이용하여, 광적인 선전을 진

---

2 安东尼·艾登(Robert Anthony Eden), 『艾登回忆录』, 商务印书馆 1977年版, 257쪽.

행했으며, 독일의 행위가 협약의 속박을 받고 있다고 여겼는데, 이 협약은 다른 나라들이 강제적인 방법으로 독일의 몸에 채운 족쇄였다. 1933년 11월 12일, 히틀러는 독일이 세계군축회의를 탈퇴한다고 선언하면서 이렇게 말했다: "우리는 반드시 이날을 우리나라 국민의 역사에서 구원받은 날로 만들어야 하며, 역사는 이렇게 기록할 것이다: 11월 11일에 독일 국민은 공식적으로 그들의 명예를 상실했지만, 15년 후의 11월 12일에, 독일 국민은 그들의 과거 명예를 다시 회복했다." 히틀러가 평화조약을 파기한 날들은 모두 독일인들의 경축일이 되었다. 이와 동시에, 독일이 재무장하는 단계마다 거의 모두 영국을 우두머리로 하는 서방 국가들의 반대를 받았지만, 이런 반대는 목적을 달성하지 못했을 뿐 아니라, 오히려 독일로 하여금 더욱 격렬한 행동을 취하게 했다.

(2) 나치 독일의 대대적인 전쟁 준비

1931년 1월, 히틀러가 집권한 후, 유럽, 더 나아가 세계를 제패하려는 욕망이 매우 절실하여, 그는 유럽의 여러 강대국들과 대항할 군대를 보유하는 데 급급했다. 이를 위해 많은 계획적이고 단계적인 중대한 조치들을 취하면서, 군비 확장과 전쟁 준비를 강화했다. 독일 경제는 "4개년 계획"의 추진으로 놀라운 속도로 발전했으며, 또한 일련의 조치들로 조정도 하고, 국가 개입도 강화하여, 점차 전쟁경제 궤도로 나아가면서, 침략전쟁을 일으키기 위한 경제적 기초를 다졌다. 동시에 군수공업 기업을 대대적으로 발전시켰다. 1933년부터 1936년까지, 독일이 새로 건설하여 가동한 군수공장은 300여 개였는데, 거기에는 비행기 제조공장이 60개, 군함 제조공장이 15개, 자동차 및 장갑 탱크 제조공장이 45개, 화포공장이 80개, 군사용 화학 공장이 70여 개 포함되어 있었다. 히틀러는 일찍이, 1933년부터 1938년까지, 독일은 총 3,900억 마르크 이상의 거금을 들여 군비를 확장하고 전쟁 준비를 했는데, 직접적인 군비 지출과 기타 군사용 사업 외에, 주로 군수물자를 생산했으며, 또한 그 가운데 대부분이 군수산업 기업을 발전시키는 데 썼다고 말한 적이 있다. 그 외에도 군사비를 대규모로 증액했다. 강대한 군대를 건설하는 것은, 나치 독일이 유럽과 세계의 패권을 탈취하는 중요한 수단이었다. 히틀러는 일찍이 1931년 가을에 이렇게 말했다: "만약 내가 지금 권력을 장악한다면, 육군장관을 불러 그에게 이렇게 물을 것이다: '전면적으로 무장하려면 돈이 얼마나 드는가?' 만약 그가 200억, 400억, 600억, 심지어 1,000억 마르크를 요구하더라도, 그는 반드시 얻을 수 있을 것이며, 그때 우리는 무장될 때까지 무장하고, 무장하고, 무장할 것이다."[3] 1932년, 독일의 군비는 6.7억 마르크로, 그해 국가 예산 총지출의 10분의 1 혹은 국민소득의 1.5%를 차지했다. 그런데 1933년에 히틀러가 집권한 후, 독일의 군비는 끊임없이 증가했는데, 6차례 회계연도 동안에 군비가 8.6배 증가하여, 총 402억 마르크에 달했으며, 같은 기간 국가 총지출(990억 마르크)의 40.6%를 차지했다.[4] 독일은 또한 광범위하게 경제 자원도 수탈했다. 1936년, 히틀러는 이렇게 지적했다: "독일은 경제 자원에 의지해서는 세계의 강대국이 될 수 없다—그것은 반드시 정복으로 완성해야 한다." 따라서 나치 독일이 군수공업 기업을 크게 발전시키고, 군비를 확장하고 전쟁을 준비하는 중요한 한 걸음은 바로 다른 나라의 경제 자원을 약탈하는 것이었다. 1937년 11월 5일, 히틀러는 군사와 정치 분야 수뇌들의 비밀회의에서 매우 노골적으로 이렇게 지적했다: "체코와 오스트리아를 병탄하는 것은, 500만~600만 명을 위한 식량을 얻을 수 있다는 것을 의미하며, 이는 200만 명의 체코인, 100만 명의 오스트리아인이 국외로 망명하게 하는 것을 기초로 해야만 비로소 실현할 수 있다. 이들 두 나라가 독일에 편입되면, 군사와 정치 방면의 부담을 덜어 줄 것이다."[5] 1938년 4월 11일, 오스트리아를 겸병한 다음 날, 오스트리아의 경제는 독일 발전을 위한 "4개년 계획"에 편입되었다.

3 [소련] 德波林(Deborin, Abram Moiseevich) 主编, 『第二次世界大战史』第1卷, 上海译文出版社 1978年版, 289쪽.
4 [독일] 卢茨科尔奈尔, 『军事与财政』, 贝尔纳-格莱弗出版社 1986年版, 49쪽.
5 李巨廉, 王斯德, 『第二次世界大战起源历史文件资料集』, 华东师大出版社 1985年版, 57쪽.

(3) 제2차 세계대전의 발발과 독일의 패배

1939년 9월 1일 새벽, 독일 군대는 선전포고를 하지 않고 모든 전선에서 폴란드 국경을 넘어 전격적인 돌격전을 개시했다. 9월 3일, 프랑스와 영국이 모두 독일에 대해 정식으로 선전포고를 했고, 제2차 세계대전은 이렇게 발발했다. 전쟁 시작 단계는, 150만 명의 독일군이 세 갈래로 나누어 폴란드를 공격했다. 먼저 급강하하는 수많은 폭격기들이 길을 열면서, 공포 분위기를 확산하고 혼란한 국면을 조성한 다음, 기갑사단이 폴란드 방어선에 많은 돌파구를 열고 깊이 침입하여, 폴란드군을 분할 포위하면, 마지막으로 오토바이 보병사단이 출격하여 일거에 섬멸했다. 폴란드 군민은 비록 용감하게 적과 싸웠지만, 독일군의 전격적인 돌격전을 막아낼 수 없었다. 한 달도 안 되어, 폴란드 전체가 나치의 말발굽 아래 함락되었다. 그런데 이때, 소련은 자신의 이익을 위해 독일과 〈우호 국경 조약〉을 체결했다. 독일의 서부전선에서는 유럽에서 가장 강하다고 일컬어지던 프랑스 육군은 뜻밖에도 곧바로 독일에 대해 공격을 개시하지 않았다. 폴란드가 함락된 뒤에, 프랑스군은 아예 마지노선의 참호 속으로 숨어들었다. 그리고 영국군도 마찬가지로 기회를 엿보면서 움직이지 않았다. 역사상 이 기이한 현상을 "교착전(Sitzkrieg)"이라고 부른다. 프랑스·영국·소련의 소극적인 태도는 심각한 후과를 초래했다. 1940년 4월 9일, 독일 군대는 갑자기 공격하여, 덴마크를 일소하고, 노르웨이를 침략한 뒤, 이어서 다시 중립국인 벨기에·네덜란드 및 룩셈부르크까지 점령함과 아울러, 전쟁을 직접 프랑스로 이끌었다. 매우 빠르게 6개월도 안 되는 기간에, 프랑스는 독일 전차와의 싸움에서 참패했다. 이때의 히틀러는, 영국이 강화(講和)의 손을 내밀어줌으로써, 자신은 동부전선의 그 강대한 적에 대처하는 데에만 전념할 수 있기를 바랐지만, 그것은 헛된 바람이었다. 1940년 5월 10일, 처칠이 체임벌린을 대체하여 영국 총리에 당선되었다. 그는 취임 연설에서 영국 국민에게 이렇게 선언했다: "내가 여러분들에게 바칠 수 있는 것은 뜨거운 피·고생·눈물과 땀뿐이다." 이는 그가 히틀러와 파시스트 침략자에 대해 한 가장 좋은 대답이었다. 영

1945년 5월 7일, 랭스(Reims)에 있는 연합군 총사령관 아이젠하워의 총사령부에서 독일의 알프레드 요들(Alfred Josef Ferdinand Jodl, 가운데) 대장이 독일의 항복문서에 서명하고 있다.

국의 완강한 저항으로, 독일군의 전략적 공습과 잠수함 작전이 모두 기대했던 목적을 달성하지 못하자, 곧바로 유럽 대륙을 휩쓸던 독일 전차들은 속도를 늦출 수밖에 없었다.

영국에 대한 작전이 힘에 부치는 상황에서, 히틀러는 공격을 소련으로 돌리는 데 급급함으로써, 전략적 정책 결정에서 대단히 잘못된 걸음을 내디뎠다. 1941년 6월 22일, 153만 명의 독일군이 소련 국내로 돌격해 들어갔다. 처음에는 소련의 준비가 부족했기 때문에 독일군 기갑부대가 파죽지세로 쳐들어갈 수 있어, 18일 만에 동쪽으로 600마일이나 돌진해 들어갔다. 그 후 소련 인민은 스탈린의 지도와 지휘하에 완강히 저항하면서, 1941년 10월 2일에 모스크바 보위전을 시작했는데, 독일군 50만 명과 1,300여 대의 탱크를 섬멸하여, 그들의 불패 신화를 분쇄함으로써, 소련과 전 세계 시민의 반파시스트 투지를 매우 크게 고무시켰다. 독일의 소련에서의 군사행동이 중지되었을 때, 히틀러는 동양의 맹방인 일본이 교착 국면을 타개하기를 갈망했다. 1941년 12월 8일, 일본 연합 함대가 미국의 태평양에 있는 해군기지인 진주만을 기습함으로써, 미국과 영국의 일본에 대한 선전포고를 초래하여, 국제 반파시스트 동맹의 형성을 가속화했다. 일본의 잘못된 행동은, 히틀러에게 그가 기대했던 형세 변화를 가져다주지 못했을 뿐 아니라, 오히려 미국을 유럽의 전장으로 끌어들였다. 이는 히틀러가 예상하지 못한 것이었다. 1942년 1월 1일, 영국·미국·소련·중국 등 26개 나라 대표들이 워싱턴에서 회의를 개최하고, 회의 참가국 대표들은 공동으로 〈26개국 선언〉, 즉 〈연합국가선언〉에 서명했다. 이 선언의 채택은 국제 반파시스트 동맹의 정식 출범을 상징함으로써, 세계 반파시스트 전쟁 승리의 과정을 가속화했다. 독일을 우두머리로 하는 파시스트 집단은 대의를 잃고 고립무원의 상태가 되어, 점차 세계 반파시스트의 홍수 속에 휩쓸려 갔다. 1944년 6월 6일, 치밀한 준비를 거쳐, 미국과 영국 동맹군은 암호명이 "해왕성 작전(Operation Neptune)"인 노르망디 전투를 개시하여, 수륙 상륙 작전으로 독일군의 "대서양 장벽" 방어선을 일거에 돌파했다. 1945년 3월 24일, 유럽은 기본적으로 동쪽에서 힘차게 돌진하는 소련 홍군과 서쪽의 노르망디에서 상륙한 미국과 영국 동맹군에 의해 해방되었으며, 동·서 양쪽 전선에서 전쟁의 마지막 단계인 베를린 공격을 개시했다. 4월 25일, 연합군은 베를린에 대한 포위를 완성했다. 1945년 5월 7일, 독일은 항복을 선언했다.

5. 전후 독일의 분열과 재건

제2차 세계대전 후, 독일이 두 개의 나라로 나누어진 까닭은, 그 내부 요인으로 말하자면, 주로 독일 파시스트가 제2차 세계대전을 일으켰기 때문에 빚어진 후과이며; 외부 요인으로 말하자면, 바로 미국·소련·영국 등 강대국들의 권력 투쟁의 희생물이다. 그런데 강력한 민족적 친화력은 마침내 "베를린 장벽"을 무너뜨렸고, 꼬박 40년이나 분열되었던 독일 민족은 다시 통일했다.

(1) 제2차 세계대전 후 독일의 분열

제2차 세계대전 후, 독일은 4개의 점령 구역으로 분열되었는데, 미국과 소련이 주요 점령국이었다. 각자의 사회 제도·이데올로기와 근본적 이익의 차이 때문에, 그들은 각자의 점령 구역에서 독일에 대해 서로 다른 정책을 실행했다. 미국은 자신의 이익에 따라 독일 점령 구역의 정책을 끊임없이 조정했는데, 최초에는 억압하다가 나중에는 육성으로 바꾸었다. 소련은 그들의 점령 구역에서 독일에 대해 매서운 개조를 진행했다.

비록 독일 동·서부 두 점령 구역은 비나치화·민주화 등의 개혁을 실행하는 과정에서 두 개의 서로 다른 정치 경제 체제를 형성했지만, 두 점령 당국은 모두 독일의 통일 문제를 회피하지 않았다. 그런데 그들은 모두 각자의 이익을 위해, 독일을 통째로 자기의 세력 범위에 놓으려고 했다. 제2차 세계대전 후, 미국의 경제력이 크게 증대되어, 자본주의 세계 경제에서 전면적인 우세를 점했다. 그들은 경제적으로 서유럽(독일을 포함하여)에 대한 통제를 강화하려고 시도했다. 소련의 유럽에 대한 침투를 억제하기 위해, 미국은 독일 경제를 발전시켜, 경제에서부터 독일 통일을 실현하기로 결정했다. 그들은 자신의 경제력에 의지하여 독일의 정치 경제가 발전하는 데 영향을 미치려고 했다. 그래서 미국은 통일된 독일을 건립하여 통제하기를 희망했다. 트루먼 대통령은 이렇게 지적했다: "우리의 목적은 독일이 하나의 국가로 간주되게 하는 것이고, 최종적으로 하나의 정부가 관리하게 하는 것이다."[6] 이를 위해 미국은 독일의 중앙행정기구를 설립하는 데 적극적이었다. 독일의 통일 문제에 대해, 소련도 매우 동의했다. 그러나 소련은 통일된 후의 독일이 소련과 친하기를 희망했다. 미국과 소련의 독일 통일에 관한 모순이 조화할 수 없자, 미국은 서부 점령 구역의 통일을 모색하기로 결정했다. 1948년 2월 23일부터 3월 6일까지, 미국·영국·프랑스 3국은 네덜란드·벨기에·룩셈부르크와 함께 런던에서 회의를 개최하여, 서독 국가를

---

6 哈里·杜魯门, 『杜魯门回忆录』, 杢联书店 1974年版, 223~224쪽.

건립할 구체적인 방안을 논의
했다. 개회 전에, 소련은 영국
에 각서를 보내, 3대 강국의
"단독 행동"을 비난했다. 회의
가 진행될 때, 소련은 다시 두
번째 항의 각서를 보내, 서방
국가들이 독일에 대해 분열 노
선을 실행하고 있다고 비난했
다. 회의가 끝난 후 얼마 지나
지 않아, 즉 1948년 3월 9일,
소련의 독일 점령군 총사령관
바실리 소콜로프스키(Vasily
Danilovich Sokolovsky)는 명을
받고 귀국하여, 이와 관련된
조치를 논의하고, 소련의 베를
린 봉쇄 계획을 세웠다. 1948
년 3월 20일, 소련은 독일에 대
한 연합국관리위원회에서 탈
퇴하겠다고 선언했다. 이틀 후,
소련은 조정이사회 · 위원회와
관리위원회에 더이상 참여하
지 않겠다고 선언했는데, 이는
소련과 서방이 독일 문제에서
완전히 결별하게 했다. 3월 25

베를린 위기는 모두 세 차례 있었는데, 첫 번째는 1948
년에 발생했고, "베를린 봉쇄"라고도 부르며, 냉전이 시
작된 후 가장 먼저 발생한 위기 중 하나이다. 그 도화선
은 1948년 6월 24일에 소련이 철도와 베를린 서부로
통하는 도로를 막은 것으로, 1949년 5월 11일에 소련
이 봉쇄 해제를 선언하고 행동을 멈춘 후에, 위기가 완
화되었다. 두 번째는 1958년에 발생했는데, 소련이 최
후통첩을 보내 미국·영국·프랑스는 6개월 내에 서베를
린 주둔군을 철수하라고 요구했으나, 후에 소련의 양보
로 끝났다. 세 번째는 1961년에 발생했으며, 소련이 다
시 서베를린에서 군대를 철수하라고 요구했다. 이 사
건은 소련이 동베를린에 베를린 장벽을 쌓음으로써 종
결되었고, 미국과 소련의 관계는 소련이 베를린 문제를
잠시 중지함으로써 완화되었다. 미국의 정보기관은 서
베를린에서 동베를린까지 지하 갱도를 파고, 갱도 안
에 전화 도청시설까지도 설치했다. 이 전화 도청시설은
1956년에 소련군에게 발각되었다. 사진은 각국 신문
기자들이 전화 도청시설을 참관하고 있는 모습이다.

일, 소콜로프스키는 〈독일의 소련 점령 구역 경계선의 보호와 통제 강화에
관한 명령〉을 반포했다. 소련의 독일 주둔 점령 당국 교통국장은 명령을 받
고, 여객 운수 업무와 미국·영국·프랑스 3국 군대의 교통 수송을 최소한으

로 줄었다. 3월 27일, 소콜로프스키는 다시 〈베를린 외부 경계의 보호 및 통제 강화에 관한 명령〉을 반포하여, 베를린 외부 경계를 통과하는 인원과 화물의 왕래에 대한 통제를 강화했다. 3월 30일, 소련의 베를린 주둔 장관 미하일 드라트빈(Mikhail Dratvin)은 미국측에 서신을 보내, 4월 1일부터, 소련은 소련 점령 구역과 미국 점령 구역 간의 교통에 대해 새로운 통제를 실행하겠다고 밝혔다. 소련 점령 구역을 통과하는 미국측 관계자의 신분증·화물 운송 및 개인의 화물을 제외한 모든 물품을 검사했다.[7] 4월 3일, 소련은 서부 점령 구역의 함부르크와 바이에른에서부터 베를린까지의 교통을 봉쇄하고, 열차는 반드시 헬름슈테트를 거쳐 베를린으로 갈 것을 요구했다. 첫 번째 베를린 위기는 이렇게 발생했고, 아울러 이 지역에서 미국과 소련이 대항하는 긴장된 형세가 나타났다.

1948년 6월 7일, 서방 국가들이 서독을 건립하기 위한 의정서를 발표했다. 6월 20일, 서부 점령 구역의 화폐 개혁이 효력을 발생했다. 소련은 24시간 내에, 서독과 베를린 간의 모든 육상 교통을 차단하고, 서베를린의 전력 공급도 중단했다. 6월 23일, 소련은 동베를린에서 새로운 화폐를 발행하기로 결정하고, 전체 베를린의 유통 화폐로 삼아, 서부 점령 구역의 화폐가 동부 점령 구역과 동베를린 지역에서 유통되는 것을 저지하려 했다. 6월 23일, 서방측은 서방이 통제하고 있는 베를린 지역과 서독에서 새로운 화폐인 마르크를 사용한다고 선포했다. 6월 24일부터, 소련은 다시 서베를린의 수상 교통도 차단하고, 소련 점령 구역에서 서베를린으로의 물자 공급을 중지하여, 베를린에 대한 전면 봉쇄를 개시함으로써, 베를린 위기는 절정으로 치달았다. 같은 날, 소련과 폴란드·유고슬라비아·체코슬로바키아·루마니아·불가리아·헝가리와 알바니아 등 모두 8개국 외무장관들은 바르샤바에서 회의를 열어 〈독일 문제에 관한 단독 결정 성명〉을 통과시켰다. 성명에서는 미국 등 서방 국가들이 독일을 분열시키고 서방이 군사동맹

----

7 위의 책, 140쪽.

을 결성하고 있다고 규탄했다. 성명은 또한 런던 회의의 법률 효력을 승인하는 것을 거절한다고 밝혔다.[8] 봉쇄는 긴장 상태를 격화시켜, 서방 국가들도 이에 대해 상응하는 조치를 취했다. 6월 30일, 미국 국무장관 마셜은 언론에, 트루먼 대통령이 이미 베를린에 대해 공중 수송을 실행하여, 공중 투하로 봉쇄된 서베를린을 구조하기로 결정했다고 밝혔다. 미국·영국·프랑스는 당시 동원할 수 있는 모든 공중 수송력을 동원하여, 서베를린으로 통하는 "공중 교량"을 확보했다. 11개월 동안의 봉쇄 과정에서, 서방측이 동원한 비행기는 20만 대에 달했으며, 서베를린에 항공으로 수송한 물자는 150만 톤에 달했다. 동시에 미국 등도 소련 점령 구역과 동베를린에 대해 역봉쇄를 단행하여, 소련 점령 구역으로 석탄과 강철 등을 수송하는 것을 저지했다. 6월 25일, 미국과 영국 공동 점령 구역의 경제위원회는 소련 점령 구역과의 무역을 제한하기로 결정했으며, 서부 점령 구역은 소련 차량의 통행도 금지했다. 베를린 위기 동안, 소련은 서방 국가의 공중 수송 능력을 과소평가했다. 1949년 봄까지 미국이 서베를린에 공수한 물자는 평균 매일 8,000톤에 달했는데, 이는 봉쇄 전에 미국과 영국이 수륙 교통을 통해 서베를린으로 운송한 물품과 거의 같았다. 미국과 영국의 역봉쇄도 소련 점령 구역과 동베를린에 심각한 영향을 미쳤다. 역봉쇄로 인해, 소련 점령 구역과 동베를린은 서부 점령 구역과 서베를린 등으로부터 자신이 필요로 하는 상품, 특히 석탄과 철강 등 중공업 원료를 얻을 수 없게 되었다. 소련 점령 구역과 동베를린의 수많은 기업이 문을 닫을 수밖에 없었다. 이로 인해 초래된 실업이 사회 정세의 혼란과 긴장을 격화시키자, 동베를린 주민이 서베를린으로 도망치는 사건이 빈발했다. 1948년 12월, 베를린은 각자 정치를 하는 동·서 두 부분으로 나뉘었고, 각자 자기의 입법·행정 및 화폐체계를 갖게 되었다.

1949년 5월 5일, 미국·소련·영국·프랑스 4국은 합의를 이루어, 5월 12

8 『德国问题文件汇编』, 人民出版社 1953年版, 45~51쪽.

일부터, 1948년 4월 1일 이후 실시한 봉쇄와 역봉쇄를 취소하겠다고 선포했다. 소련이 일으킨 베를린 위기가 서독 국가의 수립을 막지 못했을 뿐 아니라, 서방 국가를 베를린에서 몰아내지도 못함으로써, 이때부터 독일은 동·서 두 개의 나라로 분열되었다.

독일의 분열은 냉전의 산물이다. 한편, 미국과 소련은 자기의 바람에 따라 독일을 개조했는데, 미국 점령 구역은 자본주의로 개조되었고, 소련 점령 구역은 사회주의로 개조되었다. 독일의 동부와 서부는 각자 독립된 정치 경제적 실체가 되었다. 유럽의 중심에 위치하여 전략적 지위를 가진 독일은 미국과 소련이 쟁탈하는 중점이 되었다. 미국은 "독일이 소련 세력 범위의 궤도에 편입되어서는 안 된다고 요구했으며, 재건하여 소련 정책의 정치 도구가 되는 것도 허락하지 않았다."[9] 미국은 "자신의 지배하에 안정되고 번영하는 서방 국제 경제 체계를 확립하고 서유럽의 재건을 촉진하기 위해, 독일 서부 점령 구역의 경제를 부흥시키는" 일련의 조치들을 취해, "소련의 한 가지 근본적인 이익, 즉 독일로부터 거액의 전쟁 배상금을 획득함으로써 자국의 전후 재건을 가속화하는 것을 훼손했을 뿐 아니라, 소련으로 하여금 미국의 도움을 받는 독일의 위협이 재발되지는 않을까 하고 심각한 걱정을 하게 했다."[10] 특히 냉전이 고조된 후, 미국의 정책 결정 그룹은 소련과 협력하여 함께 독일 문제를 해결할 전망이 희박해졌다고 여겼으므로, 독일을 분단하기로 결심했다.

(2) 전후 연방 독일 경제의 비약적 발전

전후 초기의 연방 독일은, 사람들이 살 곳을 잃은 채 떠돌아다녔고, 국민 재산의 절반 이상이 전쟁으로 파괴되었으며, 기초 시설은 거의 마비되었고, 물자는 매우 부족했으며, 국민은 살기가 어려웠고, 경제는 붕괴했으며,

9 刘同舜, 『"冷战"·"遏制"和大西洋联盟: 1945-1949 美国战略决策资料选编』, 复旦大学出版社 1993年版, 134쪽.
10 牛军 主编, 『冷战时期的美苏关系』, 北京大学出版社 2006年版, 9쪽.

정치적 영향력은 상실했다. 1949년 9월에 출범한, 아데나워를 총리로 하는 연방 정부가 국민경제를 발전시키는 데 힘을 쏟으면서, 전 국민의 노력으로 연방 독일의 국민경제는 고속 발전 시기에 들어섰으며, 1950년대에는 연방 독일의 "경제 기적"이 나타났다. 이때 10년 동안, 연방 독일의 공업생산 연평균 성장률은 11.4%에 달해, 공업 총생산액이 487억 마르크에서 1,647억 마르크로 증가하여, 3.4배로 성장했다. 국민 총생산액도 233억 달러에서 726억 달러로 증가하여, 3.1배로 성장했다. 1960년대의 10년 동안, 연방 독일의 공업생산 연평균 성장률은 여전히 5.8%였으며, 공업 총생산액은 2.2배로 성장했고, 국민 총생산액은 달러 기준으로 2.6배로 성장했다. 그때 연방 독일은 1인당 평균 국민소득은 4,978달러로, 미국의 87.9%에 해당하여, 자본주의 강대국들 중 미국 바로 다음으로 제2위를 차지했다. 연방 독일은 또한 동서 양 진영 세계에서 투입이 가장 크고 완비된 사회보장 계획을 가지고 있었는데, 1977년부터 1978년까지 연간 사회복지금이 3,000억 마르크 (약 1,250억 달러)에 달했으니, 즉 국민이 평균적으로 사회복지금 2,015달러를 향유했다.

연방 독일의 경제가 비약적으로 발전할 수 있었던 이유는 크게 두 가지가 있었다. 외부 환경을 보면, 다음과 같은 몇 가지 방면이 있었다. 첫째, 냉전은 독일 경제가 비약적으로 발전할 수 있는 제1의 추동력이 되었다. 냉전의 요구에 적응하기 위해, 서독에서 공산주의의 서진을 저지하는 장벽을 세우자, 미국은 독일에 대한 정책을 바꾸기 시작했는데, 그 신호는 1947년의 "마셜 플랜"과 "수정된 공업 규제 계획"이었다. 사실 이미 1946년부터 독일의 서부 점령 구역은 마셜 플랜의 17번째 원조국이 되었다. 서독은 총 15억 달러의 지원을 받았고, 아울러 서독에 "특수계정—마르크 대충자금 (counterpart fund)"을 개설했다. 이 기금은 주로 국내 투자 신용대부와 재무보조금에 사용했다. 끊임없는 순환 사용을 통해 자금은 갈수록 커져서, 1975년에 이르자, 서독이 특수계정 기금에서 제공하는 대부금을 이용한 것이 110억여 달러에 달했다. 마셜 플랜의 시행은 서독의 경제 발전을 위해 장기적인 자금을 제공하여, 생산 자금 부족의 모순을 해소하고, 상품 수입으로 인한 외환 부족을 해결하여, 경제의 빠른 회복을 촉진했다. 둘째, 한국전쟁은 독일 경제가 비약적으로 발전하는 중요한 계기가 되었다. 1950년에 발발한 한국전쟁은 세계 무기 시장과 전략 군비 시장의 발전을 효과적으로 자극하면서, 무기와 물자에 대한 수요가 급격히 증가함에 따라, 세계 시장의 철강·알루미늄·고무의 부족을 심화시켰다. 이 문제를 해결하기 위해, 미국은 독일의 생산에 대한 통제를 완화하여, 서독을 전략물자 생산을 제한하던 제약에서 벗어나게 해주었다. 서독은 파괴된 교량과 건물에서 골라낸 수십만 톤의 강철을 높은 가격으로 미국에 판매했고, 또 미국에서 급히 필요한 원재료를 수입한 다음, 전략물자를 생산하는 중공업에 투입함으로써, 다른 공업 물자의 생산을 선도함과 아울러, 선순환을 이루었다. 셋째, 베트남 전쟁이 미국과의 경쟁 압력을 덜어주었다. 베트남 전쟁의 발발은, 미국으로 하여금 재력·물력 및 인력에서 모두 큰 손실을 입게 하여, 경제적 경쟁력에 매우 큰 영향을 미침으로써, 서방 세계에서 절대적으로 우세했던 지위를 잃게 했다. 그러나 필요한 전쟁 물자의 문제를 해결하기 위해, 미국은 다시 서독에 특수한 물품을 주문하기 시작했다. 서독은 기회를 잡고 수출을 확대하면서, 세계 무역과 금융에서의 지위가 끊임없이 상승했다. 1971년이 되자 서독의 외환 보유액이 186억여 달러에 달해, 미국을 뛰어넘어 세계 제1위가 되었다. 1980년대가 되자, 서독의 수입 무역은 한때 미국을 넘어 세계 최대의 무역 대국이 되었다. 넷째, 세계 경제의 번영이 서독의 경제 발전에 좋은 환경을 제공해주었다. 제2차 대전 이후, 세계적인 경제 조직들이 계속 생겨나면서, 그것들이 국제 경제의 조정 능력을 효과적으로 높여주었다. 예를 들면 새로운 경제 질서를 확립하기 위해, 자본주의 국가들이 〈브레튼우즈 체제〉를 체결했는데, 이것이 환율을 안정시키고, 국제적으로 채무 상환 능력 부족을 보완해주고, 차관을 높여주고, 국제 무역을 증가시키고, 국제적인 협조를 강화하는 등 매우 큰 역할을 함에 따라, 세계 경제(서독 경제를 포함하여)의 성장을 추동했다. 세계 경제가 발전하는 과정에서,

과학기술 혁신 및 그것의 생산에의 광범위한 응용은 새로운 기간 산업의 발전을 촉진했다. 예를 들면, 서독의 기계설비·자동차·정밀기기 등은 모두 새로운 과학기술 혁명의 성과를 이용한 기초 위에서 전통 산업에 대해 개조하고 발전시킨 결과였다. 그뿐 아니라, 혁신적인 과학기술은 생산성도 효과적으로 높여주어, 서독의 농업과 공업 발전을 크게 촉진했다.

제2차 세계대전 후, 서독은 미국·영국·프랑스 등의 조종하에, 파시스트 체제를 폐지하고, 새 헌법이 반포된 후에 서독은 새 헌법을 중심으로 많은 법률을 제정하고 개정했으며, 경제·정치·사회 및 문화 등의 영역에서 비교적 완전하고 민주적인 정치제도와 법률체계를 확립했다. 현행 경제법규들로는 주로 기업법·노사협의법·경쟁제한반대법·대외무역법·독일연방은행법·경제안정 및 성장법 등 9가지가 포함되었다. 법치가 경제 주체의 고도의 자주성과 시장 활동의 계약성(契約性)을 보장함에 따라, 주체의 적극성과 창조성을 충분히 발휘하게 하고, 경제 운영의 활력을 증가시킴으로써, 경제 발전의 규모와 실력을 크게 증가시켰다. 이밖에, 법치는 시장의 적극적인 경쟁성을 보장했고, 국내 시장의 통일과 국제 시장의 연결을 촉진함으로써, 세계 자원의 효과적인 분배를 촉진했다. 동시에, 건전한 사회보장 시스템은 경제가 빠르게 발전할 수 있는 안전벨트였다. 서독은 "복지국가"라는 칭송을 받았다. 그들의 사회보장 시스템은 사회구성원들 삶의 각 부분에 관련되었는데, 기본적으로 한 사람의 생·노·병·사를 거의 포함했다. 서독의 사회보장제도는 주로 사회복지·사회보험 및 사회구제 등으로 구성되었다. 사회보장은 물론 경제 발전이 제공하는 물질적 기반에 달려 있지만, 사회보장은 빈곤 방지와 생활 보장에 유리했고, 국민소득의 재분배가 저소득자에게 기울어지도록 하는 데 유리하여, 부자와 빈자·취업자와 실업자·건강한 사람과 병자 간의 분배를 조절했다. 국민의 기본 생활을 보장하고 노사 관계를 완화함으로써, 생산을 촉진하고, 경제를 자극하고, 사회를 안정시킴에 따라, 국가의 안정과 국민의 편안함을 실현했다. 서독 경제의 빠른 발전은 바로 위에서 언급한 국내·외의 다양한 요인들이 함께 작용한 결과였다.

(3) 동·서 독일의 통일

냉전 기간에, 연방 독일은 독일의 통일을 실현하기 위한 노력을 내내 포기하지 않았다. 1960년대 말, 브란트 정부는 한때 독일의 통일을 실현하기 위해 커다란 노력을 기울였다. 1980년대 말, 동유럽의 격변이 얄타 구도의 동요를 초래함에 따라, 독일이 통일을 실현하기 위한 기회를 제공했다. 당시 소련 공산당 서기장이던 고르바초프가 동유럽 사회주의 국가의 "개혁"을 지지하는 "신사고"의 영향을 받았고, 또 서방 정치 세력이 고르바초프의 "신사고"를 이용하여 동유럽에 서구화 전략을 실행함에 따라, 동유럽 국가의 사회주의 정권들이 잇따라 무너졌다. 폴란드를 필두로 한 동유럽 사회주의 국가들은 1988년 초부터 계속하여 정치적 격변이 일어나, 사회주의 정당에서 민주사회주의당으로 계속 탈바꿈했는데, 일부는 자기 완성의 사회주의 개혁을 그릇된 길로 끌어들이기도 했고, 일부는 충분히 개혁하기도 전에 반대파에게 전복되기도 했다. 헝가리와 폴란드 정세의 영향으로, 1989년 하반기부터 독일민주공화국(동독-역자, 이하에서는 '동독'으로 표기함) 국내의 정국에 동요가 나타났다. 그 원인은 대량의 동독 주민이 헝가리를 통하거나 헝가리-오스트리아 국경을 넘어 연방 독일(독일연방공화국, 즉 서독-역자)로 도망쳤고, 또 규모도 비교적 컸기 때문이다. 〈기본조약〉(원래의 명칭은 '독일민주공화국과 독일연방공화국 간의 관계에 관한 기본조약-역자)이 체결된 후부터, 비록 두 독일 간의 인적 교류는 끊임없이 증대했지만, 양국 주민은 결코 자유롭게 왕래할 수 없었고, "베를린 장벽"은 여전히 방해 역할을 하고 있었다. 수많은 동독 주민이 조수처럼 서쪽으로 몰려가면서, 동독 국내의 정치 정세에 커다란 충격을 가했다. 이때는 동독 건국 40주년이기도 했다. 10월 6일, 고르바초프는 초청을 받아 동독의 국경일 행사에 참가했다. 그는 이 기회를 이용해 그의 "신사고"를 크게 외치고, 소련의 "다원화"·"공개성"과 민주·자유를 선전하면서, 동독의 지도자에게 개혁을 추진해야 한다고 권고했다. 10월 7일, 그는 에리히 호네커(Erich Honecker)와 회담할 때 이렇게 말했다: "누군가 형세를 따라가지 못하면, 누구든 현실 생활의 징벌을 받을 것입니다." 고르바초프의 동독 방문은, 동독의 정세에 대해 불난 집에 기름을 부은 격이었다. 비록 동독의 경제 수준이 동유럽 국가들 중 비교적 높았지만, 여전히 많은 문제가 있었다. 인민 대중은, 사회주의적 민주주의의 발양이 부족하고, 국외 여행이 제한을 받고, 고급 관료들은 특권을 누리고, 개혁이 지체된 것 등에 대해 불만이 매우 컸다. 고르바초프가 방문한 후, 동독의 국내 정치 상황이 빠르게 악화했다. 시민들의 탈주 소동이 끊임없이 악화함과 동시에, 라이프치히에서 시작하여, 전국에서도 시위행진의 물결이 폭발적으로 일어났다. 시위 군중들은 정부가 사회주의적 민주주의를 발양하고, 사회주의 개혁과 노동에 따른 분배를 실행하라고 요구했으며, "여행의 자유"·"언론

1961년, 소련의 지지를 받는 동독은 동독인이 서방으로 이주하는 것을 방지하기 위해 베를린 장벽을 쌓기 시작했는데, 이는 냉전의 중요한 상징이 되었다. 베를린 장벽의 전체 길이는 167.8킬로미터로, 처음에는 철조망과 벽돌을 재료로 했는데, 나중에는 감시탑·콘크리트 벽·개방지대 및 차량 방지 참호로 구성된 국경 수비 시설로 보강했다. 1989년 11월 9일, 동독 정부는 시민에게 서독과 서베를린에 대한 방문 신청을 허가했고, 그날 밤 베를린 장벽은 동독 주민들의 압력으로 개방되었다. 1990년 6월, 동독 정부는 베를린 장벽의 철거를 공식 결정했다. 사진은 철거하고 남은 베를린 장벽이다.

의 자유"·"선거의 자유"를 요구했다. 이 시위는 동독의 경제와 사회생활에 매우 큰 충격을 가했다. 동독의 통일사회당 지도부는 정치적 혼란에 직면하자, 매우 큰 의견 차이가 나타났고, 호네커는 건강을 이유로 최고 지도자 직위에서 사퇴했다.

호네커의 후임은 에곤 크렌츠(Egon Krenz)였는데, 그는 정치·경제 체제

에서 개혁을 진행하겠다는 결심을 나타냄과 아울러, 개혁의 행동강령 초안을 공포하고, 일부 고급 관료의 특권을 취소하라는 명령을 내렸으며, 불법 탈주와 불법 시위자를 사면한다고 선포했다. 그러나 반대파들은 여전히 시민 군중을 조직하여 길거리에서 시위를 벌였다. 이와 동시에, 동독이 이전에 폐쇄했던 체코슬로바키아로 통하는 국경을 다시 개방했기 때문에, 다시 한번 동독 주민이 체코슬로바키아를 거쳐 서독으로 탈출하는 소동을 초래했다. 이런 상황에서, 동독은 11월 9일 밤에 이렇게 결정했다: "베를린 장벽"을 개방하며, 동독 인민은 이날부터 국경을 통해 출국하여 여행하거나 왕래하면서, 특별한 이유를 밝히지 않아도 되고, 신분증만 제시하면 서베를린에 갈 수 있다고 선포했다. 이로써 동독은 40년 만에 처음으로 두 개의 독일과 동·서베를린 간의 경계를 개방하여, 양국 간에 장기간 폐쇄했던 대문을 열었다. 동독이 "베를린 장벽"의 개방한다고 선언할 때, 서독 수상 헬무트 콜(Helmut Kohl)은 폴란드를 방문하고 있었다. 이 소식을 알고 난 후, 그는 "베를린 장벽"의 개방은 독일이 통일을 실현할 기회를 제공했다고 인식했기 때문에, 즉시 폴란드 방문을 중단하고 귀국했다. 콜은 기뻐하며 이렇게 말했다: "우리 독일인들에게 지금은 너무나 즐거운 시간이다." 서독 대통령 리하르트 폰 바이츠제커(Richard von Weizsacker)도 이렇게 강조했다: "어젯밤은 우리 독일인들에게 가슴 벅찬 순간이었다. 이 순간이 온 것은 전후(戰後) 역사가 곧 새로운 장을 열게 된다는 것을 의미한다." 콜은 귀국하자마자 신속히 내각회의를 소집하여, 두 독일이 국경을 개방한 후에 연방 독일에 가져다줄 새로운 변화에 적응하기 위해 취해야 할 조치들에 대해 토론했다. 그는 곧바로 연방의회에 〈독일과 유럽의 분열을 제거할 10가지 계획〉을 제출함과 아울러, 독일의 통일은 세 단계를 통해 실현하려고 구상했다. 첫 단계는, 한스 모드로(Hans Modrow: 옛 동독 총리-역자)의 "조약공동체" 구상을 받아들여, 양국이 경제·과학기술·교통·환경보호·위생 및 문화 등의 영역에서의 협력을 강화하고, 동독을 서독의 모델에 따라 정치·경제의 체제 개혁의 실행하는 것이다. 둘째 단계는, "조약공동체"에 따라, 두 개의 독일이 다방면에서 공동 기구들, 예컨대 동독이 자유 선거를 실시한 후에, 동·서독 연합정부위원회나 공동의 의회 기구 등을 설립하는 것이다. 셋째 단계는, 동·서독 간의 연방 구조를 발전시키고, 마침내 하나의 연방을 건립하며, 더 나아가 하나의 통일된 중앙정부를 구성하고, 최종적으로 독일의 통일을 실현하는 것이다. 이런 절차를 실현할 전제조건은, 동독에 반드시 하나의 "민주적이고 합법적인 정부"가 있어야 하고, 경제적으로는 "반드시 계획경제를 취소하고" "시장경제 조건을 마련해야" 하며, 정치적으로는 "독일통일사회당의 독재 정치를 폐지해야" 했다. 비록 동독의 지도자와 고르바초프는 처음에는 콜 수상의 "10가지 계획"에 대한 반응이 비교적 냉담하여, 다시 통일을 실현하기에는 아직 시기가 너무 이르다고 생각했지만, 동독 정세의 급격한 변화와 대다수 독일인이 모두 통일을 갈망했기 때문에, 소련과 동독의 독일 통일에 대한 태도도 계속 변화하고 있었다. 후에 모드로가 모스크바를 방문하자, 고르바초프는 모드로에게 독일 통일 문제는 "결코 뜻밖의 일이 아니다"라고 말했다. 모드로는 고르바초프의 의도를 파악한 다음, 동베를린으로 돌아가자마자 독일 통일 문제에 대한 입장을 수정했다. 그는 〈독일이 통일의 길로 가는 방안〉에 대해 제시하면서, 독일의 통일에 대해 동의했다. 서독 정계에서는 모드로의 방안은 180도의 대전환이라고 여겼다. 이로써 서독과 동독은 통일 문제에 일치를 이루었다.

6. 독일의 문화 특징 및 그 변천

한 민족이 발전하는 것은 시대와 환경의 영향을 받을 뿐 아니라, 그 민족의 문화와도 밀접한 관계가 있다. 독일 민족의 발전 및 독일 제국의 성쇠는 독일의 독특한 민족정신과 민족문화를 만들어냈다. 프로이센 정신에서 파시즘에 이르는 변이, 다시 평화주의의 확립에 이르기까지는, 독일 민족정신의 변천 과정을 반영하고 있다.

(1) 프로이센 정신의 형성

독일의 주요 민족은 게르만인이다. 1138년, 호엔슈타우펜 왕조(Hohen-staufen dynasty)가 독일을 통치하기 시작했는데, 왕조의 두 번째 황제인 바르바로사 프리드리히 1세(Friedrich I. Barbarossa)는 큰 공을 세우기를 좋아하여, 전 세계를 통치하려고 망상했다. 그래서 그는 독일의 명칭을 "신성로마제국"이라고 불렀다. 독일 제국은 끊임없이 밖으로 확장하여, 이탈리아와 서슬라브인의 많은 영토를 침략하여 차지했다. 십자군이 동방을 침략하기 시작한 후, 튜튼 기사단(Teutonic Knights)도 동유럽을 침략하여 폴란드 등 동유럽 국가들의 많은 토지를 점령하면서, 신성로마제국의 영토를 계속 확대했다. 그러나 신성로마제국은 많은 내부 갈등이 있어, 중세 말기에 이르자, 쇠락하기 시작하여, 많은 나라들과 기사의 영지들로 분열되었고, 각 나라들은 황제와 권력을 쟁취하기 위한 투쟁을 벌였다. 30년전쟁이 끝난 후, 유럽의 각 나라들은 〈베스트팔렌 조약〉을 체결했다. 이 조약은 신성로마제국 황제와 제후들의 권력을 쟁취하기 위한 투쟁을 끝내고, 신성로마제국의 360개 작은 나라들과 천여 개에 달하는 기사 영지의 주권을 확인해주었다. 이때의 "로마제국"은 볼테르가 말했듯이, 신성하지도 않았고, 로마도 아니었으며, 더구나 제국도 아닌, 단지 하나의 지리적 개념일 뿐이었다. 수백 개에 달하는 나라들 중 프로이센과 오스트리아가 가장 강대했다. 1806년, 나폴레옹은 비록 프로이센과 오스트리아 군대를 물리쳤지만, 독일의 민족주의 의식을 일깨워주어, 독일 민중은 국가의 분열 국면을 끝내고 통일을 이루라고 요구했다. 독일의 통일 문제를 둘러싸고, 오스트리아가 이끄는 대독일파와 프로이센이 이끄는 소독일파가 나타났다. 두 파는 격렬한 투쟁을 벌였는데, 결국 프로이센이 왕조전쟁을 거쳐 독일을 통일했다. 프로이센의 통치자인 호엔슈타우펜 가문이 통치하던 영토는 둘로 나뉘었다: 한 부분은 브란덴부르크로, 엘베강과 오데르강 하류 일대에 있었고, 다른 한 부분은 튜튼 기사단이 폴란드로부터 빼앗은 동프로이센이었다. 훗날 이들 두 개의 영토가 합병하여 프로이센 왕국이 되었다. 프로이센은 군사적 확장을 통해 떨쳐 일어났다. 이렇게 끊임없이 확장하는 과정에서, 점차 프로이센 정신이 형성되었다. 그것은 먼저 침략 확장성, 즉 군국주의 정신으로 나타났다. 다음으로, 그것은 극단적인 열광성을 띠었다. 그것은 주로 독일의 역사 및 국가의 영토·자산과 그 밖의 모든 것을 열렬히 사랑함과 아울러, 군국주의를 찬미하는 것 등으로 나타났다. 프로이센 정신은 독일에서 광범위한 사회적 기초를 이루고 있었는데, 민중 특히 중·하층 민중에게 찬동을 얻었다. 이는 독일이 19세기에 사회적 전환기에 처해 있었고, 공업화·도시화가 수많은 문제를 초래하여, 양극화가 심각했고, 계급투쟁이 격렬했으며, 인민의 불만이 나날이 증대했기 때문이다. 수많은 사람들이 산업사회 이전의 전원생활로 돌아가고 싶어 했다. 산업혁명 이전의 생활은 비록 부유하지는 않았지만, 매우 즐거웠다. 이런 사람들에는 주로 농민·소상인·영세 수공업자·교사·학생·학자와 작가 등이 포함되었다. 셋째, 그것은 또한 강한 종족주의 색채도 띠었다. 프로이센 정신을 가진 사상가들은 게르만 민족의 우월성을 대대적으로 고취하면서, 게르만 민족이 다른 민족보다 우월하여, 다른 민족, 특히 열등한 슬라브인과 동유럽인을 지배할 권리를 가졌다고 마구 떠벌렸다. 프로이센 정신은 또한 강렬한 반유대인 사상도 가지고 있어, 유대인을 배척하고 몰아내자고 주장했다. 16세기, 유대인들은 독일의 빈민가에 거주하도록 강요받았다. 19세기에 이르자, 계몽주의와 프랑스 혁명의 영향으로, 유대인들이 유럽의 여러 나라에서 시민권을 획득하여, 법률적으로 평등한 지위를 누렸다. 토지가 없던 유대인들은 이런 변화를 이용하여 도시에서 발전을 도모했고, 또 매우 빠르게 은행가·기업가·의사·변호사·과학자·신문기자·학자·배우 등이 되어, 갈수록 부유해지면서, 많은 독일인들에게 '질투심'이 생겨나게 했다. 실제로 절대다수의 유럽 유대인들은 노동자·농민·소상인들로, 보통의 노동계급이었지만, 유대인을 반대하는 자들은 오직 부유한 유대인만 보았고, 대다수의 유대인이 가난한 사람이라는 객관적 사실은 보지 못했다. 독일의 극단적인 민주주의자들은 갈수록 유대인을 원수처럼 여겼다. 1820년대 초, 유럽의 반유대주의는 절정에 이르렀다. 수많은 가난한 러시아의 유대인들이 독일과 오스트리아에 들어온 후에, 게르만인의 반유대인 정서는 더욱 격렬해졌다. 그들은 이렇게 열등한 종족의 사람들이 독일로 들어오면, 독일인의 밥그릇을 빼앗아갈 뿐 아니라, 독일인 후손의 자질도 떨어뜨릴 수 있다고 여겼다. 유대인은 이교도·불량배·모사꾼 등으로 여겨졌기 때문에, 유대인을 추방하거나 소멸시키자고 주장했다. 바로 이와 같은 강력한 종족주의와 반유대인 전통이 히틀러의 파시즘이 발흥하는 사상적 기초를 다져주었다.

(2) 파시즘의 기원

독일 민족은 나폴레옹의 침략을 물리치는 전쟁 과정에서 민족주의가 일깨워져, 국가의 통일을 요구하는 목소리가 갈수록 커졌다. 그러나 나폴레옹 제국이 멸망한 후, 프랑스는 자신의 이익을 위해 온갖 수단을 동원해 독일의 통일을 저지했다. 프로이센-프랑스 전쟁이 끝난 후, 독일은 통일을 실현했다. 그러나 프로이센-프랑스 전쟁은 근본적으로 양국 간의 갈등을 해결하지 못했다. 국가 통일의 성과를 공고히 하려고, 비스마르크는 서방의 전통적 자유주의를 반대하는 정책을 집행했는데, 이런 정책은 봉건적이면서도 보수적이었고, 동시에 독일의 민족주의를 더욱 강화했다. 특히 전통적인 프로이센 정신은 이를 극단적인 민족주의로 나아가게 했다. 그리고 전체 유럽의 입장에서 보면, 제1차 세계대전이 끝난 후, 유럽의 정세는 불안정했고, 사상은 혼란스러웠고, 경제는 안 좋아지자, 사람들은 러시아의 볼셰비키 혁명이 널리 확산할 것을 걱정했다. 파시즘은 자산계급 자유주의를 반대하고, 계급 투쟁을 끝내라고 요구하면서, 마르크스주의와 자유주의를 포기했다. 동시에, 파시즘은 또한 민주주의는 비효율적인 것으로, 독재가 필요하다고 여겼다. 파시즘은 전통적인 민중의 부족(部族)에 대한 충성을 선동하면서, 신화와 미신을 고취했다. 이런 파시스트들은 자본주의에 불만이 있으면서도 사회주의를 두려워하는 일부 사람들의 지지를 받았다. 스페인·포르투갈·벨기에·이탈리아는 모두 한때 파시스트 정권이 등장했다. 중유럽과 동유럽의 새로 수립된 국가들 가운데, 체코슬로바키아를 제외하고, 다양한 형태의 파시즘 정권이 출현했다. 유럽에서 파쇼는 더욱 보편성을 가졌다. 그리고 제1차 대전이 끝난 후에, 독일은 심각한 위기에 빠져, 금융 체계가 완전히 붕괴했고, 정치·인종·종교 등의 갈등이 사람들을 괴롭히자, 그들은 대단히 우울함과 절망감을 느꼈다. 매우 많은 사람들이 독일의 옛 신화에서 도움을 구했고, 프로이센 정신을 맹목적으로 신봉했다. 이렇게 파시즘이 번식할 토양을 갖게 되었다. 훗날 히틀러는 프로이센 정신을 군국주의·쇼비니즘·확장주의·배타주의·인종주의 및 사회다윈주의 등과 하나로 연계시켜 파시즘으로 변화시켰다. 히틀러는 『나의 투쟁(Mein Kampf)』에서 이렇게 썼다: "한 나라의 외교 정책에서, 그것의 임무는 그 민족의 번식과 그 영토의 크기가 자연스럽고 적당한 비례를 갖도록 하여, 종족의 생존을 보증하는 것이다." 그가 1928년에 구술한 『히틀러의 두 번째 책』[11]에서 이렇게 말했다: "독일 민족은 역사적으로 세계 역사에 진입한 후부터, 줄곧 공간의 위기에 놓여 있었다."[12] 히틀러는 또한, 독일의 조상들이 획득한 영토는 투쟁하여 얻어낸 것으로, 지금 영토를 확장하려면 역시 오직 무력에 의존하여 동쪽, 즉 동유럽과 소련에서 "생존 공간"을 탈취해야 한다고 강조했다. 『나의 투쟁』에서 히틀러가 제시한 첫 번째 목표는 바로 이러했다: 오스트리아를 병탄해야 할 뿐 아니라, 300만 명의 게르만인이 거주하고 있는 서(西)체코 지역(즉 주데텐란트: 이는 독일어 표현이고, 체코어나 슬로바키아어로는 '수데티'라고 함-역자)도 병탄하여, 폴란드의 독일인 거주지를 회수해야 한다. 이런 목표는 당시의 상황에 불만을 가진 독일인, 특히 전통적인 프로이센 정신과 대국 쇼비니즘을 가지고 있던 독일인들의 지지를 얻었을 뿐 아니라, 또한 유럽의 타협주의자들로 하여금 독일 파쇼가 제2차 세계대전이 발발하기 전에 유럽에서 확장하는 것을 용인하게 했다. 그래서 히틀러 파쇼

11 1928년에 히틀러의 구술을 바탕으로, 히틀러의 측근인 막스 아만(Max Amann)이 정리하여 출간한 책으로, 『히틀러의 비밀의 책』이라고도 한다.(역자 주)
12 吴友法, 『希特勒夺权备战之路』, 解放军出版社 1987年版, 169쪽.

1924년, 히틀러는 공범인 헤르만 괴링(왼쪽)과 운전기사와 함께 란츠베르크 감옥에 갇혔는데, 거기에서 그는 『나의 투쟁』이라는 책을 썼다.(히틀러의 운전기사인 에밀 모리스는 유태인으로, 히틀러의 조카와 약혼까지 했다고 한다.-역자)

정권이 수립된 후, 오랫동안 억압되었던 잠재적인 독일의 군국주의와 민족 쇼비니즘의 에너지가 방출되게 했는데, 이것이 제2차 세계대전 발발의 직접적인 원인이다.

(3) 평화주의 사상의 형성

제2차 세계대전에서 나치의 악행은 독일에 치명적인 재난을 가져다주었으니, 국가는 연방독일(서독-역자)과 민주독일(동독-역자)로 분열되었다. 서독의 대부분 도시들에서는 건물이 파괴되었고, 기차역과 공공사업 시설이 파손되었다. 식량 공급이 부족하고, 연료가 부족하여, 추위와 굶주림은 주민들의 주요한 위협이 되었다. 긍지가 강하기로 유명한 독일인들은 심지어 들판에서 곰팡이가 핀 감자 하나를 빼앗으려고 들개와 다투기까지 했다. 적지 않은 나라들, 특히 주변국들은 독일에 대해 적개심으로 가득했으며,

그들을 구제불능자로 여겼다. 그러나 서독은 열반하는 봉황처럼 매우 빠르게 곤경에서 벗어났을 뿐 아니라, 1950년대 초부터 경제가 빠르게 발전하기 시작했다. 1990년대에는 독일이 다시 통일을 이루면서, 연합한 유럽에서 중요한 역할을 했다. 독일이 다시 일어선 것은 갖가지 주·객관적 조건들 덕분이지만, 문화적 요소가 커다란 작용을 했다.

첫째, 서독의 참회하는 문화가 주변국의 적개심을 점차 해소했으며, 또한 은연중에 자국의 민중을 감화시키기도 했다. 나치 정권이 장기간 문화적 독단주의를 실행하면서, 줄곧 제2차 세계대전 과정에서 독일 측의 "찬란한 승리"를 마구 홍보했기 때문에, 많은 민중은 이를 철석같이 믿었을 뿐 아니라, 당시 세계 여론이 전체 독일인에 대해 "집단적 과오"라고 주장하는 것도 매우 받아들이기 어려웠다. 이런 상황에서, 서독의 일부 지식인들이 자기반성과 교육의 중책을 떠맡았다. 예를 들면, 오이겐 코곤(Eugen Kogon)은 『친위대 국가』에서 독자들에게 친위대의 진상을 분명하게 밝혔으며, 칼 야스퍼스(Karl Theodor Jaspers)는 『죄책론(罪責論)』에서 모든 독일인은 도덕적 범죄와 추상적 범죄를 가지고 있으니, 심각하게 반성해야 한다고 제안했고, 역사학자 프리드리히 마이네케(Friedrich Meinecke)는 『독일의 재난』에서 나치 정권의 출현은 역사적 연원이 있으며, 독일은 장기간 정신과 권력·민족주의와 사회주의를 조화롭게 하나로 융합하지 못함으로써, 재난의 발생을 초래했다고 지적했다. 1951년 9월, 아데나워(Konrad Hermann Joseph Adenauer)는 정부 총리의 신분으로 성명을 발표하여, 나치 정부의 피해자들에게 사죄함과 아울러, "독일 국민은 도덕적·물질적으로 배상할 책임이 있다"고 호소했다. 서독 경제가 계속 발전함에 따라, 전국의 많은 민중은 "건망증"이 생겨나, 나치 시대의 폭행을 망각했다. 1960년대부터, 정부·교육기관 및 선전기관은 사람들이 "전쟁의 기억"을 회복하도록 돕는 일을 중시하기 시작했다. 사람들이 이와 관련된 역사 문제를 연구하고 탐색하면서, 나치의 폭정을 광범위하게 폭로하고, 관련된 역사의 교훈을 얻도록 격려했다. 특히 1970년에, 당시 총리였던 빌리 브란트는 바르샤바의 유대인 희생자 기념비에 무릎을 꿇어, 참회하는 문화를 한층 더 고조시켰다.

둘째, 서독의 "문화 강국" 전략은 효과적으로 국가의 종합 실력을 제고해 주어, 다른 나라들의 "독일 부흥"에 대한 부정적인 시선을 일정 정도 감소시켜 주었다. 전후 독일의 특수한 지위는, 그로 하여금 반드시 강대국이 되는 특별한 길을 찾게 했다. 문화가 하나의 중요한 돌파구가 되었다. 설사 국가는 급히 전후 경제를 회복시키고 국민의 생활 수준을 제고해야 했지만, 독일인은 여전히 문화 재건 업무를 중요한 위치에 두었다. 전후 초기에, 각지의 세미나실·소극장·댄스홀 등이 끊임없이 생겨났는데, 베를린에만도 2,000여 개가 있었다. 대다수는 난방장치도 없었는데, 배고픈 청중들은 추위 속에서 공연을 보고, 발표를 들으면서 매우 즐거움을 느꼈다. 1951년, 독일은 처음으로 베를린에서 국제영화제를 개최하여, 각국에 우호의 손길을 내밀었고, 아울러 자국의 신작 영화를 선보였다. 경제적인 어려움에 부응하기 위해, 도서의 출판이 처음에는 양장 제본을 하지 않았고, 심지어 제본을 안 하기도 했다. 프랑크푸르트는 라이프치히 대신 국가 도서 출판의 중심지가 되었고, 1946년에는 이곳에 대형 국립도서관을 건립했으며, 1949년부터 1년에 한 번씩 국제 도서전을 개최했다. 각지에 도서관이 많이 증가하여, 길지 않은 시간 동안에 수량이 두 배로 늘어났다. 1950년부터 1960년까지 10년 동안, 서독이 새로 건립한 학교가 1945년 이전의 85년 동안에 지었던 학교의 총합보다도 더 많았다.

셋째, 좋은 국제적 발전 환경을 조성하기 위해, 연방 정부는 적극적으로 "유럽 연합"에 참여했다. 신성로마제국의 본보기를 귀감으로 삼아, 독일인은 전후 양극 대립의 구도하에서 적극적으로 유럽 연합을 모색했다. 비록 어려움이 많았지만, 연방 정부는 시련을 견뎌냈다. 아데나워는 이렇게 지적했다: "오늘날의 유럽에서, 과거부터 이어져 오는 원한은 이미 시대에 맞지 않는다. 나는 독일과 프랑스의 관계를 내 정책의 핵심으로 삼기로 결심했다." 1968년부터 유럽공동체가 통일된 농업 정책을 집행하기 시작하면서, 통일된 농업 시장이 형성되었다. 유럽공동체의 농업 생산자는 농산품을 수출할 때 수출보조금 혜택을 누렸는데, 금액은 유럽공동체 가격과 세계 시장가격 간의 차액에 해당했다. 독일의 수출 상품은 주로 공업 분야에 집중되어 있었기 때문에, 거의 보조금을 받지 못해 공동체 자금의 순수 지출자가 되었지만, 유럽의 공동 이익을 위해 독일은 기꺼이 자기의 이익을 희생했다.

넷째, 세계에 융합해 들어감과 동시에, 서독은 자기의 길을 견지해 감으로써 평온한 발전을 이룩했다. 신성로마제국 초기에, 독일은 유럽에서 선도적 지위에 있었는데, 그 길은 유럽의 본보기였다. 그러나 근대에 들어선 후, 프랑스의 계몽운동이 앞서 나가면서, 독일은 사상 문화면에서 곤경에 빠졌다. 필경 서방을 바싹 뒤따라갈 것인가, 아니면 자기의 노선을 견지할 것인가? 나치 제도의 실패가 마치 독일의 독특한 노선의 실패를 증명하기라도 한 듯이, 전후 초기에 서부 점령 구역의 민주화 개조도 독일의 프로이센주의를 없애는 데 힘썼다. 그러나 연방 정부는 자기의 노력을 포기하지 않으면서, 정치적으로는 민주 제도를 추진하고, 경제적으로는 시장 원칙을 견지함과 동시에, "사회시장경제" 모델을 견지했다. 국가가 적절하게 간섭했기 때문에, 특히 다른 나라들이 대대적으로 적자재정을 실행할 때, 독일은 통화의 안정적인 운용 정책을 견지했다. 1970년대 중반에 서방 국가들이 보편적으로 "스태그플레이션 위기"를 겪고 있을 때, 독일이 받은 충격이 가장 적었다.

7. 맺음말

역사의 파도는 기복이 있고 일정하지 않다. 유럽이라는 밀림 속에서 격투를 벌이는 저 독일이라는 배는 역사의 긴 여정 속에서 여러 번 굴기했다가 다시 몰락하면서, 마침내 평화로운 발전의 길로 들어섰다. 독일이 발전한 역사적 경험과 교훈은 영향이 심원하여, 우리가 깊게 생각해 볼 만한 가치가 있다.

16세기와 17세기가 교체할 무렵, 독일은 아직 통일되지 않아, 제후들이

한 지역에 할거했으며, 전쟁이 끊이지 않고 계속되었다. 당시 민족국가의 개념이 처음으로 싹트기 시작하면서, 제후국이 할거하고 있던 독일이라는 저 뜨거운 땅을 뒤흔들었다. 독일의 제후들이 분쟁하는 과정에서, 프로이센과 오스트리아의 실력이 가장 강해, 그들이 독일 통일의 과정을 좌우했다. 1862년에 비스마르크가 정권을 잡았는데, 이 독일 통일의 항해사는 철혈의 수완과 뛰어난 외교적 지혜로 독일 통일이라는 오페라를 한 장면씩 연기해 나갔다. 국내에서, 그는 적극적으로 관세 동맹의 수립을 추진하고, 중앙 정권을 공고히 하고, 군사화 건설을 크게 강화하여, 독일 통일을 위한 견실한 정치 경제적 기초를 다졌다. 외교에서, 그는 치밀한 전략 전술을 짜서, 연합하고 분열시키고 이간하고 포섭하는 수완을 통해, 독일에 가장 유리한 유럽 구도를 극력 모색했다. 그는 프랑스·영국·러시아를 진정시켜, 전쟁을 벌일 때마다 단 하나의 적만 있게 했으며, 특히 프로이센-오스트리아 전쟁에서 보여준 지략과 자제력은 오스트리아로 하여금 프로이센-프랑스 전쟁에서 중립을 유지게 했다. 이는 프로이센-프랑스 전쟁의 승리를 일정 정도 보증하여, 독일 통일을 위한 가장 유리한 외부 환경을 만들었다.

두 차례의 세계대전을 보면, 제1차 세계대전의 원인은 독일 황제 빌헬름 2세가 "햇빛 아래의 땅"을 얻으려 한 것이고, 제2차 세계대전의 원인은 나치의 원흉인 히틀러가 더욱 많은 "생존 공간"을 쟁취하려 한 것이다. 그들은 모두 무력으로 전 세계를 정복하려고 망상했는데, 전쟁의 최종 결과는, 그들 개인에 대해 말하자면, 전자는 타향살이를 했고, 후자는 자살했다. 독일에 대해 말하자면, 제1차 세계대전이 끝난 후에는 프랑스·영국·러시아 심지어 미국·일본의 "공동" 견제를 받았고, 제2차 세계대전이 끝난 후에는 여전히 영국·프랑스·러시아·미국의 "합종(合縱)" 견제를 받아, 독일의 전쟁을 통한 굴기 정책은 자기의 영토를 비스마르크 시기보다 크게 줄어들게 했고, 또 프랑스·영국·미국·러시아의 연합 제약을 받아, 정치적으로 2류 국가로 전락했다. 제2차 세계대전 후, 독일은 영국·프랑스·미국·소련 4대 강국에 의해 군사적 점령을 당해, 전략적 공간이 극도로 줄어들었지만, 아데나워-

에르하르트 시기에 "경제 기적"을 이루면서, 독일은 유사 이래 가장 전면적인 발전을 이루었다. 영국·프랑스·러시아의 경제가 쇠퇴할 때, 독일은 나날이 발전했다. 그 당시 빌헬름 1세와 히틀러가 전쟁으로 이루지 못한 영광과 복지는, 오늘날의 독일이 과학기술 혁신과 시장 경쟁을 통해 오히려 누리고 있다. 이로써 독일은 전쟁 광인의 전형이 될 수도 있고, 또 평화로운 발전의 성공적인 본보기도 될 수 있다는 것을 알 수 있다. 1945년 11월 20일, 뉘른베르크 국제사법재판소에서 주요 나치 전범들에 대해 재판하면서, 바로 어떤 사람이 이렇게 말한 바와 같다: "전 세계에 대해, 뉘른베르크 국제사법재판소 판결의 중요성은 결코 과거를 어떻게 충실하게 해석하느냐에 있는 것이 아니라, 그 가치는 미래를 어떻게 경계하느냐에 있다." 그것은 세상 사람들에게 다음과 같은 사실을 알게 해주었다: 전쟁의 수단을 통해 갈등과 충돌을 해결하는 길은 통하지 않는다.

특히 강조해야 할 것은, 독일의 신속한 발전은 그들 고유의 몇 가지 우수한 전통과 떼어놓을 수 없다는 것이다. 첫째, 교육 사업을 중시했다. 나폴레옹에게 거액의 배상금을 지급할 때에도, 프로이센은 여전히 마지막 얼마 안 되는 돈으로 훔볼트대학을 건립했다. 가난하기 때문에, 정신력으로 신체적 손상을 보완하기 위해서는 교육을 해야만 했다. 전 국민 교육과 무상 교육은 독일에 높은 자질을 가진 국민을 양성해주었고, 대학은 독일에 수많은 창조와 발명을 가져다주었으며, 지력(智力)은 이 나라의 가장 중요한 자원이 되었다. 국가는 교육에 충분한 자유를 보장해 주었고, 교육은 국가 경제 발전의 역량이 되었다. 오늘날의 세계는 더욱이 지식 경쟁의 세계로, 종합 국력의 경쟁에서 더욱 중요한 것은 인재의 경쟁이다. 교육을 중시하고, 국민의 자질을 제고해야만, 경제의 빠른 발전을 이룰 수 있다. 둘째, 진리를 추구하고 현실을 중시하는 실사구시의 정신이다. 독일인은 예로부터 신중하고 실질을 중시하는 것으로 유명하다. 제2차 세계대전의 역사적인 문제에 대한 태도를 보면, 독일인의 마음과 실사구시의 정신을 보여주었다. 1970년, 연방 독일의 총리인 빌리 브란트가 바르샤바의 유대인 기념비 앞

독일 베를린의 훔볼트대학

에서 제2차 세계대전 기간에 비참한 희생을 치른 유대인을 애도하고, 사망자의 묘비를 향해 땅바닥에 무릎을 꿇으면서, 역사는 그 순간에 멈추었고, 독일은 자기의 침략의 역사도 정중히 역사에 기록해 넣었으며, 세계가 그들을 다시 받아들이도록 했다. 독일은 다시 유럽의 품 안으로 돌아왔다. 역사는 잊지 않을 것이다! 1990년에 브란덴부르크문의 평화의 여신은 다시 한번 역사적인 한 장면을 증명했으며, 통일 후의 독일은 경제적으로 하나씩 하나씩 찬란한 기적을 창조하고 있다.

제7장

동양의 자본주의 강국—일본

메이지유신(明治維新)은 일본 현대화의 역사적 과정을 열었고, "탈아입구 (脫亞入歐)"정책을 실행하고, 입헌군주 정치 체제를 확립했다. 경제적으로는 공업화를 강력하게 추진했고, 외교적으로는 유럽 자본주의 열강의 확장 노선을 추구하여, 일본을 아시아 유일의 자본주의 강국이 되게 했는데, 일본이 아시아에서 패권을 다투는 침략 확장을 자행함으로써 아시아 태평양 지역 여러 나라 인민에게 거대한 재난을 가져다주었다. 제2차 세계대전 후, 일본은 패전의 기초 위에서 경제 입국 전략을 실행하여 일본의 제2차 굴기를 실현했다. 국력이 끊임없이 증강되면서, 오늘날의 일본은 다시 대국주의의 기치를 무기로 삼아, "정상국가"라는 전략적 목표를 실현하려고 모색하고 있다.

1. 메이지유신과 일본의 현대화 개조

메이지유신은 결코 철저하지 못한 자산계급 혁명이자, 또 일본 역사상 전례 없던 천지가 뒤집힐 만한 대변혁이었다. 그로 인해 일본은 성공적으로 봉건사회에서 자본주의 발전 단계로 진입하여, 부강의 길로 나아갔다. 반세기도 안 되는 기간에, 일본은 낙후한 봉건적 섬나라에서 빠르게 발전하여 자본주의 강국이 됨과 동시에, 민족과 국가의 독립과 자주도 실현함으로써, 아시아에서 유일하게 서구 열강의 식민지로 전락하지 않은 나라가 되었다.

(1) 바쿠후(幕府) 위기와 메이지 정권의 건립

18세기 이후, 생산력의 발전에 따라 일본의 상품경제는 빠르게 발전했다. 상품경제라는 거대한 사회적 조류의 충격을 받자, 한편으로는 농민들이 대량으로 파산하고, 하층 무사는 빈곤해졌으며, 다른 한편으로 상품경제를 통해 부유해진 부유한 농민과 부유한 상인은 사회적 신분제도의 속박을 타파할 것을 요구하면서, 바쿠후 통치에 대한 불만을 드러내기 시작했다. 바쿠후 말기에 이르자, 사회적 위기는 끊임없이 격화되었다. 역사의 수레바퀴가 19세기 초반으로 치달으면서, 일본의 봉건사회는 갈수록 스스로는 헤어날 수 없는 위기 속으로 빠져들었다. 방직·양주(釀酒)·제유(製油)·도자기·수산물 가공 등의 부문에서 땅을 뚫고 나온 자본주의의 맹아가 봉건사회의 종말을 예시해주었다.[1] 비록 바쿠후 통치 집단이 갖가지 개혁을 끊임없이 시도했지만, 제도적인 측면에서 생산력의 발전을 제약하는 근원적인 문제를 해결할 수는 없었기 때문에 모두 실패로 끝나고 말았다.

국내의 문제가 아직 해결되지 않았는데, 나라 밖의 우환도 닥쳐왔다. 18세기 말부터, 서양 국가들이 끊임없이 일본에 문호 개방과 통상을 요구했지만, 일본은 일관되게 쇄국 정책으로 막아냈다. 1853년부터 1854년까지, 미국의 해군 장교인 페리(Matthew Calbraith Perry)가 잇달아 두 차례 군함을 이끌고 일본에 와서, 강대한 무력으로 위협하면서 개국과 통상을 요구했다. 강한 압력 때문에 어쩔 수 없이 바쿠후는 미국과 〈미·일 화친조약〉(일명 〈가나가와 조약〉)을 체결했고, 이후에 다시 영국·러시아·네덜란드 등과도 잇따라 서로 관계를 맺는 조약을 체결했다. 이렇게 일본의 200년에 달하는 쇄국 체제가 깨지자, 서구 열강은 앞다투어 일본을 침입하여 불평등조약을 체결했다. 일본이 세계 자본주의 경제 체제에 강제로 편입되면서, 국내 경제가 심각한 타격을 입자, 바쿠후의 사회적 위기를 더욱 격화시켰다.

미국의 개국 요구에 대응하는 과정에서, 궁지에 빠진 바쿠후는 어쩔 수

---

1 湯重南, 汪森: 『日本帝国的兴亡』上卷, 世界知识出版社, 2005年版, 18쪽.

없이 외교를 독점하고 타인이 간섭하는 것을 허용하지 않던 관례를 바꾸어, 조정과 여러 한(藩: 제후의 영지로, 한글식 독음은 '번'이지만, 이 책에서는, 일본어 독음에 따라 '한'으로 표기한다. 이하의 괄호 속 설명은 모두 역자가 독자의 이해를 돕기 위해 첨가한 '역자 주'이다)의 다이묘(大名: 한을 다스리는 제후)들에게 대책을 물었다. 이 행동은 커다란 영향을 미쳤으니, 바쿠후의 중앙집권이 약화하기 시작했고, 다이묘의 권력 분점과 강대한 한이 정치에 간섭하는 형세가 갈수록 증가했다. 더욱 중요한 것은, 전부터 이미 실질적 권력이 없던 텐노(天皇)도 다시 정치에 참여하면서, 바쿠후의 절대 권력은 타파되었다.

비록 바쿠후의 개혁이 매우 많은 방면에서 일정한 성과를 거두었지만, 줄곧 내우외환을 해결하지는 못했다. 같은 시기에 개혁을 진행한 여러 한들은 오히려 뚜렷한 성과를 거두었다. 특히 서남부 지방의 여러 한들의 급격한 성장으로 바쿠후와 강대한 한들의 실력 대비가 역전을 일으키자, 바쿠후는 점차 다이묘들 사이에서 권위를 잃기 시작했으며, 멸망의 길에 들어서기 시작했다.

바쿠후의 권위가 쇠퇴함에 따라, 사쓰마한(薩摩藩)과 조슈한(長州藩) 등 도자마(外樣) 유한(雄藩: 실력이 강대한 한)[2]의 지위가 높아지기 시작했다. 처음에는 이들 도자마 유한의 바쿠후에 대한 태도가 각기 달랐는데, 조슈한은 비교적 일찍이 "존왕양이(尊王攘夷: 자국의 왕을 섬기고 오랑캐를 물리침)"에서 도바쿠유신(倒幕維新: 바쿠후를 무너뜨리고 개혁함)으로 바뀌었다. 그래서 처음부터 바쿠후와 적대 관계에 있었지만, 사쓰마한은 애초에 "공무합체(公武合體: 바쿠후와 다이묘들이 국사를 협의하여 결정한 뒤, 텐노의 결제를 받는다는 타협안)"와 "존왕양이"를 지지했다. 그 후의 사쓰에이(薩英) 전쟁[3]과 4국(영국, 네덜란드, 프랑스, 미국) 연합함대의 시모노세키 포대에 대한 포격은,

---

2 도자마 유한이란, 토요토미 가문과 도쿠가와 가문이 일본의 패권을 놓고 벌인, 세키가하라(關ヶ原) 전투 이후 새로 도쿠가와(德川)에 귀속한, 세력이 강한 한을 가리킨다.(역자 주)
3 일본의 에도 시대 말기인 1863년에 가고시마만에서, 사쓰마한(薩摩藩)과 영국[英] 사이에 벌어진 전쟁을 가리킨다. "사쓰마-영국 전쟁"이라고도 부른다.(역자 주)

메이지 텐노(1852~1912년)는, 이름이 무츠히토(睦仁)로, 1867년에 즉위한 후, 메이지유신을 강력하게 추진하여, 일본을 선진적인 자본주의 국가로 만들었고, 이어서 일본의 대외 침략 확장 정책을 추진했다.

"존왕양이"파로 하여금 "양이" 정책은 실행할 수 없으며, 바쿠후 개혁을 믿고, 부국강병을 실현하는 것은 이미 불가능하다고 느끼게 했을 뿐 아니라, "존왕양이"파도 맹목적인 "양이"는 실행할 수 없다는 것을 깨닫고, 점차 도바쿠파로 돌아섰는데, 바쿠후를 무너뜨리는 도바쿠 운동은 이렇게 발생했다. 1866년 1월, 사조(薩長) 동맹이 결성되어, 도바쿠 세력의 중요한 기초를 다졌는데, 그들은 새롭고 강력한 정권을 수립하여 바쿠후를 대체하기로 결심했다.

1867년, 일본의 고메이(孝明) 텐노가 사망하고, 메이지 텐노가 계승했다. 1868년 1월, 도바쿠파는 궁정 정변을 일으켜, 조정 내부의 "공무합체"파를 진압했다. 바로 이어서 또 "왕정복고대호령(王政復古大號令)"을 발표하여, 메이지 텐노를 중심으로 하는 새 정부를 수립한다고 선포했다. 그날 밤, 새 정권은 "고고쇼(小御所) 회의"를 열어, 바쿠후 장군인 도쿠가와 요시노부(德川慶喜)에게 관직에서 사퇴함과 동시에 영지를 반납하도록 요구하기로 결정했다. 이리하여 쌍방의 갈등과 충돌이 치열하게 일어났다. "보신(戊辰: 무진년에 일어난 전쟁으로, '보신'은 '무진'의 일본어 표기이다) 전쟁"이라는 대결을 통해 새 정부는 바쿠후 세력을 격파하고 전국을 통일했다.

영국·프랑스 양국은 도바쿠 운동 과정에서도 매우 큰 역할을 했다. 영국은 처음에 바쿠후가 일본 정부를 대표할 수 있다고 판단했기 때문에, 바쿠후를 지지하는 정책을 취함과 아울러, 한때는 바쿠후의 양이파에 대한 군사적 공격도 지지했다. 그러나 형세의 변화에 따라, 일본 국내의 양이파가 점차 쇠약해졌고, 동시에 영국도 바쿠후가 일본 전국을 효율적으로 통치할 수 없다는 것을 알았으며, 사쓰마·조슈 등의 유한들은 영국에 접근하는 정책을 펼치기 시작했다. 이 때문에 역으로 텐노를 중심으로 하는 유한들의 연합 정권을 수립하기를 희망했다. 프랑스는 일본의 생사(生絲) 무역을 독점하기 위해 영국과 대항하면서, 방향을 틀어 바쿠후를 지지하고, 재정·군사 등의 방면에서 바쿠후를 도왔다. 이렇게 되어, 영국과 프랑스의 일본 정권 문제를 둘러싸고 발생한 대항이, 유한과 바쿠후의 대립을 더욱 격화시켰다.

사회 역사적 발전의 측면에서 보면, 바쿠후가 붕괴한 근본 원인은 그들이 자본주의 경제의 발전에 적응하지 못했기 때문이다. 자본주의 경제가 일본에서 발전함에 따라 도쿠가와 바쿠후 정권을 지탱하던 근간을 무너뜨렸다. 바쿠후 멸망의 본질은 봉건 바쿠한(幕藩: 바쿠후와 한) 체제의 종말이자, 자본주의의 봉건 농경 문명에 대한 승리였다.

(2) 전면적인 개혁을 추진하고, 중앙집권을 강화하다

바쿠후를 대체한 후, 새 정부는 일련의 조치들을 취해 텐노를 중심으로 하는 중앙집권을 강화하고, 〈정체서(政體書)〉를 반포하여 새 정부의 기본 골격과 제도를 확립했다. 이어서 메이지 정부는 또한 "판적봉환(版籍奉還: '판'은 바쿠후의 영지, '적'은 판에 소속된 호적을 뜻한다. 즉 바쿠후의 영지와 인민을 텐노에게 반환한다는 의미)"과 "폐번치현(廢藩置縣: '藩'을 폐지하고, '縣'을 설치함)"이라는 양대 개혁을 진행했다. 이 개혁을 통해, 봉건 영주의 통치권이 취소되고, 근대의 부현(府縣) 제도가 확립될 수 있었다. 전국의 행정구역은 일련의 개혁과 조정을 거친 다음 다시 3부 72현으로 나뉘었고, 중앙정부가 임명하는 부·현의 지사가 관리했다. 곧이어 메이지 정부는 토지개혁을 추진하기 시작하여, 일본의 토지소유제에 혁명적인 변화를 일으킴으로써, 바쿠한 봉건 영주의 토지소유제는 철저히 폐지되었고, 자영농과 새로운 지주가 합법적인 토지소유자가 되면서, 자본주의 발전에 부응하는 근대적 토지소유제를 대체로 확립했다. '폐번치현'과 토지개혁은 일본의 장기간 지속된 봉건 할거 국면을 마감하고, 중앙집권 국가를 수립하고 자본주의 경제를 발전시키기 위한 기초를 다졌다. 위와 같은 일련의 개혁을 통해, 일본은 텐노를 핵심으로 하는 중앙집권으로 나아갔다.

정권을 공고히 하는 기초적 개혁을 완료한 후에, 메이지 정부는 강대한 일본 제국을 건설하여, 서방 국가들과 어깨를 나란히 하는 것을 실현할 목적을 고려하기 시작했다. 이토 히로부미(伊藤博文)와 오쿠마 시게노부(大隈重信) 등은, 먼저 구미 국가들을 고찰하고 나서 발전의 청사진을 그리자고 건의했다. 1871년 11월 20일, 메이지 새 정부는 외무대신 이와쿠라 도모미(岩倉具視)를 우대신(右大臣) 겸 특명전권대사에, 기도 다카요시(木戸孝允)·오쿠보 도시미치(大久保利通)·이토 히로부미·야마구치 마스카(山口尚芳)를 전권부사에 임명하고, 메이지 정부 지도층의 절반에 가까운 관료들을 포함하는 대형 사절단을 구성하여 구미를 방문했다. 이와쿠라 사절단은 잇달아 미국·영국·프랑스·벨기에·네덜란드·독일·러시아·덴마크·스웨덴·이탈리아·오스트리아와 스위스 등 12개국을 방문하여, 각국의 정치·외교·법률·군사·경제·문화 교육·풍속 습관 등의 상황을 진지하게 고찰했다. 무려 20개월에 달하는 고찰 방문에서, 사절단은 현지에서 서방 자본주의 각국을 접촉하면서 시야를 크게 넓혔는데, 경제를 발전시키는 것이 국가를 부강하게 하는 근본 경로이고, 반드시 자본주의 상·공업을 발전시킴과 동시에 반드시 일본의 정치 체제를 개혁하고, 법제를 완비해야 하며, 낡은 풍속과 습관을 고치고, 문화와 교육을 개혁해야 한다고 인식했다. 또 서양을 배우고, 군사의 체제와 제도를 개혁함과 아울러, 본국의 정세를 고려하여, 구미 각국의 선진 문명과 성공적인 경험을 배우기로 결정했다.[4]

1873년 9월, 사절단이 귀국한 후에 메이지 정부는 조직 개편을 진행했

---

4 汤重南, 「日本百日维新与历史其实」, 『中日关系史研究』 2012年 第2期.

다. 정부에서 실권을 장악한 대다수의 사람들이 모두 방문 사절단의 성원이었기 때문에, 매우 많은 사람들이 개혁을 지지하면서, 개혁을 통해 빨리 일본의 국력을 키우도록 기대했다. 이 사람들은 내치를 우선하고 개혁을 추진한다는 지도 사상을 형성하고, 일본의 향후 큰 방향을 결정했다. 이러한 기초 위에서, 식산흥업(殖産興業: 새로운 산업의 육성)·문명개화·부국강병의 3대 정책을 추진했다.

이와쿠라 사절단은 서방 국가들의 산업혁명 이후 각 영역에서 발전한 선진적인 수준을 보고 깊은 충격을 받자, 귀국한 후에 메이지 정부로 하여금 서방을 모델로 삼아, 각종 개혁을 추진하고, 온 힘을 다해 일본의 공업화를 추진하도록 노력했다. 1874년 5월, 오쿠보 도시미치가 정부에 〈식산흥업에 관한 건의서〉를 제출했다. 역사적 의의가 있는 이 문건에서, 오쿠보 도시미치는 이렇게 썼다: "무릇 국가의 강약은 인민의 빈부에 달려 있고, 인민의 빈부는 재산의 많고 적음에 달려 있다. 물산의 많고 적음은, 비록 인민이 공업에 힘쓰느냐 아니냐에 달려 있지만, 그 근원을 찾아보면, 정부 관리들이 그렇게 하도록 유도하고 장려하는 노력에 달려 있지 않은 것이 없다……."[5] 그는 식산흥업의 관건은 정부가 적극적인 역할을 발휘하여, 일본의 온갖 사람들이 산업에 투자하도록 유도하고, 제창하여 격려하고, 장려하여, 산업을 일으키는 것이라고 여겼다. 이때부터 메이지 정부는 국가 권력에 의지하여, 각종 정책 수단과 경제 개혁 정책을 통해, 국가 자금을 동원하여 자본의 원시적 축적을 추진함과 동시에, 국영 군수공업 기업의 주도로 서방의 모델에 따라 자본주의적 발전을 육성하는 데 크게 힘썼다. 생산을 늘리고 산업을 일으키려면, 먼저 자금 문제를 해결해야 하는데, 이를 위해 정부는 지세(地稅) 개혁을 통해 대량의 토지 세수를 얻는 것 외에, 화폐 금융 정책도 시행하여 인민을 이중으로 착취했고, 또 공채를 발행하는 방법으로 대량의 자금을 조달했다. 또 대외적으로는 아시아의 주변 나라들을

5 『大久保利通文書』 第5卷, 冯玮의 『日本通史』, 2012年 4月版, 406쪽에서 인용.

침략하여 약탈함으로써 자금을 획득했는데, 이는 또한 훗날 일본이 대외 확장을 펼치는 중요한 동력이 되었다.

문명 개화는 주로 교육 개혁과 일련의 사회 문화 개혁을 포함했다. 1872년 9월, 문부성은 〈학제〉를 반포하고, 교육 분야의 개혁을 시작했다. 〈학제 포고 공포〉에서 이렇게 지적했다: "학문은 입신(立身)의 자본이라 할 수 있다." 〈학제〉를 제정하여 공포한 목표는 이러했다: "이후로 일반 국민은 반드시 그 지역에서 배우지 않는 자가 없도록 하고, 집안에 배우지 않는 자가 없도록 하기 위함이다." 이후 메이지 정부는 다시 이어서 〈교육령〉·〈제국대학령〉·〈소학교령〉·〈중학교령〉 등 교육 법령들을 잇달아 반포하여, 근대 교육제도를 기본적으로 확립함으로써, 교육 보급률과 중학교·대학교가 모두 매우 크게 발전했으며, 교육 개혁의 성과가 매우 뚜렷했다.[6] 사회생활 방면에서는, 정부가 또한 일련의 문고(文告: 공문서)와 법령을 반포하여, 각종 사회 개혁을 실행했는데, 한편으로는 수많은 봉건적 습속을 폐지하는가 하면, 서방의 생활방식을 본받아 의식주행(衣食住行) 등의 방면에서 "서구화"하는 개혁을 진행하도록 격려함으로써, 세계의 흐름에 부응하고 일본의 국내 사정에 적합한 근대적 문명체계를 확립해 나갔다. 예를 들면 〈단발탈도령(斷髮脫刀令: 머리를 짧게 자르고, 검을 착용하지 못하게 하는 법령)〉을 반포하고, 양력(陽曆) 기년을 채택하고, 양옥·양복·양식(洋食)을 대표로 하는 생활방식의 "서구화" 운동을 전개함으로써, 일본의 사회생활 면모를 매우 크게 변화시켰다.

부국강병 정책의 중점은 군제(軍制) 개혁이었다. 메이지 5년(1872년) 12월 28일, 메이지 정부는 전국에 〈징병고유(徵兵告諭)〉를 반포하여, 무사가 군인 신분을 독점하던 특권을 폐지하고, 서방의 의무 병역제를 모방하여 실행했다. 이듬해, 메이지 정부는 〈징병령〉을 반포하고, 프랑스를 모방하여 육군을 창설하고, 영국을 본받아 해군을 창설하여, 근대적 상비군을 창설함

---

6 湯重南: 「日本百日維新与歷史其实」, 『中日关系史研究』 2012年 第2期.

과 아울러, 군사학교를 세워 군사 인재를 양성했다. 동시에, 메이지 정부는 또한 군수공장을 개조하고 확장했으며, 서양의 군사 기술을 힘써 배우면서, 군대에 신식 무기와 장비를 제공했다.

(3) 헌정(憲政) 제도의 최종 확립

이와쿠라 사절단이 구미를 방문하던 기간에, 국내에 남아 있던 정부 요원들은 사이고 다카모리(西鄕隆盛)·이타가키 다이스케(板垣退助)를 중심으로 "정한파(征韓派)"를 형성했는데, 그들은 무력으로 조선이 개국하도록 강박하여 일본 국내의 정치 경제적 위기를 완화하고, 몰락한 사족의 정부에 대한 불만을 국외로 돌리자고 주장했다. "정한파"의 경거망동을 막기 위해, 이와쿠라 도모미와 오쿠보 도시미치 등 사절단 단원들은 어쩔 수 없이 일정을 앞당겨 귀국했다. 그들은 일본의 급선무는 국력을 키우는 것이지 대외전쟁을 일으키는 것이 아니라고 여기고, 내치(內治)를 우선하자는 주장을 견지했다. "내치 우선파"와 "정한파"는 서로 버티면서 양보하지 않았다. 1873년 10월, "내치 우선파"가 텐노를 설득하여 "국정을 바로잡고, 부국 문명의 길로 나아가는 것이 시급한 과제"라는 어명을 내려, "정한파"의 주장을 부정했다. 사이고 다카모리·소에지마 다네오미(副島種臣)·고토 쇼지로(后藤象二郎)·이타가키 다이스케·에토 신페이(江藤新平) 등 "정한파"는 관직에서 물러날 수밖에 없었는데, 역사에서는 이를 "메이지 6년 정변"이라고 부른다.

에토 신페이·사이고 다카모리 등 관직에서 물러난 "정한파"는 이후에 무력으로 새 정권에 반대하는 길로 나아갔는데, 그 결과는 패전하여 죽거나 패가망신했다. 사이고 다카모리와 함께 정부 관직에서 물러났던 소에지마 다네오미·고토 쇼지로·이타가키 다이스케 등은 헌정운동의 길로 나갔는데, 그들은 1874년 초에 "애국공당(愛國公黨)"을 결성하여, "천부인권(天賦人權)"을 제창하고, 민선의원의 설치를 요구하면서, 이와쿠라 도모미와 오쿠보 도시미치를 중심으로 한 정권은 "유사전제(有司專制: '관료 독재'와 유사한 말)"

이며, 국가를 와해시킬 거라고 비판했다. 그들은 오직 민선의원을 설립하고, 백성에게 선거권과 조세공의권(租稅共議權: 조세를 함께 논의할 권리)을 주는 것만이 나라를 구하는 길이라고 주장했는데, 이로부터 맹렬한 자유 민권 운동이 일어났다. 당시 전체 일본에는 200여 개의 민권단체가 있어, 각지에서 잇달아 헌법 초안의 민간판본(《사의헌법(私擬憲法: 민간에서 비공식적으로 만든 헌법 초안이라는 뜻)》)에 대해 열띤 토론을 벌였는데, 집단이나 개인이 기초한 일본 헌법 초안이 수십 가지나 되었다. 사회적 압력 때문에, 메이지 정부는 1890년에 민선의원을 개설하고 헌법을 제정하는 것을 수락할 수밖에 없었다.

1882년 3월, 일본 정부는 이토 히로부미를 단장으로 하는 "헌법고찰단"을 파견하여 유럽 국가들의 헌법 및 그와 관련된 제도를 고찰했다. 고찰단의 고찰 성과에 따라, 메이지 정부는 헌법취조국(憲法取調局)을 설립하여, 정식으로 헌법을 제정하고 일본 국회를 설립하는 과정을 시작했다. 이토 히로부미는, 프로이센과 오스트리아의 헌법을 모델로 삼아 일본 제국의 헌법을 제정하자고 주장했다. 오쿠보 도시미치는 "민주정치"와 "군주정치"의 중간 형태인 "군민공치제(君民共治制)"를 확립할 것을 희망했는데, 이렇게 하면 텐노의 정신적 권위를 이용하여 새 정부의 중·하급 무사 출신 신진 관료들의 통치적 지위를 공고히 할 수 있었다. 일본에서는 "유럽 각국의 군민공화제(君民共和制)를 간단히 모방해서는 안 되고, 일본 황통(皇統)의 전례(典例)와 백성의 개화 정도에 따라, 그 이해득실을 따져보고 헌법을 제정해야 한다"고 주장했다. 구미 각국의 헌법을 중점적으로 연구한 기도 다카요시는, 일본 국민의 지식 수준이 낮기 때문에, 헌법을 제정하는 것은 "군주의 영명한 결단"에 의지해야 하고, 프로이센의 상황이 일본의 상황과 비슷하다고 여겼기 때문에, "특히 취해야 하는 것은, 프로이센을 제일로 삼아야 한다"고 단언했다. 이와쿠라 도모미와 기도 다카요시는 마찬가지로 모두 황실 귀족의 이익을 보호하는 자들로서, 그들은 모두 프로이센 헌법이 자신들이 말하는 점진주의(漸進主義)에 가장 적합하다고 여겼다. 그래서 메이지 헌법의 제정자들이 프로이센 모델을 채택할 때, 전통문화 가운데 국가주의를 매우 중시했다. 1889년(메이지 22년) 2월 11일, 〈대일본제국 헌법〉이 정식으로 전체 국민에게 공포되었다. 이 헌법은, 텐노가 구로다 기요타카(黑田淸隆) 수상에게 친히 제출하는 방식으로 반포된, 이른바 "흠정헌법(欽定憲法)"이었다. 1889년의 〈대일본제국 헌법〉은 제1차 제국의회가 개최된 그날(11월 29일)부터 시행되었다. 이로써 일본은 동아시아에서 최초로 근대 헌법을 보유한 입헌군주제 국가가 되었다.

이토 히로부미(1841~1909년)는, 일본 근대의 정치가로, 메이지 시대 9명의 원로 중 한 사람이며, 일본의 초대 내각 수상, 초대 추밀원 의장, 초대 귀족원 원장, 초대 한국 총감, 메이지 헌법의 아버지, 입헌정우회의 창립자로, 4차례 내각에 참여했으며, 임기가 무려 7년에 달했는데, 임기 동안에 중·일 갑오전쟁을 일으켜, 일본을 동아시아에서 가장 강한 나라의 지위에 올려놓았다.

주목할 만한 점은, 메이지 헌법 체제 가운데 군대 제도와 관련된 것이 기본적으로 프로이센 헌법이 채택하고 있는 군정(軍政) 분립의 "이원주의(二元主義)" 체제를 채택했다는 것이다. 메이지 헌법의 규정에 따라, 텐노는 해군과 육군을 통솔함과 아울러, 군부(軍部)를 통해 군사권을 행사하며; 군령권은 군부가 통제하고, 내각은 관여할 수 없었다. 이렇게 "정권(政權)"과 "군권(軍權)"이 분립하는 이원적 구조는 일본을 점차 군국주의의 심연으로 빠져들게 하여, 입헌제도가 붕괴하는 화근이 되었다.

2. 동아시아 패권 쟁탈과 동양 패주 지위의 확립

메이지유신 후, 일본은 중국을 중심으로 하는 동양 문명의 질서에서 벗어나, 근대 서양 문명으로 전향하기 시작했는데, 정치 체제와 사상 행동에서부터 "탈아입구"의 역사적 과정을 완성했다. 사상 문화에서는 자연법을 신봉하던 것에서 "강권(强權) 정치"를 특징으로 하는 사회 다위니즘으로 돌아섰으며, 정치 체제에서는 봉건적 바쿠한(幕藩) 체제에서 입헌군주제로 돌아선 다음, 일본은 "실력" 정책을 강조하면서, 대외 침략을 고취하기 시작했고, 세계 열강의 반열에 올라 아시아의 주변국들을 괴롭히는 극단적인 국가주의와 확장주의의 길을 걷기 시작했다.

(1) 메이지 시기 대외 확장 사상의 발전

일본은 비록 성공적으로 유신 변혁의 길로 나아감과 아울러, 정부가 주도하는 방식으로 자본주의 체제를 일정 정도 확립하기는 했지만, 메이지유신의 불철저함 때문에 일본이 급속히 발전시킨 자본주의는 봉건적 색채를 짙게 띤 데다, 국내 시장이 협소하고 자원이 부족하여, 자본주의적 경제 발전은 시작하자마자 곤경에 처했다. 곤경에서 벗어나기 위해, 일본은 전통적 무가(武家) 사상을 서양의 대외 확장 사상과 결합하여, 일본의 대외 침략 확장 노선을 형성했다. 국제 경쟁 과정에서 군사력에 의존하여 자원을 획득하고 시장을 확장하면서, 대외 침략 확장을 진행하는 것은 근대 일본이 발전을 도모하는 기본적인 국책이 되었다.

일본의 대외 침략 사상은 예전부터 있어 왔다. "온 세상을 덮어 가려서 집으로 삼는다[掩八紘而爲宇]"[7]라는 확장 사상은 먼 옛날까지 거슬러 올라갈 수 있다. 중세기에 들어선 후, 도요토미 히데요시(豊臣秀吉)는 "대명국(大明國: 중국의 명나라)을 다스리려는 뜻"을 제시함과 아울러, 두 차례 조선을 침입했다. 바쿠후 말기에 이르러, 내우외환 상태에서 일본의 사상가들은 나라를 구하고 강하게 만들기 위한 매우 많은 사상과 이론을 제시했다. 예를 들면, 후쿠자와 유키치(福澤諭吉)의 "탈아입구론", 사토 노부히로(佐藤信

---

7 서기 720년에 편찬된 것으로 알려진 최초의 일본 정사(正史)인 『니혼쇼키(日本書紀)』에 나오는 문장이다.(역자 주)

淵)의 "해외웅비론(海外雄飛論)" 및 요시다 쇼인(吉田松陰)의 "보상론(補償論)" 등이 있다. 이런 사상들은 모두 훗날 일본의 침략 확장에 중요한 영향을 미쳤다. 특히 유신 운동의 선구자인 요시다 쇼인의 경우, 그의 학생들 중 매우 많은 사람들이 메이지유신 시기의 중견 역량이 되었다. 예를 들면 기도 다카요시·이토 히로부미·야마가타 아리토모(山縣有朋)·이노우에 가오루(井上馨) 등이다. 요시다 쇼인은, 일본은 잠시 영국·프랑스·독일·러시아 등 서구 열강과 맞서서는 안 되고, 조선과 중국을 정복 대상으로 삼아야 한다고 제안했다. "오늘날의 계책으로는…… 에조(蝦夷: 홋카이도)를 개간하고, 만주(중국 동북 지방)와 조선을 탈취하고, 남방을 병탄한 다음, 미국을 무너뜨리고, 유럽을 제압하여, 가는 곳마다 승리를 거두는 것이다." 그는, "지금 급히 군비를 정비하여, 일단 군함과 대포가 대체로 충실해지면, 에조를 개간할 수 있으며……기회를 보아 캄차카(勘察加)와 오호츠크를 탈취하고, 류큐를 깨닫도록 타이르고…… 조선은 조공을 바치는 책임을 지게 하며…… 북으로는 만주 땅을 할거하고, 남으로는 타이완과 루손 제도를 점유하며", 더 나아가 전체 중국을 점령하고 "인도를 통치한다"고 강조했다.[8] 메이지 텐노가 즉위할 때 발표한 "텐노 어필 서신"에서는 "조상들의 위업을 계승하고", "만 리의 파도[萬里波濤]를 개척하여", "국위가 사방에 퍼지게" 해야 한다고 명확히 선포하여, 대외 침략 확장의 강렬한 욕망을 표현했다.

이밖에도, "이와쿠라 사절단"이 구미를 시찰한 일은 일본의 대외 확장 의지에 거대한 영향을 미쳐, 메이지유신의 3대 정책을 촉진했을 뿐만 아니라, 일본의 향후 국가 발전 노선의 선택에도 영향을 미쳤다. 특히 독일이 소국에서 대국으로 변신한 성공 경험은 일본에게 모방하고 학습할 대상을 찾게 해주었다. 독일을 시찰할 때, 사절단은 크루프(Krupp) 공장과 지멘스(Siemens) 등의 기업들 및 병영·대학·박물관 등을 참관했다. 1873년 3월 15일, 오쿠보 도시미치는 독일 재상 비스마르크의 초대에 참석하여, 비스마르크

---

8 汤重南, 『日本帝国的兴亡』上卷, 世界知识出版社, 2005年版, 267쪽.

가 들려주는 자신의 경력과 소국이었던 프로이센이 독일 제국으로 발전하는 힘들었던 통일 과정에 관한 이야기를 듣고서, 비스마르크의 "철혈정책"을 극찬했다. 비슷한 환경을 가졌기 때문에, 독일의 "철혈정책"이 일본에서 뿌리를 내리고 싹을 틔움과 동시에, 일본을 대외 확장으로 나아가도록 추동한 중요 사상이 되었다.

메이지유신 후, 자본주의 경제의 끊임없는 발전은, 일본으로 하여금 국가 정책에서 대외 침략을 통한 확장의 이론을 명확히 제시하게 했다. 1890년 11월 29일에 최초로 제국의회가 개회하자, 내각 총리대신인 야마가타 아리토모는 그의 시정 연설에서 악명 높은 "주권선(主權線)"과 "이익선(利益線)" 이론을 제시했다. 그는, 한 나라의 독립을 유지하려면 단지 "주권선"을 지키는 것만으로는 절대로 부족하며, 반드시 "이익선"을 지켜야 한다고 주장했다. 일본에 대해 말하자면, "이익선"의 범위는 조선과 중국의 동북 지방 및 타이완을 포함했다. 이른바 "이익선"을 지키기 위해서, 무력으로 주변 국가의 영토 주권을 침범할 수 있었다. 이리하여 메이지 제국의 초기부터 형성된, 조선을 침입하고, 나아가 중국의 동북 지방을 점유하고, 전체 중국을 점령하고, 마지막으로 아시아와 세계를 제패한다는 대외 확장 이론이 정식으로 등장함과 아울러 체계화되어, 이른바 "대륙정책"을 형성했다. 조선을 침략하고 중국에 대해 갑오전쟁을 일으킨 것은 바로 "대륙정책"의 필연적인 발전 결과였다.

(2) 류큐(琉球)를 빼앗고, 타이완을 침입하다

통일된 왕국을 이루기 전에, 류큐 섬은 중산(中山)·산북(山北)·산남(山南) 등 몇 개의 작은 왕국들로 분열되어 있었는데, 이런 소왕국들은 명나라 시기에 이미 중국에 조공을 바치고 있었다. 류큐 왕국이 수립된 후에도, 여전히 중국을 핵심으로 하는 동아시아 조공 체계에 속해 있었다. 그러나 1609년, 일본 남부의 사쓰마한(薩摩藩)이 일본 바쿠후 정권의 묵인하에 류큐를 침략하여 점거했다. 거리가 너무 멀어 곤란했기 때문에, 사쓰마한은 류큐에 대해 유효한 관리를 하지 못했고, 류큐 왕국도 계속 명 왕조와 그 뒤를 이은 청 왕조에 조공을 바치면서 대륙 왕조로부터 책봉을 받았으며, 계속 명 왕조와 청 왕조의 연호를 사용하고, 한자를 공식 기록 문자로 삼았다. 메이지 정부가 수립된 후, 일본은 류큐를 병탄할 계획에 착수했다.

1873년, 수십 명의 류큐 어민들이 표류하여 타이완 남부에 이르렀다가 현지의 원주민에게 살해당했다. 메이지 정부는 이것을 절호의 기회로 여겼다. 일본 사신은 이 때문에 청 왕조의 총리아문(總理衙門)에게 교섭할 것을 요청했는데, 이때 안팎으로 동시에 곤경에 처해 있던 청 왕조는 사단을 일으키고 싶지 않았으므로, 아랑곳하지 않고, 일본 사신에게 이는 "야만인"이 한 짓이라고 밝혔다. 그러자 일본은 청나라 관원이 국제법에 대해 무지한 것을 이용하여, 다음해 4, 5월 사이에 류큐가 일본의 속국이라는 것을 구실로 타이완을 대대적으로 공격했다. 청 왕조는 제지하지도 않았을 뿐만 아니라, 사후에 일본에 50만 은량(銀兩)의 위로금까지 주자, 일본은 이를 빌미로 중국 쪽에 류큐에 대한 "주관권(主管權)"을 명확히 선언했다. 이미 만신창이가 되어 존망이 경각에 이르렀던 청 왕조로서는 이를 돌볼 겨를이 없었다. 1879년에 일본은 류큐에 출병하여, 강제로 류큐 왕국을 일본국의 오키나와(沖繩)현으로 바꾸었는데, 청 왕조는 비록 인정하지는 않았지만, 달리 어찌할 도리도 없었다. 메이지 정부가 탄생 뒤 10년 동안, 일본은 잇달아 에조와 류큐를 일본의 영토에 편입시켜, 일본의 국토 범위를 크게 확장했다.

(3) 조선 쟁탈과 중·일 갑오전쟁

메이지유신 이후, 일본의 자본주의 상·공업은 발전이 빨랐는데, 동시에 발전할수록 섬나라라는 지리적 조건의 제약도 받았기 때문에, 반드시 외부에서 자원과 시장을 쟁취해야 했다. 일본 내부를 보면, 자본주의 경제의 발전이 봉건시대 무사 계층의 존립 기반을 무너뜨리면서, 수많은 무사들이 곤경에 빠지자, 그들은 정부에 불만을 품고 끊임없이 반란을 일으켰다. 무사들의 소동을 진압하기 위해, 메이지 정부가 수립된 초기에, 일부 사람들은 정부가 내부를 안정시키기 위해서는, 내부의 혼란을 국외 원정으로 돌려, 사기(士氣)를 나라 밖으로 향하게 해야 한다고 여겼으므로, "정한론(征韓論)" 풍파를 일으켰다. 그러나 메이지 정부는 결국 "내치"를 우선하고, 조선 정벌을 잠시 늦추는 책략을 택했다. 일본의 외부를 보면, 만약 요시다 쇼인이 지적했듯이, 일본은 유신의 길에 들어선 지 오래되지 않아, 종합 국력이 영국·미국·프랑스·러시아 등과 맞서기에는 턱없이 부족하여, 그들의 뒤를 따르면서 중화 제국의 일부 유산을 약탈할 수밖에 없었다. 조선은 일본에 대해 말하자면, 나라 밖으로 나가는 매우 중요한 발판으로, 조선이 없으면 대륙을 취할 수 없었다. 이 때문에 일본이 러시아 세력이 남하하여 조선을 취하려고 시도하는 것을 알았을 때, 러시아가 남하하기 전에 조선을 침략하여, 중국을 침략하는 발판으로 삼을 필요가 있다고 느꼈다. 1879년, 일본은 한(藩)을 폐지하고 겐(縣)을 설치한다는 구실로 류큐를 병탄한 다음, 조선 침략에 착수했다.

1873년, 조선의 정국에 변동이 생겼다. 그해 12월, 조선 왕비인 명성황후(원본에는 '민비'라고 표현되어 있음)가 궁정 정변을 일으켜, 전임(前任) 집정자인 흥선대원군을 밀어내고 정권을 장악했다. 흥선대원군은 집정했던 10년 동안 쇄국정책을 엄격히 실행했지만, 민비의 외척 집단은 나라의 문호를 개방하는 쪽으로 기울었는데, 이는 조선과 일본의 관계 완화를 위한 계기를 제공했다. 1876년 1월 8일, 일본 정부는 구로다 기요타카를 전권관리대신(全權辦理大臣)에, 이노우에 가오루를 부(副)전권관리대신에 임명하여, 1,000여 명의 병사를 태운 3척의 군함과 4척의 수송선을 이끌고 조선의 강화도로 갔다. 그들은 조선과 교섭하여 "운요호(雲揚號) 사건"의 책임을 추궁하고, 조선을 강박하여 불평등조약을 체결할 준비를 했다. 조선의 통치계층은 일본의 무력 침입을 두려워했기 때문에, 1876년 2월 25일에 일본과 〈강화도조약〉을 체결했다. 이리하여 일본은 무력으로 조선의 문호를 개방함과 동시에, 청 왕조와 조선에 대한 쟁탈도 격화시켰으며, 중·일 갑오전쟁이 일어나는 화근이 되었다.

중국-프랑스 전쟁 기간에, 일본은 기회를 타서 조선에 괴뢰 정권을 수립하고, 그를 이용하여 조선에 대한 통제를 실현했다. 그러나 곧바로 청나라 군대의 반격을 받아 실패했다. 일본은 청나라를 격파하지 않으면, 조선을 탈취하기 어렵다고 느꼈기 때문에, 일본은 청 왕조를 전쟁 대상으로 삼아 군비를 확장하면서 전쟁 준비에 박차를 가했다. 1887년, 일본 참모본부는 이른바 "청나라 정벌 책략[淸國征討策略]"을 제정하고, 점차 중국 침략을 중심으로 하는 "대륙정책"으로 바꾸었다. 그 첫 번째 단계는 타이완을 점령하는 것이고, 두 번째 단계는 조선을 병탄하는 것이고, 세 번째 단계는 만주와 몽골을 공격하는 것이고, 네 번째 단계는 중국을 멸망시키는 것이며, 다섯 번째 단계는 아시아를 정복하고, 세계를 제패하여, 이른바 "팔굉일우(八紘一宇)"[9]를 실현하는 것이었다. 중·일 갑오전쟁은 바로 일본이 "대륙정책"의 앞 두 단계를 실현하는 중요한 일환이었다.

국제 환경을 보면, 당시 세계의 주요 자본주의 국가들은 점차 제국주의로 이행하고 있었는데, 일본은 대외 확장 정책을 추진하는 과정에서, 제국주의 열강 간의 모순을 충분히 이용하여 지지를 구했다. 미국은 일본에 대해 자신이 중국과 조선을 침략하는 것을 돕는 조수가 되기를 원했기 때문에, 일본이 조선을 침략하는 것을 막지 않았다. 영국은 일본이 동북아시아에서 확장하는 것을 이용하여 러시아의 극동에서의 세력을 견제하려고 했다. 일본이 중국을 침략하는 기회를 이용하여 새로운 이익을 탈취하기 위해, 독일과 프랑스도 일본이 중국을 침략하는 것을 지지했다. 러시아는 비록 중국 동북 지방과 조선에 대해 매우 큰 야심을 품고 있었지만, 극동 지역이 너무 외지고, 각 방면의 준비가 아직 불충분했기 때문에, 처음에는 일본에 대해 불간섭 정책을 취했다. 묵인하거나 종용하는 열강의 태도는, 일본이 침략 계획을 실행하는 유리한 조건이 되었다.

---

9 팔방(八方)의 멀고 넓은 범위라는 뜻으로, "팔굉일우"란 즉 세계를 하나의 집으로 삼는다는 뜻이다.(역자 주)

1894년, 조선에서 동학농민운동이 일어났다. 봉기군의 공격을 받아 조선 정부는 잇달아 패퇴하자, 어쩔 수 없이 속국의 명의로 청나라에 원조를 요청했다. 일본은 청나라를 타격할 시기가 되었다고 판단했기 때문에, 일부러 청나라가 조선에 출병하도록 유도했다. 동시에 일본 정부는 이를 구실로 조선에 출병할 것을 매우 빠르게 결의했다. 일본이 조선을 통제하려고 시도한 일련의 담판과 교섭이 실패한 후에, 일본은 1894년 7월 23일에 한성 왕궁을 기습하고, 조선 국왕인 고종(高宗) 이희(李熙)를 협박하여, 조선의 친중(親中) 정부를 해산하고, 대원군 이하응(李昰應, 1820~1898년)이 집권하여 섭정하도록 밀어주었다. 조선 정부를 통제한 후, 1894년 7월 25일에 일본은 선전포고도 하지 않고 전쟁을 일으켰는데, 조선의 인근 해상에 조선을 증원하러 와 있던 청나라 군대의 수송선 "지위안(濟遠)"호와 "광이(廣乙)"호를 습격하여, 중·일 갑오전쟁을 일으켰다.

갑오전쟁은 일본의 승리, 중국의 패배로 끝났다. 이 전쟁은 중·일 양국의 근대화 과정에 모두 심대한 영향을 미쳤다. 일본에 대해 말하자면, 중국에게 받은 전쟁 배상금은 일본이 자본주의 경제와 군수공업을 힘껏 발전시킬 수 있게 해주어, 이후의 대외 확장을 위한 물질적 기초를 다져주었다. 다른 한편으로, 일본은 국운을 걸고 도박을 벌여 청나라와의 전쟁에서 승리했는데, 이처럼 작은 것으로 큰 싸움을 벌인 행동은, 일본이 러시아에 도전하도록 하는 사상적 기초를 다져주었으며, 일본이 대외 확장으로 나아가는 길을 더욱 굳혀주었다.

일본이 중국에서 받은 전쟁 배상금은 거액이었는데, 그중 군사 배상금이 은 2억 냥, 이자가 은 1,083만 냥, 삼국간섭환요(三國干涉還遼)[10]의 속은(贖銀: 속죄하는 의미의 배상금)이 3,000만 냥, 웨이하이웨이(威海衛: 오늘날의 '웨이하이') 수비 배상금이 은 150만 냥으로, 합계 은 2억 4,233만 냥이었다. 이

---

10 '삼국간섭환요'란, 청·일전쟁이 일본의 승리로 끝난 뒤, 양국이 시모노세키조약을 체결하고, 일본이 중국의 랴오둥(遼東) 반도를 분할 점령한 데 대해, 러시아·프랑스·독일 3국이 이의를 제기하고 나선 것을 말한다. 대개는 그냥 '삼국간섭'이라고 말한다.(역자 주)

는 당시 일본의 4년 이상 재정 수입에 해당한다. 바로 이 거액의 전쟁 배상금은 일본 정부에게 무력 확장의 달콤함을 맛보게 해주었다. 이후 대외전쟁을 위해 강력한 소리 없는 동원을 했고, 일본 국민도 자원이 부족한 나라가 발전할 길을 본 것 같았다. 그러나 중국은 반대로 이로 인해 무거운 전쟁 채무를 지게 되었고, 부채는 중국을 갈수록 빈약해지게 했으며, 일본의 침략 야망을 더욱 불러일으켰다.

(4) 러·일전쟁과 극동 패권의 확립

일본은 갑오전쟁을 통해 조선을 중국의 보호에서 벗어나게 하여, 일본의 조선에 대한 통제를 한층 강화함과 동시에, 한 걸음 더 나아가 중국 동북 지방으로의 확장을 시도했지만, "삼국간섭환요" 때문에 실현하지 못하자, 이때부터 마음에 원한을 품었다. 갑오전쟁 후, 러시아는 중국 세력이 조선에서 물러나고, 일본이 조선에 아직 확실하게 발을 붙이지 못한 틈을 타서, 끊임없이 조선으로 확장하면서 대량의 이권을 획득했다. 동시에 중국 동북 지방에서도 대량의 이권을 획득하자, 일본의 확장은 억제되었다. 일본은 따라서 러시아를 격파하지 않으면, 조선을 쟁취하기 어렵고, 또한 중국 동북 지방으로 더 확장하기도 어렵다고 인식했다. 러시아와의 전쟁을 준비하기 위해, 일본은 갑오전쟁으로 중국에게 받은 배상금의 대부분을 전쟁 준비 방면에 사용했다. 일본의 국가 지출은 1893년부터 1894년까지 8,400만 엔이었는데, 1897년에는 약 2.4억여 엔으로 증가했고, 그중 군비가 대폭 증가했다. 갑오전쟁 후, 일본은 육·해군 군비 계획과 철도 건설 계획을 통과시켰는데, 필요한 자금의 총액은 5.16억 엔에 달했다. 이 계획은 1900년부터 1901년까지 기본적으로 완성되었다. 이는 일본이 이미 러시아에 대한 전쟁 준비를 마쳤다는 것을 의미했다. 일본의 통치 집단은, 러시아의 시베리아 철도가 아직 완공되기 전에 최대한 빨리 조선과 중국 동북 지방을 탈취하는 전쟁을 일으켜야 일본에 가장 유리하다고 여겼다.

국제적으로, 영국은 예로부터 러시아를 자신과 중국 쟁탈을 벌이는 경쟁자로 여겼기 때문에, 일본의 힘을 빌려 러시아의 남하를 저지하려고 시도했다. 그래서 줄곧 비동맹 정책을 시행하던 영국이 1902년 1월 30일에 일본과 영·일 동맹을 체결하고, 창끝은 곧바로 러시아를 겨누었다. 미국은 1899년에 "문호개방" 정책을 제기한 이래, 중국 동북 지방에 발을 들여놓으려 했는데, 모두 러시아에 의해 제지당했다. 러시아의 중국 동북 지방에 대한 독점적 지위를 타파하기 위해, 미국 정부는 일본과 영국 편에 섰다. 영국과 미국 양국은 일본에 대량의 경제적 지원을 하면서, 일본이 군비를 확장하고 전쟁 준비를 하도록 수혈하여 원기를 불어넣었다.

다른 한편으로, 프랑스는 여전히 러시아와의 동맹에 집착함과 동시에, 양국 군사 동맹을 극동에까지 확대하면서, 창끝이 곧바로 영·일 동맹을 겨냥했다. 독일은 여전히 러시아의 동진을 추동하는 정책을 집행했다. 독일은, 러시아가 중국 동북 지방을 점령함으로써 일본 심지어 영국과의 모순을 격화시켜, 러시아가 서부 변경에 있는 군대를 이동하게 함으로써, 러·프 동맹의 독일에 대한 압력을 간접적으로 약화시키기를 희망했다. 그리하여 위에서 언급한 각 제국주의 국가들은 극동 문제에서 양대 집단을 형성했다: 하나는 영·일 동맹으로, 미국이 지지했다. 다른 하나는 프·러 동맹으로, 독일이 극동에서 러시아를 지지했다. 이렇게 되자, 일본이 러·일 전쟁을 일으킬 국제적 조건도 이미 무르익었다.

1904년 2월 8일 밤, 일본 해군 연합함대가 뤼순(旅順)의 러시아 태평양 제1분함대(分艦隊)를 기습하여, 러·일 전쟁의 서막을 열었다. 그 후, 일본 함대는 뤼순 항구를 끊임없이 공격하고 봉쇄함으로써, 러시아 함대의 행동을 제한하여, 육군이 조선과 랴오둥반도에 상륙할 조건을 마련했다. 2월부터 3월까지, 일본 육군 제1집단군은 선후로 인천과 진남포(鎭南浦)에 상륙했다. 4월 말부터 5월 초까지, 압록강을 건너 러시아의 동만지대(東滿支隊, 사령관은 자술리치 중장)를 격파하고, 주렌청(九連城)과 평황청(鳳凰城)을 점령했으며, 타이쯔허(太子河)까지 나아가, 랴오양(遼陽)의 러시아군 측후방을 위협했다. 5월 5일, 일본 제2집단군은 랴오둥반도의 피쯔워(貔子窩)에 상륙했고,

26일에는 진저우(金州)를 점령했다. 29일, 일본 제3집단군은 다롄(大連)에 상륙하여, 뤼순으로 접근했다. 6월, 제2집단군이 회군하여 북상하다가, 더리시(得利寺)에서 뤼순의 러시아군을 구원하려고 남하하던 러시아군 남만지대(南滿支隊)를 격파한 다음, 승세를 타고 추격하여, 철로를 따라 랴오양을 향해 진격했다. 5월 19일, 일본군 독립 제10사단이 랴오둥반도의 다구산(大孤山)에 상륙했다. 6월, 슈옌(岫岩)을 점령했다. 7월, 제2집단군의 1개 사단과 합쳐 제4집단군을 편성하여, 시무청(析木城)을 점령하고, 하이청(海城)으로 나아갔다. 이리하여 일본군 3개 집단군이 랴오양을 합동 포위하는 태세를 갖추었다. 8월 하순부터, 일본군이 3개 집단군을 집중하여 랴오양을 공격하자, 포위되어 섬멸당하지 않으려고, 러시아군은 9월 초에 명령을 내려 모든 전선을 사허(沙河)까지 후퇴시켰고, 일본군은 승세를 타고 랴오양을 점령했다. 10월 초, 병력을 증강한 러시아군이 일본군에 반격을 개시했고, 일본군은 적극적으로 반격하면서, 쌍방이 사허 지역에서 격전을 벌였고, 강을 사이에 두고 대치하는 국면을 형성했다. 또 다른 전선에 있던 일본군 제3집단군이 8월 19일에 뤼순 요새에 대해 총공격을 가하자, 1905년 새해 첫날, 러시아 수비군은 투항했다.

일본군이 뤼순 항구를 점령하면서, 러·일 전쟁에 중대한 전환이 일어났다. 일본 제3집단군 휘하의 제11사단은 압록강집단군으로 확대 편성되어, 펑톈(奉天) 동남쪽 경마장을 우회하여 전진했고, 나머지 각 사단들은 잇달아 북상하여 펑톈 전투에 참가했다. 1905년 2월 20일, 일본군이 모든 전선에서 공격을 개시하자, 러시아군은 패배하여, 쓰핑(四平) 일대로 물러나 방어했다.

바다에서는 러시아의 태평양 제1분함대가 섬멸되고, 나머지 함정들은 뤼순 항구 내에서 봉쇄되어 있을 때, 러시아는 발트해 함대의 주력인 38척의 함정을 이동하여 태평양 제2·제3분함대를 편성한 뒤, 극동으로 보내 증원했다. 1905년 5월 27일, 일본 연합함대는 쓰시마 해협에서 발트해 함대를 도중에서 차단하여 격파함으로써, 러시아에 대해 해전에서 승리를 거두고,

제해권을 완전히 장악했다. 쓰시마 해전 후, 일본의 조선집단군은 조선 원산(元山)에 상륙하여, 회령(會寧)으로 진격했다. 7월, 일본 제13사단은 사할린섬에 상륙했고, 8월 1일에는 러시아 수비군이 투항했다. 8월 9일, 미국의 중재하에 쌍방은 미국 포츠머스에서 담판을 진행하여, 〈포츠머스 조약〉을 체결했다. 이리하여 일본은 조선을 완전히 장악했고, 또한 중국 동북 지방에서 대량의 이익을 획득함과 동시에, 조선을 병탄하고 중국 동북 지방을 독점하는 길도 열었다.

더욱 중요한 것은, 일본이 러시아라는 이 전통 강국을 격파한 것이 서방 세계를 놀라게 했다는 점이다. 일본은 이 전투를 통해, 일약 극동 지역의 패주가 되어, 제국주의 열강의 대열에 들어섰다. 일본 경제는 강력한 자극을 받아, 갑오전쟁 후의 산업혁명을 완성하고, 현대 국가의 대열에 들어섰다.

3. 군국주의적 확장과 일본 제국주의의 패망

일본 군국주의는 깊은 역사적 연원이 있을 뿐 아니라, 또 메이지유신 후 자본주의적 대외 확장이라는 현실적 필요와 결합하여, 일본을 신속하게 군국주의적 대외 확장의 길로 나아가게 했다.

(1) 일본 군국주의의 형성과 발전의 근원

일본의 군국주의는 중세 시기 무사 집단 정권이 길러낸 무사도(武士道) 정신에서 기원했다. 8세기부터 9세기까지, 일본 봉건 경제의 발전과 계급 관계의 변화에 따라, 무사 계층이 점차 형성되고 발전함과 아울러, 11세기에는 정치 무대에 오르기 시작했다. 1192년에 무사 집단의 수령인 미나모토 요리토모(源賴朝)가 대권을 상실한 텐노에 의해 "세이이타이쇼군(征夷大將軍)"에 "임명"되어, 가마쿠라(鎌倉) 바쿠후(가마쿠라 지역에 설립한 타이쇼군부大將軍府)를 건립한 것은, 무사 계급이 지방부터 중앙에 이르기까지 각급 정권을 장악했음을 상징한다. 가마쿠라 바쿠후는 일본 최초의 무인 정권인데, 이때부터 정복 전쟁과 싸움만 일삼던 무사 계급이 통치 계급이 되었고, 무사 집단의 수령이 국가 최고 권력을 무려 676년이나 장악했다. 1336년, 아시카가 다카우지(足利尊氏)가 수립한 무로마치(室町) 바쿠후는 두 번째 무인 정권이었고, 도쿠가와 이에야스(德川家康)가 1603년에 건립한 에도(江戶) 바쿠후는 세 번째이자 마지막 무인 정권이었다.

몇백 년의 통치 과정에서, 일본 무사 계급이 점차 무사도를 발전시키고 완성했으니, 무사도 즉 무사 정신은 무사의 인생관·세계관이자, 또한 무사가 마땅히 다해야 할 의무와 직책 등 봉건 도덕 규범 및 행위 준칙이기도 했다. 일본의 무사도 정신은 신도(神道: 일본 고유의 민족종교)·불교·유교의 일부 사상을 혼합했는데, 이후 에도 시대의 신형 무사도, 메이지유신 시기의 무사도 및 그 후에 근대 군인정신으로 변화된 무사도 등 세 단계를 거쳤고, 더 나아가 근대 일본 군국주의의 중요한 구성 부분이 되었다.

일본 무사 계급은 전쟁을 직업으로 삼았으므로, 자연히 군국주의 체제와 정책의 제정자이자 추진자가 되었다. 일찍이 고대에, 일본은 이미 진구(神功) 황후가 210년에 신라를 정벌하면서, 세 차례 용병으로 완승을 거둔 것에 관한 신화 전설이 있다. 이는 일본 최초의 대외 정복 전쟁의 전설로, 후에 통치자들이 모두 진구 황후가 영토를 개척한 전공을 대대적으로 선전하면서, 그에 대해 더욱 추앙했다. 16세기 말에 이르러, 일본의 실질적 통치자인 도요토미 히데요시는 처음으로 조선을 정벌하고, 중국과 인도를 점령하여, 아시아를 제패한다는 무모한 계획을 제기했다. 또한 1592년과 1596년에 두 번이나 출병하여 조선을 침략하고, 오만하게 "곧장 명나라를 공격하고[將直搗大明國]", 마지막으로 "천축(天竺: 인도)을 점령할 것"이라고 떠들어댔다. 도요토미 히데요시의 대외 확장 사상과 침략 욕심은 매우 커서, 일본 통치자들을 통틀어 전에 없는 수준에 달했다. 그 후 일본의 통치자와 많은 사상가들은, 도요토미 히데요시를 모델로 삼아 끊임없이 각종 대외 확장을 통한 패권 다툼 의식을 고취함으로써, 일본의 대외 침략 사상은 300여 년 동안 끊임없이 이어졌을 뿐 아니라 나날이 창궐했다. 18세기의 80~90년대부터, "해방론(海防論: 해양 방어를 중시하자는 주장)"·"개국론"·"해외웅비론" 및 "양이론"을 힘껏 제창한 일본의 경세학자(經世學者)와 유신 운동의 선구자들, 예를 들면 하야시 시헤이(林子平)·혼다 도시아키(本多利明)·사토 노부히로(佐藤信淵)·후지타 유코쿠(藤田幽谷)·아이자와 야스시(會澤安)·요시다 쇼인(吉田松陰) 등의 대표적 인물들이 모두 대외 확장 사상을 대대적으로 고취했다. 특히 "메이지유신의 선구적 사상가"인 요시다 쇼인은 공개적으로 "구미에서 잃은 것은 만선(滿鮮: 중국 동북 지방과 조선)에서 보충한다는 전략"을 제시하여, 메이지 지도자에게 매우 큰 영향을 미쳤다. 이런 것들이 모두 근대 일본 군국주의의 중요한 사상 문화적 원류가 되었다.[11]

메이지유신의 불철저성 때문에, 정치적으로 통치권을 장악한 대부분은 봉건 무사 출신들로, 무사도 정신이 계승 발전되었고, 일부 자산계급화된 "신무사(新武士)"(사족士族)들이 각 영역에서 활약했을 뿐 아니라 주도적 역량이 되었다. 1871년, 중앙 9성(省: 部) 관리들의 87%가 사족이었고, 1880년대에는, 중앙 및 지방 관리의 74%가 여전히 사족이었다. 통치 집단의 핵심 인물은 대부분 무사 출신이었는데, 가장 유명한 "유신 3걸"인 오쿠보 도시미치·사이고 다카모리·기도 다카요시 및 일본 정권을 거의 50년 동안 독점한 이토 히로부미·야마가타 아리토모·마츠카타 마사요시(松方正義) 등이 모두 옛 무사 출신들이다. 다이쇼(大正) 시대의 수상 하라 타카시(原敬)·가토 다카아키(加藤高明), 쇼와(昭和) 시대의 군부 파쇼 우두머리인 도조 히데키(東條英機)·우가키 가즈시게(宇垣一成)·이타가키 세이시로(板垣征四郞) 등도 모두 사족 출신이다.[12] 봉건시대의 옛 무사에서 변화해 온 사족과 기존의 사족이 일본 군국주의의 탄생과 발전을 추동한 주요 사회 역량이 되었다. 경제적 근원을 보면, 자본주의의 길로 나아간 일본은 국내 시장이 협소하기 때문에, 수많은 사족들이 생존할 수 없게 되면서 메이지 정권에 대해 심각한 불만을 초래하자, 통치 계급은 농민과 사족의 불만스러운

---

11 汤重南, 「揭秘日本军国主义的"武力崛起"」, 『人民论坛』 2007年 第1期.
12 위의 책.

정서를 대외 침략 확장과 해외 전쟁으로 향하게 하여, 그들을 일본 군국주의의 기본적인 사회 역량이 되게 했다.

일본이 서양을 모방하여 자본주의 개혁을 진행한 다음, 다시 "나래주의(拿來主義)"[13]적으로 구미에서 성행하던 사회 다위니즘을 일본에 이식함과 아울러, 새롭게 포장함으로써, 사회 다위니즘을 근대 일본 군국주의 사상의 중요 구성 부분이 되게 했다. 일본이 민족 독립을 실현하고, 식민지나 반식민지로 전락할 위기에서 벗어난 것은, 동아시아의 약소한 주변 국가들에 대해 영토 확장과 무장 침략을 자행하는 것을 중요 수단으로 삼았기 때문이다. 바로 자기를 빠르게 압박 민족으로 전환함으로써 비로소 일본이 빠르게 굴기하게 할 수 있게 했다.

메이지 정부는 "부국강병"·"식산흥업"과 "문명개화" 등 3대 정책을 추진했는데, 부국강병은 주체이고, 모든 정책의 우두머리이며, 개혁을 진행하는 주요 방침이자 주요 정책이었다. "부국강병" 노선의 추진은, 일본 공업화의 실현, 즉 산업혁명의 완성을 모두 자신의 대외 침략 확장 전쟁인 갑오전쟁이나 러·일전쟁과 긴밀히 연관짓게 했다. 그리고 일본이 발전하여 독점자본주의 단계로 이행하던 시기, 즉 일본 제국주의 시기에, 일본의 모든 발전은 더욱 침략 전쟁과 떼어놓을 수 없다. 시작이 비교적 늦은 일본 자본주의는 신속히 "군사 봉건 제국주의"로 발전했다. 그 본질적 특징은 일본을 군사·전쟁의 궤도로 끌어들였고, 전쟁에서 더욱 큰 전쟁으로 치닫는 악순환 속으로 들어서게 했다.[14]

(2) 메이지유신 후 일본 군국주의의 팽창

1868년 메이지 정부 수립부터 세이난 전쟁(西南戰爭)[15]이 끝나는 1877년

---

13 루쉰(魯迅)의 글에 나오는 말로, 전통 시대의 문화유산을 그대로 받아들이지 않고, 자신이 현재 처한 상황에서 타당한 것만 취사 선택하여 수용하고 계승하자는 주장을 가리킨다.(역자 주)

14 湯重南, 「揭秘日本軍国主义的"武力崛起"」, 『人民论坛』 2007年 第1期.

15 1877년, 일본의 무사들이 일본 서남부 가고시마의 규슈 사족이자, 메이지유신을 주도했던

까지는, 일본이 처음으로 군국주의의 길로 나아간 10년이다. 이 10년 동안, 일본은 텐노를 중심으로 하는 중앙집권 정부를 확립하고 공고히 했으며, 군국주의의 경제적 기초를 다지고, 군국주의의 무장과 경찰·감옥을 설립함과 아울러, 대외적으로는 침략 확장을 진행하기 시작했는데, 이는 일본의 근대 군국주의가 초보적으로 형성되었음을 상징한다.

일본의 이와쿠라 사절단이 구미를 방문한 기간에, 서방 열강의 "약육강식"·"강한 권력이 도리이다"라는 이론과 관념을 한층 더 받아들여, 일본 군국주의를 위한 사상적 기초를 다졌다. 일본 "부국강병" 정책의 주요 조치는 바로 최대한 군대를 건립하고 확장하는 것이었다. 1871년, 텐노를 보위하는 "친병(親兵)"이라는 이름의 근위군을 창건함과 동시에, 근대 육군을 창건하기 시작했다. 1873년, 〈징병령〉을 반포하여, 상비군을 창립함과 아울러 빠르게 확대했지만, 국방군이라고 부르지 않고 "황군(皇軍)"이라고 불러, 그것의 텐노에 대한 충성을 강조했다. 얼마 지나지 않아, 정부는 이미 퇴진한 비쿠후와 각 유한(雄藩)들의 수중에 있던 군함을 접수하여, 일본 해군을 새로이 창건하고 확충했다. 1878년에 육군경(陸軍卿) 야마가타 아리토모는 〈군인훈계(軍人訓誡)〉와 〈참모본부조례〉를 반포했고, 1881년에는 헌병제도를 설립함과 아울러 〈군인칙유(軍人勅諭)〉를 반포했으며, 1889년에는 〈대일본제국헌법〉을 반포했고, 1890년에는 〈교육칙어(教育勅語)〉를 반포했으며, 1893년에는 군부(軍部)를 설립했는데, 이런 일련의 조치들은 군국주의가 일본 국내에서 정식으로 확인을 받았다는 것을 상징했다. 일본은 정치·군사·경제·문화사상 등 각 영역에서 군국주의 체제를 확립했다.

일본의 군국주의 교육은 군국주의 사상의 형성 과정에서 중요한 추동력이었다. 일본의 통치 집단은 갖가지 군국주의 정책이 완전히 시행될 수 있도록 보증하기 위해, 군국주의를 추동하는 일련의 교육제도를 확립하여, 전체 국민에게 군국주의 사상을 주입하는 데 이용했다. 군대 내부에서는, 군

'유신삼걸' 중 한 명인 사이고 다카모리를 옹립하고, 메이지 신정부에 저항했던 반란으로, 일본의 마지막 내전이다.

1882년 1월 4일, 일본 텐노는 육·해군 군인들에게 〈군인칙유〉를 하사했다. 충절·예의·무용(武勇)·신의·검소 등 다섯 가지 미덕을 선양하고, 전통 무사도 정신과 유신 이념을 결합한 신사상을 제시했다.

국주의 사상의 군대 내에서의 선동 작용을 강화하기 위해, 1878년에 당시 육군경이던 야마가타 아리토모 명의로 〈군인훈계〉를 반포하여, 충실·용감·복종이 군인 정신 신조의 근본이라고 규정했다. 봉건적인 무사도 정신을 선양하여, 살벌한 정복 전쟁을 벌이고 호전적으로 무력을 휘두르는 것을 더없는 영광으로 여겼으며, 무력을 입국의 기반이라고 주장하면서, 팔굉일우의 대일본 제국을 건립하려고 망상했다. 1882년, 메이지 정부는 또 텐노 명의로 〈군인칙유〉를 발표했는데, 그 내용은 충절을 다하는 것을 본분으로 삼고, 예의를 바르게 하고, 용맹스러운 위세를 숭상하고, 신의를 중시하고, 소박함을 주요 취지로 삼았다. 그 실질적 내용은 〈군인훈계〉의 복사판이었다. 군국주의 사상에 대한 끊임없는 교육과 주입을 통해, 그것을 일본 전체 국민의 공통 인식이 되게 함과 아울러, 이론에서 실천으로 나아가, 마침내 일본을 파쇼 침략 전쟁의 근거지가 되게 했다.

메이지 시기에 형성된 군부 독재는 일본 군국주의가 발전하는 또 하나의 중요한 지주였다. 메이지 정부가 수립되고 나서 얼마 지나지 않아, 군사력에 의지하여 아시아의 약소국가들과 지역들에 대해 무장 침략을 진행했다. 1874년, 일본은 중국 타이완을 침략했다. 1875년, "강화도 사건"을 구실로 조선을 전면적으로 침입함과 아울러, 1876년에는 조선을 핍박하여 불평등 조약인 〈강화도 조약〉을 체결했다. 확장 야심이 끊임없이 팽창함에 따라, 일본은 다시 중국과 러시아에 도전하기 시작했고, 또 이어서 중·일 갑오전쟁과 러·일전쟁에서 승리를 거두었다. 일본군이 전쟁에서 잇달아 승리를 거두자, 국내에서는 승리로 인해 이성을 잃었고, 맹목적인 민족주의가 철저히 선동되었다. 국민들 사이에서 군부의 명성은 전에 없이 높아졌고, 군국주의에 대한 맹목적인 숭배 정서도 빠르게 확산하여, 기형적인 민족 우월감으로 발전했다. 이는 바로 군부가 텐노제(天皇制) 정권 시스템 내부에서의 특수한 지위를 공고히 하는 데 유리한 조건을 조성했다.

대외 전쟁에서의 도박성 승리와 거대한 이익의 유혹은, 일본 통치 계급으로 하여금 군대를 통한 대외 전쟁에 대한 중시와 숭상을 확고히 하게 했으며, 군부가 일본의 수많은 보통 민중을 더욱 쉽게 유도하여 기만할 수 있게 해주었다. 군부는 이를 이용하여 국가 정권 내에서의 자신의 지위와 영향력을 크게 높였다. 국가 통치기구에는, 위로부터 아래까지 모두 군국주의 세력이 광범위하게 존재했다. 1907년 9월 12일에 반포한 군령에 관한 규정은 다음과 같이 명확하게 선포했다: 군대의 편제·교육·인사·전시 법규 등에 관해, 일률적으로 육·해군 통솔자는 텐노의 칙령이 규정한 "군령"에 따르며, 이러한 군령에서는 단지 주요 책임을 진 육·해군대신이 부서(副署: 최고 결재권자의 서명에 부가하여, 그다음 순위의 결재권자가 서명하는 것)하면 되고, 총리대신의 서명은 필요하지 않으며, 국무 행정에서 독립된다. 이 조치는 분명히 예전의 "통수권(統帥權) 독립"을 한층 더 확대한 것으로, 그 취지는 군부의 특권을 확보하고 확대하는 비입헌적(非立憲的) 조치에 있었다. 1908년 12월, 육군은 참모본부 조례를 개정하여, 참모총장의 육군대신에 대한 지위를 더욱 독립시켰을 뿐 아니라, 육군대신이나 심지어는 정부보다 더욱 우월한 지위에 두었다. 이 개정에 따라, 평시에 참모총장은 조선·중국 동북 지방 및 외국의 군대에 대한 지휘권도 장악했다. 이렇게 되자, 군부는 어느새 정부 밖의 정부가 되었고, 텐노 세력의 "군사 독점"은 더욱 공공연해졌다.[16]

대외 전쟁의 승리는 군부 독재의 형성을 촉진했다. 러·일전쟁 후, 일본 국방 계획의 제정은 거의 완전히 군부가 독점했다. 통상적인 입법 절차에 따르면, 한 나라의 국방 계획은 당연히 정부가 입안하고, 의회가 심의하여 통과시켰다. 그러나 일본의 국방 계획 초안은 육·해군 군부가 따로 초안을 작성하고, 참모부장과 군령부장(軍令部長)을 거쳐 직접 텐노에 보고하여, 텐노의 결재를 받았다. 텐노의 결재를 받은 국방 계획 초안은, 다시 육군대신이 총리대신에게 보고하고, 내각 회의에 넘겼다. 이미 텐노의 결재를 받았기 때문에, 아무도 감히 이의를 제기하지 못했고, 결국 내각 회의는 원안대로 통과시켜 주어, 실질적인 군부 독재를 형성했다.

(3) 일본 군국주의의 파쇼화가 결국 국가의 패망을 초래하다

군부 제도의 확립과 그 독재적 지위의 형성에 따라, 마침내 일본이 파시즘의 길로 나아가도록 추동했다. 제1차 세계대전의 영향으로, 일본 군부는 총력전이라는 전략 사상을 형성했다. 일본이 미래의 대규모 전쟁에서 충분한 물질적 기초를 보장하기 위해, 일본의 통치 계층은 중국 심지어 동아시아 전체를 일본의 식민지로 만들 방법을 강구하기 시작했다. 동시에, 고도로 집중되고 통일된 정권을 수립하여, 전시에 모든 역량을 동원하기 위해, 군부는 총력전 전략의 실현을 목표로 하는 군인 파쇼 조직을 조직하기 시작하여, 국가 개조 운동을 추동했다.

1919년, 일본 파쇼의 시조인 기타 잇키(北一輝)는 「국가개조법안대강(國家改造法案大綱)」을 발표하여, 텐노제를 유지 보호하고, 군사독재 정권을 수립하자고 주장함과 아울러, 일본이 "적극적으로 외국에 대해 전쟁을 일으킬

16 刘丽君, 「日俄战争对中国·日本的影响」, 『閩江学院学报』, 2004年 第6期.

권력을 갖고서", 침략 전쟁을 일으켜, 타국의 영토와 다른 제국주의의 식민지를 탈취하여, 아시아와 세계를 제패하자고 고취했다. 이를 상징으로 삼아 일본의 파쇼 운동이 일어나기 시작했다. 1934년 11월에 군부 파쇼는『국방의 본의 및 그 강화[國防之本義及其强化]』라는 소책자를 출판하여, "전쟁은 창조의 아버지이고, 문화의 어머니이다"라고 공개적으로 외치고, "국방은 국가가 생존하고 발전하는 기본 활력이다"라고 선언하면서, 모든 것이 전쟁에 복종하는 "국방국책(國防國策)"을 확립하여, 파쇼의 총력전 사상에 따라 파쇼 전체주의 체제를 확립했다. 이 소책자는 제1차 세계대전 후 군부 파쇼 운동의 결정체이자, 군부가 파쇼 통치를 확립하는 강령으로서, 그것의 발표는 군부 파쇼화의 완성을 상징했다.

1929년부터 1933년까지 자본주의 세계의 대위기가 일본 경제에 심각한 타격을 가하면서, 일본 군국주의의 파쇼화 과정도 가속화했다. 경제 위기에서 벗어나기 위해, 일본은 무리하게 구미 열강과 세계의 재분할을 강행했다. 1931년, 일본 군부는 난폭하게 "9·18" 사변을 일으켜, 중국 동북 지방을 점령했다.

군부가 파쇼화하는 과정에서, 민중의 지지를 받아 아래로부터 위로 전체주의 파쇼 체제를 수립하자는 황도파(皇道派)와 위로부터 아래로 수립하자는 통제파(統制派)를 형성했다. 1936년의 "2·26" 사건 후, 통제파가 주도적 지위를 획득했다. 이로부터 일본은 군부 통제파의 통제하에 "국가 개조"를 실행하여, 위에서부터 아래로의 파쇼화 변화를 시작했다. 1937년에 근위(近衛) 내각이 정권을 잡은 후, 더욱 급진적인 파쇼 정책을 채택했다. 7월, 정부는 국민정신 동원 실시 요강을 발표하여 "거국일치(擧國一致: 온 국민이 한마음으로 뭉치자)"·"진충보국(盡忠報國: 충성을 다해 나라에 보답하자)"·"견인지구(堅引持久: 끝까지 참고 견뎌내자)"라는 구호 아래, 사상적으로 국민을 동원하고 통제했다. 10월, "군기(軍機)보호법"을 제정하여, 파쇼 폭력주의 통치를 실행했다. 1938년, 군부의 주도하에 "국가총동원법"을 제정하여 통과시켰다. 이리하여 군부는 정부를 통해, 의회를 거치지 않고 국가의 모든 역량을 광범위하게 동원할 수 있는 독재 권력을 장악하면서, 일본의 파쇼 통치는 기본적으로 형성되었다. 1940년, "대정익찬회(大政翼贊會)"를 설립하여, 전국 국민이 하나의 조직 속에 통일되자, 엄밀하게 통제되고 충분히 동원될 수 있었다. 이외에도 "경제 신체제"를 확립함으로써 전국의 경제 활동을 모두 전시 궤도로 끌어들였다. 이리하여 일본의 정치·경제·이데올로기가 모두 획일화되었고, 심지어 국민 개인의 일상생활조차도 모두 파시즘의 정치 생활과 전쟁 속으로 편입되었다. 도조 히데키가 정권을 잡은 후, 그는 수상·육상(首相)·내상(內相)·문상(文相)·상공상(商工相)과 참모총장 등 요직을 혼자서 도맡았고, 취임하자마자 태평양 전쟁을 일으켰으며, 또한 전국 범위에서 극단적이고 피비린내 나는 공포의 파쇼 독재 통치를 실행하여, 일본의 파쇼 통치는 정점에 달했다. 또한 바로 태평양전쟁으로 인해, 일본 군사 확장을 가속화하여 종말로 치달음으로써, 일본 파쇼는 마침내 스스로 멸망의 길로 달려갔다.

4. 전후의 경제 입국과 재부흥

제2차 세계대전 과정에서, 일본 본토는 미군의 맹렬한 폭격을 받아, 국민경제가 거대한 손실을 입었다. 전쟁이 끝났을 때, 일본 국부(國富)의 45% 이상이 전쟁으로 손모되거나 파괴되어 버렸다. 1946년, 일본의 주요 생산지표는 모두 전쟁 전의 수준보다 훨씬 낮아져, 공업 기술 수준이 미국보다 30년이나 낙후했으며, 노동생산율은 영국·프랑스 등보다도 훨씬 낮았다. 그러나 전후 일본 정부는 유리한 국내외 환경을 이용하여, 경제 발전에 힘씀으로써, 일본의 경제 기적을 창조했다. 1956년부터 1973년까지, 일본 공업 생산의 연평균 성장률은 13.6%에 달했고, 국민생산 총액은 자본주의 세계에서의 비중이 제6위에서 제2위로 상승하여, 미국 바로 다음의 두 번째 경제 대국이 되었다. 제2차 세계대전 전의 일본이 대부분 군사 확장에 의존하여 국가 발전을 지탱했다고 한다면, 제2차 세계대전 후에 일본 경제의 재부흥은 뚜렷이 다른 길, 즉 경제 입국 전략으로 나아갔는데, 이 길이 전후 일본 경제의 고속 발전을 이끄는 데 매우 크게 기여했다.

(1) 전후 초기 일본 경제의 회복

전후 처음 10년, 일본 경제는 일련의 유리한 요소들이 작용하여 매우 빠르게 회복되었다. 1956년이 되자, 일본 경제는 이미 전쟁 전의 최고 수준을 뛰어넘어, 비약할 기본적인 조건을 갖추었다. 제2차 세계대전 동안, 일본 본토는 비록 미군의 폭격을 받았지만, 결국 대규모의 "본토 작전"을 겪지 않았기 때문에 주요 기초 시설·중요한 산업 설비와 수많은 기술 노동자 및 지식인들이 모두 보전되었고, 통치기구는 편제가 완비되어 있었으며, 중요한 생산 설비는 대부분 완비되어 손상이 없었다. 이는 일본의 전후 경제가 빠르게 회복되고 발전하는 중요한 기초였다. 메이지유신 이래로, 일본의 자본주의는 이미 상당한 발전을 이루었고, 상당한 수준을 갖추고 있었다. 일본의 동아시아에서의 확장도 그들의 발전을 위해 자원과 자본의 원시적 축적을 제공했다. 전쟁의 수요를 만족시키기 위해, 일본은 전시에 중화학공업을 크게 발전시켰다. 따라서 전후 경제 회복을 위해 일정한 기초를 다져놓았다.

전후의 일본은 미국 점령군의 주도하에 민주적 개혁을 진행하여, 자본주의 발전을 방해하는 수많은 요소들을 폐지하고, 자본주의 경제가 더욱 발전하도록 제도적 장애를 일소했다. 특히 중요한 것은, 냉전이 시작됨에 따라, 일본의 전략적 지위도 그에 따라 높아졌는데, 미국은 일본을 아시아에서의 반공 최전방 기지로 만들어 사회주의 진영에 대항하려고 했다. 일본이 경제 발전을 회복하도록 돕기 위해, 미국은 대량의 원조와 차관을 제공함과 아울러, 기술 이전 방면에서도 도움을 주었다. 특히 한국전쟁과 베트남전쟁 과정에서, 일본은 미국의 병참기지가 되어, 미국에 대량의 군수 물품을 수출함으로써, 경제의 발전을 매우 크게 자극했다. 동시에, 미국은 또한 일본을 자신의 보호하에 두어, 일본이 매우 낮은 군비 지출을 유지하게 함으로써, 제한된 자원을 경제 발전에 사용하게 해주었다. 예를 들면, 한국

전쟁이 발발한 후 미국은 일본을 자신의 전쟁 물자 공급기지로 만들어, 일본에 대해 대량의 군수품 주문을 했는데, 이 한 가지 항목을 누적한 금액만 해도 22억 달러에 달했다. 1964년에 "통킹만 사건"이 발생한 후, 미국은 베트남 침략 전쟁의 규모를 확대했고, 또 일본에 40억 달러의 "특수(特需) 주문"을 했다. 이로 인해, 1975년에 베트남전쟁이 끝났을 때, 일본의 대외 무역 수출액은 1964년보다 거의 4배나 증가했다. 이는 거의 대부분이 한국전쟁과 베트남전쟁 덕분이었다. 대외 무역의 발전은, 일본 여타 업종의 발전을 촉진하고 유발했다. 이는 일본 경제가 고속으로 발전하는 데 무시할 수 없는 외재적 요인이었다.[17] 이밖에, 미국은 일본에 대량의 차관도 제공했다. 전후부터 1970년대 말까지, 일본이 차입한 외국 차관은 약 213억 달러인데, 그중 70%는 미국이 제공한 것이다.

(2) 경제를 중시하고 군비를 경시한 발전 전략

전후 일본 정부는 비록 그들이 대외 침략 전쟁을 일으킨 역사를 오랫동안 도의적으로 진지하게 반성하지는 않았지만, 이것이 제2차 세계대전에서 이렇게 참혹한 패배를 당한 일본이 국가 전략에서 교훈을 얻지 않았다는 것을 의미하지는 않는다. 전후 일본은 주로 전략과 책략의 측면에서 전쟁과 전쟁 패배의 교훈을 반영하고 있다고 할 수 있다. 〈요미우리 신문〉이 편찬한 『전쟁 책임을 검증하다[檢證戰爭責任]』라는 책에 따르면, 일본이 전략적으로 과거 전쟁의 주요 교훈을 결산한 것은 이렇다: "군부와 정부가 국제 정세를 오판했고, 독선적인 군부 관료가 정책 입안을 독점했으며, 일본 제국의회는 군부가 제멋대로 행동하는 것을 제지하지 못하고 전쟁 정책을 추인하는 기구가 되었고, 일본 정부가 사상 통제를 실시하고 언론 자유를 압살하자, 일본 매체는 민족주의를 선동함과 아울러 훗날이 두려웠기 때문에

---

17 刘炳峰,「从"侏儒"到"巨人"——战后日本经济高速发展的历史轨迹」,『中国国情国力』 2002年 第4期.

요시다 시게루(1878~1967년)는, 일본 수상으로 재임하던 시기에 농지 개혁을 진행했고, 〈일본 국 헌법〉을 제정했으며, 돗지 라인(냉전의 심화에 따라, 일본을 부흥시켜, 그 경제력과 군사력을 냉전에 이용하려는 미국의 대일본 정책 노선으로, 주일 미국공사 조셉 돗지(Joseph Dodge)가 주도한 정책이다-역자)에 따라 경제를 조정했고, 경찰수비대를 창립했으며, 〈샌프란시스코 대일강화조약(Treaty of San Francisco)〉과 〈미·일 안전보장조약〉을 체결했다. 동시에 한국전쟁과 맞물려 〈파괴 활동 방지법〉을 제정하여, 일본 공산당을 진압했으며, 장제스(蔣介石) 정권과 〈일대(日臺) 조약〉을 체결한, 일본 전후에 가장 영향력이 있는 정치 거물 중 한 사람이다.

앞다투어 군대에 영합한 것 등이다."[18]

상술한 인식에 기초하여, 전후의 일본은 미국의 군사적 보호하에 평화적 발전 노선을 선택했는데, 이 민주적 개혁과 평화적 건설 노선은 일본에 거대한 이익을 가져다주었다. 가장 뚜렷한 것은 바로 경제가 빠르게 회복되고 발전하여, 경제 발전의 기적을 창조한 것이다. 바로 어떤 학자가 지적했듯이, 전체 서방 세계에서 높은 군비 지출과 산업적 성취의 크기 사이의 관계는 반비례하는 것 같은데, 일본과 연방 독일이 바로 매우 좋은 사례로, 그들은 과거 수십 년 동안 군비 지출이 적었고, 경제 발전은 비교적 빨랐다.

일본 전후의 가장 영향력 있고 수상 재임 기간이 7년이나 되는 요시다 시게루(吉田茂)는, 비록 총체적인 대외 전략에서는 서방 진영에 가입하여 미국과의 동맹 관계 유지를 견지했지만, 줄곧 암암리에 미국이 제안한 일본의 재무장 요구는 배척했다. 요시다 시게루는, 비생산적인 군비는 거액의 자금을 소모해야 하므로, 일본의 경제 부흥을 심각하게 지연시킬 수 있을 뿐 아니라, 일본이 만약 군비를 재정비하면, 아시아의 주변 국가들을 자극

18 步平,「我读"检讨战争责任"」, 冯昭奎:「战后日本崛起的前因后果及其启示」,『当代世界』2012年 第1期에서 재인용.

할 수도 있어, 일본의 대외 무역을 확대하는 데 불리하다고 여겼다. 요시다 시게루의, 경제를 발전시키는 것을 가장 중요하게 여기는 전략적 사고는 곧 일본의 역대 정부가 받들어 시행해온 경제 발전과 대외 정책의 주요 방침이 되었다. 요시다 시게루의 정책은 성공적으로 일본을 전후의 경제적 곤경에서 벗어나게 해주었기 때문에, 그 후의 여러 정부들은 모두 경제를 중시하고 군비를 경시하는 발전 노선을 실행했다. 즉 미·일 군사동맹 관계를 충분히 이용하고, 미군의 군사적 보호하에 본국의 군비 지출을 국민생산 총액의 1% 수준 이하로 줄임으로써, 더 많은 자금을 경제 발전에 사용했다.

(3) "무역입국" 전략의 실시

과학적인 경제 발전 정책을 제정하기 위해, 일본 외무성은 "특별조사위원회"를 설립하고, 광범위하게 일본의 우수한 경제학자와 경제 관료들의 연구 성과를 흡수했다. 1946년 3월, "특별조사위원회"는 「일본 경제 재건의 기본 문제」라는 보고서를 발표했다. 이 보고서는 이렇게 지적했다: 일본은 전시의 통제경제 체제를 평시의 자유경제 체제로 변경하여, 경제의 민주화와 기술의 고도화를 실현하고, 국내의 풍부한 노동력 자원을 바탕으로, 국제 경쟁력을 가진 새로운 형태의 수출 산업을 발전시켜, 국제 무역을 진흥시키고, 가공무역의 길로 나아가야 한다.[19] 이 보고서가 무역입국 사상을 초보적으로 형성했다. 이 밖에도, 어떻게 일본 경제를 재건할 것인가 하는 과제도 일본 경제학계와 일반 국민이 관심을 가진 뜨거운 문제였다. 어떤 사람은 "개발주의"를 주장했다. 즉 신기술을 도입함으로써, 1930년대의 미국이 국내 자원을 대대적으로 개발했던 것을 본받아, 일본 경제의 자립과 공업화를 실현하자고 주장했다. 그런데 다른 일부 사람들은 "무역주의"를 실행하자고 주장했는데, 일본은 인구는 많고, 자원은 적고, 생활 수준이 낮아, 국내 시장은 한계가 있으니, 반드시 일본 경제의 자립과 발전 문제를 세계

---

19 冒洁生·费兴旺, 「简论日本贸易立国战略及对中国的启迪」, 『求是学刊』 1998年 第1期.

적 범위 내에 두고 해결해야 한다고 여겼다. 따라서 반드시 힘껏 산업을 발전시키고 수출을 확대하여, 식량과 기타 물자를 수입하는 대금으로 삼아야 한다는 것이다. 이 두 가지 대립적인 논쟁은 일본 정부가 매우 중시했고, 아울러 기본적으로 후자의 관점을 받아들였다.

1949년 9월, 일본 정부는 〈경제부흥 5개년 계획〉을 반포하고, 정식으로 무역입국의 경제 발전 전략을 확정했다. 이 계획은 이렇게 지적했다: "장래의 경제 규모, 더 나아가 생활 수준의 높고 낮음은 결국 우리나라의 수출 규모에 달려 있다." 그런데 수출의 관건은 기술을 발전시키고 노동생산성을 높이는 것이며, 그래야만 일본 상품의 국제 경쟁력을 높일 수 있다.[20]

이 전략의 지도하에, 일본은 기회를 잡고, 전쟁 배상을 통해 동남아 국가들의 무역의 문을 열었다. 필리핀을 예로 들면, 배상 협정에서 규정하기를, 일본은 필리핀에 5.5억 달러에 해당하는 "노역이나 제품"을 배상하되, 기한은 20년이며, 그중 전반기 10년은 매년 0.25억 달러를 배상하고, 후반기 10년은 매년 0.3억 달러를 지급한다고 했다. 동시에 별도로 체결한 경제 개발 차관 교환 각서에 따라, 일본은 또한 필리핀에 2.5억 달러의 차관을 제공했다. 일본이 배상한 것은 주로 생산 필수품이었는데, 그중 기계류(대부분은 운송 기계·선박·트랙터·디젤엔진 등)가 전체 지급 총액의 60% 이상을 차지했다. 또 1960년대 후반기 이후, 철강재·전신기기 같은 원료 제품과 조립식 주택·의료기기·인쇄물·조명기기 같은 잡화도 다소 증가했다. 그러나 기계류의 배상은 결코 감소하지 않았고, 오히려 1970년대에는 70% 이상에 달했다. 각종 기계 및 기타 개발에 사용하는 항목과 계획이 80% 이상에 달했고, 이른바 "노역" 배상은 가장 많을 때도 2.1%에 불과했다. 이런 배상의 지급은 의심할 바 없이 일종의 기계 설비 수출이 되어, 동남아시아를 일본 기계 공업의 판매 시장으로 만들었다.[21]

일본이 무역입국 전략을 확립한 초기에, 주요 내용은 수출 무역을 진흥

---

20 위의 책.
21 张建, 「战后日本重返国际经济舞台的历程」, 『天津社会科学』 1989年 第1期.

시키는 것이었다. 1960년에 〈국민소득 배증(倍增) 계획〉이 반포된 후, 무역입국 전략은 더욱 발전하여, 수출 무역을 진흥하고 일본 경제의 자립적 발전을 촉진하던 것에서, 전 세계를 일본의 원료·연료 공급지이자 상품 판매 시장으로 삼아야 한다는 것으로 발전했다.

무역입국 전략은 일본 경제의 발전 방향과 목표를 명확히 하여, 일본의 전후 경제가 고속으로 발전하는 데 매우 중요한 작용을 했다. 한편으로, 무역입국은 일본 기업을 국제 경쟁이라는 큰 무대에 올려놓아, 일본의 산업계로 하여금 반드시 국제 시장과 연결되도록 노력하게 함으로써, 일본 상품의 국제 경쟁력을 매우 크게 강화해주었다. 다른 한편으로, 무역입국은 국제 시장에서 일본 상품에 대한 유효수요를 자극함으로써, 일본의 수출 산업을 크게 발전시키고, 전체 국민경제의 급속한 발전을 이끌어, 일본에서 전후에 수십 년 동안 경제가 고속 성장하는 국면이 나타나게 했다.

(4) 정부 주도형 시장경제 체제

일본 전후 경제의 고속 발전은, 일본 정부가 국제 정세에 부합하면서도 과학적이고 효율적인 경제 정책을 채택한 것과 떼어놓을 수 없다. 전후 일본의 역대 내각은 모두 국내외 경제 형세에 따라, 각종 경제 정책을 제정하여 적극적으로 경제 활동에 관여하는 것을 매우 중시했다. 1955년부터, 선후로 9가지 중·장기 경제 계획을 제정했다. 가장 대표적인 것은 1960년에 이케다 하야토(池田勇人) 내각이 제시한 〈국민소득 배증 계획〉인데, 이 계획은 비교적 정확히 일본 경제의 발전 형세를 예측하여, 정부 투자 특히 설비투자의 급증을 추동했다.

정부의 유관 부처들은 재정 금융 정책과 각종 "행정 지도"를 통해 경제의 발전에 영향을 미쳤다. 일본의 정부 투자는 줄곧 일본 국내 총투자의 20% 이상을 차지했고, 재정 지출의 50%를 차지했다. 전력·철도·항만 시설 등 이른바 "공공사업"에 대한 투자는 경제 발전을 위해 저렴한 전력과 교통 운수의 편의를 제공했다. 일본 정부는 세수(稅收)라는 지렛대를 이용하여, 기업 내부의 적립금을 확대하고, 개인의 설비 투자를 격려하고 촉진했으며; 저이자 정책을 채택하여, 기업에 거액을 대출해주었고; 대외무역과 외자 도입에 대한 관리를 강화하여, 전략적 의의가 있는 신흥 산업을 육성하고, 약소 산업을 적당히 보호했다. 또 경제 위기가 발생할 때마다, 긴축통화 정책이나 적자재정 정책을 번갈아 채택하면서, 온갖 방법으로 위기의 파괴 정도를 완화하거나 축소하여, 경제의 회복을 촉진했다. 일본 정부는 정책을 제정할 때 비교적 신중하여, 정책의 일관성을 유지하는 데 주의했는데, 이러한 경제 활동에 대한 관여는 발달한 자본주의 국가들 가운데 가장 훌륭한 것이었다고 할 수 있다.

일본의 경제 정책은 그들의 사회 경제적 발전의 필요와 국제 정세의 변화에 근거하여 제정한 것이다. 산업 합리화를 추진하기 위해, 산업 발전 단계에 따라 상응하는 산업 정책을 채택했다. 경제 부흥 시기(1945~1950년)에는 중점 산업을 부양하는 산업 정책을 채택했다. 정부는 강철과 석탄이라는 두 가지 기초 재료 공업을 경제 부흥의 돌파구로 선택하고, 집중적인 자원 투입을 통해 이들 두 부문의 성장을 촉진함으로써, 다른 산업의 발전을 이끌어가기를 기대했다. 석탄과 강철이라는 두 기초 산업의 회복과 발전은, 경제 발전의 에너지원 문제를 해결하여, 경제의 회복과 훗날의 고속 발전을 위한 기초를 다졌다. 고속 성장 시기(1955~1973년)에는 중화학공업을 발전시키는 데 힘썼다. 1963년, 일본 정부는 〈산업 구조에 관한 장기 전망〉을 발표하여, 중화학공업을 발전시키고 산업의 경쟁력 제고를 산업 정책 실시의 중요한 목표로 삼았다. 이러한 목표의 취지 하에, 일본의 중화학공업은 신속한 발전을 이루었다. 일본의 산업 정책은 유연한 정책으로, 결코 기업으로 하여금 따르도록 강제한 것이 아니라, 지도하거나 유도하는 형태의 방법을 채택하여, 기업이 정부가 제정한 목표를 따라 전진하도록 인도했다.

(5) 교육과 과학 기술을 매우 중시하다

일본 경제가 전후에 고속으로 발전한 것은 일본 정부가 교육을 매우 중시하여, 국민의 소질을 크게 높이는 각종 정책적 조치들을 채택한 덕분이기도 하다. 역사적으로 중국 유가 사상의 영향을 깊게 받았기 때문에, 일본은 줄곧 교육 문제를 비교적 중시해 왔다. 일찍이 메이지 개혁 시기부터, 일본 정부는 교육 사업을 발전시키는 것을 중시하여, 서양을 본받아 수많은 기술 인재를 양성했다. 전후 일본은 교육의 지위를 한층 더 높여, 1948년에 중학교 교육을 보급했고, 그 후에 다시 고등학교 교육을 보급했다. 일본 정부의 행정 비용 가운데, 교육 경비가 20% 이상을 차지하여, 자본주의 국가들 가운데 비중이 가장 높았다.

일본 전후의 교육 발전은 경제 발전과 밀접히 연결되어 있어, 교육과 인재가 경제 발전에 대한 지탱 작용을 충분히 발휘했다. 일본 정부는 과학 기술 교육을 중시하여, 과학 기술 교육의 개혁을 교육 개혁의 중요한 위치에 두었다. "산학협력"의 교육 체제를 실행하여, 경제의 발전에 강한 동력을 불어넣었다. 일본은 교육에서 본국의 수요를 만족시키고, 생산의 실제적인 수요를 만족시키는 것을 중시하여, 젊은이들의 진취심이 본국에 보편적으로 뿌리를 내리고, 실제 생활에 뿌리를 내릴 수 있게 함으로써, 자국의 경제 건설을 위해 복무할 수 있게 했다. 특히 공과(工科) 교육과 직업 교육을 크게 발전시켜, 이를 생산의 최전선에 대량의 인재를 공급하는 기지로 만들었다.

일본은 선진적인 과학 기술과 과학적 경영 관리를 경제가 고속으로 성장하는 두 개의 바퀴라고 했으며, 교육은 이들 두 개의 수레바퀴를 앞으로 나아가도록 추동하는 동력이라고 여겼다. 교육을 매우 중시한 결과, 공업생산을 위해 대량의 기술 노동자를 양성했을 뿐만 아니라, 동시에 방대한 과학 기술 대오를 확립했다. 1970년대 초에 이르자, 일본은 1만 명당 21명의 자연과학 전문인이 있었는데, 이는 발달한 자본주의 국가들 가운데 미국 바로 다음으로, 제2위를 차지하여, 경제 발전에 든든한 기술적 기초를 다져주었다.

교육과 과학 기술을 매우 중시한 결과는, 먼저 대량의 숙련된 기술 노동자를 양성하여, 노동생산율을 크게 높였다. 1951년부터 1969년까지 공업 노동생산율의 연평균 증가 속도를 보면, 일본은 10%에 달해, 자본주의 국가들 가운데 가장 높았으며, 미국은 같은 기간에 고작 3.1%였다. 다음으로, 수많은 훌륭한 과학 기술 인재를 양성하여, 과학 기술 대오를 확대하고 제고함으로써, 일본이 20년도 안 되는 기간에 구미의 발달한 국가들보다 뒤처졌던 격차를 해소하고, 비교적 빠르게 세계 선진 수준에 이르렀으며, 전후 경제의 신속한 발전을 힘차게 촉진했다.

5. 냉전 후 일본 경제와 정치의 구조 변화

냉전이 끝난 후, 일본 경제의 침체와 일본 정치의 세대 교체 및 국제 환경의 급격한 변화에 따라, 일본의 정치 경제 발전에 구조적 변화가 나타났다.

(1) 양당 집권 구도의 초보적 형성

제2차 세계대전 후, 미국은 일본에 대해 민주화 개조를 진행하여, 일본 정당 정치의 발전을 촉진했다. 혁신파인 사회당 좌우 두 계파가 연합하여 사회민주당을 창당했다. 상대적으로 보수적인 자유당과 민주당도 통합하여, 자유민주당을 창당했다. 보수파와 혁신파의 정치 이념과 정책적 주장 등이 첨예하게 대립했기 때문에, 일본 정계는 점차 "보혁(保革)" 대립의 국면을 형성했다. 일본 자민당은 장기간 일당 집권했고, 그 당의 다양한 계파들이 돌아가면서 집권하는 국면을 형성했다. 1955년부터 1993년까지, 자민당은 총선에서 시종 과반 이상의 의석을 획득함에 따라, 국가 정권을 38년이나 장악했다. 이러한 정치 구도는 통상 "55년 체제"라고 불리며, 자민당의 "일당우위제(一黨優位制)"라고도 불린다.

냉전이 끝난 후, 동·서방이 대결하는 양극 구조가 와해되면서, 전통적인 보수와 혁신의 대립이 의의를 잃게 되자, 이런 배경하에서 형성된 보혁 대립을 특징으로 하는 전후 정치 체제와 정당 구조도 존재의 기초를 잃게 되었다. 한편으로는, 서방이 냉전에서 승리함으로써 사회당 쪽은 제어할 수 없이 쇠락으로 치달았다. 다른 한편으로는, 보혁 대립으로 가려졌던 자민당 내부에 장기간 존재해온 모순도 정치 부패 문제로 인해 급속히 폭로되어 나왔다. 비록 자민당 정권이 1980년대 말부터 정치 개혁을 시도하기 시작했지만, 실패를 거듭하여, 금권정치가 갈수록 심각해지자, 자민당 정치의 구조적 문제도 남김없이 폭로되었다. 이리하여 현행 정치 체제와 정당 정치에 대한 일본 국민의 보편적인 실망과 강한 불만을 심화시킴으로써, 전국의 모든 국민이 정치 개혁을 요구하는 목소리가 나날이 고조되었다.

1993년에 자민당이 선거에서 패배하면서, 이후의 일본 정계는 잇달아 비자민당의 연합 집권 시기, 자민당을 핵심으로 하는 연합 집권 시기, 민주당을 핵심으로 하는 연합 집권 시기, 자민당이 다시 정권을 잡고 연합 집권한 시기 등 4개의 시기를 거쳤다.

민주당은 1996년에 창당한 후 신속히 일본의 제1야당으로 발전했다. 창당 초기에, 민주당은 양당제의 형성을 추동하는 사명을 부여받았다. 1998년, 민주당은 조직 개편을 단행함과 동시에, 여러 야당을 끌어들여, 반드시 민주당을 정권 교체의 핵심으로 삼고 또 그의 역할을 해야 한다고 제시했다. 1998년의 참의원 선거에서, 민주당은 성공적으로 많은 의석을 증가시켰다. 2003년, 민주당과 오자와 이치로(小澤一郎)가 이끄는 자유당의 강대한 연합은, 민주당이 정권 교체를 실현할 실력을 증강시켰다. 2003년의 중의원 선거에서, 민주당은 대승을 거두어, 의석수가 다시 크게 증가함으로써, 이미 자민당과 대등한 지위의 거대한 정치 세력이 될 수 있었다. 결국, 민주당은 2009년 총선에서 승리를 거두고 정권 교체를 실현하여, 정치적 이상을 실현했다. 그리고 2012년 12월 16일의 선거에서, 자민당은 민주당을 물리치고 다시 정권을 장악하여, 다시 정권 교체를 실현했다. 이리하여 일본 정치는 초보적으로 양대 정당이 번갈아 집권하는 구도를 형성했다.

일본의 정당 체제에 변화가 발생하도록 추동한 요소는 다방면에 걸쳐 있었다. 국제 환경의 영향도 있었고, 국내 환경의 추동도 있었으며, 정치 제도 개혁이 초래한 변화가 있었는가 하면, 사회 계층의 분화가 형성한 새로운 의식도 있었으며, 지식인들의 과감한 개혁과 구상도 있었고, 국민 정치의식의 점진적인 변화도 있었다. 바로 국내외 환경 및 주·객관적 요소들이 함께 작용하여, 일본의 정당 체제는 끊임없이 앞으로 나아가며 발전하면서, 민주 정치는 나날이 성숙해졌다.

이후, 일본 내 각 정당 간의 연합 진영이 끊임없이 조정되고 변화하여, 역대 정부는 모두 여러 가지 다양한 개혁 조치들을 내놓으면서 곤경에서 벗어나, 경제 성장과 사회 번영을 실현함으로써 정권의 안정을 유지하려고 시도했다. 그러나 오히려 어느 한 정당이나 연합 정권도 "55년 체제" 시기의 자민당처럼 연속적으로 다년간 집권할 수는 없었다. 그 이유를 살펴보면, 일본이 안고 있는 정치 경제적 문제가 누적되어 바로잡기 어려웠던 데다, 2008년 이래의 국제 금융 위기로 인해, 일본의 국가 경제는 여전히 호전될 기미가 없었고, 국민 생활은 여전히 개선되지 못하면서, 어느 정당이나 정당 연합체도 일본이 곤경에서 벗어나도록 도울 수 있는 좋은 해결책을 찾지 못했는데, 이것이 일본의 잦은 정부 교체를 초래했다. 그런데 일본의 집권당은 그들의 집권당 지위를 유지하기 위해, 끊임없이 각종 새로운 정책들을 시도하여, 자주 전임 정부의 기본 정책과 완전히 배치되면서, 정책이 불안정해지고 연속성을 잃는 방향으로 나아감으로써, 정치 경제 사회의 안정적인 발전에 영향을 미쳤다.

(2) 정치가 갈수록 "보수화하고 우경화하다"

냉전 후 일본 정치 생태의 커다란 발전 추세는 바로 "총체적 보수화"이다. 이러한 추세가 형성된 데에는 심각한 국내·외적 원인이 있었다. 국제 환경을 보면, 동유럽의 격변이 일본의 혁신 세력에 매우 큰 영향을 미쳐, 세력이 예전보다 약해지자, 각 혁신 정당들은 생존을 위해 잇달아 원래 고수하던 정치 강령과 정치적 신념을 바꾸었고, 또 보수 정당과의 합작을 모색하면서, 혁신 정당의 전체적인 쇠락을 초래했다. 동시에, 일본과 미국이 동맹 관계를 맺고 있어, 미국의 국제 전략에 대한 수정이 일본의 보수 세력을 점점 강화해주어, 일본 보수파의 역량을 보호하고 확대했다.

국내 환경을 보면, 국내 정치 경제 환경의 변화도 보수 세력의 발전을 추동했다. 1970년대 이후, 일본 정치 경제의 발전은 사회 구조에 매우 큰 변화를 불러와, 방대한 수의 중간 계층을 형성했다. 이 때문에 전 사회에 만연한 "중류(中流) 의식"을 조성하여, 국민이 현재의 상황을 유지하는 쪽으로 더욱 기울어졌고, 큰 사회 변혁을 모색하지 않았다. 이와 동시에, 냉전 후 일본은 적극적으로 정치 체제 개혁을 추진했는데, 그중 매우 중요한 한 가지가 바로 소선거구제를 기본 특징으로 하는 선거 제도의 개혁이었다. 새로운 선거 제도의 시행은 각 정당이 선거에서 처하는 상황과 직접적인 관계가 있는데, 소선거구를 위주로 하면 큰 정당의 발전에 유리하다. 그런데 일본의 비교적 큰 정당들은 거의 모두 보수당파여서, 작은 정당이 선거에서 승리하기 위해서는, 기존의 정책적 주장을 바꾸어 큰 정당에 맞장구를 쳐야만 한 석이라도 얻는 것을 기대할 수 있는 처지였다. 혁신 정당은 유권자의 뜻에 영합하기 위해, 앞다투어 보수적 노선으로 나아갔는데, 이것이 보수당 세력을 더욱 강화시키고 혁신당의 역량을 약화시켰다. 이 밖에, 경제 발전이 정체되면서, 국내의 사회적 갈등을 격화시키자, 보수파는 사회적 갈등을 이용하여 민족주의의 기치를 들어 올리고, 일본 민족주의의 부흥을 더욱 자극하여, 총체적으로 보수파에 유리한 정치적 생태를 조성했다. 바로 이런 다양한 요인들이 함께 작용함으로써, 일본을 "총체적으로 보수화"로 나아가게 했다.

냉전 시기에 경제 대국 지위를 확보함에 따라, 일본은 다시 세계의 대국이 되려는 생각이 싹트기 시작했다. 냉전 후 국제 정세의 변화가 일본에게 세계의 대국이 될 전략적 기회를 제공하면서, 일본이 정치·군사적 대국으로 매진하는 발걸음을 재촉하도록 자극함으로써, 일본 정치의 급진화와 우경화를 초래했다. 전후에, 일본은 더는 미국을 맹목적으로 따르지 않았고, 독립 의식이 갈수록 강해졌다. 동시에, 경제력이 강해지자, 더이상 "경제는 거인, 정치는 난쟁이"의 모습에 만족하지 못하고, 경제력과 군사력을 배경으로 정치적인 영향력을 더욱 키워, 국제무대에서 중요한 역할을 하고, 전 세계적 범위에서 역할을 하여, 빨리 정치 대국이 되기로 결심했다.

정치에서의 대국 의식과 서로 호응하여, 냉전 후 세계적인 민족주의 물결이 일어나면서 일본의 민족주의 정서를 불러일으켜, 일본 전국에 우경화의 사조(思潮)를 형성했다. 이시하라 신타로(石原愼太郎) 등이 편찬한 "不" 시리즈 3부작 도서를 상징으로 하여, 일본 사회에는 국제적 대국이 되려는 회오리바람이 일어났다. 동시에, 우익 지식인들은 교과서·영화·만화 및 문화 작품 등을 포함한 갖가지 형식으로 그들의 침략 전쟁의 죄행을 미화하면서, 일본 국민에게 잘못된 전쟁 사관을 주입하여, 일본 침략자의 역사적 죄행을 덮어 감춤으로써, 청소년 세대가 사실의 진상을 이해하는 것을 가로막았다.

일본의 정당과 정치 단체들 내에서 보수 세력이 주도적 지위를 차지했다. 이런 보수 세력은 우익 인사들과 서로 호응하여, 대외 정책을 제정할 때도 점차 우경화했다. 바로 일본 학자 이노구치 다카시(猪口孝)가 인식한 바와 같다: 냉전 후, 일본 국민이 보편적으로 중도우파적 정책으로 기울면서, 세계적으로 어엿한 대국 지위를 도모하는 것은 국민의 일치된 인식이 되었고, 단지 이 목표를 실현하는 정책을 선택하는 데에서만 이견이 존재했다. 일본의 사회적 사조에서 보수주의적 경향과 민족주의의 고조는, 냉전 후 일본 국내 형세 변화의 영향일 뿐만 아니라, 일본 정부와 언론이 장기적으로 선전함으로써 초래된 결과이기도 했으며, 민간 사조의 우경화는 다시 정부와 정당의 정책에 영향을 미쳐, 사회적으로 우경화 세력의 창궐을 조장했다. 민족주의 정서의 고조와 정계의 보수 세력이 서로 호응하여, 일본의 정치를 더욱 우경화의 방향으로 나아가게 했다.

(3) "무역입국"에서 "투자입국"으로의 전환

냉전 후에 새로운 국제적·국내적 조건에서, 일본이 자신의 세계 경제 대국의 지위를 유지하려면, 대외 경제 발전 전략이 반드시 시대의 변화에 따라 끊임없이 발전해야 했으므로, 무역입국에서 투자입국으로 전환했다. 투자입국은 단순한 경제 발전 모델의 문제일 뿐만 아니라, 일본 민족의 생존과 발전에도 관계된 장기적인 국책이었다.

일본의 무역입국 전략은 경제의 고속 성장에 거대한 공헌을 함과 동시에, 그들의 대외 무역이 거대한 흑자를 내게 해주었다. 1980년대에 이르러, 일본은 미국이나 서유럽 등 선진국들과의 무역 마찰이 한층 고조되었다. 1985년 9월, 뉴욕 플라자 호텔에서, 미국·일본·서독·프랑스·영국 등 5개국 재무장관 및 중앙은행 행장들이 회의를 열고, 유명한 〈플라자합의〉를 체결했다. 그 핵심은 기타 주요 화폐들을 미국 달러화에 대해 질서 있게 평가절상하여, 미국의 거대한 무역 적자를 감소시키는 데 있었다. 〈플라자합의〉가 이루어진 후, 세계 주요 화폐는 미국 달러화에 비해 모두 일정 정도 평가절상했는데, 그중 일본 엔화의 평가절상 폭이 가장 높아, 전통적인 수출 업종이 심각한 타격을 받았다. 다른 한편으로, 일본 경제는 1980년대에 이미 성숙화 단계에 들어서자, 경제 발전의 주도적 사상이 단순히 경제 성장을 추구하는 데에서 "생활(生活) 대국"이 되는 것을 목표로 삼는 것으로 바뀌었으며, 경제 성장 방식은 수출 주도형에서 내수 주도형으로 이행하면서, 산업구조의 "고도화"와 "국제화"가 일본 경제구조를 조정하는 주요 목표가 되었다.

1980년대 초, 일본 경제계는 "해외투자입국"이라는 구호를 내걸고, 일본의 대외무역 관계 지도 방침이 이미 오래 답습해온 무역입국에서 해외투자입국으로 전환해야 한다고 여겼다. 이 생각은 각계의 공통된 인식이 되었는데, 단지 정식으로 일본 정부의 공식 발표에만 들어가지 않았을 뿐이다. 투자입국의 전략적 성과가 뚜렷했기 때문에, 일본 기업의 해외 투자 수익이 대거 일본 국내로 되돌아왔다. 2005년, 일본의 소득수지 잉여가 처음으로 무역 잉여를 초과하여, 일본의 국제수지 경상 항목 가운데 최대 잉여의 원천이 되었다. 이는 투자입국 전략이 뚜렷한 성과를 거두었음을 나타내주어,

일본의 대외 경제 관계에 중대한 변화가 발생했다.

2005년 4월 19일, 일본 내각에서 경제재정자문회의를 개최하여, 일본의 미래 발전 추세 분석에 관한 〈21세기 전망〉을 통과시켜, 당국에서 처음으로 투자입국 전략을 명확하게 제시했다. 〈21세기 전망〉에서는, 향후 일본의 산업은 비록 상당히 강한 국제 경쟁력을 계속 유지하고, 수출 무역도 계속 발전하겠지만, 일본 국내의 고령화와 저출산 문제가 나날이 심각해지고 국민 저축률이 하락함에 따라, 수입 증가가 수출 증가를 초과할 것이고, 무역 수지 잉여가 감소하거나 심지어 무역 적자를 나타낼 것이므로, 일본은 선진적 기술을 충분히 운용하고, 특유의 경영 자원에 의지하여, 세계적인 투자 활동을 전개함으로써, 투자입국으로 나아가야 한다고 지적했다. 2006년 6월, 일본 경제산업성은 『통상 백서』를 발표했는데, 부제가 바로 〈세계화를 충분히 이용하여 생산력과 "투자입국"을 제고하자〉로, 투자입국으로의 전환을 호소했다.

투자입국 전략을 추진하기 위해, 일본 정부는 무역 자유화를 촉진하고, 금융 지원을 제공하고, 기업의 조세 부담을 줄여주는 등 일련의 조치를 채택하여, 일본 대외 직접투자의 신속한 발전을 추동함으로써, 일본을 중요한 세계 투자 대국이 되게 했다. 투자입국 전략을 실시하여, 일본 기업이 해외로 나아감에 따라, 기업의 생산 경영 원가를 낮추어, 일본 상품의 국제 경쟁력을 높였을 뿐만 아니라, 기업 내의 각 제조 공정과 각종 직능이 세계적 범위에서 합리적 분업을 할 수 있게 되어, 자원 배치를 최적화하고, 국제화 수준을 제고함으로써, 일본 기업의 국제화 과정을 빠르게 했다. 대외 직접 투자를 통해, 해외 현지에서 생산하여 판매하고, 일본 국내에서의 직접 수출을 감소시켜, 국제 경제·무역의 마찰을 일정 정도 완화시켰다. 구미 국가들을 제외하고, 일본의 수많은 전통적인 제조업 기업들은 아시아 등지에 대한 투자를 통해, 국내에서 비교우위를 잃은 노동집약형 산업을 이전하여, 국내의 관련 설비와 부품의 수출을 선도했을 뿐만 아니라, 동아시아 각국을 경유하여 간접적으로 구미에 대한 수출도 확대했다.

투자입국 전략은 일본의 경제 발전에 중대한 공헌을 했지만, 동시에 일정 정도 부정적인 효과도 초래했는데, 그것은 바로 일본 국내에서 매우 걱정했던 산업 공동화 문제였다. 대외 직접투자가 야기한 산업 이전 과정은, 국내의 산업구조 조정과 향상이 보조를 맞추는 과정이었다. 구미 국가들은 대외투자를 통해, 국내에서 경쟁우위를 잃은 전통 산업을 해외로 이전함과 동시에, 첨단 기술 산업과 신흥 서비스업을 대대적으로 발전시킴으로써, 전통 산업이 빠져나간 뒤에 남은 공간을 채웠다. 그런데 이 단계에서 일본은 공업화 사회에서 정보화 사회로 변화하는 추세를 상대적으로 소홀히 하여 1990년대의 신경제 물결을 효과적으로 이용하지 못함에 따라, 첨단 기술 산업과 신흥 서비스업의 발전이 상대적으로 낙후했으며, 충분한 취업을 제공할 새로운 일자리를 제때 창조해내지 못함으로써, 국내의 산업 공동화 문제가 상당히 심각해졌다. 투자입국 전략의 추진에 따라, 일본 국내 각계의 산업 공동화에 대한 염려가 줄곧 사라지지 않아, 산업 공동화 문제는 일본의 대외 직접투자 발전을 제약하는 중요한 요소가 되었다.

6. 국화와 칼이 병존하는 문화 특질

섬나라로서의 일본은 매우 특유한 민족문화를 가지고 있다. 미국의 인류학자인 루스 베네딕트(Ruth Fulton Benedict)는 『국화와 칼』이라는 책에서 이에 대해 날카로운 분석을 했다. 일본 민족문화의 주요 특성은 다음과 같은 몇 가지 측면이 있다.

(1) 신도(神道) 사상에 기반한 계급 관념

베네딕트는 『국화와 칼』이라는 책에서, "일본인은 등급 제도의 관점에서…… 국제 관계를 보며", 그들은 장기간 "몇몇 천성적인 태도들을 보유해 왔는데, 그 가운데 가장 중요한 태도의 하나는 바로 그들의 등급 제도에 대한 신앙과 관념이다"라고 지적했다.[22] 그런데 일본 문화가 이러한 등급 관념을 형성한 까닭은, 일본 신도 사상의 발전과 매우 밀접한 관계가 있다. 신도 사상은, 일본 민족은 신의 후예로, 이른바 "천손(天孫) 민족"이며, 텐노(天皇)는 아마테라스 오미카미(天照大神: 일본 신화에 나오는 태양신)의 후예이자 인간 세상을 대표하는 살아 있는 인간신으로, 황통(皇統)이 바로 신통(神統)이라고 여긴다. 또한 일본은 신이 만든 나라, 즉 "신국(神國)"으로, 텐노는 "신칙(神勅: 신이 내린 조서)"에 근거하여 인간에 대해 세습 통치를 하고, 다른 나라는 신이 일본을 창조할 때 튀어나온 거품이 응축되어 만들어진 것이라고 여긴다.

신도는 일본 사회에서 가장 오래 유지되었고 가장 보편적인 특유의 신앙으로, 그것이 추구하는 국가관과 세계관은 장기간 선양되면서 스며들어, 이미 일본 민족의 기본적인 자아의식으로 내재화되었다. 신도교는, 사람의 생명은 신이 부여한 것으로, 사람은 살아가면서 신이 부여한 사명을 갖는바, 그것은 바로 등급화된 질서를 창립하기 위해 분투하는 것이라고 여긴다. 질서란 바로 권위에 대해 두려워하여 복종하는 것을 의미하며, 텐노는 바로 세상에서 지고지상의 권위라는 것이다. 최초의 일본 시가집인 『만요슈(萬葉集)』에 수록된 많은 와카(和歌: 일본 고유의 시)들에서는, 텐노는 신이며, 자연계와 인류 사회를 지배할 수 있는 모든 능력을 지녔다고 칭송된다. 『고지키(古事記)』와 『니혼쇼키(日本書紀)』는 더욱 황실 귀족의 주도하에 텐노의 신위(神威)를 선양하면서, 신도의 교의(教義)에 따라 임금에게 충성하는 것이 바로 신을 존경하는 것이며, 텐노의 뜻에 따라 헌신하는 것이 바로 신이 부여한 사명을 이행하는 것이라고 주장한다.

일본 고대 국가의 건립에 따라, 신씨족(神氏族)·신부족(神部族)의 관념이 신국(神國) 관념으로 확대되었고, 또한 자연·조상과 영웅에 대한 숭배로 인해 보은(報恩)·진충(盡忠: 충성을 다함)·진효(盡孝: 효도를 다함)라는 도덕의식을 배양했으며, 더 나아가서 신국의 텐노에게 충성을 다하는 관념으

<hr>

22 [미국] 루스 베네딕트, 『菊与刀』, 商务印书馆 2009年版, 19쪽.

로 인도했다. 신국 관념이라는 이러한 비이성적인 성향은 일본이 빠르게 굴기함에 따라 지나치게 미화되고 과장되었다. 신도가 일본의 신화와 황실에 대한 숭배를 기초로 삼았기 때문에, 일본 민족주의자에게 환영받았는데, 그들은 전통문화에서의 "신"에 대한 숭배를 "인신(人神)", 즉 텐노라는 이 "현세신(現世神)"에 대한 숭배로 전화시킴으로써, 그것을 통치자가 일본을 통일하고 단결시키며 전체 국민의 사상의식과 행위를 통치하는 도구로 만들었다. 일본은 신국이고, "해가 뜨는 나라이고", "천지간에 최초로 만들어진 나라이며", "세계의 근본"이고, 만세일계(萬世一系: 텐노의 혈통은 영원히 하나로 이어진다는 뜻)의 텐노가 하늘나라 최고신의 후예이자 인간계의 대표라면, 그러한 신의 자손이자 우수한 일본 민족은 다른 열등한 민족을 통치함으로써, 세계에 일본을 중심으로 하는 등급 질서를 형성하는 것은 자연스럽고 합리적인 것이다. 신도교의 "신국"·"신황일체(神皇一體)" 같은 관념은 근대 이후의 군국주의자들에게 충분히 이용당해, 국가신도(國家神道: 근대 텐노제 국가 수립 후, 국교가 된 신도)는 다시 "팔굉일우"·"성전(聖戰)" 같은 내용을 교의로 삼았다.

일본이 끊임없이 대외 침략 전쟁을 일으킴에 따라, 신도 사상은 일본이 마침내 군국주의로 나아가는 중요한 정신적 동력이 되었다. 1930년대, 열광적인 군국주의자인 아라키 사다오(荒木貞夫)는 그가 지은 소책자인 『전 일본 민족에 호소한다』에서, 일본의 "진정한 사명은 황도(皇道: 텐노의 통치 방침)를 전 세계에 널리 알리고 선양하는 것"이라고 말했다.[23] 1940년에 일본이 독일·이탈리아와 "삼국동맹"을 체결할 때, 텐노가 반포한 조서에서도 이렇게 말하고 있다: "대의를 팔굉(八紘: 온 세상)에 선양하고, 건곤(乾坤)을 통일하여 일우(一宇: 하나의 집)로 삼는 것은, 실로 황조황종(皇祖皇宗: 텐노의 역대 조상들)의 대훈(大訓: 본받을 만한 가르침)으로, 짐이 밤낮으로 그리워하던 일이노라." 진주만을 습격하던 그날, 일본 사절은 미국 국무장관에게 건

....

23 위의 책, 20쪽.

넨 성명에서 이렇게 말했다: "만국이 각자 본분을 지키는 것이 바로 일본 제국의 바뀔 수 없는 국책으로……현재의 상황을 유지하는 것은 만국이 각자 본분을 지키자는 제국의 근본 국책과 완전히 반대 방향으로 나아가는 것이므로, 제국 정부는 결단코 용인할 수 없다."[24] 일본군이 중국에서 자행한 야만적인 학살에 대해, 「극동국제군사법정 판결문」은, 일본 군대의 수뇌부는 이 전쟁을 "응징(膺懲)"전이라고 여겼는데, 왜냐하면 중국 인민이 일본 민족의 우월성과 지도적 지위를 인정하지 않고, 일본과의 협력을 거절했기 때문에, 중국 인민을 징벌하기 위해 전쟁을 일으킨 것이라고 지적했다. 이로부터 일본이 오랫동안 보편적으로 신앙해온 신도 사상이 형성한 민족적 우월감이 일본 군국주의의 침략 과정에 미친 나쁜 영향을 알 수 있다.

제2차 세계대전에서 일본의 패배는 물질적인 패배일 뿐만 아니라, 문화와 심리의 패배이기도 했다. 제2차 세계대전에서, 미국의 풍부한 국력과 방대한 산업 생산 능력은 모두 일본에 심리적인 충격을 주었다. 그리하여 제2차 세계대전 후, 일본은 미국에 대해 "권위자에게 복종하는 전통적인 성격을 뚜렷이 보여주었고", 또한 "거리낌 없는 자세로 점령군이 지시하는 거대한 개혁에 진지하게 대응했다."[25] 이로부터 일본 문화 속의 등급 관념과 각자 본분을 지킨다는 사상은, 패전의 심리적 충격을 받자 미국에 대해 순종하고, 심지어 의존하게 했다는 것을 알 수 있다. 일본 경제가 비약적인 성장에 진입한 후, 일본은 경제와 무역의 발전에 전념하고, 군사·정치적으로는 더욱 미·일 동맹에 의지했다. 그러나 일본인의 뼛속에 박혀 있는 신국 사상과 민족적 우월감은 결코 여기에서 사라진 게 아니라, 오히려 일본 경제력의 빠른 상승에 따라 국제 사회에게 승인하도록 요구하는 "대국 의식"으로 바뀌었다. 1980년대에 일본 수상 나카소네 야스히로(中曾根 康弘)는 "전후 정치의 총결산"과 "정치대국"이라는 구호를 내걸었고, 이후의 역대 일본

---

24 위의 책, 38쪽.
25 [日] 吉田茂, 《激荡的百年史——我们的果断措施和奇迹般的转变》, 陕西师范大学出版社 2005年版, 72, 131쪽.

지도자들은 모두 "보통국가"와 "정치대국"을 전략적 목표로 삼았다. 이 기간에, 일본은 국제무대에서 자기의 역할을 적극적으로 발휘하려고 시도함과 아울러, 미·일 동맹을 "초월"하려고 노력했다. 그러나 미국은 여전히 국제적으로 가장 강했기 때문에, 일본의 전략 문화는 자신이 미국에 대한 의존에서 완전히 벗어날 수는 없다고 결정했다. 따라서 일본은 한편으로는 미·일 동맹을 계속 공고히 하면서, 미국의 통제를 기꺼이 받아들였고, 다른 한편으로는 적극적으로 "보통국가"를 추진하면서, 배를 빌려 바다로 나아가려고 [借船出海: 좋은 조건을 빌려 국제 시장으로 나아간다는 비유적 표현] 힘쓰는 이상한 현상을 보였다. 장기적으로 보면, 신국 사상을 근본적으로 제거하지 못한 일본은 경제적으로는 대국인데 정치적으로는 난쟁이가 되는 것에 만족하지 못하고, 끊임없이 제2차 세계대전 후에 형성된 국제 질서의 일본에 대한 속박을 타파하려고 모색할 것이다.

(2) 냉혹하고 무정한 무사도(武士道) 정신

무사도 정신은 일본 전통 무가(武家)의 상무정신과 유학(儒學)의 충효 명분 관념 및 선종(禪宗)의 "사생일여(生死一如)" 사상이 결합한 산물로, 무사 계층이 통치하는 사회적 환경이 장기간 길러낸 결과이다. 일본의 무사는 매우 특색 있는 집단으로, 유럽의 기사나 중국의 무예를 익힌 사람과는 모두 매우 큰 차이가 있다. 그들은 끊임없이 엄격한 훈련을 통해, 의지가 확고해질 수 있었으며, 냉혹하고 잔인해질 수 있었으며, 전심전력할 수 있었으며, 기민하고 숙달될 수 있었고, 물욕과 정욕으로 곤란을 겪지 않을 수 있었으며, 그들의 인생에서의 이상은 왕왕 용감과 충성을 추구하고, 주군의 은덕에 보답하며, 짧은 인생에서 전쟁터에 장렬하게 뜨거운 피를 쏟아, 벚꽃처럼 적시에 찬란하게 피어나, 적적하고 소탈하게 있다가, 곧바로 비장하게 시들어, 쥐죽은 듯이 조용히 사라지는 것이다.

무사도 사상은 전형적인 일본의 "수치심 문화"를 구현하고 있어, 체면을 위해서라면 모든 것을 아랑곳하지 않고, 심지어는 객관적인 사실까지도 무시할 수 있으며, "정신은 오래 머물고, 영혼은 불멸한다"라는 것을 믿으며, 명예를 추구하기 위해서는 수단을 가리지 않을 수 있다. 그 가치 논리는, 사람의 이중성은 "천리(天理)"와 "인욕(人欲)"·"선"과 "악"의 대립이 아니라, "유순함"과 "사나움"이라는 둘 다 선(善)에 속하는 범주로 구성되는데, 전자는 상급(上級)·집단 내부·경외하는 강자 사이의 관계를 처리하는 데 사용하고, 후자는 적수에게 사용한다고 여겼다. 이러한 이념이 양성해낸 사람은, 집단 내에서나 평화 시대에는 가장 충직하고 온순하고 자애롭고 효성스러운 양민인데, 전시에 특히 국외에서는 사람을 죽여도 눈 하나 깜짝하지 않는 백정이 될 수 있다. 일본의 국민성에서 무력을 숭상하고, 사납게 굴고, 싸움을 좋아하고, 죽음을 두려워하지 않고, 항복하지 않는 특징은 이런 무사 문화와 밀접한 관계가 있다.

무사도 정신은 거의 700년이나 되는 무사 계층의 통치를 통해 이미 전체 사회·민족과 문화 속에 스며들어, 일본 민족정신을 형성하는 데 중대한 영향을 미쳤다. 어떤 사람은 이렇게 말했다: "설령 사상이 가장 선진적인 일본인일지라도, 그의 겉옷을 벗기기만 하면, 그가 무사라는 것을 발견할 것이다." 그래서 그것의 부정적인 영향을 철저히 제거하는 것도 매우 어렵다. 비록 일본이 메이지유신을 통해 표면적으로는 무사 계층을 폐지했지만, 폐지가 철저하지 못해, 많은 무사들이 일순간 사족(士族)으로 변신하여, 사회적 지위가 하락하지 않고 오히려 상승했다. 더욱 중요한 것은 봉건 무사의 사상적 정수인 무사도 정신은 남아 있었고, 아울러 일본 근대 군인의 도덕 윤리, 더 나아가 전체 일본 국민의 보편적 도덕 및 행동 준칙으로 변화 발전했다는 점이다. 무사의 정신적 경지는 일본 국민이 폭넓게 지향하고 동경하는, 이상적인 인생 모델이 되었다. 그런데 이러한 인생의 추구는 도의적 규범이 결핍된 상황에서는, 매우 쉽게 폭력적이고 충동적이며 모험을 무릅쓰는 도박꾼의 심리를 형성했는데, 이는 또한 일본이 근대 역사에서 끊임없이 대외 침략 전쟁을 일으키는 중요한 사상적 근원이었다.

(3) 일본 특색의 실용주의

일본 열도는 세계와 격리되어 있기 때문에, 문화 발전이 상대적으로 낙후했다. 고도로 발전한 중국 문화가 일본 열도에 전해졌을 때, 일본은 아직 자기의 민족 문화와 사상 체계를 형성하지 못했고, 또 자기가 이미 가지고 있는 가치 이념에 따른 문화 선별 메커니즘도 형성하지 못했기 때문에, 실용주의와 공리주의가 매우 자연스럽게 문화 도입과 선택의 기준이 되어, 유용성 여부가 일본이 외래 사물을 받아들일 것인가 말 것인가의 선택 기준이 되었다. 이런 실용주의 이념이 줄곧 이어져 왔고, 또 일본인의 가치 사상 체계에도 영향을 미쳤다. 일본이 보편적으로 신앙하는 신도 사상의 일치성이 부족한 계통 경전과 계율도 일본인의 공리주의 처세 철학을 배양해주었다. 이런 태도로 인해 일본인들이 세상사를 처리하는 원칙은 심오하고 방대한 이론과 사변에 근거하는 게 아니라, 간편하고 실행하기 쉽고 유효하다는 원칙에서 출발하게 함으로써, 짙은 공리적 색채를 띠게 했으며, 일본인들이 환경에 잘 적응하고 민첩하게 변화하는 데 능숙하게 만들었다.

일본인이 절대로 완고한 태도의 실용주의 사상을 갖지 않은 것이, 그들을 시대의 필연적 추세에 매우 순응하여 나아가게 했고, 절대로 완고한 태도를 보이지 않게 했다. 그러나 일본인의 외래문화에 대한 학습은 천박한 표층화와 저속화 현상을 나타내어, 시종 자기의 깊고 성숙한 인도적 배려를 길러내지 못하고, 중국의 대동사상이나 서양의 기독교와 비슷한 인문적 전통이 출현하지 못하게 했다. 설사 종교 제사라 할지라도, 일본인에게는 단지 복을 기원하고 재난을 물리치는 것이지, 마음을 신에게 바치는 참회가 아니었다. 이처럼 일본인들은 현실적 공리(功利)를 추구하는 과정에서 많은 모순적인 현상들을 드러내는데, 이는 베네딕트가 『국화와 칼』이라는 책에서 지적한, 일본인은 "호전적이면서 친화적이고, 무력을 숭상하면서도 아름다움을 좋아하고, 난폭하면서 우아하고, 융통성이 없으면서도 적응성이 풍부하고, 복종하면서도 남에게 지배당하려 하지 않고, 변함없이 충성하면서도 신의를 저버리고, 용감하면서도 소심하고, 보수적이면서도 새로운 사물을 잘 받아들이며, 또 이러한 일체의 상호 모순되는 기질은 모두 가장 높은 정도로 표현되어온 것들이다."[26] 사람을 죽이고도 눈 하나 깜짝하지 않는 백정이 순식간에 큰 소리로 불법(佛法)을 외우면서 평화를 기도하는 불자가 될 수도 있고, 어제는 살기 넘치는 얼굴로 열심히 검술을 익히면서 미군과 격투를 벌이려던 "황민(皇民)"이 곧바로 다시 손에 꽃을 들고 미소지으면서 상륙하는 미군을 진심으로 환영하는 "평화로운 민중"으로 바뀔 수도 있다. 이러한 상호 모순적인 현상은 모두 일본 문화에서 매우 특색있는 실용주의 사상의 표출이다. 각종 상호 모순되는 태도와 표현은, 모두 구체적인 환경의 달성 목표에 대한 제한에 의거하여 확정해야 한다. 다시 말하면, 공리적인 목표를 달성하기 위해서는, 개인이든 국가든 모두 때와 사안과 장소에 따라 겉으로 보기에는 상호 모순적인 태도와 행위를 나타내는데, 이러한 모순은 일본인 자신이 보기에는 오히려 자연스럽고 합리적이어서, 개인이든 국가든 이러한 행위로 인해 사회 성원에게 도의적인 책망을 당하지는 않는다.

일본식의 실용주의는 또한 단지 한 가지 가치 기준만으로 시비득실(是非得失)을 평가하는 게 아니라, 여러 가지 가치 기준으로 평가하는 것으로 표현된다. 그들은, 비록 효용의 범위와 정도에 차이는 있지만, 이질적이고 심지어 물과 불처럼 서로 용납할 수 없는 다양한 가치와 신앙들이 실제 문제를 대처하고 행동하는 데에 모두 효과가 있다고 여긴다. 그들은 결코 각종 신앙과 가치관 간의 모순과 차이에 개의치 않고, 그것의 효용에 주의를 기울였다. "유리하고 유용하면 곧 가치가 있다"라는 실용주의적 태도가 일본 국민의 가치관 속에 깊이 스며들어 있다. 역사적으로, 일본 사회에는 신도·불교·유학이 병존했고, 근·현대에 각종 가치 윤리가 공존한 것은, 모두 이러한 태도에서 비롯된 것이다. 일본인이 어떤 절대적인 원칙을 준수하지 않고, 왕왕 현실에 직면하여 판단하고 선택할 수 있는 것이, 대인관계와 국제관계에서는 임기응변의 실용적 특징을 보이는 것으로 나타난다. 일본인의

....

26 [미국] 루스 베네딕트, 『菊与刀』, 商务印书馆 2009年版, 2쪽.

도덕관에는 절대 정의의 관념이 존재하지 않고, 단지 일시적인 일에 유리하여 공리적인 목표를 달성할 수 있기만 하면 곧 "정의"이기 때문에, 그 정의감 자체도 공리적 색채가 매우 강하다. 따라서 일본은 "이익을 실현하기 위해 정의를 조절할 수 있는 매우 편리한 국가이다". 일본인의 실제 생활 속에는 버젓이 이른바 "필요악"이라는 관념이 있어, 선행은 반드시 필요한 것은 아니지만, 일부 악행은 왕왕 불가결하다고 여긴다. 그러므로 필요하면 곧 선이고, 유용하면 곧 선이라는, 이러한 전제하에서는 어떤 악행도 모두 받아들이고 묵인될 수 있다. 이 때문에 외부 세계에서 보면, 많은 일본인의 사유에는 엄격한 도의적 원칙이 부족하다. 영국 역사학자 조지 샌섬(George B. Sansom)은 이렇게 말했다: 일본의 역사를 전체적으로 살펴보면, 일본인은 어느 정도는 악을 판별하는 능력이 부족한 것 같은데, 어떤 사람은 말하기를 그들이 이 악의 문제를 해결하려고 하지 않다고 한다. 일본 전체 민족이 하나의 집단으로서 대외 관계를 처리할 때, 도의적 원칙은 거의 일본인들이 정책을 제정하고 집행하는 데 어떤 제약 요소도 될 수 없다. 이로부터 우리는 일본군이 여러 차례 침략 전쟁에서 수많은 폭행을 자행하고 일본 민중이 전시에 열광적으로 정부의 침략 정책을 지지한 사상적 근원도 알 수 있으며, 우리가 도의적 원칙에 기초하여 일본이 제2차 세계대전의 죄행을 인정하도록 요구하는 것이 어째서 이렇게 어려운지도 이해할 수 있다.

일본의 침략 확장 역사와 일본의 독특한 민족 문화의 발전을 살펴보면, 일본 군국주의의 발전과 그 침략 확장에는 민족문화의 강한 추동이 있었다는 것을 발견할 수 있다. 제2차 세계대전 후, 비록 일부가 청산되기는 했지만, 갖가지 원인으로 인해 이러한 악성 문화 요소들은 여전히 많이 존재할 뿐 아니라, 또 어떤 것은 아직도 발전하고 있었다. 일본이 다시 부흥하여 경제 대국이 됨에 따라, 그들의 민족적 우월감도 다시 점차 머리를 들기 시작했으며, 일부 고유한 문화적 요소들이 또 전체 일본 사회의 사유 방식과 가치관에 영향을 미치기 시작하면서, 군국주의 등 극단적인 사조가 부활하거나 강화되는 추세를 보이고 있어, 아시아 태평양 지역의 평화와 안정에 잠재적인 위협이 되고 있다.

7. 맺음말

일본은 특색이 뚜렷한 모순의 통일체이다. 상호 대립하는 두 가지 전략적 사유 속에는, "대일본주의(大日本主義)" 사상이 시종 일본의 국가 전략 속에 잠복해 있다. 근대 이래로, 일본은 줄곧 급진과 보수라는 두 가지 사조, "군비 중시, 경제 경시"와 "경제 중시, 군비 경시"라는 두 가지 노선, "대일본주의"와 "소일본주의"라는 두 가지 주장, 평화주의와 대외 확장주의라는 두 가지 노선이 존재했으며, 그것들은 서로 대립하면서도 서로 연계되어 왔다. 1880년대, 일본 제국주의가 처음으로 규모를 갖추고 나자, 영국식의 자유무역 전략을 포기하고, 독일식의 "실력 외교" 노선을 확정하여, 군사력으로 패주의 지위를 도모하는 국제 전략을 확립했다. 이 전략 사상은 줄곧 지속되다가 일본이 제2차 세계대전에서 패배하고서야 중지되었다.

제2차 세계대전 후, 일본은 새로운 국가 전략, 즉 이른바 요시다주의(吉田主義)인 "경제 중시, 군비 경시" 전략을 채택했다. 요시다주의는 두 가지 방면의 내용을 포함하고 있다: 한편으로는 우선 경제를 발전시키고, 경제개혁·무역입국 등의 수단을 통해 국력을 증강시키며, 다른 한편으로는 방위를 점차 증가시키는 군비 계획을 수립함으로써, 대량의 지출을 절약한다는 것이다. 이런 사상은 훗날 일본의 역대 내각이 계승했으며, 이케다 하야토(池田勇人)와 미야자와 기이치(宮澤喜一)의 경제 합리주의를 거치면서, 일본 경제를 매우 짧은 시간 내에 패전의 부진에서 전후의 번영으로 나아갈 수 있게 했다.

만약 "경제 중시, 군비 경시"의 요시다주의가 "소일본주의"라면, 이에 대응하는 "대일본주의"는 겉으로 드러나지 않는 일종의 암류(暗流)로서, 시종 일본의 국가 전략 속에 잠복해 있다. 사토 에이사쿠(佐藤榮作) 내각부터, 일본 국내에는 이미 경제 대국에서 정치 대국으로 나아가려는 의식이 생겨났다. 1970년대에 일본 경제가 비약적으로 발전함에 따라, 일본은 "21세기를 향한 종합 전략"에 힘을 쏟기 시작했다. 냉전이 끝난 후, 일본의 대국주의 노선이 다시 고개를 들면서, 일부 정치 세력은 계속하여 일본이 정치 대국이 되도록 추동하고, 더 나아가 군사 대국이 되게 하려고 시도했다. 1990년대에 오자와 이치로가 제시한 "정상국가론"과 아베 신조(安倍晋三)가 제창한 "적극적 평화주의"는, "대일본주의" 노선이 새로운 형세하에서 확대되고 발전된 것으로 볼 수 있다.

21세기에 들어선 이후, 일본이 "정치 대국"을 추구하는 전략적 목표는 나날이 분명해졌다. 일관되게 "경제 거인, 정치 난쟁이"라고 불리던 일본은, 새로운 세계 구도 속에서 중요한 한 자리를 차지하려고 결심했다. 20세기 80년대부터 90년대 사이에, 일본 정치가들의 끊임없는 노력과 준비를 거쳐, 일본 국가 전략의 발전 추세는 날이 갈수록 명확해졌고, 새로운 국제 질서를 구축하는 과정에서 일본이 세계의 중요한 일극(一極)이 되는 "정치 대국" 전략의 실현을 제시함과 아울러 적극적으로 추진했다. 구체적인 목표는 다음과 같았다: 첫째는 미국이나 유럽과 동등한 지위를 획득해야 한다. 패전국의 지위는 전후 일본을 줄곧 미국의 일정한 통제하에 놓이게 함으로써, 구미 국가들의 지위와 불평등하게 하여, 항상 소극적이고 피동적으로 그들이 주도하는 국제 정치 경제 질서에 적응하게 했다. 일본은, 자기가 "반드시 새로운 국제 질서의 구축에 참여해야 하고", 또 자신의 국제적 지위를 높임으로써, "미국·유럽·일본의 삼극(三極)이 주도하는" 새로운 질서를 수립해야 한다고 여긴다. 둘째는 아시아 태평양 지역에서 주도적 작용을 하는 것이다. 1980년대에 들어선 이후, 일찍이 "탈아입구"를 영광으로 여기던 일본은 날이 갈수록 아시아를 중시하면서, 아시아 태평양 지역은 자신이 세계 정치 대국이 되는 데에 중요한 경제·정치 및 전략적 의의가 있어, 아시아 태평양을 주도해야만 세계로 나갈 수 있다고 여긴다. 셋째는 유엔 안보리의 상임이사국이 되는 것이다. 일본은, 유엔 안보리 상임이사국이 되느냐의 여부가 대국의 지위에 중요한 상징이며, 일본이 구상하는 "새로운 국제 질서"

가 실현되느냐를 결정하는 관건이자, 또한 일본이 국제 사회에서 중대한 정치적 영향력을 보유하느냐를 결정하는 기준이자 상징이라고 여긴다.

정치·외교 방면에서, "대국 외교"를 추진하여 자신의 국제 정치적 지위를 높이고, 국제 정치적 영향력을 확대했다. 이른바 "대국 외교"란 일본의 피동적이고 소극적인 외교 태세를 바꾸어, 세계 강대국들과의 관계를 유지 개선함과 아울러, 대국의 신분으로 지역적·국제적 사무에 적극적으로 참여하면서, "정치 대국"으로 나아가는 것이다. "대국 외교론"은 이미 일본의 외교를 지도하는 기본 원칙이 되었다. 미·일 동맹 관계의 강화는 일본 외교의 핵심 중 핵심이다. 20세기 초기의 영·일 동맹과 러·일 동맹부터 제2차 세계대전 후의 미·일 동맹에 이르기까지, 메이지 시기의 "탈아입구"부터 현재의 "귀아방미(歸亞傍美: 아시아로 돌아오고, 미국에 의지한다는 뜻)"까지, 이러한 것들은 모두 일본이 강자와 동맹을 맺는 전략을 구현하고 있다. 제2차 세계대전 전에 일본은 당시 강대국인 독일과 이탈리아의 파쇼와 동맹을 맺었고, 전후에 일본은 다시 동맹 대상을 바꾸어, "탈아입미(脫亞入美: 아시아를 벗어나 미국의 보호하에 들어간다는 뜻)" 전략을 시행함으로써, 전면적으로 미국을 모방하고 미국을 목표로 삼고 서방의 현대 문명을 뒤쫓아갔다. "미국 영도하(혹은 관리하)의 평화"는 일본의 뿌리 깊은 국제관이므로, 미국과의 동맹을 강화하고, 아시아 태평양 지역에서의 주도권을 함께 도모하는 것을 일본 대외 전략의 기초로 정했다.

군사 안보 방면에서, 일본은 군사 전략을 조정하여, 전수방위형(專守防衛型: 수동적 방위 형태)에서 주도적 공격형으로 조정함으로써, 자신들의 "정치 대국"의 전략에 복무하게 했다. 1990년대 이후, "정치 대국" 전략의 전면적 추진에 따라, 일본의 정책 결정자들은 일본이 군사 영역에서 국제적으로 기여해야 한다고 힘껏 주장함으로써, 일본 정부의 군사 안보 전략에서 일련의 중대한 조정을 이끌어냈다. 주요한 것들로는, 군사력의 국가 안전보장에서의 지위를 높이고, 군사 지주(支柱) 사상을 확립했으며, "전수방위"의 군사 전략 이론을 포기하고 "동태방위(動態防衛)"라는 새로운 안보 이론을 제기했으며, "전략 대상"을 조정하여, 중국과 북한이 "중점 방위 대상"이 되었고, 무리하게 안보 법안을 통과시켜, 일본의 해외 용병을 가능하게 함으로써, 헌법을 개정하고 군비를 확장하는 중요한 한 걸음을 내디뎠다.

경제 방면에서, 일본은 경제 대국의 지위를 계속 공고히 하면서, 경제력을 강한 뒷받침으로 삼아 정치 대국의 지위를 도모하려고 시도하고 있다. 1990년대 이후 신·구 국제 전략 구도가 전환하는 과정에서, 일본은 경제력이 "정치 대국" 전략을 실현하는 가장 중요한 방면이라고 보았다. 일본 정부는 이렇게 여기고 있다: "군사력으로 세계를 통치하는 시대로부터 냉전 후 경제·기술 및 정보가 중요한 지위를 차지하는 시대로 진입하면서, 일본은 국제적으로 역할을 할 수 있게 되었다." 이런 인식을 바탕으로, 일본은 강대한 경제력을 각 영역의 뒷받침으로 삼는 것을 견지할 뿐만 아니라, 21세기에도 계속 경제 대국의 지위를 유지하고 공고히 하면서, "정상적인 정치 대국" 전략에 더욱 잘 복무하도록 하기 위해 끊임없이 그들의 경제 발전 전략을 조정했다.

요약하자면, "정치 대국"의 전략적 목표는 일본이 강력히 추구하는 국가의 총체적 전략 목표이다. 현재 일본이 보유하고 있는 경제력·군사력 및 정치력을 보면, 세계의 정치 대국이 되는 것은 단지 시간문제인 것 같다. 그러나 관건은 일본이 정치 대국이 될 수 있느냐 없느냐가 아니라, 일본이 어떤 정치 대국이 되느냐이다. 이에 대해 우리는 반드시 세심하게 주의를 기울여야 한다.

제8장

유라시아 대륙에 걸친 대국―러시아

유라시아 대륙에 걸쳐 있는 러시아는 모스크바 공국(公國)에서 흥기하여, 근대에는 한때 세계 대국 중 하나가 되었다. 레닌의 지도로 10월혁명을 일으켜, 세계에서 첫 번째 사회주의 국가를 건립했다. 스탈린은 사회주의의 스탈린 모델을 창조했으며, 또한 제2차 세계대전 과정에서 소련 인민을 영도하여 강대한 독일 파쇼를 물리쳤다. 냉전으로 대치하는 동안, 소련은 동방 진영의 패주가 되었고, 또 한때는 세계 제2의 경제·군사 강국이 되었다. 소련이 해체되는 몰락을 거치고 나서, 푸틴 대통령은 다시 러시아 민족 부흥의 기치를 들어올림과 아울러, 이를 위해 부단한 노력을 진행하고 있다. 러시아의 흥성과 쇠락의 과정은 사람들에게 많은 것들을 회상하게 한다.

1. 모스크바 공국에서 제정 러시아까지

모스크바 공국의 발전이 러시아 역사 발전의 전환점이었다는 것은 의심의 여지가 없으니, 그것은 근·현대 러시아 국가의 기초를 다졌으며, 러시아 민족의 형성을 추동했다.

(1) 루스(Rus) 왕국의 흥망

러시아는 젊은 민족으로, 14세기부터 15세기 무렵에야 비로소 형성되었다. 조상은 동슬라브인으로, 기원전 1000년경에 최초로 출현하여, 비스와 강 중·상류와 드네프르강 사이, 즉 오늘날의 폴란드 동부와 우크라이나·

벨라루스 서부 일대에서 활동했던, 유럽에서 가장 큰 민족 중 하나였다. 슬라브인에 관한 정식 문자 기록은 1세기 후기에 나타났다. 5세기부터 7세기까지, 원시 슬라브인은 각 부족의 대이동을 시작했고, 그 결과 남슬라브·동슬라브 및 서슬라브를 형성했다. 6세기부터 동슬라브인들이 원시공동체에서 직접 봉건사회로 이행하기 시작했고, 8세기에 이르러 이 이행은 기본적으로 완성되었다. 그리고 서슬라브인은 주로 엘베강·오데르강 및 비스와강에서 활동했으며, 후에 체코인·슬로바키아인·모라비아인·폴란드인 등의 민족들로 발전했다. 동슬라브인은 드네프르강·페이푸스호·일민호 지역에서 정착하여 살았고, 동쪽으로는 볼가강과 오카강 상류 지역에까지 이르렀으며, 후에 러시아·우크라이나와 벨라루스 등의 민족들로 발전했다. 6세기 때, 동슬라브인은 농업·목축·어업 및 수렵에 종사했고, 각종 금속 가공도 했다. 러시아인은 동슬라브인에 속하며, 고대 뱌티치족·폴랴네족·크리비치족·슬로베네족·세비야족 및 기타 일부 부족들이 정착하여 모여 살던 지역에서 점차 형성된 것이다. 이 과정에서 일부 슬라브 부족이 아닌 다른 부족들도 잇달아 가입하여 최초의 러시아 민족을 형성했다.[1]

키예프 루스의 형성. 862년, 노브고로드 거주민은 스웨덴으로부터 바랑기아족인 류리크(Rurik) 및 그의 친족과 무사들을 초청하여 질서를 유지하고 기강을 정돈했다. 이것이 류리크에게 명분 있게 노브고로드의 형벌을 장악할 기회를 주었는데, 류리크 왕조는 이렇게 시작되었다. 당시 바랑기아족은 "루스족"이라고도 불렸다. 후에 이 이름은 점차 전체 루스 공국, 더 나아가 전체 러시아 민족의 명칭이 되었다. 882년, 후임 노브고로드 공국의 군사령관인 올레그가 키예프를 공격하여 점령했고, 그 후에 루스국의 수도를 노브고로드에서 키예프로 옮겼는데, 이때부터 루스국은 또 키예프 루스라고도 불렸다.

루스가 세례를 받다. 동슬라브인은 일찍이 오랫동안 다신교를 신봉했다.

---

1 百度文库 『俄罗斯文化讲义』를 참조하라.

980년에 이어서 즉위한 키예프 대공 블라디미르는 확고한 다신교 신도였다. 중세기의 종교가 매우 강력했던 시대에, 그는 루스를 번성하고 강대한 국가로 바꾸려면 반드시 종교의 역할을 발휘해야 한다는 것을 잘 알고 있었기 때문에, 종교를 이용하여 각 부족을 통일하기로 결정했다. 종교 개혁이 실패한 후, 그는 사신을 각 나라에 파견하여 종교를 고찰하게 했는데, 결국 그리스(즉 비잔티움) 교회당이 사신에게 강렬한 인상을 남겨 주었다. 귀국한 후, 사신들은 이러한 상황을 블라디미르에게 보고했다. 그는 사신의 건의를 듣고 그리스 정교의 세례를 받았다. 988년, 블라디미르 왕공은 기독교를 키예프 루스의 국교로 선포함과 동시에, 다신교의 여러 우상들을 파괴하도록 명령을 내렸고, 강제로 키예프 시민에게 세례를 받고 기독교 신앙을 받아들이게 했는데, 이것이 바로 역사상 유명한 "루스 세례" 사건이다. 블라디미르 왕공이 이 땅에서의 다신론 신앙을 끝장냈는데, 이는 루스의 역사 발전에 매우 중요한 작용을 했다. 통일된 종교 신앙은 옛 루스 민족의 형성과 국가의 통일을 강력하게 촉진했다. 개혁을 통해, 키예프 루스는 중앙 정권을 공고히 하고, 국제적 명망을 높였고, 이리하여 유럽 기독교 국가의 행렬에 들어섰다. 1037년부터 1054년까지, 웅장하고 화려한 소피아 대성당이 키예프에 완공되었다. 러시아의 유구한 역사 속에서, 동방정교 신앙은 러시아 문학 예술의 중요한 정신적 기초가 되었다.

번성에서 쇠락으로 나아가다. 야로슬라프(Yaroslav) 시기, 키예프 루스는 번성으로 나아갔다. 그는 적극적으로 국제 교류와 외교를 발전시켰는데, 특히 유럽 여러 나라들과의 왕래를 중시했다. 야로슬라프는 교육과 문화의 발전에 뚜렷한 공헌을 했다. 그가 집정한 시기, 루스는 많은 학교를 설립하고, 제1차 도서관을 설립하고, 수많은 아름다운 교회당을 건설했다. 동시에 최초의 법전인 『루스 법전』도 만들었다. 법전의 내용은 당시 사회의 구조 및 사회적 불평등의 확대를 반영했다. 『루스 법전』은 봉건적 관계가 이미 키예프 루스에서 확립되기 시작했다는 것을 나타내준다. 11세기부터 12세기까지, 키예프 루스의 농업이 빠르게 발전했다. 토지의 가치가 끊임없이 높아지면서, 토지 사유제가 나타나기 시작했다. 당시의 키예프 루스는 왕권 씨족 관념의 기초 위에서 형성된 것으로, 국가의 통일 체제가 아직 튼튼하지 않았다. 야로슬라프가 사망한 후, 루스의 내홍이 빈번하게 발생했고, 키예프의 왕위를 쟁탈하기 위한 전쟁이 자주 발생했다. 동시에 유목 민족이 루스의 변경 지역을 침범하여 소요를 일으켰을 뿐만 아니라, 그 수도인 키예프에 대해서도 공격해왔다. 내홍과 유목 민족과의 격렬한 투쟁은 루스의 힘을 소진시켰다. 12세기 중엽, 키예프 루스는 여러 개의 독립된 작은 공국들로 분열되었다. 13세기 초에 이르자, 공국의 숫자가 약 50개였다. 이처럼 러시아 역사의 제1단계는 통일된 옛 루스 국가의 해체로 끝났다.

(2) 모스크바 공국의 건립

1206년, 광활한 몽골 초원에서는 칭기즈 칸이 영도하는 몽골 칸국이 형성되었다. 몽골 철기(鐵騎)는 더 나아가 서아시아와 동유럽을 원정하여, 결국은 유라시아 대륙에 걸친 전례 없는 규모의 제국을 건립했다. 루스 공국의 나약한 군사 방어는 몽골 철기의 충격으로 여지없이 무너졌고, 몽골인은 예전 키예프 루스의 영토에 킵차크 칸국('금장金帳 칸국'이라고도 함-역자)을 건립했으며, 수도는 볼가강 강변의 사라이(Sarai)에 정했다. 루스에서의 통치를 공고히 하기 위해, 역대 몽골의 칸들은 모두 동방정교회를 지지했으며, 그들은 루스인이 자기의 신앙을 포기하도록 요구하지 않았다. 심지어 동방정교회의 세금도 면제해주었고, 또 그들에게 특수한 혜택도 부여했다. 바로 이렇게 몽골의 대칸(大汗)은 루스에 대해 무려 240여 년에 달하는 통치를 시작했다.

모스크바 공국의 형성. 모스크바 공국의 형성은 대략 세 단계로 나눌 수 있다. 첫째 단계는 1147년에 모스크바시가 건립되면서부터 13세기 말까지로, 키예프 루스의 분열에 따라 모스크바는 하나의 독립된 소공국이 되었다. 모스크바는 우월한 지리적 위치를 차지하고 있었고, 교통이 편리했으며, 상품 집산지이자 공격도 쉽게 받지 않았고, 인구도 나날이 증가했다. 둘

이반 1세(1304~1340년, 1325~1340년 재위)는, 전체 이름이 이반 다닐로비치로, 모스크바 대공(大公)이었다. 그는 빈곤한 사람에 대해 인색하지 않고 아낌없이 도와주었기 때문에, "칼리타"(돈주머니)라는 별명을 얻었다.

째 단계는 13세기 말부터 14세기 중엽까지로, 이반 1세가 모스크바 공국이 강성해지는 기초를 다졌다. 1328년, 킵차크 칸이 이반 다닐로비치를 블라디미르 대공으로 책봉하고, 그에게 전체 루스의 공물과 세금을 대리하여 수취할 권한도 부여했다. 1332년에 대주교의 집무실을 키예프에서 모스크바로 옮기면서, 모스크바는 루스의 신앙과 정신의 중심이 되었다. 셋째 단계는 14세기 중엽부터 16세기 초까지로, 루스인은 모스크바 공국의 영도하에, 몽골인의 통치에서 벗어나, 모스크바 공국을 핵심으로 하는 통일된 러시아 국가를 건립했다. 14세기부터 모스크바 공국이 루스에서 차지하는 지위가 점차 상승하면서, 루스 영토를 수복하는 주요 역량이 되었다. 이반 다닐로비치는 칸국의 통치를 벗어나는 방면에서 일정한 성과를 거두었다. 1380년, 그의 손자인 드미트리 돈스코이가 쿨리코보 벌판에서 마마이 칸에 대해 거둔 군사적 승리는 이 성과를 공고히 했다. 1480년, 이반 3세는 루스 군대를 인솔하고 우글라강 전투에서 킵차크 칸인 아흐마드 칸에게 승리를 거두고, 마침내 타타르 몽골과 킵차크 칸의 통치를 전복시켰다.[2]

모스크바 공국의 강성함. 1453년, 루스에게 세계 동방정교의 중심으로

---

2 于沛, 戴桂菊, 『斯拉夫文明』第2章, 中国社会科学出版社, 2001年版을 참조하라.

여겨지던 비잔티움이 터키에게 멸망했다. 정신적 지주를 찾기 위해, 1472년에 모스크바 공국의 대공 이반 3세는 비잔티움 제국 황제의 조카딸인 소피아를 아내로 맞이했고, 나아가서 자신이 비잔티움 황제의 계승인이자 동방정교 세계의 정신적 우두머리라고 선언하여, 자기에게 정통성과 합법성을 부여했다. 이를 위해 이반 3세는 또한 비잔티움 제국의 휘장, 왕궁 건축의 양식, 궁정 예절 등을 모두 러시아의 것으로 복제했다. 이때부터 쌍두(雙頭) 독수리는 러시아의 국장(國章)이 되었으며, 그것을 크렘린 궁전의 대문에 새겨넣었다. 이리하여 "모스크바—제3의 로마"라는 생각이 루스 통치자의 머릿속에 깊이 새겨졌다. 이 생각은 모스크바 정권으로 하여금 모스크바 공국을 "왕국"으로, 모스크바 대공을 차르(이전에는 오직 비잔티움 황제만이 이 칭호를 보유했음)로 바꾸도록 시도하게 했다. 이미 형성된 모스크바 국가는 비록 서양쪽으로 경도되었지만, 그 내부 구조와 정치 문화는 동양의 특징을 많이 보유했다.

(3) 차르 전제 제도의 확립

몽골이 루스를 정복한 후, 동슬라브인을 십호(十戸)·백호·천호 및 만호로 편성하여, 연좌와 상호 보증을 실행했는데, 십호장·천호장 및 만호장은 반드시 바스카크(봉건 군사제도)의 관리와 지휘에 복종해야 했다. 군사 독재를 핵심으로 하는 바스카크 제도는 객관적으로 러시아 전제 제도의 형성을 가속화했다. 이반 3세와 바실리 3세의 통치 시기에, 모스크바 대공의 전제권력은 한층 더 확대되었다. 이반 4세는 일찍이 내부 정치 개혁을 진행했는데, 보야르 귀족의 권력에 대항하기 위해 각 계층의 대립과 모순을 완화하고 지방 관리 기구와 지방 법정에 대한 개혁을 진행했으며, 1549년 2월에 차르는 총대주교와 함께 명을 내려 러시아 제1차 국민대표회의를 개최했다. 회의에서 차르와 총대주교는 보야르 귀족과 다음과 같은 두 가지 합의를 이루었다: 첫째, 살인과 강도죄를 제외하고, 복역하는 귀족은 더이상 각 지역 지방장관의 심판을 받지 않는다. 둘째, 1550년에 차르의 신법전을 반포하여, 1497년에 이반 3세가 반포한 법전의 부족한 점을 보완한다. 이런 개혁은 계급 대표 군주제가 절대 전제 군주제로 바뀌었음을 상징한다. 1547년에 이반 4세가 친정하면서, 제정 러시아 시대를 열었고, 특할제(特轄制: 오프리치니나oprichnina-역자)와 특할군(特轄軍)을 시행했다. 차르는 이전의 계급 대표 군주제에서 벗어나, 최고 정책결정권을 보유했고, 권력 행사는 국민 대표회의의 제약을 받지 않게 되어, 차르의 전제 권력을 강화했다.

1565년부터 1572년까지, 왕공과 영주의 봉건 할거 세력을 분쇄하고, 러시아의 중앙 집권을 공고히 하기 위해, 이반 4세는 특할제와 특할군을 설립했다. 1564년에 리보니아 전쟁의 패배와 영주의 반란은, 이반 4세로 하여금 1565년 1월에 특할제를 선포하고 실행하게 하여, 전국의 영토를 특할구와 영주직할구의 두 부분으로 분할했다. 특할구는 전국에서 경제적으로나 군사적으로 가장 중요한 지역들과 일부 도시들을 포함했고, 차르가 직접 관할했으며, 영주직할구는 영주 두마(러시아 의회-역자)가 관할했다. 중요한 지역에 거주하면서도 차르에게 복종하지 않는 귀족들을 영주직할구로 이주시켰으며, 왕공과 영주의 반항을 진압하기 위해, 차르는 중·소 귀족들로 구성되고 차르에게 절대적으로 충성하는 특할군을 설립했다. 특할제 기간에, 특할구 내의 왕공과 영주들은 쫓겨났고, 그들의 세속 영지는 특할군과 중·소 귀족들에게 분배되었다. 특할군은 도처에서 방화하고 죽이고 약탈하여, 전국에 공포를 조성했다. 그 기간에, 특할제·특할군(1565~1572년)의 준마 앞에는 개의 대가리를 걸고, 뒤에는 빗자루를 걸었는데, 이는 차르의 의지를 위반하는 사람을 없애버리겠다는 것을 의미했다. 1572년, 이반 4세의 반대파 세력이 이미 거의 소멸되자, 역량을 집중하여 계속 리보니아 전쟁을 진행하기 위해 특할제의 폐지를 선포했다. 특할제는 왕공과 영주가 생존을 의지하던 세속 영지를 타파하고, 그들의 정치 권력을 박탈했으며, 중·소 귀족의 군공(軍功) 봉지가 점차 영주의 세속 영지를 대신하여, 러시아의 중앙 집권 국가를 공고히 함으로써, 일정하게 진보적인 작용을 했다. 그러나 특할제의 폭넓은 시행은 인구 감소와 토지의 황폐화 및 생산력이 심각하게 파

괴되는 등의 나쁜 결과도 초래했다.[3]

1547년, 이반 4세는 크렘린 궁전의 성모승천대성당에서 대관식을 거행함과 동시에, 독립적으로 국가를 관리하기 시작했다. 통일된 러시아 중앙집권제 국가의 형성에 따라, 영주 두마는 국가의 최고 권력 기구(영주 두마는 협상 관리 기구로, 키예프 루스 시기에 이미 존재했음)가 되었다. 영주들이 직권을 남용하는 현상은 이반 4세의 강한 불만을 샀다. 그는 곧바로 군직을 이용하여 귀족에게 분봉하는 권한을 이용하여 영주의 특권을 제한하기 시작하면서, 강력한 차르 특권을 확립하려고 시도했다. 이 행위는 러시아가 계급대표 군주제에서 절대 전제 군주제로 바뀌기 시작했음을 상징한다.

2. 표트르 대제의 서구화(西歐化) 개혁과 러시아의 확장

표트르 대제는 러시아 근대의 발전에 큰 영향을 미쳤다. 그는 친히 서유럽에 가서 고찰했고, 대담하게 서구화 개혁을 추진하여, 러시아가 근대 세계의 강국이 되는 데 중요한 기초를 다졌다.

(1) 표트르 대제의 서구화 개혁

17세기 말까지, 러시아의 정치·경제든, 또는 군사기술·과학문화·국민교육이든 막론하고 모두 서유럽의 강대국들보다 심각하게 낙후되었고, 국제적으로 러시아는 항상 폴란드·터키 등 강한 이웃 나라의 공격을 받았는데, 이러한 내우외환의 국면에서 즉위한 표트르 1세는 러시아의 면모를 바꾸려고 결심했다.

1697년 3월, 표트르 1세는 궁중의 많은 반대에도 상관하지 않고, "대규모 사절단"을 편성하여 모스크바를 떠나, 서유럽 여러 나라들을 학습하려고 방문했다. 표트르는 육군 하사로 변장하여, 사절단과 함께 수행했다. 독

---

3 豆丁网〈俄罗斯地理与历史〉를 참조하라.

표트르 1세(1672~1725년)는, 표트르 대제라고도 불리며, 러시아 로마노프 왕조의 제4대 차르이다 (1682~1725년 재위). 러시아의 가장 걸출한 차르라고 여겨지며, 그가 시행한 서구화 정책은 러시아를 세계의 대국으로 바꾼 주요한 요소이다.

일에서 그는 군사 기술을 학습했고, 네덜란드와 영국에서는 조선 기술을 배웠으며, 오스트리아에서는 외교 담판을 벌이면서 그곳의 궁정 생활을 접촉했다. 직접 현장에서 관찰하고 비교함으로써, 표트르 1세는 러시아의 극단적인 봉쇄와 경제 방면의 극단적인 낙후에 대해 매우 분명하게 체득하고 인식했다. 이번 출행은 1년 넘게 걸렸는데, 귀국한 후에 그는 바로 과감하게 개혁을 추진했다. 개혁이 미친 영역은, 사회 관습의 개혁·문화 교육 개혁·군사 개혁·정치와 종교 개혁을 포함하여 비교적 광범했다.

경제를 발전시키는 것은 의심할 바 없이 표트르 대제 개혁의 핵심 중의 핵심이었다. 표트르 대제는 일련의 조치를 취해, 공업 특히 중공업의 발전에 크게 힘을 쏟았다. 18세기 초기부터, 동 제련, 화학과 방직 공업이 매우 빠르게 발전하자, 러시아는 다시 각 지역에 무기 공장을 설립함과 동시에, 우랄에 금속 제련 공장을 건설했다. 우랄은 러시아의 공업 기지가 됨과 동시에, 육군에 대포와 다른 유형의 무기들을 제공했다. 동시에 그는 또한 농업과 대외 무역을 발전시키는 조치를 취해, 수로를 연결하는 운하를 건설했다.

정부는 유력한 조치를 취하면서, 경제 발전을 강력히 지지했다. 기업주는 무상으로 토지와 건설 자금을 받았고, 창업 초기에는 세금도 면제받았다. 많은 기업들이 국가의 자금에 의지하여 설립되었다가, 그 후에는 다시 우대 조건으로 개인 소유로 양도되었다. 이렇게 러시아의 공업은 처음부터 국가의 육성으로 발전한 것이다. 생산을 발전시킬 노동력이 부족하자, 국가는 강제로 이 문제를 해결했다: 일부 국가 소유 농노를 각 수공업 공장에 분배하여, 그들을 강제로 공장에서 일하게 했다. 기업주는 농민과 토지를 함께 살 수 있었다. 이렇게 되자, 러시아의 대규모 생산의 모든 부문에서 농노 노동을 사용하는 것이 주를 이루었다. 교회를 대하는 태도에서, 표트르는 마찬가지로 국가 이익을 가장 우선에 두고, 교회로 하여금 완전히 국가 기구에 복무하게 했다. 러시아정교회의 최고회의가 총대주교(總大主敎)를 대신하여 종교 사무를 관리했다. 러시아정교회의 최고회의는 국가 관리인 총감이 이끌었다. "국가의 이익을 위협"하는 상황을 발견했을 때, 신부는 반드시 당국에 보고해야 했다. 또한 비밀 관공서를 설립하여, 정치적 범죄 행위를 수사했다.

1721년 10월 22일, 추밀원이 성대한 의식을 거행하여, 표트르 1세를 "전체 러시아 대제"로 직급을 높였다. 표트르 1세의 통치 시기에 러시아는 계급군주제[4]에서 절대군주제로의 이행을 완성했다. 군주의 권력은 대단히 크게 강화되었다.

표트르 1세의 개혁은 러시아 역사의 신기원을 열었다. 표트르 1세는 국가 생활과 문화의 변혁을 완성하여, 러시아의 경제·정치·문화 발전의 수준이 유럽의 다른 나라들보다 훨씬 뒤떨어져 있던 국면을 초보적으로나마 바꿔놓았다. 폐쇄·보수의 러시아가 유럽으로 돌아서면서, 매우 짧은 시간 내에 공업 생산·교육 및 강대한 육군과 해군 함대를 건립했다. 러시아의 문화 발전이 새로운 방향을 찾자, "표트르 1세는 러시아 민족의 오랫동안 억눌렸던 민족 자존감과 자강 의식을 성공적으로 불러일으켰으며, 비교적 짧은 시간 내에 전체 러시아인이 자신의 진부한 습속과 낙후한 의식을 포기

---

4 계급군주제란, 왕권이 계급대표회의의 도움을 받아 통치를 실시하는 정권 형태로, 귀족과 시민계층이 공동으로 참여하며, 또 일정하게 권력을 누리는 형태인데, 프랑스의 '삼부회'가 대표적인 형태이다.(역자 주)

하고, 세계 조류를 따라잡는 운동에 투신하도록 동원했다."[5] 그러나 러시아 사회의 강제적인 "유럽화"는 일련의 나쁜 결과도 낳았으니, 더욱 강경하고 더욱 야만적인 착취 방식이 나타나, 전제 정권이 강화되었다. 사회의 상층에서는, 교육 사업이 발전을 이루었지만, 사회 하층의 방대한 인민은 오히려 자유를 잃고 노예가 되었다. 러시아의 문화도 잇달아 분열이 나타났다. 그의 지나치게 엄격한 관리 방식과 무거운 노동과 조세 정책도 인민의 위화감과 반항을 초래하여, 적지 않은 지역과 도시들에서 모두 상당 정도의 혼란과 소동이 일어났다.

(2) 표트르 대제 시기의 러시아 확장

표트르 1세는, 러시아가 17세기 말에 직면한 전략적 임무 중 하나는 바로 출해구(出海口: 바다로 나아가는 항구-역자)를 찾는 것이라는 사실을 분명히 의식하고 있었다. 당시의 발트해는 스웨덴이 통제하고 있었고, 흑해는 터키가 통제하고 있었으며, 터키는 또한 흑해 북부 해안과 크림반도도 장악하고 있었다. 출해구를 쟁탈하기 위해, 표트르 1세는 국제·국내 양쪽의 전반적인 정세를 파악하여, 다른 유럽 국가와 연합 작전을 벌였다. 터키인 수중에서 요새를 탈환한 다음, 표트르는 터키 전쟁을 기점으로 하여 자기의 외교 행동을 개시했다. 그러나 국제 형세의 전개는 이내 그가 남쪽의 모든 전쟁을 포기하고, 급속히 북쪽으로 방향을 틀도록 강요했다. 1699년, 스웨덴을 반대하는 것을 목적으로 하는 북방 연맹이 형성되면서, 북쪽 전쟁이 발발했다. 러시아는 아무런 준비 없이 황급히 전쟁에 참여했기 때문에, 전쟁 초기에 나르바에서 참패했다. 그러나 표트르 1세의 성공적 개혁 덕분에, 러시아군은 1709년의 폴타바 전쟁에서 승리를 거두어, 스웨덴 군대를 궤멸시켰다. 젊은 러시아 해군 함대도 스웨덴과의 해전에 참여했다. 해군 함대의 승리는 전쟁의 종결을 앞당겼다. 1721년, 러시아는 스웨덴과 평화 조약을

5 张建华, 『俄国史』, 人民出版社 2004年版, 51쪽.

체결했는데, 조약은 다음과 같이 규정했다: 스웨덴은 핀란드만 연안·라트 비아·에스토니아와 카렐리야의 일부 지역을 러시아에 양도한다. 이리하여 러시아는 편리한 항구인 리가와 탈린을 획득함과 동시에, 발트해 연안 지역에서 안정을 이루었다. 이렇게 러시아가 발트해의 출해구를 쟁탈하는 임무는 마침내 완수되었다. 러시아는 유럽에서 중요한 위치를 차지했고, 해양 강국이 되기 시작했다.

(3) 농촌 공동체와 국가 농노제

농노제는 낙후한 경제 제도로, 농노주의 영지를 단위로 하는 자연 경제가 절대적 지위를 차지하며, 자급자족하고, 폐쇄적이며, 외부와의 연계가 비교적 적었다. 농민은 토지가 적거나 없어, 어쩔 수 없이 지주에게 작은 토지를 임대하고, 그들은 지주에게 노역을 제공하거나 노역 대신 지대를 납부했다. 즉 매주 지주에게 무상으로 3~5일을 노동해야 했다. 농노는 1년 내내 지주의 토지에 속박되었고, 지주는 농노에 대해 경제외적 강제를 실행하여, 농노주는 자기의 영지에서 행정·사법 권력을 가졌고, 농노는 신체의 자유가 없어 자유롭게 매매하고, 심문하여 징벌하고, 저당·교환·양도 등을 할 수 있었다. 9세기, 동슬라브인 사회에서 봉건적 관계가 나타나기 시작했고, 11세기에 이르러서는 키예프 루스의 원시적 토지 관계가 점차 와해되었다. 12세기 초, 〈루스 법전〉의 반포는 러시아의 봉건 농노제 관계가 마침내 확립되었음을 상징한다. 이 법전의 주요 사상은 다음과 같다: 첫째, 대토지 소유제를 보호하고 봉건주의 인신과 재산을 보호했다. 둘째, 농촌 공동체를 루스인의 정치·경제와 사회 활동의 단위로 하여, 혈연관계를 고리로 하는 원시적인 사회관계가 지역 사회관계로 발전했음을 표명했다. 셋째, 봉건주와 계약농·채무농·농노의 관계 및 서로의 의무를 규정했다.[6] 13, 14세기에 이르러, 급격한 봉건적 토지 겸병의 진행으로, 러시아 농민의 농노화 과

---

6 豆丁网에 실린 『尼古拉一世和亚历山大二世时期俄国』을 참조하라.

정도 한층 빨라졌다. 그러나 이때의 농민은 아직 일정 정도 이주의 자유가 있었다. 즉 봉건주에 빚진 채무와 복역을 모두 갚은 후에는, 이주하거나 다른 봉건주에게로 옮겨갈 수 있었다. 1497년에 이반 3세는 다시 이렇게 훈령을 내렸다: 농민이 모든 농사일을 끝내고 모든 장부를 청산한 후, 매년 유리예프 기념일[7] 전후 1주일 내에 전 주인을 떠나거나 새로 거주지와 일터를 선택할 수 있다. 1597년부터 1649년까지, 차르 정부는 잇달아 세 개의 금년(禁年)[8] 법령을 반포했다. 그중 1649년의 금년 법령에서는 이렇게 규정했다: 1626년의 부동산 문서나 1646년부터 1647년까지 인구조사표에 등기된 농민은 도망친 기간을 막론하고, 아내·자식 및 재산을 데리고 반드시 원래의 봉건주 영지로 돌아가야 하며, 영구히 이주할 수 없다. 또 봉건주는 도망친 농민을 무기한 추적하여 체포할 수 있고, 도망친 농민을 불법으로 보유한 봉건주는 매년 도망친 농노의 원래 주인에게 10루블의 벌금을 지급해야 한다고 규정했다. 이 법령이 반포된 후, 러시아 농민은 결국 완전히 자유를 상실하고, 봉건주의 토지에 확실히 얽매인 농노가 되었으며, 러시아의 농노제는 마침내 정착되었다.

표트르 대제의 통치 시기에, 러시아 농노제는 한층 발전하고 강화되었으며, 예카테리나 통치 시기에 러시아의 농노제는 정점으로 발전했다. 농노제는 전제 제도가 만들어내고 발전시킨 가장 안정적인 경제적 기초였으며, 전제 제도는 정치와 법률로 농노제 발전의 근본 조건을 보증했다. 농노제와 전제 제도는 러시아 봉건 제도와 봉건주의의 가장 중요한 내용임과 동시에, 러시아 자본주의의 과정을 크게 방해하기도 했다.[9]

---

7 동방정교회가 매년 봄(4월 23일)과 가을(11월 26일)에 세인트 조지(George: 러시아어로 유리)를 기념하는 종교 기념일.(역자 주)
8 금년이란, 1580년대 초에 러시아 정부가 귀족들의 농업 노동력 수요를 보증하기 위해, 농민의 자유 이주를 금지한 해를 가리킨다.(역자 주)
9 豆丁网에 실린 「尼古拉一世和亚历山大二世时期俄国」을 참조하라.

3. 예카테리나 2세의 영토 확장

러시아인 며느리 신분으로 즉위한 예카테리나 2세는 표트르 대제의 개혁을 계속 추진했을 뿐 아니라, 동서로 해외 정벌을 진행하여, 러시아를 전성기에 진입하게 했다.

(1) 러시아의 며느리가 왕위를 계승하다

1725년 1월, 표트르 1세는 후계자의 이름을 밝히지 못한 채 세상을 떠났다. 그러자 고급 귀족들이 치열한 권력 투쟁을 개시했다. 우선 표트르 1세의 아내인 예카테리나 1세가 왕위에 올랐고, 이어서 그의 손자인 표트르 2세가 즉위했다. 그런데 1730년, 표트르 2세가 결혼 전야에 병으로 사망했다. 한차례 주마등과 같은 왕위 교체를 거쳐, 1741년 11월에 귀족들은 표트르 1세의 딸인 엘리자베타 페트로브나를 왕위에 추대했다. 새로운 우대와 특권을 얻은 그들 귀족 계층에 대해 말하자면, 엘리자베타의 집정 기간은 길고 평온했다. 그는 평생 결혼을 하지 않았으며, 생질인 표트르 3세를 독일에서 불러들여 왕위 계승자로 삼았다. 1745년, 황실은 표트르 3세를 위해 약혼녀를 선정했는데, 부유하지 않은 독일 공주 소피아였다. 러시아에 온 후, 소피아는 러시아정교를 받아들이고, 예카테리나로 개명했다. 예카테리나 2세는 남편과는 성격이 전혀 달랐다. 표트르 3세는 공부를 싫어했고, 프로이센을 숭배했으며, 러시아의 모든 것을 경멸했다. 예카테리나는 온갖 책

예카테리나 2세(1729~1796년)는, 예카테리나 대제라고도 하며, 러시아 여성 차르이다 (1762~1796년 재위).

들을 폭넓게 읽었고, 러시아의 언어와 문화를 열심히 배우면서, 여왕과 러시아인의 환심을 사기 위해 진력했다. 그는 매우 많은 친구를 사귀었는데, 근위군 세력 내에 친구가 특히 많았다.

1761년, 표트르 3세는 황제가 되었다. 그러나 그의 행위는 사회의 보편적인 불만을 불러일으켰는데, 이러한 불만 정서는 바로 예카테리나 2세에게 이용당했다. 1762년 여름, 한 차례 궁정 정변이 발생했는데, 근위군이 새 여자 황제인 예카테리나 2세를 왕위에 추대했다. 표트르 3세는 궁정에서 끌려나갔고, 6일 후에 그는 예카테리나의 친구들에게 살해되었다.

(2) "개명 전제"와 "귀족 해방"

젊었을 때, 예카테리나 2세는 프랑스의 계몽사상가인 볼테르·디드로와 몽테스키외의 작품에 열중하여, 모든 사람에게 적합한 "공정한 법률"의 제정을 동경했다. 그는 "개명 전제" 정책을 폭넓게 추진한 유럽 국가의 모델을 적극적으로 본받았다. 그의 의도에 따르면, 국가의 지도자는 마땅히 "왕위에 있는 현인"·예술의 보호자 및 전 민족의 구세주여야만 했다. 비교적 시대에 뒤떨어진 사회 기구를 없애기 위해, 그는 추밀원을 개편했고, 교회의 재산을 국가 소유로 회수했으며, 관리(管理) 제도와 사법 제도를 개혁하고, 관료 기구를 강화했다.

1767년, 러시아의 법률을 다시 심의하기 위해 그는 법전위원회를 조직하여, 법전의 제정 작업을 시작했다. 농민을 제외하고, 국민의 모든 계층이 대표를 파견하여 법전위원회에 참가해야 했다. 예카테리나는 친히 위원회를 위해 「칙서」를 집필했는데, 거기에는 서방 선진 사상가들의 사상을 광범위하게 사용했다. 그러나 각 계층의 이익이 현저하게 달랐고, 특히 농노제도와 관련된 문제는 그들을 화해시킬 방법이 없었기 때문에, 아무런 실질적인 진전도 이루지 못했다. 한 명의 정치가이자 현실주의자로서, 예카테리나 2세는 전제와 농노제를 포기하는 것은 자기의 정권을 파괴하는 것과 마찬가지라는 것을 빠르게 알아차렸다. 그래서 그는 조금도 망설이지 않고 방향을 바꾸어 모든 희망을 귀족 계층에게 걸기로 했다.

1762년, 차르는 「러시아 모든 귀족 계층에게 자유를 하사하노라」라는 조서를 반포했다. 귀족은 국가 복무의 의무를 면제받았고, 부동산을 자유롭게 관리하고, 자유롭게 출국할 수 있는 권리 및 기타 특권을 획득했다. 이전의 귀족들이 토지를 얻은 것이 차르를 위해 복무했기 때문이었다고 한다면, 그들은 이제 직접 토지를 세습할 수 있게 되었다. 설사 귀족이 죄를 저지르더라도, 국가는 이런 부동산을 몰수할 권한조차 없었다.

예카테리나 2세는 사실상 귀족에게 농민을 처벌할 수 있는 무제한의 권리를 주었다. 지주는 마음대로 농민을 징벌하고, 그들을 시베리아로 추방할 수 있었다. 지주에 대한 어떤 비방도 국가 범죄라고 선포되었다. 농노를 매매하는 현상이 악화하여, 토지와 함께 농노를 매매하는 것도 허락했을 뿐 아니라, 단독으로 매매할 수도 있었으며, 심지어 남편을 아내와 헤어지게 할 수도 있고, 자식이 부모와 헤어지게 할 수도 있었다. 농노제 농민은 진정한 노예, 즉 "살아 있는 물건"이 되었다. 차르 정부는 제국의 변경 지역─우크라이나와 발트해 연안 지역에서도 전제 권력을 강화했다. 러시아 군대는 코사크의 자유의 보루인 자포리자 주둔지를 파괴하여, 농노제도가 우크라이나에서 전면적으로 시행되었다.

다른 한편으로 여성 황제는 기꺼이 국유 토지를 자기의 총애하는 신하들과 장군들에게 나누어 주고 싶었다. 예를 들면, 1762년 궁정 정변에 참여했던 오를로프 형제에게 하사한 농노만 해도 5만 명 이상이었고, 총신 포템킨에게 상으로 하사한 농노는 거의 4만 명이나 되었다. 예카테리나 2세는 여러 가지 법령을 반포하여, 귀족의 권력을 확대하고, 일련의 조치들을 취해 귀족 지주의 농노에 대한 잔인한 압박과 착취를 강화했다. 이리하여 예카테리나 2세 시기는 귀족 계층의 "황금시대"라고 불린다. 이는 뒤이어 폭발하는 농민 전쟁을 위해 불안한 씨앗을 심어놓은 것이기도 했다.

(3) 대외 확장과 영토 개척

러시아는 표트르 1세 시대부터, 자신의 강대한 군사력에 의지하여 세계와 유럽 사무에서 적극적으로 확장해 나가는 정책을 시행했다. 7년전쟁 시기에, 러시아 군대는 성공적으로 프로이센과 전쟁을 벌였고, 심지어 그 수도인 베를린까지 진격했다. 18세기 내내, 쇠약한 폴란드는 유럽의 열강이 쟁탈하는 대상이 되었다. 러시아는 폴란드를 자기의 세력 범위가 되게 하려고 시도하여, 여러 번 군대를 파견해 그곳의 민족 해방 운동을 진압했다. 예카테리나 2세 집정 기간에, 러시아는 흑해 연안과 예전에 터키 제국에 속했던 지역에서 완전히 세력을 공고히 했다. 1768년부터 1774년까지와 1788년부터 1791년까지, 러시아는 두 차례 터키에 대해 전쟁을 일으켰는데, 그 결과 모두 완승을 거두었다. 이들 전쟁에서 육군 사령관인 알렉산드르 수보로프(Aleksandr Vasilievitch Souvorov)는 탁월한 군사 재능을 보여주었고, 해군 대장 표도르 우샤코프(Fyodor Fyodorovich Ushakov)가 지휘한 러시아 함대도 흑해 연안에서 여러 차례 터키인에게 승리를 거두었다. 이런 전쟁의 결과, 러시아는 남부 우크라이나의 많은 토지와 크림반도를 획득했다. 예카테리나의 총신인 그레고리 포템킨은 이러한 지역들을 개발하기 위해 적극적인 활동을 벌였다. 여기에 니콜라예프, 오데사, 세바스토폴 같은 많은 새로운 도시들이 생겨났다. 차르 정부는 "황야"의 광활한 토지를 귀족에게 나누어주었다. 독일 농민도 이런 지역들과 볼가강 유역의 개발 활동에 참가했는데, 이러한 독일 농민들은 예카테리나 2세의 허락을 받고 러시아로 이주해 온 이민들이었다.

예카테리나 2세는 표트르 1세처럼 무모한 패권주의자였다. 그는 무력을 남용하여 전쟁을 일삼았고, 군대를 증강하고 전쟁 준비를 했으며, 육군을 확대하여 그것을 유럽에서 가장 강대한 군대로 만들었다. 표트르 1세가 창립한 발트해 함대의 뒤를 이어, 또 러시아 해군의 두 번째 함대인 흑해 함대를 창설했다. 예카테리나 2세는 강대한 경제력과 군사력에 의지하여 곳곳을 침략하여 확장했다. 그는 러시아-스웨덴 전쟁(1788~1790년)을 통해, 러시아의 발트해에서의 패권적 지위를 공고히 했고; 세 차례의 폴란드 분할 전쟁을 거쳐, 러시아의 영토를 유럽의 심장 지대로 끼워 넣었으며; 두 차례 러시아-터키 전쟁을 통해, 서유럽으로 통하는 남쪽의 문호를 열었다. 그는 또 반프랑스 동맹을 조직하여, 프랑스의 자산계급 혁명에 개입함으로써, 유럽의 봉건 군주를 그의 발밑에 엎드리게 하여, 차르 러시아가 유럽 헌병의 역할을 하기 시작하도록 했다. 예카테리나 2세의 영토 확장은, 차르 러시아가 유럽의 패권을 쟁탈하기 위한 기초를 다졌으며, 러시아가 유럽에서 중요한 지위를 차지하는 국가가 되게 했다. 방대한 군사 제국으로서, 러시아의 판도는 폴란드에서부터 곧장 알래스카까지 확장되었다. 러시아 궁정은 유럽에서 가장 휘황찬란하고 가장 아름다운 궁정 중 하나로 여겨졌으며, 이와 동시에 러시아는 유럽의 국가 사무를 중재하기 시작했다.

4. 10월혁명과 소련의 사회주의 건설

제1차 세계대전 전후로, 러시아 자본주의의 발전에 따라, 농노제를 반대하는 운동이 고조되면서, 러시아의 사회 모순이 나날이 격화되었다. 비록 러시아가 일부 개혁 조치들을 취해 국내의 모순을 가라앉히려고 힘썼지만, 효과는 크지 않았다. 제1차 세계대전의 발발은 러시아의 국내 모순을 격화시켜, 10월혁명의 성공을 위해 일정한 조건을 마련했다. 레닌·스탈린 등의 영도하에, 러시아는 세계 최초의 사회주의 국가를 건설했을 뿐만 아니라, 소련의 경제와 정치의 발전을 추진하는 데에도 한때 거대한 성과를 이룩하여, 소련이 제2차 세계대전에서 독일에 승리하기 위한 기초를 다졌을 뿐 아니라, 제2차 세계대전 후 소련이 세계를 제패하는 데에도 일정한 조건을 마련했다.

(1) 스톨리핀 개혁
1907년 "6.3정변" 후, 러시아는 스톨리핀의 암흑 통치 시기에 진입하여,

차르가 혁명가와 모든 진보 세력에 대해 미친 듯이 박해를 가하면서, 수많은 사람들이 처형되거나 유배되었다. 노동자 진보 조직에 대해서는 온 힘을 다해 분쇄했고, 혁명적 간행물은 발행을 엄격히 금지하여, 암흑과 공포의 분위기가 전 러시아를 감쌌다.

공장에서 노동자계급은 차르 군경의 박해를 받았을 뿐만 아니라, 자본가의 괴롭힘도 당해야 했다. 노동자를 협박하여 재물을 강요하고 사기를 쳐서 갈취하는 수많은 낡은 제도들도 다시 회복되었으며, 공장주는 마음대로 노동자를 해고했고, 또한 반동적인 당국에 진보적인 노동자의 "블랙리스트"를 비밀리에 보고했다. 농촌에서는 농민 운동이 참혹하게 진압되었고, 지주들은 필사적으로 그들이 혁명 시기에 입은 "손실"을 되찾으려 하면서, 농민 투쟁은 침체기에 접어들었다. 자산계급 인텔리겐챠들 가운데 입헌민주당은 앞장서서 혁명 사상에 대해 악랄한 공격과 비방을 가했다. 그들은 공개적으로 반동적인 암흑 통치를 칭송했으며, 『Bexa(이정표)』라는 문집을 출판하여 마르크스주의를 비방했다. 레닌은 『Bexa』를 자유주의자들의 배신행위의 "백과전서"라고 불렀다. 혁명 내부에서 어떤 사람은 동요하고 타락했다. 수정주의자들은 에른스트 마하(Ernst Mach)의 경험비판론을 이론적 기초로 삼아, 마르크스주의를 맹렬하게 공격했다. 당시 전체 러시아 사회는 오직 레닌을 우두머리로 하는 볼셰비키 혁명파만이 형세가 잠시 침체기에 있는 동안에 더욱 흔들리지 않고, 혁명에 대해 자신감이 넘쳤으며, 차르 정부와 가장 결연하게 투쟁했다. 반동적인 차르 정부는 비록 혁명 운동에 대해 미친 듯이 진압했지만, 이미 혁명 전의 통치를 회복할 수는 없자, 일정 정도 러시아 자본주의의 발전에 적응하면서 도시와 농촌의 자산계급의 지지를 얻는 것이 필요했다. 이 때문에 내각 총리대신인 스톨리핀은 제3차 국가 두마를 개최함과 동시에, 새로운 토지 정책을 실행했다.

스톨리핀의 새로운 토지 정책은 주로 부족 공동체 토지의 공평한 사용을 파괴함으로써 부농 경제를 강화하려고 시도했다. 이 정책은 차르의 통치를 공고히 하는 목적을 결코 달성하지 못했다. 레닌이 지적한 것처럼 "예전의 위기를 새로운 환경에서, 계급 관계가 더욱 명확해진 상황에서, 새로운 형식으로 더욱 심각해지게 할 뿐이었다".[10]

(2) 2월혁명과 10월 무장봉기

1914년에 제1차 세계대전이 발발했다. 제정러시아는 협약국과 한편에 서서, 전쟁을 통해 독일을 격파하여 독일의 위협을 제거함과 동시에, 전쟁 국면을 이용하여 국내의 혁명을 진압하려고 시도했다. 그러나 결과는 뜻대로 되지 않았고, 제국주의 전쟁은 오히려 제정러시아 제국의 고유한 모순을 일제히 격화시켜, 혁명적 형세의 발전을 촉진했다.

전쟁 기간에 러시아 국민경제는 심각한 손해를 입었는데, 40%의 남자들이 전쟁터로 끌려갔고, 방대한 토지가 황폐해졌고, 식량 가격이 폭등하여, 인민은 굶주림과 추위에 시달렸다. 전쟁은 수백만 명의 생명을 앗아갔고, 국내 자원은 거의 다 소모되었으며, 차르 군대는 연전연패하여, 수많은 군중의 강렬한 불만을 불러일으켰다.

1917년 1월 9일, 페트로그라드·모스크바·바쿠 등의 도시들에서 모두 대규모 시위행진이 일어났다. 2월 18일부터 25일까지, 파업 노동자가 30만 명을 넘자, 차르는 군대에 명령을 내려 시위 군중에게 발포하여, 혁명 군중의 엄청난 분노를 불러일으키면서, 혁명의 기세는 갈수록 거세졌다. 2월 26일 이른 아침, 노동자 봉기의 무장 대오는 바리케이드를 치고 시가전을 벌이기 시작했는데, 그들은 헌병과 경찰의 총을 탈취하여 스스로 무장했다. 2월 27일, 페트로그라드 주둔군이 봉기에 참가하면서, 노동자와 사병의 연합 작전은 신속히 군경의 소굴을 파괴했다. 그날 밤, 봉기 대오는 페트로그라드 노동자 대표 소비에트 제1차 대표대회를 열어, 정식으로 2월혁명이 승리를 거두었음을 선언했다. 수도에서 봉기가 승리했다는 소식이 신속히 전국에 두루 퍼지자, 각지의 혁명적 인민이 함께 분기하여 차르의 지방 정권을 무

---

10 列宁, 「最后一个门」, 『列宁全集』 第18卷, 人民出版社, 1995年版, 244쪽.

1917년에 러시아 2월혁명이 발발하자, 임시정부 수반인 케렌스키가 군대를 검열하고 있다.

너뜨리고, 잇달아 노동자 대표 소비에트와 농민 대표 소비에트를 설립했다. 이렇게 되자, 러시아 인민을 300여 년간 통치했던 로마노프 왕조 및 장기간 유럽의 반동 보루였던 차르 전제 제도는 마침내 노동자·농민 병사들의 혁명 홍수에 의해 무너졌다.

2월혁명이 승리한 후, 러시아 정계는 짧은 기간 동안 두 개의 정권이 병존하는 국면이 나타났다. 이런 국면이 출현한 원인은 다음과 같다: 한편으로는 무산계급이 경험이 부족하고, 볼셰비키의 지도자인 레닌은 국외에 있었으며, 기타 주요 지도자들의 다수는 복역 중이거나 유배되어 있었기 때문이다. 다른 한편으로는 볼셰비키가 거리에서 군중을 지도하여 직접 전투를 벌이고 있을 때, 멘셰비키와 사회혁명당이 전국 각지에서 노동자·농민·사병 대표 소비에트를 건립하는 기회를 이용하고, 방대한 군중이 아직 그들의 위장 혁명을 간파하기 어려워, 실제로는 자산계급의 주구로 충당되던 시기를 이용하여, 소비에트에서 다수를 차지하고 주요 지도적 직위를 탈취하여 지도부를 장악했고, 자산계급과 상호 결탁하여 임시정부를 수립하여, 자산계급과 지주의 이익만을 대표할 뿐, 노동자와 농민의 이익에는 전혀 관심이 없었기 때문이다.

이후에 볼셰비키당의 지도자들이 잇달아 귀국하여 "전쟁을 타도하자!"·

"토지는 농민에게!"·"빵은 배고픈 자에게!"라는 구호를 공개적으로 제시함으로써, 인민 군중에게 커다란 지지를 받았으며, 위엄과 명망이 급격히 상승했다. 10월 7일(양력 10월 20일) 레닌은 비밀리에 페트로그라드로 돌아갔다. 10월 10일, 볼셰비키당 중앙은 긴급회의를 소집하여 봉기 문제를 토론했는데, 레닌·지노비예프·카메네프·트로츠키·스탈린·스베들로프 등이 회의에 참석했다. 마지막에 절대다수 표로 레닌이 기초한 결의를 통과시키고, 페트로그라드 혁명군사위원회를 설립했다. 10월 16일, 볼셰비키는 확대 회의를 개최하여, 무장봉기에 관한 결의를 통과시켰다.

혁명의 무장세력은 이미 결집을 마쳤는데, 봉기의 기본적인 무장세력은 숫자가 무려 20만 명이나 되는 노동자 적위대로, 대략 산업 노동자로 구성되었다. 그들은 대부분 1905년 혁명과 1917년 2월혁명의 시련을 겪었다. 페트로그라드 무장봉기의 참가를 준비한 다른 두 가지 중요한 세력은 발트해 함대와 페트로그라드 경비 부대의 혁명적 사병들이었다.

이와 동시에, 케렌스키와 자산계급 정부도 허둥대며 곧 다가올 혁명 운동을 진압할 계획을 세우고 있었다. 1917년 10월 24일, 임시정부는 볼셰비키 신문을 압류했다. 이 결정에 대한 대답으로, 볼셰비키는 행동을 개시했다. 그날 저녁 23시, 레닌은 스몰니 학원에 와서 직접 봉기를 지휘했다. 10월 25일 아침, 봉기 대오는 이미 기본적으로 전체 페트로그라드를 장악했다. 임시정부는 빠르게 포위되었으며, 심야인 새벽 2시에 동궁(冬宮)이 함락되고, 임시정부의 장관들이 체포되면서, 수도의 봉기는 승리를 거두었다. 당일 오전 10시쯤, 임시정부의 총리 케렌스키는 여자로 분장하여, 미국 국기를 꽂은 자동차를 타고 미국의 러시아 주재 대사관에 숨어들었다가, 황급히 페트로그라드에서 도망쳤다. 그날 밤, 전체 러시아 소비에트 제2차 전국 대표대회에서 새로운 소비에트 정권을 수립한다는 결정을 통과시켰다. 그날 새벽녘, 사람들이 깨어난 후, 놀랍고 의아하게 길거리에서 페트로그라드 노동자·농민·병사 대표 소비에트 군사혁명위원회의 포고문을 보았다: "임시정부는 이미 전복되었다. 국가 정권은 이미 페트로그라드 노동자·농민·병사 대표 소비에트 기관, 즉 페트로그라드의 무산계급과 경비 부대를 지도하는 혁명군사위원회의 수중으로 넘어왔다. 즉시 민주적 협약을 제시하고, 지주의 토지 소유제를 폐지하며, 노동자의 생산 감독을 실행하고, 소비에트 정부를 수립하여, 모든 인민이 분투하는 사업이 전부 보장되었다. 노동자·병사·농민 혁명 만세!"[11] 이리하여 10월혁명은 완전히 승리를 거두었다.

(3) 레닌의 사회주의 건설 사상

막 탄생한 소비에트 정권은 국내외 적들의 군사 포위 토벌에 직면했기 때문에, 소비에트 정부는 부득이하게 긴급성을 띠는 전시 공산주의 정책을 실행했다. 정부는 식량에 대해 독점을 진행함과 아울러, 여유 식량 징수제를 실행함으로써, 소련의 농업 발전에 심각한 충격을 가했다. 농민의 생활이 커다란 압력을 받자, 농민의 불만을 불러일으켰다. 게다가 빈번한 국내전쟁은 국가의 경제를 심각하게 파괴했다. 많은 공장이 문을 닫았고, 모든 시장 관계를 소멸시키는 "전시 공산주의" 정책은 국가 상황, 특히 농촌의 상황을 나날이 악화시켰다. 많은 지역에서 농민들의 소요가 일어났다. 1921년부터 1922년까지, 볼가강 유역·돈강 및 우크라이나 지역에서 모두 보기 드문 가뭄이 발생했다. 잇달아 닥쳐온 것은 무서운 기근이었고, 수백만 명이 이 때문에 목숨을 잃었다. "굶주림에 시달리고 살아갈 곳이 없는 농민들은 자발적으로 일부 폭동을 조직했는데, 폭동의 목표는 소비에트 정부로 향했다. 폭동을 일으킨 농민들은 소비에트 정권 기관을 점령하고, 철도와 도로교통로를 차단하고, 식량을 약탈하고, 식량 운송대 대원들을 살해했다. 시베리아의 이심(Ishim)현 한 곳만 해도 폭동에 참여한 농민이 6만여 명에 달했다. 일부 농민은 또 '소비에트가 필요하지만, 볼셰비키가 참가하는 소비에

---

11 1917년 10월 25일(양력 11월 7일), 전체 러시아 제2차 소비에트 대표대회가 스몰니 학원에서 개막했다. 대표대회는 레닌이 기초한 「노동자·병사 및 농민에게 고하는 글」을 통과시키고, 각지의 모든 정권이 소비에트로 귀속되었다고 선언했다.

트는 필요 없다'라는 구호까지 내걸었다."[12] 모든 상황은, 일반 백성들 사이에서 볼셰비키와 소비에트 정권에 대한 신뢰위기가 발생했다는 것을 나타내주었다. 1921년 2월 28일, 마찬가지로 평소에 명예혁명의 전통을 가지고 있는 페트로그라드 크론시타트에서 1만 5,000명의 수병이 참여한 군사 반란이 일어났는데, 반란에 참여한 사람의 대다수는 막 군복을 입은 농민들이었으며, 그들의 구호도 "모든 정권은 소비에트에 속하지, 볼셰비키에 속하지 않는다"였다. 그들은 국가의 정치와 경제 정책을 바꿀 것을 요구했다.

레닌은 반드시 당의 정책을 다시 심사하고, 농민에 대한 태도를 바꿔야 한다는 것을 갈수록 분명하게 인식했다. 1921년 3월에 개최한 러시아공산당(볼셰비키) 제10차 대표대회는 농촌에서 식량세를 징수하기로 하는 결정을 통과시켰다. 소비에트 러시아는 "신경제정책"으로 전환하기 시작했다.

신경제정책은 다양한 경제적 요소들이 병존하는 것을 허용하여, 시장의 지위와 역할을 승인했으며, 자유 무역을 허락하고, 고용 노동의 사용을 허락하면서, 개인 상점과 시장이 회복되었다. 국가는 소기업을 원래의 주인에게 돌려주고, 가장 크고 효율적인 기업만 남겨두었으며, 적극적으로 외자를 끌어들여 공업 발전에 사용했다. 동시에 농민이 자유롭게 자기의 생산품을 분배하도록 허용했다. 예를 들면, 식량세를 완납한 후에는, 생산품을 시장에 가져가서 자유롭게 판매할 권리를 가졌다.

1921년 가을, 시장 관계로의 전환이 기본적으로 완성되었다. 상업과 소규모 생산이 활기를 띠기 시작했다. 1920년대 중반, 경공업과 식품공업은 거의 전쟁 전의 수준으로 회복되었다. 1924년부터 중공업의 상황도 호전되기 시작했다. 갖가지 형식의 합작사 경제가 신속히 발전하기 시작했다. 농민의 상황도 개선되어, 농촌에서 빈농의 숫자도 갈수록 줄어들었다.

레닌은 신경제정책의 의의를 여러 차례 강조했다. 그는, 신경제정책은 "성실히, 장기적으로" 추진해 가야 한다고 지적했다. 그러나 1922년 5월부터

---

12 李世安·宋玥,「俄国农民与十月革命」,『烟台大学学报(哲学社会科学版)』, 第20卷 第4期.

레닌의 건강 상태가 계속 악화했다. 그의 영도적 지위는 점점 스탈린이 대체했다. 1922년, 스탈린이 당의 총서기가 되었다. 레닌이 사망한 후, 당내에서는 국가의 발전 노선 문제에 대해 치열한 논쟁을 벌였다. 1926년에 이르러 공업과 농업 집단화 운동이 전면적으로 전개된 후, 신경제정책은 비로소 완전히 폐지되었다.

5. 스탈린 모델의 확립 및 그 성패

스탈린이 소련 공산당의 총서기를 맡은 후, 그의 영도하에, 소련은 점차 일련의 계획경제와 권력의 고도 집중을 특징으로 하는 정치 경제 체제를 확립했는데, 사람들은 이것을 "스탈린 모델"이라고 부른다. 이 모델은 소련이 신속히 농·공업을 발전시키는 데 도움이 되었고, 독일 파쇼와의 전쟁에서 승리하는 데 중요한 기초를 제공했지만, 소련의 발전에 따라 점차 일련의 폐단을 드러냈다. 흐루쇼프에서 고르바초프까지, 역대 소련의 지도자들은 모두 이에 대해 개혁을 시도했지만, 소련이 해체될 때까지도 소련은 이를 대체할 새로운 노선을 찾지 못했다.

(1) 농업의 전면적인 집단화

1927년부터 1928년까지, 소련은 심각한 양곡 수매 위기가 발생하자, 스탈린은 위기가 나타난 원인은 부농계급이 파괴 책동을 부린 것이라고 여겼다. 그 사상적 근원은 사유제 경제와 개인 경제에 대한 부정이었다. 그는, 한편으로는 농업의 전면적인 집단화를 통해 개인 농민을 개조하고, 분화를 방지하여, 평등을 실현하자고 주장했고, 다른 한편으로는 특수한 수단으로 부농(쿨라크-역자)을 타격하여 소멸시키고, "그들이 남는 식량을 소비에트 정권 기구에 바치도록 강요했다". 1929년 11월에 소련 공산당 중앙 전체 회의는 농업 집단화를 전면적으로 추진한다는 결의를 통과시켰고, 1933년 말까지 약 99.8%의 농가가 집단농장에 가입하여, 전면적인 집단화의 목표를

기본적으로 실현했다. 동시에 전면적
인 집단화 과정에서, "부농"에 대해 시
종 정확한 판정 기준이 없어, 일부 중
농과 빈농도 부농으로 간주하여 박탈
하고 개조했기 때문에, "부농"이 전체
농가 호수에서 차지하는 비율이 처음
의 3%에서 최후에는 6~8%로 확대
되었다. 그 결과는 필연적으로 사회적
모순의 격화를 초래했다.

이오시프 비사리오노비치 스탈린(1878~1953
년)은, 전 소련 공산당 중앙위원회 총서기·소
련 장관회의 주석·소련 대원수·소련에서 집권
기간이 가장 길었던(1924~1953년) 최고 국가
지도자였다. 1953년 3월 5일, 뇌일혈로 모스
크바에서 사망했다.

농업의 전반적 집단화는 스탈린이
최고 지도자의 지위를 확립하는 데
물질 기초와 정치적 조건을 제공했다.
양곡 수매 운동부터 농업의 전반적
집단화의 철저한 전개에 이르기까지,
스탈린은 기회를 틈타 점차 반대파를
억압하고 타격을 가하여, 자기의 명령을 따르는 국가 집권 기구와 지방 당
정(黨政) 조직을 확립했다. 1929년 12월 21일, 〈프라우다〉가 8판에서 스탈
린 탄생 50주년을 축하한 것을 시점으로, 소련의 역사는 스탈린 시대에 들
어섰다.

농업의 전면적 집단화와 국가 공업화가 서로 부응하면서, 소련의 농·목
업 생산에 거대한 변화를 일으켰다. 한편으로는 분산된 소생산이 집중된
대생산으로 전환했고, 농업의 경영 규모가 대략 100배 정도 확대되었다.(참
고: 1928년에 소련에는 2,500여만 호의 개인 농가가 있었고, 호당 약 4~5헥타르의
경작지를 보유하고 있었다. 1940년에 소련은 23.7만 개의 집단농장과 4,159개의 국
영농장이 있었는데, 농장마다 평균 614헥타르의 경작지를 보유했고, 국영농장마다
1,156헥타르의 경작지를 보유하고 있었다.) 다른 한편으로, 전반적 집단화의 기
초 위에서, 소련 농업은 기계화의 길로 나아가기 시작했고, 농업 기계와 화

학 비료의 사용은 농업 생산성을 제고시켰으며, 노동력의 소모를 감소시켰다. 농업 생산이 공업 건설을 지원하면서, 국가의 빠른 발전과 스탈린 모델의 완성을 보장했다.

그러나 소련의 농업이 총체적으로는 결코 현대화를 실현하지 못하여, 제2차 세계대전 전까지 농업은 여전히 조방식(粗放式: 자본이나 노동을 적게 투여하고 자연력에 크게 의존하는 방식-역자) 경영이어서, 인력과 축력 노동을 이용한 생산이 주를 이루었다. 농·목업 생산력은 더욱 크게 파괴되었고, 상당 부분의 생산 경영 경험이 있는 농민들은 부농으로 여겨져 소멸되자, 농민의 생산에 대한 적극성에 영향을 미쳤다.

(2) "약진"식 공업화

1925년, 소련 경제는 대체로 전쟁 전의 수준을 회복했다. 적대적인 자본주의 세계의 포위 속에서, 소련 공업은 구미 지역 나라들보다 훨씬 낙후되어 있었다. 공업화의 실시는 소련 공산당이 정권을 공고히 하고 사회주의 강국을 건설하는 가장 중요한 임무였다. 1925년 12월, 소련 공산당 제14차 대표대회에서 스탈린은 당 중앙을 대표하여 반드시 국가를 경제적으로 자본주의 국가에 의존하지 않는 공업국으로 만들어야 한다는 절박한 임무를 제기하여, 당의 사회주의 공업화 건설 방침을 명확히 했다. 1928년, 스탈린은 경제를 고속으로 발전시키는 문제와 관련된 이론을 제시하고, 부농에 비상조치를 취함으로써, 공업화 자금의 원천을 축적하여, 공업을 고속으로 발전시키자고 주장했다. 이 해에 제1차 국민경제 5개년 계획이 시작되면서부터, 소련은 신경제정책을 폐지하고, 명령적 계획을 통해 공업 발전, 특히 중공업 발전에 힘을 쏟았다.

1928년부터 1940년까지, 세 차례의 국민경제 5개년 계획(그중 제3차 5개년 계획은 독일의 침입으로 중단됨)을 실시하는 기간에, 소련의 공업화는 중대한 성과를 거두어, 경제가 비약적으로 발전했다. 스탈린은 이렇게 말했다: "우리나라가 농업국에서 공업국으로 변화하는 데 모두 13년 정도의 시간밖에 걸리지 않았다." 1940년에 소련의 공업 생산량은 일약 세계 제2위·유럽 제1위가 되어, 서방의 발달한 자본주의 국가들과의 격차를 줄였다. 중앙 계획경제는 거대한 작용을 발휘했는데, 행정명령 체계를 통해, 대량의 자금과 인력을 축적하여 중점 영역에 투입하고, 국가의 공업화 호소하에 중공업과 군사공업의 발전 성과가 두드러졌으며, 경공업도 일정한 발전을 이루어, 강대한 군사력과 경제력을 갖추었다.

그러나 "약진"식 공업화에는 몇 가지 중대한 문제도 존재했다. 경제 건설에서, 일방적으로 중공업 발전에 중점을 둠으로써, 인민의 생활과 밀접한 관계가 있는 농업과 경공업을 장기간 낙후한 상태에 놓이게 했다. 중공업의 성장 속도는 대략 농업의 8배, 경공업의 3배로, 경제 발전이 크게 균형을 잃었다. 단순히 생산액과 생산량만 강조하자, 상품 품목이 단일하고, 품질도 고르지 못해, 수요 공급의 요구를 충족시키지 못했다. 발전 모델이 거칠고 효율이 낮아, 자원을 대량으로 낭비했고, 환경을 심각하게 파괴했으며, 생산의 효과와 이익이 낮았다. 정치 생태에서는, 스탈린이 확립한 노선 방침과 정책이 점차 유일하게 정확하고 반드시 복종해야 하는 명령이 되면서, 공업화의 정치적 색채가 농후했고, 일부 문제가 장기간 해결되지 못하자, 당내 투쟁의 격렬함과 사회적 동요와 불안정을 초래했다. 다른 의견을 가진 간부는 타격과 박해를 받았고, 수백만 명이 흉년으로 죽었고, 수백만 명의 부농이 유배되고 처형되었으며, 무수한 노동 인민이 행정명령과 징벌 시스템의 감독하에 힘들게 노동하면서 어렵게 살아가느라 생산의 활력이 부족했다. 소련 경제는 짧은 시간 내에 폭발적으로 성장함과 동시에, 훗날 경제가 장기 침체에 빠지는 심각한 잠재적 폐해를 초래했다.

(3) 스탈린의 민족 정책

국내 전쟁이 끝난 후, 국가 연맹을 어떻게 건립하고, 민족 관리 체제의 문제를 어떻게 확립할 것인가의 문제가 의사 일정에 놓였다. 스탈린은, 민족 문제와 민족 이익은 마땅히 계급의 요구에 완전히 복종하고, 사회주의의 요구에 복종해야 한다고 여겼다. 민족 평등과 민족 자결은 모두 상대적이고 조건이 있어야 했다. 비록 헌법 규정에서는 소련이 연방제 국가로, 가맹한 공화국들은 모두 "자유롭게 연맹에서 탈퇴할 권리"를 가지고 있었지만, 실제로는 구체적으로 집행할 법률 절차가 없어, 탈퇴할 현실적 가능성을 부정했다. 헌법은 또한 각 민족은 자기의 자치 실체를 건립할 수 있다고 규정했지만, 민족 구역의 획정이 실제로는 지도자의 의지에 따라 결정되면서, 매우 큰 주관적 자의성과 일방성을 갖게 되어, 각 가맹국 내부에는 모두 다른 민족의 집단 거주지가 있었으며, 각 가맹국 간의 경계와 자원 상황도 복잡하게 뒤얽혀 있어서, 드러나지 않은 화근이 매우 많았다. 중앙 집권의 강화에 따라, 민족 경제와 민족 문화를 발전시킬 권리를 포함하여, 원래 민족 자치의 실체에 속하던 권리도 회수되자, 민족 구역의 지도자는 단지 중앙이 하달한 정책을 추진하는 데 온 힘을 다할 수밖에 없었고, 자기 민족의 상황에 따라 중앙에 어떤 다른 의견도 제시할 수 없었다. 이런 정책의 추진은 상당 정도 다른 민족의 자치 권리를 제한했다.

6. 고르바초프의 개혁과 소련 해체

스탈린 모델이 가지고 있는 갖가지 폐단들은 그가 세상을 떠난 후 점차 드러나기 시작했다. 그의 후계자인 흐루쇼프와 브레즈네프가 잇달아 개혁을 시도했지만, 효과는 매우 적었다. 1980년대 중엽에 고르바초프가 집권한 후, "페레스트로이카"를 추진함에 따라, 소련의 방향을 바꾸어 자본주의 노선을 걸었는데, 그 결과 소련을 구하지도 못했을 뿐 아니라, 오히려 소련을 해체의 심연으로 밀어 넣었다.

(1) 흐루쇼프와 브레즈네프의 "유산"

1953년에 스탈린이 사망한 후, 고도로 집권화된 스탈린 모델은 소련에 수많은 문제를 남겨 놓아, 반드시 개혁으로 나아가야 했다.

흐루쇼프는 10년 동안 집권했는데, 그는 "개인숭배"를 반대하고, 원죄(冤罪)·날조·오심 사건을 바로잡겠다는 것을 돌파구로 삼아, "해동(解凍: 스탈린의 억압 정책을 완화하는 유화정책-역자)"을 실시했다. 대내적으로는 스탈린의 일부 정책들을 바꾸기 시작했는데, 예를 들면 집단 지도를 강조하고, 농업과 경공업의 발전을 강화하는 데 신경을 썼으며, 간부 임기의 종신제 등을 취소했다. 대외적으로는 국제적 긴장 국면을 완화할 방법을 강구하여, "삼화양전(三和兩全)"[13] 정책을 선전하고 추진함으로써, 군비 경쟁의 압력을 감소시키려고 했다. 전체적으로 보면, 흐루쇼프의 개혁은 일정하게 긍정적인 의의가 있었는데, 특히 스탈린의 개인숭배를 타파하고, 인민의 사상을 스탈린주의의 질곡에서 해방시켰다. 그러나 스탈린 모델에 대한 전반적인 인식이 부족하여, 개혁은 단지 일부 부분적인 문제에만 제한되었고, 근본적인 체제 문제를 건드리지는 못했다. 스탈린의 사회주의 "건설" 논리에 기초하여, 흐루쇼프는 20년 안에 공산주의에 진입하고, 미국과 군비 경쟁을 계속하며, 계속 중공업과 군사공업을 우선 발전시키는 것을 승낙했다. 그는 행동이 경솔하고, 사려가 부족하여, 집권 기간에 많은 착오를 범했으며, 심지어 후기에는 자기에 대한 개인숭배를 추진하기도 했다. 간부 제도의 개혁이 보수 관료 집단의 근본 이익을 직접 손상시켰기 때문에, 한바탕 "궁중정변"으로 스탈린주의를 되살아나게 했다.

브레즈네프는 18년 동안 집권했는데, 이 시기 소련 정세의 특징은 안정·보수·정체였다. 대내적으로는 "신스탈린주의"를 추진하여, "스탈린을 다시 평가하자"고 주장했으며, 이데올로기를 엄격히 관리하고 통제하면서, 형태를 바꾸어 "반대론자"를 억압했다. 간부의 직무 종신제를 회복시켜, 소련 관료 특권 계층의 끊임없는 확대를 초래했는데, 이런 "등록된 권력자"들의 추진으로 소련은 브레즈네프로부터 연속 3대 동안 노인 환자가 나라를 다스리는 보기 드문 정치 현상과 연속 3년간 해마다 한 명의 당과 국가 지도자

---

13 '평화 공존'·'평화적인 경쟁'·'평화적인 이행'의 '삼화(三和)'와 '전 인민의 국가'·'전 인민의 당'의 '양전(兩全)'을 가리킨다.(역자 주)

의 장례를 치르는 세계 기록을 세웠으며, 소련 공산당 내의 특권 사상이 넘쳐나고, 부정부패가 기풍을 이루어, 소련 공산당과 소련이 멸망하는 화근이 되었다. 대외적으로 소련은 동유럽 각국의 개혁을 반대하고 억압했는데, 거리낌 없이 체코슬로바키아에 출병하여, "사회주의 큰집"의 모순을 갈수록 많아지게 했다. 세계 패권을 추구하여, 계속 미국과 군비 경쟁을 벌이느라 많은 국력을 소모했다. "브레즈네프주의"를 실행하여, 다른 나라의 내정에 간섭하면서, 군대가 아프가니스탄에 빠져 있었다. 이 시기는 스탈린 모델의 잠재력이 가장 충분히 발휘된 시기이다.

흐루쇼프부터 브레즈네프까지, 한편으로는 소련의 농업과 공업이 모두 발전했고, 인구와 인민의 생활 수준도 향상되어, 소련은 세계적 범위 내에서 미국과 냉전 및 대결 상태를 형성했다. 다른 한편으로 소련의 정치 체제는 시종 스탈린 모델의 기초 위에서 "수정하고 보완했는데", 체제의 폐단은 끊임없이 내우외환을 초래했다. 정치의 권력 집중은 창조와 혁신을 억누르고 부패를 낳았으며, 농촌은 빈곤하고, 민족문제는 첨예했으며, 군비 부담이 막대하여, 소련은 사회주의를 구하고 세계 과학 기술 혁명을 이용할 좋은 시기를 놓쳤다. 이것은 흐루쇼프와 브레즈네프가 1985년에 당과 국가 지도자를 맡은 고르바초프에게 남겨 놓은 심각한 "유산"이었다.

(2) 고르바초프의 "페레스트로이카"

소련의 정치·경제·민족 및 이데올로기가 전면적인 위기에 직면하자, 1985년에 집권한 고르바초프가 개혁을 진행하는 것은 필연적이었는데, 그 관건은 어떻게 바꿀 것인가였다. 그는 처음에는 개혁의 근본적인 출로를 보지 못하여, 추진한 개혁 조치들이 전혀 성과가 없었을 뿐 아니라, 오히려 국가의 재정적 어려움과 인민의 불만을 가중시키다가, 1987년이 되어서야 소련은 비로소 경제 체제 개혁에 들어갔다. 경제 체제 개혁에서, 고르바초프는 결코 유력한 조치를 취해 가격 왜곡 문제를 바로잡지 않았고, 제때 시장 시스템을 도입하지 않았으며, 민중의 일상적 소비품에 대한 수요 문제 해결을 중요한 위치에 놓지도 않았고, 계속 대량의 인력과 재력을 전통적 품목들에 투입하자[14], 생산 저하·물가 상승·상품 부족·실업률 상승을 초래하여, 민중은 장기간 개혁이 가져온 실질적인 물질적 이익을 누리지 못하면서, 사회주의에 대한 믿음이 크게 흔들렸다.

고르바초프는 민중에게 선거권을 부여하는 데 몰두했지만, 민중에 대한 인도를 소홀히 하고, 민중의 생활 요구를 해결하지는 못했다. 고르바초프는 정치 체제 개혁을 진행하지 않으면 경제 체제 개혁을 계속할 수 없고, 개혁에 불가역적인 보증을 할 수 없다고 잘못 인식했다. 경제 개혁이 아무런 성과도 얻지 못한 상황에서, 그는 급히 정치 개혁을 추진했는데, 먼저 "공개성"과 민주화로 개혁 과정을 시작하여, 신문 매체의 악성 발전과 사회의 무정부 상태를 격화시켰다. 또 소련 공산당의 행정권과 입법권을 주도적으로 포기하여, 당과 소비에트를 대립시켰으며, 당과 당 간부를 개혁의 주요 장애물이자 대상으로 여겨, 당내 민주주주의를 발전시키고, 당정 분리를 실행한 게 아니라, 단순히 간부 제도의 개혁만 진행함으로써, 소련 공산당 내부의 사분오열과 파벌 난립 및 심각한 분열을 초래했다. 그리하여 개혁 전체가 영도의 핵심과 지탱력을 잃게 되자, 사회가 극도로 혼란해져, 소련의 전면적인 위기를 격화시켰다.

소련의 민족문제는 유래가 매우 깊고 모순이 심각했으며, 개혁이 소련 내각 민족의 민족의식을 격화시켰는데, 고르바초프는 오히려 민족의식의 성장에 적극 대응하지 못해, 역사가 남겨 놓은 문제를 잘 해결하지 못했을 뿐만 아니라, 현실 속에서 나타나는 새로운 문제도 잘 해결하지 못해, 민족주의와 민족 분리주의가 끊임없이 팽창하게 했다. 그는 맹목적으로 인민의 이성과 각 민족 간의 "형제의 정"을 믿어, 연맹 중앙의 권위적 역할을 발휘하여 제때 각 민족 공화국의 합리적 권력과 이해관계를 조정하지 못했고, 즉시 연맹을 혁신하지 못했다.[15] 고르바초프가 연맹을 혁신하고, 방안을 제정

---

14 左凤荣,「戈尔巴乔夫的改革为何失败了?」,『南风窗』, 2011年 5月 3日.
15 沈志华 主编,『一个大国的崛起与崩溃』, 社会科学文献出版社 2009年版.

하기로 결심했을 때는 이미 때가 늦어, 각 민족 공화국들이 이미 잇달아 독립을 선포하거나 본국의 주권이 연맹보다 높다고 선언하면서, 혁신 방안이 각 가맹 공화국에 대해 이미 구속력과 흡인력이 없어져, 소련이 해체되는 추세가 이미 굳어지자, 고르바초프는 이미 무너져가는 형세를 되돌릴 수 없었다.

고르바초프의 개인 각도에서 말하자면, 그는 최고 지도자로서의 총체적 결단력과 강한 의지가 부족했다. 그는 한편으로는 민주화를 소리 높이 외치면서 스탈린주의를 비판했고, 한편으로는 당과 국가의 대권을 독점했다. 또 그는 한편으로는 집단이 결정을 통과시키고, 협상 원칙을 준수한다고 큰소리치면서도, 한편으로는 독단적으로 일을 처리하고 자기와 견해가 다른 사람을 배척했다. 또 그는 한편으로는 사람들을 모집하여 회의를 열고 의견을 청취하면서도, 한편으로는 제멋대로 행동하고, 사람을 판단하여 쓸 줄 몰랐다. 러시아 신문 〈네자비시마야 가제타(Nezavissimaia Gazeta)〉는 그에 대해 의미심장한 논평을 실었다: "바로 고르바초프가 소련의 혼란을 조성했고, 혼란이 이 제국을 괴멸시켰다. 그는 전체주의를 소멸시키려고 시도할 때 공산주의를 압살했고, 그는 자유를 국가에 도입하려고 시도할 때 국가를 압살했으며, 그는 사회를 민주주의에 익숙해지게 하려고 시도할 때 사회를 파괴했고, 그는 기존의 경계에서 제국을 풀어주려고 시도할 때, 경계를 타파했을 뿐만 아니라 제국까지 타파했다. 사람들은, 그가 도대체 지도력이 부족한지, 아니면 원래 그렇게 하려고 한 것인지에 대해 이해하지 못한다."[16]

(3) "8.19 사건"과 소련 해체

1991년은 고르바초프 개혁의 일곱 번째 해이자, 소련 역사의 마지막 한 해이기도 하다. 지난 몇 년간의 개혁은, 소련이 안고 있던 일련의 문제들을

---

16 러시아의 〈네자비시마야 가제타〉의 평론을 참조하라.

드러냈지만, 개혁은 오히려 아무 문제도 해결하지 못했다. 경제적으로는, 어떤 경제 체제를 설립할 것이며, 시장경제로 나아가야 하는가 아닌가의 문제도 해결하지 못했다. 정치적으로는, 삼권분립을 도입하고, 대통령제를 실행했지만, 체제가 매우 건전하지 못했고, 고르바초프 자신은 전 국민이 선거로 선출한 대통령이 아니어서, 권력이 여러 방면에서 제약을 받았으므로, 어떻게 정권 형식을 조직할 것인가의 문제가 해결되지 못했다. 민족문제에서는, 각 가맹 공화국들이 잇달아 자기의 주권을 보유하려고 요구했는데, 연맹 중앙부의 태도가 일치하지 않아, 연맹 체제를 어떻게 개혁할 것인가 하는 문제가 해결되지 못했다. 소련의 경제·정치 및 민족 위기가 전에 없이 첨예해지고, 나날이 복잡해지는 형세에서, 고르바초프는 시종 동요와 갈등 속에 처해 있어, "좌"파와 우파를 통제하지 못했을 뿐 아니라, 유력한 대응조치를 취해 자기를 핵심으로 하는 주류파의 역량을 강화하지도 못했다. 소련의 운명은 사실상 각 파벌의 투쟁 결과에 달려 있었다. 1991년 6월 12일, 러시아 연방 대통령 선거에서 옐친이 제1차에서 바로 승리를 거두어, 민주파의 역량이 강화되었는데, 그들이 제창한 완전한 자본주의와 완전한 주권 독립의 주장은 고르바초프와 근본적으로 대립했다. 고르바초프는 연맹을 보존하기 위해 어쩔 수 없이 옐친과 협력하여, 노보 오가르요보(No-vo-OgarYovo) 절차[17]를 시작했는데, 이 행위는 소련 공산당 내 강경파의 반대에 부딪혔다. 강경파는 조국을 "구조"하려고 시도하여, "8.19 사건"을 일으켰지만, 일이 뜻대로 되지 않아, 소련의 해체를 가속화했다.

　"8.19 사건"의 발생은 결코 우연이 아니었고, 그것은 소련 공산당 내 위기의 충돌이 집중적으로 반영된 것이다. 개혁이 건드린 실제 이익의 분배와 이데올로기의 투쟁은 당내의 매우 많은 사람들로 하여금 고르바초프에 대해

---

17 '노보 오가르요보'는 모스크바 외곽에 있는 소련 대통령 관저인데, 여기에서 1990년에 8월 초에 소련 대통령 고르바초프와 급진 개혁파인 러시아공화국 대통령 옐친이 시장경제적 개혁을 추진하기로 합의했다. 이를 가리키는 말이다. 이는 소련 체제의 유지를 원하는 소련 내 보수적 정치인과 군인들이 8월 9일에 이른바 '8.9사건'으로 불리는 쿠데타를 일으키는 빌미가 되었다.(역자 주)

갈수록 불만을 갖게 만들었다. 1990년 가을부터, 소련 공산당 내의 보수파는 비상사태의 실시를 준비하면서, 여러 차례 "예행연습"을 진행했다. 1991년 8월에 고르바초프는 엄중한 형세에도 아랑곳하지 않고, 여전히 크림반도에 가서 휴가를 즐김으로써, 보수파에게 정변을 일으킬 기회를 제공했다.

1991년 8월 19일, 소련 부통령 겐나디 야나예프(Gennady Ivanovich Yanayev)는 명령을 내려, 고르바초프가 건강 문제로 이미 대통령 직책을 수행할 수 없으므로, 소련 헌법 제127조에 따라, 그 자신이 대통령 직무를 대행한다고 선포했다. 동시에 "소련 국가 비상사태위원회"를 설치하여, 국가의 모든 권리를 행사하고, 소련의 일부 지역에 6개월의 비상사태를 실시한다고 선포했다. 소련의 육군 총사령관 발렌니코프(V. I. Varennikov)는 적극적으로 비상사태의 실시를 책임졌고, 고르바초프의 보위 업무를 책임진 플레하노프는 고르바초프를 연금하라는 명령을 집행하여, 그와 외부의 연계를 차단했다. 고르바초프와 함께 일하던 거의 모든 고위 관료들이 정변에 참여했다. 비상사태위원회는 「소련 인민에 고하는 글」을 반포하여, 고르바초프가 제창했던 개혁 정책은 이미 막다른 골목에 들어섰고, 국가는 극도로 위험한 엄중한 시각에 처해 있다고 말했다. 위원회는 이어서 두 개의 명령을 발표하여, 각급 정권의 관리 기관들에게 무조건 비상사태를 실시하도록 요구함과 아울러, 일시적으로 〈프라우다〉 등 9개의 신문만 발간할 수 있도록 허락했다. 같은 날, 소련 내각은 회의를 개최하여, 비상사태위원회가 내린 결정에 대해 지지를 표명했다. 명령에서, 위원회는 권리를 널리 선포하여 알린 것 외에는, 결코 사회주의를 보위하자고 호소하지 않았고, "공산주의"·"사회주의"와 같은 용어들도 없었으며, 주로 민중의 애국주의 감정을 불러일으킴으로써, 모든 소련 시민을 단결시키려고 했다. 그러나 민중은 이미 획득한 정치적 자유의 상실과 전통적인 "스탈린 모델"의 부활을 걱정했다.

실제로, 정변이 일어난 첫날 오전에는 모스크바에 아무런 변화도 없었고, 사람들은 평상시처럼 대로를 걸어 다녔다. 정변에 참가한 자들은 자기의 행동에 대해 확신도 없었고 계획도 없었다. 그들은 가장 먼저 옐친을 체포한 게 아니라, 고르바초프와 담판하고, 회의를 열고, 술을 마시느라 바빴다. 19일 아침, 아르한겔스크의 별장에서, 위원회에 의해 어떤 조치도 당하지 않은 옐친이 즉각 러시아 연방 지도자들을 소집하여 정치적 반격을 가했는데, 러시아 지도자는 〈러시아 국민에게 고하는 글〉의 초안을 작성하여 팩스로 보냈다. 그리고 나서 오전 9시 30분에, 옐친은 차량 행렬을 이끌고 조용히 별장을 떠나 "백궁(白宮)"(러시아 연방 의회 건물)으로 갔는데, 길옆에 숨어 있던 특수부대 알파 팀은 "군사 행동을 잠시 중지했고, 병사들은 질주하여 지나가는 차량 행렬을 묵묵히 바라보았다." 11시 46분, 옐친은 "백궁"에서 기자회견을 열어, 〈러시아 국민에게 고하는 글〉을 낭독하고, 정치 파업을 벌여, 비상사태위원회의 행동에 항의해 달라고 호소했다. 이때까지도, "백궁"의 통신은 여전히 평소와 같았고, 옐친은 서방 지도자들과 적극적으로 연락을 유지하면서, 군사적 지지를 쟁취하여 "백궁"에 대한 보위를 조직함과 아울러, 망명 정부를 구성할 준비를 했다. 옐친의 호소를 듣고, 갈수록 많은 민중이 거리로 나오자, 군대는 모스크바 시내에서 대규모 이동을 시작했다. 사람들은 거리에 서서 탱크의 전진을 가로막고, "백궁" 주위에 "바리케이드"를 치면서, 목숨도 아끼지 않고 러시아 연방 정권을 보호하겠다는 의지를 나타냈다. "백궁"을 포위하라고 파견된 타만 사단과 툴라 공수사단은 긴박한 순간에 반역하여 "총구를 밖으로 돌렸다". 13시, 옐친은 타만 사단 110호 탱크 위에서 연설하여, 모스크바인과 러시아 전체 국민에게 반격을 진행하라고 호소했다.[18]

이렇게 되자, 형세는 한층 더 비상사태위원회에 불리한 국면으로 기울었다. 20일까지, 가맹 공화국들 가운데 오직 중앙아시아의 일부 국가들과 아제르바이잔만이 비상사태위원회를 지지했지만, 정식으로 승인하지는 않았다. 서방 국가들은 비상사태위원회의 행동을 단호히 배척했는데, 미국·캐나다·일본·EU 12국·세계은행 등을 포함하는 국가와 조직들이 잇달아 소

---

18 左凤荣, 「戈尔巴乔夫的改革时期」, 『苏联史』 丛书 第9卷, 人民出版社 2013年版.

련에 대한 원조를 중지한다고 선포했다. 비상사태위원회 내부는 시종 통일된 강령 목표와 구체적인 행동 계획이 부족하여, 위원회가 "백궁"을 공격하여 점령하고 옐친을 체포하여 감금한다는 결정을 내린 후에도, 의외로 가서 집행하는 사람은 없었다. 21일, 고르바초프는 형세를 완전히 통제함과 아울러, 전국적인 연계를 회복했다고 선포했으며, 소련 국방부는 비상사태를 실시하는 지역에 배치한 부대를 철수하기로 결정을 내렸고, 소련 내각은 성명을 발표하여, 대통령의 지시를 전적으로 집행한다고 밝혔다. 22일, 옐친은 명령을 내려 비상사태위원회의 결정을 취소하고, 비상사태위원회 모든 위원의 직무를 해제했으며, 정변 참여자의 형사 책임을 추적하여 조사하라고 요구했다. "8.19 사건"은 계획이 주도면밀하지 않은 한 차례 해프닝으로, 대충 막을 내렸다.[19]

"8.19 사건"은 소련의 개혁을 중단시켰을 뿐만 아니라, 소련 해체의 과정을 공개화하고 되돌릴 수 없게 만들었다. 소련 공산당·KGB(국가안보위원회)·군대의 위신은 땅바닥에 추락했으며, 연맹 기구는 와해되었고, KGB·최고 검찰청·최고 법원과 기타 권력 기구들은 마비 상태에 빠졌으며, 내각전원이 사직했고, 고르바초프는 당과 국가 지도자로서의 자격을 잃었다. 바로 러시아 학자 소글린이 말한 것처럼, "손꼽아 셀 수 있는 8월의 마지막 열흘 동안에, 지난 6년 동안에도 이루지 못했던 일을 성취했으니, 그것은 바로 소련 공산당을 해산함과 동시에, 중앙집권적 관료주의 국가의 기초를 무너뜨렸으며; 공산당의 자산을 국가 소유로 회수하여, 일당 독재의 경제적기초를 제거했으며; 제국의 중앙을 무너뜨려, 발트해 연안에 있는 각 공화국의 국가 독립을 공고히 했다……" "8.19 사건" 후, 각 가맹 공화국들이 잇달아 연맹에서 탈퇴하여 독립을 선포했다. 1991년, 러시아는 국민투표를 실시하여 독립을 선포했다. 이리하여 70여 년간 유지해온 세계 최초의 사회주의 국가 소련은 해체를 선고했다.

....
19 左凤荣,「苏联史上最复杂的篇章——『苏联史』第9卷,〈戈尔巴乔夫改革时期〉的特色」, 『探索与争鸣』에 게재, 2014年 第5期.

7. 푸틴의 러시아 부흥의 길

독립 후의 러시아는 소련의 유산을 대부분 계승했을 뿐만 아니라, 온갖 방법을 동원하여 러시아의 대국 지위도 되찾으려고 힘껏 도모했다. 옐친 시기에는 경제적으로 완전한 사유화와 정치적 민주화, 그리고 외교적으로 서방에 융합하는 등의 정책을 통해 러시아의 대국 모습을 되살리려고 시도했으나, 러시아는 오히려 계속 침몰해갔다. 2000년에 푸틴이 정권을 잡고서야, 비로소 러시아가 쇠퇴해 가던 형세를 되돌려 놓았다. 푸틴이 정권을 잡은 후에 러시아의 재건을 개시하여, 러시아의 대국 지위를 부흥하려고 힘쓰고 있다.

(1) "푸틴 시대"에 들어서다

세기가 바뀌면서, 러시아는 복잡한 정치·경제·사회 문제에 직면하여, 상황이 엄중했다. 정치적으로는, 러시아 사회의 각 계층이 정부 업무에 대해 매우 불만이 많았고, 민중은 옐친 정권에 대한 믿음을 잃어버렸다. 1998년 이후, 옐친이 빈번하게 정부 총리를 교체하는 방식과 8월에 있었던 금융위기의 충격은, 정권의 위기를 더욱 격화시켰다. 정치 체제를 보면, 헌법의 권위가 도전을 받자, 헌법 개정이 러시아 정치에서 첨예한 문제가 되었다. 국가 구조의 형식을 보면, 지방 권력이 제멋대로 행동하면서, 중앙이 통치권을 잃자, "러시아는 국가 분열의 위기에 직면했다. 국가 권력 기구를 보면, 입법 기구와 집행 기구의 모순이 겹겹이 중첩되어 사사건건 대립하면서, 정부의 집권 능력과 효율에 심한 영향을 미쳤다. 정권의 기초로 보면, 옐친이 '가족'과 정치적 과두의 정치 역량에 의지하자, 민간에 쌓인 원한이 극심했으며, 부패 문제도 장기간 해결되지 못했다. 정치적 가치관을 보면, 사회 사조들이 팽배하면서, 러시아 전체 민족을 응집시킬 수 있는 사상적 핵심을 형성하기 어려웠다. 경제적으로는, 정치 발전의 무질서와 불안정이 직접적으로 여러 해 동안 러시아 경제를 침체하게 했는데, 경제 발전의 전반적 태세를 보면, 러시아는 경제가 지속적으로 발전하도록 보장할 제도적 환경을 확립하지 못해, 경제 발전 과정에서 여러 해 동안 누적된 문제가 해결되지 못했다. 1999년에 러시아 경제는 10년 가까이 지속된 하락 추세를 잠시 멈췄지만, 그 주요 원인이 금융위기 후에 루블의 가치가 하락하고, 국제 시장의 에너지 환경과 원료 가격의 상승 등에 있었기에, 러시아 경제의 전면적인 회복과는 아직 매우 큰 거리가 있었다."[20] 민족 문제에서는, 체첸 문제가 오래 끌면서 해결되지 않아, 민족 분리 세력의 테러 활동이 확대되고 악화되어, 국가의 안전과 통일에 엄중한 영향을 미쳤다.

이렇게 험준한 형세에서, 옐친부터 러시아 민중에 이르기까지 모두가, 한 명의 강력한 국가 지도자가 러시아를 인도하여 부흥으로 나아가게 해야 한다는 것을 깊이 의식하고 있었다. 이러한 환경과 배경에서, 일찍이 KGB에 근무했고, 총리에 재직할 때 용감하게 곤란한 문제를 마주했고, 용기 있게 정치적 책임을 졌고, 혼자서 정책을 결정하여 질서 있게 정돈하는 데 뛰어났던 푸틴이 사람들의 시야에 들어왔고, 빠르게 국민의 믿음을 쌓아갔다. 옐친 본인도 굳게 믿었다: "푸틴이 환영받는 까닭은, 주로 그가 사람들에게 희망과 믿음을 주어, 사람들에게 안정을 느끼게 해주고, 자기가 깊이 보호받는다고 느끼기 때문이다." "푸틴은 러시아를 두려움에서 벗어나게 했고, 러시아는 그에게 깊은 감사를 전했다."[21]

1999년 12월 31일 밤, 옐친은 텔레비전 담화를 발표하여 사직을 선언함과 아울러, 총리 푸틴이 대통령 직무를 대리하도록 추천했다. 2000년 1월 1일 0시부터, 푸틴은 대통령 직무대행의 직책을 수행하기 시작했다. "나에게 20년을 주면, 여러분에게 기적 같은 러시아를 돌려주겠습니다." 푸틴은 KGB에서 대통령으로의 완전한 탈바꿈을 완성했으며, 러시아는 이때부터 "푸틴 시대"에 들어섰다.

20 凤凰网에 게재된 글, 「普京时代: 给我20年, 还你一个奇迹般的俄罗斯」, 2008年 6月 18日을 참조하라.
21 옐친 회고록 『午夜日记』, 译林出版社, 2001年版, 第22章을 참조하라.

(2) 제2차 체첸 전쟁

오래 끌면서 해결되지 않는 체첸 문제는 독립한 후의 러시아 정부를 휘감고 있어 빠져나오기 어려운 악몽이었다. 1999년 8월 7일, 샤밀 바사예프와 이븐 알 하타브를 우두머리로 하는 체첸 무장 분리세력이 잇달아 두 차례 다게스탄 공화국(Republic of Dagestan)을 침입하여, 하나의 독립된 이슬람 원리주의 국가를 수립하려고 시도했다. 바사예프의 침공에 직면하자, 8월 10일에 막 총리가 된 푸틴은 강력한 태도를 보였다. 그는 "체첸은 비적 떼와 종교 극단주의자들이 점령한 지역으로, 외부로부터의 공격과 내부로부터 전복의 최전방 진지이다"라고 지적하면서, 체첸 무장세력에 대해 "만약 오늘 손을 대지 않으면, 내일은 손실이 더욱 클 것이니", "체첸 비적 떼가 어디에 숨어 있든, 러시아 군대는 그들을 소탕할 것"이라고 했다. 푸틴의 강력한 추진과 자신의 직접 계획하에, 러시아 군대가 다게스탄을 점거하고 있는 무장세력에 대해 맹렬한 공격을 전개하자, 체첸 무장세력은 심각한 타격을 받았다. 보복을 보여주기 위해, 체첸 무장세력은 테러를 벌이기 시작하여, 전쟁의 불길을 러시아 국내로 끌어들일 준비를 했다. 8월 31일, 9월 9일, 9월 13일, 체첸 무장세력은 모스크바에서 잇달아 세 차례 민간인을 대상으로 폭발 사건을 일으켜, 러시아 사회 민중의 엄청난 분노를 불러일으켰다. 푸틴은 내친김에, 의회의 지지를 구해, 계속해서 체첸 무장세력에게 매서운 타격을 가하자고 강력하게 주장했다. 1999년 9월 14일, 러시아 국가의회는 다게스탄의 형세와 러시아의 국가 안보 보장 및 반테러 활동 조치에 관한 결의를 통과시켰다. 9월 23일, 러시아 연방 군대는 체첸 무장세력에 대해 대규모 포위 토벌을 벌이기 시작했다. 10월 1일, 러시아 군대는 체첸 경내로 진입하여 체첸 무장세력에게 타격을 가했다. 2000년 초에 러시아 군대는 체첸 수도인 그로즈니를 탈취하여, 사실상 이치케리야 체첸 공화국의 독립을 끝내고, 러시아 연방 정부가 다시 이 지역을 통제하게 했다. 2009년 4월 16일, 러시아 정부 당국은, 체첸의 대테러 작전이 정식으로 끝났다고 선포했다.[22]

제2차 체첸 전쟁의 순조로운 진행은 푸틴이 대통령이 되는 데 매우 좋은 밑바탕이 되었다. 푸틴이 체첸 문제에서 보여준 강력한 의지와 강경한 수단, 그리고 그가 직접 비행기를 몰고 체첸 전선으로 간 용감한 행동과 "체첸 비적들을 변기통 속에 익사시킬 것이다"와 같은 강경한 발언은, 그를 러시아 국내에서 매우 큰 지지와 칭찬을 받게 해주어, 한순간에 푸틴은 러시아 국민의 마음속에서 가장 훌륭한 지도자로 선택되었다. 제2차 체첸 전쟁은 러시아의 국내 모순을 일정 정도 바꿔놓았다. 즉 체첸 문제에서 결연하고 과단성 있는 행동을 취하고, 서방의 압력에 대해 강경한 태도를 취하고, 철저히 테러리즘을 제거하는 등의 행동 방침은 정부와 국민·국가와 사회 간의 관계를 크게 개선했다. 동시에 제2차 체첸 전쟁은 러시아 영토 주권 보존을 강력하게 지켜냈고, 민족 분열과 변방의 독립 조짐을 분쇄함으로써, 러시아의 국가 근본 이익을 수호하여, 다음 단계의 러시아 경제와 사회의 발전을 위해 상대적으로 안전하고 안정된 환경을 조성했다.

(3) "러시아 신사상"의 전도사

1999년 12월 30일, 푸틴은 〈천년지교(千年之交)의 러시아〉를 발표하여 처음으로 "러시아 신사상"의 개념을 제시했다. 〈천년지교의 러시아〉와 2000년 2월의 〈선거인에게 보내는 공개장〉과 2000년 7월의 〈국가 정세 자문〉 등 정치적 문헌들을 이론적 지표로 삼아, "러시아 신사상"은 푸틴의 국정 운영 사상의 종합적 표현이었으며, 이것을 기초로 점차 푸틴 특색의 "강대국 전략"을 발전시켜 나갔다.

푸틴은, 소련의 사회주의 실천이든 1990년대의 "충격요법"을 이용한 급진적 개혁이든 막론하고, 모두 국가를 번성하고 부강해지는 길로 나아가지 못하게 했다고 여겼다. 오직 시장경제와 민주주의 원칙 및 러시아의 현실을 유기적으로 결합해야만, 러시아의 발전을 실현할 수 있다고 여겼다. 그는,

---

22 凤凰网에 실린 「普京时代：给我20年, 还你一个奇迹般的俄罗斯」, 2008年 6月 18日을 참조하라.

"러시아에 존재하는 세 가지 주요 문제는, 창립한 사업을 완성하겠다는 국가 의지와 확고한 신념이 부족하고, 엄격하고 공인된 규칙이 없으며, 러시아가 보유하고 있는 자원에 대한 뚜렷한 인식이 부족한 것"이라고 명확히 지적했다.[23] 이런 문제들이 경제와 국가의 발전을 방해했고, 러시아의 더 나은 삶을 위협했다. 혼란하고 무질서한 러시아의 문제를 정비하고 개조하는 데에서, 푸틴은 그 돌파구를 준법 확립의 강화와 국가 정권 체제의 정돈에 두었는데, 이러한 모든 사상적 기초가 바로 "러시아 신사상"이었다.

"러시아 신사상"은 러시아의 전통적 가치관을 비판적으로 계승함과 아울러, 거기에 걸맞는 새로운 시대적 특색을 부여했다. 그 주요 내용은, 애국주의·강대국 의식·국가의 권위 및 사회적 단결 등 4가지 방면으로 요약할 수 있다. 그중 애국주의가 대표적인 것으로, 그것은 민족의 "역사와 성취에 대한 자신감"이고 강대한 국가를 건설하려는 "염원"이다. 강대국 의식은 핵심이자 기둥으로, 러시아의 과거와 미래가 모두 "위대한 국가"이며, "러시아의 전체 역사 과정에서 강대한 국가의식은 줄곧 러시아인의 사상적 경향과 국가 정책을 결정해왔음"을 강조하고 있다. 국가의 권위는 수단이자 동력으로, "강대한 정권을 가진 국가"는 "질서의 원천이자 보장"이며, 개혁의 "창도자이자 주요 추동력"이다. 사회적 단결은 주춧돌로, 대다수 러시아인은 "습관적으로 국가와 사회의 도움을 받아" 자기의 상황을 개선했다.[24] 이 네 가지 방면이 서로 보완하고 협조하며 유기적으로 결합하는 것은, 실제로는 러시아의 기존 정치 사조에 대해 "혼란을 수습하여 질서를 회복하는 것"이고, 러시아의 민족 사상과 정신에 대한 총괄과 응집이다.

"러시아 신사상"은 1990년대 이후 러시아 이데올로기 영역의 "진공(眞空)"을 채워 주었고, 러시아에 사회적 성취와 사회적 가치를 판단하는 기준을 다시 확립했으며, 푸틴의 러시아 발전 노선에 대한 초보적인 탐색과 결론을 반영하여, 푸틴의 이후 집권 조치에 심각하고 거대한 영향을 미쳤다.

---

23 邢广程, 「俄总统普京的治国要略和政策走向(上)」, 『新疆人大(汉文)』, 2000年 第9期.
24 尚彩玲, 「新思想指导下普京时期的俄罗斯思想政治教育」, 『商情』, 2009年 第4期.

(4) 푸틴의 통치와 정책 방침

푸틴의 정치 이력을 돌아보자. 1999년 8월에 러시아 연방 정부 총리에 임명되면서부터, 러시아 권력의 정점으로 나아가기 시작했다. 2000년부터 2008년까지의 대통령 재임 기간에, "러시아 신사상"을 기초로 강대국 전략을 전면적으로 추진하여, 러시아가 사회적 혼란으로부터 정국이 안정되는 국가 통치를 실현했다. 2008년부터 2012년까지 총리로 재임한 기간에, "메드베데프-푸틴 조합"은 기본적으로 "푸틴이 계획한" 통치 이념과 조치들을 계속 이어나갔고, 금융위기가 발생한 후에, 푸틴은 한 걸음 더 나아가 보수주의의 현대화를 제기하여, 뒤에 이어지는 통치와 정책에 기초를 다졌다. 2012년에 푸틴은 높은 지지율(득표율 63.75%)로 대통령에 취임하여, 다시 러시아 권력의 정점으로 돌아왔는데, 헌법 수정안에 따라 그의 이번 임기는 2018년까지였다. 러시아인들은 보편적으로, 러시아가 "푸틴 시대"에 부흥으로 나아갈 수 있기를 희망했다. 이를 위해, 푸틴은 일련의 통치와 정책의 방침을 내놓았다.

사상에서, 푸틴은 "러시아 신사상"을 이용해 1990년대 이래로 러시아에서 주도적 지위를 차지하고 있던 각종 정치 사조를 바로잡고, 사회적으로 단결하는 사상적 기초를 확립했다. 민족정신을 응축하여 강대국 의식을 형성함과 아울러, "주권 민주주의"의 주류적 가치관을 한 걸음 더 발전적으로 확립했다. 정치에서는, 본국의 국가 정세에 따라 신권위주의 하의 헌정 체제를 완성하고 강화하여, 정국의 안정과 민중의 지지를 실현했다. 행정 개혁의 진행에도 노력하여, 정부의 직능을 개선하고, 국가 관리 시스템을 개선했으며; 정치의 경쟁성을 강화하고, 변혁에 힘쓰는 정치적 안정을 실현했으며; 국가를 중심으로 하는 정치 변혁 노선을 견지하여, 끊임없이 대통령 통치 체제를 완성하고, 전국적인 정당인 "통일러시아당"의 효과적인 영도를 강화했다. 경제에서는, 계속 시장화 개혁을 견지한다는 전제하에, 경제 질서의 정돈과 경제 정책의 조정을 통해, 경제 성장 궤도를 달려, 민생을 크게 개선했다. 계속 거시경제의 안정성을 유지하고, 경제 성장에 유리한 각종 제도를 완성했으며, 행정적 장애를 낮춤으로써, 경제 주체가 투자를 증가하고 혁신 활동을 전개하는 적극성을 촉진했으며, 교통·에너지 및 전신(電信)의 기초 설비를 발전시켜, 낙후 지역의 발전을 촉진하고, 새로운 지역 경제 중심을 육성했다. 외교 정책이 점점 성숙해지면서, 지리적 전략도 점차 명확해져서, 코소보 전쟁과 제2차 체첸 전쟁 후 서방 세계에 대한 외교적 고립 상태를 일소하고, 세계 정치와 국제 구도에 대한 영향이 끊임없이 강화되었다. 독립적이고 자주적인 발전 노선을 견지하여, 러시아의 국가 이익을 최대한 수호했지만, 현행 국제 규칙의 공정성과 유효성을 전면적으로 부인할 수는 없었으며, 러시아의 외교 독립성을 견지하여, 러시아의 이익을 존중하는 서방 국가·주변 국가 및 기타 국가들과 좋은 동반자 관계를 유지하고 발전시키려 했다.

서방을 추월하고 국가의 현대화를 실현하는 것은, 러시아 발전을 관통하는 하나의 대원칙이다. 소련 해체 후에 러시아가 발전한 20여 년의 역정을 살펴보면, 낡은 것을 철저히 타파하고 새로운 것을 과감하게 수립하느라 크게 동요했던 옐친 시기와, 안정을 조절하고 회복하고 실현한 푸틴의 전반기 8년을 거치고, 위기에 대응하고 개혁을 심화시킨 메드베데프-푸틴 결합 시기를 거친 후, 지금의 러시아는 푸틴이 열어젖힌 전면적 현대화의 여정을 걷고 있는데, 비록 앞길이 막막하지만, 러시아인들은 자신감에 충만해 있다.

8. 동서 문화 결합의 대표

(1) 자연 지리 환경의 배양

자연적 지리 환경이 러시아 민족정신에 미친 영향은 지속적이고 심각하면서도, 다차원적이고 다각적이다. 한 러시아 학자는 일찍이 이렇게 말했다: "한 가지 사실이 있으니, 그것은 우리의 역사 운동을 능가하고, 그것은 하나의 대원칙처럼 우리의 전체 역사를 관통하고 있으며, ……그것은 동시에 우리 정치의 위대함의 중요한 요소이고, 우리의 정신이 연약한 진정한 원인이다. 이 사실은 바로 지리적 사실이다." 러시아 민족은 유라시아 대륙에 걸쳐 있는 광활한 국토의 생존 공간을 보유하고 있는데, 이는 러시아 민족에게 넓은 마음을 갖게 했다. 그러나 거대한 생존 자원과 잔혹한 생존 환경은, 러시아 민족이 한 가지 유력한 집권 관리 형태를 형성하도록 강요했는데, 이는 러시아인의 자유로운 천성을 억압하고, 개인과 집단의 개척 정신을 제한하고, 러시아인 성격의 경솔성·극단성과 일정 정도의 나태성을 형성하게 했다. 긴 겨울, 큰 평원, 검은 흙, 그리고 이로부터 생겨난 부족 공동체 조직과 장기적인 농노제가, 한편으로는 러시아의 "도덕·이상·교육에서부터 자유에 이르기까지, 모두가 노예제의 표식을 달게 했고", 다른 한편으로는 러시아 민족의 소박하고 솔직하며 성실한 많은 특성도 기르게 하여, 그들은 일체의 가식·일체의 억지·일체의 귀족적 거만함에 익숙해지지 않았다.

유라시아를 가로지르는 러시아는 "한쪽은 중국과 닿아 있고, 다른 한쪽은 독일과 닿아 있다." 이런 지리적 위치의 특수성으로, 러시아는 "유럽에 속하지도 않고, 아시아에 속하지도 않는다". 기원을 보면, 러시아는 자기가 유럽 국가이면서, 아시아 국가이기도 하며, 동양의 것이면서도, 서양의 것이기도 하다고 여겼다. 실제로, 아시아는 러시아를 당연히 서양 국가라고 여기는데, 왜냐하면 그 발원지, 그 정치 문화 중심과 영토의 중점이 모두 유럽에 있기 때문이다. 그러나 서유럽은 종래로 러시아인을 진정한 유럽인으로 여겨 본 적이 없었고, 러시아는 예로부터 "비서양" 국가였다. 서양 입장에서 러시아는 동양이고, 동양 입장에서 러시아는 또 서양이 되었다.[25] 주목할 만한 것은, 세계의 지리적 환경에서, 단지 러시아 민족 하나만이 문명이 결합하는 부분에 있는 민족은 결코 아니지만, 러시아 몸에는 유럽도 아니고 아시아도 아니면서 동양이면서도 서양이기도 한 민족의 독특성이 더욱 전형적이고 더욱 선명하다. 자연적 지리 환경이 배양한 것 외에, 그의 동·서양

25 欧阳康, 陈仕平, 「论俄罗斯民族精神的主要特性」, 『华中科技大学学报(社会科学版)』, 2008年 第1期.

역사 문화의 융합적 발전 과정이 더욱 많은 결정적 작용을 했다.

(2) 쌍두독수리의 "이중성"과 "양극성"

러시아 역사 문화의 연원은 동서 양쪽으로 거슬러 올라간다. 러시아 민족은 아시아 문화의 영향을 받았을 뿐만 아니라, 유럽 문화의 영향도 받았으며, 순수한 아시아 민족도 아니고, 순수한 유럽 민족도 아닌, 양자 사이에 있으면서 양자의 특성도 겸비한 독특한 민족이다. 민족정신의 "이중성"은 동·서가 결합한 문화의 선명한 상징인데, 바로 러시아 연방 국장(國章)인 쌍두독수리처럼, 각각 동서 양쪽을 호방하게 응시하고 있으며, 자신은 또한 모순이 통일된 동·서의 집합체이다. 이런 "이중성"은 분명한 불확정성을 지니고 있어, 러시아 민족이 역사 발전 과정에서 왕왕 기복이 심한 역사적 운명을 나타내게 했다. 9세기 하반기에 키예프 루스 국가가 건립된 이래, 천년이 넘는 기나긴 역사 과정에서, 세 개의 역사적 사건이 러시아 민족의 특성에 영향을 미치고 결정했다. 첫째, 동방정교를 국교로 확립한 것, 둘째, 몽골인에 정복되어 통치를 당한 것, 셋째, 표트르 1세의 개혁과 예카테리나의 "개명 전제"이다. 동방정교를 받아들인 것은 러시아를 당시 가장 선진적인 유럽 기독교 문명과 접촉하게 해주었을 뿐 아니라, 동·서양 문화의 교차점에 있는 비잔티움에서도 일부 동양의 문화를 받아들이게 해주었다. 몽골인의 침입과 통치는 러시아 민족에게 동양 문화의 혈액을 주입해주어, 막 서양의 기독교 문명을 접촉한 러시아를 다시 즉각 동양으로 향하게 했지만, 여전히 자기의 언어와 종교를 보유했다. 표트르 대제의 개혁은 강제적인 현대화 운동을 통해, 러시아를 현대 세계의 문턱으로 데리고 들어가, 러시아가 향후 몇 세기 동안에 유럽으로 회귀하고, 서양 문명에 융합해 들어가려고 시도하도록 결정했다. 예카테리나 2세는 표트르 대제 개혁의 계승자로, 그는 러시아를 서구화의 길에서 한 걸음 더 매진해 나아가게 했다. 비록 러시아 문명이 표면적으로는 서양 문명과 더 가깝지만, 본질적으로는 오히려 다시 서양 문명의 핵심과 거리를 벌려놓았다. 문명이 발전으로 나아갈 때마

15세기의 모스크바 대공 이반 3세는 "쌍두 독수리"를 러시아의 국장으로 삼았는데, 이 도안은 지금까지도 계속 사용되고 있으며, 여전히 러시아의 상징으로 삼고 있다.

다 모두 외부 문화와 자신의 동·서양 문화의 강력한 충격을 받게 되면서, 격렬한 사상 투쟁과 발전 노선의 좌우가 일정하지 않은 혼란을 빚었다.[26] 러시아 민족은 항상 "동양으로 갈 것인가 서양으로 갈 것인가"의 곤혹스러움에 직면해야 했는데, 역사적으로 슬라브파와 서유럽파의 논쟁은 바로 이러한 민족의식이 충돌하는 집중적인 표현이었다.

"러시아의 민족정신은 선명한 '양극성'을 띠고 있다. 그것은 강렬한 애국주의 정신을 지니고 있지만, 또한 민족 중심론과 민족 우월론이라는 극단적 형식도 가지고 있고, 집단주의의 가치 지향을 가지고 있어, 쉽게 전제적 집권주의로 나아가기도 한다."[27] 그것은 견인불발하며 완강하고 굴하지 않는 품격과 저속한 폭력·나태하고 소극적인 나쁜 근성을 한 데 뒤섞어 놓을 수 있으며, 또한 절대적인 자유와 노예근성의 순종을 완벽하게 융합할 수도 있다. 그것은 사람들에게 희망으로 가득 차게 할 수도 있고, 사람들을 크게 실망하게 할 수도 있다. 그것은 강렬한 사랑을 가장 잘 불러일으킬 수도 있고, 마찬가지로 심각한 원한을 쉽게 불러일으킬 수도 있다. 러시아 철학자 니콜라이 베르자예프는 이렇게 지적했다: "러시아인의 몸에는 각종 모순적인 특징들이 기묘하게 함께 결합해 있는데, 전제주의·국가 지상주의와 무정부주의, 자유와 방종·잔인함·폭력적 경향과 선량함·인도주의·유순함,

26 黎海波,「地理·历史·文化: 双头鹰的叁重解剖——读宋瑞芝〈俄罗斯精神〉」,『西伯利亚研究』, 2005年 第6期.
27 欧阳康, 陈仕平,「论俄罗斯民族精神的主要特征」,『华中科技大学学报(社会科学版)』, 2008年 第1期.

보수적 종교의식과 진리의 추구, 개인주의·강렬한 개인의식과 개성이 없는 집단주의, 민족주의·자화자찬과 보편적 구세주의·전(全) 인류성, 하느님의 추종과 전투적 무신론 등등이 그것이다."다른 나라들에서는 일체의 대립적인 것들을 찾아볼 수 있지만, 유독 러시아에서는 명제가 반명제로 바뀌어, 관료주의 국가 기관은 무정부주의에서 탄생했고, 노예근성은 자유에서 탄생했으며, 극단적 민족주의는 초(超)민족주의에서 비롯되었다."[28] 한 가지의 사회 이상을 추구할 때, 이 민족은 동양 국가의 "중용" 같지도 않고, 서양 국가의 "민주" 같지도 않은, 서로 간에 서로 잘 타협하거나 양보하지 않고, 극단으로 나아가기를 좋아하며, "필요한 과도기가 부족하여, 일단 어떤 이상에 대한 추구가 실패하면, 매우 빠르게 다른 극단으로 전환한다."[29] 70년 전에 러시아인은 사회주의에 무한한 열정을 쏟아부었지만, 70년 후에는 다시 그것을 전반적으로 부정하여, "모든 것을 타파하고, 철저히 결별하여, 환골탈태했다".

(3) 동방정교의 러시아 민족에 대한 깊은 영향

푸틴은 일찍이 이렇게 지적했다: "역사상 러시아 제국이 존재해온 3대 버팀목은 전제정치 체제·인민성(人民性)과 동방정교였다. 러시아 문화의 기초는 동방정교의 가치관이다." 988년, 러시아 민족은 유명한 "루스 세례" 사건 당시 유대교·이슬람교·로마 기독교와 비잔티움 기독교 중에서 비잔티움 기독교를 선택했고, 그것으로 동방의 정통을 대표했다. 즉 "동방정교"가, 러시아 역사의 발전 맥락을 결정했고, 러시아 문명의 정신적 지주의 기초도 다져 주었다. 종교 신앙은 러시아인의 정신·심리·가치관·생활 방식의 각 방면에 스며들었고, 또 종교 사상의 통일체적 형식으로 러시아 민족의식의 통

28 [러시아] 尼·别尔嘉耶夫, 『俄罗斯思想: 十九世界末至二十世纪初俄罗斯思想的主要问题』, 雷永生·邱守娟 译, 生活·读书·新知三联书店, 1995年版, 译者 前言, 8쪽.
29 欧阳康·陈仕平, 《论俄罗斯民族精神的主要特征》, 《华中科技大学学报(社会科学版)》, 2008年 第1期.

일체를 형성하기 시작했다. 소련 시기에, 종교는 인민을 마취시키는 정신적 아편으로 여겨져, 종교 활동의 범위가 제한되었지만, 종교의 영향은 여전히 존재했다. 소련이 해체된 후, 종교는 빠르게 부흥했고, 하느님은 다시 러시아인의 정신 신앙이 되었는데, 이것은 또한 동방정교가 러시아 민족에 대해 깊은 영향을 미쳤음을 증명한다. 이러한 영향은 주로 두 가지 방면에서 구현되었다.

첫째, 러시아 민족의 특성이 생성되고 발전하도록 촉진했다. 베르자예프는 지적하기를, 인성론은 러시아 문화의 주요 특징 중 하나로, 그것은 러시아 사상의 최고 표현이라고 했다. 동방정교는 박애·용서·인내를 주장하며, 러시아인은 바로 "모든 것에 감사하고", "폭력으로 악에 대항하지 않는 것"을 배우고 실천한다. 그러나 또한 항상 열광적으로 병적인 헌신과 열광에 빠지기도 하고, 용맹함과 호방함을 나타내기도 하고, 흉악함과 잔혹함을 나타내기도 한다. 동방정교가 고행주의적 자아 희생과 모든 사람이 구제받는 집단의식을 선양하여, 러시아인은 자아 희생정신과 집단주의 정신을 가지고 있기 때문에, 국가 지상주의를 나타내어, 국가를 위해서는 개인의 이익 심지어 목숨까지도 희생할 수 있다. 동방정교는 인류에 대한 궁극적인 배려를 선양하여, 러시아인은 일상생활에 대해서는 종종 전혀 아랑곳하지 않지만, 이상 세계에 대해서는 오히려 기대로 충만해 있다. 사람들은 왕왕 종교에 대한 귀의를 자아 가치의 추구·실현 및 초월이라고 여긴다. 이렇게 형성된 견인불발하고, 완강하며 굴복하지 않고, 환상으로 충만한 민족적 특성은 사회의 전환 시기에 특히 뚜렷하게 나타난다.[30]

둘째, 종교적 사명감이 대러시아 쇼비니즘의 사상적 원천이 되었다. 구세주의(救世主義)는 인류 이익 지상주의를 선양하며, 러시아는 신이 부여한 것이고, 세계적인 임무를 띠고 있다고 선양한다. 그것은 러시아인의 몸에 하나의 특수한 사명감을 생겨나게 하여, 인류를 구원하는 것을 자기의 의

---

30 欧阳康, 陈仕平, 「论俄罗斯民族精神的主要特征」, 『华中科技大学学报(社会科学版)』, 2008年 第1期를 참조하라.

무라고 여긴다. 비잔티움 제국이 멸망한 후, 러시아 민중의 마음속에서, 러시아는 유일한 동방정교의 중심이 되었고, 러시아 차르는 왕 중의 왕이 되었으며, 모스크바는 "제3의 로마"가 되어, 강렬한 우월감은 더욱 강렬한 책임감을 불러일으켰다. 이후의 다른 역사 시기에, 비록 표현 형식은 달랐지만, 구세주의는 러시아의 정치 문화 속에 깊이 융합되었고, 이렇게 발전한 대러시아 쇼비니즘은, 한편으로는 러시아가 대규모로 대외 확장을 하는 이론적 기초를 다져주었고, 다른 한편으로는 러시아 민족과 다른 국가들에게 심각한 민족 모순과 고난도 가져다주었다.

푸틴이 집권한 후에 제기한 "러시아 신사상"과 그 발전은, 현재 국가 이데올로기의 필요·지정학적 동인 및 전통 종교 사상의 통일과 연장이다. 그 목적은 국가와 민족 의지를 통일하고, 러시아의 독특성을 강조하여, 서방 주도의 형태를 제압함과 동시에, 러시아 역사의 연속성과 기존 제국의 "사명"을 회복하는 데 있다. 이러한 민족 종교성은 또 미래 러시아의 발전에 한층 영향을 미칠 수도 있다.

9. 맺음말

러시아 민족과 러시아 국가의 발전사는 인류 역사의 중요한 구성 부분이며, 러시아의 문화·예술 및 과학의 성과도 마찬가지로 세계 문화 보고 속의 소중한 유산이다. 9세기 말, 러시아 민족의 첫 번째 국가인 키예프 루스가 건립되면서부터, 러시아 민족은 비교적 독특한 발전의 길을 걸었다. 여기에는 18세기 표트르 1세와 예카테리나 2세 시기의 대규모 서양화 개혁이 유럽 역사, 심지어 세계 역사 발전에 가져다준 거대한 영향이 있을 뿐만 아니라, 19세기의 러시아 농노제 폐지와 자본주의의 비약적 발전이 초래한 러시아 현대화의 역사적 약진도 있다. 또 여기에는 10월혁명이 인류의 사회 발전과 세계 정치 판도에 미친 거대한 충격이 있을 뿐만 아니라, 소련의 70여 년에 걸친 사회주의 건설이 거둔 중대한 성과도 있어, 역사가 풍부하면서도 깊고 넓으며, 지혜로우면서도 소리 없이 조용하다.

러시아는 위대한 민족으로, 그 견인불굴·극도의 인내심·영웅을 숭상하는 민족성은 독특한 민족 기질을 형성함과 동시에, 러시아 국가의 발전 과정에 심각한 영향을 미쳤다. 파란만장한 러시아의 흥망성쇠 과정은 세상 사람들에게 많은 생각과 계시를 가져다주었다.

첫째, 자기의 노선을 견지해 나가는 것이다. 러시아의 역사가 흥성하는 시기마다 모두 자기의 독특한 발전 노선과 발전 양식을 가지고 있었다. 모스크바 공국이 몽골인 통치 시기에 동방정교를 견지하지 않고 벗어난 것은 물론이고, 표트르 대제와 예카테리나의 서양화 개혁이 성공한 것도, 모두 러시아 자신의 민족 특색을 지니고 있으며, 심지어 소련 사회주의 건설의 위대한 성취, 그리고 푸틴이 제시한 "러시아 신사상"도 모두 서유럽의 발전 양식을 맹목적으로 모방한 것이 아니라, 자기의 국가 형세를 결합하여, 끊임없이 자기 나라 발전의 요구에 적합하고, 자기 나라의 실제에 부합하는 발전 노선을 탐색했다.

둘째, 시대의 변화에 따라 끊임없이 발전하고, 개척과 혁신을 중시하는 것이다. 역사는 끊임없이 발전하는 것으로, 사회적 모순이 운동한 결과이다. 시대는 발전하고 있고, 인간의 사상 관념과 가치 취향도 끊임없이 변화하고 있다. 러시아의 발전 과정을 보면, 러시아는 쇠락할 때마다 모두 낡은 것을 답습하고 개혁이 정체하면서 시작되었다. 차르 전제 제도의 보수적이고 낙후되고 잔혹함이 10월혁명을 초래한 것은 물론이고, 소련의 스탈린 모델이 결국 활력을 잃고 소련의 발전을 저해한 것도, 모두 영구불변의 사회 제도 모델은 없다는 것을 말해준다. 반드시 시대의 발전 요구에 순응하고, 생산력과 생산관계의 모순 운동을 파악하여, 적시에 필요한 개혁을 진행하고, 부단히 국가와 사회가 발전하는 활력을 불러일으켜야 하며, 그래야만 국가의 장기적인 안정을 확보할 수 있다.

셋째, 대외 전략의 운용을 중시하고, 전략 목표의 확정은 자신의 역량에 따라 실행해야 한다. 러시아의 발전 과정을 보면, 유럽 열강 중 하나로서, 러시아는 흥성하던 시기에는 대부분 확장 전략을 취했는데, 비록 한때 큰 성공을 거두기는 했지만, 항상 심각한 잠재적 위험을 남겨놓았다. 표트르 대제와 예카테리나 2세의 확장은 물론이고, 소련 시기에 미국과 세계 패권을 쟁탈하던 것도 모두 그러했는데, 확장의 결과는 자신에게 무거운 부담을 지게 해주었고, 결국 실력이 없었기 때문에 어쩔 수 없이 전략적으로 전면 축소를 실행함으로써, 자신을 전략적 곤경에 빠뜨렸다.

넷째, 국가의 집권당으로서 반드시 시종일관 선진성과 순결성을 유지하는 것이다. 소련의 해체는 비록 원인이 복잡하지만, 소련 공산당의 부패와 타락, 특권 계층의 형성은 소련 공산당이 인민 대중으로부터 멀어지게 한 주요 원인이다. 이 때문에, 반드시 엄격하게 당을 관리하여, 시종 정당의 선진성과 순결성을 유지하는 것이 당의 집권적 지위와 국가의 장기적인 안정을 유지하는 근본이다.

제9장

현재 세계 유일의 초강대국—미국

건국할 때 국토 면적은 단지 36.9만 평방마일, 인구는 겨우 250만 명밖에 안 되는 소국에서, 200년도 안 되는 동안에 세계적인 초강대국으로 발전하여, 아메리카합중국은 미운 오리새끼에서 백조로 화려한 탈바꿈을 했다. 현재 세계 유일의 초강대국으로서, 미국은 천혜의 뛰어난 지리적 우세와 후발 자본주의 국가의 발전 우세 때문에, 그 굴기 과정은 사람들로 하여금 흥미진진하게 이야기하게 했고, 또한 지금도 여전히 그 일거수일투족이 국제적으로 중대한 영향을 미치고 있는, 세계의 다른 나라들이 연구하는 중요한 대상이 되었다. 미국은 굴기하는 과정에서 많은 제도를 혁신하고, 자본주의 "자유 세계"의 대변인이 되었을 뿐만 아니라, 세계 제2차 과학기술혁명의 중심지이자 제3차 과학기술혁명의 선구자가 되었다. 냉전이 끝난 후, 미국은 한때 단일 세계 질서의 수립을 모색했지만, 2008년의 국제 금융위기 후에, 미국의 세계 패권은 힘에 부쳐 보이며, 이 세계 초강대국은 피로한 모습을 보이기 시작했다.

1. 독립전쟁과 아메리카합중국의 건립

(1) 북아메리카 초기 식민사(植民史)

미국은 역사적으로 일찍이 영국의 이민 식민지였는데, 원래 황량한 아메리카 대륙은 바로 수많은 이민이 개발하여 이용하면서 점점 발전한 것이다. 이런 이민 중 대부분은 영국인이었기 때문에, 영국은 미국의 모국이라고 할 수 있다. 이런 영국인들이 미국으로 이민한 출발점이나 동기는 복잡하고 다양한데, 전반적으로 말하자면 대체로 경제·종교 및 정치 등 세 방면의 원인이 있었다. 첫째는 경제적인 이익 추구로, "15, 16세기 이후, 영국의 경제생활에 중대한 변화가 나타나면서, 수많은 사람들의 상황이 악화하기 시작했다. 일부 자영농은 토지를 잃었고, 전통적인 방직업이 점차 쇠락하면서, 적지 않은 방직공들은 살아갈 방도가 없었다. 엄격한 장남 계승제도는 많은 부잣집 자제들이 의지할 곳을 잃게 했고, 보통 집안의 부모들도 자녀의 생계를 마련하기가 어려웠다. 이민 회사는 이런 상황을 겨냥하여, 각종 선전물에 영국의 인구 과잉·실업·범죄 및 빈곤 등 사회적 폐단을 힘껏 과장함으로써, 아메리카로 가는 것이 확실히 현명한 선택이라는 것을 증명했으며"[1], 스페인인의 남아메리카 대륙에서의 성공이 매우 많은 사람에게 북아메리카로 가서 금을 찾으려는 욕망을 생기게 하여, 그들이 신대륙에 가서 부를 찾아, 영국에서 누리지 못했던 행복한 생활을 하기를 갈망하게 했다. 둘째는 영국의 청교도가 본국의 종교 박해를 피해 신대륙으로 가서 종교 자유와 신앙 자유를 추구한 것이다. "1630년부터 1640년까지 뉴잉글랜드로 들어간 이민은 영국 국교의 억압에서 벗어나기 위해, '신대륙'에 그들의 종교와 사회의 이상을 구현할 '산꼭대기의 성'을 건설하려 했다고 했다."[2] 셋째는 어떤 정치적 원인에서 비롯된 것인데, 예를 들면 모국의 정치 분위기나 전제 정치 제도를 받아들일 수 없어, 국내에서 정치적 억압이나 박해를 받을 거라고 느껴, 어쩔 수 없이 북아메리카 대륙으로 이민했다.

"역사상의 식민지는 약간의 종류가 다른 유형들이 있었다. 하나는 완전히 모국의 인구가 밖으로 이주하여 형성한 해외 식민지로, 주민과 모국인이 같은 근원에서 나왔을 뿐만 아니라, 정치적으로도 모국과 일맥상통하기 때문에, 일종의 모국 영토와 주권의 확장이라고 할 수 있었다. 다른 하나는 한 국가가 다른 주권의 실체를 정복하여 건립한 식민지로, 정복자가 직접

---

1 李劍鳴, 『美国的奠基时代』, 中国人民出版社 2010年版, 80쪽.
2 위의 책, 80쪽.

통치하거나, 피정복자들 가운데 상층을 이용하여 통치함으로써, 종주국의 이익을 실현하는 것이다. 이런 식민지는 항상 무력을 뒷받침으로 삼아야 했다. 또 양자의 중간에 해당하는 식민지도 있는데, 피정복자에 대해 약탈과 착취를 가하면서, 모국에서 사람을 데려와 식민지로 삼는다. 스페인령 아메리카가 바로 이런 식민지의 전형이었다."[3] 영국이 북아메리카에 건립한 식민지는 첫 번째 양식을 채택했기 때문에, 아메리카 식민지의 사람들은 결코 자기를 영국 본토의 사람과 다른 사람이라고 생각하지 않고, 그들은 스스로 영국인이라고 여겼다. 이런 이민형 식민지는 훗날 영국 정부가 무력 침략으로 확장하고 정복한 식민지들, 예를 들면 인도·남아프리카 등과는 근본적으로 달랐다. 이런 초기 이민은 영국의 자유민주주의 문화 전통의 침윤과 영향을 받았는데, 이 때문에 처음부터 북아메리카 식민지에는 일종의 자치의 전통이 존재했다. "식민지 주민의 자치 능력은 두 방면에서 충분히 구현되었다. 한 방면은, 영국 본토의 주민에 비해, 식민지의 보통 민중은 더욱 광범위한 정치 참여의 권리와 통로를 보유하고 있었다. 다른 한 방면은, 식민지의 엘리트가 적극적으로 정치의 주도성을 발휘하여, 점차 영국령 북아메리카의 정치 무대에서 주인공 역할을 맡았다."[4] 자치의 전통을 가지고 있었기 때문에, 영국인은 식민지에 대한 엄격한 관리 감독을 크게 중시하지 않았고, 단지 상업에 대한 통제만 중시했다. 이는 북아메리카 식민지가 일정 정도 영국의 통제하에 자기의 정부를 형성함과 아울러 자치를 진행하여, 공공 사무에 대해 의견을 표시할 수도 있었고, 사회 관리에 참여할 수도 있게 해주었다. 그러나 같은 시기에 스페인과 포르투갈의 통치를 받던 라틴아메리카인들은 매우 적은 정도의 자치밖에 향유할 수 없었다.

(2) 독립전쟁과 미국의 건립

대영제국은 18세기 중엽에 빠른 확장 시기에 진입했는데, 맨 먼저 무적

---

3 위의 책, 244~245쪽.
4 위의 책, 258쪽.

함대를 보유한 스페인을 격파했고, 또 프랑스와 북아메리카에서 무려 7년에 달하는 전쟁을 치렀다. 끊임없이 이어지는 전쟁으로 대영제국의 재정 적자는 끊임없이 높아졌고, 수입이 지출에 미치지 못하자, 재정의 곤란을 해결하고 재정 위기를 해소하기 위해, 영국 정부는 북아메리카 식민지에서 세수를 높이기로 결정했다. 미국 펜실베이니아주 인디애나대학교 역사학 교수인 왕시(王希)가 말한 바와 같다: "영국인은 1763년부터 1774년까지, 대략 10년 동안에 해마다 서로 다른 명목으로 식민지에서 세금을 징수했다. 그런 세금 징수 과정에서, 특히 1765년에는 수입인지세를 징수하기 시작했다. 식민지에서는 수입인지세에 대해 매우 반감을 가졌다." 미국 브라운대학교의 역사학 교수인 잭 그린(Jack Green)도 이렇게 말했다: "북아메리카 식민지에서 징수하기로 한 수입인지세는 영국 의회가 통과시킨 것으로, 영국 의회에는 식민지 대표가 없었는데, 이는 바로 〈메이플라워 서약〉의 가장 기본적인 원칙을 위반한 것이었다."[5] 식민지 인민은 보편적으로 "대표가 없으면 징세할 수 없다"라는 전통을 믿고 있었기 때문에, 대영제국이 식민지 인민의 이익과 권리를 훼손하는 일련의 세수 정책과 고압 정책을 실행한 후, 북아메리카 식민지 인민은 자기가 누리는 자유와 권리가 침해되고 있다고 여겼다. 그 후, 대영제국과 북아메리카 식민지 간의 모순이 격화하기 시작하여, 충돌이 끊이지 않았고, 식민지의 납세 거부 사건도 자주 발생했다. 이어서 수많은 영국군이 신대륙에 파견되어 주둔했으며, 북아메리카 식민지의 의회도 제한을 받았다. 장기간 형성된 사회의 자치 전통이 전에 없는 도전을 받으면서, 신대륙 사람들은 자기의 자유가 위협을 받는다고 여겼으므로, "노역을 반대하고, 자유를 달라"고 소리높여 외쳤다. 토머스 페인(Thomas Pain)은 그의 유명한 저서인 『상식(Common Sense)』에서, 영국 국왕 및 의회의 죄악과 식민지의 독립이 가져다줄 여러 가지 좋은 점들을 열거하고, 자연권과 인민 주권 사상을 기술하면서, 영국은 결코 식민지 주민의 조국이

----

5 인터넷 《大国崛起》 시리즈 해설, 第10集: 新国新梦(美国·上)에서 인용.

아니라는 것을 논증함으로써, 식민지 인민의 모국인 영국에 대한 충성을 포기하게 했다. 페인은, 인류는 자유를 수호할 신성한 사명을 띠고 있다고 하여, 식민지 인민이 독립을 모색하고, 자기의 국가를 건립하도록 격려함과 아울러, 독립운동에 자유를 수호할 숭고한 사명을 부여했다.

　　1763년부터 1775년까지, 영국령 북아메리카 식민지의 주민과 영국 식민통치의 모순이 수입인지세 반대·타운센드법(Townshend Acts) 반대·보스턴 차 사건 및 용인할 수 없는 법령에 반대하는 투쟁을 거치면서 갈수록 치열해졌다. 1775년 4월 19일, 한 영국 군대와 북아메리카 식민지인 매사추세츠주 렉싱턴시의 민병 간에 충돌이 발생했는데, 신대륙의 동북부에서 발생한 이 "렉싱턴의 총성"이 "미국 독립전쟁"의 서막을 열었다. 1776년 7월 4일, 영국령 북아메리카의 13개 식민지 연합이 〈독립 선언〉에 서명하고, 대영제국의 통치에서 벗어남과 동시에, 연방 형식의 아메리카합중국을 결성한다고 정식으로 선언했다. 버지니아의 토머스 제퍼슨, 펜실베이니아의 벤저민 프랭클린, 매사추세츠의 존 애덤스, 뉴욕의 로버트 리빙스턴 및 코네티컷 식민지의 로저 셔먼이 기초한 〈독립 선언〉은 이렇게 선언했다: "우리는 다음과 같은 것들은 자명한 진리라고 여긴다: 모든 사람은 평등하게 창조되었고, 모든 사람은 그들의 창조주로부터 양도할 수 없는 몇 가지 권리를 부여받았는바, 거기에는 생명과 자유와 행복의 추구가 포함된다. 이러한 권리들을 확보하기 위해, 정부가 도입되었으며, 그 정당한 권력은 피지배자의 동의에서 나오며, 어떤 형태의 정부든 이러한 목적을 파괴하면 언제라도 정부를 바꾸거나 폐지하고, 새로운 정부를 조직하여, 가장 효과적으로 그들의 안전과 행복을 가장 효과적으로 가져올 수 있는, 그러한 원칙에 기초하여 그러한 형태로 권력을 조직하는 것은 인민의 권리이다. 실로 신중하게 살펴보면, 설립된 지 오래된 정부는 가볍고 일시적인 이유로 바뀌어서는 안 된다는 것을 알려주며, 모든 경험에 따르면 인류가 악을 견딜 만하면, 그들이 익숙해진 형태를 폐기하여 바로잡기보다는 고통을 참는 경향이 있다는 것을 알려준다. 그러나 오랫동안 학대와 착취를 계속하고, 변함없이 같은 목적을 추구하면서 그들을 절대 전제 정치 아래 예속시키려는 계획을 분명히 할 때는, 그 정부를 타도하고, 그들의 미래의 안전을 위해서 새로운 보호자를 확보하는 것은 그들의 권리이자, 그들의 의무이다. 그러한 것이 이런 식민지들이 감내해온 고통이었는데, 그러한 것이 지금은 그들에게 이전의 정부 제도를 바꾸도록 하는 필요성이다. 현재 대영제국 국왕의 역사는 반복되는 상처와 강탈의 역사로, 모두가 이 나라들에 절대 전제 정치를 확립하는 것을 직접적으로 반대한다. 이것을 증명하기 위해, 사실들이 솔직한 세계에 알려지게 하자."[6] "우리는 그들의 타고난 정의감과 아량에 호소했고, 우리는 그들에게 우리의 동족과 연대하여 우리의 연대와 대응을 방해할 수밖에 없는 이러한 강탈을 포기하도록 간청했다. 그들은 너무 무관심하여 정의의 목소리와 혈족(血族)의 목소리를 듣지 못했다. 그러므로 우리는 실제로 그들과 분리하는 것을 선포할 뿐만 아니라 세계의 다른 인류를 대하는 것과 같은 태도로 그들을 대할 수밖에 없다. 즉 우리가 그들과 싸울 때는 적으로 대하고, 평화시에는 친구로 대하면 된다."[7]

이 선언은 정말로 제퍼슨이 말한 바와 같다: "모든 사람들로 하여금 사람의 권리를 알게 했으니", 바로 천부인권은 모든 사람은 태어나면서 평등할 뿐 아니라, 인민은 사회계약을 통해 새로운 정권을 조직할 수도 있고, 혁명을 통해 정권을 뒤엎고 다시 조직할 권리가 있다. 천부인권 사상은 미국 건국의 바탕이 되었을 뿐만 아니라, 미국이 후에 패권 확장을 진행하는 중요한 사명감의 정신적 지주가 되기도 했다.

전쟁 초기, 쌍방의 역량은 현격한 차이가 있었다. 영국은 당시 가장 강대한 식민 제국으로, 공업이 발달했고, 세계 최고의 해군을 보유하고 있었다. 북아메리카에 주둔하고 있는 영국군은 대략 3만여 명으로, 장비가 우

6 『杰斐逊集: 自传, 英属美利坚权利概观, 弗吉尼亚纪事, 政府文件, 演说·咨文和答复, 杂集, 书信(上)』, [미국] 彼得森 注释编辑; 刘祚昌, 邓红风 译, 生活·读书·新知三联书店 1993年版, 22~23쪽.
7 위의 책, 26쪽.

수하고, 훈련이 잘되어 있었을 뿐 아니라, 캐나다에 의탁하고 있었다. 그러나 군대는 본토와 멀리 떨어져 있었고, 현지의 상황에 어두워, 인력과 물력의 보충이 어려웠다. 통치 집단 내부에서는 전쟁 지도에 관해 의견 차이가 있어, 통일적으로 지휘하지 못했다. 북아메리카 식민지 인구는 고작 300만 명이었고, 또 그 중 약 50만 명이 영국에 우호적인 "충성파"였다. 이 때문에 정규군이 막 창설되었을 때, 병력이 부족하여, 주로 직업에 종사하는 민병과 단기 복무의 지원군에 의지했으며, 장비는 낙후했고, 훈련은 부족했다. 각 식민지의 지역주의가 심각하여, 대륙회의의 지도력은 나약하고 무력했다. 그러나 북아메리카 식민지 인민이 진행하는 것은 정의로운 전쟁으로, 독립과 자유를 위해 싸웠기 때문에, 혁명적 인민과 국제 진보 세력의 지지를 받았고, 또 영국과 프랑스·스페인·네덜란드 등의 고유한 모순을 이용하여, 외부의 지원도 얻어냈다. 결국 영국은 오래 지속된 소모 과정에서 점차 힘이 빠지자, 어쩔 수 없이 남부를 통제하려는 노력을 포기했고, 또 1783년에 미·영 파리평화조약을 체결하여, 정식으로 13개 식민지의 독립을 승인함과 동시에 국경을 확정했다.

국내·외 인민 군중의 옹호와 지지를 받았고, 방대한 군민(軍民)이 용감하게 싸운 것이, 영국령 북아메리카의 13개 식민지가 독립전쟁에서 승리를 거둔 결정적 요소였다. 그밖에 미국은 유연한 외교 정책을 집행하고, 국제적 모순을 이용해 프랑스·스페인·네덜란드 등의 원조를 얻었다. 그리고 전쟁에서는 미군의 전략 전술이 탄력적이어서, 정규전과 유격전을 결합하는 작전 방식을 채택했으며, 전통적인 직선형의 전투 대형을 포기하고, 지형지물에 따라 분산된 대형으로 작전을 펼쳤으며, 소모되는 것을 개의치 않았고, 도시 하나 땅 하나의 득실을 따지지 않았으며, 적의 군대를 섬멸하는 데 착안한 것 등등이 모두 전쟁 결과에 영향을 미친 중요한 요소였다. 미국의 독립전쟁은 세계 역사상 최초의 대규모 식민지가 민족 독립을 쟁취한 전쟁으로, 그것은 훗날 식민지 민족해방 전쟁에 모범과 본보기를 세웠으며, 훗날 프랑스대혁명과 라틴아메리카 민족해방 운동에 모두 일정한 영향을 미쳤다.

(3) 미국 정체(政體)의 확립

미국의 정치 역사를 고찰해 보면, 우리는 미국이 하나의 독특한 건국 노선을 가지고 있었다는 것을 발견할 수 있다: 우선 분산된 식민지에서 연합한 식민지로, 다시 연합한 식민지에서 13개의 자유롭고 독립된 나라로, 그 후에는 13개의 자유롭고 독립된 나라에서 연방으로 나아갔는데, 이때 아메리카합중국이 정식으로 출현한 다음, 다시 느슨한 국가연합에서 긴밀한 연방이 되면서, 미국은 연방 시대에 들어섰다. 그 후로 미국 정체에서 다시는 중대한 변화가 일어나지는 않았다.

국가연합 시대의 미국 13개 주는 기본적으로 각자 정권을 잡고, 서로 세관을 설치했는데, 이때 비록 하나의 중앙 기구, 즉 단원제 의회가 있긴 했지만, 하나의 결의를 하려면 반드시 13개 주 가운데 9개 주 이상의 동의와 비준이 있어야 했기 때문에, 이때의 미국은 단지 하나의 공동체 혹은 하나의 매우 쉽게 와해될 수 있는 연맹에 불과했으며, 하나의 고도로 통일된 국가였다고 할 수는 없었다. 미국이 진정으로 하나의 고도로 통일된 국가가 된

것은, 1787년에 제헌회의에서 통과시킨 연방 헌법 덕택으로 돌려야 한다. 연방 헌법의 제정을 둘러싸고, 해밀턴을 대표로 하는 연방당 사람들과 제퍼슨을 대표로 하는 민주파가 격렬한 논쟁을 벌였다. 자본주의 상공업의 발전을 강력히 주장하면서, 전국 시장을 통일한 부유한 자산계급의 적극적인 추동으로, 마침내 연방당 사람들이 승리를 거두었다.

미국 헌법은 자연권과 인민 주권·제한된 정부와 삼권분립 및 상호 견제하는 헌정 원칙을 구현했고, 연방최고법원의 사법 심사권을 확립했을 뿐만 아니

토머스 제퍼슨(1743~1826년)은 아메리카 합중국의 제3대 대통령(1801~1809년)이었으며, 또한 〈미국 독립 선언〉의 주요 기초자이자 미국의 건국 주역들 가운데 가장 영향력이 있는 사람 중 한 명이었다.

1787년, 북아메리카의 각 주 대표들이 필라델피아 독립청에서 제헌회의를 거행하여, 헌법을 기초했다. 회의에 참여한 대표들로는 조지 워싱턴(회의 의장으로 추대됨), 벤자민 프랭클린, 알렉산더 해밀턴, 제임스 매디슨 등이 있었다. 헌법은 1788년 6월에 9개 주에서 통과되어, 최초의 연방 헌법이 탄생했으며, 새로운 정부가 효력을 발휘하기 시작했다.

라, 미국이 공화제와 연방제를 실행하도록 규정하기도 했다. 연방당 당원은 이렇게 생각했다: "만약 사람들이 모두 천사라면, 어떤 정부도 필요 없다. 만약 천사가 통치를 한다면, 정부에 어떤 외부나 내부의 통제도 필요 없다. 한 사람이 통치하는 정부를 조직할 때, 가장 큰 어려움은 반드시 먼저 정부가 피통치자를 관리할 수 있게 한 다음에, 다시 정부가 자기를 통제할 수 있게 하는 데 있기"[8] 때문에, 미국의 정치 체제를 설계하고 구성할 때 반드시 분권과 상호 견제를 실행해야 한다. 연방 정부와 주 정부의 관계 문제를 보면, 연방당 사람들은 연방과 주의 권력은 모두 인민에게서 나오고, 서로 소속되지 않으며, 각자 일정한 활동 범위가 있고, 연방과 주는 헌법 범위 내에서 각자 그 권력을 독립적으로 행사하며 다른 쪽의 침범을 받지 않는다

---

8 [미국] 汉密尔顿·杰伊·麦迪逊, 『联邦党人文集』, 程逢如·在汉·舒逊 译, 商务出版社 1982 年版, 264쪽.

고 여겼다. 그러나 연방 헌법과 연방 국회가 제정한 법률과 법령이 전국 최고의 법률이라고 규정했고, 이로 인해 연방의 최고 지위를 확립하자, "연방헌법의 정식 비준은, 연방당 사람의 반연방당 사람에 대한 승리, 즉 국가주의의 주권(州權)주의에 대한 승리를 의미했다".[9] 그러나 각 주는 연방에게 빼앗기지 않는 독립적인 권력을 매우 많이 보유했고, 구체적으로 열거하여 연방에 부여하지 않은 권력은 각 주에 남겨두었으며, 각 주는 자기의 권력 범위 내에서도 최고의 것으로, 연방의 간섭을 받지 않았다. 연방 헌법은 법률 형식으로 미국 독립 혁명의 기본적인 성과를 공고히 했고, 새로운 형태의 정치 제도와 민주주의 정치 체제를 창조했으며, 13개 주를 연결하여 하나의 통일된 현대 민족국가로 만들어, 연방이 위기를 넘기게 한 것은, 미국이 통일한 독립 주권 국가로서 출현했음을 상징한다.

2. 서진(西進) 운동과 아메리카 패주 지위의 확립

(1) 이른바 서부 개척

18세기 말부터, 19세기 말 20세기 초까지 1세기 정도 계속된 서진 운동은, 미국 동부 주민들이 서부 지역으로 이주하여 개발을 진행한 대중적 운동이었다. 일찍이 미국이 독립하기 전에, 북아메리카 식민지의 초기 이민이 이미 자발적이고 산발적으로 북아메리카 대륙의 서부로 이주하여 확장했지만, 후에 대영제국이 애팔래치아 산맥을 기준으로 서쪽의 토지는 영국 왕실 소유라고 선포함과 아울러, 명확히 북아메리카 식민지 사람들은 애팔래치아 산맥 서쪽으로 이주하는 것을 금지한다고 명령했다. 이는 "자유농·계약노예와 수공업 노동자가 생계를 도모하기 위해 서부로 가서 토지를 개발할 희망을 파괴했을 뿐만 아니라, 토지 투기자와 새로운 토지를 개척하기를 갈망하는 남부 농장주들도 타격을 받게 했는데"[10], 서부의 토지가 북

---

9 黄安年, 『美国的崛起』, 中国社会科学出版社 1992年版, 125쪽.
10 위의 책, 83쪽.

19세기 말, 미국 서진 운동 당시의 포장마차 일행.

아메리카 각 계층 인민 모두에게 막대한 흡인력을 가지고 있었으므로, 영국 왕실의 금지령은 자연히 북아메리카 식민지 인민이 영국에 반대하는 유인 중 하나가 되었다. 영국 당국이 서진을 금지한 이민법령의 제약을 받았기 때문에, 이때의 서진 운동은 규모가 그다지 크지 않았다. 미국이 독립적 지위를 획득하고, 또 영국 정부가 반포한 서부로의 이민을 금지하는 칙령의 폐지를 선포한 후에야, 서진 운동은 비로소 더욱 적극적이고 계획적으로 변했고, 또 1세기 동안이나 지속되었다. 서진 과정에서, 많은 이민이 서부로 이주한 원인은 각각 달랐는데, 자산계급은 시장의 확대를 갈망했고, 남부의 노예주와 토지 투기자는 그 과정에서 토지를 확장하고 폭리를 취하려고 시도했다. 그러나 인원수가 가장 많은 것은 여전히 일반적으로 가난한 개척자들, 즉 목축인·광부·수렵인과 농민이었는데, 그들은 서부의 토지를, 압박에서 벗어나 새로운 생활을 찾는 유일한 희망으로 여겼으며, 그들이 서부 초기 이민의 주체였다. 1783년의 파리평화조약에 따라, 미국은 미시시피 강 동쪽부터 애팔래치아 산맥 서쪽의 커다란 토지를 획득했는데, 이때 미국 사회에서는 이러한 이야기가 유행하기 시작했다: 이런 것들은 북아메리카 13주가 함께 생명과 부로써 바꾼 토지이니, 당연히 인민의 소유가 되어야 하며, 인민은 가서 개간하고 경작하고 개발할 권리가 있다. 그리하여 미국이 독립한 후, 유럽에서 온 수많은 새로운 이민과 원래 동부 연해 지역에 살던 수많은 민중이 잇달아 애팔래치아 산맥을 넘어 서부로 몰려갔다.

(2) 서진 운동의 성과

미국이 서부로 영토를 확장하고 개발한 것은 미국의 경제생활과 정치생활 및 문화생활에 모두 가늠하기 어려운 영향을 미쳤다. 심지어 만약 서부의 개척이 없었다면 오늘의 미국이 없었을 것이며, 더구나 훗날 미국이 세계에서 중요한 지위를 차지할 수도 없었을 것임은 말할 필요도 없다. 끝없이 넓은 서부 지역은 적절한 기후를 가지고 있어, 농업에도 적절하고 방목에도 적절하며, 기나긴 해안선과 훌륭한 항만이 있어서, 교통운수가 매우 편리하다. 이외에도 풍부한 산림자원과 수리자원 및 광산자원도 보유하고 있다. 그것은 미국 농업의 발전을 위해 광활한 토지를 제공했고, 또 미국의 공업화 과정에서도 광활한 시장 전망과 우월한 자원 조건·지역 조건을 제공했다. 따라서 미국의 서진 운동은 본질적으로 산업혁명과 함께 농·공업이 조화롭게 발전하는 경제 개발 과정으로, 미국의 경제 발전을 크게 촉진하고, "곡류 작물과 목축업이 동시에 발전하고, 농업·공업·교통운수·상업이 서로 조화를 이루는 새로운 국면을 추동하여"[11], 미국이 산업에서의 영국의 독점적 지위를 무너뜨릴 수 있는 능력을 갖추게 해주었다.

서진 운동은 미국 민중이 자력으로 새 삶을 찾고 힘들게 창업한 역사였다. 가장 먼저 서부에 도착한 사람들이 직면한 것은 아직 개척되지 않은 원시의 황야로, 갖가지 어려움과 험난함을 짐작하여 알 수 있지만, 그들은 반드시 여기서 대대로 생존하고 발전해 가야 했다. 그러므로 의심할 여지 없이, 서진 운동은 미국 역사상 가장 모험 정신과 개척 정신을 갖추었던 한 페이지로, "아메리카 민족의 실질을 추구하고, 보수적이지 않고, 혁신적이고

---

11 위의 책, 217쪽.

진취적인 특징은 몇 세대에 걸친 사람들이 끊임없는 서진 과정에서 획득한 다양성·유동성·경쟁성과 떼어놓을 수 없는 것이다."[12] 바로 서진 운동은, 자신의 분투를 통해 개인의 꿈을 실현하는 미국 정신을 형성해냈다.

서진 운동은 어떤 의미에서는 또한 미국이 영토를 병탄하고, 식민지를 개척한 일종의 침략 행위였는데, 미국이 애초부터 대서양 연안에 있던 13개 식민지로부터 대서양과 태평양을 가로지르는 북아메리카 대국으로 확장한 것은, 서진 운동의 가장 뚜렷한 결과였다. 서진 운동의 진행에 따라, 토착 인디언에 대한 야만적인 도살도 있었다. 정부와 군대를 포함한 동부의 수많은 사람들이 잇달아 서부로 몰려들면서, 인디언을 속이고 유혹하고 약탈하고 학살하는 등의 방식을 통해 토지를 획득했다. 이는 인디언에 대해 말하자면 치명적인 재난이었는데, 그들은 대부분 참혹하게 도살되었고, 다행히도 살아남은 소수의 생존자들은 어쩔 수 없이 궁벽하고 황량한 "특별 보호구역"으로 이주했다. 이 때문에 인디언이 강제로 이주하는 길은 사람들이 "피눈물의 길"이라고 불렀다.

비록 종족을 압박한 오점이 있기는 했지만, 서진 운동은 주로 미국 민중이 서부를 개발하는 과정이기도 했다. 200여 년 동안, 서부를 향한 끊임없는 개척을 통해, 수백만 평방킬로미터의 토지가 개발되었고, 근대화된 농업·공업·목축업이 이 광활한 토지 위에 건립되었다. 서진 운동이 없었다면, 오늘날의 미국도 없었다고 할 수 있으며, 훗날 미국이 세계 최고의 경제 강국으로 성장하는 데에도, 서진 운동의 영향이 또한 결정적인 것이었다.

(3) 아메리카 패권의 확립

미국은 제2차 미국-영국 전쟁에서 승리하여 국가의 독립적 지위를 공고히 한 다음, 대외 확장의 길로 나아갔다. 서진 운동을 진행함과 동시에, 미국은 아메리카를 제패할 계획을 실행하기 시작했다. 1823년에 제시한 "먼

---

12 위의 책, 218쪽.

로주의"가 명확한 징표였다.

먼로 선언을 발표한 역사적 배경은 파란만장한 라틴아메리카 스페인 식민지에서의 독립운동이었다. 스페인에서 국내 봉기가 일어났을 때, 라틴아메리카 각 나라들이 독립운동을 전개하기 시작함과 아울러 결정적인 승리를 거두자, 미국은 세계에서 가장 먼저 라틴아메리카 국가들의 독립을 승인했다. 신성동맹이 위협하고 간섭하는 상황에서, 당시 미국 대통령이던 먼로는 1823년 12월 2일에 국회에 보낸 공문에서 "아메리카는 아메리카인의 아메리카이다"라는 구호를 제시하면서, 이렇게 선언했다: 미국은 유럽

제임스 먼로(1758~1853년)는, 미국의 제5대 대통령(1817~1825년)으로, 1776년에 학업을 중단하고 독립전쟁에 참가했으며, 1811년에 국무장관에 임명되었고, 대통령이 된 후인 1823년에 미국의 외교 정책 방침인 "먼로주의(먼로 선언)"를 제시했다.

열강의 내부 사무 또는 그들 간의 전쟁에 간섭하지 않을 것이며, 미국은 유럽 열강의 라틴아메리카에 있는 식민지와 보호국을 승인할 뿐 아니라 간섭하지도 않을 것이며, 유럽 열강은 더이상 남·북아메리카에서 식민지를 개척해서는 안 되고, 유럽의 어떤 열강도 남·북아메리카 국가를 통제하거나 압박하려는 어떠한 시도도 모두 미국에 대한 적대 행위로 간주될 것이다. "그 내용은 대략 세 개의 기본 원칙으로 정리할 수 있다: 즉 더이상 식민하지 않는 원칙, '불간섭' 원칙 및 '아메리카 체제' 원칙"[13]인데, 이는 사실상 다음과 같은 아메리카합중국의 정식 선포였다: 미국은 유럽 각국 간의 전쟁에 개입하지 않을 것이고, 유럽 각국도 아메리카의 사무에 손을 대지 말 것을 요구하며, 미국은 유럽 국가들이 아메리카에 새로운 식민지를 건설하

13 唐晋 主编, 『大国崛起』, 人民出版社 2006年版, 398쪽.

는 것을 허락하지 않는다. 이런 관점은, 후세 역사학자들에 의해 "먼로주의"라고 불렸다. 먼로주의의 제시는 사실상 라틴아메리카가 미국의 세력 범위에 속한다고 선포한 것으로, 미국이 아메리카 패권을 확립한 중요한 상징이었다.

먼로 선언의 발표는 미국이 독립한 뒤 47년째 되는 해에 있었는데, 국가의 종합 실력으로 말하자면, 먼로 시기의 미국은 강대한 국가가 아니었다. 이때의 미국은, 경제적으로 제조업에서는 고작 영국의 5분의 1 정도였으며, 러시아와 프랑스의 절반에도 못 미쳤고, 스페인보다도 낮아, 세계 제조업의 총생산액에서 차지하는 비중이 대략 2% 정도였다. 그런데 당시는 적나라한 강권정치(强權政治)의 시대였을 뿐 아니라, 각 나라들이 국가의 이익을 수호하고 국제적 지위를 쟁취하는 가장 중요한 수단이 전쟁이었으며, 가장 중요한 도구는 군대였다. 그러나 먼로의 대통령 재임 기간에, 미국의 군사력은 아직 상당히 약소하여, 1823년에 미국의 해군력은 고작 프랑스의 4분의 1, 러시아의 8분의 1이었고, 영국과의 격차는 더욱 컸다. 그래서 신성동맹이 라틴아메리카의 독립운동을 진압하려고 위협하는 국제적 배경에서, 미국 외교의 정책 결정권자가 라틴아메리카 독립 문제에 어떤 반응을 보이고, 어떤 정책을 취하는가는, 젊은 미국이 나아갈 미래의 방향에 깊은 영향을 미칠 수 있었다.

먼로 선언이 밝힌 것은 적극적인 선택이었는데, 그것은 영국의 제안에 따르지 않고, 당시의 "초강대국"의 주도적인 제안을 내팽개친 채 자기의 독자적인 견해를 발표하여, 한 신흥국가의 대국 기백과 책임지는 것을 두려워하지 않는 기백을 구현했다. 동시에 그것은 또한 열강 간의 분쟁을 초월하여, 열강 간에 있을 수 있는 대립과 충돌에 불개입하고, 특정한 국가를 겨냥하지 않아, 미국의 적을 만들지 않았을 뿐 아니라, 당시 라틴아메리카에서 보편적으로 존재하던 "범아메리카주의(Pan-Americanism)"[14] 사상의 요구에 영

---

14 남·북아메리카 국가들이 정치·경제·사회·군사 등의 여러 분야에서 협력하자는 운동으로, 베네수엘라의 독립운동 지도자인 볼리바르가 제창하여 1826년에 첫 회의가 열렸으나,

합했기 때문에, 라틴아메리카 국가들에게도 보편적으로 환영을 받았다.

먼로주의는 미국이 독립한 지 반세기가 지난 무렵, 국력이 아직 약소할 때, 세계를 향해 미국은 이미 하나의 독립한 대국으로서 세계에 자기의 영향력을 행사하기 시작했음을 표명했다. 먼로주의는 이후 한 세기 남짓 동안, 미국 외교의 중요한 기초가 되었다. "먼로주의는 미국의 전통 정책에 대한 가장 큰 발전이었으며, 그것은 미국이 아메리카의 사무에 대해 합법적으로 간섭할 권한을 보유하고 있다는 생각을 포함하고 있었고, 미국의 식민지 이익을 보호하기 위해 유럽의 식민지 확장을 배척하는 전략적 원칙을 포함하고 있었다. 때문에 먼로주의의 제시는 미국이 서방의 패권을 쟁탈하기 위해 최초로 완벽한 이론적 준비를 제공했다."[15] 미국이 이후 발전하고, 강대해지고, 심지어 세계 패권의 지위를 확립한 것은 모두 먼로주의의 작용과 떼어놓을 수 없다고 할 수 있다.

3. 남북전쟁과 산업화 추진의 가속화

(1) 남북전쟁의 발발

남북전쟁 즉 미국 내전은, 미국 역사상 유일한 한 차례 내전으로, 전쟁에 참여한 쌍방은 북부의 아메리카합중국과 남부의 아메리카연맹국이다. 미국의 남북 사회는 건국 초기부터 매우 큰 차이가 있었는데, 이런 차이는 경제적 기초에만 반영된 게 아니고, 경제적 기초에 의해 결정된 상부구조에도 반영되었으며, 쌍방의 차이의 크기는 방관자가 볼 때는 전혀 다른 두 가지 문명 혹은 두 가지 다른 사회라고 여길 정도였다. 북부의 각 주는 상공업 발전을 위주로 했으며, 경제 형식에서는 시장경제를 실행했고, 자유무역주의 제도를 실행했다. 자유 기업·자유 농장주·공업과 도시의 발전을 장려했고, 정책적으로 외래 이민을 장려했으며, 높은 관세로 본국 공업을 보호

각 나라들의 의견 불일치로 효과를 거두지는 못했다.(역자 주)

15 唐晋 主编, 『大国崛起』, 人民出版社 2006年版, 400쪽.

했고, 이데올로기에서는 자유·공화적 가치관을 가졌으며, 도덕 윤리적으로는 청교도 가치관을 가졌고, 사회 풍조에서는 개인주의와 분투 정신을 숭상했다. 따라서 북부는 기회 평등을 중시하고, 상층으로 이동할 가능성으로 충만한 활력이 넘치는 사회였다. 또 북부인은 노예제도를 죄악이라고 여겨, 새로 건립되는 주에서는 노예제도의 존재를 불허하거나 즉시 노예제도를 폐지하라고 주장했으며, 북부인의 남부인에 대한 인상은 우둔하고 야만적이고 더럽고 결투를 좋아한다고 여겼다. 남부의 각 주들이 보편적으로 시행한 것은 대농장 경제로, 농업 경제를 위주로 하고, 농장주가 통제하는 흑인 노예제도를 실행했다. 국외 시장에 심각하게 의존했기 때문에, 정책에서 높은 관세를 반대했고, 또 남부 사회는 귀족 신사의 가치관을 숭상하여, 우아함·체면과 기사의 풍모·명예에 대한 소중함을 따졌다. 그들은 북부 사람들이 인색하고 위선적이며 공리적(公利的)이고 설교를 좋아한다고 여겼으며, 남부 사회는 엄격한 종족 차별과 등급 제도, 안정적인 사회 질서와 정체된 사회라고 여겼다. 또 남부의 대농장주들이 노예를 보유하는 것은 곧 그들이 향유하는 자유의 한 부분으로서, 헌법의 보호를 받는 재산권이며, 또한 노예제도는 인자한 것이라고 여겼다. 따라서 연방 정부는 노예제도를 간섭해서는 안 될 뿐 아니라, 또 응당 전국적 범위로 확장해야 한다고 주장했다. 남북 쌍방이 시행한 정책이 달랐기 때문에, 종교계에도 준엄한 시련이 나타났다. 즉 북부의 교회는 성경에 대한 이해를 더욱 융통성 있게 받아들여, 성경에 대한 해석을 통해 흑인 노예를 해방하는 것을 변호하기 위한 방도를 찾았다. 그러나 남부의 교회 지도자들은 칼뱅파의 사상을 이용하여 노예제도와 남부가 연방에서 이탈하는 행동에 합리적인 듯이 보이는 이론적 근거를 제공했다. 남북의 차이 때문에, 교회 간에 상호 불신하고 상호 비난하게 함으로써, 교회의 분열을 초래했다. 장로회는 일찍이 1837년에 이미 분열했고, 감리교 및 침례교도 이번 풍파 속에서 심각한 차이를 보였다. 총체적으로 말하자면, 남부의 노예제도는 미국의 사람은 평등하다는 건국 이념과 전혀 맞지 않았고, 특히 미국의 공업화 과정을 심각하게 제약했기 때문에, 노예제도의 존폐 문제는 남부와 북부 간 논쟁의 초점이 되었고, 쌍방의 가장 중요한 차이이자 모순이었다.

이 모순이 한층 격화한 것은 바로 미국이 건국한 후에 벌어진 서진 운동과 밀접한 관계가 있었다. 미국이 서부의 넓은 영토를 획득하면서, 서부에 잇달아 새로운 주들을 건립했다. 새로운 주가 건립될 때마다, 그 주 내에서는 노예제를 보존할 것인가 아니면 폐지할 것인가의 투쟁이 발생했다. 북부의 자산계급은 새로운 주를 자유주(自由州)로 확정하고, 새로운 주 내에서는 노예제도를 금지할 것을 요구했다. 반면 남부의 노예주는 노예제도를 서부로 확장하려고 애쓰면서, 새로운 주를 노예제도가 존재하는 주로 확정하자고 주장했다. 미국의 헌법 규정에 따르면, 모든 주마다 두 명의 상원의원 의석을 보유했기 때문에, 새로 건립된 주가 자유주로 연방에 가입할 것인가, 아니면 노예주로 연방에 가입할 것인가의 문제는, 북부의 자산계급 또는 남부의 대농장주가 상원의원을 통제하는 문제와 관계가 있었다. 그러므로 바로 서부의 새로 개발한 영토에 주를 건립하는 문제에서 남북 쌍방의 격렬한 충돌을 불러일으켰다.

내전 발발의 직접적인 도화선은 1860년 11월 6일에 노예제도를 반대하는 에이브러햄 링컨이 대통령 선거에서 승리한 것이었다. 링컨은 현재 각 주의 노예제도에는 간섭하지 않겠지만, 노예제도의 확장은 반대한다고 주장했다. 남부의 각 주들은 노예제도를 한층 더 확장하려는 단꿈이 깨지자, 곧 링컨이 남부의 생활 방식과 전통에 간섭하려고 음모를 꾸미고 있다고 여겼으므로, 링컨이 대통령에 당선된 후, 남부의 일부 주들은 즉각 연방 국가에서 탈퇴할 것을 강력하게 요구했고, 결국 1861년 2월에 연방을 탈퇴한다고 선언한 뒤, 새로운 정부를 구성했다. 같은 해 4월, 남부의 연방군이 섬터 (Sumter) 요새를 공격하여 점령함으로써, 주도적으로 내전을 일으키면서, 건립된 지 겨우 84년 된 아메리카합중국은 분열의 위기로 나아갔다.

1861년 4월 12일에 남부 연방 군대가 섬터 요새를 포격하기 시작하면서 부터, 1865년 4월 9일에 버지니아주의 아포맷톡스에서 남부군 사령관 로

에이브러햄 링컨(1809~1865년)은, 미국의 정치
가로, 미국의 제16대 대통령(1861~1865년)이자,
최초의 공화당 출신 대통령이기도 했다.

버트 리가 연방 군대에 투항하기까
지, 내전은 꼬박 4년간 지속되었다.
"남부 연방이 이 전쟁을 일으킨 진
정한 목적은, 노예제도를 확대하고
영원히 보존하는 데 있었다. 북부
의 목적은, 처음에는 연방의 통일을
회복하고 유지하며, 노예제도의 발
전을 제한하는 데 있었다."[16] 링컨도
명확하게 지적했다: "이 전쟁의 최
고 목표는 연방을 구하는 것이다."[17]
전쟁 초기에 북부는 잇달아 패배를

당했는데, 이는 링컨 정부로 하여금 1862년에 노예 해방을 추진하고, 홈스
테드법(Homestead Act)을 시행하고, 반란 분자를 처벌하는 등 일련의 혁명
적 조치들을 취하도록 함으로써, 전쟁의 형세에서 북부에 유리한 변화가 일
어나기 시작하게 했으며, 결국 경제·인구 및 도덕과 가치관의 우위를 차지
하고 있던 연방 정부의 승리로 끝을 맺게 했다.

　"미국 내전은 400만 미국인에게 노역을 당할 운명을 해제해 주기는 했지
만, 노예제의 폐지는 결코 그렇게 해방된 사람들이 진정으로 평등한 권리를
누리게 하지는 못했다. 비록 그렇더라도, 아프리카계 미국인들이 경제생활
에서 하는 역할이 나날이 증가하면서, 내전의 종결은 미국 경제가 발전하
기 위한 일련의 유리한 조건들을 만들어냈다: 첫째는 중·서부 지역과 동부
지역의 경제적 연계가 더욱 밀접해졌고, 둘째는 미국의 공업 발전을 위해
일부 장애물을 제거했다. 내전 시기에 남부 각 주 국회의원들의 퇴출과 전
쟁 후에 그들의 영향력 저하로 인해, 경제 발전을 촉진하는 의안이 국회에

16 黄安年,『美国的崛起』, 中国社会科学出版社 1992年版, 301쪽.
17 [미국] 菲利普·斯特恩,「林肯的生平与着作」, 719쪽,『美国内战与镀金时代1861-19世纪
　末』에서 인용, 丁则民 编, 人民出版社 1990年版, 7쪽.

서 매우 쉽게 통과될 수 있었다. 셋째는 이 전쟁이 흑인 노예를 해방하고, 노예제도를 폐지하고, 미국에서 자유의 함의를 다시 확정함으로써, "자유가 새 생명을 얻게" 했고, 자유가 종족의 한계를 뛰어넘어 보편적인 권리로 바뀌게 했다. 또 연방 입법 범위 내에서 흑인에게 공민권을 부여하여, 흑인이 아메리카 공동체의 한 부분이 되게 했다.

이 밖에, 이 전쟁은 또한 국가의 통일을 유지하고, 무력으로 연방의 최고 권위(연방 주권의 지고무상함)와 최고 충성의 지위를 확립함으로써, 미국은 진정으로 단일 주권을 가진 현대 민족국가가 되었다. 이에 대해, 미국 프린스턴대학의 역사학 교수인 제임스 맥퍼슨의 평론은 인상 깊고 투철하다고 할 수 있다: "내전 후, 미국은 단일하고, 단결하고, 강대한 국가가 되었는데, 이는 미국이 20세기에 세계 최고의 강대국이 되는 기초를 다져주었다. 만약 미국이 1860년대에, 두 개 또는 더 많은 국가들로 분열되었거나, 아니면 북부가 승리를 거두지 못했다면, 이는 도저히 실현할 수 없는 것이었다. 그러므로 이 전쟁은 미국의 미래에 깊은 영향을 미쳤다."[18]

(2) 산업혁명의 전면적 추진

비록 미국은 19세기 초엽부터 이미 공업화를 시작했지만, 그 공업화가 진정으로 성숙 단계에 진입한 것은 미국 내전이 끝난 후였다. 내전이 끝난 후, 연방 정부 내부에서는 남부의 정치 경제 구조를 어떻게 재건할 것인가에 대해 비교적 큰 의견 차이가 발생했는데, "공화당 급진파는 앤드루 존슨 대통령의 보수적이고 퇴행적인 재건 강령과 격렬한 투쟁을 벌였고, 결국 남부 재건에 대한 주도권을 획득하여, 재건이 북부 산업자본 계급의 의지에 따르도록 함으로써, 비교적 민주적인 방식으로 남부에서 일련의 정치·경제·사회 및 문화 교육의 개혁을 진행했고, 중요한 성과를 거두었다."[19]

미국 내전부터 제1차 세계대전까지 50년도 안 되는 기간에, 미국은 제2

---

18 인터넷《大国崛起》시리즈 해설, 第10集〈新国新梦〉(美国·上)에서 인용.
19 丁则民 等, 『美国内战与镀金时代: 1861-19世纪末』, 人民出版社 1990年版, 前言 1쪽.

차 산업혁명이라는 동풍에 의지하여, 각종 산업 발전을 장려하는 적극적인 조치를 실행함으로써, "산업자본주의에 시장·자금·자원·노동력 및 기술 등 여러 방면에서 당시 다른 자본주의 국가들보다 모두 우월하고 유리한 조건을 창출해줌으로써"[20], 미국이 농업화된 공화국에서 도시화된 국가로 신속히 바뀌게 해주었다. 이 새로운 시대에는, 전력이 증기 동력을 대체했고, 기계가 손을 대체하면서, 상품이 크게 증가했으며; 전국적인 철도망이 상품의 유통을 증진했고; 대중의 수요에 부응하여, 많은 새로운 발명이 나타났으며; 은행업이 대출을 제공하면서, 상공업 경영의 확대를 촉진했다.

19세기의 대부분 시기에, 미국 공장 생산 능력의 연평균 성장률은 줄곧 0.3% 정도로 안정되어 있었지만, 1889년부터 1919년까지는, 성장률이 1.7%로 급상승하여, 거의 불가사의하게도 6배나 증가했다. 1870년부터 1900년까지 30년간, 미국의 경제 발전 속도는 같은 기간의 세계 평균 수준을 뛰어넘어, 5.8~6.3%에 달했다. 미국은 강대한 과학기술력의 추동으로, 제2차 산업혁명 과정에서 독보적인 지위를 차지했다. 이로부터 "공업화의 발전과 과학기술혁명의 발생은 경제의 고속 발전과 떼어놓을 수 없는 관계가 있다는 것을 쉽게 알 수 있다."[21]

미국의 과학이 이렇게 번영할 수 있었던 까닭으로는 주로 다음과 같은 몇 가지 원인이 있다: 우선, 유럽의 기존 이론을 소화한 기초 위에서, 미국은 상공업 혁신을 잘 해냈고, 과학기술과 공업이 고도로 연결된 생산 모델을 확립할 수 있었다. 다음으로, 미국은 정부의 강력한 지도 정책과 원활한 경제 체제를 가지고 있어, 공업이 빠르게 발전하는 데 매우 큰 도움을 주었다. 다음으로, 미국 연방 정부는 성숙한 특허 보호와 지식재산권 제도를 보유하고 있어, 발명자의 권익을 보호하는 데 매우 좋은 작용을 했을 뿐만 아니라, 전체 사회의 창조 열정을 보호하고 불러일으키는 데에도 매우 좋은 작용을 했다. 마지막으로 미국이 독일의 대학 제도를 학습하는 것을 중시

20 위의 책, 76쪽.
21 黃安年, 『美国的崛起』, 中国社会科学出版社 1992年版, 361쪽.

한 것과도 밀접한 관계가 있는데, 제2차 산업혁명의 두 선두 주자는 바로 미국과 독일이었다. 미국의 대학은 19세기의 60~70년대부터 점차 개혁을 진행하여, 제1차 세계대전 전야에 개혁을 완성했는데, "19세기 말에 미국이 신기술의 개발과 보급 방면에서 이와 같은 성과를 거둘 수 있었던 가장 중요한 요소 중 하나는 바로 다중적인 과학기술 연구를 진행한 것이다. 정부는 기본적으로 연구에 관여하지는 않았지만, 자금을 지원하고 협조했으며, 주로 대학·기업 집단 및 민간단체가 직접 연구에 종사했는데"[22], 이것이 바로 기업―대학―정부의 삼자(三者)가 협조하면서 과학을 연구하는 양식과 전통이었다.

남북전쟁은 미국 역사상 제2차 자산계급 혁명으로, 미국 자본주의가 빠르게 발전하도록 정치적인 길을 깨끗이 청소하여, 미국이라는 신흥 산업국가가 전기화(電氣化)로 상징되는 제2차 산업혁명 과정에서 오래된 강대국인 영국·프랑스 등을 신속히 따라잡고 뛰어넘도록 해주었으며, 1890년에 미국이 제1의 공업 강국이 되어, 세계 공업 총생산액의 약 3분의 1을 차지함으로써, 영국의 공업에서의 독점적 지위를 타파하게 해주었다고 할 수 있다. 만약 남북전쟁이 없었다면, 미국의 공업화가 이렇게 빠르고 이렇게 순탄하게 발전할 수 없었을 것이다. 남북전쟁은 미국이 세계 강대국의 행렬에 들어서는 데 기초를 다져주었다.

4. "진보운동"부터 뉴딜 정책까지

(1) 도금시대(鍍金時代, Gilded Age)[23]

1890년대에 미국은 세계 제1의 공업 강국이 되었는데, 이는 미국 공업화의 가장 뚜렷한 성과로, 1894년에 미국의 공업 생산액은 전 세계 공업

---

22 丁則民 等, 『美国内战与镀金时代: 1861-19世纪末』, 人民出版社 1990年版, 79쪽.
23 남북전쟁 후에 미국 사회가 공업화를 통해 빠르게 발전하면서, 온갖 사회적 부정과 비리가 속출하던 세태를 통렬히 비판한 마크 트웨인의 풍자소설 제목이다.(역자 주)

생산액의 3분의 1을 차지하여, 영국·프랑스·독일 3국의 총합에 해당했다. 1900년에 미국의 1인당 평균소득은 프랑스나 독일의 2배였고, 영국의 1.5배였다. 이때의 미국은 온통 번영하는 모습이었고, 활기차게 발전했다. 그러나 빠른 공업화 과정에서, 미국은 건국 후 100여 년 동안에 줄곧 영국의 자유주의 전통을 계승하여, "보이지 않은 손"의 강한 자는 살아남고 약자는 도태되는 작용을 신봉했다. 즉 시장 법칙이 방해받지 않으면서 경제 운용을 지배하게 하고, 기업이 방해받지 않고 자유롭게 발전하게 하여, 일부 우세한 기업들이 연합·인수합병·개편 등의 수단을 통해 생산 규모를 확대하도록 맡겨 두었고, 정부는 결코 이에 대해 관여하지 않았다. 그래서 미국의 산업자본이 신속히 집중되어, 트러스트·카르텔·신디케이트·콘체른과 같은 많은 독점 기업들이 출현했고, 이런 독점 기업들은 생산·가격·시장을 통제했기 때문에, 고액의 독점 이윤을 획득할 수 있었다. 트러스트는 공업 생산과 자본을 한데 집중시켰는데, 이런 "집중은 생산 효율이 낮고 원가가 높은 공장을 폐쇄하는 데 유리했기 때문에, 일부 경영 효율이 높은 공장들을 집중하여 원가가 낮은 상품을 생산했으며; 합리적인 배치로 불필요한 운송 지출을 줄이는 데에도 유리했으며; 상표와 특허권의 경쟁을 제거했으며; 품질이 우수한 제품을 생산하고, 관리 인원을 감소시켜, 지출을 절약하는 데 유리했고, 전문가가 관리하는 데 유리하여, 대외 무역의 경쟁력을 높였다." 그러나 "독점은 취업 기회를 감소시켰고, 독점 가격을 유지할 수 있어, 민중이 피해를 받았으며, 투기와 자본이 결합하는 현상을 조장할 수도 있었다."[24] 이 때문에 독점 기업이 미국에 가져다준 표면적인 번영의 풍광 뒤에서는, 사회적 모순과 위기가 나날이 확대되었다.

우선, 이때의 미국은 사회 다위니즘(Darwinism) 사조가 성행했다. 이 사조는 "약육강식, 자연선택, 열등인은 우월한 자에게 자리를 넘겨줘야 한다"는 것을 주장하여[25], 당시 미국의 그러한 모험적 투기와 무정한 경쟁 정신에

24 黃安年, 『美国的崛起』, 中国社会科学出版社 1992年版, 389~390쪽.
25 丁则民 等, 『美国内战与镀金时代: 1861-19世纪末』, 人民出版社 1990年版, 356쪽.

적합했다. 자유 경쟁은 미국에서 이 시기의 뚜렷한 특징이었다. 자유 경쟁은 필연적으로 독점을 형성하고, 독점은 대량의 경제 자원을 집중시킴과 동시에, 수많은 심각한 사회문제도 집중시켰다. 독점기업이 중소기업의 자유로운 발전을 방해하자, 수많은 중소기업은 독점 하에서 생존하지 못해, 잇달아 파산하고 문을 닫게 했다. 또 독점은 노동계급의 이익과 사회의 공평을 훼손하여, 국가의 빈곤 인구가 대량으로 증가했다. "독점적 자산계급과 자산계급 내 기타 계층의 급격한 분화는, 이 시기 전체 사회 구조의 가장 주요한 변화였다."[26] "독점적 조직의 발전은 대부호 계층의 신속한 형성과 발전에 유리했고, 독점의 밖으로 배제된 자유 기업과 비록 독점에 참여하기는 했지만 주도적 지위를 차지하는 못한 소기업의 발전에는 불리했다. 이것은 빈부의 양극화를 확대했다." 국가 부의 60%가 미국 전체 인구의 2%에 속하는 부자들 수중에 장악되어, 빈부 간의 격차가 갈수록 커졌으며, 나아가 사회의 혼란을 조성했다.

다음으로, 공업화의 급속한 발전에 따라, 미국의 도시화도 절정기에 진입했는데, 이로부터 또한 일련의 새로운 심각한 사회문제가 초래되었다. 예를 들면 재벌정치·금권정치를 형성하여 심각한 정치의 부패를 초래했고, 대재벌들은 사업성 뇌물을 주고 자본과 권력의 결합을 실현했다. 즉 권력과 금전의 거래가 나타났다. "도시의 주인은 사실상 집권당 세력·시정(市政) 세력 및 대기업 이익의 삼위일체"로, 도시의 주인은 먼저 단체를 결성한 다음, 당파에 가입하고, 마지막으로 각급 당파 조직을 통해 시정과 선거를 조직하고 조종했으며, 시정에 측근을 꽂아 넣어 시정을 독차지하기도 했다. "도시의 주인이 보편적으로 존재함에 따라, 뇌물을 주고받고, 공익을 명분으로 개인의 이익을 챙기고, 독직과 부패가 미국의 도시 정부에서 흔한 현상이 되게 했다."[27]

이외에, 공업화는 또한 식품 안전의 위기, 공공 위생의 악화, 도시 범죄의

---

26 위의 책, 98쪽.
27 위의 책, 295쪽.

만연, 환경 오염 및 자연 자원 낭비 등의 사회문제들도 초래했다. 사회에는 소년공이 매우 많아지고, 노동자의 절대 노동 시간이 매우 길어졌지만, 힘든 노동에 뒤따르는 것은 바로 광산 사고와 화재의 끊임없는 발생으로, 당시의 미국은 공업화 국가들 중에서 산업재해 사망률이 가장 높은 국가였으며, 사회적으로 조직적인 저항 운동이 매우 빈번해지게 했는데, 영향이 비교적 큰 것들로는 바로 노동운동·농장주운동 및 머크레이킹(muckraking: 사생활 캐기) 운동 등이 있었다.

(2) "진보 시대"

미국 경제 번영의 배후에는 심각한 양극화·사회적 불평등과 각종 죄악이 존재했다. 이것은 일부 양식 있는 미국인들로 하여금 어떻게 사회적 공정과 정의의 문제를 해결하고, 어떻게 하면 대다수 보통 민중이 국가의 고속 성장의 성과를 나누어 향유할 수 있는가를 갈수록 중시하게 했다. 그리하여 일부 사회의 추악한 현상을 제거하고 합리적 시장 질서를 확립하는 데 목적을 둔 재정 부패·기업 독점·식품 부정을 비판하는 글들이 잇달아 나타났고, 또한 20세기 초에는 점차 거센 사회운동을 형성했는데, 이것이 바로 미국 역사상 유명한 "진보운동"이다.

당시의 진보주의자는 전문적으로 사회적 폐단을 폭로하는 "추문 폭로자(muckrakers)"·노동운동 지도자·페미니스트·사회주의자·사회개혁가와 종교개혁가를 포함했고, 시·주·연방 정부에서 개혁을 주장하고 실행하려는 정치가·일부 지식인 등도 포함되어 있었다. 진보주의자의 주요 목표는 정치적 부패와 효율 저하의 문제를 해결하는 것으로, 공권력의 확대를 통해 개인 권력이 민주 사회를 좀먹는 것을 피하게 함으로써, 책임 있고 효율적인 정부를 건설하고; 시장경제를 규범화하고, 특히 대기업의 난폭한 행위를 규제하고 통제하여, 대기업과 특수한 이익단체에 선전포고를 해야 하며; 도시 빈곤 및 그와 관련된 문제를 해결하고, 취약계층의 운명에 관심을 기울여, 사회 정의를 촉진해야 한다고 주장했다. 그들은 미국의 헌법을 근거로, "우리 합중국 민중은, 더욱 완벽한 연방을 건설하기 위해, 정의를 수립하고, 국내의 안녕을 보장하고, 공동으로 국방 업무를 제공하고, 공공복리를 촉진함과 동시에, 우리 자신과 후손들이 자유로운 행복을 누릴 수 있게 해야 한다"고 강조했다.[28] 진보주의자는, 이성과 교육에 의지

1912년, 미국의 사회운동가 모드 볼링턴 부스(Maud Ballington Booth)가 여성투표운동에서 발언하고 있다. 그는 미국 정치의 진보운동에 매우 큰 영향력을 미쳤다.

하여, 개인과 정부의 노력을 통해 사회의 폐단을 제거할 수 있으며, 따라서 사회의 진보를 실현할 수 있다고 믿었다. 진보주의 운동의 실질은 공업화와 사회 변화가 초래한 갖가지 사회문제를 해결하는 것, 즉 산업주의의 도전에 대한 대응이었다.

경제 영역의 첨예한 모순과 진보적 인사들의 물음은, 미국 정부를 거대한 사회 압력에 직면하게 했다. 당시 미국 대통령이었던 시어도어 루스벨트는 이에 대해 주도적 역할과 적극적 대응을 강조했다. 그는 자기를 사회와 시민의 집사로 여기고, 가장 먼저 독점자본에 대해 전쟁을 개시했다. 정부는 헌법을 통해 독점을 제한하는 원칙을 확립함과 아울러, 잇달아 40여 개의 회사에 대해 소송을 제기하여, 사회의 각 영역 내에 존재하는 독점기업을 해산했다. 이어서 정식으로 반트러스트법을 통과시킴과 아울러, 미국이 장기간 시행할 법률로 삼았다.

동시에 루스벨트 정부는 노동자와 자본가의 모순을 해결하려고 착수했다. 연방 정부가 노사 관계에 간섭했을 뿐 아니라, 주 정부에서도 잇달아 노동자의 권익을 보호하는 각종 구체적인 법률 조문을 통과시켰다. 예를 들

28 [미국] 汉密尔顿·杰伊·麦迪逊, 『联邦党人文集』, 程逢如, 在汉, 舒逊 译, 商务出版社 1982年版, 付录5: 合众国宪法, 452쪽.

면 노동자의 노동 시간, 급여와 임금과 산업재해 배상 기준 등을 명확히 했다. 이 밖에도, 시어도어 루스벨트는 공공 건설을 강력히 추진하여, 미국 국립공원 체계를 확립하자고 주장했다. 그는 집권 기간에 5개의 야생동물 보호구역과 국립공원을 건립했는데, 취지는 자연 자원과 생태 환경을 보호하는 데 있었다. 그는 또 적극적으로 소비자 보호 입법을 추진하여, 〈육류검사법〉과 〈순수식품 및 약품법〉 등을 통과시켰다.

진보주의운동의 긍정적인 작용은 다음과 같았다: 경제 방면에서는 시장경제를 규범화했고, 생산과 판매·반독점을 규범화했으며, 주(州) 간 거래를 규범화하고, 개인의 누진 소득세를 징수했다. 정치 방면에서는 민주주의를 확대했고, 시민에게 입법권·복결권(複決權: 의회가 의결한 법안에 대해 국민이 다시 투표하여 표결할 권리-역자)과 파면권·여성의 선거권 등을 부여했다. 사회 방면에서는 사회 입법을 통해 공정과 정의를 촉진하고, 노동자의 권리를 보장하고, 여성 노동자의 노동 시간과 최저 임금의 기준을 규정하고, 소년 노동을 금지하고, 노동 조건을 개선했다. 그리고 일련의 행정 개혁을 통해 효율적인 정부를 건립했다. 그러나 소수민족의 권리를 보장하고 종족 관계를 조정하는 데에는 아무런 성과가 없었는데, 이는 그것의 부족한 부분이었다.

진보주의 운동의 더욱 깊은 영향은, 그것이 미국 역사상 처음으로 국가를 경제생활과 사회생활에 끌어들여, "다시는 정부를 개인의 자유에 대한 위협으로 간주한 게 아니라, 그것을 '국가의 폐단을 해결하는 도구'로 여겨"[29], 시장경제를 규범화하고 사회 정의를 촉진하는 방면에서의 국가의 역할을 강조하여, 국가와 정부를 "보이는 손"이 되게 했다. 이 때문에 "이 운동의 진정한 핵심은 정부를 하나의 인류 복리(福利) 기구로 여겼다"[30]는 데에 있다. 그것의 또 다른 의미 깊은 사상적 유산은, 바로 사람들이 정치적 권리와 자유의 관계, 그리고 정의의 함의에 대해 모두 새로운 이해를 하게

---

29 张国庆, 『进步时代』, 中国人民大学出版社 2013年版, 142쪽.
30 위의 책, 163쪽.

함으로써, 사람들로 하여금 "정의"는 기회의 균등을 보증하는 것뿐만 아니라, 취약계층에 대한 보호도 포함된다는 것을 인식하게 했다는 것이다. 이는 또한 미국 사상사에서 한 차례 중대한 변화로, 사람들은 전통적 자유주의에 대해 반성하기 시작했으며, 새로운 형태의 자유주의도 싹트기 시작했다. 전통적 자유주의는 정치적으로는 단지 시민의 기본 인권을 보장했고, 경제적으로는 자유방임 정책을 실행했으며, 사회문제에서는 사회 다위니즘 사조를 찬성했다. 그러나 새로운 형태의 자유주의는 경제 영역에서는 국가가 간섭하기 시작했고, 사회 영역에서는 취약계층에 대해 보호를 실행했다. 국가가 사회에서 적극적인 역할을 맡았고, 특히 시민 개인이 대기업과 권력계층의 침해를 받지 않도록 보호하여, 시민 자유의 실현을 확보했다.

(3) 뉴딜 시대

거의 20년 동안의 진보주의 운동은 미국 경제의 고속 성장을 촉진했지만, 그것이 끝남에 따라, 정부가 경제에 간섭하는 강도도 점차 약해졌다. 그리하여 자유시장경제도 다시 대두하여, 곧바로 1929년에 자본주의 대위기에 이르렀다. 1929년 10월 24일은 "검은 목요일(Black Thursday)"이라고 불린다. 이날, 미국의 주식은 정상에서 심연으로 추락했다. 이때부터 미국 경제는 위기의 수렁으로 빠져들어, 전에 없는 번영이 전에 없는 위기로 변했고, 전체 사회가 모두 보편적으로 절망의 정서에 휩싸였다. 미국을 휩쓴 이 위기는, 해일처럼 전체 서방 세계에 거대한 손해를 끼쳤다. 100년에 한 번 있을까 말까 한 이 위기의 원인은, 지금도 여러 가지 해석이 있다. 그러나 그것의 출현은 의심의 여지 없이 자유시장경제에 대한 가장 엄혹한 한 차례의 도전이었다. 미국의 기업가와 은행가는 악명이 자자했고, 자유방임적인 경제 제도도 보편적으로 의심을 받았으며, 미국의 자유민주주의 제도는 파시즘과 사회주의 사조의 심각한 도전에 직면했다.

이때 경제 위기에 빠진 자본주의 세계와 선명한 대비를 이룬 것은, 신생 사회주의 국가인 소련이 오히려 매우 활기차게 번영한 것이다. 그들은 새로운 경제 사회 관리 모델을 창조했는데, 사람들은 그것을 계획경제라고 불렀다. 커다란 대비는 서방 사회로 하여금 이에 대해 크게 주목하지 않을 수 없게 했다. 설사 자유주의 전통이 깊고, 정부의 간섭이 적을수록 좋다고 여기는 경향이 있는 미국인들도, 정부와 경제 발전 간의 관계를 다시 살펴볼 수밖에 없었고, 30년 전의 시어도어 루스벨트 대통령이 정부의 간섭을 통해 사회 위기를 해결했던 경험도 다시 사람들에게 주목받기 시작했다. 자유시장경제가 드러낸 거대한 문제는 사람들로 하여금 시장이 고장났음을 인정할 수밖에 없게 했는데, 영국의 경제학자 케인스는 시장의 고장에 대해 다음과 같이 자신의 대책을 제기했다: 반드시 정부의 개입이라는 "보이는 손"이 역할을 하여, 국가의 힘으로 국가의 경제 운용에 참여해야 한다. 케인스는 미국 대통령 프랭클린 루스벨트에게 보낸 편지에서 자기의 관점을 제시함과 아울러, 그에게 경제 위기를 구하고 사회의 폐단을 해결하도록 간청했다. 이리하여 진보주의 사조와 개혁, 제1차 세계대전 기간에 경제에 대한 전면적 개입과 소련의 계획경제 체제 및 케인스주의 등은 모두 루스벨트에게 매우 큰 계시를 주었으며, 그것들은 모두 뉴딜 정책의 중요한 사상적 근원이었다.

1932년, 뉴욕주 주지사인 프랭클린 루스벨트는 "뉴딜"을 대통령 선거의 구호로 삼았는데, 폭넓은 지지를 얻어 후버를 누르고 미국의 제32대 대통령이 되었다. 그의 먼 친척이 바로 시어도어 루스벨트 대통령으로, 30년 전의 진보운동은 바로 그 시어도어 루스벨트가 추동한 것이었다. 프랭클린 루스벨트가 선서하고 대통령에 취임한 후 5일째 되는 날, 즉 1933년 3월 9일, 미국 역사상 최대 규모로 정부가 경제에 개입하는 행동을 개시했다. 당시 수많은 미국 민중의 호소에 순응하고, 당시 미국의 현실에 맞추어, 루스벨트는 과감한 "뉴딜"을 실시하여, 경제 위기를 극복할 일련의 정책적 조치들을 채택했다. 그 주요 내용은 "3R", 즉 부흥(Recovery)·구제(Relief)·개혁(Reform)으로 요약된다. 구체적인 조치에는 다음과 같은 것들이 포함되었다: 은행과 금융 시스템을 정돈하여, 은행이 휴업하고 정돈하도록 명령을 내렸으며; 공업 부흥 혹은 공업에 대한 조정이라고 부르면서, 〈국가공업부흥법〉과 블루이글 행동을 통해 정부가 미국의 상공업 기업의 생산과 유통에 대한 통제와 조절을 강화하여, 맹목적인 시장 경쟁으로 인한 생산 과잉을 방지했으며; 농업 정책을 조정하여, 경지가 줄어 생산이 감소한 농가에 경제 보조금을 지급하고, 농산품의 가격을 높이고 안정시켰으

1929년, 미국은 4년에 달하는 매우 심각한 경제 위기가 발생하자, 위기에서 벗어나기 위해, 1935년에 막 취임한 루스벨트 대통령은 강력한 조치를 취해 뉴딜을 실행했는데, 역사는 이를 "루스벨트 뉴딜"이라고 부르며, "백일 뉴딜"이라고도 부른다. "루스벨트 뉴딜"은 미국 역사에서 매우 중요한 지위를 차지하며, 서방 세계의 경제 발전에 대해서도 중대한 영향을 미쳤다. 사진은 뉴딜 실행 기간에 구제받고 있는 실업자들이다.

며; 공공 토목공사를 크게 일으켜, 취업을 증가시키고 소비와 생산을 자극하여 사회 위기와 계급 모순을 완화했으며; "일자리로 구제를 대체"하도록 폭넓게 추진하여, 대량의 공공 토목공사를 통해 사람들에게 수많은 취업 기회를 창조하여 사회적 압력을 완화했으며; 정부는 또 사회보장 시스템을 확립하여, 〈사회보장법〉에 서명했으며; 긴급구호소를 설립하여, 빈곤에 시달리는 사람들에게 구제금을 지급했다.

1936년에 이르러, 부흥·구제·개혁 등 세 방면의 조치를 통해, 미국의 경제는 천천히 회복되었고, 금융 위기도 제어되었으며, 공업은 1929년의 수준으로 회복되었고, 농업 수입은 증가했으며, 민중의 생활이 개선되면서, 루스벨트 뉴딜은 뚜렷한 성과를 거두었다. 뉴딜이 미국인들로 하여금 그들의 제도에 대한 믿음을 회복하게 하자, 사회주의 국가의 계획경제의 장점을 대범하게 참조하여, 루스벨트는 국가가 경제에 개입하는 새로운 모델을 창조했다. 즉 자본주의 제도와 부르주아 민주주의를 보존한다는 전제하에, "보이

는 손"인 정부의 개입과 "보이지 않는 손"인 시장 법칙을 효과적으로 결합시
킴으로써, 자본주의 제도가 조정되고 공고해지고 발전하게 하여, 파쇼의 등
장을 피했고, 독재주의가 나날이 득세하는 상황에서 미국의 자유민주주의
제도를 보호했다.

　뉴딜은 복지국가의 기본 틀을 확립했고, 경제 민주주의와 사회 정의를
확보했으며, 새로운 사회 정의의 관념을 제시함과 동시에, 정부의 행위를 통
해 이 관념이 사람들의 마음속에 깊이 스며들게 했다. 취약계층에 대한 보
호가 일종의 사회 정의를 구현했기 때문에, 뉴딜은 사회 정의 운동이기도
했다. 프랭클린 루스벨트는 1941년에 한 연설에서, 대중에게 "4대 자유"라
는 관점을 제기하면서, 진정으로 자유로운 사람은 반드시 기본적인 사회경
제적 보장을 기초로 해야 한다고 선언했다. "우리는 오직 언론과 표현의 자
유—사람마다 자기의 방식으로 하느님을 믿을 자유—에 충실하고, 가난에
서 벗어날 자유—두려움에서 벗어날 자유—의 세계만을 받아들인다."[31] 루
스벨트가 "4대 자유"에서 제시한 "가난에서 벗어날 자유"는, 빈곤을 벗어나
는 것은 개인적인 행위일 뿐만 아니라, 국가와 정부도 사람들이 빈궁을 벗
어나도록 보장하는 데 대해 회피할 수 없는 중대한 책임을 지고 있으며, 국
가와 정부는 모든 시민이 존엄한 생활을 하도록 보장할 책임이 있다는 것
을 가리킨다. "우리가 진보한다는 것을 검증하는 기준은, 결코 우리가 집안
형편이 넉넉한 사람들에게 얼마나 부를 보태주었느냐에 있는 것이 아니라,
우리가 빈곤한 사람들에게 충족한 생활 보장을 제공했느냐의 여부를 보아
야 한다." 이로부터 뉴딜은 미국 사상계에 새로운 분야를 출현하게 했으며,
이에 따라 민주당은 새로운 형태의 자유주의적 관점을 가지고, 큰 정부를
주장했으며, 국가가 시장에 개입하고, 복지국가를 건립하고, 취약계층을 보
호하고, 사회적 공평의 실현을 강조했는데, 정부의 거시적 조절은 3가지 측
면에서 나타났다: "독점을 억제하고, 공정 경쟁을 유지했으며; 전면적인 경

---

31 [미국] 富兰克林·罗斯福, 『罗斯福选集』, 关在汉 编译, 商务印书馆 1982年版, 300쪽.

제 관리를 실행하여, 대공황(great depression)을 방지하고, 시장경제 시스템이 정상적으로 작동하게 했으며; 사회적 공평을 강구하고, 사회의 안정을 확보했다."[32] 그러나 공화당은 전통적 자유주의 사상을 견지하여, 자유 시장과 자유 기업 제도를 중시했으며, 작은 정부를 주장했고, 국가의 개입을 반대하고, "부자에게 빼앗아 가난한 사람들을 구제하는 것"을 반대했을 뿐 아니라, 정부가 사회복지를 삭감해야 한다고 주장했다. 민주당의 사회적 기초는 노동자·흑인과 부녀자였기 때문에, 민주당은 "노동자당"이라고도 불렸고, 공화당의 기반은 주로 기업가였기 때문에, "부자당"이라고 부를 수도 있었다.

뉴딜은 미국 연방제에 매우 큰 영향을 미쳐, 미국 연방 정부의 권력이 뚜렷이 강화되었으며, 미국을 전통적인 이원적 연방제(dual federalism)에서 협력적 연방제(cooperative federalism)로 바뀌게 했다. 이원적 연방제 시기의 미국 연방은 주 정부와 상대적으로 독립되었고, 각각 다른 직능을 집행했다. 그러나 협력적 연방제 시기의 미국 연방 정부는 원래 주의 권한에 속했던 영역으로 깊이 들어갔는데, 예를 들어 교육·위생·사회복지·산업의 통제·노사관계 등의 영역이다. 뉴딜은 연방 정부의 삼권분립 제도에 대해서도 매우 큰 영향을 미쳤는데, 이 시기의 대통령 권력이 전면적으로 확장되어, 심지어 "제왕 같은 대통령 권력"이라고도 불렸으며, 점차 대통령을 중심으로 하는 삼권분립의 새로운 구도를 확립하여, 미국 정부를 국회 중심에서 대통령 중심으로 변화시켰다.

뉴딜은 대공황이 다시 발생하는 것을 방지하는 조치와 정책을 남겨놓아, 미국이 제2차 세계대전에서 승리하고 전후에 빠르게 굴기하기 위한 튼튼한 기초를 다졌으며, 루스벨트도 이로 인해 에이브러햄 링컨 이후 미국과 세계의 대중으로부터 가장 환영받는 대통령이 되었다.

---

32 中国美国史研究会 編, 『美国现代化历史经验』, 东方出版社 1994年版, 203~204쪽.

5. 두 차례의 세계대전과 "미국의 세기" 확립

(1) 제1차 세계대전 시기의 미국

뒤늦게 일어선 세계 자본주의 강국으로서, 미국은 줄곧 세계를 향해 확장 시도를 포기하지 않았다. 19세기 말, 유럽 열강이 세계를 분할하는 것을 보면서, 아직 충분한 실력을 갖추지 못한 미국은 "문호개방" 정책을 제시하고, 중국 심지어 아시아에서 온 힘을 다해 상업 이익을 확장했다. 미국의 일부 자본가들은 일찍이 20세기는 "미국의 세기"라는 구호를 외쳤다. 제1차 세계대전이 발발했을 때, 미국은 여전히 고립주의 정책을 실행하고 있어, 전쟁 초기에는 중립을 유지한다고 선언했다. 미국 대통령 윌슨은 1914년 8월 4일에 〈중립선언〉을 발표했다. 미국이 개국한 후, 고립주의는 줄곧 미국 외교 정책의 중요한 버팀목이었다. 조지 워싱턴은 대통령 직위에서 떠날 때 이렇게 말했다: "유럽은 기본 이익을 가지고 있는데, 우리는 가지고 있지 않거나, 관계가 매우 소원하다. 이 때문에 유럽은 반드시 항상 다투느라 바쁠 것인바, 그 원인은 사실상 우리의 이해와는 관계가 없다. 따라서 우리는 이 방면에서 인위적인 유대를 통해 스스로 유럽 정치의 터무니없는 풍파 속에 말려들게 하여, 유럽과 우호적인 결합을 하거나 적대적인 충돌을 진행하는 것은 모두 현명한 것이 아니다."[33] 우월한 지리적 환경을 이용하여, 상대적으로 국제적 사무에 대해 중립적인 태도를 유지함으로써, 평화롭고 안정적인 환경에서 미국의 경제 발전에 힘쓰고, 미국의 종합 국력을 강화하는 것은, 미국이 건국한 이래 지켜온 매우 현명한 고립주의 정책이었다. 이 밖에, 1898년의 미국-스페인 전쟁 후, 1899년 2월부터 1902년 7월까지, 미국은 계속 필리핀 인민의 저항을 진압하고, 그에 대해 식민 통치를 진행했다. 미국의 이러한 해외 확장과 식민 전쟁에 대해, 미국 민중이 강렬한 항의를 표시하면서, 기세등등한 반제국주의 운동을 일으키자, 미국 사회에서

33 [미국] 乔治·华盛顿, 『华盛顿选集』, 聂崇信, 吕德本, 熊希龄 译, 商务印书馆 1983年版, 324쪽.

는 한바탕 미국 외교 정책에 관해 광범위한 대논쟁을 벌여, 굴기한 미국이 어떤 외교 정책을 시행해야 하는지에 대해 토론했다. 그 내용을 보면, 식민지를 점령하여, 영국·프랑스와 같은 제국이 되어, 국가의 영광을 추구하는 유럽화의 노선을 걸을 것인가, 아니면 미국 특색을 가진 미국의 원칙으로 국제 질서(자유무역, 민주주의 촉진, 국제법과 국제 도덕)를 개조하는 미국화의 노선을 걸을 것인가였다. 제국주의자는 해외 확장을 추진하자고 강력히 주장하면서, 전통적인 확장 특성을 유지했고; 반제국주의자는 해외의 군사 정복과 영토 확장을 반대하면서, 경제적 침투와 평화적인 정복의 해외 확장 노선을 지지했다. 최종 결과, 반제국주의자들이 미국을 전쟁과 영토 확장을 거부하는 평화적인 굴기와 확장 노선으로 나아가도록 일정 정도 추동했다. 바로 이 국가 정책을 단호하게 관철하여 집행했기 때문에, 미국은 지나치게 깊이 유럽의 사무에 말려드는 것을 피할 수 있었고, 여러 차례 전란을 피할 수 있게 됨으로써, 자기 국가의 왕성한 발전을 보장했다.

1917년, 전쟁의 형세는 이미 분명해졌는데, 독일은 국내 혁명으로 인한 평화 담판이 성과를 거두지 못했고, 러시아는 혁명이 발발하여 전쟁에서 발을 뺀 유리한 시기에, 독일의 강력한 발전 추세를 억제하고, 아울러 전후에 다시 세계 구도를 분배하는 데 참여할 수 있는 권리를 획득하고, 미국의 명예를 수호하고, 미국이 세계를 영도하는 국제 정세를 확립하기 위해, 미국은 독일의 무제한 잠수함 작전[34]과 치머만 전보(Zimmermann Telegram) 사건[35]을 이유로, 4월 6일에 연합국에 참가하여 독일에 대해 선전포고를 했다. 표면적으로 볼 때, 이는 고립주의 국가 정책을 위반했지만, 이는 바로 미

---

[34] '무제한 잠수함 작전'이란, 제1차 세계대전 중에 독일에 대한 영국의 해상 봉쇄 작전에 맞서, 독일이 잠수함을 이용하여 연합국과 중립국의 모든 선박에 대해 무제한으로 공격을 가했던 작전을 가리킨다.(역자 주)

[35] 제1차 세계대전이 한창이던 1917년 1월에 독일의 외무장관인 아르투르 치머만(Arthur Zimmermann)이 멕시코에 비밀리에 전보를 보내, 미국이 독일과 전쟁을 벌일 경우를 대비해 멕시코의 참전을 부탁하면서, 그 대가로 뉴멕시코, 텍사스, 애리조나 등 미국-멕시코 전쟁의 패배로 인해 멕시코가 빼앗겼던 지역들을 되찾게 해주겠다고 제안한 사건이다.(역자 주)

국의 정치가들이 시기와 형세를 잘 판단하여, 미국의 국가 이익을 수호하고 확장하기 위해 내린 현명한 결단이었다. 최소의 희생과 지출로 최대의 국가 이익을 바꾸어, 자신을 전략적으로 주도적인 위치에 있게 한 것이다.

(2) 제2차 세계대전 시기의 미국

1933년, 히틀러가 이끄는 국가사회주의 독일 노동자당이 선거에서 승리하자, 나치 독일은 신속히 군대를 정비하고 무력을 강화하여 독일을 부흥시키는 전쟁의 길로 나아갔다. 영국과 프랑스 양국 정부는 "불간섭주의"를 시행했기 때문에, 화근을 동쪽으로 향하게 하려고 망상했고, 독일은 잇달아 오스트리아를 병탄하고, 체코의 수데티(Sudety) 지역을 점령한 후에는, 갈수록 더 오만방자해지더니, 마침내 전례 없는 규모의 제2차 세계대전을 일으켰다.

그리고 소련 역시 여러 차례 중재를 거쳐, 독일과 상호불가침 조약을 체결함으로써, 오히려 독일로 하여금 서부전선에 군대를 주둔하게 했다. 고립주의 사조의 영향을 받아, 미국은 제2차 세계대전 초기에는 직접 참전하지 않고, 영국과 무기대여법의 체결을 통해, 대량의 무기와 전략 물자를 영국으로 수송하여, 임차와 임대 형식으로 영국의 독일에 대한 저항을 지원했다. 영·미 당국은 북극해를 통해 소련에 대량의 탱크·무기·탄약·물자를 보급해주었다. 동양에서는 일본에 대해 고군분투하는 중국에 대해, 태평양전쟁이 발발하기 전에 미국은 주로 민간 조직의 형식으로, 셔놀트(Claire Lee Chennault)를 우두머리로 하는 비호대(飛虎隊: Flying Tiger)를 파견하여 중국의 항전을 지원했는데, 대량의 수송기로 에베레스트 항로를 넘어 중국에 전략 물자를 운송해주면서도, 결코 영토에 대한 어떤 요구도 제기하지 않았다. 진주만 사건이 발발한 후, 미국은 정식으로 파쇼 국가에 대해 선전포고했다. 태평양전쟁에서, 미국의 육·해·공 3군은 일본군에 대해 일련의 대규모 공격을 가했고, 또 원자탄으로 일본 천황과 국민의 투지를 철저히 분쇄했다.

제2차 세계대전은 미국의 새로운 역사적 전환을 성취했다. 이 세계대전은 독일과 일본에 심각한 타격을 입혔고, 영국과 프랑스도 세계 구도에서 지배권을 상실했다. 그러나 미국은 오히려 세계적으로 둘도 없는 경제력과 군사력(하드 파워), 그리고 반파시즘 연맹의 우두머리이자 "민주 국가의 무기 공장"이라는 도의적인 영향력에 힘입어, 일약 세계 제일의 강국이 되었다. 미국은 전후의 공업 총생산액이 세계 총생산액의 절반 이상을 차지했고, 세계 금 비축은 더욱 높아 70%를 보유했을 뿐 아니라, 전 세계적으로 미국 달러를 중심으로 하는 국제 금융 체계를 확립했다. 유일무이한 종합 국력이, 미국을 제1차 세계대전 후 세계질서를 안배하려고 시도했다가 아무런 성과도 거두지 못하고 끝난 어색함에서 벗어나, 자기에게 유리한 방식에 따라 국제 질서를 주도하기 시작하게 해주면서, "미국의 세기"[36]가 마침내 도래했다.

6. 전후 경제 사회 개혁과 워싱턴 컨센서스의 진전

(1) 전후 미국의 황금시대

제2차 세계대전 후, 미국의 경제력은 갑자기 성장하여, 자본주의 세계 경제 체제에서 이미 압도적으로 우세한 지위에 있었다. 제2차 세계대전 후에, 전시경제에서 평화경제로의 전환이 신속히 이루어진 후, 미국 경제의 우세한 지위는 1950년대부터 한층 더 공고히 발전하기 시작했다. 특히 1955년부터 1968년까지, 미국의 경제 성장에는 서방 경제학자들이 말하는 "황금시대"가 나타났는데, 당시 미국의 GDP 성장 속도는 매년 4% 정도에 달했다. 비록 서유럽 각국과 일본도 같은 시기에 "황금시대"에 있었고, 그들의 전체적인 GDP 성장 속도도 상당히 높았지만, 미국의 경제 기준 수치가 방

---

36 "미국의 세기"는 헨리 루스(Henry Robinson Luce)의 『미국의 세기(American Century)』라는 책에서 유래했으며, 미국이 20세기의 대부분 시기에 정치·경제·문화 분야에서 주도적 지위를 누린 것을 묘사하는 데 사용했다.

대했기 때문에, 상당히 긴 기간 동안 미국의 우세한 지위는 오히려 확대되었다.

미국의 전후 경제가 신속히 발전한 주요 원인은, 미국 정부의 국민경제에 대한 개입으로 요약할 수 있다. 제2차 세계대전 후 미국 정부의 경제에 대한 개입은 주로 재정과 금융 수단을 운용하여 사회의 재생산에 대해 개입한 것이었지, 서유럽 여러 나라들처럼 주로 국유화라는 개입 형식을 취한 것이 아니었다. 전후 미국 정부가 경제에 개입한 주요 특징은, 첫째, 국가 예산과 재정 지출의 끊임없는 증가에 의지했고, 둘째, 기업에 대한 우대 세율의 적용과 군사(軍事) 주문에 의지하여 생산을 자극했고, 사회적 고정자본의 투자를 확대했다. 미국의 전후 국유화는 기존의 사유제 기업에 대해 국유화나 국영화 등의 형식을 취한 것이 아니라, 정부가 현대화된 많은 공공시설과 중대한 과학 연구 분야 및 신산업 부문에 대해 대대적인 투자를 진행하는 것이었다. 예를 들면, 1945년부터 1970년까지 미국 정부가 원자력 공업을 발전시키는 데 투자한 자금이 175억 달러에 달했고, 우주항공산업에 투자한 자금은 더욱이 1960년대 말부터 매년 50억 달러 이상이나 되었다. 미국 정부는 과학기술의 발전이 경제의 번영에 미치는 직접적인 작용을 충분히 인식하고 있었지만, 신흥 과학기술 산업에 대한 투자 위험이 매우 높아, 사적 자본이 담당하기는 매우 어렵고 담당하려고 하지도 않아, 반드시 정부가 주도적으로 나서서 담당해야만 했다. 미국 정부의 전후 경제에 대한 개입은 각종 조치들을 취해 높은 수출 수준을 유지하는 것으로도 나타났는데, 첫째는 일부 제품의 수출에 보조금을 지급했고, 둘째는 국가가 구매하여 "대외 원조" 항목으로 수출을 진행했다. 통계에 따르면, "대외 원조" 항목의 수출이 미국의 총수출에서 차지한 비중은, 1949년에는 46%나 되었고, 1950년대의 대부분 기간에는 30%였으며, 1960년대에도 여전히 20% 정도였다. 마지막으로, 미국은 또한 전국적인 범위에서 사회보장 정책을 추진했고, 과학 연구와 교육기구 네트워크 시스템 등을 확립하여, 한편으로는 국내의 계급 모순을 완화하는 작용을 했고, 다른 한편으로는 생산력의 발전을 촉진하는 작용을 했다.

　요컨대, 전후 미국 정부가 실행한 일련의 케인스주의적 위기 대응수단은, 위기 속에서 대량의 기업 파산을 효과적으로 피할 수 있게 하고, 실업률을 통제함으로써, 경제 위기의 강도와 길이를 억제하여, 시장과 사회 질서를 안정시켰다. 비록 경제 쇠퇴나 위기가 여전히 주기적으로 미국 경제에서 나타났고, 미국이 이 때문에 시장경제의 주기적인 순환에서 결코 벗어나지는 못했지만, 대부분의 기간에 경제 위기의 심각한 정도와 지속된 시간이 모두 크게 감소했다.

(2) 1970년대의 스태그플레이션

　미국이 20세기의 50~60년대에 장기간 실시한 확장적 재정·화폐 정책 및 베트남전쟁이 미국 예산 지출을 크게 증가시켰기 때문에, 1970년대 초에 미국 달러 위기, 1973년의 식량 위기 및 제1차 석유 위기, 1978년의 제2차 석유 위기 등을 초래하여, 미국 경제는 성장 정체와 통화 팽창이 공존하는 "스태그플레이션"이라는 기이한 현상으로 빠져들었다.

　1970년대 이전에, 전통적인 케인스주의 이론에 따라, 사람들은 보편적으로 실업과 통화팽창 사이에는 한쪽이 왕성해지면 다른 쪽은 약해지는 관계가 존재하며, 동시에 병존할 수는 없다고 여겼다. 거시경제 정책을 결정하는 요점은, 오직 통화팽창률과 실업률 간의 교체 관계를 반영하는 "필립스 곡선"에 따라, 통화팽창률과 실업률 모두 감당할 수 있는 점을 찾는 데 있었다. 그러나 "스태그플레이션"의 출현, 즉 높은 실업과 높은 인플레이션의 동시 출현은, 사람들로 하여금 케인스주의의 총수요 관리 정책을 의심하게 했는데, 그들은 인플레이션을 이용하여 실업을 완화한 방법이 "스태그플레이션"의 출현을 초래했다고 여겼다. 왜냐하면 케인스 이론에 따르면, 경제 성장이 침체에 직면했을 때 정부는 적극적인 화폐 정책이나 느슨한 화폐 정책 등을 배합하여 채택함으로써 자극을 가하여, 즉 시장에 유동성을 주입하여 경제 발전을 선도함으로써 침체 국면을 벗어나기 때문이다. 그러나 아직 통화팽창 문제에 직면해 있었고, 이 자체는 바로 경제가 과열되었음을 말해주는 것이기 때문에, 만약 다시 유동성 자본을 주입하면 결국은 반드시 통화팽창의 정도를 격화시킬 것이고, 통화팽창은 필연코 경제의 지속적이고 건강한 발전을 손상시킬 것이었다.

이렇게 되자, 루스벨트의 뉴딜부터 줄곧 이어져 온 국가 개입 정책은 효과를 잃었고, 케인스주의도 효력을 잃자, 정부가 대규모로 경제에 개입하는 방법도 의심받게 되었다. "따라서 현대 통화주의·합리적 기대 이론·공급학파 등 각 유파들이 서방의 경제학 무대에 차례로 등장하여, 케인스 학설과 반대되는 논조를 외쳐대면서, 케인스가 공급이 수요를 창조한다는 세이의 법칙(Say's Law)을 부정한 것은 잘못된 것이며, 스태그플레이션은 바로 케인스의 수요 관리 정책이 기초로 삼고 있는, 국가의 전면적인 경제 개입 정책을 집행하자, 시장 시스템의 경제를 자동 조절하는 작용을 충분히 발휘한 것이라고 여겼다."[37]

(3) "레이거노믹스"[38]와 워싱턴 컨센서스[39]

1981년에 레이건이 취임할 때, 미국 경제는 이미 쇠퇴에 빠졌는데, 그가 본 것은 두 자릿수에 달하는 인플레이션과 높은 실업률과 20%를 넘는 고금리였다. 레이건 정부는, "스태그플레이션"이라는 경제적 곤란을 초래한 직접적인 원인은 국제적인 경제 위기의 연쇄 반응도 아니고, 시장경제 자체가 통제력을 상실한 것도 아니며, 정부 기능의 과도한 팽창이라고 여겼다. 따라서 레이건 정부는 경제 정책을 철저히 우경화하기로 결의하고, 통화주의와 공급학파의 학설을 이론적 기초로 삼아, "레이건 방안"의 기본 요강을 제

---

37 哈罗德, 『凱恩斯传』, 刘精香 译, 商务印书馆 1993年版, 중국어 번역판 「序言」 3쪽.
38 中信建设证券, 「供给学派空降中国—重温"里根经济学"」, 『资本市场』 2013年 11月 1日을 참조하라.
39 워싱턴 컨센서스(Washington consensus)는 1990년대에 미국이 중남미 국가들에 제시했던 미국식 경제 시스템의 대외 확산 전략으로, 신자유주의가 그 핵심이다. 1989년에 미국 국제경제연구소의 정치경제학자인 존 윌리엄슨이 자신의 저서에서 당시 경제위기로 어려움을 겪고 있던 중남미 국가들에 대한 개혁 처방을 이렇게 명명한 데에서 유래했다.(역자 주)

시행다. 1981년 2월, 레이건 대통령은 미국 국회에 〈경제 부흥 계획〉이라는 강령적인 문헌을 제출했는데, 그 내용에는 주로 다음과 같은 것들이 포함되어 있다: 첫째, 거시경제 정책 영역에서, 화폐 통제를 강화하고, 세율을 낮추고, 정부 지출을 줄이고, 재정 적자를 감소시킨다는 것이다. 둘째, 사회복지 정책 방면에서, "차를 거꾸로 몰아", 계속하여 닉슨 정부 이래의 "역방향 개혁"을 추진하고, 정부의 사회복지 지출을 대폭 삭감하자는 주장을 제기했다. 셋째, 정부 통제 방면에서는 1970년대에 시작된 규제 완화 개혁을 더욱 강력하게 추진한다는 것이다.

"레이거노믹스"의 이론적 기초는 신자유주의였다. 신자유주의자들은, "스태그플레이션"을 정부 지출이 과다하고, 국가 개입이 과도하며, 사람들의 이성적 기대가 정부 정책을 작동하지 못하게 했기 때문이라고 결론지었다. 이 때문에 신자유주의는 정부 개입의 반대를 극력 주장하면서, 국가 개입을 이론적인 수준으로 상승시킨, "케인스 혁명에 대한 반혁명"이었다. 미국 대통령 레이건과 영국 수상 대처의 등장에 따라, 신자유주의 사상은 미국·영국 등의 나라들에서 주류 경제학의 지위를 차지했다.

거의 100년의 발전을 거쳐, 고전적 자유주의 경제 이론의 자유경영·자유무역 등의 사상을 계승한 신자유주의가 이론 방면에서 이미 극단으로 내달렸는데, 신자유주의의 핵심 내용은 "삼화(三化)"와 세 개의 "부정(否定)"을 극단적으로 고취한 것으로 요약할 수 있다. 구체적으로 말하자면, 경제 이론과 정책 방면에서 극단적으로 "삼화"를 고취했다: 첫째는 극단적으로 "자유화"를 고취하여, 절대 자유를 효율의 전제로 여겼는데, "만약 사회를 머뭇거리면서 앞으로 나아가지 못하게 하려면, 가장 효과적인 방법은 바로 모든 사람에게 하나의 기준을 강요하는 것보다 나은 것이 없다"고 여겼다. 둘째는 "사유화"를 극도로 고취하여, 신자유주의는 사유제를 사람들이 "개인의 신분으로 우리가 해야 할 일을 결정할 수 있는 것"이라고 여김에 따라, 경제 발전의 기초라고 보았다. 셋째는 "시장화"를 극도로 고취하여, 신자유주의는 시장경제를 떠나면 효과적으로 자원을 배치할 수 없다고 여겼기 때

로널드 윌슨 레이건(Ronald Wilson Reagan, 1911~2004년)은, 미국의 걸출한 우익 정치가로, 제33대 캘리포니아 주지사를 역임했으며, 40번째(제49~50대) 미국 대통령(1981~1989년)이었다. 그는 역대 대통령들 가운데 유일한 배우 출신 대통령이다. 사진은 레이건과 부인 낸시가 영화 〈도노반의 뇌〉 촬영지에서 함께 찍은 사진으로, 영화는 낸시가 주연이었는데, 레이건이 촬영 현장을 방문했다.

문에, 국가가 시장경제에 대해 어떤 형식으로든 개입하는 것을 반대했다. 이와 상응하여 정치 이론과 정책 방면에서, 신자유주의는 세 개의 "부정"을 극단적으로 강조했다: 첫째는 공유제를 극단적으로 부정했다. 신자유주의자는 거의 모두가 일치하여 "집단화의 범위가 확대된 후에는, '경제'가 더욱 망가지는 것이지 더욱 높은 '생산성'을 갖추는 것이 아니기" 때문에, 공유제를 강력히 반대해야 한다는 입장을 견지했다. 둘째는 사회주의를 극단적으로 부정했다. 신자유주의자들은, 사회주의는 바로 자유에 대한 부정, 즉 권위주의이며, "권위주의 사상의

비극은 다음과 같은 데 있다고 여겼다: 즉 그것이 이성을 지고지선의 지위에 올려놓았지만, 이성을 훼멸시키는 것으로 끝나고 말았는데, 왜냐하면 사회주의는 이성이 성장하는 근거가 되는 그 과정을 오해했기 때문"이라고 하면서, 그들은 사회주의를 "노예화로 통하는 길"이라고 불렀다. 셋째는 국가의 개입을 극도로 부정했다. 신자유주의자가 보기에, 국가의 개입은 어떤 형식이든 막론하고 그 결과는 모두 경제 효율의 손실을 초래할 뿐이었다.[40]

촘스키는 그의 『신자유주의와 세계질서』라는 책에서, 신자유주의는 고전적 자유주의 사상에 기초하여 수립된 하나의 이론 체계라고 제기했다.

....
40 『马克思主义研究』 2003年 12月 25日을 참조하라.

이 이론 체계는 시장경제의 발전을 강조하며, 사유화와 가격의 시장화·무역 자유화 등의 관점을 주장함과 아울러, 이 기초 위에서 세계질서의 확립을 강조하는데, "워싱턴 컨센서스"는 이 사상이론 체계의 한 강령이라고 볼 수 있다. 워싱턴 컨센서스는, 미국 정부가 그가 조종하고 있는 세계 3대 경제기구, 즉 세계무역기구(현재의 WTO)·세계은행 및 국제통화기금을 연합하여, 발전도상국에서 널리 확산시킨 포괄적 신자유주의 처방이었다. 다시 말하면, 발전도상국이나 시장경제로 전환하는 국가에게 정부 개입을 줄이고, 최대한 시장화하여, 무역 자유화와 금융 자유화 정도를 높이라고 요구하는 일련의 정책적 주장이었다. "이른바 워싱턴 컨센서스가 가리키는 것은, 시장을 지향하는 일련의 이론으로, 그것들은 미국 정부 및 그가 통제하는 국제기구가 제정한 것이며, 또한 그들이 각종 방식으로 실행했다. 경제가 취약한 국가에서, 이런 이론은 항상 엄혹한 구조조정 방안으로 사용되었으며, 그 기본 원칙을 간단하게 말하자면 바로 무역 자유화·가격의 시장화 및 사유화이다." 신자유주의는 "케인스주의의 기초 위에서 '역행'·'회귀'(아담 스미스로의 회귀)한 현대 자유주의이다."[41] 미국 학자 조지프 스티글리츠(Joseph E. Stiglitz)의 개괄에 따르면, 워싱턴 컨센서스의 핵심 내용은 "정부 역할의 최소화, 신속한 사유화 및 자유화를 주장한" 것이다."[42]

7. 냉전 종식과 단극 패권의 추구

(1) 두 초강대국의 냉전과 양극 구도의 와해

제2차 세계대전이 파쇼의 철저한 패배로 종말을 고하면서, 독일은 패전국으로 몰락했고, 국제적 지위는 곤두박질했다. 또 프랑스는 원기가 크게

---

41 程恩福·曹雷,「外国学者对新保守主义经济思潮的批判: 兼论中国经济改革叁大流派」,『马克思主义研究』2005年 第1期에 수록되어 있다.

42 牛约翰,「新自由主义经济思想的本质及其反思」,『商丘师范学院学报』, 2009年 7月 15日을 참조하라.

손상되었고, 영국은 실력의 소모가 매우 커서, 군림한 지 오래된 이들 유럽의 노회한 강국들은 전쟁 과정에서 심각하게 약화되었고, 2류 국가로 전락했다. 반면 미국의 군사력과 경제력은 전에 없이 팽창하여, 세계 제일의 강국이 되었다. 그리고 소련도 제2차 세계대전에서 자기의 정치 군사적 역량을 강화하여, 세계에서 유일하게 미국과 맞설 수 있는 국가가 되었다. 소련의 굴기를 보면서, 미국은 매우 긴장했는데, 이 나라는 경제 제도는 물론 이데올로기에서도 모두 미국 등 서방 국가들과는 도무지 맞지 않았을 뿐 아니라, 또한 양국은 전후의 국제 질서를 재건하는 문제에서 심각한 의견 차이를 보였다. 바로 1950년 4월에 미국 국가안보위원회 제68호 문서에서 밝힌 것처럼, 미국과 소련 간의 충돌은 "법치 정부의 자유 사상과 크렘린의 잔혹한 과두 정치의 노예 사상 간의 충돌"이었다: "어떤 가치 체계도 소련의 체계처럼 우리의 가치 체계와 이렇게 완전히 조화될 수 없고, 우리의 가치 체계를 소멸시킨다는 이 목표에서 이렇게 인정사정없고, 우리 사회 내의 가장 위험한 분열 경향을 이용하는 데 이렇게 교묘한 것은 없었으며; 또 어떤 다른 가치 체계도 이렇게 능숙하고 이렇게 강력하게 세계 각지의 인성(人性)에서 비이성을 자극하는 성분은 없었고; 또 어떤 다른 가치 체계도 나날이 강대해지는 방대한 군사력을 중심으로 지탱하는 것은 없었다." "이 강령의 성공은 결국 미국 정부·미국 국민과 모든 자유 국가 시민이 냉전은 사실상 자유 세계의 존망에 관련된 진정한 전쟁이라고 인식하는 것에 전적으로 달려 있다."[43] 제2차 세계대전의 승리는 또한 미국에 "패기"를 싹트게 했는데, 트루먼 대통령은 미국을 "경제 세계의 거인"이라고 불렀고, "전 세계는 미국의 제도를 채택해야 한다"고 요구하면서, "우리가 좋아하든 아니든, 미래의 경제 구도는 우리에게 달려 있다"[44]라고 자신만만하게 선언했다. 미국의 패권주의는 이때 이미 완전히 드러났다.

....

43 1950년 4월의 미국 국가안보위원회 제68호 문서를 참조하라.
44 托马斯·帕特森 等, 《美国外交政策》 下卷, 中国社会科学出版社 1989年, 601쪽; 杨生茂 主编, 《美国外交政策史》, 人民出版社 1992年版, 437쪽.

전후 미국과 소련은 똑같이 세계의 "초강대국"으로서, 미국은 세계를 제패하려 했고, 소련은 결코 물러서지 않았다. 미국은 동유럽을 자본주의 체제로 변화시켜 자기의 세력 범위로 끌어들이려 했지만, 소련은 미국이 발을 들여놓는 것을 절대 허락하지 않았다. 미국은 전 세계에 자기의 이익을 확장하려 했지만, 소련은 결코 자신의 이익 침범을 허락하지 않았다. 미국은 전 세계에 자기의 가치관·이데올로기와 생활 방식을 널리 확산하려 했지만, 소련은 첨예하게 맞서면서, 전 세계에 무산계급 혁명·민족해방 등 사회주의 운동을 확산하려 했다. 막 제2차 세계대전을 겪었기 때문에, 미국과 소련은 모두 직접적인 교전을 피하려 했다. 따라서 일부 대리인을 통한 전쟁, 과학기술과 군비 경쟁, 외교 경쟁 등 "냉정한" 방식으로 진행하여, 상호 억제하면서도, 무력에 호소하지 않았기 때문에, 이를 "냉전"이라고 불렀다. 이처럼 전 세계적 차원의 국제 권력 구도의 심각한 변혁과 그것의 양극 체제로의 변화에 따라, 쌍방 간에는 국가 이익과 이데올로기, 전략적 목표, 전략적 구상, 전략적 이익 및 사회주의와 자본주라는 두 가지 제도에서 근본적인 대립이 존재하면서, 지난날의 동맹은 필연적으로 반목하여 원수가 될 수밖에 없었다. 냉전은 피할 수 없었다.[45]

1946년 3월, 영수 수상 처칠은 미국 풀턴에서 "철의 장막 연설"을 발표했는데, 냉전의 서막은 바로 이렇게 열렸다. 1947년에 미국이 소련에 대항하는 "냉전" 정책의 총체적 구상, 즉 트루먼주의가 공표되면서, 냉전은 정식으로 시작되었다. 마셜 플랜은 트루먼주의가 서유럽 문제에서 소련의 냉전 정책을 억제하는 응용이자 실행이었는데, 그것은 표면적으로 서유럽을 지원하는 경제 계획이었지만, 실제로는 서유럽을 통제하는 정치적 계획이었고, 그 목적은 서유럽을 통제하여 소련을 억제하는 것이었다.

1955년의 바르샤바조약기구 설립은 양극 구도의 형성을 상징한다. 1950년대, 소련의 지도자 흐루쇼프는 소련과 미국이 동등한 자격으로 협력하면

<hr>

45 王立新, 「美国的冷战意识形态: 内容与作用」, 『史学集刊』, 2011年 9月 1日.

서 함께 세계를 지배할 기본 전략을 제기했고, 미·소 두 초강대국이 패권을 다투는 양극 구도는 바로 이렇게 형성되었다. 이 양극 구도 시기는 다시 세 단계로 나눌 수 있다: 1950년대 중엽부터 1960년대 초기까지는 미·소가 패권을 다투는 첫 번째 단계로, 이 기간에 미·소는 서로 공격과 수비를 하면서도, 부분적인 완화도 나타났다. 형세를 완화하는 상징적인 사건은 세 개가 있었다: 소련과 오스트리아가 평화 조약을 체결하여, 소련이 오스트리아에 대한 점령을 끝낸 것이고; 소련이 연방 독일을 승인한 것이며; 1959년 흐루쇼프가 미국을 방문한 것이다. 그 기간에 형세가 긴장된 상징적 사건은 두 개가 있었다: "베를린 장벽"을 건설한 것과 "쿠바 미사일 위기"였다. 1960년대 중엽부터 1970년대 말까지는 미·소 패권 쟁탈의 두 번째 단계로, 소련은 공세를 취했고, 미국은 수세를 보였다. 1979년 소련이 아프가니스탄에 출병한 것은 소련의 확장이 정점에 이르렀음을 상징한다. 미국의 대외 정책은 그 기간에 중요한 조정을 했는데, 그 상징은 미군의 베트남 철수와 중·미 관계의 정상화였다. 1980년대 초부터 90년대까지는 양극 구도의 세 번째 단계로, 소련은 전면적으로 전략적 수축을 했고, 미국은 소련에 강력한 "신억제 전략"을 사용했는데, 그 상징은 미국이 소련을 겨냥하여 제기한 "스타워즈 계획"이었다. 1985년 고르바초프가 집권한 후, 국가 통치에서 "신사고와 개혁"을 실행하여, 미국과 서방에 대한 정책을 전면적으로 바꾸고, 서방 체제에 융합되려고 모색했다. 1991년의 소련 해체는, 냉전의 종식을 상징함과 동시에, 양극 구도의 종결도 상징했다. 이리하여 미국은 세계에서 유일한 초강대국이 되었다.

(2) 미국의 일방주의

"일부 사람들은 '하나의 초강대국과 여러 개의 강대국'이라는 말로 냉전 후의 국제 구도를 표현하지만, 미국은 세계에서 유일한 초강대국으로서 국제 구도에서의 뚜렷한 지위는 마치 '군계일학'과도 같아, '하나의 초강대국'과 '여러 개의 강대국' 간의 역량 차이는 매우 현격했다."[46] 비할 데 없이 뛰어난 실력을 갖추고 있었기 때문에, 미국은 냉전 후에 적극적으로 단극 패권을 도모하면서, 미국이 절대적으로 주도하는 세계질서를 수립하기 시작했다. 냉전 후, 클린턴 정부는 1994년 7월에 〈참여와 확장의 국가 안전 전략〉을 발표하여, 구상-준비-반응의 전략 구상을 제시했다. 이 문건에서, 그 전략적 목표는 세계를 선도하는 것을 도모하고, 세계적 범위 내에서 시장경제 제도와 미국의 가치관과 세계의 자유 민주 역량을 확장하는 데 있다고 명확히 제시했다. 이 전략은, 미국의 야심은 바로 전 세계의 패권을 모색하는 것이며, 또한 다차원에서 다른 나라에 압력을 가해 자기의 패권 안정을 유지하려고, 정치·경제·군사·문화 등 여러 방면에서 미국의 통치력과 영향력을 확립하는 것임을 표명했다.

구체적으로 말하면, 우선 미국의 대외 군사 개입이 다소 강화되는 것으로 나타났다. 미국은 모든 국가를 4가지 유형으로 분류함과 아울러, 그 가운데 "깡패 국가"에 대해서는 경제 봉쇄를 실행하고, 정치적 압력을 가하고, 주변을 봉쇄하고, 군사적 타격 등을 가했다. 통계에 따르면, 냉전 후에 미국의 외국에 대한 군대 사용 빈도는 냉전 시기에 비해 2배 이상으로 증가했다. 1998년 말에 미국과 영국은 유엔의 권한 위임 없이 이라크에 대해 70시간의 공습을 진행함과 아울러, 공개적으로 이라크 국내의 반대파를 지지하여 사담 후세인 정권을 전복시켰다. 1999년 3월에 미국은 또 유엔을 우회하여, 인도주의적 개입이라는 명분으로 주권 국가인 유고슬라비아에 대해 78일이라는 장기간 공습을 실행했고, 또 중국의 유고슬라비아 주재 대사관을 폭격했다. 2001년에 미국과 영국 등은 또 아프가니스탄의 탈레반 정권이 "9·11" 테러 공격 계획을 획책했다는 혐의를 받는 "기지" 조직의 지도자인 빈 라덴을 넘겨주는 것을 거절했다는 이유로, 아프가니스탄 탈레반 정권에 군사적 타격을 가하여, 아프가니스탄에 대해 두 달 동안 폭격을 가한 다음, 탈레반 정권을 와해시켰다. 2003년에 미국과 영국 군대를 위주로 한

---

46 刘晓彪, 「"美利坚帝国"的盛与衰」, 『外滩画报』, 2003年 9月 22日.

연합군 부대는 이라크가 대규모 살상 무기를 숨겨놓았고, 또 몰래 테러리스트를 지지했다는 것을 이유로, 유엔 안보리를 우회하여 일방적으로 이라크에 대해 군사적 타격을 가했고, "참수 작전"을 개시하여 사담 후세인 정권을 무너뜨렸으며, 사담 후세인은 교수형을 당했다. 2011년에는 리비아 국내에서 무장 충돌이 발생하자, 유엔 안보리는 결의를 통과시켜 리비아에 비행 금지 구역을 설정하고, 미국·프랑스·영국 등이 전투기와 잠수함을 출동시켜, 당시의 카다피 정권과 관련된 목표에 대해 군사적 타격을 가했고, 얼마 지나지 않아 카다피는 부상을 입고 시민군에 체포되었다가 사망했다.

다음으로, 미국은 국제 관계의 기본 원칙을 무시하고, 세계의 지도자로 자처하는 것으로 나타났다. 아들 부시(조지 W. 부시-역자) 정부는 공개적으로 일방적인 세계 전략을 추진하여, 가능한 상대에게는 선제적으로 군사 타격을 가하겠다고 선언했다. 국제 사무에서 오직 자기의 이익과 입장만 고려하고, 다른 나라의 입장은 전혀 고려하지 않았다. 예를 들면, 부시 정부는 취임 초기에 〈교토의정서〉를 포기하겠다고 선언했고, 또 1972년에 미·소가 체결한 〈탄도탄 요격 미사일 제한에 관한 조약: Anti-Ballistic Missile Treaty(ABM Treaty)〉을 일방적으로 포기한다고 밝혔다. 그리고 중동의 전략적 이익을 확보하기 위해, 미국은 또한 온갖 방법으로 프랑스·유럽연합 및 러시아가 중동 평화 프로세스에 개입하는 것을 저지하여, 흉악한 야심이 백일하에 드러났다.

마지막으로, 미국이 유엔에 대해 이용할 수 있으면 이용하고, 이용할 수 없으면 내버려 두는 방식에서 표현되었는데, 비상 상황일 때는 유엔은 마치 존재하지 않는 것으로 취급했다. 그래서 전 유엔 사무총장 코피 아난은 이렇게 말했다: 미국의 일방주의와 선제적 전략은 유엔이 창립된 이래 58년 동안 세계의 평화와 안정을 수호한다는 원칙적 기초에 대한 중대한 도전이다.[47]

47 刘建飞(중국공산당 중앙당학교, 즉 국가행정학원 원장-역자)의 내부 참고문건인 「冷战后美国全球战略演变及其对中美关系的影响」을 참조하라. 刘丽云, 「冷战后美国霸权主义的新

"9·11"은 미국에 대해 말하자면 양날의 검으로, 그것이 미국 사회에 거대한 상처를 입혔음은 의심할 여지가 없지만, 동시에 또한 미국의 대외 군사 간섭 행동이 더는 정의롭지 못한 전쟁이라는 걱정도 하지 않게 되자, 이 때부터 미국은 "반테러"라는 명분으로, 그들이 선전하는 "인류의 자유에 대한 가치 체계와 새로운 형태의 강대국 관계를 수립한다"는 "위대한 사명"을 띠게 되었다. "9·11" 후, 미국 대통령 부시는 세계 각국 정부에 대해, 미국 편에 서거나, 테러리즘 편에 서야 하며, 이외에 제3의 선택은 없다고 선포했다. 이는 사실상 "강제적"으로 세계 각국 정부에게 미국의 "반테러" 행동을 승인함과 아울러, 향후 반테러 전쟁에서 협력하라고 강요한 것으로, 그러지 않으면 테러리스트의 동료로 간주되어 미국의 "적"이 되었다. 미국의 "포악함"은 남김없이 다 드러났다.

　그러나 미국은 오히려 자기는 본질적으로 "좋은 패권"으로, 역사에서 볼 수 있는 그러한 "사악한 패권"처럼 자신의 힘을 남용하지 않을 것이며, 또한 국제 사회에서 서로에게 이익이 되는 공공질서를 제공할 수 있다고 여겼다. 따라서 미국은 세계의 이익이 있는 곳에서 적극적으로 평화의 수호자이자 세계 경찰의 역할을 했고, 또 평화를 수호하는 가장 좋은 방법이 군사력을 사용하는 것이라고 여겼다. 그러나 미국은 자기의 국가 이익과 안보를 국제 전략과 혼동하여, 다른 나라 국민과 민족의 감정을 고려하지 않고 자기 마음대로 다른 나라의 내정에 간섭하면서 국제 경찰과 헌병 역할을 했으며, 미국은 "인권이 주권보다 높고", 대규모 살상 무기 및 그와 관련된 기술의 확산을 방지하고, 테러리즘에 타격을 가한다는 등의 이유로 대외 군사 개입을 강화했다. 이는 미국 정치에서 다음과 같은 가장 의아한 역설적 현상을 드러냈다: "국내에서 미국이 실행한 것은 민주주의와 준법이고, 주장한 것은 권력의 견제이며, 미국인은 이를 자랑스럽게 여기지 않는 사람이 없다. 그러나 국제 관계에서, 미국은 오히려 어떤 제약을 받는 것도 반대하고, 유

　發展」을 참조하라(『敎学与硏究』, 2001年 9月 20日에 게재).

엔을 멸시하며, 국제법을 위반하고, 민주주의의 원칙을 파괴하고, 세계 인민의 반전쟁 염원을 위반하고, 무력 지상주의를 신봉하고, 혼자만의 행동 자유를 추구함과 아울러, 공개적으로 세계에 대한 제국(帝國)적 통치를 실행할 것을 고취했다."[48]

8. 금융위기와 미국 단극(單極) 패권의 약화

(1) 자유주의가 금융 해일을 일으키다

"모든 죄악의 근원으로 여겨지던 동방 국가의 사회주의와 서방의 케인스주의가 실패하고 파산함에 따라, 신자유주의 사상가들이 언어의 패권을 획득했다."[49] 신자유주의의 핵심 주장은 바로 국유자산의 사유화, 은행과 금융 체계의 자유화를 실행하는 것이었다. 경제학자들은, 하나의 사회 체제로서의 자본주의는 정부 주도의 정책과 사회에서 건강한 성장을 이루지 못했다고 여겼기 때문에, 사적 기업이 관리하는 어떤 자유시장 시스템에 대한 찬성으로 돌아섰다.

워싱턴 컨센서스의 확립에 따라, 신자유주의는 점차 경제적 권리를 사적 자본의 수중, 정확히 말하자면, 금융자본의 수중에 집중시켰다. 『금융제국』의 저자인 마이클 허드슨(Michael Hudson)은 이렇게 지적했다: 지금은 은행·증권과 보험이 금융 부문일 뿐만 아니라, 부동산과 사유화된 자원 산업, 그리고 독점적인 공공 서비스 부문도 모두 이미 금융 부문이 되었다. 그리고 세계 경제가 나날이 금융화하면서, 실물 경제의 원가를 높였을 뿐만 아니라, 전체 세계의 경제 운용 환경을 악화시켰다. 이외에도 금융화의 기세를 타고, 미국은 "국제통화기금과 세계은행 등의 도구를 통해, 세계 경제

48 人民网 기자 李学江의 「美国"单极论"为霸权张目」, 国际战略评论, http://jczs.sina.com.cn, 2003年 7月 28日을 참조하라.
49 格卡伊, 福斯卡斯, 『美国的衰落: 全球断层线和改变的帝国秩序』, 贾海 译, 新华出版社 2013年, 82쪽.

에 대한 기생적 절취 방식을 창조해 냈다. 미국이 군대를 이용함으로써 야기된 국제 수지 적자는, 세계에 대량의 미국 달러를 들여보냄과 동시에, 외국의 물자 수출을 흡수함으로써, 국내 소비 수준과 국외 자산의 소유권을 제고시켰다."[50] 이로부터 미국의 패권은 세계 화폐로서의 미국 달러의 패권적 지위에서 더욱 많이 표현되었고, 미국이 유로화·위안화 등 미국 달러의 글로벌 결제 화폐의 지위를 대체하려고 시도하는 어떠한 주권 국가나 그 나라의 화폐에 대한 억제에서 더욱 많이 표현되었다.

세계 경제가 신자유주의로 전환한 나쁜 결과가 사람들을 놀라게 해서는 안 되었는데, 그 파멸적 능력을 지닌 경고 신호는 일찍이 1989년 미국저축대부조합(S&L)의 위기에서 드러났다. 이어서 인터넷과 세계 통신 혁명의 위력을 빌려, 신자유주의가 관리 감독을 받지 않는 화폐 교역에 대해 미친 영향은 한 알의 총탄처럼 전 세계의 은행 시스템을 쏘았다. 그것이 가장 먼저 아시아 금융위기를 초래하자, 미국 정부는 어쩔 수 없이 값비싼 대가를 지불하면서 롱텀캐피털 매니지먼트(Long-Term Capital Management L.P., 즉 LTCM: 미국의 헤지펀드 회사-역자)에 대해 긴급 구조 계획을 실시했고, 이후에 다시 주식시장의 거품과 "인터넷 신경제"의 거품을 만들어냈다. "워싱턴 컨센서스는 한편으로 이들 도움이 되지 않는 국가들에게 금융 긴축을 실행하도록 요구했고, 다른 한편으로 미국 국내의 신용 대출 확대를 추진하여, 진짜로 부동산과 주식시장의 거품을 만들었는데, 이는 나날이 확대되던 미국의 무역 적자의 아무런 제약도 받지 않았다."[51] 신자유주의가 촉진한, 관리 감독을 받지 않는 투기 활동의 위험성은 이런 거품이 꺼지는 과정에서 볼 수 있다.

주목할 것은 과거 한 시기 동안 신자유주의의 수많은 실패가 결코 아니고, 자본주의 정부가 신자유주의의 마수에서 벗어날 능력이 없었다는 것이

50 赫德森, 『金融帝国: 美国金融霸权的来源和基础』, 嵇飞 等 译, 中央编译出版社 2008年版, 29쪽.
51 위의 책, 29~30쪽.

다. 정부는 자본 투기의 지나친 행위를 제한하지 않았을 뿐만 아니라, 오히려 더욱 큰 규모의 투기를 독려했는데, 이는 결국 2008년의 경제 붕괴를 초래했다. "세계화·자유화·사유화의 결과, 대다수 정부들이 그들의 국내 경제·금융 활동을 통제할 수 있는 능력을 크게 약화시켰고, 세계 경제의 금융 거품은 더욱 빠르고 더 큰 규모로 확대되었다."[52] 미국의 서브프라임 모기지론이 불러온 세계 금융위기는, 짧은 시간 내에 하나의 지역적인 위기에서 세계적인 금융위기로 변화한 것이 바로 명확한 증거이다.[53]

(2) 권력의 과도한 사용이 패권의 쇠락을 초래하다

2008년의 금융위기는 확실히 미국에 거대한 고통을 가져다주었지만, 이것으로 미국이 이미 쇠퇴했다고 말할 수 있을까?

실사구시적으로 말하자면, 미국은 지금 결코 서산에 지는 해처럼 쇠퇴로 치닫는 게 아니고, 미국의 우세는 여전히 역사에서 전례가 없는 것이다. 이런 우세는 군사적으로만이 아니라, 경제적·금융적·과학기술적으로도, 심지어 문화적으로도 여전하다. 미국의 GDP 총량은 여전히 세계 제1위이며, 세계에서 가장 크고, 가장 활력 있는 회사는 지금까지 모두 미국에 집중되어 있으며, 과학기술 방면에서 지금 세계 최첨단의, 가장 두드러진 분야들, 예를 들면 원자력·우주 비행·생명과학·정보과학·인공지능 등은 모두 여전히 미국이 주도적 지위를 차지하고 있다. 미국은 여전히 루스벨트 대통령이 추진하여 건립한 두 개의 세계 체제 지도권을 장악하고 있는데, 하나는 정치 체제-즉 유엔이고, 하나는 무역 체제-즉 관세와 무역에 관한 일반 협정(GATT), 바로 지금의 WTO이다. 마이클 허드슨은 이렇게 말하고 있다: "미 제국의 경제와 금융 패권의 버팀목은 바로 네 가지이다: 군사와 과학기

....
52 程恩富, 曹雷, 「外国学者对新保守主义经济思潮的批判: 兼论中国经济改革叁大流派」, 『马克思主义研究』, 2005年 第1期.
53 杨松, 宋怡林, 「金融危机暴露出的美国金融监管弊症及其本源」, 『重庆大学学报(社会科学版)』, 2011年 6月 15日.

술력의 기초 위에서, 국가의 역량으로, 미국 달러화의 패권 메커니즘을 유지하고, 세계의 자원과 식량에 대한 통제권을 유지하는 것이다."[54] 미래의 매우 긴 시간 동안, 다른 국가나 국가 연맹이 미국의 절대적으로 우세한 지위에 도전하거나 흔들 수 없을 것이다.

그러나 금융위기의 타격을 받은 미국은 제2차 세계대전이 막 끝났을 때의 미국과는 또 다르다. 미국은 전후(戰後)의 공업 총생산액에서 세계 총량의 절반 이상을 차지했고, 더구나 세계 금 비축의 74.5%를 보유했을 뿐 아니라, 전 세계적으로 미국 달러를 중심으로 하는 국제 금융 체제를 확립했다. 지금 미국의 GDP는 단지 세계의 23%만 차지하며, 브레튼우즈 체제는 더욱이 닉슨 시대에 이미 와해를 선언했다. 세계에 새로운 발전 추세가 나타나, 지역 협력 조직이 발전하고 있으며, 유럽·일본의 신속한 굴기 태세와 중국·제3세계가 발전하는 상승 추세에 있고, 러시아는 비록 소련의 초강대국 지위를 상실했지만, 여전히 세계 강국이라고 할 수 있다. 이런 국가와 지역 집단이 약속이라도 한 듯이 일제히 세계가 다극화 방향으로 발전해야 한다고 주장하고 있는데, 이것이 바로 미국이 단극 세계를 건립하려는 시도에 대해 강력한 제약을 가하고 있다.

찰스 A. 쿱찬(Charles A. Kupchan)은, 세계가 다극으로 변하는 것은 피할 수 없는 것이며, 지금의 국제 형세는 사실상 지정학적 상황이 크게 변동한 후의 일시적인 평온함으로, 유럽과 중국이 잇달아 굴기하여, 미국의 패권은 오래 지속되지 못할 것이라고 여긴다. 폴 케네디 교수는, 미국은 장차 "제국의 과도한 확장으로 인해" 불가피하게 쇠락할 것이고, "오늘날의 미국은 바로 모든 강대국들이 범했던 실수, 즉 군사 안보의 수요가 과다한 국가의 부를 수탈하여, '과도한 확장'이 불가피하게 미국을 쇠락하게 할 것인데, 그 속도는 소련보다도 더 빠를 것이다"라고 여긴다.[55] 프랑스인 학자 엠마뉴엘 토

---

54 赫德森, 『金融帝国: 美国金融霸权的来源和基础』, 嵇飞 等 译, 中央编译出版社 2008年版, 8쪽.

55 保罗·肯尼迪, 『大国的兴衰』, 王保存 等 译, 中信出版社 2013年版, 「序言」 6쪽.

드(Emmanuel Todd)는 『미 제국의 쇠락(Après l'empire)』이라는 책에서, "미 제국"의 인구와 문화·공업과 화폐·가치관 및 군사 등 각 방면에 대한 학계의 연구를 열거하고 나서, 세계의 정치 경제 구도는 이미 근본적인 변화가 일어나고 있는데, 만약 미국이 과거의 관성으로 계속해서 일방주의 노선을 취하고, 계속해서 세계의 경찰이 되려고 망상하고, 또 대외 교류 과정에서 계속해서 타국이나 심지어 동맹국의 의견을 대수롭지 않게 여긴다면, 그는 장차 반드시 인심을 얻지 못하고 동맹의 지지를 상실함으로써, 결국 역사에서 유성 같았던 "제국들"처럼 세계의 여러 강대국들 중 평범한 일원으로 변할 거라고 주장했다.[56]

과거의 세계 역사와 수많은 현실의 상황이 우리에게 말해주는 것은, 미국은 계속 강대하지는 않을 것이며, 조만간 쇠락할 날이 있을 거라는 것이다. 그러나 미국은 내공을 기르고, 소프트 파워를 향상시켜, 쇠락의 날이 오는 것을 늦출 생각은 하지 않고, 오히려 적극적으로 세계 패권을 추구하고, 대외 확장과 군사 개입의 길로 치달으며, 심지어 거듭 "열전(熱戰)"의 우두머리를 자처하고 있는데, 이런 행동은 사실상 미국의 내정과 외교에 무거운 압력과 도전을 초래하여, 미국의 패권이 쇠락할 화근이 되고 있다. 따라서 다음과 같이 판단할 수 있다. 즉 비록 미국은 지금 여전히 세계 최고의 강대국 지위를 유지하고 있지만, 그의 세계 패권주의의 쇠락과 국력의 상대적 하락이 향후 발전의 기본 추세가 될 것이다.

9. 맺음말

폴 케네디는 이렇게 말했다: "한 민족국가의 역량은 결코 그의 무장한 군대에만 달린 것이 아니라, 그의 경제와 기술 자원에 달렸고, 그의 외교 정책을 지도하는 데 사용하는 융통성·예견 능력 및 과감성에 달렸으며, 그

---

56 치小彪, 「"美利堅帝国"的盛与衰」, 『外灘画报』를 참조하라. 인터넷: http://www.sina. com.cn, 2003年 9月 22日을 참조하라.

의 사회와 정치 기구의 업무 효율에 달렸다. 가장 중요한 것은, 국가의 역량은 그 국가 자신, 즉 민족에 달렸으며, 그의 기술·능력·야심·규율·창조성에 달렸고, 그의 신념·신화 및 그 환상에 달렸다는 것이다. 더 나아가서 말하자면, 이런 요소들이 서로 연결되는 방식에도 존재한다. 이 밖에, 국가를 고려할 때, 오직 그 자체와 그것의 절대적 범위만을 고려해서는 안 되고, 그나라 밖이나 제국의 의무도 고려해야 하며, 또 다른 나라의 역량과도 연계시켜 고려해야 한다."[57] 이런 기준으로 판단하면, 미국은 의심의 여지 없이 여전히 현재 세계에서 하나의 뛰어난 민족국가이다. 건국할 때는 국토 면적이 단지 36.9만 평방마일, 인구가 겨우 250만 명의 매우 작은 나라였는데, 200년도 안 되는 기간에 세계적인 초강대국으로 완전히 뒤바뀐, 아메리카 합중국의 찬란한 굴기 과정은 확실히 우리의 마음을 설레게 한다. "미국의 굴기와 발전에는, 미국의 노선 모델이 있는데, 그것은 미국의 역사·사회·경제·정치·문화 등 여러 요소들이 종합적으로 작용한 결과이며, 또한 미국의 기후·지리·국민 화합의 종합적 반응의 산물이기도 하며, 또 미국 국민의 제도 혁신·힘든 창업과도 떼어놓을 수 없다."[58] 그것은 그중의 어느 하나 혹은 두 요소가 결정할 수 있는 것이 아니기 때문에, 어떤 필요에 따라 어떤 한 요소를 지나치게 강조하면 안 되며, 그렇게 하면 전면성과 객관성을 잃게 될 것이다. 그러나 미국의 일부 경험적 방법들은 확실히 지금 굴기하고 있는 국가들에게 매우 큰 깨우침을 줄 수 있다.

우선, 미국은 분열의 위험을 극복하고, 국가의 독립과 통일을 수호하고서야 비로소 지역의 대국이 되는 굴기를 실현했다. 남부 각 주의 분열 경향을 감소시키기 위해, 링컨 대통령은 "일국양제(一國兩制)", 즉 하나의 미국이라는 전제하에, 북부의 공업 제도와 남부의 농장 제도가 병존하는 국면을 유지하자고 주장했지만, 그의 주장은 결코 남부의 각 주들에게 받아들여

---

57 [미국] 保罗·肯尼迪, 『大国的兴衰』, 王保存 等 译, 中信出版社 2013年版, 211쪽.
58 张聚国, 「黄安年教授对美国崛起的解释——读〈老话题与新挑战〉」, 『世界知识』, 2010年 2月 16日.

져 승낙받지 못했다. 국가가 곧 분열될 무렵, 링컨 대통령은 조금도 주저하지 않고 국가 통일을 가장 중요한 위치에 놓고, 역사적인 결단을 내려, 적극적으로 법률과 전쟁의 수단으로 단호하게 분열의 상황을 되돌려놓았으며, 마침내 국가 통일을 수호하고, 미국이 신속히 굴기하여 지역의 대국이 되기 위한 기초를 다졌다. 미국의 경험이 보여준 것은, 국가 주권의 완전한 통일과 정국의 안정이 없으면, 그 나라는 평화로운 발전의 기초 조건을 상실하여, 세계의 강국으로 굴기할 가능성도 잃게 된다는 것이다. 따라서 일부 후발 국가들은 당연히 굴기 과정에서 미국의 굴기 경험을 참고해야 하며, 여러 가지 수단들을 운용하여 국가의 분열과 민족 분리 등의 문제를 적절하게 잘 처리해야 한다.

다음으로, 과학기술과 관리(管理)의 양대 컨트롤 타워를 선점하여, 계속 강력한 혁신 능력을 유지했다. 미국의 역사를 살펴보면, 산업혁명의 기회를 잡고, 과학기술 방면에서 세계를 선도한 것이 그가 굴기할 수 있는 하나의 중요한 원인이었다. 19세기 후기의 제2차 산업혁명 과정에서, 미국은 전기화(電氣化) 기술과 기업 관리 방면에서 세계 선두의 지위를 차지하여, 현대 기업 관리 제도와 생산 방식을 확립함으로써, 마침내 서방의 제2차 산업혁명의 선두 주자가 되어, 자신이 세계의 강대국이 되고 제2차 세계대전 후에 초강대국의 지위를 차지하기 위한 기초를 다졌다. 1970년대 이후, 미국은 또한 가장 먼저 정보기술로 대표되는 제3차 과학기술혁명을 실현했고, 관료제 관리 방식을 한층 더 개선하여, 미국이 탈공업화 산업으로 전환하도록 추동함으로써, 그가 다시 한번 과학기술·경제 및 금융 혁신 방면에서 세계의 선두 지위에 서게 했다.[59] 이로부터 혁신과 창조력을 시종 유지한 것이, 미국이 굴기함과 동시에 세계 초강대국의 지위를 유지할 수 있는 가장 근본적인 한 원인이었다는 것을 알 수 있다.

미국이 과학기술의 강국이 된 것은, 광범위하게 과학기술 인재를 끌어모

---

59 周敏凯, 刘渝梅,「比较现代化视角下的美国崛起的历史经验解读」, 『社会主义研究』, 2011年 第4期를 참조하라.

은 것과도 밀접한 관계가 있다. 주로 외부 이민으로 구성된 국가로서, 미국은 세계 많은 나라들의 문화·과학기술 및 기타 기술을 흡수했을 뿐만 아니라, 수많은 우수한 과학자와 기술 인재를 얻었는데, 특히 고급 지식과 고급 기술을 가지고 있는 우수한 인재의 흡수를 중시했다. "미국의 〈이민법〉 규정은, 만약 저명한 학자·고급 인재 및 어떤 전문 기술을 가진 인재라면, 그가 속한 국적·경력과 나이를 고려하지 않고, 일률적으로 우선 입국을 허락하고 있는데, 이는 사실상 세계적 범위 내에서 인재를 쟁탈하는 것을 미국의 국가 시책으로 삼고 있음을 말해준다. 이를 유엔은 '일종의 전도된 기술 양도'라고 불렀으며, 제3세계 국가들로 하여금 많은 소중한 재산을 잃게 했다. 유엔의 통계수치에 따르면, 1960년부터 1987년까지 모두 82.5만 명의 전문 인력이 북아메리카로 이주했으며, 그중 절대다수는 제3세계의 과학자와 엔지니어들이었다."[60] 지금의 상황은 더욱 심각하다.

그다음으로, 미국의 순조로운 굴기는 그전 시기의 정확한 대외 발전 전략과 서로 밀접한 관계가 있다. 건국 초기에, 당시 세계 패주인 영국과의 관계를 어떻게 처리할 것인가에 대해, 미국의 정치 엘리트들이 격렬한 논쟁을 벌였지만, 최종적으로 그들이 이룬 공통의 인식은 "몸을 낮추어 상대방의 경계심을 늦추고 몰래 힘을 길러야 한다"는 것으로, 시기를 기다리면서, 역량을 집중하여 부국강병하고, 국가의 부와 역량을 쌓아, 점차 강력한 지위에 도달해야 하며, 이 목표를 달성하기 전에는 영국이 때때로 보이는 독단적인 행위를 참을 수 있어야 한다는 것이었다. 독일이 정식으로 영국의 패권에 도전했다가 결국 재난의 심연에 빠졌던 결과에 비해, 미국은 계속 영국의 패권에 직접 도전하지 않고, 영국의 동맹 파트너가 되는 길을 선택했으며, 영국이 점차 쇠락할 때 점차 그를 대체하여 마침내 논쟁의 여지가 없는 세계 패주가 되었다. 이로부터 미국 정책 결정자의 뛰어난 점을 쉽게 알 수 있다. 바로 폴 케네디가 말한 바와 같다: "굴기하고 있는 모든 대국들은

---

60 程贤文, 宋斌, 「美国崛起的国家人才战略」, 『国际人才交流』, 2007年 第3期.

이미 정착한 과거의 고참 대국에게 유리한 국제 질서를 바꾸자고 요구한다. 강권(强權) 정치의 관점에서 보면, 문제는 이런 특수한 도전이 많은 반대를 초래하지 않으면서 낡은 국제 질서를 변경할 수 있는지 여부에 있다."[61] 이 때문에, 미국과의 관계를 신중하게 처리하여, 초강대국과의 직접적인 대항을 피하고, 몸을 낮추어 상대방의 경계심을 늦추고 몰래 힘을 기르면서, 경제 발전과 소프트 파워의 증강을 통해 굴기하는 것은 대국이 성공적으로 굴기하면서 반드시 거쳐야 하는 길이다.

세계의 대국이 굴기하는 과정을 보면, 옛날의 스페인에서부터 지금의 미국에 이르기까지, 대국의 흥망성쇠가 교체되는 장면마다 배후에는 하나의 역사적 철칙이 숨어 있다: 부유한 나라가 없으면 강한 군대가 없고, 강한 군대가 없으면 부유한 나라도 버티기 어렵다는 것이다. 폴 케네디는『강대국의 흥망(The Rise and Fall of the Great Powers)』서문에서 이렇게 말했다: "어떤 강대국의 승리나 붕괴는, 일반적으로 모두 그들의 무장한 부대가 장기간 작전한 결과이다. 동시에 그것은 또한 각국이 전쟁할 때 본국의 생산에 사용할 수 있는 경제 자원을 효율적으로 이용할 수 있었는가의 결과이다. 더 나아가서 말하자면, 실제 충돌이 발생하기 전의 수십 년 동안, 이 나라의 경제력이 다른 일류 국가들에 비해 상승했는가 아니면 하락했는가에서 기인했다."[62] 폴 케네디는, 역사상 강대국의 굴기는 경제와 과학기술의 발달 및 그에 따른 군사력의 강대함과 대외 정복 전쟁의 확장에서 비롯되었으며, 반대로 강대국의 쇠락은, 국제적 생산력의 중심이 이동하면서, 과도한 침략 확장 및 이로부터 조성된 경제와 과학기술의 상대적인 쇠퇴와 낙후에서 기인한다고 여긴다. 무력의 남용은 물론 강대국의 쇠락을 초래하는 중요한 원인이지만, 강대한 군대를 건설하는 것은 또한 대국이 굴기하는 데 없어서는 안 되는 중요 조건이다. 길게 보면, 어느 한 강대국의 경제적 흥망성쇠와 그것의 군사 대국(또는 세계적인 제국)으로서의 흥망성쇠 사이에는

61 [미국] 保罗·肯尼迪,『大国的兴衰』, 王保存 等 译, 中信出版社 2013年版, 222쪽.
62 위의 책,「前言」.

분명하면서도 알기 쉬운 연관이 있다. 원인은 두 가지가 있다: 첫째, 국제 체제에서, 부와 역량은 항상 함께 연계되어 있는 것이다. 둘째, 방대한 군대를 유지하는 것은 경제 자원과 떼어놓을 수 없다는 것이다. 걸맞는 군사력이 없으면 결정적인 시기에 국가의 이익을 잘 수호하기 매우 어렵다.

마지막으로 시장과 정부의 관계를 보면, 미국의 경제 지도 사상은 줄곧 시대와 더불어 발전했고, 끊임없이 현실의 변화에 따라 민첩한 조정을 진행했다. 건국 시기의 고전적 자유주의에서부터 루스벨트 뉴딜 시기의 국가 개입주의와 케인스주의에 이르기까지, 그리고 또 20세기 80~90년대 이래의 신자유주의에 이르기까지, 정부의 지위와 역할에 대한 사람들의 관점도 줄곧 변하고 있다. 역사상 "미국 정부의 경제에 대한 영향은 주로 두 차례의 세계대전 기간과 세 차례의 국내 경제 '개혁' 시기에 나타났다: 발전 시대 (1901년부터 1916년까지), 루스벨트 뉴딜(1933년부터 1938년까지), 그리고 존슨 대통령이 1960년대에 '위대한 사회'를 건설하려고 시도했던 시기이다."[63] 지금, 워싱턴 컨센서스의 영향으로, 이론계의 일부 학자들은 일방적으로 시장 조절의 기능과 작용을 강조하여, 금융 자유화·이율 시장화·국유기업 사유화 및 무역 자유화, 그리고 외국자본에 대한 관리 감독 완화 등을 고취하면서, 정부의 경제에 대한 관리 감독 기능을 한층 더 약화시켰다. 그리하여 자본 시장의 투기성을 확대하고, 경제 거품을 일으켰고, 나아가서 주기적인 금융위기를 불러왔는데, 이는 정부의 역할이 여전히 없어서는 안 되고, 금융 시장의 붕괴를 피하게 할 수 있는 것은 시장 자신이 아니라 정부의 개입이라는 것을 충분히 말해주고 있다. 이는 일부 후발 국가들은 "국가 주도형의 다구조(多構造) 시장경제 개혁관을 실행하여, 다구조적으로 시장 시스템을 발전시키고, 시장의 기초적인 자원 배치 기능을 발휘하게 하자고 제안해야 하며, 동시에 청렴하고 저렴하고 민주적이고 효율적인 기초 위에서 국가

---

63 [미국] 托马斯·麦克劳, 『現代资本主义--叁次工业革命中的成功者』, 赵文书, 肖锁章 译, 江苏人民出版社 1999年版, 375쪽.

가 조절에서 주도적 역할을 발휘해야 한다"는 것을 일깨워준다.[64]

64 程思富, 曹雷,「外国学者对新保守主义经济思潮的批判: 兼论中国经济改革叁大流派」,『马克思主义研究』, 2005年 第1期.

후 기

"중화민족의 위대한 부흥을 실현하는 것은 바로 중화민족에게 근대 이래 가장 위대한 꿈이었다."

중국몽의 본질은 국가가 부강하고, 민족이 진흥하며, 인민이 행복한 것이다. 중국몽은 평화의 꿈을 추구하며, 세계 각국 인민의 아름다운 소원과 서로 통하는 것이다. 중국몽은 중국 인민을 행복하게 할 뿐 아니라, 세계 각국 인민도 행복하게 하는 것이다. 역사를 살펴보면, 흥망이 교체된다는 것을 알 수 있다. 중화민족의 위대한 부흥을 실현하는 중국몽이 난관을 돌파하는 단계의 중요한 시기에 들어서면서, 15세기 이래 세계 주요 강대국의 발전 역사를 연구하고 고찰하여, 그들의 굴기 경험과 쇠락의 교훈을 진지하게 참조하는 것은, 꿈을 향해 한 걸음 한 걸음 나아가는 중국인에게는 큰 도움이 된다.

이 책은 저우둥라이(朱東來)가 주편을 맡았고, 리처우파(李秋發)와 스강(時剛)이 부주편을 맡았다. 차오뤼(曹雷), 귀셔칭(郭秀清), 쑹원췬(宋文群), 황단(黃丹), 선랑(沈朗), 짱레이(張磊), 순지엔샹(孫建祥), 쿠쥔(顧俊), 왕팡팡(王芳芳), 자오야밍(趙亞明)이 각각 머리말과 각 장의 초고를 작성했다.

이 책을 출간하는 과정에서, 저자들은 학계의 많은 관련 연구 성과를 참고했는데, 이에 모두에게 감사의 말씀을 드린다. 집필팀 인원의 학식 수준의 한계로 인해, 게다가 시간의 촉박함으로 인해, 책의 내용에 누락과 오류를 피하기 어려웠는데, 독자들의 비판과 지적을 부탁드린다.

이 책 집필팀

참고문헌

1. 唐晋 主编,『大国崛起』, 北京: 人民出版社 2011.
2. [미국] 斯塔夫里阿诺斯,『全球通史』, 吴象婴 等 译, 北京: 北京大学出版社, 2006.
3. [스위스] 戴维·伯明翰.『葡萄牙史』. 周巩固, 周文清 译, 北京: 商务印书馆, 2012.
4. 王加韦,『西班牙·葡萄牙帝国的兴衰』. 西安: 三秦出版社, 2005.
5. 顾为民,『"以天主和利益的名义"——早期葡萄牙海洋扩张的歷史』. 北京: 社会科学文献出版社, 2013.
6. 中央电视臺.『葡萄牙·西班牙史』. 北京: 中国民主法制出版社, 2006.
7. [영국] 伯明翰.『葡萄牙简史』. 上海: 上海外语教育出版社, 2006.
8. 张德政.『西班牙简史』. 北京: 商务印书馆, 1983.
9. 傅蓉珍.『海上霸主的今昔』. 哈尔滨: 黑龙江人民出版社, 1998.
10. 李景全, 田士一.『日不落之梦』. 北京: 时事出版社, 1989.
11. 〈图说天下·世界歷史系列〉编委会.『大航海时代』. 吉林: 吉林出版集团有限责任公司, 2009.
12. 赵丕, 李效东.『大国崛起与国家安全战略选择』. 北京: 军事科学出版社, 2008.
13. 计秋风, 冯梁.『英国文化与外交』. 北京: 世界知识出版社, 2002.
14. 李义虎.『均势演变与核时代』. 杭州: 浙江人民出版社, 1989.
15. [영국] 肯尼斯摩根.『牛津英国通史』. 锺美荪 注释. 北京: 商务印书馆, 1993.
16. [프랑스] 皮埃尔·米盖尔.『英国史』. 蔡鸿滨 等 译. 北京: 商务印书馆, 1985.
17. 陈勇.『商品经济与荷兰近代化』. 武汉: 武汉大学出版社, 1990.
18. [프랑스] 布罗代尔.『15至18世纪的物质文明, 经济和资本主义: 第3卷』. 顾良, 施康强 译. 汕头: 三联出版社, 1993.
19. [미국] 伊曼纽尔·沃勒斯坦.『现代世界体系: 1-3卷』. 北京: 高等教育出版社, 1998.
20. [이탈리아] 卡洛·M·奇波拉.『欧洲经济史: 第2卷』. 北京: 商务印书馆, 1988.
21. 齐世荣, 钱乘旦, 张宏毅.『15世纪以来世界九强兴衰史』. 北京: 人民出版社, 2009.
22. 中山大学歷史系.『世界近代史参考资料选集』. 广州: 中山大学出版社, 1964.
23. 张芝联.『法国通史』. 北京: 北京大学出版社, 1998.
24. 沈坚.『当代法国』. 贵阳: 贵州人民出版社, 2001.
25. 刘德斌.『国际关系史』. 北京: 高等教育出版社, 2003.
26. 汤重南, 汪淼.『日本帝国的兴亡』. 北京: 世界知识出版社, 2005.
27. [미국] 马里鸟斯·詹森.『剑桥日本史: 第5卷』. 王翔 译. 杭州: 浙江大学出版社, 2014.
28. 孙秀玲.『一口气读完日本史』. 北京: 京华出版社, 2006.
29. 尹剑翔.『读懂日本战后60年』. 北京: 金城出版社, 2014.
30. 张卫娣, 肖传国.『近代以来日本国家战略的演变』. 北京: 时事出版社, 2013.
31. 熊彪沛.『近代日本霸权战略』. 北京: 社会科学出版社, 2005.
32. [미국] 本尼迪克特.『菊与刀』. 吕万和 等 译. 北京: 商务印书馆, 2009.
33. 韩铁英.『日本』. 北京: 社会科学出版社, 2011.
34. 徐平.『苦涩的日本』. 北京: 北京大学出版社, 1998.

35. 冯玮.『日本通史』. 上海: 上海社会科学院出版社, 2012.

36. 王新生.『战后日本史』. 南京: 江苏人民出版社, 2013.

37. [일본] 依田憙家.『简明日本通史』. 卞立强 等 译. 上海: 上海远东出版社, 2004.

38. 李建民.『日本战略文化与"普通国家化"问题研究』. 北京: 高等教育出版社, 2015.

39. 周颂伦, 孙志鹏.『战后日本转型真相: 对36个问题的思考』. 北京: 新华出版社, 2014.

40. 步平.『跨越战后』. 北京: 社会科学文献出版社, 2011.

41. 沈美华.『第二次世界大战后的日本美国关系六十年: 1945-2005』. 北京: 社会科学出版社, 2012.

42. 刘江永.『战后日本政治思潮与中日关系』. 北京: 人民出版社, 2013.

43. 周一良.『中外文化交流史』. 郑州: 河南人民出版社, 1987.

44. 吴友法.『希特勒夺权备战之路』. 北京: 解放军出版社, 1987.

45. [독일] 阿尔贝特·施佩尔.『第三帝国内幕』. 北京: 三联书店, 1982.

46. 丁建弘, 李霞.『普鲁士精神与文化』. 上海: 上海社会科学院人民出版社, 1993.

47. [미국] 科佩尔·S·平森.『德国近现代史』. 北京: 商务印书馆, 1987.

48. [독일] 卡尔·艾利希·博恩 等.『德意志史: 第三卷(下册)』. 北京: 商务印书馆, 1991.

49. 黄海峰.『德国循环经济研究』. 北京: 科学出版社, 2012.

50. [프랑스] 福西耶.『剑桥插图中世纪史』. 陈志强 译. 济南: 山东畵报出版社, 2008.

51. 王绳祖.『国际关系史』. 北京: 世界知识出版社, 1995.

52. 李宏图.『西欧近代民族主义思潮研究』. 上海: 上海社会科学出版社, 1997.

53. 吕一民.『法国通史』. 上海: 上海社会科学院出版社, 2002.

54. [러시아] 叶利钦.『午夜日记』. 曹缦西, 张俊翔 译. 南京: 译林出版社, 2001.

55. [러시아] 尼·别尔嘉耶夫.『俄罗斯思想: 十九世纪末至二十世纪初俄罗斯思想的主要问题』. 雷永生, 邱守娟 译. 北京: 三联书店, 1995.

56. [러시아] 恰达耶夫.『俄罗斯思想文集箴言集』. 刘文飞 译. 昆明: 云南人民出版社, 1999.

57. 于沛, 戴桂菊.『斯拉夫文明』. 北京: 中国社会科学出版社, 2001.

58. 张建华.『俄国史』. 北京: 人民出版社, 2004.

59. 沈志华.『一个大国的崛起与崩溃』. 北京: 社会科学文献出版社, 2009.

60. 左凤荣.『戈尔巴乔夫的改革时期』. 北京: 人民出版社, 2013.

61. 黄苇町.『苏共亡党十年际』. 南昌: 江西高校出版社, 2004.

62. [미국] 基辛格.『大外交』. 顾淑馨, 林添贵 译. 北京: 人民出版社, 2010.

63. 崔毅.『一本书读懂英国史』. 北京: 金城出版社, 2010.

64. 陈雨露, 杨栋.『世界是部金融史』. 北京: 北京出版社, 2011.

65. 黄安年.『美国的崛起』. 北京: 中国社会科学出版社, 1992.

66. 李剑鸣.『美国的奠基时代』. 北京: 中国人民大学出版社, 2010.

67. 丁则民.『美国内战与镀金时代: 1861-19世纪末』. 北京: 人民出版社, 1990.

68. 张国庆.『进步时代』. 北京: 中国人民大学出版社, 2013.

69. [미국] 赫德森.『金融帝国: 美国金融霸权的来源和基础』. 嵇飞 等 译. 北京: 人民出版社, 1990.

70. [영국] 比伦特·格卡伊, [영국] 瓦西里斯·福斯卡斯.『美国的衰落: 全球断层线和改变的帝国秩序』. 贾海 译. 北京: 新华出版社, 2013.
71. [영국] 保罗·肯尼迪.『大国的兴衰』. 王保存 等 译. 北京: 中信出版社, 2013.